根源芸術家 良寛

新関公子

春秋社

根源芸術家　良寛

序　良寛の書はどうしてこんなにも美しいのか

私が良寛研究を志したのは、はるかに遠い三〇代半ばすぎの夏、柏崎の実家に帰省中の、ある体験以来のことだ。退屈紛れに父の本棚から『書道藝術　別巻第四　日本書道史』（中央公論社　昭和五二年）という本を抜き出し、パラパラとめくっていると、ほかのうねうねした書体とまったく違う、針金で書いたようなすっきりとした楷書に目がとまった【図1】。なんと清潔で気品のある書かと驚いた。その本に載るどの書にも似ていない。細くて小さいのに強く、凛とした品格がある。その人の生き方、人格が見事に様式になっているように思えた。調べてみると、それは良寛の書で、与板の新木家に伝わる「小楷詩巻」の一部とわかった。帰省のついでに良寛ゆかりの地を尋ね文献を収集する習慣は、この書との出会いに始まる。私はその書を読んだのではなく、見たのである。眺めたのである。意味はまったく気にも留めなかった。その後良寛の他の行書や草書も見たが、ほとんど読めなかった。意味もわからなかった。もちろん、後に解説書により一字一字読んで理解した。しかし、最初に受けた印象は変わらない。はじめて良寛の書に目を留めたとき、私は美術と同様の造形としてそれを眺めたのである。そしてその造形的天才を直観し、ゴッホやセザンヌを研究するのと同じように研究してみたいと思ったのだった。

越後の中越地方に生まれ育った人間で、良寛を知らないものはいない。いたるところに良寛の遺跡があるのだから。私は長岡市に生まれたが、父が教師だったので、父の転勤に従って、小学校は長岡市、脇野町、寺泊町、中学校は寺泊町、南鯖石村、高校は柏崎市と渡り歩いた。しかし中越地方を出たことはなく、その移動範囲は良寛の行動範囲にぴったり一致していた。だから良寛体験は多い方だろう。寺泊小学校の習字の時間には「国上山五合庵」の六字を書いたし、学芸会では「良寛様ー、かくれんぼしましょー」とか「良寛様は五合庵、竹の子にょっきり床の下、頭がつかえてかわいそう」などという歌を歌った記憶もある。五合庵や国上寺には遠足で何度も行ったし、中学の美術クラブでは出雲崎へ写生遠足もした。高校では貞心尼の住んだ釈迦堂跡を横目に見ながら通学した。しかし、その頃は良寛について、ただ子供好きの優しいお坊さんという程度の認識しかなく、研究しようなどとは夢にも思っていなかった。

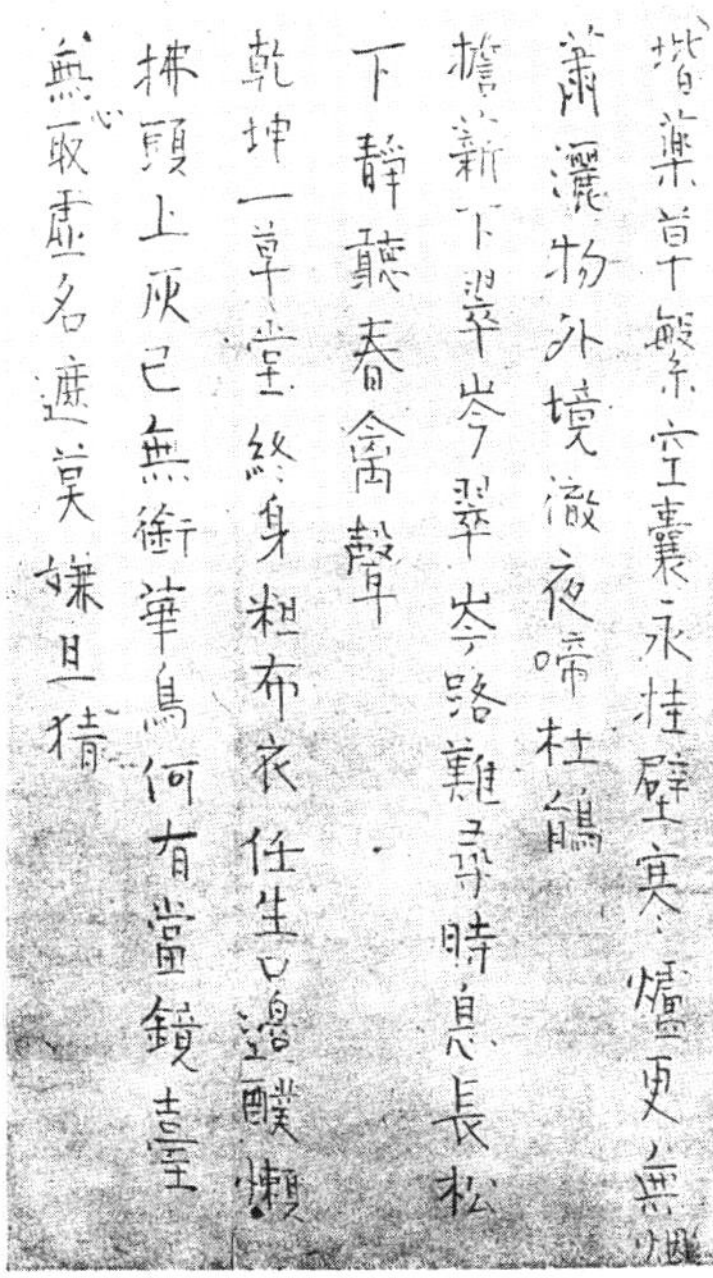
図1　『書道藝術』にでていた小楷詩巻

　ところが大人になり、いったん興味をもってみると、良寛が托鉢して歩いた道を通学路とし、良寛が耐えた吹雪の冬のつらさを知る自分の子供時代が、急に宝物のように思えてきた。父は国語と漢文の教師だったので、実家の本棚には『大愚良寛』をはじめ、相馬御風の良寛関係著書がほとんど揃っている。東京から主人の運転で帰省するついでに、良寛の歩いた道をくまなく辿ることも出来た。土地勘はありながら、ある程度距離を置いて、良寛世界を外側から眺めることができる。国文や宗教学の専攻でなく、西洋美術史専攻であることも、世界史的観点から良寛という奇跡に近い現象を眺めるには有利かもしれない。あの不思議な文字を読めるようになりさえすれば、の話だが。もしかしたら私は誰よりも良寛研究に有利な条件下にいるのではないか、などといつしか思い上がるに至った。けれどもそれから幾星霜が過ぎたことだろう。時は矢のように流れ、断片的資料は溜まる一方であるものの、体系的には何も書けないままに二〇〇〇年を迎えた。

その夏、柏崎高校の還暦記念同窓会が柏崎市で開かれ、久しぶりに同期生と会い、興奮のひとときを過ごした。なかに同期生中ただ一人の出雲崎出身者と記憶している内藤久吉氏の顔が見えたので、捉まえて良寛研究を志している旨を話した。すると驚いたことに氏の先祖の内藤鐘山は、亀田鵬斎が出雲崎を訪ねた折、五合庵へ案内した漢学者だとおっしゃる。亡き父上は良寛記念館の理事でいらっしゃり、文献を沢山お持ちともうかがった。何よりも驚いたのは、最近新しい『出雲崎町史』全一〇巻が完成したので、今までの良寛史は見直される必要があるかもしれない、というお話だった。氏はその後まもなく、新しい『出雲崎町史』の良寛研究に必要な巻と、旧来良寛研究者が全面的に頼っている、佐藤耐雪（吉太郎）氏編著の『出雲崎編年史』とを併せて送って下さった。

当時私は非常勤講師をしているだけの、准専業主婦状態、閑は充分あったので丸一年間というもの、両方の町史を比較対照しつつ読むことに没頭した。新しい町史は町に豊富に残る古文書の翻刻が大部分を占め、解説は控えめである。郷土史文献をはじめて読む私には難しかった。しかしその客観的資料の語る所は、現在のひっそりとした出雲崎のたたずまいからは想像もつかない江戸時代の繁栄であり、哀れっぽい色合いに染められた近代の良寛説話からはかけ離れた歴史だった。ところが、今度こそはと稿を起こし始めた矢先の二〇〇二年春に、古巣の東京藝術大学大学美術館からお呼びがかかり、二〇〇八年まで六年間奉職することになってしまった。退職後はこれも三〇年来引きずっていたテーマであるゴッホを優先して書いたために、またも良寛への着手は遅れ、とうとう二〇一一年の書き出しとなった。

本書は、膨大な良寛研究先駆者の業績に、調査の過程で知り合った多くの方々のご提供資料と、私の良寛観とを加えて織りなしていく、長くて入り組んだ織物のようなものになっていくことだろう。「良寛の書はどうしてこんなにも美しいのか」、とある日不思議の感に打たれて以来の、長い謎解きの旅に、どうぞ最後までおつきあいいただきたいと心からお願いする。

新関公子

二〇一一年三月一六日

凡例

一、良寛作品を引用する場合の表記と読み方は、基本的に内山知也　谷川敏明　松本市壽編『定本良寛全集　第一巻　第二巻　第三巻』中央公論新社　二〇〇六年版によることとし、『定本・二・400』のように表記する。数字は全集中の作品番号である。訳をつける場合は諸版を参照しつつ筆者の言葉で表現した。なお漢詩については、岩波文庫版『良寛詩集』に収録されている作品はその掲載頁も『文庫・〇〇頁』のように併記した。

一、『定本』はすべての漢字にふりがなをつけているが、煩雑に思われる場合、省略した。

一、文献は非常に多いので、巻末文献表には、この書を書く際に参照したもののみに限った。

一、引用文献の著者の人名は基本的に敬称を省略した。

一、出版された本は『　』で、稿本、手写本は「　」であらわす。

一、掲載図版作品の所蔵者名記載は基本的に公的施設、法人組織のみとする。ただし個人でも御三家と称される阿部家（国重要文化財）木村家（新潟県指定文化財）解良家（新潟県指定文化財）は記載する。

目次

根源芸術家

良寛

第1章 芸術家良寛出現の歴史的背景　天領出雲崎の特殊性

表現者としての良寛

良寛には、自己像を書いた作品がとても多い。そこには、私をこういう人間として理解して欲しい、と言う意図が込められている。その典型的な作をあげてみよう。

〔長《なが》うた〕
冬ごもり　春《はる》さり来《く》れば　飯乞《いひこ》ふと　里《さと》のいほりを　立《た》ち出《い》でて　里《さと》にい行《ゆ》けば　里子《さとこ》ども　いまを春《はる》べと
たまぼこの　道《みち》のちまたに　手《て》まりつく　我《われ》も交《まじ》りて　その中《なか》に　一二三四五六七《ひふみよいむな》　汝《な》がつけば　吾《わ》はうた
ひ　吾《あ》が歌《うた》へば　汝《なれ》はつく　つきて歌《うた》ひて　霞立《かすみた》つ　永《なが》き春日《はるひ》を　暮《く》らしつるかも
（『定本・二・400』）

〔返《かへ》しうた〕
霞《かすみ》立《た》つ永《なが》き春日《はるひ》を子《こ》どもらと　手《て》まりつきつつ　この日《ひ》暮《く》らしつ
（『定本・二・401』）

〔漢詩〕

生涯慵立身／騰騰任天真／嚢中三升米／炉辺一束薪／誰問迷悟跡／何知名利塵／夜雨草庵裡／雙脚等閑伸

生涯《しょうがい》身《み》を立《た》つるに慵《ものう》く／騰々天真《とうとうてんしん》に任《まか》す／嚢中三升《のうちゅうさんじょう》の米《こめ》／炉辺一束《ろへんいっそく》の薪《たきぎ》／誰《だれ》か問《と》はん迷悟《めいご》の跡《あと》／何《なん》ぞ知《し》らん名利《みょうり》の塵《ちり》／夜雨草庵《やうそうあん》の裡《うち》／雙脚等閑《そうきゃくとうかん》に伸《の》ばす

（『定本・一・27』『文庫・一一九頁』）

生涯　立身出世の努力がいやで／天然自然　勝手気ままにここまで駆け上ってきた／だから今　袋のなかに三升の米／炉ばたに一束の薪あるのみ／迷ったり悟ったり　昔の私の修行を知る人はもういない／名誉にも金にも興味がない／雨の降る夜は草庵のなか／両足を思いっきり伸ばしているばかりさ

野心もなく苦悩もなく、雨の日はのんびりと草庵の清貧生活に甘んじ、天気の良い春の日長は村の子らと手毬をつき暮らす、私は気楽な乞食僧である、と良寛は自分のイメージを描いてみせた。多くの良寛説話はほぼこの線に沿って形成されている。

しかし近年ふとしたきっかけから良寛研究を始めてみると、のんびりとした乞食僧というのは非常に限定された一面に過ぎないように思われてきた。何よりも先ず、驚異的なエネルギーを持った芸術的表現者であることに私は注目したい。良寛作品は漢詩と和歌が中心をなしているが、それらは書作品として造形的に表現されており、一作品は複数の変奏作品を伴うことが多い。請われるままに記憶で自作を揮毫するので、そのたびに微妙に違う作品ができる。それゆえ正確な全作品数を把握することは至難だ。しかし、便宜的に『定本　良寛全集　一・二・三巻』（以下『定本・一』『定本・二』『定本・三』と略す）によって大まかな数を挙げてみると次のようになる。

漢詩　七七五／法華転（法華経に基づく偈）六七／法華讃（賛）一三二／文　一四／和歌　一四七六／俳句　一〇八／書簡　二七〇／戒語（含「愛語」）一〇／全合計二八五一

これらは、自筆稿および自筆稿に基づくことの確実な写本、初期版本、真筆と認められる遺墨から選ばれており、助詞一つでも違っていれば別作品として数えられている。しかし、まったく同文の遺墨は何点あろうと（ある場合が多い）一点と数えられているから、実際の作品数がもっと多いことは確実だ。

また、良寛の作品はすべて、玉島での修行を終えて帰郷の途につき始めてからのものであると『定本・一』編者内山知也はいう。大森子陽塾時代の作と思われる漢詩が一点知られているが（後述）定本に収録されるには至っていない。もちろん、子陽塾では漢詩の制作を教育されていたのだから、多数の習作があったに違いないが、残っていない。良寛自身がそれらの習作を後世に残すことを望まなかったのだろうか。

いずれにしても、今日全集に収録されている良寛の確定作品の制作期間は、およそ帰郷時の三九歳から没する七四歳までの約三五年であり、均等割りにすると一年間に約八一点、単純に日割りにすると四〜五日に一点強くらいの制作となる。大したことはないと思えるかもしれないが、とても一日で完成するはずのない非常な長文詩や屏風仕立てにするような大作も機械的に一と数えているし、美しく完成し、今に伝世したものだけの数である。

いかにこの数が驚異的かということを、他の作家と比較してみよう。良寛が必ずや憧れ、その業績を意識したと思われる先達にまず西行（一一一八—九〇）がいる。彼は二三歳で出家して七三歳で没するまでの五〇年間に、約二〇〇〇首位の和歌を残した。もちろん精選した結果ではあろうが、一年間に平均すれば四〇首に過ぎない。九日間に一首である。身を削って生み出す秀歌はそんなに簡単には出来ないのだ。

西行についで、良寛にとっても出雲崎人にとっても特別な存在である松尾芭蕉（一六四四—九四）はどうか。二〇歳頃から作品が残ったと仮定して、五〇歳で没するまでの三〇年間に、芭蕉が残したのは発句約一〇〇〇句、連句約一六〇巻、書簡約二〇〇通、それに数種の日記、俳文、紀行文である。どう多めに勘定しても、一年間に五〇点とはいかないだろう。七日間に一点弱となろうか。

私が専攻する西洋美術史では、作家個人の全作品目録（カタログ・レゾネ）を研究の基礎とする伝統が確立しているので、全作品数を把握できる人は多い。なかでも集中的多作で際立つのはフィンセント・ファン・ゴッホ（一八五三―九〇）である。油彩約七〇〇点、水彩、素描を含めると二一二五点（フルスカー編レゾネによる）にのぼる。しかもそれらはすべて二七歳から三七歳までの一〇年間になされた業績だ。一年間で二一二点、三日で二点弱といったところか。これにもし彼が弟テオや友人に書いた七五〇通を越える手紙を作品とするなら、四日で三点強になる（ゴッホの手紙は充分に文学作品といえる質と魅力を備えている）。ともかくゴッホが残した手紙を読むと、制作状況が手にとるようにわかるのだが、まさに寝食を削っての凄絶な集中の結果がこの数字なのだ。ゴッホはテオからの送金にのみよって生き、生活費を稼ぐためには一分たりとも時を費やさなかった。作品は数が多ければ良いというものではないが、持続的に制作し、かつ確実に成長を遂げていくことは、特別の才能と努力とそれらを支える環境がそろわなければ出来ることではない。

こうしてみると、良寛の制作量の多さは淡白な日本人としては異色の部類に属することが分かる。しかも漢詩はなかば外国語だ。手軽な漢和辞典もなかった時代に、どうしてあれほどの漢字を駆使できたのかと、いつも外国語に苦労する私は呆然とする。いろり端でのんびりごろ寝などというのは実はポーズであって、草庵生活は制作につぐ制作、刻苦勉励の連続が真実なのではないか。しかも良寛は自己の天才を明瞭に自覚し、自作を後世に残す方策を講じているから、野心家でもある。気楽な乞食坊主などであるわけがない。

数寄者良寛とその家族

近代西欧思想の流入まで、芸術家という言葉は日本になかったとしても、平安時代末期の西行の頃から富裕な貴族が遁世し、歌人として風雅の道に生きる「数寄」の伝統はもう確立していた（数寄がもっぱら茶の湯をさすのは近世のこと）。江戸前期の代表的数寄の追求者に松尾芭蕉がいるが、その父は農民と武士の中間の土豪階級だった。芭蕉は伊賀の武士藤堂家に出仕し、士族の末端に連なりその人生を踏み出し、辛苦のすえに遁世、風雅の道に殉じた。芭蕉の風雅道を支えたのは芭蕉の才能に敬服する富裕な町人たちだった。江戸時代には、数寄や風雅への憧れは、上流の農民町人階級にさえ共有されていたのである。

良寛はそうした数寄の伝統の近世的民衆化の頂点に立つ一人である。今日的言語でいえば、まぎれもなく「芸術家」、それも極めて高度の精神性と表現様式の洗練を求めてやまない根からの芸術家であったと言えよう。江戸時代の言葉で言えば、「文人」である。そのうえ数寄、文人趣味を好む教養人は良寛のみならず、父をはじめ、一家中がそうだった。

父橘以南は出雲崎の名主を勤める一方で、俳諧の宗匠としても近隣に聞こえた存在で、書も一種独特の個性的様式を備えていた。三人の弟のうち、すぐ下の弟由之《ゆうし》は兄にかわって名主を継がねばならず損な役回りだったが、それでも歌人としても書家としても注目に値する仕事を残している。三男観山（宥澄）の才能は知られていないが、僧侶になったのだから、それなりに学問があったに違いない。四男香については謎が多いが、ともかく秀才で、若くして京都の公家の学問所の学頭になったと伝えられる。早世しなければどんな学者になっていたかと惜しまれる。三人の妹のうち上の二人については嫁ぎ先が知られているに過ぎないが、末の妹みかは、七〇〇余首の和歌を自筆で記した歌集二巻を残し、それらは今日まで伝えられている。良寛の家系が修学の機会を持たない民衆的階級に属していたことは明白だ。ところがこの一家は、かように傑出した教養を誇っている。それゆえ、日本海沿い北陸街道の一宿場でありながら、かくも文化的な一族を育んだ出雲崎という町は、いかなる繁栄の歴史を秘めているのかと興味をかきたてられる。

ところが、交通や流通の手段とシステムが完全に江戸時代と変わってしまった今日では、出雲崎はたどり着くのもそう楽ではない町になってしまっている。東京から公共交通機関で行くと仮定すると、第一の方法は、上越新幹線で長岡まで行き、そこからバスに乗る方法だ（約一時間）。便は二時間に一本くらいしかない。長岡で乗り換えて信越線で柏崎に行き、柏崎からローカル線の越後線（柏崎―新潟間を走る）に四〇分ほど乗り、出雲崎駅に下りる方法もある。しかし出雲崎駅に着いたと喜んではいけない。越後線は海岸線と並行してはいるが、かなり内陸を走っている。この出雲崎駅はかつて西越村といわれた地域（現在は出雲崎町）で、昔の出雲崎への入り口にすぎず、良寛の生地、本来の出雲崎【図2】に行くには、越後線出雲崎駅前からバスでさらに一〇分ほど揺られる必要がある。たいした距離ではないものの、山道もあって歩くなどはお勧めできない。第二の方法は柏崎まで電車で来て、駅前始発の出雲崎行きのバスに乗ることだ。所要時間は約一時間、原発のある松林をぬけ、日本海を左手に見ながら乗客のまばらな淋しいバスに揺られるのは、感傷旅行の醍醐味と推奨したいが、便数は日に数本しかない。もちろん車で行くなら、関越高速と北陸自動車道を乗り継ぎ、西山ＩＣで降りれば簡単だが。いずれにせよ今日、車にたよらずに出雲崎を訪れることはかなり大変だ。そうしてようやくたどり着くと、今はあまりにひっそりとした町のたたずまいにまた意表を突かれる。しかし、二〇〇六年（平成一八）の大合併にも屈せず、独立を守っている誇り高い町を讃えたい。

良寛一族の背景研究には、与板という町を考察することも欠かせないだろう。なぜなら父以南は与板からの婿養子で、一家の文化的ルーツの一端は明らかに与板の方にもあるからだ。かつて与板は二万石の小藩ながら城下町だった。しかし、長岡から与板経由で寺泊へと通っていた長岡鉄道（田中角栄が経営していた私鉄）が、昭和五〇年に廃線になり、この町へも長岡駅始発のバスか、車でいくしかない。そしてたどり着いてみると、ここもまた過去の繁栄の名残を随所に残しつつも、ひっそりと眠るような町並みだ。そしてなんと悲しいことに、二〇〇六年にこの町は長岡市に合併されてしまった。廻船問屋とか豪商とか、出雲崎と与板の江戸時代を語るとき飛びかう言葉が、夢のように響く両町の現在である。

しかし、学問や芸術の繁栄には必ず経済の繁栄が先行することは、ルネサンスの華が開いたイタリア諸都市の例をもちだすまでもなく、自明のこと。貧困から芸術は生まれないし、芸術的天才は、突然現れることは決してない。それは必ず、社会の経済的繁栄を基礎とし、多くの人々の芸術的欲望の長い集積や挫折のはてに出現する。

すると良寛という芸術的天才が生まれたからには、江戸後期の出雲崎と与板地方には、学者や芸術家を生むに充分な経済的文化的蓄積があり、学者、芸術家志望予備軍が沢山おり、傑出した才能には支援を惜しまないメセナ（芸術・文化の庇護者）的心意気の人々さえもいたのに違いない。そうした歴史的背景について、今までの良寛研究は必ずしも充分に語ってこなかったのではないか。何ゆえに良

図２　出雲崎の家並と出雲崎港（筆者撮影）

寛は出家したのか、という良寛研究上最初につきあたる大問題を、現在の出雲崎と与板のひっそりとしたたたずまいから類推してはならない。確実な資料に基づき、江戸時代の両町の歴史をまずひもとくことから始めよう。

数寄者を生む背景――金の島佐渡の存在

出雲崎の歴史は常に金を産出する佐渡島との関係において語られてきた。幕府の直轄地（天領）とされた元和二年（一六一六）以降は特にそうだ。ところが地理的条件のみから考えると、出雲崎は佐渡へ渡る港として最適とは必ずしも思えない。なぜなら新潟県全域の地図【図3】を見ると、長い海岸線のほぼ中央に位置する寺泊の方が、どう見ても佐渡に近いのだから。寺泊は、私が小学校四年から中学校二年までの五年間を暮らした忘れ難い地。出雲崎はそこから一五キロほど、やや西よりに南下した地点にある。現在は両方とも合併をくりかえして広域になっているが、江戸時代には海岸線に沿った街道筋だけが出雲崎、寺泊と呼ばれていた。ともに背後に海岸段丘が迫っていて耕作地がなく、漁業、廻船業、宿場に伴う商業を生業としてきたよく似た町なのである。

私が初めて出雲崎を訪れたのは寺泊に住んでいた中学時代、美術部のスケッチ遠足の折だった。越後線の西越（現在の出雲崎）駅から四キロ程の山道を歩いて、切通しから目前にぱっと海が見えたとき、一瞬寺泊に戻ったのではないかと思ったものだ。その頃、まだ既視感（デジャ・ヴュ）という言葉を知らなかったが、まさにそういう類の感覚を覚えるほど、見下ろすパノラマ風景は似ていた。少し弥彦山と佐渡が遠く小さくなり、椎谷観音岬が近くなっただけだ。町に入ると、ただ一本の街道の山側と海側に、土間が玄関から裏口まで続く細長い家が密集しており、浜焼き（魚を串にさして炭火で焼く名物）のにおいの漂うのも、山腹に寺が多いのもそっくりだった。今日では、大河津分水が吐き出す土砂の堆積により、寺泊の砂浜が急激にのびたので、寺泊の様相はずいぶん変わってしまったが。

地理的によく似た町だから、たどった歴史も中世までは大差がない。多少とも資料の残る一六世紀で比べると、ともに北国街道沿いの隣接する宿場で、漁港兼商業港を持ち、歴代越後大名の支配下にあって、ときには佐渡への渡海港の役も果す土地柄だった。その両町に大きな変化が現れるのは、佐渡に金銀を産出する鉱山が開発され、この支配をめぐって中央幕府が動き出した一六世紀後半からである。

佐渡に渡るために、単純に本州からの近さを地図上に求めれば、巻町（現新潟市）の海岸が一番だ。しかし、この地帯は弥彦山と角田山の山塊が海に落ち込んでできた張出し部分で、海岸線は荒く、港はおろか海岸沿いには安全な道もなかった。新潟から弥彦までの街道は内陸部を通っており、弥彦から寺泊へ行く途中の野積でようやく海岸沿いになる。海沿いの街道に位置する寺泊と出雲崎は、ともに入り江も湾もない平坦な海岸線で水深は浅く、とても良港とはいえないのだが、二港ともに佐渡への近さという点で新潟や今町（直江津）に差をつけていた。しかし、単純に直線距離で佐渡への近さを問うなら、寺泊の方がはるかに近い。

佐渡は昔から身分の高い政治犯の流される島で、順徳

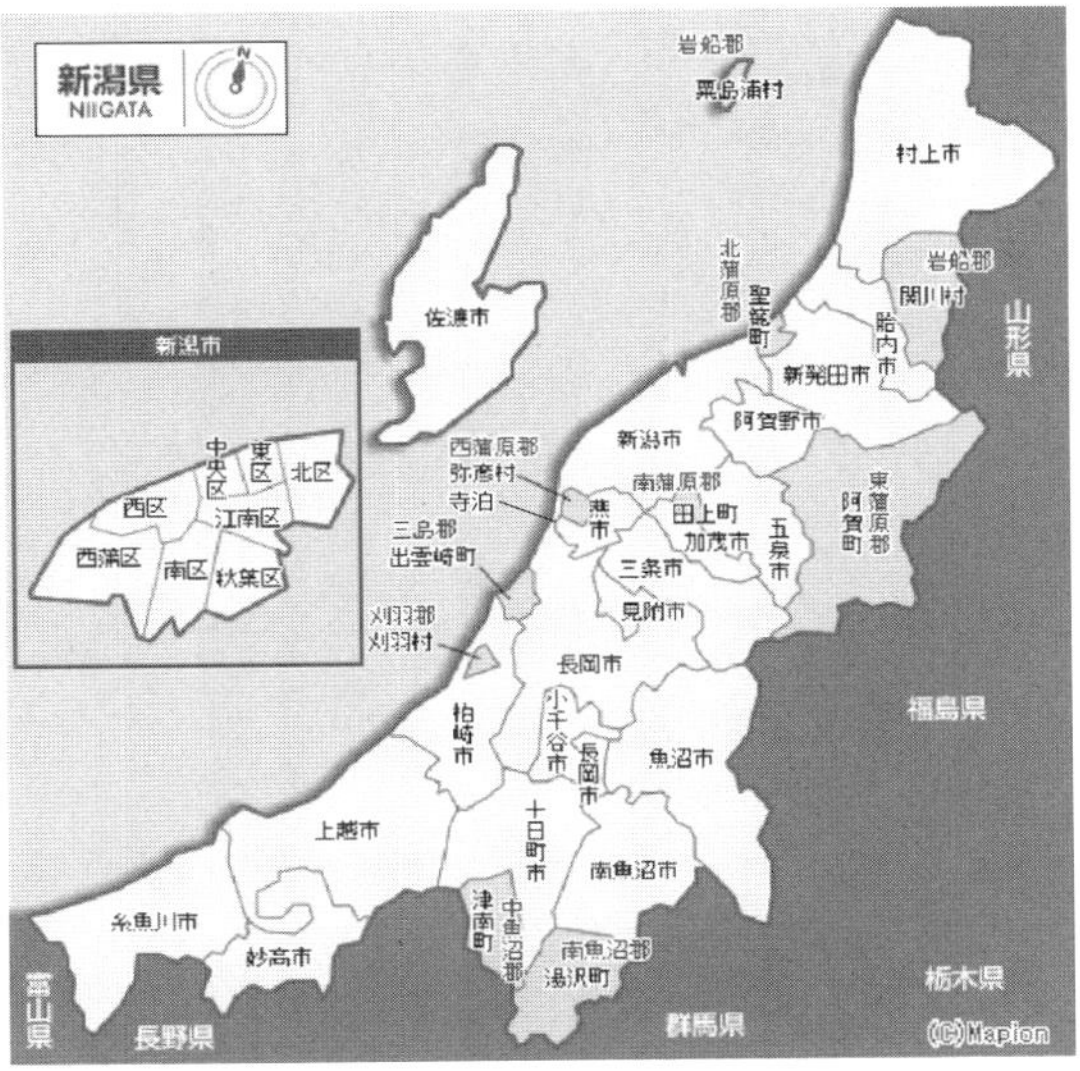

図３　2006年の大合併以後の新潟県の地図（インターネットより）

天皇、日蓮、藤原（冷泉または京極）為兼は寺泊から流された。藤原（日野）資朝は出雲崎から流されたとされている（寺泊町史は資朝も寺泊から流されたと主張しているが）。世阿弥もなぜか最晩年に佐渡に流されたのだが、これはどちらの町史にも出てこない。彼が赦免されて生きて都に帰ることができたかどうかもはっきりしない。いずれにせよ高貴な政治犯がたびたび寺泊から流されていることをみると、中世までは佐渡へより近い寺泊の方がむしろ公用港的な色彩を帯びていたようにも見える。

ところが一六世紀中頃に佐渡に銀鉱脈が発見されると事情は一変する。まず鶴子《つるし》（現在の佐和田町）で発見された銀山はまもなく金も産出し、一七世紀初頭に採掘の中心が相川町に移った。豊臣氏は慶長六年（一六〇一）、いちはやくこの島を直轄地とし、生産された金銀を中央幕府の財源とした。ついで徳川幕府は、金銀の輸送とそれに伴う役人、公文書などを渡海させるに適した港と管理接待能力を持つと判断した出雲崎をも、これまた直轄地化した。元和二年（一六一六）のことである。以後、出雲崎は公儀の佐渡渡海業務一切を受け持ち、寺泊は主として下級役人、鉱山での職を求める一般人、無宿水替え人足（犯罪者の罰として、鉱山労働を担わされた人たち。佐渡金山では金銀の出が悪くなって次第に地底深く掘り進んだ結果、出水が激しく、この水をくみ出すのが命がけの重労働だった）の渡海港となり、幕末までこの役割分担は変わらなかった。佐渡への距離を地図に定規を当てて計算すると、寺泊―赤泊間は約四〇キロ位、出雲崎―赤泊は約四五キロ、出雲崎―小木間なら五〇キロ位か。寺泊の方が五キロ以上も近い。だいたい寺泊からの方が佐渡はずっと大きく見えるのだから、近いことは間違いない。航海の安全という観点からのみ考えるならば、なぜ寺泊が公用港にならなかったのか疑問が残る。

出雲崎が公用港に指定された理由として、出雲崎町史はひかえめにではあるが、接続する街道の問題をあげているので検討してみよう。江戸から日本海側に出て佐渡に渡るには、どのようなルートをとるにせよ、高い中央山脈を越えなければならない。選択肢は三種類あった。第一は中山道の追分宿から分かれて小諸、善光寺（長野）、高田（上越）を経て出雲崎に至り、出雲崎から赤泊または小木に渡る北国街道ルート、第二は三国峠を越えて十日町、与板、寺泊に至り、寺泊から赤泊または小木に至る三国街道ルート、第三は会津若松から五泉、新潟に至り、新潟から両津（約六五キロ）に至る会津街道ルートである。

三国街道ルートは陸路も最短距離で、しかも六日町から大河津（現在の寺泊分水の起点のあたり）までは魚野川と信濃川の船便を使える利点はあるが、三国峠が難路のため重量物の輸送に向かない。会津ルートは険しくはないが距離が一番長く、新潟・両津間も遠くて（約六五キロ）問題外である。そこへいくと北国街道ルートはやや距離は長いものの、それほどの難路ではなく日本海側にでることが出来る。北国街道が日本海側に出たところに今町（直江津＝現上越市）港があるが、佐渡に渡るには遠すぎて（約七〇キロ）危険が多い。柏崎港から小木でもやはり遠い（約五五キロ）。そこで出雲崎が一番有利な港として浮上したというのが、出雲崎町史のいわんとするところのようだ。しかし、佐渡へは寺泊の方が五キロも近い。金銀の輸送は難破すれば元も子もないのだから、あと一五キロほど歩いても寺泊港を利用する方が安全ではないかと普通は考える。

ところが公用港に選ばれたのはなぜか出雲崎である。両港の規模や自然条件に大差がないとすれば、差は提供できる船数、船の大きさ、操船技術、造船と修理の技術、輸送品の保管倉庫設備、荷役労働力の提供、宿泊施設、日和待ち（安全に渡海できる天候の日まで待機すること）のあいだの接待歓楽施設、契約事務能力などの人為的努力によってもたらされたものであろう。鉱山初期の混乱期に、流動する人と物資をさばいて両町は莫大な利潤をあげたにちがいない。そして賢明な出雲崎人はその利潤を設備投資や人材育成に振り向け、熾烈な公用港指定競争を有利に展開していったのではないか。

この努力の差は、すでに一六世紀末頃から明瞭になりつつあった。一番のきっかけは銀山ブームに沸いていた佐渡を占領すべく豊臣氏の命を受けた越後大名上杉景勝が、軍船を多数したてて天正一六年（一五八八）に出雲崎から出陣し、また出雲崎に凱旋したことであろう。この大事業は出雲崎人の多大の協力なしには不可能だった。まもなく佐渡が金も産出するようになると、豊臣氏は景勝を改易し、慶長六年（一六〇一）に巧みに佐渡を直轄領とした。この頃から幕府役人と出雲崎人との親密な関係が出来上がっていたとみられる。

出典が明示されていないが、佐藤吉太郎著『出雲崎編年史』には、こうある。

〈出雲崎夜話〉

慶長三年三月、領主上杉景勝が会津に移封され、堀左衛門督秀治が越後の新領主を命ぜられ、その重臣赤羽庄左衛門を出雲崎代官に任命されました。此赤羽は在任僅か壱年でありましたが、上杉の余徳を慕う遺民を治める上に大手腕をふるひました。代官赤羽庄左衛門は、出雲崎に着任するや、直に此港を佐渡々海の津と定め、公然出雲崎を佐州渡海場と公表し、公の渡海は必ず出雲崎港より出帆すべしとの掟を定めました。

同時に此町に、旅籠屋、下女、飯盛りを公許しました。これは船着場特有の必要条件であって、此三点を具備せざれば、古今を通じ港の発達は望まれぬ訳であります。（上巻一二八―一二九頁）

『出雲崎町史』は単に慶長三年（一五九八）に出雲崎に陣屋がもうけられ、赤羽をはじめ四人の代官の交代があったと述べるにとどめているが（『通史編・上』一二九頁）、陣屋の設置は公用港指定とほぼ同義と解してよいのかもしれない。しかし、慶長三年の公用港指定は事実としても、まだ幕府の直轄地ではなかった。

慶長八年（一六〇三）に徳川家康が征夷大将軍になり江戸時代が始まった。以後、徳川氏は支配を確立し中央集権化を強めていくために、大名の改易、弱体化を精力的に行っていくのだが、この風は越後にも及んできた。

慶長一五年（一六一〇）に、徳川家の将軍秀忠はお家騒動を口実に越後の大名堀秀俊（秀治の長男）を改易し、代って実弟の松平忠輝（家康の六男、一九歳）を越後全域六〇万石支配の大名に命じた。これは豊臣氏の息のかかった大名を排除し、佐渡の金銀を確実に徳川幕府のものとするためだった。ところが、忠輝も元和二年（一六一六）、家康の没した三ヶ月後に伊勢へ縮小移封された。配流と記述する本もある。明瞭な失政のない不気味な改易とされるが、忠輝の支配期は佐渡金山の最盛期に一致していることに注目するならば、理由は明らかだ。将軍秀忠は、金山を自由にできる位置にいる弟が、権力への野心を持つことを何より恐れたのであろう。

元和二年（一六一六）七月に忠輝が改易されると、その三ヶ月後に越後は九名の中小大名に分割統治されることになるが、そのときようやく出雲崎も幕府直轄領（天領）にされた。もちろん佐渡の金銀を確実に幕府の懐に入れるためだった。この直轄領は出雲崎（尼瀬を含む）のみでなく、港を支える財政的後背地＝助郷村として、三島郡、刈羽郡、頸城郡、魚沼郡、古志郡の一〇〇を越す村々が加えられており、出雲崎代官は時代によって変動があるが、おおむね五〜六万石の生産高のある地域を支配した。佐渡の金銀の産出量が減り、相対的に幕府にとって佐渡支配の重要性が少なくなった一八世紀に入ると、出雲崎陣屋には直参の旗本が任命されず、高田藩や長岡藩の預かり領となり、陣屋支配の村々も八千石まで減らされた。天領は一般大名領より年貢の取米率（課税率）が低い。なにかにつけて恩典の多い土地のままに出雲崎と助郷の村々は幕末を迎えるのである。

天領化以後の出雲崎史と古文書編纂

天領となる以前の出雲崎についての古文書資料は非常に少ないが、天領化以降、特に一七〇〇年代後半からは、地方の小地域としては異例の豊富さで残っている。この膨大な文書資料のなかには代官所からでた公文書もあるが、大部分は町役や村役にあたる人々が役人宛に書いたさまざまな嘆願書、業務請負の見積書、請求書、事故の報告者や、商人間の契約書、廻船業務の明細書などの写し（控え）である。文体は助詞にひらがなとカタカナがときに混じるが、ほとんど漢字からなる和風漢文で、これらを書いた町人、百姓身分のひとたちの教育レベルの高さに驚かされる。江戸から佐渡へ、佐渡から江戸へと役人と物資の輸送を請け負うようになった出雲崎人は、天領化以降半世紀のうちに、めざましい経済的発展とそれに伴う知的成熟を遂げていたものと思われる。

これらの文書は名主や年寄を務めた家系や町村の旧家の処々方々に大切に保存されてきた。敦賀屋文書、能登屋文書、京屋文書、内藤家文書、金泉家文書、長谷川家文書、諸橋家文書、鳥井家文書、熊木家文書、磯野家文書等々、枚挙にいとまがない。

良寛研究の気運が高まる明治末期から、一早くこれらの史料に注目し、独力で収集編纂の大事業をなしたのは出雲崎の尼瀬地区の旧家の裔である故佐藤吉太郎（耐雪）だった。氏は生涯をかけて諸文献や各家に伝わる古文書を渉猟し、原稿用紙六千枚に及ぶ出雲崎編年史を脱稿され、昭和二五年にはその目録を小冊子『出雲崎編年史目次』として出版された。しかし、本文の出版に至らぬうちに昭和三二年に八二歳で亡くなられ、原稿は良寛記念館に寄贈された。その後、この原稿は良寛記念館に係わる諸氏の努力の結果、ガリ版オフセット印刷の三巻本『出雲崎編年史　上・中・下』として出版された（昭和四七＝一九七二年）。

この編年史はもともと佐藤氏が良寛誕生の史的背景の解明を志したところに成立した著作なので、佐藤氏個人の史観が強く打ち出されている。その点で良寛研究はこの書に多大の恩恵と影響を受けてきたが、排除された史料も多く、総合的町史としては完璧なものではない。そこで出雲崎町では、この編年史を基礎に、より総合的な町史の出版企画を昭和五七年（一九八二）に発足させた。そして多くの研究者の協力によって、平成九年（一九九七）まで一五年の歳月をかけて次の全一〇巻の大著を完成させた。

『出雲崎町史　民族文化財編』　昭和六二年（一九八七）
『出雲崎町史　資料編　Ｉ　原始・古代・中世』　昭和六三年（一九八八）
『出雲崎町史　資料編　II　近世（一）』　昭和六三年（一九八八）
『出雲崎町史　資料編　II　近世（二）』　平成二年（一九九〇）
『出雲崎町史　通史編　上巻』　平成五年（一九九三）
『出雲崎町史　通史編　下巻』　平成五年（一九九三）
『出雲崎町史　石油資料集』　平成六年（一九九四）
『出雲崎町史　海運資料集（一）』　平成七年（一九九五）
『出雲崎町史　海運資料集（二）』　平成八年（一九九六）
『出雲崎町史　海運資料集（三）』　平成九年（一九九七）

これらの町史は人口五千人に満たない町でありながら、歴史と伝統を尊び敢然と町村合併を拒否する誇り高い孤高の町出雲崎の知性の結晶である。内容は天領という特殊性を踏まえた膨大かつ精緻なもので、一地方史にとどまる内容ではなく、とりわけ江戸時代の歴史学への寄与は計り知れない内容となっている。良寛研究にとってことにその充実した資料は衝撃的といってもよく、大正・昭和に形成された良寛説話のかなりの部分の見直しが必要となろう。しかし大部分は原資料の翻刻であって門外漢が簡単に読みこなすことはできない。ときに分かりやすい『編年史』の助けも借りつつ、無謀ではあるが、私はこの町史を読むことに挑戦し、良寛誕生の歴史的背景に新たな視点を導入する努力をしてみたい。

天領出雲崎の境域

先に述べたように天領となったのは出雲崎を含むかなりの地域であるが、その代償にさまざまの特権を享受していたのは、出雲崎地区（住吉町、石井町、羽黒町の三町はとくに早くから町並みが完成していたので、出雲崎本町と呼称されることもある。より遅れて町並みのできた鳴滝町、木折町も出雲崎に加えるが、井鼻は独立の村である）と、尼瀬地区（岩船町、荷稲町、伊勢町、諏訪本町、諏訪新町の五区）のみである。対外的に出雲崎というときは、普通、この両区を合わせた二二〇〇メートルほどの細長い海沿いの町全体をいい、当時の他国もそう理解していた【図4】。

今、両地区は同じような家が隙間なく並んでいるので、よほど注意しないと区別はつかないが、慶長年間までは尼瀬地区に人家はほとんどなかったという。一方、出雲崎本町地区は慶長年間（一五九六―一六一四）にすでに完成した町並で、良寛の祖先（といっても血のつながりは薄いが）の橘屋（橘家）が采配を振るっていたとされる。堀氏支配の慶長三年（一五九八）に初めて出雲崎に代官所（陣屋）が置かれたことはすでに述べたが、このときの位置は当然のことながら、出雲崎本町地区の石井町だった。

ところが、佐渡鉱山の隆盛に伴い出雲崎地区に人口が急増し、不便をきたすようになっていたので、佐渡奉行大久保長安があらたな町作りを命じた。そしてこれを請負ったのが京屋野口家であったという。京屋は屋号が示すように上方（堺）の出身で、慶長年間に出雲崎に移住してきた家系とされる。京屋は接待に優れていたので役人の覚えめでたく、塩浜奉行という役を仰せつかった上、新しく尼瀬地区開発を命じられた。開発終了後は代々尼瀬の名主を務め、次第に出雲崎地区の名主橘屋を凌駕するに至ることは、良寛伝の読者には周知の話となっている。

天領となった元和二年（一六一六）、初代代官高田小次郎により出雲崎地区と尼瀬地区との境（住吉町と岩船町の境＝現在の芭蕉公園のはずれ）に大木戸が設けられ、寛永二年（一六二五）に交代した二代目代官松下勘左衛門により代官所も尼瀬地区の荷稲町に移転された。さらに幕府の出資で尼瀬地区の海に堤防が築かれ、大型船はすべて尼瀬地区の港に入港することになった。これは地形上しかたのないことであるが、以後、出雲崎本町地区は漁業主体、尼瀬地区は廻船業主体というかたちで展開することとなる。

しかし、注意しておかなければならないことは、出雲崎と尼瀬の二地区はあくまで一つの町だということである。行政上からも他国の視点からも出雲崎といえば、常に両地区を合わせた地域と認識されており、港は尼瀬地区にあろうとも終始一貫して出雲崎港と呼ばれていた。それゆえ、今後単に出雲崎と言うときは、必ず二地区を

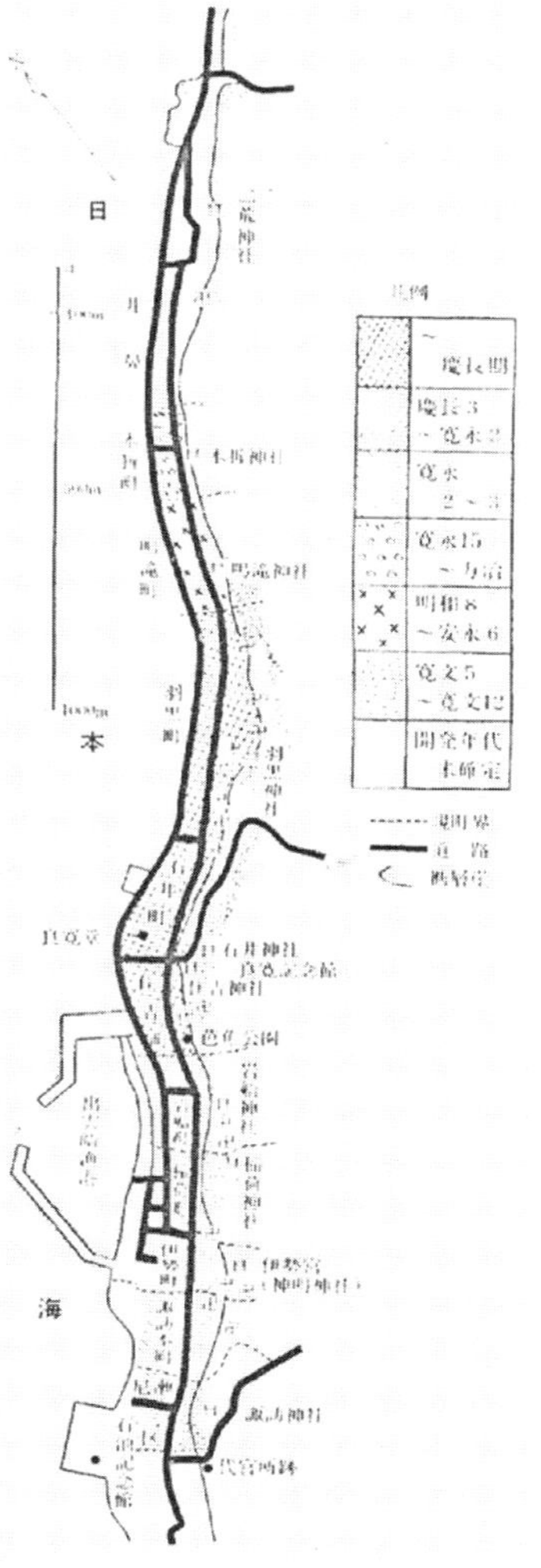

図４　出雲崎地区と尼瀬地区からなる天領時代の出雲崎
（『出雲崎町史・通史編・上』より転載）

併せた天領出雲崎を指していると考えていただきたい。出雲崎と尼瀬とを分けて対立的に扱うときには、出雲崎地区、尼瀬地区というふうに、地区をつけて記述することとしたい。

これは近隣の住人にはよく理解されていることであるが、県外の研究者には誤解されやすい点である。なお尼瀬地区稲荷町の代官所は、山崩れの被害を受けて一時的に出雲崎地区羽黒町に戻った時期（享保九―宝暦一三年）もあるが、文化四年（一八〇七）の大規模な山崩れ以後、尼瀬地区の一番端の山側に設置され、幕末まで変わらなかった。出雲崎地区は何とか陣屋を出雲崎地区側にふたたび誘致しようと運動したが成功しなかった（詳しくは『町史・通史編』三一七―一九頁を参照されたい）。しかし、出雲崎を訪れてみれば誰しも納得のいくことだが、出雲崎地区にはまったく土地の余裕がない。陣屋が尼瀬地区に移ったのは政治力の差の問題ではなく、尼瀬のはずれ以外には適切な土地が出雲崎にはまったくなかったということが最大の理由のように思われる。羽黒町の陣屋跡などは改築保存されているが、民家と同じ間口で奥行もなく、馬場もなく、充分な公務執行が不可能なことは一目瞭然だ。

出雲崎の経済事情

封建時代の階級でいえば、橘屋は廻船業を営んでいたというから実質は商人に近いかもしれない。しかし代々名主を務めたというからには身分は百姓、つまり農民階級である。しかし、地主であって自分で耕作はしていない。農民・漁民の最上層に立って為政者武士階級との間を取り次ぐ最下層の役人でもある。橘屋一族のような極めて教養の高い一家が現れた出雲崎という町が、当時どのような経済状態にあったか、という問題意識を私はまず良寛研究の第一歩としたい。経済は学問や芸術の基礎となっているからである。

第一に、出雲崎にはどのくらいの生産力があり、どのくらいの年貢、つまり税金を払っていたか、あるいは払っていなかったかということを知りたいと思ったが、それにはまず、江戸時代の経済の根本である年貢の仕組みや、貨幣制度について理解する必要がある。

まず、農民の年貢について。江戸の経済は原則的に米の生産高を基本とする米本位制経済だ。もちろん江戸時代ともなれば米だけでなく、大豆、雑穀、野菜など多様な換金作物があったが、それらもみな米の生産高に換算された。当然、納税義務があるのは耕作用の土地と土地付住宅を所有する本百姓だけで、借地で営農する小作農（水呑百姓）や、それ以下の日雇い労働者に納税義務はない。主要なのは土地と田畑にかかる税＝本途物成《ほんどものなり》である。米は現物納で、畑の生産物は現物の場合と貨幣納の場合があった。

雑税として小物成《こものなり》がある。これは、林業、漁業、たばこ、お茶、綿、漆などの換金作物や、酒、醤油など家内手工業的生産物にかかる税で、現物納もあるが、貨幣納が主。ほかにさまざまな公共事業への労役と、役人の公務執行に伴う費用（宿駅に人馬を提供するなど）負担などがあったとされる。

大名の財力を石高で表現することが多い。たとえば加賀百万石という。これを加賀の殿様は百万石の収入があったと解してはならない。これは百万石の生産力のある土地を支配する殿様という意味で、実際に殿様のお蔵に納められるのは、その六～四割くらいである。平均的に五公五民というが、その意味は、支配する土地の全生産高の半分を領主がとり、半分が生産者の手に残るというものだ。この課税率はその年の作柄検査と領主の財政事情によって変動し、六公四民のこともあれば、七公三民に近いひどいこともあったという。

そのうえこの課税率は所有する土地の大小に無関係に適用されるので、小農には苛酷だった。農地売買は建前として禁止されているが、土地さえなければ年貢はとられないのだから、土地を売って小作農や住込みや日雇労働者に転落する小農が多かった。従って一方で大土地所有者となる大庄屋・豪農・富農が出現する。広大な土地所有者は自分で労働するわけでもないし、生産高の五〇パーセントを持っていかれても、残る量も多いから困らないが、小規模の土地しか持たず、額に汗して働きながら収穫の半分を取られてしまう小規模農民は哀れだ。しかし農民を管理し、召し上げた年貢によって国家体制と自分たちの生活を維持する武士階級もまた、不作で農民が窮乏すれば自分たちも窮乏する哀れな存在なのだった。武士は税金を払う義務がない。税金分を引いた程度の支払いしか受けていないということだろうか。ともかく、武士と農民はいわば運命共同体なのだった。

では武士でも農民でもない人々はどんな風に税金を取られていたのだろう。町に住む人はみな町人かというとそうではない。都市に自分の土地と家を持つ人だけが本町人（地主・家持）で、「地子《ぢし》」という不動産税を払う代わりに町政に参加する権利を持つ。借家住まいや住込み奉公人には税負担のないかわりに町政参加の権利もない。職業からあがる収入には「運上金《うんじょうきん》」「冥加金《みょうがきん》」の名目で課税されたと教科書には書いてある。ところがその実態はよく分からない。『江戸の経済システム』（鈴木浩三著　日本経済新聞社　一九九五年）によれば、それらは個人の収入にかけられたものではなく、同業組合や問屋株仲間にかけられた権利金のような間接税であるという。また三都——大阪、京都、江戸——では、都市振興目的から、地子が免除されていたという。消防、祭礼、水道など都市機能を維持するために必要な経費を町入用《ちょうにゅうよう》とか、公役銀《くやくぎん》というが、これは本町人がその家の間口の長さに応じて分担するシステム＝小間割《こまわり》だ。一見個人に課せられた直接税かとみえるが、小間割をするのは町役人（名主など）で、最終的には町単位の共同責任で納入するシステムだという。

私はかなり捜したけれども、残念なことに町人の税負担を具体的に分析した研究を発見できなかった。しかし、町入用負担がいくら重いといっても、農民のように全所得の五〇パーセントを取られるようなことはなかったに違いない。落語では、長屋住まいの職人がよく、「江戸っ子は宵越しの金はもたねえ」などと嘯くが、それは当然だ。彼らには納税義務というものがまったくなかったのだから。

なぜ町人からもっと税金をとらないのかと不思議な気もするが、出来なかったのが現実なのだろう。武士は米を支給されても、換金しなければ生活できない。廻米業者の手で江戸の蔵前に集荷された米は、ただちに札差という町人業者によって換金される。業者に税を高くかければ、業者は米の換金率を低くするまでだろう。一年に一度しか収入のない大名や武士は、秋の年貢収入を抵当に、常に町人金融業者から現金を借りて生活していたというのだから、町人に高い課税など無理な話。町人に高く課税するなら、町人は参政権を要求するだろうが、そうなれば武士の政治的支配権は崩れる。公平な税制は公平な身分制度のうえに成り立つものなのだ。江戸時代の経済は、中世的農民と武士の米本位制経済が、近世的町人の貨幣本位制経済に飲み込まれるかたちで進行していく。

ここで、一石、一斗、一両、一貫文などという江戸時代の度量衡やお金の単位が、現代のそれのどれほどに相当するのかを述べておこう。歴史の著書では不正確を恐れてか、その種の記述がないので、貧富の見当がつかない。

まずお金について。詳しく追求すると複雑なので、ごくおおまかに述べよう。江戸時代には金貨、銀貨、銭貨（銅貨）の三種があり、金一両＝銀六〇匁＝銭四〇〇〇文（一〇〇〇文を一貫という）とされる。関西経済圏では銀立て、江戸経済圏では金立てで取引が行われた。ちなみに出雲崎は金だての江戸経済圏である。

米は一石＝一〇斗＝一〇〇升。一升＝一・八リットルだから、一石は一八〇リットル、つまり一升ビンが一〇〇本である。しかし現代では米は重さで取引されるから、容積の基準では値段の見当がつけられない。重さは容積が同じでも米の種類や新旧により違うので、正確は期しがたいが、近似値で一升＝約二キログラムとすると、一石は約二〇〇キログラムとなる。今日中の上程度の米一〇キログラム＝五〇〇〇円とすると、一石はその二〇倍だから約一〇万円となる。米価は常に変動しているので、基準がとりにくいが、『編年史　上』（二六三頁）に元禄一五年に「米値段一両につき一石替となる」とあるのが分かりやすいので基準にすると、一石＝一〇万円である。以後、米価は幕末に向かって下がり気味だが、半分まで暴落してはいないので、誤差は五〇パーセント内外あるとしても、ある程度の見当がつけられよう。

さて出雲崎の課税はどのようであったか。ひとつの村や町がどれだけの生産力があるかを表す言葉に「町高」「村高」という表現がある。出雲崎地区と尼瀬地区を合わせた出雲崎の「町高」は寛永年間（一七世紀）で七七〇石余である。この評価は幕末までほとんど変わらない。両町には田畑はまったくといってよいほどないので、この石高はほとんど地子、つまり宅地税の合計である。間口一間につき米何升という、小間割の手法で割り出したものだ。天保年間（一八三〇―四四）に出雲崎の人口は四七三四人、尼瀬の人口は二五五七人というデータがあるので、出雲崎全体としては七三〇〇人弱の総生産高が七七〇〇石と見積もられたことになる。さきの一石＝一〇万円の見当でいくと、出雲崎と尼瀬の一年の総生産は七七〇〇万円、一人あたりにすると一万円強くらいしかない。これが多いか少ないかを比較するために、同じ出雲崎天領に所属する乙茂村の例をみてみよう。乙茂村は現在は出雲崎町になるが、島崎川の左岸に位置する集落で、人口が天保期に一七四人で「村高」は三一八石と『町史・通史編・上』にある。これを同様にお金に換算すると総生産三一八〇万円、一人当たり一八万円余となる。そしてその総生産の少なくとも半分が年貢に取られる。

ところが出雲崎・尼瀬地区は一七世紀半ばから、佐渡金山の産出量が減少して廻船の利益が激減しているのに、公用の負担が大変だという理由で、年貢率が二割に低減されている。これは全国に例を見ない低率であると、町史執筆者も書いている。つまり乙茂村の百姓一人が年に九万円の年貢を払うのに対し、出雲崎本町・尼瀬地区の住民は、同じ百姓身分であるのに（百姓は農民とは限らない。出雲崎地区・尼瀬地区の住人は実際には漁民、商人、手工業者だったが身分としては百姓＝農民だった）、二〇〇〇円程度しか払わなくてよい勘定になる。ところが、この年生産高の二割の年貢さえ本当に払っていたのか、非常に疑わしい状況が、町史を丹念に読むと行間から浮かびあがってくる。

「買受米」という名の補助金制度

『町史・通史編・上』の四五四―四六八頁に、「買受米《かいうけまい》」という制度について膨大な資料を駆使して実に分かりにくい記述があることに私は注目した。「買受米」という言葉はどのような歴史辞典類にも記載のない、出雲崎町史に固有の言葉、制度だと記述されている。この制度がいつから始まったかを証明する文書は未発見という。しかし天領化されて間もない頃から、佐渡渡海の公用港としての公務負担の出費が大変だから、「御救御買請米」（「御救米」「御救御延米」という表現もある）が認められてきたと町史編者は推定している。

「御救米」というのは飢饉その他の天災で困窮したものに施与される米をいう。それが天災でもないのに恒常的に毎年、出雲崎・尼瀬地区に七〇〇石も与えられ、幕末まで続いた。延享二年（一七四五）に新任の代官（名称不詳）が、この制度の理解に苦しんで町に質問書を出すほど特異な制度だった。この制度の概要が分かるのは、代官の質問に出雲崎・尼瀬の町役が連名で提出した返答書「乍恐以口上書申上候」が存在することによる。その内容は要約すれば、

当地は古くから（一六一六）天領で、佐渡に産出する金銀の輸送、公文書や貨幣の輸送、それにともなう

お役人の渡海、宿泊を両町で負担してきたが、大変な費用がかかるので、その代償として認められている制度である

ということになる。額面通りに読めば、全くすべての輸送業務や宿泊接待業務を無償でやっていたかのような文書であるが、それでは『町史・海運資料集（二）』に出ている沢山の見積書、請求書、受取書の類は何なのか。好天の日まで何日でも渡海を待ち、その間連日芸者をあげ、酒宴をはっていたというのに、それはすべて町が負担していたというのだろうか。そんなことはありえないだろう。おそらく天領になって間もなく、佐渡金山の金銀産出量が急激に減り、それに伴い船の便数が減って町民の収益も減少したので援助を申請したのだろう。金銀と役人の安全な渡海のためには、幕府は要求をのむしかなかった制度と思われる。

この制度は秘密裡に隠蔽され、意味不明の名称をつけていかにも買っているか、あるいは借りて後で返済しているかにみせかけた制度になっている。『出雲崎町史』の記載も非常に錯綜しており、故意に分かりにくく記述しているのかと疑いたくなる。とはいうものの古文書自体が、実質的補助金を隠蔽粉飾すべく、一見、町民が支払っているかのような複雑巧妙な記述になっているので仕方がないのかもしれない。

分かりにくい翻刻された文書の行間から、私が理解したシステムは次のようなものである。まず、出雲崎・尼瀬地区が受け取るべき七〇〇石の「買受米」は、出雲崎代官所の支配下にある刈羽郡と三島郡の数十の村々がそれぞれの年貢高に応じて何割かずつ供出する。その供出割合の算出方法は実に複雑で細かい。各村々から集められた七〇〇石（実際にはほとんど金納だった）は、出雲崎地区六、尼瀬地区四の割合に分けられ、さらに各町名主の采配下に本町人のすべてに分配される。その分配は名主・年寄りは五五・二石、馬問屋三・二石、納屋頭四・八石などと記載した古文書があり、役の重軽に応じてなされたことが分かる。特に役のない町人には、地子高（つ

まり間口の幅に応じて割り当てられる税額）に応じて分配がなされたと町史執筆者は推定している。そしてまたその分配の二割程度を地子の名目で集金し、代官所に納めて年貢皆済状を発行してもらうことになっている。その総額は二〇〇両（二〇〇石相当）位であるらしい。しかしもらったものの中から払うのだから、五〇〇石しかもらわなかったと思えば、税金は払っていないも同然ではないだろうか。しかも金額にして二〇〇両ほどのこのお金は、代官所に本当に納入義務のあった地子ではなく、町のお祭りとか清掃などの町機能を維持するための町入用だったと思われる。

私のこの推定は、出雲崎町民の一部が名主の由之親子を告発した度重なる訴状と代官所の裁定文書による。一般に良寛史においては、文化七年（一八一〇）に由之と馬之助親子は公金を使い込み、町民に訴えられて名主解任、財産没収、所払いとなったと記述されている。ところが、『町史・資料編Ⅱ・近世（二）』の八－九六頁に収録されたこの件に関する文書（文書番号六五－八三）を読むと、この事件は買受米の分配をめぐる争いであることが分かる。買受米の分配を迅速公平に行わず、特に町入用としてプールされるべき二〇〇両前後を由之と馬之助親子が私的に流用し、「年中不用之人を相集、剰《あまつさえ》近年乗馬等相飼置御武家躰之身持を働候」と告発している。年中用もないのに集会を開き、そのうえこの頃では乗り回すための馬まで飼いおいて、まるでお武家さまででもあるかのような暮らしぶりだ、というのである。

もし、本当に代官所に納入されるべき税金を由之が着服したのであれば、代官所はすぐにも裁定を下しただろう。ところが、文化元年（一八〇四）に提出された「非道糺明願」とそれに次ぐ度々の訴えにもかかわらず、代官所が有罪裁定を下したのは三年後の文化四年（一八〇七）、さらに最終的に家財没収、所払いの処分を下したのはその三年後の文化七年（一八一〇）なのである。その裁定書（文書番号七七）をみると、小前（小規模の本百姓）に買受米の売払い代金を分配しなかったとか、過去一〇年間にさかのぼって買受米割渡帳や町入用の帳簿を紛失している、などと書かれてある。ようするに、代官所には直接利害のないことだが、あまりに町人の一部の訴えがうるさいので、仕方なく由之の経理乱脈を有罪と判定した、といった風なのである。由之は使い込んだとされる金を、代官所にではなく訴えた小前たちに返済した。小前たちの受取証文まで残っている（文書番号八〇、八一）。これをみれば由之が使い込んだ金は代官所に納めるべき年貢としての地子ではなく、実は補助金である買受米からプールした二〇〇石相当の町入用金の使い方をめぐる争いだったことは明らかである。

これらの資料から、天領の大出雲崎に税金は存在しなかった、そして毎年、約五〇〇石（一石＝一両＝一〇万円の概算で五〇〇〇万円）の補助金を町の本百姓（土地家屋を所有し納税義務のある百姓＝出雲崎の場合は農業ではなく漁業や製造業などへの従事者）のあいだで適当に分配していた、と結論してもそう事実から遠いことはないだろう。さらに由之が訴えられた経緯を考えると、町入用としてプールされた二〇〇石分さえある程度再分配されるべき性質のものだったという推論も成り立つ。またその二〇〇石程度の見せかけ納税により、一見貸付金のように装った「買受米」七〇〇石に対し、「皆済状」が発行されたということは、七〇〇石が全額補助金だったことを物語っている。

こうした特権的恩典に、周囲の助郷村の人々が協力していたことは不思議に思われるが、あくまで買受米は表向き貸付金であり、返済しているという建前だったから、近隣の村は補助金であることを知らなかった可能性が高い。それに助郷の村々にもメリットがあった。七〇〇石の買受米は実際に出雲崎・尼瀬に運び込んだりせず、すべてお金で決済されていたのである。年貢米は本来ただで幕府に召し上げられるものだが、その一部が金納を許された場合、農民は市場価格で米を売り、規定の石高をより低い公定価格にもとづく計算で納入するので、手元に多少の現金が残ることになる。金納が許される「買受米」制度は天領の助郷村にも好都合だったのだ。

町から代官所へ何かにつけて提出される嘆願書には、「窮乏」とか「衰微」という言葉が頻出するが、事実とかなり違うのではという印象を受ける。何よりも出雲崎の人々の役人あしらいの巧みさが如実にでているのは「巡見使」の来訪に関する資料であろう。

「巡見使」接待の甘い汁

江戸時代、将軍の代替わりに際して幕府は、施政や民情を視察すると称して上級役人三人を一組にして、全国に派遣した。これを巡見使という。この巡見使が出雲崎に来町した際のさまざまな資料が『町史・海運資料集(二)』第四章（五〇一―六六五頁）に特集されている。『町史・通史編・上』にも『町史・資料編Ⅱ・近世(二)』にも巡見使に当てられた相当数の頁がある。それらを総合し簡略に巡見使が出雲崎に及ぼした経済効果を述べよう。

巡見使には私領（一般大名領）を廻る「御国巡見」と、直轄領（幕領、天領、御料所）を廻る「御料巡見」の二種がある。出雲崎も佐渡も天領なのだから、御国巡見は来なくてもよさそうに思う。しかし、御国巡見使は必ず来て、出雲崎港から佐渡に渡り、また出雲崎に戻ってから次の巡見地にむかう。これは出雲崎が天領といっても、一八世紀以降、越後諸藩の預かり領になっていたせいなのかもしれない。さらに一週間ほど日をずらして御料巡見使もかならず来ており、二重の視察になっている。

出雲崎は視察の対象というより、佐渡に出港・帰港するための基地としての役割が求められた。主な役割は宿泊と船舶の用意である。平均して御料巡見使一行は二八人前後、御国巡見使一行は九八人前後だから、それらの接待には莫大な費用がかかる。御料巡見使の渡航用船舶は佐渡が受持ち、出雲崎まで迎えにくるが、御国巡見使の渡航用船舶は出雲崎の受持ちだった。この御国巡検の船舶の用意と宿泊接待のために出雲崎で消費された総額は、たとえば宝暦一一年（一七六一）では一六三六両余、寛政元年（一七八九）では一九四三両余と記録される。例の一両＝一〇万円の概算で考えると一億六〇〇〇―一億九〇〇〇万円の大金が一ヶ月足らずの期間に出雲崎に落とされたことになる。その負担者は高田藩、長岡藩、新発田藩だ。これをみると参勤交代と同じく、巡見使も有力大名を疲弊させる目的で行われたのかもしれない。

大金はどのように消費されたか。出雲崎にはこと細かな請負文書が見事なほどに残って町史に翻刻されているので、それらによって概説を試みよう。

御国巡見役の三人は、三〇〇〇石から一〇〇〇石級の旗本（将軍直属の家臣）で、それぞれ家来を三〇―四〇人前後連れてくる。一番偉い役人とその家来はいつも橘屋（出雲崎地区の名主＝良寛の実家）に泊る。二番目が敦賀屋（出雲崎の年寄＝鳥井家）、三番目は京屋（尼瀬地区の名主＝野口家）に泊る。家の改装費、宿泊費、賄い費は高くいただく。船は巡見使一行が分乗するお召船三艘、各藩の随行役人が乗る御供船、御馳走船など少なくとも九艘以上が使われた。この船団は、廻船を借り上げて甲板に屋形をつくるなど徹底的に改装し、美しく艤装をほどこして形成された。漕ぎ手（当時の船は帆と櫓の併用で航行した）の水主（かこ）には揃いの着物と帯を新調。船の改造、艤装、運賃、水主の労賃などの総計費用はたいてい一〇〇〇両を越える。出雲崎から佐渡の小木港まで、風向きにもよろうが、当時八時間とはかからなかっただろう。朝出発して夕方には着くという航海だ。日程はかならず海の穏やかな五月から六月（現在の六―七月）に設定されているが、それでも最高のお天気になるまで何日でも日和待ちをし、出発ともなると漁船も沢山伴って大船団を組み、御供船は笛や太鼓や謡曲で奏楽しつつ進む。一行には酒、肴、赤飯、お菓子が配られ、歓楽をつくしつつ小木港に着く。一〇日ほどの佐渡滞在の後、また同様の大騒ぎのうちに出雲崎に戻り、一泊して翌日次の目的地に移動する。

その間に振舞われた御馳走のメニューが『町史・海運資料集（二）』には沢山収録翻刻されているが、垂涎の内容だ。出雲崎沖でとれた魚は海流の関係からか、特別においしいものとして今日でも高級料亭に引き取られ、一般市場にはあまり出回らないのだが、「鯛かき作り」「鯛あわ雪むし」「鯛巻きすし」「すゝき薄作り」「きす細作り」「巻きあわひ」などと高級魚がふんだんに使われている。「いわたけせん」「きんしゆば」「獅子たけうまに」「利きうふき」などどんな料理か分からないが、おいしそうだ。デザートらしきものに「かすていら」「梅やうかん」などもみえる。良寛は「白雪糕《はくせつこう》」という高級な粉菓子を推奨し、「油こいさかなはよくない」などとも言っているが、こうした上品で贅沢な味覚というものは、出雲崎のもてなしの伝統により、幼少時から自然に養われたのだろう。

さてこの巡見使来町の大騒ぎの後には、立派な船が残るが、高田、長岡、新発田はいずれも内陸の藩なので、御召船三艘は安く出雲崎の廻船業者に払い下げられた。この恩典によっても出雲崎は他より有利に廻船業を発達させることができたことは言うまでもない。

ともかく狭い出雲崎・尼瀬地区に莫大なお金が短期間に落ちるのだから、その経済効果は計り知れない。橘屋もその度に三〇―四〇両以上の資金をもらって家屋の大改修を行っている。橘屋は一八世紀中に、宝永七年（一七一〇）、享保二年（一七一七）、延享三年（一七四六）、宝暦一一年（一七六一）寛政元年（一七八九）と五回も宿をつとめた（一九世紀に入ってからも天保九＝一八三八年に巡見があり、失脚したはずの橘屋は由之の子孫であろうか、新左衛門という人物が年寄に帰り咲いていてしかるべき役をつとめているが、これは良寛没後である）。良寛との関連でみると、宝暦一一年、父以南が二

図５　良寛堂（2011年５月３日筆者撮影）

六歳で名主を継いで間もないとき（良寛は四歳）と、寛政元年、弟由之が二八歳で名主職三年目のとき（良寛は三二歳で玉島にいる。父以南は五四歳で元気だったが、すでに隠居している）の二度あたっている。寛政元年の巡見使来町では、橘屋は一行のうち四六名を泊めた記録がある。昔の橘屋の屋敷は、現在の良寛堂【図5】の敷地（間口一〇間、三〇〇坪）の二倍の広さだったと、佐藤耐雪翁も書いている（『耐雪翁追悼録』六三頁）。良寛が帰郷したとされる寛政八年（一七九六）は、寛政元年の巡見から七年しかたっていない。実家は実に堂々たるものだったに違いない。

出雲崎人の商才

一七世紀から佐渡渡海役人の命綱を握った出雲崎人は、つねに痛快なほど役所からお金を引き出す術を心得ていた。出雲崎人にとって金銀は流通する荷物に過ぎず、佐渡に金銀が出なくなっても、さしたる痛手ではなかった。渡海業務が減ったといって買受米という補助金を獲得したし、佐渡が天領で役人の往復が続く限り、出雲崎の仕事は絶えなかった。

公用渡海を請負うからには安全は至上命令である。『町史』には多くの海難事故の記録も収録されているが、それをみて感心することは、一件たりとも金銀、公文書、役人の命が失われた記録がないことだ。せいぜい予定と違う港に着いたとか、水をかぶったという程度である。高い運送料で請けるかわり、絶対の安全を保証しえた背景には、出雲崎で発達した造船技術と操船技術がある。船大工、宮大工の技術集団は有名で、県内外に出稼ぎをしたという。代官やその部下はしばしば江戸と佐渡を往復し、中央の政治文化情報をもたらした。また佐渡からの金銀銅を江戸まで継送する業務を出雲崎人が請負うこともあり、町政の中心人物たちも陳情（代官は基本的には大名と同じく江戸にいた）を口実に、公費で江戸に行く機会に恵まれ、高い政治経済文化情報を入手しやすい立場にあった。この出雲崎人の高い情報収集能力が本来の廻船業務に繁栄をもたらしたことは当然だ。

たとえば、出雲崎の年寄（名主に次ぐ町役の要職）の敦賀屋（鳥井家）は屋号が示すように、慶長年間に敦賀から移住した一族で、橘屋に劣らず文人を輩出した優秀な家系だが、廻船業者としても筆頭に位置する。『町史・通史編・上』（六〇四－〇六頁）には、この敦賀屋の資産が分析されているが、それをみると廻船業の利益は土地の売買、貸家、貸地、金融などに投資され、多角経営により毎年一〇〇〇両を越える資産が蓄積されている。

図６　津田青楓　出雲崎の女　1923年

東京国立近代美術館

図７　門柱のみとなった熊木屋旅館跡
（2011年５月３日　筆者撮影）

同じく廻船業熊木屋の大々的な金融業の実態も詳細に解明されているが（前掲書六一四―二〇頁）、熊木屋は画家津田青楓が良寛堂の落成式（大正一一年九月）に来て泊り、《出雲崎の女》【図6】を描いた熊木屋旅館【図7】の前身（現在は門柱を残すのみ）である。めったに客も来ないと思われる田舎の旅館に、不似合いなピンクの繻子《しゅす》を張ったロココ調の寝椅子やマジョリカ壺や鶴の羽の団扇などは、すべて熊木屋旅館の備品で、背の高い彫刻的にはっきりした顔のモデルは旅館の娘であると青楓は述べている（詳しくは拙著『漱石の美術愛推理ノート』平凡社　一九九八年十二章　地方と異分野への関心――津田青楓に注がれた愛――を参照されたい）。

橘屋の資産はどうか（町史に橘屋資産の分析はない）。文人気質でおよそ商才には縁のなさそうな橘屋の以南、由之親子だが、血のつながりの薄い先祖の橘屋は、少なくとも一六世紀には出雲崎地区にいて、廻船業を行っていたことを証拠だてる古文書も存在する（前掲書二三四―三五頁）。寛永二年（一六二五）の尼瀬地区屋敷割図（前掲書四四四頁）をみると、橘屋は尼瀬地区に三筆・合計一九間の地所を所有している。また、「天正御水帳」という検地記録（これは以南が京屋との抗争過程で自家の由緒正しさを証明しようとして代官所に提出した検地記録であるが、代官所はこれを偽物と断定した。しかし、でっちあげにしても何らかの当時の資料に基づいているに違いない。詳細は『編年史　上』九二一―九四頁を参照されたい）によると、橘屋は出雲崎地区に七筆もの地所を所有し、その間口の合計は三〇間以上にのぼっている。

それらの不動産が以南の代まで全部あったかどうか分からないが、かなりの分は貸地・貸家として橘屋の大きな収入源になっていたのではないか。買受米の五五石程度の収入（これは名主の役料と考えられる）では大家屋、大家族、使用人の生活は維持できないだろう。以南と由之が北海道に渡った記録があるが、これはたんなる文学行脚ではなく、廻船業務だったのではないだろうか。以南の頃から橘屋が経済的に凋落傾向にあると、近代の良寛伝は口をそろえて言うが、『町史』に照らせば、かならずしもそうとは思われない。由之・馬之助親子の公金使い込みを訴える小前百姓の訴状は、彼らの贅沢な暮らしぶりを嫉妬するところから提出されたものだ。しかし以南、良寛、由之、馬之助と続いた文人気質は先祖が営々として築いた資産を維持管理できず、趣味的生活に蕩尽した可能性は高いかもしれない。

いずれにしろ出雲崎には一七世紀から資産家が沢山いたことは確実だ。この蓄積された資本は、幕末には莫大な金融の不良債権化、大火、戊辰戦争、樺太開発（敦賀屋の鳥井権之助は幕府から樺太開発を命じられた）などで、恐らくかなりが失われた。生き延びた資本は明治・大正期に尼瀬の油田開発に投資され、一時の富をもたらしたが、これも佐渡の金同様にすぐ涸れてしまった。そして物流システムが一変した現代では、江戸時代の出雲崎の春は夢なれや、といった風情となっている。しかし江戸時代中・後期の出雲崎は、農村地帯に抜きん出た豊かさを誇る小都市で、財力を背景に文人趣味の流行する素地を充分に備えていたのだった。

また従来の良寛史においては、必ずといってよいほど出雲崎地区と尼瀬地区が対立し、出雲崎地区が新興尼瀬地区の政治力・経済力に屈して衰退していくという風に記述されているが、一九九七年に完結した『町史』をひもとくならば、そんなことは事実でないことは明らかだ。幕末までつねに出雲崎地区の方が人口が多く、買受米代金の分配も六対四で出雲崎地区に多く配られている。また、円滑な渡海業務のために幕命で開発された尼瀬地区を初期に買って入植し、廻船業を始めたのは多く出雲崎地区の富裕層だったことも明らかにされている。すでに述べたように、出雲崎地区の橘屋も尼瀬地区に三筆（間口合計一九間）を所有する地主だった。つまり、出雲崎地区に住んで尼瀬地区に店や貸家や分家を持っている家が多かった実態が浮かび上がってきている。

従来の良寛史の歴史的考察は、佐藤吉太郎（耐雪　一八七六―一九六〇）の、『編年史』の史観に一方的に頼ってきたが、この偏りはただされなければならないだろう。耐雪翁は誠実に資料に当たっているのであるが、膨大な資料を個人で解読することには限界があるし、なによりも尼瀬地区の資産家の家に生れ、石油噴出の好景気にわく絶頂期の尼瀬地区を生きた結果、尼瀬優位と氏に見えたのは自然の成り行きだった。責任はむしろ歴史全般に眼を配らず、いたずらに橘屋と敦賀屋の婿同士のけんかのエピソードばかり引用してきた後世の良寛研究者にあるだろう。出雲崎地区が尼瀬地区との抗争に負けて凋落していったというのは史実に反する。第一、多角経営により抜きん出た資産家となった敦賀屋は出雲崎地区の住人である。廻船問屋はたしかに尼瀬に集中していたが、妓楼や料亭を含む繁華街は出雲崎地区にあったし、橘屋も所払いになったのはわずかな期間で、幕末には年寄に復活している。

両地区の対立抗争という従来の良寛史の視点は、部分的資料に基づく偏見として反省されるべきだろう。資本の蓄積は、出雲崎地区にも尼瀬地区にも等しく進行していったのである。そしてこの全国にも稀な天領の里出雲崎の富裕化こそが、住民の文化度を高め、数寄者文人一家を生む基礎だった。

第2章　出雲崎における文学的風土

芭蕉の出雲崎通過と「荒海や」の句の成立

出雲崎人が読み書きや計算の能力を身につけたのは、当初は金儲けのためだった。見積書、請求書、事業の請負契約書、領収書、なにかにつけての嘆願書など、現在『町史』に収録翻刻されている古文書類は、大部分が役所に提出された書類の控えだが、その高度な文書能力に驚かされる。寺子屋成立は一八世紀後半なので、出雲崎人の早期のリテラシーがどのように形成されたのかは興味深い問題だ。ともかくその嘆願書類はすべて、カタカナ、ひらがなは最小限度にしか交えない和風漢文で書かれている。この高度の文書能力は必要に迫られて獲得したものに違いない。しかしいったん身につけた知識教養は自然に人を精神的高みに引き上げていく。富だけでは満たされないのが人間である。何か美しいもの、精神的なよろこびがほしい。

それに日本海側の一一月から二月にかけての四ヶ月間は荒天続きで、渡海業務はほとんど開店休業、旦那様たちは暇をもてあまし、都で流行の連歌や俳諧をやってみようとなるのは自然の成行だった。『町史・通史編・上』

の第六章と『町史・資料編Ⅱ・近世（二）』の第六章は、こうして一七世紀から形成された出雲崎の文学の伝統に捧げられている。ここでは主にこの『町史』二冊および『編年史　中』に基づき、一七世紀から一九世紀前半、良寛の没年頃までの出雲崎の文学的風土を簡略にまとめてみたい。

　現存する最古の出雲崎人による連歌作品は、寛永一四年（一六三七）の日付を持つ「賦何人連歌《ふすなにびとのれんが》」である。連歌は周知のように、五・七・五の長句と七・七の短句を交互に複数の作者が詠みすすめて、一定の句数（普通は百句＝百韻）に纏める合作詩。参加人数は三、四人から一〇人前後と一定していない。連歌は先の句につかずはなれずに連想と飛躍の妙を競うが、合作の詩的統一を保つために、「賦物《ふしもの》」という約束事がある。この連歌では「〜の人」という言葉を一定の間隔で連歌中に織り込むことだ。たとえば、「賦何人連歌」では、百韻の前半に「さと人」、真ん中に「物おもふ人」、後半に「酔の諸人」と入っている。

　一七世紀、江戸前期の出雲崎の連歌集としては、他に「賦何衣連歌《ふすなにころものれんが》」「賦何花連歌《ふすなにはなのれんが》」「山河」「賦何船連歌《ふすなにふねのれんが》」（以上はすべて手写本）の四作品があり、合計五点が『町史』に収録されている。町史記述者は連の主宰者を、年寄である敦賀屋の主人と推定しているが、それは単にすべての連歌写本が敦賀屋文書中にあったという理由からで、歌集に書いてあったわけではない。歌集にはただ雅号が記載されているだけだ。だから連参加者の職業身分は不明である。連につらなることさえできれば、職業の貴賤、財産の多寡、家柄の新旧などを問わない共和主義的な社交が連だったと思われる。いずれにせよ一七世紀前半、天領になって二一年後の出雲崎には、もう単なる成金ではなく、洗練された文学趣味を持つブルジョワ的町民が沢山いて、社交的文学サークルを組織していたことに、ここでは注目しておきたい。

　この中世的和歌の連歌趣味が近世的俳諧の連歌（連句）趣味にとって代られるのは、京都や江戸では一七世紀半ばであるが、出雲崎はその頃までずっと和歌の連歌の世界にいた。都市部では俳諧の連歌は松尾芭蕉（一六四四―九四）の登場によって、一七世紀末には独立した発句の世界に入っていたのだが、『町史』の資料でみる限り、出雲崎ではまだ俳諧への展開さえ明瞭ではない。これが決定的に変化したのは、芭蕉の『おくのほそ道』が出版（芭蕉没後の一七〇二年）されて以降のことだ。

まず、芭蕉の出雲崎通過をふりかえっておこう。『おくのほそ道』紀行の途中、芭蕉が越後に入ったのは元禄二年（一六八九）六月二七日（新暦八月一二日）で、出雲崎に一泊したのは七月四日（同八月一八日）、越後を出たのが七月一三日（同八月二七日）だった。その間、中村（現村上市）一泊、村上二泊、築地（現胎内市）一泊、新潟一泊、弥彦一泊、出雲崎一泊、鉢崎《はっさき》（現柏崎市）一泊、今町（現上越市）二泊、高田（現上越市）三泊、能生《のう》（現糸魚川市）一泊、市振《いちぶり》（現糸魚川市）一泊と通算一五泊もしている。これは同行の曾良の『曾良旅日記』により判明しているのだが、芭蕉本人の越後路の記述はとても短い。

酒田の余波《なごり》日を重《かさね》て、北陸道《ほくろくだう》の雲に望《のぞむ》。遙々《えうえう》のおもひ胸をいたましめて、加賀の府まで百卅里と聞《きく》。鼠《ねず》の関をこゆれば、越後の地に歩行《あゆみ》を改《あらため》て、越中の国一ぶりの関に到る。此間《このかん》九日《ここのか》、暑湿の労に神《しん》をなやまし、病《やまひ》おこりて事をしるさず。

文月《ふみづき》や六日《むいか》も常の夜には似ず
荒海《あらうみ》や佐渡によこたふ天河《あまのがは》

（『芭蕉　おくのほそ道』萩原恭男校注　岩波文庫　一九七九年による）

と、これだけだ。しかも一ぶり（市振）を越中（富山県）と書いたり、越後滞在を九日間とするなど、事実と違っている。市振は越後の最西端の地で、越中との境の関所があった（ながく青海町の一部だったが、近年の合併で市振も青海も糸魚川市になった）。これらは事実誤認ではなく、紀行文全体をひとつの作品として構成するために熟慮した結果なのではないか。とくに市振での作――

一家《ひとつや》に遊女もねたり萩と月

という句の物語的趣向は、およそ「荒海や」の句と並ぶのにふさわしいとは感じられない。この句の情趣を際立たせるには、越後路から場面転換する必要があったのだろう。

いずれにせよ越後路を語る文の簡潔は、かえって「荒海や」の句の比類ない美しさを印象づけるのに絶大な効果をあげた。「荒海や」の句は『おくのほそ道』出版後、中でも際立った名吟として急速にひろまっていく。ただ『おくのほそ道』の記述だけでは、この句が出雲崎での作かどうかは確定できない。その上、都合の悪いことには『曾良旅日記』の天候の記述に、四日の朝は快晴とあるのに、夜は「夜中、雨強降」とある。

また曾良は日記とは別に作句の覚書『俳諧書留』をも残したが、それを見ると、「荒海や」の句は、直江津での連句の後に「七夕」の句として独立に書かれている。それゆえ、江戸時代の最初の注釈書『奥細道菅菰抄《おくのほそみちすがこもしょう》』の著者蓑笠梨一《さりゅうりいち》は、この句を今町（直江津＝上越市）での作と解説しているが、蓑笠梨一は、直江津からでは遠すぎて佐渡は見えないということを知らないのだろう。それに『曾良旅日記』によると今町の二泊ともやはり雨だった（岩波文庫版『おくのほそ道』には『曾良旅日記』『俳諧書留』『奥細道菅菰抄』も併収されているので、参照されたい）。

けれども芭蕉はあくまで芸術的表現を求めたのだから、単純な目前の事実のみ詮索するのは愚かというもの。結局、『おくのほそ道』のみからでは、詠んだ場所は特定できないのだが、芭蕉は「荒海や」の句に特別の思い入れがあったらしく、この句についての詞書ともいえる文「銀河の序」を書き残して亡くなった。この文は『おくのほそ道』出版の四年後の宝永三年（一七〇六）に、門人森川許六編の『風俗文選』に収められてひろく世に知られるところとなった。これによって「荒海や」の句は、やはり出雲崎の宿で、佐渡の歴史に深く思いをはせて構想されたことが明白になり、以後、出雲崎は一種俳諧の聖地として文人の憧れの的になっていく。芭蕉は「銀河の序」に推敲を重ね、数種の文例を残したが、ここでは『風俗文選』に採録された稿をみよう。

銀河ノ序　　芭蕉

北陸道に行脚して越後ノ國出雲崎といふ所に泊る。彼佐渡がしまは海の面十八里、滄波を隔て、東西三十五里によこおりふしたり。みねの嶮難《ケンナン》谷の隅《クマ》〳〵まで、さすがに手にとるばかりあざやかに見わたさる。むべ此嶋はこがねほおく出て、あまねく世の寶となれば、限りなき目出度嶋にて侍るを、大罪朝敵のたぐひ、遠流せらるゝによりて、たゞおそろしき名の聞へあるも、本意なき事におもひて、窓《マド》押開きて暫時の旅愁をいたはらむとするほど、日既に海に沈で、月ほのくらく、銀河半天にかゝりて、星きら〳〵と、冴《サヘ》たるに、沖のかたより波の音しば〳〵はこびて、たましゐけづるがごとく、腸《ハラワタ》ちぎれてそゞろにかなしびきたれば、草の枕も定らず、墨の袂なにゆへとはなくて、しほるばかりになむ侍る。

あら海や佐渡に横たふあまの川（風俗文選）

（『芭蕉文集』潁原退蔵編註　岩波文庫　一九四〇年による）

曾良の日記によれば、出雲崎の前の宿泊地は弥彦である。二人は七月四日、快晴で風がかなりあるなか、朝、辰の上刻（九時頃）に弥彦を発ち、峠を越え、下る途中にある西生寺に立ち寄り、日本最古の即身仏と伝えられるミイラの弘智法印像（後述）を拝み、山を下って野積の浜にでた。新潟から弥彦までは内陸路だから、二人は西生寺を下る途中か、下りきった野積の浜でようやく佐渡島を見たと思われる。野積は弥彦山（六三四メートル）の裾野の寺泊側でやや海に張り出しており、佐渡は寺泊町の裏浜から見るよりさらに大きく見える（西生寺の境内からも、降りて来る途中にも佐渡が大きく見える地点はあるが）。「東西三十五里によこおりふし」とか、「みねの嶮難谷の隅〴〵まで、さすがに手にとるばかりあざやかに見わたさる」の記述は、野積の浜に出て、初めて水平線の大部分を占める佐渡を見たときの強烈な印象からきたものか。出雲崎からでは「みねの嶮難の隅々まで」は見えないと思う。三十五里もちょっと大袈裟で、本当はその半分くらいか。しかし確かに寺泊あたりからだと佐渡は視界に入る水平線の三分の二は占めている感じがする。寺泊に子供の頃住んだ記憶では、雨上がりのときなど、赤泊のあたりの土色と緑色が見分けられたし、大佐渡と小佐渡の区別もでき、冬には金北山の頂の雪も見えた。出雲崎からだと佐渡は寺泊よりひとまわり小さく見え、柏崎からだともっと小さい。直江津からでは多分見えないだろう。

もっともこの佐渡の見え方の記憶は一九五〇年代のもの。佐渡の見え方が気になりだした二〇〇〇年一〇月から二〇〇一年七月までの間に、一一月、二月、三月、五月、七月と五回も行ってみたが、柏崎、出雲崎、寺泊のいずれの地からもほとんど見えなかった。七月半ばの快晴の日に柏崎から弥彦まで海岸線を車で走ってみた。よい気象条件の日と思ったが、柏崎では見えず、出雲崎でもだめ、やっと寺泊あたりからようやくかすかに見え始めた。もっとも大きくくっきりと見えるはずと期待した弥彦山の山頂からさえ、うっすらと青く霞んでいた【図8】。子供の頃私の家は寺泊の海岸段丘の中腹にあって佐渡と向かい合っていたが、佐渡の見えない日などほとんどなかったような気がする。半世紀以上の時がたち、車社会になり空気の透明度が著しく失われたのだろう（二〇一一年五月連休にも訪れてみたが、好天にもかかわらず、佐渡は寺泊からさえ見えなかった）。しかし、車も発電所も工場もなかった江戸時代には「手にとるばかりあざやかに」見えていたのに違いない。

野積、寺泊から出雲崎までは二〇キロ弱、芭蕉主従は、ずっと右手に海と佐渡を見ながら、佐渡の金山や遠流の歴史を思い、句を構想しつつ歩いたと思われる。西日を浴びながら二人が出雲崎に着いたのは、申の上刻（夕方四時頃）だった。七月四日は現在の八月一八日にあたる。お盆過ぎの日本海はもう土用波と呼ばれるうねりが強くなり、くらげが押し寄せ、海水浴は終わり、浜茶屋もたたまれる頃だ。

四日は風が特記されている。台風の接近であろうか、波も高かっただろう。だから晩夏あるいは初秋の「荒海」は誇張ではないし、「夜中、雨強降」を深夜のことと考えれば芭蕉が日没後に窓を押開いたとき、星が瞬いていた可能性はあり得る。無論、文学であるから、現実は闇夜であっても構わないが。いずれにせよ、『おくのほそ道』だけではっきりしなかったが、『曾良旅日記』と「銀河の序」を併せて検討すると、「荒海や」の句は寺泊から出雲崎への道中から構想され、出雲崎の宿でそのイメージが決定したことは明白だ。

こうして『おくのほそ道』と「銀河の序」が世間にひろまるにつれ、出雲崎は次第に日本全国俳人の憧れの地になっていった。歌人が歌枕の地を訪ねるように、俳人は出雲崎を目指す。そして、かの俳聖芭蕉の出雲崎滞在に気づかず、何の交流も持てなかったことを恥じた出雲崎人は、以後、俳諧文学に傾倒し、同地を訪れる文人たちを熱烈に歓迎するようになっていく。

図８　弥彦山中腹からみた佐渡島（筆者撮影）

全国俳人憧れの地となった出雲崎

芭蕉の頃から良寛の没年頃までに出雲崎を訪れた文人墨客を、『編年史』『町史・通史編・上』からひろってみよう。

天和三年（一六八三）　大淀三千風　俳人
元禄二年（一六八九）　松尾芭蕉　俳人
元禄二年（一六八九）　河合曾良　俳人
宝永二年（一七〇五）　池西言水　俳人
宝永四年（一七〇七）　東華坊支考（各務支考）　俳人
正徳三年（一七一三）　摩詰庵雲鈴（吉井雲鈴）　俳人
正徳三年（一七一三）　神風館涼菟（岩田涼菟）　俳人
延享四年（一七四七）　盧元坊（仙石蘆元坊）　俳人
明和五年（一七六八）　以哉坊（安田以哉坊）　俳人
明和五年（一七六八）　太無居士　俳人
明和七年（一七七〇）　頼春水　詩人
明和八年（一七七一）　加舎白雄　俳人

安永四年（一七七五）	加藤暁台（久村暁台、暮雨巷）	俳人
天明元年（一七八一）	五十嵐浚明	画家
天明四年（一七八四）	五適杜澂	詩・書・画家
寛政元年（一七八九）	大村光枝	歌人・国学者
寛政一一年（一七九九）	柏木如亭	詩人
文化六年（一八〇九）	亀田鵬斎	詩・書・画家・儒者
文化年間	谷文晁	画家
文化八年（一八一一）	釧雲泉	画家
文化一二年（一八一五）	柏木如亭	詩人
文政元年（一八一八）	十返舎一九	戯作者
天保二年（一八三一）	巻菱湖	書家

こう列挙してみると、一八世紀半ば過ぎまでは出雲崎来訪文化人はおおむね俳人だが、一八世紀末からは漢詩人、画家、書家、国学者、作家が主体になっている。これは出雲崎特有の現象ではなく、江戸時代文化の動向を如実に反映する結果であろう。時代の複雑化に伴いあまりにも短詩形式の俳諧は文学の中心ではなくなり、真の文人（今日の言葉でいえば芸術家）は詩・書・画一致の才を持つべきだとする清朝の文人観の影響下で、江戸後期の教養の中心は漢詩文に移行していた。しかしここでは、良寛の父で俳人の以南出現の歴史的背景として、前半の俳人の来訪とその影響についてのみ述べよう。

まず最初に名のあがっている大淀《おおよど》三《み》千《ち》風《かぜ》（一六三九―一七〇七）は、伊勢出身の江戸前期談林派の代表的俳人で、神奈川県大磯町にある西行の遺跡・鴫立沢《しぎたつさわ》に庵を営み、西行の事績の顕彰に尽力したことでも名高い。天和三年（一六八三）から約七年にわたり全国を行脚し、その途中で出雲崎へも立ち寄ったらしい。その成果は『日本行脚文集』として元禄三年（一六九〇）に上梓された。西行に傾倒する芭蕉が『おくのほそ道』の旅に出たのは、まさに三千風の先例にならったのだとも言われている。

「凩《こがらし》の果はありけり海の音」の句で有名な池西言水《ごんすい》（一六五〇―一七二二）は、奈良出身で江戸と京都で活躍した俳人。漢詩文の風韻を取り入れて談林俳諧の卑俗を克服する試みでは、むしろ芭蕉に先行する俳諧改革者の一人だった。芭蕉より長命だった言水は、江戸で交流のあった芭蕉をなつかしんで出雲崎を訪ねたのだろうか。いずれにせよ池西言水以下の人々は、みな『おくのほそ道』と『風俗文選』中の「銀河の序」の影響を受けて出雲崎を訪ねているのだから、まさに出雲崎には前期江戸俳諧史が濃縮されていると言っても過言ではない。文考、雲鈴、盧元坊《ろげんぼう》は美濃派といわれ、涼菟《りょうと》は伊勢で活躍したので伊勢派といわれているが、いずれも蕉風を大衆化した田舎蕉門として俳諧の全国的大衆化に力を発揮していた。

では諸国から訪れる俳人を受け入れる出雲崎の文学状況はどうだったのか。芭蕉が越後の旅で二泊以上し、句会が持たれたことの知られる村上、今町（直江津・現上越市）、高田（現上越市）はいずれも城下町、港町、宿場町として出雲崎より古い伝統を持つ土地柄である。当然それらの土地には紹介状を受け取るような蕉門の俳人がいて、俳諧の連が形成されていた。ところが出雲崎文壇はまだ連歌の世界にいたらしい。紹介状を受け取った俳人はいなかったようだし、芭蕉と曾良の泊まった宿さえさだかではない。かつては芭蕉公園（敦賀屋跡【図9】）前の大崎屋に泊まったとする説があり、それらしい古い木造家屋に「芭蕉が泊まった大崎屋」の看板があったように記憶する。ところが近年行ってみたら、その家は新しい民家に建て変わっていた。芭蕉主従の通過に誰も気づかず、町人と何の交流もなかったのだから、泊まった宿が分かるはずもない。観光目当てのいい加減な看板を撤去したのはむしろ町の見識というものだろう。

しかし、『おくのほそ道』と『風俗文選』が出版されるや、一気に出雲崎にも俳諧熱が高まった。芭蕉の訪れに気づかず、句会を催せなかったことを、出雲崎人はどんなにか悔やんだことだろう。このときの失敗を繰り返すまいと、出雲崎人は一八世紀に入ると、訪れる俳人、文人を常に熱烈歓迎した。出雲崎にはそうするだけの経済力があり、旅の文人を食客として保護することが、天領の町の名家のステータス・シンボルと化してもいた。

宝永四年（一七〇七）に蕉門の十哲のひとりで、美濃派の祖とされる各務支考（一六六五―一七三一）が出雲崎を訪れたときには、北溟、楚由ら一三人の出雲崎俳人が連を組んで歓待し、句会を行った。その成果は支考の句集『夏衣』（宝永五＝一七〇八年刊）に収録されている。

吉井雲鈴（?―一七一七）は南部盛岡の産で、武士の出身というが森川許六の門人で各務支考とも親しかった。雲鈴は摩詰庵あるいは茶九連寺婆丹人とも号した。やはり美濃派の俳人と考えてよいのだろう。彼は芭蕉の「銀河の序」に魅せられてか、何度も出雲崎を訪れ、あまりの居心地の良さについに出雲崎を永住の地と定めた。尼瀬の養泉寺の門前に庵を結び、多くの出雲崎俳人を育て、出雲崎に没した。

盧元坊（一六八八―一七四七）は各務支考の高弟で、越後には三度も来て美濃派俳諧を広めた。盧元坊編『三物拾遺』には、出雲崎連中として、北溟、楚由ら六名の句が収録されている。

図９　芭蕉公園（山側　敦賀屋跡）（筆者撮影）

出雲崎俳壇の形成

こうした蕉門俳人との交流のなかで出雲崎にも多くの俳人が育っていった。まず、青白楼《せいはくろう》楚由《そゆ》という名が注目される。『町史』執筆者によれば、敦賀屋五代目の当主鳥井祐誓と見なされるという。彼は出雲崎俳人の句集『俳諧あまの河』を、京都の版元橘屋治兵衛から出版している（享保一五＝一七三〇年）。ところが彼は上京に疲れたのか、出版の完成をみるかみないかという時に京都で客死した。まだ三〇歳の若さだったという。

詳細は『町史・資料編Ⅱ・近世（二）』をみていただきたいが、芭蕉の「銀河の序」への追慕にあふれた内容である。まず巻頭に芭蕉の「銀河の序」をかかげ、ついで支考に「橋供養序」という文と「たなばたや其夜あらたにはしの霜」という句を寄せてもらい、出雲崎青白楼連中の句のほかに、他国（伊勢、尾張、越前、美濃、越中、京都）の俳人の句も収めている。このような編集は若い地方俳人の力だけでできるとは思われない。支考ら美濃派俳人の協力を仰いだと想像されるが、そのためにはよほどの財を消費したことだろう。ここでは青白楼連中の連句「七夕の橋」をみてみよう。

翠簾の香もそよたなはたの橋通り　楚由
　千種も店をかさる初月　北溟
みの笠におよはぬ雁の旅馴て　其芳
　十軒たらすこれも一村　文水

（以下略）

まず、なぜ「橋供養」かというと、芭蕉の「荒海や」の句は、「文月や六日も常の夜には似ず」に続く「七夕」の句として発表されたことによる。先に挙げた『風俗文選』の文例では七夕の句と断定できないが、「銀河の序」にはいくつもの文例があり、備中の正興の撰になる『柴橋』（元禄一五＝一七〇二年）に収録された文では、

ゑちごのくに出雲崎といふところより、沖の方十八里に佐渡が島見ゆ。（中略）折ふし初秋七日の夜、宵月入果て波の音とう〳〵とものすごかりければ

あら海や佐渡によこたふ天の川

となっている。芭蕉が実際に出雲崎に泊まったのは旧暦七月四日だが、「荒海や」の句は七日、七夕の夜の作として公表されたのだった。七夕の夜牽牛と織女は、ふたりを隔てる天の川に一夜だけ架けられる鵲《かささぎ》の橋を渡って、束の間の逢瀬を持つ。芭蕉は「佐渡によこたふ天の川」に、永遠にかなわぬ恋の気分を託したのだが、出雲崎の俳人たちは敏感に「恋の架け橋」を読み取り、この句が出雲崎で詠まれたことを運命と受け止めた。出雲崎は佐渡と越後を結ぶ架け橋だという思いも込めての「橋供養」なのである。

俳諧の連歌（連句）は、五・七・五と七・七が繰り返されるので、一見連歌と同じように見えるが、巻頭の五・七・五を発句、次の七・七を脇句、次の五・七・五を第三句、四句目の七・七を挙句という。この四句は一巻の起・承・転・結にあたり、以下くりかえされる連句は一括して平句という。三六句で一巻とするのが普通だった。これを三十六歌仙にちなんで「歌仙を巻く」という。発句の連想喚起力により一巻が複数の人間で制作さ

れる世界に稀な共作文芸形式である。一八世紀前半の出雲崎には、歌仙を巻くような趣味人が多くいて、出版まで行われていたことは注目に値する良寛誕生の歴史的背景であろう。

俳諧は本来滑稽な意味を含んでいるが、青白楼連中の作にもどことなくユーモアが漂っている。芭蕉は歌仙を巻く一方で、発句を独立させて俳句とし、自然を詠みながらそこに個人の内面の表出を志向する文学形式をつくり、その詩情は蕉風（正風）とたたえられた。しかし、出雲崎連中の作風は芭蕉に心酔しているわりには蕉風でないように私には感じられた。俗談平語を主張する美濃派の影響が強いのだろうか。

見失われた俳諧伝燈塚の発見と再建

夭逝した敦賀屋五代目当主の青白楼楚由なきあとを継いで、出雲崎俳壇のリーダーとなったのは、「七夕の橋」において脇句をつけていた近青庵北溟《きんせいあんほくめい》である。彼は出雲崎人であることは確かながら、何家の人か不明とされているが、近青庵社中を結成して出雲崎のみならず、越後全域にわたって活躍し、『夜雨稿』『続夜雨稿』など多くの句集、俳文集を刊行した。わけても北溟の重要な業績は、芭蕉、支考、盧元坊と蕉門の代表者が三代にわたって出雲崎を訪れたことを記念する「俳諧伝燈塚」の建立に尽力したことだ。『編年史』著者佐藤耐雪の推論によれば、この石碑は敦賀屋六代目主人で俳人の二狂荘浮涯《にきょうそうふがい》が発起人となり、北溟が撰文して宝暦五年（一七五五）に敦賀屋別邸聚遠亭に建立されたもので、あわせて発句集「伝燈塚」（後述）も編まれたという。

ところがこの出雲崎俳諧隆盛の金字塔ともいうべきモニュメントは長らく見失われていた。現在、出雲崎の妙福寺にある「俳諧伝燈塚」は、江戸時代の書物『越後碑銘集』（観励著）によってその存在と碑文を知り、探索を続けていた耐雪の発見の賜物だ。氏は古老の言葉を頼りに敦賀屋別邸聚遠亭跡を探した折には発見できなかったが、明治二七年頃、偶然にその石碑が妙福寺境内の墓の下石にされているのを見つけ、寺僧と計ってこれを同寺境内に建て直した。さらに氏は、碑文が磨滅して判読不能になっていたので、『越後碑銘集』の記載より復刻した石碑を、その隣に並べて建てた（大正八年＝一九一九）という。

二〇〇一年五月一九日、妙福寺を訪れてみた。妙福寺は芭蕉園を過ぎて尼瀬地区の岩船町に入ってしばらく行った山側にある。小刻みで急な石段【図10】を百段近く登りきると、正面に本堂があり、二つの俳諧伝燈塚はすぐ左手に並んであった【図11】。背が低く黒みがかった石が元の石碑で、背が高く白っぽい御影石が再建の碑である。ふりかえればすぐ下に出雲崎港がみえた。

図10　妙福寺へ上る石段（筆者撮影）

図11　俳諧伝燈塚
左が本来の碑　右が新しい碑（筆者撮影）

再建碑の正面には約二五〇字からなる漢文で、宗鑑らの連歌に始まり、芭蕉の蕉風確立に至る歴史を述べ、芭蕉、東華坊（支考）、盧元坊と三代にわたる蕉門俳人の出雲崎来訪を讃えて、俳諧伝燈塚を建立するという趣旨が刻まれている。白い石面に細かい漢字がびっしりと彫り込まれていて、現場で読み取ることは難しいので、関心のある方は、『町史・通史編・上（八三八頁）』あるいは『編年史　上』（三七六頁）を参照されたい。それらによれば、文末に「宝暦五年乙亥三月十二日　近青庵北溟謹誌」とあるので、文の執筆者は北溟とわかる。その文学史的教養をちりばめた漢文は、北溟の教養の高さとともに、出雲崎俳壇の知的成熟をも示すものであろう。向かって右側の側面には、出雲崎を訪れた芭蕉、東華坊（支考）、盧元坊のゆかりの句が刻まれている。

五月雨の夕日や見せて出雲崎　　東華坊
荒海や佐渡によこたふ天の河　　芭蕉翁
雪に波の花やさそふて出雲崎　　盧元坊

さらに左側の側面には、耐雪の塚再建の辞と句も刻んである。

俳諧伝燈碑年久文字漫患不可読因考旧記重建之規画造営略其旧　　大正十一年三月
毬唄に伝へて御船歌悲し　　耐雪

この「俳諧伝燈塚」は訪れる人も稀な風情だったが、良寛以前の出雲崎に、すでに誇るべき文学の伝統があったことを証明する重要なモニュメントなのだから、もっと知られてもよい史跡であろう。

近青庵北溟とは誰か

この俳諧伝燈塚を建立した出雲崎俳諧最盛期の中心人物北溟が、どこの誰かまったく分からないというのは不思議だ。耐雪は次のように述べている。

宝暦十二年（一七六二）『続夜雨鴉（鴉は稿の誤りと思われる。以下訂正して引用する）』を名残に北溟入滅せしか。近青庵北溟が享保十二年（一七二七）出版の『桃の首途』に――卯の花や幽霊くさき薄月夜――の名吟を載せし以来、本年自著『続夜雨稿』出版に至る四十年間雲浦俳連の牛耳をとり、盧元坊の応待を初め俳諧伝燈塚の建立等幾多の業績を残し、自著四五冊を京都橘屋書林より出版せしめ、中越の一大宗匠として浮涯、以南、旦水外多数の面々を門人に、雲浦俳諧爛熟時代を出現せしめたりしが、其姓氏を詳にせざるため、『続夜雨稿』上梓後、其吟詠に接せざるは或は白玉楼中の人となりしにはあらざるや、近青庵の近の字より考証して、万元阿闍梨（国上寺住職）が雲鈴訪問の際立寄りし、近江屋鎌田氏にあらずやと推察せらる。近江屋は敦賀屋と橘屋の中間山側住吉町（現長井医院）にありて、歴代旅館兼宿駅問屋を勤め、町年寄たりし時代もあり明治末年新潟へ移住せるもの也。（『編年史　上』三九八頁）

さて、『町史・通史編・上』と『町史・資料編Ⅱ・近世（二）』の記述はどうか。両書ともにほとんど『編年史』を踏襲するだけで、北溟とは誰かを追及していないし、追及するうえで有力な資料も提出していない。そのうえ耐雪が目にしえた原資料がもう失われているらしく、『桃の首途』はまったく言及されていない。耐雪は北溟の自著を四五冊（これは四、五冊と読むのだろう）と表記しているが、具体的書名、根拠は挙げていない。『町史』が北溟の関わった句集の版本として挙げているのは、次の八冊である。

『盧元坊句会記』　延享四年（一七四一）
『近青庵社中初会』　寛延二年（一七四九）
『茶九蓮寺』　宝暦四年（一七五四）
『俳諧十二題』　宝暦五年（一七五五）
『俳諧伝燈塚』　宝暦一〇年（一七六〇）
『夜雨稿』　宝暦一二年（一七六二）
『続夜雨稿』　明和元年（一七六四）
『俳諧三玉抄』　明和元年（一七六四）

『町史』にみる注目すべき新情報としては、「北溟は『諸国文通俳名俗名』〈新潟市　田中夢外文庫〉に、西郡祐悦とある」（『通史編・上』八三五頁）という記述と、「晩年麦林派に関心を寄せたこと、僧籍にあったらしいことなどが知られる」（同書　八四一頁）という記述である。しかし、『諸国文通俳名俗名』という文献の著者名、版元、版年が挙げられていないので、信頼できる資料なのかどうか、いささか心もとなく思われる。

出雲崎はおろか越後全域に有名だったという北溟なのだから、当時は素性について何の疑問も抱かれない名家の出身者と想像されるのに、西郡という姓は『出雲崎町史』に全くみあたらない。『町史』は出雲崎と近隣一帯の旧家の所蔵する古文書により構成されているが、それらの旧家名のなかにも西郡の名はない。それゆえ私は、『諸国文通俳名俗名』の記述に疑問を禁じ得ない。さらに耐雪の推定する近江屋説は、近江屋の子孫に北溟あるいは俳諧に関する資料が一切伝わっていないことを思えば、説得力がない。

もし氏がいうように北溟の『桃の首途』が享保一二年に京都の書肆橘屋から出版されたのであれば、『町史』が出雲崎で最初の版本としている『俳諧あまの河』（享保一五年）の出版に先立つこと三年である。すると楚由と北溟はほとんど同世代と思われるし、俳諧の道においてはむしろ先輩だった可能性もあろう。しかも楚由なきあと俳諧の宗匠として連を組織し、編著作品を次々に出版しているとすれば、彼は財力も格式もある出雲崎屈指の名家の家系の出に違いない。

なお、御風が伝える尼瀬の小黒家の唐紙の下貼りから出て来た以南の蔵書目録の断片（第３章を参照されたい）中に、『桃の首途　上中下揃』があることも注目に値する。小黒家は良寛の詩を最初にたたえた『無礙集』の著者大忍魯仙の実家（後述）なので、小黒家と橘屋は親交があり、橘屋と北溟もきわめて深い関係があることを示唆している。

ところで、いったい出版にはどれくらい費用がかかるものだろうか。『編年史』に北溟編著本の値段が載っている（京都町二条橘治兵衛の発行目録より、とある。上巻四〇〇頁）が、『茶九蓮寺』一冊二匁、『俳諧十二題』二匁六分、『夜雨稿』二匁六分などとある。これを私流の米一石＝一両＝銀六〇匁＝銭四〇〇〇文＝約一〇万円相当という大雑把な換算で計算すると、二匁＝三三四〇円位となる。ごく薄い冊子であろうが、今日の価格で四〇〇〇円前後の定価だったと推定できる。安くはないが、沢山売れるとも思えないから、出版の都度、上京し長期滞在して発注、校正等をするのに要する大変な出費を、売上代金でまかなえたとは思えない。連の参加者全員が資産家とは限らないだろうから、費用の最大の負担者はやはり連主宰者北溟なのではないか。とすれば、北溟の家は資産家に違いない。

もし『町史』執筆者（『通史編・上』第六章　穂刈喜久男　磯野猛　田中宥暢　『資料編II・近世（二）』第六章　田中暢文　磯野猛）諸氏が、出雲崎きっての資産家で年寄でもある敦賀屋の五代目当主誓祐を俳人青白楼楚由、六代目を俳人二狂荘浮涯、七代目を俳人巵言《しげん》であるとみなすのならば、同じく資産家で名主でもある橘屋の代々の当主も有力な俳諧連中のメンバー、あるいは主催者だったとみなすべきだと私は提案したい。もし、宝暦九年に「浮涯追悼句」を残している「野口野紅」なる人物が、尼瀬の名主京屋野口家の当主であると仮定すれば（『町史・資料編II・近世（二）』七一四頁を参照されたい。町史編者はとくにそう推定しているわけではないが、蓋然性は高いと思われる）一層、橘屋の当主がどこにも存在しないことは社交界の成り立ちからして不自然に思われる。

これまで良寛研究家たちは、以南が婿養子に入る以前の橘屋には文学趣味はないと記述している。しかし、以南以前の橘屋が俳諧熱と無縁と考えるのは早計だ。橘屋は由之の代に財産没収・所払いの処分（第1章を参照されたい）を受けたので、重要な文書が多く失われるか、敦賀屋に引き継がれたことを忘れてはならない。もしかしたら小黒家にも引き取られたのかもしれない。それに以南を婿に貰い受けた養父の新左衛門は、名主職を高齢の父にまかせ、父がその職に耐えないほどに衰えると、自分を飛ばして養子以南に名主職を継がせたという不可解な事実がある。養父は一体何をしていたのだろう。

宝暦九年　以南橘屋を継ぎ名主役となる。

良寛が生まれた翌年、即ち宝暦九年、以南が二十五歳の時、如何なる事情からか、養祖父新左衛門は家職を孫に当たる以南の手に引き継がしたのである。多分、養父は病弱か何かで其の任に耐へなかったのであろう。

（『編年史　上』三八三頁）

以南が婿入りした時、名主だったのは養祖父で、養父は相当の年配で家に同居していながら、無役だったということは実に奇妙だ。橘屋の当主は新左衛門、次郎左衛門、または左門という名のどれかを襲名することになっている。養祖父と養父はともに新左衛門だったので、多くの良寛研究者はこの名主襲名を飛ばされた「新左衛門」の存在に気付かなかった。それに以南は養子で血の繋がりがないので、以南以前の橘屋の人々を考察することは、良寛研究において無意味と見なされているらしく、系図でも与板の実父は書いてあるのに、出雲崎の養父は省略したものさえ見かける。

耐雪が無役の養父の存在にふれた根拠は、良寛の弟由之（橘屋山本新左衛門泰儀）が寛政一一年（一七九九）九月に、水原奉行所に提出した「家筋書《いえすじがき》」である。これは当時、尼瀬にあった代官所を昔通りに出雲崎地区に復帰させたいという意見書の提出に先立って、いかに出雲崎の橘屋が古く由緒正しい歴史的家柄であるかを述べた文書である。長いので全文は『編年史　上』（六二三―二五頁）または相馬御風『良寛百考』（一―三頁）を参照していただきたいが、その最後の部分に次のようにある。

一　右社領御寄附之後、吉田殿え神道繼目仕許状頂戴仕候上は、御支配御役所江御届申上、苗字帯刀にて、名主役兼帯仕來申候、則曾祖父左門繼目仕候節、御役所に差上候御届書之冩壹通相添奉差上候。

一　然る處、先達ても奉申上候通、右左門長命にて、祖父新左衛門儀は、御役中繼目不仕亡、父次郎左衛門儀、寶暦九卯年繼目仕、橘伊織と職分許状頂戴仕候。

右社領由緒並家筋書等荒増奉申上候處、少も相違無御座候、以上。

寛政十一年未年九月　　　名主　　橘屋新左衛門

この文書により、曾祖父（ここでは新左衛門ではなく左門となっているので要注意）の代に神社領を寄進して、近世神道を支配していた吉田家から式内十二神社神官に任命されたこと、その旨を役所に届け出て、名主と神職の兼任を了承されていること、苗字帯刀を許されていること、この曾祖父左門が非常に長命だったので、祖父新左衛門は役職を継がず、父次郎左衛門（以南）が宝暦九年（一七五九）に両職を継ぎ、神職については橘伊織と名乗ることを許されたことが分かる。祖父（以南の養父）新左衛門は名主も神職もともに継いでいない。

『町史』はこの由之の家筋書を無視して、以南が名主と神職を継いだのは、養父新左衛門が病死した明和元年（一七六四）以降であろう、としている。つまり、『町史』編者は養父新左衛門が役を飛ばされたことを認めていないように思われる。理由は煩雑になるので簡略にとどめるが、宝暦年間の公文書では以南をさして「名主新左衛門名代新之助」とあることによる。しかし文書の内容を読むと、新之助こと以南が宝暦九年から実質的に名主の仕事をしていたことは明らかであるし、養祖父が公職に就かなかったことは特段名誉なことではないのに、周知のこととして由之が記述している以上、信用すべきものと思う。

養曾祖父は宝暦一一年（一七六一）七月一一日に没し、養祖父は明和元年（一七六四）一一月一四日に没したとされ、その間二年しかない。若いうちに隠居して趣味の生活を送るというのが江戸時代人の理想だったといわれているが、曾祖父は死の近くまで働き続けたのである。あとを追うように二年後に亡くなった新左衛門はいったい何をしていたというのだろう。この疑問に対しては『編年史』も『町史』もまったく答えていないが、私は次の耐雪の記述に注目した。

北溟の死は何年であるか判然としませんが、宝暦十二年に『続夜雨稿』を刊行して以来、四年後の明和三年（一七六六）に行はれし摩詰庵雲鈴五十年忌に北溟が参列してゐないところから考へも、その後ヒッタリ消息を伝えてゐないところから考へても、此四年間に白玉楼中の人となった事は疑ないと思はれます。

（『編年史　上』四〇〇頁）

一方、『町史』にも北溟の没年に関して有力な情報が載っている。『編年史』は北溟の最後の著作を宝暦一二年の『続夜雨稿』としているが、『町史』はもう一冊発掘し、明和元年（一七六四）の『俳諧三玉抄』（麦林派＝伊勢派の俳人である麦林舎乙由、守黒庵柳居、暮柳舎希因の句を北溟が選句したアンソロジー）を北溟最後の仕事として挙げている。その序文に「明和申の春日　北溟散人」とあるので、彼は公職を持たない閑人であり、かつ明和元年の春には生存していたことが分かる。さらに『町史』執筆者は北溟の年齢を楚由より三歳年少、浮涯より五歳年長と仮定すると、『俳諧三玉抄』を出したとき六〇歳前後と考えられるとしている。明和元年（一七六四）一一月一四日に亡くなったとされる以南の養父新左衛門も同じような歳頃だったのではないか。つまり、北溟と新左衛門の死期は限りなく重なるということに気付く。

結論として、私は以南の養父山本新左衛門こそ近青庵北溟だった、と強く主張したい。そう考えると様々な疑問が一気に氷解するのである。北溟に関する資料の大部分が橘屋でなく敦賀屋文書中に含まれていたことが、研究者の判断を曇らせたと思うが、これは由之の代の文化七年（一八一〇）に家財取上所払いの処分を受けたことを思い起こせば納得がいく。橘屋の管理していた重要文書の多くは、年寄敦賀屋に引き継がれたのである。

北溟は父新左衛門（左門）が若くて健在だったので名主職も神官職もまかせ、自分は在家僧の形をとりながら、俳諧宗匠の仕事に専念し、越後各地の俳諧連中と交流を深めていたのだろう。そして子が育たなかったので、養子を迎えることにしたのである。山本新左衛門が、与板の庄屋新木家の次男（重内・泰男）を選んだ理由は、家柄だけでなく、泰男の並々ならぬ俳諧の才にあったのではないか。橘屋の当主は敦賀屋と肩を並べるためにも、単に名主の行政力のみならず、俳諧の指導力も求められていたに違いないからである。

それに近青庵を青白楼（現芭蕉公園）に近い家、北溟を山側の敦賀屋から見て北方向の暗い海のほとりに住む男という意味と解するならば、それはまさに橘屋（現良寛堂のあるところ）の住人をさしている。しかもその命名には、三歳ほど年長の青白楼楚由に対する敬意が含まれている。名主橘屋と年寄敦賀屋は町政のみならず、文学や学問においても協力して町をリードし、また覇を競ってもいたのではないだろうか。決して反目するような関係ではなかったはずだ。

良寛史の誤解——橘屋と敦賀屋

私はここで良寛研究家や出雲崎町史研究家に、橘屋を失脚に追いやったのは敦賀屋だという思い込みを、敦賀屋の名誉のためにも再考していただきたいと提言する。尼瀬の住民である耐雪は、由之の公金使込みを訴える資料がすべて敦賀屋文書中にあったことから、単純に裁判の仕掛人は尼瀬の京屋と結託した敦賀屋であると思い込み、その思い込みの上に立って良寛史を構成した。しかし、『町史』編纂事業により、耐雪の眼を逃れた資料が数多く出そろった現在では、その思い込みを正しいとすると説明のつかないことが沢山ある。

まず、宝暦九年（一七五九）の敦賀屋六代目当主の俳人二狂荘浮涯の死に際して、以南が『浮涯追悼句集』を編んだことだ（『町史・資料編Ⅱ・近世（二）』七一五頁）。これは、文学を媒介として橘屋と敦賀屋は緊密な間柄だったことを示す。その後、婿入りして間もない一五歳の敦賀屋一〇代目長兵衛との間に多少のトラブルがあったが、それで両家が決定的に対立することはなかったとみるべきだろう。根拠の一例を挙げれば、晩年の良寛と鳥井直右衛門（敦賀屋十代長兵衛の隠居後の名とみなされる）のあいだに交わされた親しい交流を証明する書簡（『定本・三・書簡・170・171』）の存在である。それに直右衛門は、文化七年（一八一〇）に五〇歳で隠居しているが、この直右衛門の隠居と橘屋の由之の所払い処分とが同年であることは何を意味するのだろうか。

これらの疑問をもって一連の資料類をよくみると、出訴人の連名中に敦賀屋長兵衛の名は見いだせないことに気付く。それどころか、「橘由之病気に付出頭猶予願」という長兵衛名義の役所宛文書が存在する。これは敦賀屋がむしろ橘屋をかばっていたことを証明する書類であろう（『町史・資料編Ⅱ・近世（二）』八〇―九〇頁）。出訴人たちは比較的零細な小前百姓（出雲崎の場合には土地を所有する漁業者、商工業者）であり、前章で書いたように、訴えの真相は買受米という名目の補助金の分配不足への不満だった。名主の由之が町入用の金を私的に使ったというなら、年寄の敦賀屋が連帯責任を問われなかったのは不思議だ。年寄は名主の暴走をチェックする責任があるはずだから、由之の処分と同年の直右衛門の引退は、みずから連帯責任を認めた結果ではないだろうか。文化的に洗練されすぎた旧家の当主二人は、小前百姓相手のかけひき町政にうんざりしていたのかもしれない。引退した二人はその後、本来望んでいた文人生活に専念して充実した生涯を全うした。

それに財産を没収されたはずの由之は別段困った風もなく、父以南の実家のある与板の中心街に庵を結び、吟行旅行に明け暮れ、晩年には島崎の木村家に寄寓する良寛と親しく交流し、兄弟和歌巻まで制作した。橘屋の失脚も一時のことで、息子馬之助は文政六年（一八二三）には出雲崎の隣の井鼻村の庄屋になったし、天保五年（一八三四）には出雲崎年寄橘新左衛門の記名のある文書も存在する。結局、橘屋は失脚十数年後には復活していたのだった。これは敦賀屋が承認しなければ、ありえないことだろう。

また、尼瀬の名主京屋は、橘屋を尼瀬の百姓の成り上がり者と断罪する文書を役所に提出した（宝暦一三年）が、『町史』はこの説を、敦賀屋文書中にあった天正、文禄、寛永年間の橘屋の活動を記録する古文書を根拠に退けている（『町史・通史編・上』二三四頁）。もし耐雪が言うように、敦賀屋が尼瀬の京屋と手を組んで橘屋の失脚を図ったのだとすれば、橘屋の由緒正しさを証明する文書を敦賀屋が大切に保存しておくのも変ではないか。北溟関係資料、以南の立派な蔵書の一部が、敦賀屋鳥井家に今日まで保存されてきたことも、両家の関係の良さを物語っている。一時的にトラブルがあったとしても、長期的にみれば両家はよきライヴァルとして常に文化的に出雲崎をリードしてきたのである。名主と年寄が俳諧の宗匠であり連の主宰者であった町、そして有力な町人もみな連に連なっていた町、この出雲崎の特別な文学的風土こそが良寛誕生の根本的背景なのだった。

第３章　父以南の肖像

良寛の母の名

芭蕉に始まった出雲崎俳諧史の頂点にいたのは、私の推論によれば近青庵北溟こと第一一代橘新左衛門である。彼は父第一〇代新左衛門（由之の家筋書では左門）の健康と長命をよいことに、名主の仕事を任せ、自分は俳諧宗匠の生活に専念していた。もし子が誕生したらその子に名主を継がせ、自分は宗匠生活をまっとうする気でいたのだろう。ところが目算は狂って、子は育たなかった（「山本家譜」には〈橘新左衛門。明和元年甲申十一月没。子新之助夭死す、伊織〈以南〉を養嗣とし、宝暦九年養祖父の職を伊織に譲る〉とある）ので、佐渡の分家（寛永年間に橘屋は佐渡の相川に分家した）からまず娘を養女に迎えた。彼女が天明三年（一七八三）四月二九日に四九歳で没したことは良寛自筆の過去帳から判明しており、逆算して一六、七歳頃出雲崎の橘屋にきたと推量されている。医療の未発達な江戸時代に血統の途絶はよくあり、養子、ときには夫婦養子を迎えて家名を存続させることは日常的に行われていた。多少の血の継承を意図して分家の娘をまず養女にしたが、一〇〇年も前の分家ゆえその意義は薄いかもしれない。ともかく出雲崎橘屋はこの養女に婿を迎えて家名の存続を図った。選ばれた婿は与板の割元庄屋の次男で、俳諧ですでに頭角を現していた新木重内・泰男（一七三六―九五）という青年。紛らわしいので以後俳人としての号「以南」で通すことにする。与板側の確実な文献から婚姻は宝暦五年（一七五五）と確定しているが、以南の生年は没年からの推定。養女の生年も没年からの推定で一七三四年生まれとされ、以南より一、二歳年長だったようだ。

この分家の娘、すなわち以南の妻で良寛の母である女性の名は、良寛の著作にも他の同時代文献にも一切でてこない。ただ良寛自筆の橘屋過去帳に、戒名として「樹林院法音蓮秀大姉」とある【図12】ことを根拠に、山本家譜がまず母の名を秀子とした。しかしこの家譜は、西郡久吾がその著作『北越偉人沙門良寛全傳』（大正三年目黒書店）を書く際に、由之の子孫の山本鉄之助に制作を依頼したものだから、「秀子」の命名者は山本鉄之助と西郡久吾といってもかまわないだろう。しかし戒名はかならず俗名の一字を含んでいるとは限らないらしいので、この名はあくまで仮称だった。それゆえ、昭和六一年（一九八六）九月に磯部欣三（本名本間寅雄。毎日新聞記者、佐渡史研究家、後に佐渡博物館館長）が『良寛の母おのぶ』（恒文社）を上梓して、母の名は秀子でなくおのぶであると主張して以来、世の良寛学者は雪崩を打っておのぶ説に乗り換えた。

氏の良寛の母＝おのぶ説の根拠は、氏が「佐渡國略記」という資料を研究し、その資料の寛延三年（一七五〇）のところに、

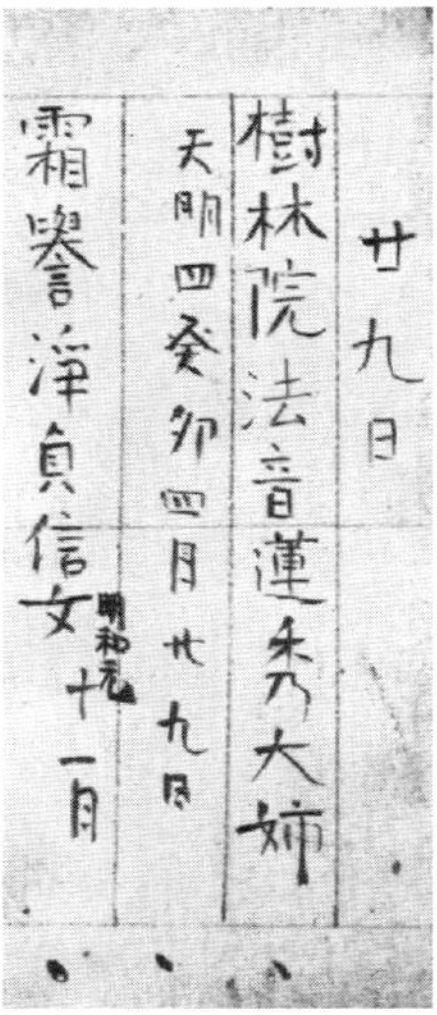

図12　良寛が書いた母の戒名

午　六月五日出御判（注・出国許可）ニて大間町橘屋庄兵衛姉《ママ》おのぶ、越後出雲崎橘屋新左衛門方江差越、名跡新次郎目合候ニ付、母おみね並びに庄兵衛上下五人、各八日相川出立、同七月十三日帰ル、新次郎、年十七、越後新津生

という記載を発見したことによる。さらに翌宝暦元年（一七五一）には、

未四月十八日、出雲崎新左衛門方ゟ《ヨリ》養女おのぶ大間町橘屋庄兵衛方江、上下三人ニて来ル、内（欠）、是者去年兄庄兵衛方ゟ新左衛門方へ遣婚礼致、此度里帰リニ来リ候由

という里帰りの記録まであるという。この記載から氏は、良寛の母となる娘の名は「おのぶ」であり、没年から逆算して出雲崎に嫁いだのは一六歳のときであり、夫となる相手は、新津出身の新次郎という名の一七歳の若者だったと主張した。つまり最初に橘屋の名跡として迎えられた養子は与板の以南ではなく、新津の新次郎であるが、何かの理由でその婚姻関係が破棄され、その五年後に以南と再婚した、という主張である。さらに氏は「佐渡國略記」の享保一五年（一七三〇）の項に、

戌　八月廿日出判ニて、大間町橘屋庄兵衛娘おそのを、越後出雲崎橘屋新左衛門方江婚礼、庄兵衛夫婦上下拾七人ニて、廿一日相川立

という記述をも発見し、先代庄兵衛の娘が出雲崎橘屋新左衛門（以南の養父、私が推定するところの俳人近青庵北溟）

の妻だったとも主張した。つまり「おその」はおのぶの実の叔母だった。これはいかにもありそうなことで、反論の余地のない資料の出現である。

しかし、肝心の「佐渡國略記」なる資料についての磯部欣三の紹介の仕方があまりにも簡略ずさん非学術的であるため、私は直ちに信用する気になれなかった。新発見資料により新説をたてるのであれば、その資料の原本第何巻の何頁に記載されているかを明記し、該当頁の写真を掲載するくらいの学術的良心を私は要求したい。

さらに奇妙なことは、この同じ資料を使って田中圭一がほぼ似たような論理を展開する著書『良寛――その出家の実相』（三一書房）という本を、磯部欣三が『良寛の母おのぶ』を出版したのと同じ一九八六年に出版していることだ。ふたりとも当時は佐渡在住だった。磯部が九月、田中は三ヶ月遅れの一二月出版である。両氏は同時に「佐渡國略記」を調査した研究仲間に違いないのに、磯部はただひとり自分で発見したような口ぶりで、

昭和五十六年の一月かあるいは前年の霜月のころだったでしょうか。私は県立佐渡高校（佐渡　佐和田町）の四階の一室にある「船崎文庫」で『佐渡国略記（伊藤三右衛門聞書）』を、一枚一枚めくっていました。淡い雪が校庭を舞っていた、そういうかすかな記憶があります。（三二頁）

と書いている。ところが田中圭一は、

私は同じく郷土史を志す磯部欣三氏といっしょにあつぼったい和本の曲がりくねった文字を一字一字読んでいた。時おり和紙をめくるくぐもった音だけがする静かな秋の日だったように覚えている。こうして一つの記録が発見された。『佐渡国略記』巻十三、寛延三年の条に（以下略）

とあって、田中の著書では磯部とふたりでこの発見をしたことになっている。ところが発見の年は書いていない。しかも季節は冬と秋の違いがある。磯部欣三とは筆名で本名本間寅雄、佐渡出身で執筆当時は毎日新聞佐渡支局記者だった。なぜ佐渡で著名な新聞記者がこの本だけ筆名にするのか、筑波大教授で知られる田中は、当時資料を管理する佐渡高校教諭だったことをなぜ、おくびにも出さないのか。田中の「佐渡國略記」に関する説明は『佐渡國略記』は寛永一二年（一六三五）から天保七年（一八三六）までに佐渡に起きた出来事を、奉行所の記録によりながら相川町の町年寄伊藤三右衛門が大小を分かたず書き綴った三二巻の貴重な記録」とあって、磯部の本よりは少しましといった程度。磯部と田中両氏は、新潟県文化財保護委員の歴史研究者で、良寛学の権威としても当時名を馳せていた宮栄二と佐渡の歴史調査で一緒に仕事をしたことがあるらしい。ともに宮を後ろ盾として「良寛の母はおのぶ」説を展開している。田中がこの発見を宮に面会して直接報告したのは、資料発見からしばらくした一九七七年（昭和五二）のことだったと同書内に記述しているので、田中のこの新資料発見は一九七六年（昭和五一）頃のことと推測される。ところが磯部はこの発見を一九八一年（昭和五六）の一月頃と書いている。何となく変だ。

さらに奇妙なのは、磯部、田中両氏の発見を強力に支持する宮が、おのぶの最初の夫＝新津の新次郎とは新津の庄屋桂誉章《えいしょう》ではないかと何の根拠もなしに示唆したことだ。これに同調する田中は『良寛――その出家の実相』において新次郎＝桂誉章説を強力に主張し、さらに一九九四年（平成六）に『良寛の実像――歴史家からのメッセージ』（ゾーオン社）を出版し、ついに良寛は離縁した新次郎とおのぶのあいだに生まれた子であって、以南の実子ではない、とする仰天の新説を主張するに至った。氏の論説を要約すれば、新次郎は桂家の妾腹の子なので橘屋に入婿したが、桂家嫡男が出奔したため桂家を継ぐ必要が生じ、おのぶと離縁した。しかしそのときおのぶは身ごもっており、以南との婚姻前に出産したのが良寛であるから、良寛は実は四歳年齢をごまかされており、のちに出生の秘密を知った良寛は、出家して家督を以南の実子の由之に譲ったのだという。

しかし宮栄二の推理は、出雲崎の橘屋に見合う格式の家は新津では桂家しかないと勝手に決めこんで、同家の系図を調べるよう田中に示唆したにすぎない。このことは田中自身が両書中に誇らしげに述べている。そこで田中が見つけた家系図は当時も存続していた桂家に伝わる正統なものでなく、公民館職員斉藤久夫の所蔵であるうえに、系図の下書きだという。写真図版はもちろん提示されていないし、その資料の信憑性は一切問われていない。田中はその下書き系図中に、年齢のあいそうな子の存在を妾腹の家系に見つけたが、その名前は「六又」であって新次郎ではない。橘屋との養子縁組や離縁を証明する記述も一切ない。ただ、三代誉章の実子が「日本廻国御出」と記載されているので、妾腹で出雲崎の橘屋に養子になっていた六又様が呼び戻されて四代誉章になったと、田中が想像しただけなのだ。桂家の系図も橘屋との婚姻も離縁もまったく学術的証明を欠いている。

あまりにも釈然としないので、まず「佐渡國略記」の資料としての性格を調べてみようとインターネットで検索してみた。するとなんとこの資料は、磯部、田中両氏の著書の発行年と同じ昭和六一年（一九八六）の一月に翻刻されて上下二巻の刊本として出版されていた。発行元は新潟県立佐渡高校同窓会。さっそく国会図書館で閲覧してみた。序文によると、同高校は実業家舟崎由之寄贈の郷土史関係古文書のうち、「佐渡古実略記七巻」と「佐渡國略記三四巻」を、創立九〇周年記念事業として刊行することになり、昭和五一年から翻刻浄書編集作業が行われてきたのだという。そして驚いたことには学内事業推進者の筆頭に田中圭一の名があった。筑波大学名誉教授、群馬県立女子大学教授を歴任された氏は当時佐渡高校教諭であられたのだ。なぜ二冊の著書でおのぶ説を主張しながら、「佐渡國略記」翻刻事業の当事者だったことにまったくふれないのだろう。またのちに佐渡博物館館長になった本間寅雄は『良寛の母おのぶ』だけを磯部欣三というペンネームで書いたのだろう。刊本上巻に両者が引用した「おそのの婚姻」「おのぶの婚姻」「おのぶの里帰」の記事は確かに引用通りに存在した。しかし活字翻刻本の記載は隙間なくつめて印刷されていて、原本の記載の形状がまったく分からない。内容は佐渡奉行所の記録を写したものという。役人の交代、動向を中心に、住民の死亡記録、事故、災害、産出金銀輸送記録など多岐にわたるが、出産記録と婚姻記録は比較的少ない。「出御判」「出判」というのは、役人が私用で渡海する場合と、民間人が渡海する場合に使われていた。大間町橘屋の記事は他の渡海記事や婚姻記事に比べ、異例の詳しさで目をひく。大間町橘屋はかなり有名な家だったのだろう。

原本をみたいと思いさらに調べると、舟崎文庫資料の主要部分はマイクロフィルム化されており、佐渡まで出かけなくても、その焼付を印刷製本したものを、立川市にある「国文学研究資料館」で閲覧できることがわかった。さっそくこれも閲覧してみた。三項目とも実在した。反論の余地のない確実な資料である【図13、14、15】。非常に読み難い字で、翻刻版コピーと対照してようやく読めた。ともかく良寛の祖母の名は「(お)その」、母の名は「(お)のぶ」と通称されていたことはこれで決定。「お」は親愛の情を表す接頭語なので、良寛の祖母と母の正しい名は「その」と「のぶ」とすべきかと思う。図14の四行目「新次郎、年十七、越後新津生」は改行して余白に書かれている。

ただ納得がいかないのは由来不明の系図下書によって、論証のないままに新津の庄屋四代桂誉章と新次郎を同一人物とする田中圭一の論である。しかし、この無理な展開は宮栄二の示唆に先導されて書かされたかのようにも読み取れる。中越地方にしか残っていない良寛の足跡を下越地方にまで拡張したいという宮の誤った郷土愛が、自分の影響下にある若い研究者に強引な論の展開を強制した可能性はないだろうか。

ところで私は、良寛研究には母の名やその出自、存在をそれほど問題にする必要はないと思う。なぜかというと、内輪に見ても二千点以上にのぼる漢詩、和歌、俳句、散文、書作品の真作に間違いないと私が信じる作品のなかで、母が登場するのは、わずかに次の和歌二点しかないからだ（渡辺秀英氏が『良寛出家考』（考古堂書店　昭和四

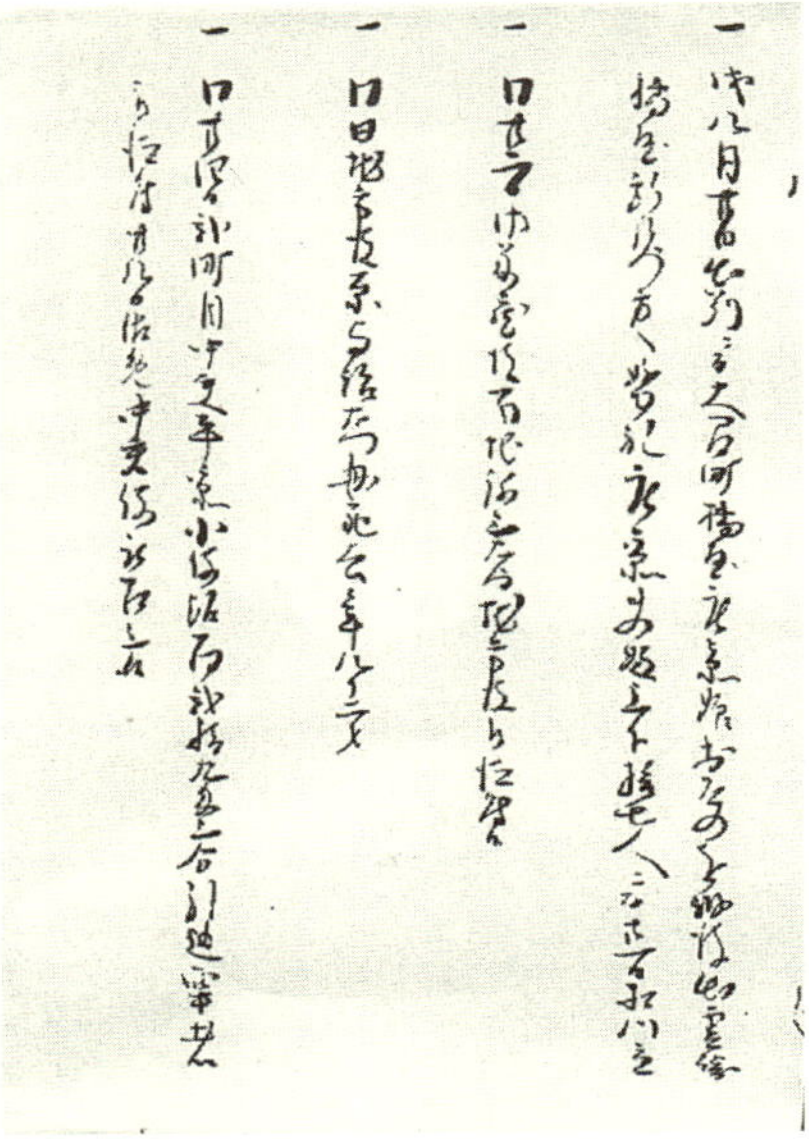

図13　「佐渡國略記」おその婚礼の記述

図14　「佐渡國略記」おのぶ婚礼の記述

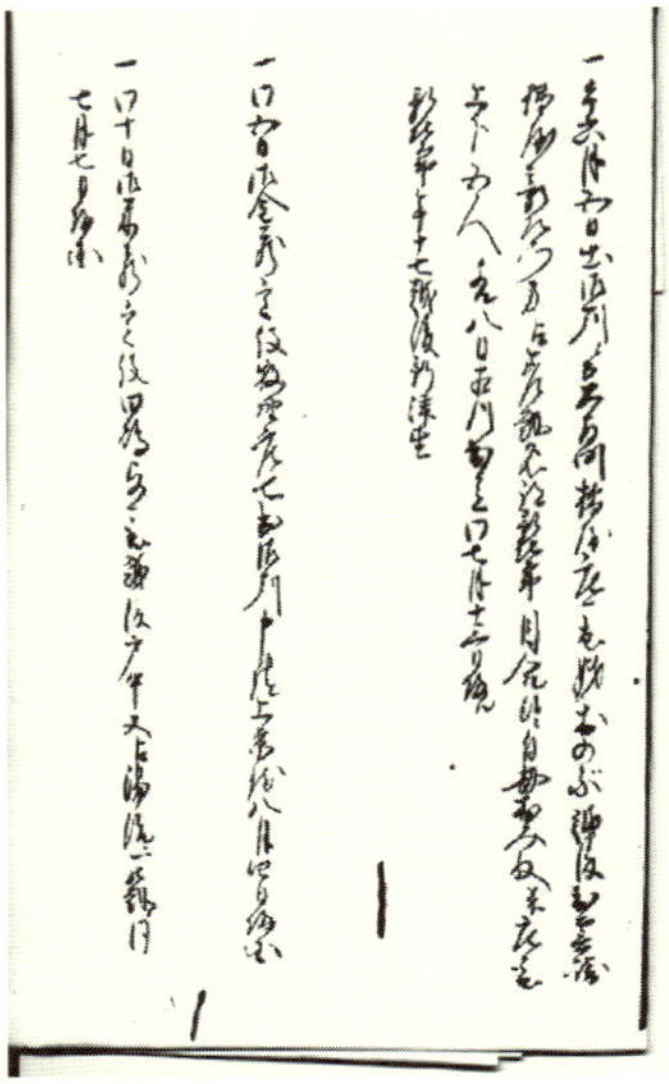

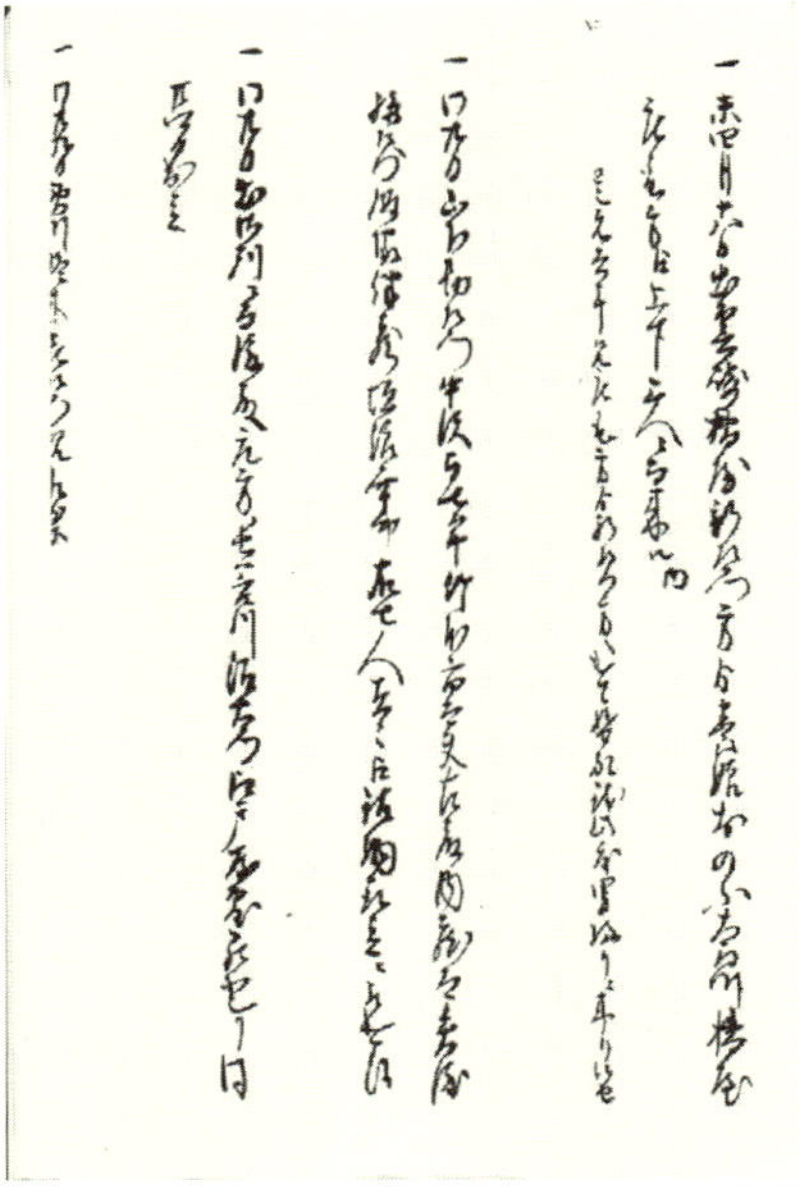

図15　「佐渡國略記」おのぶ里帰りの記述

図13
一、戌　八月廿日出判ニて、大間町橘屋庄兵衛娘おそのを、越後出雲崎橘屋新左衛門方江婚礼、庄兵衛夫婦上下拾七人ニて、廿一日相川立

図14
一、午　六月五日出御判ニて大間町橘屋庄兵衛娘おのぶ、越後出雲崎橘屋新左衛門方江差越、名跡新次郎目合候ニ付、母おみね並び庄兵衛上下五人、各八日相川出立、同七月十三日帰ル
新次郎、年十七、越後新津生

図15
一、未四月十八日、出雲崎新左衛門方ゟ養女おのぶ大間町橘屋庄兵衛方江、上下三人ニて来ル、内（欠）、是者去年兄庄兵衛方ゟ新左衛門方へ遣婚礼致、此度里帰リニ来リ候由

九年刊〕においてはじめて紹介した上杉篤興摭編「木端集」にある「題しらず」＝「出家の歌」に母がうたわれているではないか、と異議を唱えるひとがいるにちがいないが、この長歌は自筆本にも他の信頼できる写本にも存在しない。良寛の作ではなく、良寛を崇拝する上杉が良寛の立場を想像してつくった上杉の作と私は考える。上杉篤興については後述)。

　　このごろ出雲崎《いづもざき》にて
たらちねの母《はは》が形見《かたみ》と朝夕《あさゆふ》に佐渡《さど》の島《しま》べをうち見《み》つるかも　（『定本・二・823』）
（数種の遺墨があり、「たらちねの母がみ国と朝よいに佐渡の島根をうち見つるかも」「かも→かな」「佐渡→佐度」などの多少の違いがあるが、同一の歌の修正とみなされる。）
沖《おき》つ風《かぜ》いたくな吹《ふ》きそ雲《くも》の浦《うら》はわがたらちねの奥《おく》つ城《き》どころ　（『定本・二・271』）
（おきの風よ、どうかそうひどく吹かないでおくれ、出雲崎は私の母のお墓のあるところなのだから。）

　この二首はいずれも晩年に出雲崎を訪れた折に詠まれた。母に対する哀惜の念は感じられるが、それ以上に踏み込んで母の人格について何か語るものはない。良寛にとって母は、水や空気のような過不足のない存在、いるだけで満足な存在だったのだろう。芸術的天才に母が影響を及ぼす場合は、常に母の異常性――母の不在、冷酷な母、子を溺愛しすぎる母など――があげられることは、天才の病跡学の常識だ。良寛の内面で母があまり問題になっていないところをみると、良寛の母は精神的にバランスのとれた賢母だったに違いない。
　一家において母だけが確実な文学的作品を残していないことも注目される。「たらちねの」の歌には、平凡で善良な母はあんな淋しい島国に育ったのだ、という憐憫の情がかすかに漂っている。良寛も父以南も一度として佐渡に行った記録はなく、行きたいという心情の表れた作品もない。良寛は弟妹には多大の関心をよせて手紙や作品を残しているのに、母に対しては無関心といってもよいくらい淡泊だった。それが佐渡の人々にすれば、歯がゆいのだろう。良寛ゆかりの地として佐渡にも目を向けてほしいという気持は理解できる。同様に良寛の足跡がまったく知られていない新潟や新津（現在は新潟市秋葉区）が、良寛とのゆかりを切望する気持も分かる。しかし良寛の内面にさしたる影響のない母にエネルギーをついやすのは、研究にとって意味がない。

母にひきかえ、父以南はいつも良寛にとって強烈な存在だった。芸術と学問への憧れは父の影響である。そして父は芸術的資質においては常に乗り越えるべき壁であり、ライヴァルだった。父はまたその特別な死に方（後述）により、良寛の心に生涯消えることのないトラウマを残しもした。良寛に最大の影響を及ぼした人物は、師の大森子陽でも国仙でもなく父だと言いたくなるほど、良寛に父以南の影は色濃い。さらに芸術的天才は遺伝的資質に負うところが大きいが、佐渡の母の家系にも新津の桂家の家系にも際立った芸術的天才の系譜が認められないことを考慮するならば、以南が良寛の実父であることは明白ではないか。百歩ゆずって良寛の母が最初に迎えた婿が新津の新次郎であると仮定しても、三年後に離縁されたということは、橘屋の期待する子どもが生まれなかったからだろう。親戚の娘を養女に迎えたのは、多少なりと橘屋の血の入った跡継ぎの誕生を期待してのことだから、三年たっても跡継ぎが生まれないとなれば、離縁されるのは血縁のない入婿の方に違いない。たとえ「のぶ」が再婚であろうと、以南こそは良寛の父と、私は改めて強く主張したい。母は良寛研究にとって重要なテーマとなりえないが、父は避けては通れない。ここに私が、父以南について一章をたてる理由がある。

以南の婿入り

推定するところ天文元年（一七三六）に生まれ、宝暦五年（一七五五）に橘屋に婿入りした以南の、婿入り以前の経歴はまったく知られていない。しかし、彼が出雲崎にきて初めて俳諧の道に入ったのでないことは、『編年史』の次の記述によっても明らかだ。

以南入婿後、名主の若旦那として、最初に何人と交遊したかは興味ある問題で、当時の文学青年たる以南が、まず第一に同町内にある近青庵北溟の門を叩いたことは、疑を入れぬ事実と認め得られるのであります。それは以南入婿の翌年三月に建立されし、俳諧伝燈塚の竣工式に出席して既に四、五句を入吟してゐるのでも分かります。以南が近青庵の門に入るや、如翠の旧号を改めしことは「編者所蔵」の左の俳文によって明らかであります。

家門に俳諧の信者ありてむかしは如翠の号を飾りて曲節に翔《かけ》り、今はその翠色の艶をぬいて正風のほそくに立かへれば爰《ここ》に一人の作者といはん、されや以南と号を改るものは猶又四方にその名を顕し風雅に千里のよしみを結はゞ、はやく老後の楽をしれる人といふべし。

正面はどちらからでも柳かな　　近青庵北溟

などと其賀を述べ、いかに若い門下生を寵愛して指導せしか。

（『編年史　上』三七五頁）

つまり北溟（私の推理によれば名主を継がなかった橘新左衛門）は、如翠の号で派手な句を詠んで目立っていた若者の才能に注目し、号を以南に改めさせ、蕉風の「細み」にたちかえるよう指導し、その将来性に期待しつつ、自分の後継者として婿養子に迎えたのである。北に対して南という号にしても、後継者としての暗黙の相互理解があったことを感じさせる。

さて『編年史』によれば以南の婿入りは宝暦四年(一七五四)一九歳の時だが、『与板町史』(後述)によれば、それは婚約の成立年であり、実際に祝言が行われたのは翌年の宝暦五年(一七五五)二月一八日、二〇歳の時だった(『与板町史　資料編　上巻』七一〇頁。年齢は没年が一七九五年、六〇歳ということからの逆算)。北溟が敦賀屋の浮涯と協力して、俳諧伝燈塚を建てたのは宝暦五年三月だから、以南の婿入りはその一ヶ月前ということになる。

そしてその塚完成を記念する発句集が北溟撰で編まれた。一応建立と同年の作として『編年史』も『町史』も収録しているが、『町史』編集のときにはもう原典が見当たらなかったらしく、『編年史』の記載のみが頼りとなっている。しかもその耐雪も「(出所忘る)」と書いている、わずか四三句からなる小句集なのだが、そこに北溟六句、以南四句が収録されているので比べてみよう。

北溟

凩《こがらし》の声はとどかぬ都かな

顔見ては憎い人なし冬籠《ふゆこもり》

ちる時も飲めるけしきの桜かな

行春やでむかへ木津《こづ》の女子ども

早乙女の中にあはれや髭男

干瓢《かんぴょう》に顔撫でられし今朝の秋

以南

傘《からかさ》に息をして飛ぶ霰《あられ》かな

霞む日もかすまぬものや雉子《きじ》の声
露をもつ欲は知たる蓮《はちす》かな
七夕や明けても星は恋の闇
（『町史・資料編Ⅱ・近世（二）』七一三—一四頁。なお町史の出典は『編年史　上』の三七六—七七頁）

北溟の作風はパロディ（「凩」の句は言水の「凩のはてはありけり海の音」を思わせる）だったり、掛詞やユーモラスな対照の妙を捉えた美濃派的作風。これに対し以南の句には、生物のように激しく傘に音をたててぶつかる霰とか、霞が立って不鮮明な空間を、鋭く切り裂く雉の一声とか、感受性の鋭さが際立つ。特に第三の牽牛織女の永遠の悲恋を詠う句は魅力的だ。北溟ならば、「翠色艶に過ぎたる句」と批判するかもしれないが、私は七夕の句として出色の作と思う。天明俳諧に先行するロマン主義的抒情俳人の誕生を感じさせる。

与板という町

二〇歳前後で、かくも新鮮な文学の風を出雲崎俳壇に吹き込んだ以南は、与板（三島郡与板町＝現長岡市）の割元庄屋新木与五右衛門の次男である。だから、以南を生んだ与板の文化的背景も見ておく必要があろう。後に良寛がしばしば訪れ、弟由之が余生を送ることになるこの町も、単に父の実家や親戚があるというだけではない特別の魅力と栄えた歴史を持つ町なのだった。与板町も立派な町史六巻を平成一一年（一九九九）に完結させている。

『与板町史　資料編　上巻　原始古代・中世・近世』　平成五年（一九九三）
『与板町史　資料編　下巻　近世・近代・現代』　平成五年（一九九三）
『与板町史　民俗編』　平成七年（一九九五）
『与板町史　文化財編』　平成七年（一九九五）
『与板町史　通史編　上巻　自然・原始古代・中世・近世』　平成一一年（一九九九）
『与板町史　通史編　下巻　近代・現代』　平成一一年（一九九九）

これら町史の助けを借りて、与板町のプロフィールを描いてみよう。与板は、中越地方の中心都市長岡から一〇キロほど北上したところ、信濃川がゆるやかに湾曲し、中洲を抱いて最大の川幅に達するあたりに位置する。その中洲（馬越島）をめがけるように、三島郡の丘陵地帯の水を集めた黒川が注ぎ込んでいる【図16】。

丘陵地帯を背にした河川合流部の平野という、非常に住みやすい条件を備えた与板の歴史は、縄文時代にまで遡る。徳昌寺墓地一帯の縄文遺跡からは、縄文中期土器の精華ともいえる火焔型土器も多数出土している。与板の文化の古さはこの一例によっても知られるのだが、古代・中世は省略して、出雲崎の歴史に合せて近世から記述しよう。

慶長八年（一六〇三）に徳川家康が江戸幕府をひらくと、豊臣時代に越後全域を治めた大名堀氏は改易され、家康の六男松平忠輝が任命されるが、これも元和二年（一六一六）に改易された。ここまでは出雲崎と同じ。越後はあまりに広大で資源も豊かなので、一大名に支配をゆだねることは危険と考えられたのか、以後、分割統治が計られた。

一六一六年から出雲崎は天領となり、与板はまず三条藩領となった。ついで元和六年（一六二〇）には長岡藩牧野忠成の所領となり、寛永一一年（一六三四）に忠成の次男・康成が一万石を分封され与板地方の大名となる。この長岡藩の分家牧野氏の与板藩は六八年間続くが、元禄一五年（一七〇二）、三代目康重のときに小諸に移封される。

そして一時的な幕領化を経て宝永三年（一七〇六）に、掛川藩（静岡県）の藩主だった井伊直矩が二万石の大名として新たに与板藩に移封された。ここに彦根藩（滋賀県）井伊家と親戚である伊井家二万石の与板藩が成立し、幕末まで続くことになる。

与板は小藩ゆえに参勤交代もなく、藩主は江戸屋敷にいて幕府の御用を勤める時代が百年余続く。しかし六代目藩主直朗は、後に老中となる田沼意次の四女と結婚して江戸城若年寄にまで出世した。この出世が功を奏して七代目藩主直暉の時、昔年の悲願の与板城築城が許可される。藩主の御国入りも初めて文政六年（一八二三）に行われ、ようやく与板住民は殿様の顔を見ることができたのだった。以後、参勤交代も始まり、現在の新町あたりの山側一帯、約七千坪に藩主居住部分と武家屋敷からなる与板城（中世の天守閣のある戦闘むきの城ではなく、大名屋敷というべきもの）の建設が始まり、文政五年には棟上げ式を行ったとの記述が町史にはある。しかし完成の記述はない。弘化二年（一八四五）の地図をみると武家屋敷のほうには居住者の書き込みなどがあって完成がうかがえるが、藩主居城の方には塀や門しか描かれていない。文政一一年（一八二八）の三条大地震（一八二八）で与板も甚

図16　黒川と信濃川の合流点　対岸とみえるのが中洲の馬越島
（2001年２月21日　筆者撮影）

大な被害を蒙ったので、築城は沙汰やみになったのかもしれない。いずれにしろ井伊氏の与板城はみな戊辰戦争で焼失した。わずかに残った大手門と切手門がお寺に移築されて現存する。

戊辰戦争といえば、隣の長岡藩は新政府に反旗を翻し、流す必要のない血を流す愚をおかしたが、与板藩は新政府を承認した。これは旧幕府系大名が多かった越後や東北諸藩のなかでは実にユニークな歴史認識で、与板の文化的先進性を示すものといえよう。ところが皮肉にも与板は官軍の軍事拠点とされて、戦闘で町の大半を焼失する。その後与板は一時的に与板県となった後、柏崎県に合併された。さらに柏崎県も新潟県に合併され、与板は三島郡の中心的町となるが、悲しむべきことに近年は長岡市に吸収されてしまった。

以上は近世与板の行政史だが、背景となる経済史にも目を向けてみよう。小さくても独立の藩がおかれたということは、与板が近隣の農業生産と流通経済の中心だったからだ。地形をみれば明らかなように、与板は近隣で生産される米を黒川を使って集荷し、信濃川を下って新潟港まで運び、そこから北前船に積み替えて大阪方面へ廻米するのに絶好の位置にあった。米本位制経済の時代では、米を動かし換金する業者がまず資産を形成する。与板商人の筆頭大坂屋三輪家は、長岡藩が与板藩に分封された時、ともに長岡から与板に移り、与板藩の年貢米を扱う業者として頭角を現す。宝暦年間（一七五一―六四）、つまり良寛が生まれた頃には、全国長者番付に載るほどの豪商だったという。年貢米の回米や換金化だけでなく、酒造業、金融業、不動産業も手広く行い、町全域の一割を所有する大地主でもあった。与板藩の経済は年貢を抵当に大坂屋から現金融資を受けて営まれていた。そして大坂屋に続いて、備前屋、扇屋、和泉屋などの豪商が与板には何軒も育っていた。

以南の実家新木家は、七代目の元禄八年（一六九五）に梅沢家から庄屋株を買って与板の庄屋になったとされている。それ以前はやはり財力ある商人だったものか。井伊氏時代からは与板藩に所属する村々の庄屋を統括する割元庄屋（大庄屋）を務めた。以南の祖父にあたる八代目新木与五右衛門（富春）は、大坂屋に次ぐ与板の豪商和泉屋山田家からの婿養子だが、知的な人物で職務に関する文書記録を作り始めた。この文書は『関守』と命名され、明治三年まで書き継がれ、合計二二四冊の多きに達した。

新木家九代目与五右衛門（富竹）も和泉屋からの養子で、白雉と号する俳人でもあったとされる（しかし『町史』にその作品は挙げられていない）。その次男が以南なのである。金で庄屋株を買った新興成金の新木家は、責任ある地位につき、代を重ね、古い豪商和泉屋の血を入れて洗練の度を加え、ついに以南という文学的才能を生み出したのだった。新木家の系図をみると、以南や良寛たちには新木家と和泉屋山田家という心強い実家が二軒あったといえる事情が分かる。以南が婿入した頃から七〇年間ほどが、与板の豪商たちの経済力と文化的洗練の一致した華の時代だったと推定される。

もともと苦しい与板藩井伊家の財政は、文政三年（一八二〇）の築城開始を境に急激に悪化する。藩は進退窮まると、法外な御用金の拠出を商人たちに命じた。豪商の筆頭大坂屋は、築城の際には一度に千両（一石＝一両＝一〇万円の概算で約一億円）もの大金を拠出させられている。築城のみならず江戸屋敷の火事、地震、婚礼など、事あるたびに豪商たちは蓄えを吐き出すよう強要された。豪商たちは基本的に政商であり、年貢米を抵当に大名に巨額融資をして経済を回転させている。従って藩の破産は自分たちの破産をも意味するので、窮地に陥った藩が要請すれば拒否はできないのだった。藩の威信をかけた築城の開始が、与板商人のとめどない没落の始まりだったとは皮肉だが、これも歴史の流れだから仕方がない。以南一家はまだその運命を実感することなく世を去ったが、今日では、以南の実家新木家は標識が立っているだけだし、大坂屋三輪家もはかない跡地になっている。

以南の蔵書が意味するもの

以南の推定生年は元文元年（一七三六）で、その青春は与板商人の頂点の時代に一致していた。豊かだったに違いない。実父が五歳頃亡くなったとはいえ、母は再婚したので養父があり、次男だったので家を継ぐ義務もなく、好きな文学に没頭できた。『町史』をみると、当時与板に高等教育機関は存在しないので（藩の学問所が整備されたのは幕末）、以南は少年時代に京に遊学したのではないかと私は想像する。江戸ではなく京と推定するのは、句集出版をはじめ、事あるごとに以南は上京を楽しみにしていた節がみえるからである。

京で教育を受けたと私が推定する根拠の一つは、『与板町史』に以南以前の文学活動が全く報告されていないことだ。出雲崎ほど組織的文学活動が与板になかったとすると、北溟が注目した以南の斬新な俳句のスタイルが、与板にいて身につくとは考えにくい。京の蕪村らの俳諧に通じる作風は、少年時代の京遊学によって獲得されたものではないか。

さらに遊学の根拠として、以南の立派な蔵書を挙げたい。蔵書には養父や由之とその息子のものも含まれているようだ。しかし、さまざまの句集などは、出版年度や傾向からして以南の若い頃の、京あたりでの収集を想像させる。相馬御風が『良寛百考』に報告した蔵書の内容を再録しよう。

以南が幼より學問に志深かつたこと、長じてます〳〵國学の研究に心を寄せ、傍ら俳諧に秀でてゐたこと、俳諧の上では當時の一方の權威であった久村暁台を初めとして天下にその知己甚だ多かつたこと、國学の上でも江戸の大村光枝を初めとしてかなり多くの人々の交渉のあったこと等に就ては、私はすでに『大愚良寛』をはじめ種々な著述の中で述べて來たが、こゝで特に記して置きたいのは、先年出雲崎の小黒家の唐紙の下貼りから出て來た以南の蔵書目録の斷片についてゞある。この小黒家といふは良寛和尚と親交のあった僧大忍（筆者注『無礙集』の著者大忍魯仙＝後述）の生家である。

左にその目録を写しとって置くことにする。

○孟子集註俚諺鈔（冊数ノ箇所切レテ不明）
○管蠡鈔　十冊揃
○つれ〳〵　九冊揃
○俳諧古今抄　五冊揃
○句兄弟　同斷
○熱田三昌仙　十冊揃
○桃の首途　上中下揃
○東君　一冊
○棚さがし　上下揃
○東華集　上中下揃
○俳諧寸濃字　一冊
○俳諧十論　一冊
○易學啓蒙説統　四（？）
○古今和歌集　六冊揃
○徒然草文　七冊揃
○去来抄　上中下揃
○本朝文鑑　一ヨリ九揃
○佐渡日記　一冊
○蓮二吟集　上中揃
○百囀　同斷
○西華集　上下揃
○蛙　合　一冊
○墨なをし　一冊
○山の井　三冊揃

○手挑燈　上下揃
○武玉川　十冊揃
○新撰大和詞　上下揃
○千代尼句集　一冊揃
○片歌草のはり故（?）　一冊
○花の雲　同斷
○俗談平語　一冊揃
○ながら川　同
○ながら川　同
○懐寶道中鑑　二冊揃
○おくのほそ道　一冊
○匠材集第一　同斷
○和歌初もみじ　同
○をだまき大成　同
○日月封傳抄　同
○其氏中　同

享保己酉年
○論語　四冊内一、四、二冊不足

○俳諧御傘　七冊揃
○百花賦　一冊揃
○梅十論　一冊揃
○乍居行脚　一冊揃
○俳諧條々　一冊揃
○ひとは松　二冊揃
○追弓狩　同斷
○俳諧埋木目録　同
○葛の木原　同
○俳諧鑑草　一冊揃
○百人一詩書　同斷
○初心假名遣　同
○名所方角抄目録　同
○發句切字　同
○糸屑　同

○靈樞　十冊ノ内十、一冊不足

○素問　十冊ノ内十不足
○無言抄　一冊不足
○森の磐途　上中不足
○本詩草　天一冊不足
○十論百辯抄　一冊
○蕉風琴　一冊
○俳諧曉山集　上一冊
○しおり萩　中一冊
○大成論義　一ヨリ十迄揃
○花摘　一冊
○京羽二重巻　六冊内二冊不足
○俳諧發句帖　一冊
○平家物語　十冊ノ内七冊不足
○同類節用　十冊ノ内十、一冊不足
○芭蕉句撰　中不足
○俳諧十論　一冊中
○續見那とり　一冊不足
○吾妻掲　一冊
○俳諧糸屑　上一冊
○初懐帋　一冊
○續○○○栗　一冊
○俳諧をだまき　下一冊
○やまと耕作集　一冊
○口談集　一冊

なおこの序中に記しておきたいのは、やはり出雲崎の某寺に人知れず最近まで保存されて來た橘屋の蔵書で、今同町の鳥井儀資氏の手で保存されてゐるものの目録である。

△鳥井氏所蔵舊橘屋藏書目録

△名所方角鈔（寛文六年版）　一冊
△雅言假字格（文化十一年）　上下

△初心假名遣（元禄四年）　一冊
△題詠連璧集（文政元年）　六の巻
△幼學詩韻續（文化十一年）　一冊
△詩語粋金（文政五年）　一冊
△西行法師歌集（延寶二年）　一冊
△伊勢物語新釋（文政元年）　六巻
△梅室大人附句抜萃　上下
△袖珍歌枕　四冊
△俳諧人名録（弘化三年）　六巻
△詞の玉のを（寛政四年）　七巻
△消息文例（文化二年）　上下
△濱のまさご（元禄十二年）　天地
△をだまき（安永十年）　上下
△古今類句（寛政六年）　二十冊
△湖月抄（延寶元年）　五十八冊（缺二）
△春曙抄（延寶二年）　十二冊
△平家物語（寛永三年）　十冊（缺二）
△古今和歌集（文政三年）　上下
△拾遺和歌集（安政五年）　二冊

△後撰和歌集　二冊
△俳林良材集（安政五年）　八巻
△増補和歌明題部類　上下
△平治物語　上中下
△今人附合集（天保丙甲）　四冊
△類題發句三體集（弘化四年）　四巻
△歌枕秋のねざめ（文政九年）　二巻
△詞のやちぐさ　三冊
△鶉　衣（天保十二年）　四冊
△清輔袋草紙（貞享二年）　四冊
△一休可笑記（寶永七年）　五冊
△萬葉和歌集（寛永十二年）　二十巻
△鰒玉集（文政十年）　二冊
△紅塵和歌集類題（文化九年）　二冊
△山彦冊子（天保二年）　三冊
△冠辭續貂（享和元年）　七冊
△新刻蒙求（寛保元年）　三冊
△毛詩鄭箋（延寶二年）　五冊
△漢篆千字文（寛政八年）　三冊

△蘭竹畫譜（文化元年）　二巻　△訓蒙用字格（正徳元年）　上下
△狭　衣（承應三年）　十六冊　△おちくぼ物語（文政十一年）　六冊
△伊勢物語古意　六冊　△草庵和歌集類題目録　一冊
△榮華物語　九冊　△詩學必用（文政四年）　一冊
△勝地吐懐編（寛政六年）　上下　△和歌寫本（天和二年）　一冊

――以下略――

以上の橘屋蔵書は、無論ほんの一部分に過ぎなかつたであらうし、又それが以南の代に於て購入されたものばかりでないことは出版の年代を見れば明らかであるが、しかしこれだけについて見ても、當時の橘屋一家の人々がいかなる教養に恵まれてゐたかといふことの一端は窺へると思ふ。（『良寛百考』厚生閣　昭和一〇年一〇一―一七頁　旧仮名遣い、旧漢字のままに採録した。）

参考までに以南存命中（元文元年―寛政七年）の年号をあげておこう。元文、寛保、延享、寛延、宝暦、明和、安永、天明、寛政である。蔵書刊年中、以南の生年以前の年号は寛永、承應、寛文、延寶、天和、貞享、元禄である。不明のものを含め、三分の二ほどが北溟と以南の時代に収集され、残り三分の一は由之が集めたかと思われる。句集と俳諧関連書が一番多いが、和歌集も物語もあるし、『湖月抄（源氏物語湖月抄）』のような注釈書もあれば論語もある。この蔵書をみると、百姓や役人と酒を酌み交わし、日常の利害得失を調整する名主としては、以南はあまりにも文化的に洗練されすぎた人物の印象を受ける。またこれだけの版本を収集するにはよほどの資産を費やしたことだろう。

生真面目な役人の一面

名主としての以南の評価は大方の良寛史においていたって低い。そうした評価のもととなったエピソードは、すべて耐雪の『編年史』に取り上げられた古文書とその解釈に由来する。しかし『町史』に翻刻されたその文書を精読すると、以南の敦賀屋への言動は、やや狭量の観はあるが、決して不当ないいがかりではないと私には思われた。

まず祭礼にまつわる一件について述べよう。

宝暦一一年（一七六一）、以南がまだ新之助と呼ばれていた頃のことである。新之助が、十二所権現（石井神社）の祭礼の折に、神輿を敦賀屋の前で止めて子供芸事をする必要はない、と指図したことの不当を敦賀屋が役所に訴えた。これに対し町民が両家の融和を願い出た文書も存在する（『町史・資料編Ⅱ・近世（二）』七五一—七六頁の文書六二、六三及び『編年史　上』三九五—九六頁を参照されたい）。この文書類は『町史』においても翻刻のみで解題はない。そのせいか良寛伝を書くひとはすべて耐雪の『編年史』に頼り、「以南名主襲職後四年、廿八歳の若気の至りに横車を押して、敦賀屋を圧迫せしがそもそも第一の失敗だった（以下略）」という評を引用し、以南を横暴と決めつけている。しかし新しい『町史』の方を紐解いてみよう。「文書六二」の十二所権現の氏子一同（五三人）が役所に提出した「乍恐口上書を以奉願上候（橘屋・敦賀屋の和順仲介願）」を丁寧に読むならば、敦賀屋が祭りに非協力的だったので、十二所権現町（石井町）の氏子は羽黒町の敦賀屋の訴えをこころよくは思っておらず、内心は新之助を支持していたことが分かる。以南は政治的配慮なしに正論を貫いただけなのである。

もっとも有名な事件（?）は安永四年（一七七五）七月七日の七夕祭に起こった「長兵衛祝儀事件」とでも名付けるべき一件だが、まずこの敦賀屋の長兵衛とはいかなる人物かを明らかにしておきたい。

この事件の長兵衛とは、敦賀屋（鳥井家）の九代目当主長兵衛が急死したので、安永四年三月に急遽地蔵堂の親戚富取家から迎えられた婿養子一〇代目長兵衛のことで、まだ一〇代の少年だった。地蔵堂の大庄屋富取長太夫の息子たち富取正則、之則、大武の三兄弟のさらに下の男子とみられる。富取家にあったときは別の名だったはずだが、伝えられていない。敦賀屋に入ったのは一五歳頃らしい（没年天保四＝一八三三年　七三歳没からの逆算による推定）。三〇年以上年寄職にあったと思われるが、その間に散見される文書の署名はすべて敦賀屋長兵衛なので、鳥井直右衛門は五〇歳で隠居してから名乗った名と思われる。良寛より三歳年少で、地蔵堂時代は子陽塾でともに学んだ仲らしい。引退後は非常な敬意をもって良寛に接し、親しく文人の交わりをしたことが、残された二通の書簡と大幅の漢文「書与某氏（敦賀屋氏）」（遺墨は良寛記念館蔵『定本・三・書簡170・171『文庫・四三八―四〇頁』）から分かる。従来この祝儀事件の長兵衛と鳥井直右衛門が同一人物であることが、良寛史を書く人に認識されていないように思われるので、注意を喚起しておきたい。

事の起こりは、七月七日の七夕祭に、敦賀屋に養子に入ったばかりの長兵衛が、えらそうに羽織袴に一刀を帯びて代官所に出向き、正面玄関から入って役人に挨拶したことを、以南が怪しからぬと注意したことから始まった（『出雲崎町史・資料編Ⅱ・近世（二）』六四　安永四年七月　長兵衛御役所祝儀勤役一件　七七―八〇頁。『出雲崎編年史　上』四八〇―八七頁）。

この事件は、名主で年長者である以南が若い長兵衛に注意を与えたまでのことで、発端は事件ともいえない些細なことだった。ところが長兵衛が、役人に根回しをして以南の鼻を明かしてやったいきさつを、自慢げにネチネチと書いた日記風の私的文書を、鳥井家文書中に発見した耐雪が、これを『編年史　上』にあたかも公文書であるかのように紹介したところから誤解が始まった。氏はこの事件に関し、橘屋は没落傾向にあり、あせる癇癪持ちの以南が上昇機運にある敦賀屋に喧嘩を売ったものの、役人が敦賀屋の肩を持ったので負け、結局橘屋の没落が促進された、という解釈を下した。新しいはずの『出雲崎町史・資料編Ⅱ・近世（二）』（七七―八〇頁）も解題のところでその見解を踏襲している。

　しかし両者とも、この事件のとき敦賀屋は相次ぐ当主死亡で年寄役から離脱して無役だったという、もっとも肝要のところを読み落としているように思われる。その原因の一端は長兵衛の読み難い文体にあることは否めない。たとえばこんな風なのである。

八郎左衛門様御代ニ罷成候而者、町役人中ハ麻上下、町人者袴羽織ニ而御祝儀相勤候様ニ被仰渡候由承りおよひ申候故、拙者も袴羽織ニ而、端午之御祝儀御役所ニ而申上候ニ付、其心得ニ而七夕ニも御玄関ゟ《ヨリ》町御役人中御勤被成候跡江罷出、相勤め申候与申候得者、新之助被申候ニ者、夫レ者、甚了簡違ニ候、先年ゟ上町者如何不相知、下町ニ而者、昨日迄御役義相勤候而も退役いたし候得者、最早百姓並ニ而、右躰之振廻曾而不相成候、能クも勘弁いたし被見候得、百姓ニ而天下之御役所へ一刀帯し、御玄関ゟ罷出候事、何れニも可有之様無之事、其上此間御役所ニ而茂、其元之事糺し候へ者、御内意も無之由――――

　一見硬く見えるが、よく読むとまったく抽象性のない長屋のおしゃべりのような子供らしい文なのである。非常にくどい長文なので要点を口語訳してみた。

　七月一一日に名主の新之助が拙者を呼びつけて、お前は七夕の御祝儀に刀を差して正面玄関から行ったそうだが、役所からそうしろと内意でもあったのか、それともお前の一存か、と聞くから、拙者の一存だよと言ってやった。拙者は三月にここに来たばかりでよく分からないから、五月の端午の節句のお祝いも同じ恰好でしかも遅刻して行ったのだが、役人の元締めの木村左衛門様はおとがめなく笑って祝儀を受けてくださった。はなしに聞くところでは、代官様が八郎左衛門様の代になってからは、町役人たちは麻上下《かみしも》、町人は袴羽織で祝儀するようにとおっしゃったそうだから、拙者もそのつもりで七夕にも袴羽織で行って御玄関からまかり出てご挨拶申し上げたと言ってやった。ところが新之助が言うには、上町（尼瀬地区のこと）ではどうなっているかしらないが、下町（出雲崎地区のこと）では昨日まで役人を務めていても、退役すればただの百姓なのだから、右のようなふるまいをすることは許されないことだ、よく考えてもみろよ、百姓が天下の御役所へ刀を差して正面玄関から出入りするなど、あってはならないことだ、その上お役所に聞けば、別にそういう恰好で祝儀にきてよいという内意もなかったそうじゃないか。自分が名主役にあるかぎりは断じてそんなことは許さん、役所からとがめがあったわけではないが、お前の体面もあろうから、役人同席ではなく自分一人で注意するのだ、と新之助に言われた。

そこでその日のうちに、さっそく役所に伺ってことの次第を申し上げた。敦賀屋は代々年寄を務めてきた家柄だ。お役人にもいろいろ聞いたら、年寄を務めていないときでも、年寄格とみなすという書付がどこかにあるはずとおっしゃる。代官も役人も交代の時期にあたり、敦賀屋も先祖がどんどん死んで事情がはっきりしませんが、年寄でないときは年寄格と見なされていると聞き及んでおりますので、無役のときも従来通りの御挨拶をさせていただきたいと申上げたら、もっともであると仰せられたので、その日はひきあげた。いろいろ言い分はあるが、ここは年寄格と見なすという御内意を役所から下してもらうのが新之助をへこませる一番の方法だから、そういう根回しをしておいた。

ところが六月末に交代の御代官様がまだ着任されないうえ、新之助が七月一八日朝から五、六日間の他所願いを出していなくなり、拙者も地蔵堂の母の具合が悪くなったので、七月一九日から八月二日まで不在だったのでらちがあかなかった。

そうこうするうちに、九月八日に新しい御代官様が着任されたので、式日参賀は（無役のときでも）役付のときと同じ（服装）でかまわないという正式の御内意を、新之助に伝えたと、お役人の多兵衛様が教えて下さった。多兵衛様がおっしゃるには、新之助にお前から長兵衛に伝えた方がよくはないかといったのだが、新之助がいやだというから、直接多兵衛様が拙者にお伝えくださったのだそうだ。

さっそく、役所に出向き代官様はじめお役人に御礼を申し上げ、その足で新之助宅へ行ってみたら新之助は留守だとおかみさんが言う。そこでおかみさんの前でお役所の御達しを述べ、新之助殿が御帰宅なさったら、よろしくお伝えくださいと申しおいてきた。

翌日の九月九日の節句にさっそく袴羽織でお役所に伺った。御代官様ご滞在のあいだは、名主も年寄も勝手口から入れとのことだったので、拙者も皆と同様に勝手口からだったけれども。

右のような次第で、式日に御役所に御式台から御祝儀申上げることは、年寄を勤めていないときでも、末々までかまわないことになったのである。

安永四年未九月九日　　　鳥井長兵衛政広

それみたことか、と溜飲が下がる長兵衛、居留守を使って女房に対応させる渋面の以南。まるで落語の一場面のようだ。

ともかく以上の文書を考察するならば、この事件のとき、敦賀屋が年寄役でなかったことは明白だ。敦賀屋八代目多吉は相続人のないままに死亡したので、尼瀬の親戚内藤家から九代目の養子を迎えたものの、この養子も五、六年で死亡、やむなく敦賀屋が一〇代目として地蔵堂の親戚富取家から迎えた養子が長兵衛なのである。一五歳の長兵衛の語り口はいささか子どもっぽいが、子陽塾に学んだ実力を見せつけている。

この長兵衛は後の鳥井直右衛門と同一人物であり、良寛の親友富取之則の弟でもある。良寛が晩年に親しく文人としての交際をしたことはすでに書いた。

また由之との関係も悪くはなかったことは、名主由之が文化七年（一八一〇）に財産没収所払いの処分を受けた同じ年に、長兵衛こと直右衛門も五〇歳で年寄役を引退したことをみても分かる。この隠居は先にも書いたように、買受米分配の不公平の訴えに年寄として共同責任をとったものと思われる。橘屋の家財没収に際し、貴重書や古文書を敦賀屋が引き取り後世に残したことをみても、良寛との交友をみても、ほどなく橘屋が役職に復帰したことをみても、両家がずっと不仲だったとか、敦賀屋が橘屋を追い落としたなどという判断はとんでもなく間違っていると私には思われる。

安永四年（一七七五）のもめごとは、敦賀屋当主の急死により、世襲されていた年寄役が他家に移っていたからこそ、起こったものだった。ところがあまりに長兵衛の和風漢文がくどくて「年寄格」の意味をさすがの耐雪も見落とし、他の研究者は耐雪を引用するばかりであるところから、以南の横暴説が良寛史に定着してしまったのである。

年寄でないのだから年寄の時と同じ服装・態度でご挨拶すべきでないと注意した以南は多少寛容と政治的配慮に欠けるが、不当ないいがかりをつけたわけではない。若い長兵衛の方が政治的にしたたかで、敦賀屋の伝統的権威をにおわせて役人を懐柔し、以南の面目をつぶしたことはこの文書に明らかだ。そんな役人への裏工作を克明に記したこの文書は、どこかに提出したり、公表された文書であるはずもない。この文書の上書きは、

七月七日御役所江長兵衛御祝儀申上候所名主新之助以後差押申候得共　同人了簡違成よし、御役所ゟ長兵衛以後不相替御祝儀相勤候様ニ被仰渡候一件留

となっている。つまり、「七月七日に長兵衛が御役所に御祝儀申上げたところ、名主の新之助が以後そうしてはならぬと差し押さえたけれども、新之助の了簡は間違いであるよし、御役所から長兵衛は相変わらず御祝儀を相勤めるようにと仰し渡された一件についての覚書」と長々しいが、要するに「一件留」すなわち「トラブルの記録」「事件覚書」というもの。役所に提出された訴状などでなく、うっぷん晴らしの私的な覚書であることは明らかで、耐雪の解題により昭和時代にはじめて他者の眼にふれた文書にすぎない。もちろんこのような文書の存在を以南も良寛も由之も知らない。この覚書が後世に公開されるとは、長兵衛も予想外だったことだろう。この若くしたたかな長兵衛が、翌年から年寄に復帰することは、最後のところにある以下の補記（口語訳で示す）から推察される。

一、安永五年正月元日御祝儀からは、麻上下で名主・年寄同様に玄関から勤めるように、と安永四年極月大晦日の除夜の鐘の御祝儀の際に、梨本弥五郎さまより言い渡された。なんと有難いことよ。

これを読めば、役所が敦賀屋の財力家柄にかんがみて、安永五年から若い当主を得た敦賀屋を年寄役に復帰さ

せるつもりであることは明白だ。上下《かみしも》姿で得意満面の少年長兵衛の姿が目に浮かぶようだ。いずれにしても、この文書をもって以南を横暴とか役人として無能とか決めつけることは大いなる間違いだと私は強調したい。

この長兵衛文書が良寛伝において特に重要視されるのは、安永四年七月一八日朝から五、六日間以南が「他所願」を出したという記述があるからともいえる。多くの研究者はこの事件の起きた安永四年（一七七五）に良寛が子陽塾を辞して名主見習役に就いていたという言伝えを鵜呑みにし、七月一八日に以南が休暇をとったのは、良寛が家出したので、その捜索のためだったのではないかと勝手に考えた。しかし良寛が一八歳で名主見習役についたという記録は、同時代文献にはまったく存在しない。一八歳名主見習い説は、明治末年頃、西郡久吾と山本鉄之助の作になる「山本氏近世歴代之家譜」にはじめて主張された説で、大正三年刊『北越偉人沙門良寛全傳』に掲載され普及したもの。長兵衛文書には学友であるはずの良寛の存在をにおわすような記述は一切ない。もし伝承のように良寛が一八歳で光照寺に駆け込んだのだとすれば、光照寺が橘屋に連絡しない筈はないし、その寺は自宅から徒歩で一〇分とかからないのだから、説得するために休暇をとる必要はないだろう。

以南の「他所願」の理由は別にあると私は思う。実は安永四年（一七七五）六月から七月にかけて加藤（久村）暁台（天明俳諧隆盛の一翼を担っていた名古屋の俳人）が出雲崎に滞在し、句会や吟行が催されていた。六月一二日頃から暁台と出雲崎の俳人・丈雲、孤仏、旦水、駅上らが佐渡に渡り、『佐渡日記』（越後出雲崎旦水著　皇都書林　井筒屋庄兵衛、辻井吉右衛門）という歌仙を巻いている。この佐渡吟行は六月中におわり、七月に浄書され、発行年は分らないが後に刊本となっている（『町史・資料編Ⅱ・近世（二）』七二三―二八頁）。ところが以南は佐渡吟行に参加していない。おそらく同行したかったのだが、長兵衛の文書にあるように、新任の代官がまもなく着任しそうだが日時が確定しないので、名主たるものの留守が許されるはずもなく、以南は涙を呑んだのだろう。ただ七月一八日から数日は休暇をとって、暁台とともに近隣を吟行して歩いたのではないか。以後暁台の以南への信頼は篤く、晩年まで書簡が取り交わされている。

俳人としての高い評価

名主以南の当時の評価は知られていないが、俳人以南の同時代評価は暁台の信頼にもみられるように、相当に高かったと思われる。今日良寛史の中でだけしかその名が語られないのは、残された句があまりにも少ないからだろう。暁台と親交を結び、一茶もその死について言及しているのだから、田舎の趣味人で終わった人ではない。すでに一〇代の作品を四句挙げたが、『町史・資料編Ⅱ・近世（一）』に収集されているその後の作も八〇句程度にすぎない。しかし、その少ないなかにもきらりと感覚の冴えた作品があるように思う。そのなかから私が好ましく思った句をいくつかあげてみよう。

水仙花さはれば玉のひびきあり
花の下に誰わすれけん小刀《ちさがたな》
羨むは眠る鷗ぞ春の水
藤ばかま市にふるえて伐《きり》わけて
まき竹のほぐれて月のおぼろかな
荒海に月の朧となる夜かな
狐なりと誘はばさそへ花のやま

親ふたり見はてぬ夢ぞ夏の月
爐ふさいでその俤《おもかげ》をわすればや
此奥に君を見んとは夏木立
さまかへてのろりと出たり雲の峰
ほととぎす見はてぬ夢のあと附けよ
そこふむなゆふべ蛍の居たあたり
水鶏《くいな》啼いて蘆間の月の動きけり
朝霧に一段ひくし合歓の花
荒海や闇を名残りの十三夜
蜻蛉や妹山背山かけて飛ぶ
星ひとつ流れて寒し海の上
夜の霜身のなる果やつたよりも
雲間から星もこぼれて時雨かな
君まてば物くるはしき野分哉
君恋し露の椎柴折敷きて
木枯を馬上ににらむ男哉
ぬくめ鳥見し夜は我もねさりけり

なお、良寛は父の文学に敬意をはらい、その領域を侵さないようにしていたのか、生涯で俳句は一〇八句ほど

（『定本・三』採録数）しか作っていない。しかも晩年には父の俳句一一句を美しい草仮名を交えて書写した遺墨が良寛の里美術館にのこされている。そのうち、前掲の句と重ならない作は次の八句である。

春雨や門松能〆ゆる美計利（はるさめや／かどまつのしめ／ゆるみけり）
君起萬世い可栗落道よけて（きみきませ／いがぐりおつる／みちよけて）
冬能《川》月《や》峯餘理鷲能に良美け里（ふゆのつき《ふゆがわや》／みねよりわしの／にらみけり）
淡雪尓杉能みましる雫哉（あわゆきに／すぎのみまじる／しずくかな）
酔臥能宿ハ古ゝか蓮の花（よひぶしの／やどりは此処か／はすのはな）
火毛蘿ひ耳橋越行散夜志く禮（ひもらいに／はしこへてゆく／さよしぐれ）
市中幣蝶飛こ無天狂計利（いちなかへ／てふとびこむで／くるひけり）
報呂酔能安之毛登輕之春能風（ほろよひの／あしもとかろし／はるのかぜ）

また「朝霧に一段ひくし合歓の花」の句を以南自身が独特の書体で書いた遺墨を、良寛は終世大事に保持していたらしく、木村家に今も保存されている。その余白に小さな草仮名で添えられた以下の和歌には、良寛の父への複雑な思いが強くにじんでいる。

美都久幾（起＝衍字）乃安登裳／難み多耳閑數（み＝脱字）気利安理之／無可之能こ東遠於も非天／良寛拝書
（みずくきの跡も涙にかすみけりありし昔のことを思ひて）

総じて以南の俳句は、蕪村に一脈通じる視覚的でロマンティックな句が多い。「此奥に君を見んとは夏木立」など、近代の青春映画の一場面かと思う。名主在任中から各地俳人連中と活発な交流を続けていた以南ではあったが、本心では早く隠居し、俳諧三昧の生活に入りたいと切望していたに違いない。真の俳人になるためには、芭蕉のように日常を捨てなければならない、旅に漂泊しなければならない、という思いに以南はいつも取りつかれていたのではないか。ところが、長男栄蔵もまた名主見習になることを断固拒否し、大詩人を夢見て独学を続けている。そして禅僧の碩学大忍国仙が出雲崎の光照寺に寄った機会を逃さず、学問思想を究めるため彼に従って玉島に行きたいと申し出る（第４章に詳述）。栄蔵の才能、気質をよく知る父以南はそれを許すほかはない。四歳年下の次男由之が成年に達し、名主を継ぐことができるまで、以南の漂泊への憧れは封印された。天明三年（一七八三）には妻に先立たれるが、同六年（一七八六）には由之にすべての家職を継がせ、ようやく念願の隠居の身分となった。憧れの漂泊の旅に直江津の俳人福永驪彭と出発したのは寛政三年（一七九一）で、まず訪れたのは松島と象潟だった。そのあと取って返して高田、直江津に滞在し、寛政四年（一七九二）にひとりで京都に上ったことが知られている。五七歳だった。

長旅には資金がいる。橘屋は、敦賀屋や京屋ほどの資産家ではないかもしれないが、決して窮乏してはいなかった。北海道に吟行しているところをみると、北前船の船主として商売をしていた

図17　五適杜徴の絵　（『出雲崎町史』より転載）

可能性もあるし、土地や貸家もかなり持っていたらしい。暁台はじめ文人が出雲崎を訪れた際は、厚く遇する財力があった。江戸で知り合った五適杜徴《ごてきとちょう》【図17】という文人画家・篆刻家をその母とともに保護し、自宅前の持家に住まわせ、一〇年の長きにわたって面倒をみたり（佐藤耐雪『五適杜徴伝』）、子弟の教育にも資金を惜しまなかった。以南はこの長旅にどれほどの資金を用意して行ったのだろうか。以南が京をめざしたのは、まず、与謝蕪村や加藤暁台や高井几董ら好みの俳人がいるという文学的理由からに違いない。しかし末子の香が京に在住していたことと、良寛の住む玉島にそう遠くはないことも、以南が京にひかれた理由かもしれない。

上京について以南が勤皇思想を抱いていたかのようにいう人もあるが、そのようなことはありえないと思う。以南の勤皇思想を述べた同時代文献は一切存在しない。『町史』によれば、以南を尊王慨世家とした文献の初出は明治二一年に出雲崎に来遊した仙台の漢学者岡千仭の「新潟游乗」であるという（『出雲崎町史・通史編・上』八五二頁）。佐藤耐雪も勤皇思想説に同調しているが、町史は否定的である。

第一、江戸時代に天下国家の政治のあり方を考える責任と権利のあるのは武士階級のみだった。町人百姓階級にはいかなる国家的政治的行為も許されていない。江戸時代に百姓階級の尊王慨世家などいるはずもない。だからこそ上流町人はエネルギーのすべてを趣味の世界に注いでいたのだった。以南もただ俳諧の道を究めたかったにすぎないだろう。ところが以南は文学的集大成を成し遂げないままに京都で客死した。桂川に身を投げたのである。五九歳だった。暁台門人于当が『関清水物語』（文化六年＝一八〇九）にその経緯を伝えるが、これは以南没後一四年目の出版である。

越の以南、洛にありて脚気といふやまひ病けり。させる事にもみへねど、いづれ命にかゝる事になんあれば、見ぐるしきやう人々に見せんよりはとやおもひけん、桂川に身をしづめてむなしく成ける時

天真仏の仰によりて以南を桂川のながれにすつる
そめ色の山をしるしに立をけばわがなきあとはいつの昔ぞ
と書てのこし置けるとぞ

（『町史・通史編・上』より引用）

なお小林一茶も文化一一年（一八一四）の稿本「株番」に同様のことを書いている。「辞世歌は桂川の柳に懸けてあった」という記述は注目されるが、没後二〇年近くたってからの記述なのであまり信用はできないだろう。この辞世の歌は、遺書がわりに香のところに遺されていたか、あるいは届けられたもので、これにより捜索が開始されたのではないか。ともかくこの辞世歌は香が遺品とともに出雲崎にもたらしたと思われ、句友前川丈雲も良寛も写している【図18】が、いずれも細部が微妙に違っている。

「そめ色」とは蘇迷盧＝須弥山のこと。解釈は多様にあるが、「私は天の声に従って永遠の宇宙に還るのだから嘆かないでおくれ」というくらいの意味かと思う。「わがなきあとはいつの昔ぞ（良寛の書写では〈いづら〉）」の意味は、「いっとき、私の死が話題になるかもしれないが、時がたてば、そんな男がいたのはいつの（どこの）昔のことかと忘れられるだろう。人はみないつか死ぬも

天真佛《てんしんぶつ》能《の》春々《すす》めに
餘利《より》て　以南遠《を》　桂《かつら》
川乃流耳《がわのながれに》すつ

蘇迷盧《そめいろ》能《の》山《やま》遠《を》か堂《た》
美耳《みに》堂天《たて》ぬ禮波《れば》
和閑奈幾《わがなき》安東《あと》者《は》
以都良《いづら》む閑《か》之《し》所《ぞ》

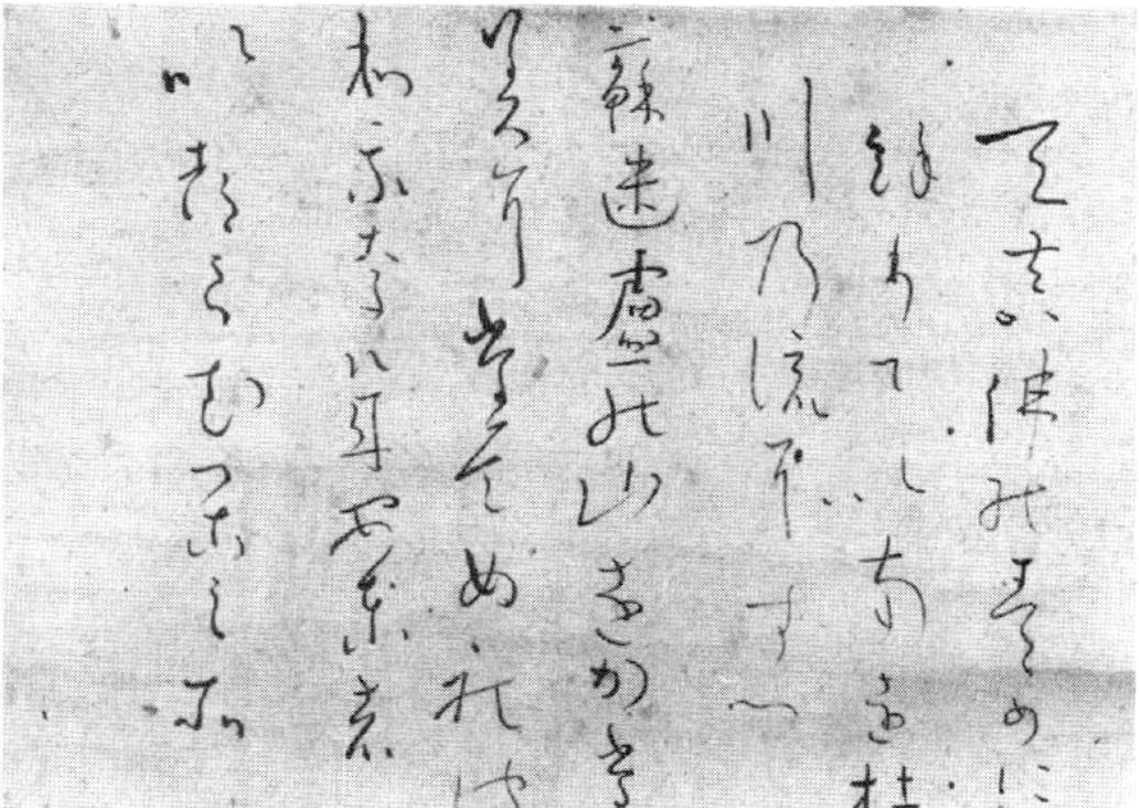

図18　良寛が書写した父橘以南の辞世　　糸魚川歴史民俗資料館

のなのだよ」という気分の省略形か。自殺の動機は一茶と于当が書いたように、脚気を発症し、帰国もおぼつかないままに悪化して、子どもや知人に迷惑をかけてはいけないということだったようだ。当時、末子の香は江戸の鵬斎塾から京の宮中学師菅原長親の塾に移り、塾頭にまでなっていたとされる。以南は、ひとえにこの息子の出世のさまたげになるまいとして自死の道を選んだのだが、香は父の死の衝撃から立ち直ることができず、父の死後三年の寛政一〇年（一七九八）に京都で病死した。一説には自殺とも言われている。

以南の入水は寛政七年（一七九五）七月二五日とたいていの本に書いてあるが、『町史・通史編・上』よれば、七月一二日に香が父の行方不明と遺歌を確認し、捜索ののち遺体はあがらなかったものの、七月二五日に死亡を確認したものであるという（八五三頁）。兄弟が京都に参集して九月一九日頃、四十九日の法要を行ったと『町史』は書いている（ただし良寛は不参加と推定）が、当時の通信や旅に要する時間と費用を考えれば、そんなことは不可能なのではないか。京都での法要云々は、六年後の享和元年（一八〇一）に、出雲崎の人で、以南の句友である前川丈雲が以南の死を悼んで、京都の書肆菊舎太兵衛から発行した追善句集『天真仏』（『町史・資料編Ⅱ・近世（二）』の七二八―三九頁）に収録された由之夫妻の歌、香の詞書つきの歌に由来する。三〇〇人ちかい越後の俳諧連中の連歌や発句に続いて、家族の歌と句が収録されている部分を抜き出してみよう。

いとまなくそゝく涙の藤ころも
浅きや色のなり果ぬらむ　　　　橘須毛利

なゝなぬかの事などつかうまつりて、はらからの歌よめりける
つゐてに、わさとにハあらてのこゝろを

何事もいつら昔の世の中に
わが身ひとつもあるハあるかハ　　橘かおる

かたみとも今ハたのまん藤衣
さめて涙にくちすもあらなむ　　やす子

山里にすきやう（＝修行）しけるをり夜のいと心うきに雁の鳴きけれハ
そめいろの音信《おとずれ》告よ夜の雁　　良寛

須毛利とは由之の号で、やす子はその妻。藤衣とは粗末な衣服、または麻布の喪服のことをいうと辞書にはある。涙でもともと薄い藤衣の色が一層薄れてしまった、とか、藤衣が涙で腐って溶けてしまわないでほしい、とか、由之夫妻の歌はともに技巧的なだけで実感が感じられない。遺体も発見されなかったので、父の生前愛用していた衣服に涙を注いでその死を悼んでいる、とでもいうのだろうか。遺体があがらなかったので、香は父の遺品の衣を遺骨代わりに持って帰郷し、兄弟に報告したのではないか。

次のかおるの詞書に「なゝなぬか（四十九日）の事などつかうまつりて」とあるのが、『町史』の四十九日挙行説の根拠である。しかし、当時の飛脚制度は公用便が主であり、民間人には遠隔地と通信する方法は無きに等しかった。人に委託する以外に方法はなく、その費用は莫大だ。かりに香が父死亡の飛脚便を依頼したとしても、京都から出雲崎への直行便などあるはずもなく、江戸経由出雲崎への便の到着には最低一ヶ月くらいは必要だったに違いない。さらに出雲崎から京都までの旅に要する日数を計算すれば、九月中旬にあたる四十九日に京都での法要などは不可能に思われる。それに寛政七年にはまだ名主職にあった由之が二ヶ月も公務を放棄して上京できるとは思えない。夫婦二人が旅に要する費用も莫大である。それゆえ、この法要を『天真仏』の出版された享和元年の七回忌と考える人もあるようだが、そのときすでに香は死亡しているし、良寛はもう帰郷している。『天真仏』出版のため上京した丈雲も、法要をしたなどとは書いていない。香の句の詞書の「なゝなぬか」の一番合理的な解釈としては、香自身が父の遺品を持って出雲崎に帰郷し、遺骨のないままに身内だけでひっそりと四十九日の法要を行ったと考えることだろう。それならば、良寛をのぞく「はらから」全員が参集でき、遺骨がわりの父の衣服に涙を注いだことも理解できる。京都に親族がおらず、遺体もないのに、京都で法要をしたという従来の説は、世間体をおもんぱかって橘屋が流布させた説ではないだろうか。

「四十九日の法要を営み、兄弟がみな歌を詠んだので自分もついでに、わざとではない本当の今の心境を詠みました」という詞書をつけた香の歌「何事もいつら昔の世の中にわが身ひとつもあるかあるかハ」は、以南の辞世歌「そめ色の山をしるしに立をけばわがなきあとはいつの昔ぞ」に対応するものだろう。「父は、何事も時が忘れさせてくれるものだ、そのうち私の死もいつの昔のことだったか、と平静に語れるようになるさとおっしゃるが、あまりにもつらくて、今の私は、この世に生きていることは生きているのだけれども、生きた心地がしないのです」と嘆く。身近に暮らしていながら、父の自死を阻止できなかった自分を責めているのだろう。香の自殺説はこの哀悼歌に由来するのではないだろうか。

良寛に父の死は知らされなかった。父の死を知ったのは帰郷後であり、この追悼句集の企画を知らされたときは、すでに国上山の五合庵に暮らしていた(帰国の翌年くらいか)。彼も父の辞世を踏まえて、「夜の雁よ、お前は須弥山まで飛んでいけるのだろう、父の様子を伝えておくれ」と雁に呼びかけている。俳人の以南がなぜか辞世だけは和歌で残したのに対し、良寛は俳句で追悼している。

『天真仏』に追悼の句を寄せた俳人は越後全域のみならず、京、大坂、伊勢、三河、信濃など広域の連にわたる。丈雲はその序文で以南の入水を洞庭湖に没した李白のそれにたとえているし、与板の俳人都良も追悼文で以南を「北越蕉風中興の棟梁といふならむか」としており、当時の以南の俳人としての高い評価が偲ばれる。この父があればこそ、栄蔵は良寛となったのだということができよう。

第4章　少年時代　子陽塾を辞すまで

良寛（栄蔵）の誕生

ようやく良寛へと漕ぎ着けた。まず、その誕生と名前の変遷を検討しよう。橘屋の養子夫婦以南とのぶとの間に生まれた長男が良寛である。生年の記録はないが、没年とその年齢から逆算して、一般に宝暦八年（一七五八）とされる。幼名は栄蔵。この名は良寛自身の詩にでてくるので間違いない。姓については従来の良寛伝に橘と山本が混在する。山本姓は、武士階級出身であるかに粉飾した由之の制作になる「家筋書」（寛政一一年、水原奉行所に提出したが認定されなかった）から登場した。明治末年頃、これを山本鉄之助（由之の家系の四代目。しかし三代目は養子だったので血のつながりはない）が継承して制作した「山本家譜（山本氏近世歴代之家譜）」を西郡久吾が『北越偉人沙門良寛全傳』（大正三年＝一九一四）に採用したので定着したかに見える。しかし私が『町史』を調べたところ、江戸時代の残存する古文書中に「山本」の記述はなく、すべて「橘屋」新左衛門、「橘」左門などだった。従って山本姓は明治以降に名乗った姓と考えたい。古くは良寛の家系は姓のない「橘屋」だったが、名主となり苗字帯刀を許されてからの姓は幕末まで「橘」だった。つまり、良寛は生まれたとき「橘栄蔵」だったのである。

良寛の生年の根拠となる資料はなく、明確な記録は死亡年月日（天保二年＝一八三一年一月六日）と死亡時の年齢七四歳の記述のみである（貞心尼『蓮の露』及び僧証聴「良寛禅師碑石並序」）。この没年齢には異説（七三歳説、七五歳説など）もあるが、良寛の晩年に親しく交流し、その臨終に立ち会った人たちの記述を尊重したい。良寛全集刊行会・谷川敏朗編著『良寛伝記・年賦・文献目録』（野島出版　一九八一年。以下「谷川目録」と略称）も没年七四歳説をとり、生年を逆算して宝暦八年（一七五八）として年賦を制作しているので、本書もそれに従う。なお、「谷川目録」をはじめ、すべての良寛史の年齢は数え年なので、現代の満年齢の感覚にあわせた実年齢はいつもマイナス一歳と思っていただきたい。

良寛が栄蔵をいつまで名乗っていたのかはよくわからない。大森子陽の塾に通っていた頃には文孝《ふみたか》と名乗っていたという同塾生・橘彦山《げんざん》の証言（後述）があるので、元服以後は文孝だった可能性もある。「良寛」は出家してからの名前で、おそらく師の国仙の命名と思われる。帰郷してからは死ぬまで良寛で通した。「大愚」という号は相馬御風が『大愚良寛』を著して以来、いかにも良寛が生前からそう名乗っていたように思われているが、よく調べてみると良寛の自筆書にはただの一度も使われてはいない。真筆と思われている書の署名は「良寛」「釋良寛」「沙門良寛」の三種に限られている。良寛の生前に書かれた第三者の良寛に関する記述にも大愚は存在しない。

大愚の初出は良寛の死の年の天保二年（一八三一）に証聴によって書かれた「良寛禅師碑石並序」だ（後述）。次に貞心尼が良寛詩集出版のために蔵雲に送った資料中に「号ハ大愚」の記述があり（相馬御風『良寛と貞心』一三七頁）、さらに先に述べた明治末年頃に山本鉄之助が制作した「山本家譜」の良寛禅師の項の末尾に「自謚《じし》大愚良寛首座《しゅそ》と云ふ」とある（東郷豊治『良寛全集　下巻』参考資料、五一三頁）。この家譜の記述「自謚」の「謚《おくりな》」は死後の尊称の意味。自分で自分に死後の尊称をおくるのは変だが、僧として良寛は自分の戒名を用意しておいたのだろう。師国仙が修行を終わった良寛に与えた「印可の偈」(後述)などと一緒に、頭陀袋から死後に発見された書付類にあったのだろうか。いずれにしても「大愚」の号はみずから用意しておいた諡号で、生前から名乗っていた号ではない。以上のように、その名は栄蔵→文孝→良寛→大愚良寛と変化するが、本書では基本的に「良寛」と記述する。

江戸時代に現れた良寛伝——幼少年時代から出家まで

良寛が何歳からどのような教育を受けたか、いついかなる動機で出家したか、いつ故郷に戻ったかなど、われわれが一番知りたい伝記的事実に関して、明確に述べた江戸時代資料は存在しない。しかし、良寛は存命中にすでに全国区型の著名人であり、すでに生前から神格化された伝記的資料が数点出回っている。これはもっと注目されるべき事実であろう。けして良寛は近代に発掘された埋もれた天才ではない。

私が重要と考える江戸時代の資料のうち、幼少年期と出家にかかわる記述があるものを、生前と没後に分けて抜粋してみよう。良寛に言及する資料の最古は、魯仙の『無礙集』(文化二年=一九〇五)だが、伝記的記述はないので後述とする。

——《生前》

①『北越奇談』全六巻(巻之六 人物 其(三)) 崑崙《こんろん》 橘 茂世 文化八年(一八一一)刊 江戸 永壽堂(復刻版『北

越奇談』野島出版　一九七八年、一六七頁）

出雲崎橘氏某の長子にして、家富み門葉広し。始メ名は文孝、其友富取、笹川、彦山《げんざん》等と岑子陽《しんしよう》先生に学ぶこと総て六年、後、禅僧に随て諸国に遊歴す。その出るとき書を遺して中子に家禄をゆづり、去て数年音問を絶す。（以下略）

これは越後の名勝、奇談、人物を挿絵入りで紹介した本で、木版挿絵の原画は崑崙が描き、葛飾北斎が再描したという。良寛は巻之六「人物」編に、国上寺中興の祖である万元和尚に続いて述べられているが、無欲な暮らしぶりと美しい詩を作る僧ということが強調されている。著者崑崙は三条近辺の出身で、良寛より三歳ほど年下。良寛と面識はないが、著者の一家は良寛の師大森子陽と親戚で、兄の彦山は子陽塾で良寛と机を並べたという事実から、その記述にはかなり信頼がおかれよう。「橘氏某の長子」「始メ名は文孝」「家富み門葉広し」「岑子陽先生に学ぶこと総て六年」「後、禅僧に随て諸国に遊歴す」などの記述はそう間違ってはいない。ただ良寛を「了寛」と記している点は不可解である。良寛は現存人物であることに配慮して、わざと変えた可能性もあろう。

②大関文仲（一七八一－一八三四）「良寛禅師伝」（稿本＝出版の意図はあったものの、実現に至らなかったと思われる手書きの文書）　文政年間（一八二〇年代）

良寛禅師は俗姓橘氏、三島郡出雲崎駅の人なり。幼より道気あり、稍《やや》長ずるに及び、内外の群籍を博渉し、所として明らかならざるはなし。又、詩を能くし、和歌を能くす、齢未だ弱冠ならざるに、薙髪《ちはつ》して出家す。

人に語って曰く、「世人皆謂《い》う。僧となりて禅に参ずと。我れは即ち禅に参じてのち僧となる」と。(以下略)

(原文は漢文。読み方は東郷豊治『良寛全集　上巻』五九三―五九頁による)

文仲は西蒲原郡月形村の医師で儒者。良寛との面識はないらしいが、僧有願や鈴木文台を通じて知った良寛への尊敬の念から漢文の小伝をまとめ、知人を介して良寛に見せて評を請うた。困った良寛が「物にかかはらぬ性質」「老衰」を理由にやんわりコメントを断った手紙が残る(『定本・三・書簡・58』)。しかし特に怒ってはいないところをみると、それほど見当違いが書いてあったとは思われない。「道気」とは第一義的には世界の成り立ちを原理的に考える傾向をさす。つまり良寛は哲学少年だった。手当たり次第に読書思索をした後に、その知的渇仰を満たすべく僧となったと同時代知識人は良寛をみていたのだ。同時代の人は良寛の出家を、宗教的回心によるとみていなかった、ということに注目したい。なお二〇歳前に出家したと書いている唯一の同時代文献である。

――《没後》

①北越証願(証聴)「良寛禅師碑石並序」(稿本)　天保二年(一八三一)=没年

本州出雲崎有逸僧、号大愚、字良寛、其為人、気宇超邁、挙措真率、幼而異乎常人也、夙因所根、出塵之志不息、會備圓通寺主國仙老師遊化、往投之、一見器重、爲薙染焉、服勤久之頗領祖意。(以下略)

本州出雲崎に逸僧あり。号は大愚、字は良寛。その人となり、気宇超邁、挙措真率にして、幼にして常人に異なる。夙に所根に因り、出塵の志《こころざし》息《や》まず。備の円通寺主国仙老師の遊化に会うや、往いてこれに投じ、一たび器の重なるを見て薙染《ちせん》をなす。服勤《ふくろく》これを久しゅうして、頗《すこぶ》る祖意《そい》を領せり。

（相馬御風『良寛を語る』博文館　昭和一六年　二三一―三三頁、昭和四九年　有峰書店より再刊）

碑文の著者である北越「証願」は、初期研究者の誤読らしく、後に「証聴」と訂正された。貞心尼は碑文を書いた僧を「証ちやう主」と記している（「宗龍禅師の事」東郷豊治『良寛全集　下巻』五〇一―〇二頁所収）。良寛の証聴宛書簡二通の存在が知られる（『定本・三・書簡・129・130』）。その解説によれば、彼は寺泊の蛇塚（現長岡市）に住む禅僧で、王羲之の法帖を良寛に貸すなど、高い教養の持ち主と想像される。この碑文は、良寛の没年秋に完成したが、建碑にはいたらず、見失われていたが、昭和一六年に相馬御風により初めて紹介された（『良寛を語る』博文館、東郷豊治『全集　上』に再録）。全文を読むと生前にはいかなる文献にも表れなかった「大愚」の号と国仙の偈（後述）の全文が紹介され、臨終の様、葬儀の様子など貞心尼の記述と一致しているので、証聴は臨終に立ち会い、遺品を調べることを託されるほどに良寛と親しい関係の人物と思われる。彼も良寛を「幼いときから偉大な精神力と率直な行動力で際立ち、普通の人とはまったく違っていた」と幼時からの天才説を唱えている。なお「良寛禅師碑銘並序」と紹介する文献も多いが、これは宮栄二と山本哲成が昭和五二年に新発見として発表したもの。私は昭和一六年、御風の発表の方をとった。

②「蓮《はちす》の露」（稿本）　貞心尼（一七九八―一八七三）　天保六年（一八三五）＝没後四年目

良寛禅師と聞えしは、出雲崎なる橘氏の太郎のぬしにておはしけるが、はたちあまりふたつといふとしに、かしらおろし給ひて、備中の国玉島なる円通寺の和尚国仙といふ大徳の聖のおはしけるを師となして、とし

ごろそこに物し給ひしとぞ。（以下略）

（原文は柏崎市立図書館蔵）

貞心尼の詳しい履歴については第11章、島崎時代の〈貞心尼との日々〉の節をご覧いただきたいが、当時すでに歌人として地域に文名のあったと推定される尼僧。彼女は二九歳頃、島崎の木村家に移って間もない良寛を訪問し、その歌人としての実力により良寛のあつい信頼をかち得た。良寛の死を看取ったのち、良寛の和歌を収集し、自分と良寛との相聞歌をも添えて一巻にまとめ、簡潔な伝記を付した稿本が「蓮《はちす》の露」である。本人にその閲歴を遠慮なく聞き得る立場にあった人の著述として、本書はもっとも尊重されるべきものの一つだ。残念なことに幼少年期の記述は「出雲崎なる橘氏の太郎のぬし（＝長男）」とあるのみでそっけないが、出家の年齢について「はたちあまりふたつといふとしに、かしらおろし給ひて」と明瞭に書いてあることが注目される。つまり、二二歳のとき剃髪して国仙に随ったと彼女は良寛その人から聞いていたのだ。ところが、柏崎市市立図書館に所蔵されるその稿本に十八と訂正の書き込みをしたふとどきな人がいる（「はたちあまりふたつ」という記述のわきに傍点をほどこし、十八歳と書き込みがあるが、筆跡から別人の手と見なされる＝東郷豊治の解説）。さすがに明治以降の文献も国仙に随行して玉島に行ったのは二二歳と一致しているが、なぜか一八歳で光照寺に駆け込んだ云々説も、今日、明白な事実であるかのようにまかり通っている。訂正を貞心尼本人がなしたと考える人は渡辺秀英をはじめ多いようだが、一八歳出家を明記した江戸時代中の資料はみられない。管見のかぎりでは、小林二郎『僧良寛詩集全』（精華堂　明治二五年）にまず記された説なので、「蓮《はちす》の露」にある十八という訂正は、明治五年没の貞心尼のなした行為でないことは明白だ。一旦名主役に就いたということも、幕末の⑤の私信文献に伝聞としてあるのみだということに注意をはらっておきたい。なおこの訂正は、大正七年刊の相馬御風著『大愚良寛』にそのまま引用紹介されているので、少くとも大正七年以前になされていたことがわかる。

③「橘物語」（稿本）　飯田久利（？―一八六五）　天保一四年（一八四三）＝没後一三年目

今は昔のこととなりましたが、越後の国に良寛という禅師がありました。幼い頃は手習も読書も大嫌いで、人がいさめてもまったく気にするふうもなく、勝手気ままに過ごしているのを、親はどうしたものだろうと心配しておりますと、ある日、「寝過ごしてしまった」などと言いながら、朝日が高く昇ってから起きていらっしゃいました。すぐ父のそばにすり寄って「なんとかして読むものを取り出してくださいませんか、今朝はなんだかみたくてたまらないのです」とおっしゃる。しかし父は「日頃の心がけを考えてもごらん」と不機嫌な顔ですぐには出さないでおられましたが、そうは言うものの全然心にかけないでいることもできず、「早く早く」とねだってあきらめる気配もなかったので、ぶつぶつと文句を言いながら、十三経とかいう巻物などを取り出して与えました。すると静かに巻を開きなさってよむことに取り組み始めたのでした。はじめの方から声高く読み上げていくさまは、淀川の淀むというほどにもつかえることもなく、実にすらすらと澄むべき音は澄み、濁るべきところは濁るように分別して、いまだかつてなく気味が悪いまでに立派な様子で読んでいらっしゃるのでした。親は考えることも出来ない所業であると、驚いて胸がつぶれ、口さえしばしのあいだきけなくなって、何事であろうかと思い迷いました。「いったいどうしたの」と問いつめますと「昨夜、わたしの枕元に一人の老人がやってきました。きちんととかした髪は雪にも勝る白さで髭も長くていらっしゃり、どこから来たともおっしゃらないし、自分もお聞きしなかったけれども、懇切丁寧に教えてくださったので」とおっしゃる。これをお聞きになって親は「まあなんと不思議な因縁でしょうか、その方は神か仏か、なんとありがたいことではありませんか」などとうなずきなさってうれしいともよろこばしいとも何とも言いようもなく、ただもう涙が落ちるばかりに驚かれて、その時以来前にもまして（この子を）大切に思われたことでした。

さて、十三経を学び終わると、また日本の文をあれこれ手当たり次第に読んでおしまいになりました。和歌は上古の頃の様式を好んでいらっしゃいました。漢文さえ、すらすらお書きになるのですから、とても世に普通にあることではありませんでした。このように師というものがこの世にないにもかかわらず、大層な教養人におなりになったのも、前世からの約束ごとでありましょうか。なんの才もなく偶然に生まれたようなおおかたの人には、なにをそんなに選良ぶって思い上がっているのかと、ねたましく思われることでしょう。

（以下略）

（原文はわかりにくいので、拙訳で幼児期の部分を記した）

作者は上州（群馬県）倉賀野出身の国学者、歌人で良寛より三五歳若い。生前の面識はないが、天保年間から越後をたびたび訪れ、地蔵堂の庄屋解良家と親交を持った。本書は手書き、仮綴冊子の体裁で解良家に伝えられた。『伊勢物語』の形式を借りて良寛の和歌と生涯を歌物語に構成した特異な作品。一般には物語ということで資料的価値が認められていないが、親しく良寛と交わった解良家および弟由之と親交をもった桂家から資料を得ている点、和歌の選択のセンスが良い点で、物語とはいえかなり信頼してよいと思う（相馬御風『大愚良寛』春陽堂大正一三年改版に全文収録）。ここに描かれた良寛も、師なしに和漢の古典をすらすらと読み、漢文さえ書きこなす天才少年である。

④「良寛禅師奇話」（稿本）　解良栄重《けらよししげ》（一八一〇―五九）　弘化四年（一八四七）頃＝没後一六年目

栄重は地蔵堂牧が花の庄屋解良叔問の三男。叔問は良寛の乞食求道生活を外部から支えた支援者の一人。良寛が七四歳で亡くなったとき、栄重は二二歳だった。対等に付き合うには年齢差がありすぎたが、父と良寛の交友を親しく眺め、使い走りなどをしていた。九歳のとき父が亡くなり、一七歳のとき良寛が島崎の木村家に越したため、距離的に遠くなり、以後会うことはなかっただろう。しかし、少年期の家族的交流の記憶と、自宅に沢山所蔵されていた良寛の書や手紙、良寛を親しく知る人からの情報を総合した記述。ただし、没後一六年を経たその語り口は、すでに伝説的神格化の傾向がみられるので、全面的に信用すべき資料とは、私は考えない。幼少年期についての記述はない。

⑤「鈴木文台が友人三宅相馬に宛てた手紙」（稿本）　安政四年（一八五七）＝没後二六年目

寛師幼名源蔵《ママ》（栄蔵の誤りか）父を以南と申し、俳諧歌に誉有之候。家、世々出雲崎の亭長に御座候。寛師も一旦家督相続致し候処、駅中にて死刑之盗賊有之候節、出役被致、帰宅の後直に出家被致候よし申伝候。

（以下略）

（渡辺秀英『良寛出家考』二七九―八二頁所収）

鈴木文台（一七九六―一八七〇）は西蒲原郡粟生津村（現燕市＝旧吉田町）の人。兄桐軒とともに良寛に心酔し、良寛の詩を後世に残すべく、五合庵や乙子神社の庵を訪れ、「草堂集」の写本制作を行ったことで良寛史に名高い儒学者。大関文仲とも親しかった。この手紙は幕末、文台六二歳のとき、良寛の書を入手した友人三宅相馬が良寛について知りたがっているのに応えて書いたもの。この手紙の後半には良寛の家族関係の記述もあるが、末弟香を由之より上の弟とし、桂川に身を投じて死去したなどと誤記（父の死と混同）している。

文台は良寛の没年にようやく三六歳と若いので、良寛に親しく接したとはいえ、過去の閲歴を遠慮なく問える関係ではないし、下越に住む文台が中越の出雲崎を訪れたこともなさそうだ。一旦家督相続したとか、盗賊の死刑とか、近年の『町史』に照らせばあり得ないことが書かれている。出雲崎の江戸時代文献には盗賊の死刑も、良寛の家督相続の記録もない。「出家なされたそうだと、伝えられております」という伝聞体の記述からして、幕末には良寛の出家について、諸伝説がすでに出来つつあったことがうかがえる。文台はほかにも良寛の詩に数々の跋文を書いているが、それらにおいては少年時代に関しては「少《わか》くして抜俗の韻あり」という程度の簡潔な表現にとどめている。

⑥『良寛道人遺稿』中の「良寛道人略伝」　藏雲《ぞううん》　慶応三年（一八六七）刊　江戸　尚古堂＝没後三六年目

師の諱《いみな》は良寛、号は大愚。北越出雲崎橘氏の子なり。兄弟数人、師はその長なり。師生まれて傑異《けつい》、幼にして俗流に甘《かん》せず、年二十二、備の円通寺国仙和尚のその国に行化《ぎょうげ》するに遭《あ》い、乃《すなわ》ち弟某《ぼう》をして旧業を継がしめ、自ら往いてこれに投じ、髪を剃り具を受く。相随って円通に抵《いた》り、服事《ふくじ》数年、貧旅苦修《ひんりょくしゅう》、衆と群《くみ》せず、深く道奥《どうおう》を窮む。（以下略）

（東郷豊治『良寛全集　上巻』五九八－九九頁、原文は漢文）

僧藏雲は上州前橋の龍海院の住職だが、良寛に心酔し、越後を度々訪ね、貞心尼と交流し、彼女の全面的協力を得て良寛詩集の出版を実現した。所収の詩は少ないものの、法華転、法華讃などの宗教詩偈をも含む、最初の良寛作品の刊本としてきわめて重要な意義がある。この本でも、良寛は生まれながらの天才児で、通俗的人生に満足しなかったと語られている。これらの記述はすべて貞心尼が提供した資料に基づくもの。

以上、生存中二点、没後六点、合計八点が、江戸時代に書かれた良寛の誕生から円通寺に行くまでを記した主要な資料である。これらの記述に共通する良寛の特質は、「幼少から和漢の書籍を独学で渉猟する学問的天才児だった」「幼い頃から世俗を超越した思索的気質だった」という二点である。また、国仙に随う以前に、大森子陽の塾に通算六年間師事したという情報は、知人の情報として信用できよう。さらに、生存中から伝記に書かれるほどの盛名は、詩歌・書に優れた文人としての業績に捧げられていることに注目しておきたい。これらの江戸時代文献は、明治以降に書かれた伝記とははなはだしく違っていることに、多少とも良寛伝を読んだことのある方は驚かれるだろう。

なお、没後の良寛伝にかかわる著述として、上杉篤興《あつおき》の稿本「木端集《こばしゅう》」の「はしがき」があるではないか、という研究者がいるかもしれないが、この稿本は昭和三九年（一九六四）に渡辺秀英が燕市の上杉家から発見した資料（後述）である。この稿本のはしがきは篤興の勝手気ままな創作であって、渡辺が発見するまで他者の目にふれたことはなく、社会的影響力は皆無だったと思われるので、割愛する。

子陽塾の思い出

出家以前の履歴として良寛自身が詩中に述べ、友人たちも証言している大森子陽塾での修学時代を検討してみよう。大森子陽（一七三八—九一　岑子陽とも号した）の経歴については、松澤佐五重の論文「大森子陽とその周辺」（宮栄二編『良寛研究論集』象山社　一九八五年所収論文）が唯一の信用にたる資料と思われる。

子陽は寺泊町（現長岡市）大字当新田《あたりしんでん》（旧村上領地蔵堂）にある浄花庵という寺の息子だった。当時の地蔵堂（旧分水町＝現燕市）は信濃川と西《さい》川《がわ》（＝狭川《せばがわ》）と島崎川の合流分岐点に位置し、河川交通の要所であり、蒲原平野の米の出荷港としても、越後一の宮の弥彦神社の後背地としても栄えていた。経済活動の活発なところは当然文化・学問活動も活発だ。父が学塾を経営していた影響からか、子陽は学問で身を立てようと明和三年（一七六五）に江戸に上り、山口藩の儒学者滝鶴台《たきかくだい》（荻生徂徠系の古文辞学派）に師事、仕官の夢を抱きつつ五年学ぶが、夢破れて明和七年（一七七〇）の秋に帰郷した。彼は、ほどなく支援者の助けを借りて狭川の畔に漢学塾「三峰館」を開く（父の開いていた塾が「三峰館」であり、子陽はその名を継承したと松澤は主張）。しかし開塾年は松澤論文に明記されていない。秋の帰郷だから、塾舎の整備など準備に一、二ケ月を要したとして、降雪期に学生を集めることは難しいから、開塾は明和八年（一七七一）春、雪解け後とみる

図19　良寛が下宿した地蔵堂（現燕市）の中村家（筆者撮影）

のが順当ではないか。

江戸で学んだ気鋭の学者の開塾ニュースは、たちまち近隣に知れ渡り、教育を必要とする豪農、豪商階級の子弟がはせ参じたらしい。もし、良寛が開塾と同時に入門したとすれば、一八七一年春の入門となる。一八五八年生まれ説をとれば、良寛は一四歳で親許を離れ下宿したことになる。地蔵堂は出雲崎から二〇キロほど北東にあるので、大人の足でも五時間はかかり、通うことはできない。少年良寛は親戚の酒造業中村久右衛門方【図19】に下宿した。中村家は地蔵堂の町年寄を代々つとめる名家。久右衛門は子陽より早く江戸に遊学してやはり滝鶴台に学んだ人で、子陽塾の支援者でもあった。中村家は先代が以南の養父（と私が推定する俳人）近青庵北溟の弟子でもあり、久右衛門も俳諧を通じて以南と親密だった。久右衛門はまだ三〇歳前後だったが、以南が安心して息子を託するに足る人物だったと思われる。

この塾は、地域の町人・百姓のエリート階級に待ち望まれた教育機関だったが、長くは続かなかった。子陽は安永六年（一七七七）、羽前鶴岡（現山形県鶴岡市）に旅立ってしまう。建前は名勝象潟を見るためだったが、彼は一介の塾の先生にあきたらず、つてを頼って鶴岡藩の藩儒となることを望んでいたらしい。『定本・一・115』の詩「訪子陽先生墓」に内山知也が附した解説（一四六―四七頁）によれば、良寛の作と思われる送別の詩が中村家より発見されているという。次のような詩である（訓読は内山によるが、訳はなかったので拙訳）。

「春送子陽先生遊象沂」

憐君万里事勝遊
望入風煙出羽州
突兀鳥山雲裏秀

「春、子陽先生の象沂《さきがた》に遊ぶを送る」

憐む君が万里勝遊を事とし
望んで風煙、出羽の州に入るを
突兀《とくこつ》たる鳥山《ちょうざん》は雲裏に秀で

蒼茫象沂雨中幽
林林積翠波間落
処処残花掌上浮
聞道五湖都移得
釣竿応傍范蠡舟

蒼茫たる象沂《きさがた》は雨中に幽《しず》かなり。
林林の積翠は波間に落ち、
処処の残花 掌上《しょうじょう》に浮ぶ。
聞道《きくならく》五湖都《すべ》て移し得て、
釣竿応《ちょうかんまさ》に范蠡《はんれい》の舟に傍《そ》ふべし。

「春、子陽先生の象潟旅行をお送りして」
先生のはるかな旅のご無事を心から祈ります／先生は自ら望んで風光の美しい出羽の国においでになるとか／かの国では鳥海山が雲の上にそびえ／青々とした象潟の島々は雨にかすみ／木々の緑の葉が落ちて波間に漂い／合歓《ねむ》の落花が掌ですくえるように浮かんでいるのでしょう／聞けばその地は中国の五湖をことごとく移したようなところとか／象潟で釣り糸を垂れる先生は、さしずめ西施《せいし》の面影を求めて西湖《せいこ》に船を浮かべる賢臣范蠡といったところですね。

この詩は芭蕉の有名な『おくのほそ道』中の象潟での句「象潟や雨に西施がねぶの花」を前提としている。越の国の賢臣范蠡によって呉王に差し出された美女西施は、その魅力により呉王に政治を忘れさせた。西施は呉国の滅亡後、范蠡とともに西湖に舟を浮かべて行方知れずになったという。芭蕉は雨に煙る象潟のさまを「恨むがごとし」と感じて、はるかな歴史のかなたの美女西施の悲劇を思い浮かべた。子陽には鶴岡に縁談があったらしく、行くとまもなく結婚し、求古《きゅうこ》という一子をもうけた。この詩は縁談のあることも承知して、すこし先生を揶揄しつつ送別しているともとれる。

内山は原詩を実見していないからと、本詩を『定本』に採用していないが、後世の人が作れる詩とは思われない。平仄があっていないなどということは私にはわからないが、古今東西の文学への深い教養を漂わせるこの詩は注目に値する。歴史的時間空間と現在のそれを交錯させ、変化に富んだ風光を色彩豊かに描きだし、先生の前途の幸を祈るこの詩には、既成の詩概念を破る若い詩人のひらめきが感じられる。私は良寛作と信じたい。この詩がもし良寛作とすれば、唯一残存する子陽塾時代の作として貴重だし、良寛が安永六年（一七七七）の二〇歳の春まで地蔵堂にいて、先生の旅立ちを見送ってから帰郷したことの証明にもなる。向学心の強い良寛が途中退塾するとは考えられないし、『北越奇談』の六年間師事説に拠っても、一四歳に入塾したのだから、二〇歳の帰郷が合理的と私は思う。安永四年（一七七五）に一八歳で塾を辞して名主見習いに就いたという従来説をとれば、約四年しか子陽に師事しなかったことになるし、『町史』に見習に就いたという記述はない。

なお、良寛は子陽の父が経営した旧三峰館で二年間すでに学んでいたので一八歳退塾でも合計六年になる、と都合をつける説が存在する（松澤説など）が、数え年八、九歳の幼児を下宿させる親はいないだろう。同時代文献の幼児期は、みな独学天才説で一致している。

謳歌する青春――子陽塾での交友

大森子陽の塾で培われた人間関係は、良寛の後半生を左右するほど重要だ。友情を主題とする詩は良寛の詩の中核をなすと言ってもよいほど多いが、三峰館時代の修学の様子、友人関係、青春の野心などがうたわれた注目すべき詩に「聞之則物故　二首」がある。第一首の前半および第二首にうたわれた青春時代の回顧に注目してみよう。

「聞之則物故　二首」／人生百年内／汎若中流船／有縁非無因／誰置心其辺／昔与二三子／翺翔狭河間／以文恒会友／優游云極年／何況吾与子／嘗遊先生門／行則並車騎／止則同茵筵／風波一失処／彼此如天淵／子抽青雲志／我是慕金仙／子去東都東／我到西海藩／西海非我郷／誰能長滞焉／去去向旧閭／杳杳凌雲端／聊得一把茅／占居国上嶺／故国非疇昔／朝野多変遷／逢人問朋侶／挙手指高原／嗚咽不能言／良久涙連連／昔為同門友／今為苔下泉／昔常接歓言／今為亡与存／三界何茫茫／六趣実難論／釈之就道路／振錫望人烟／青松夾道直／宮観雲中聯／楊柳揺翠旗／桃花点銀鞍／市中当佳辰／往来何連綿／顧之非相識／安得不潸然

「之則《ゆきのり》が物故《ぶっこ》を聞く　二首」／人生百年の内／汎《はん》として中流の船の若《ごと》し／縁有り因無きに非《あら》ず／誰か心を其《そ》の辺に置ける／昔二三子《にさんし》と／狭河《せばがわ》の間《かん》を翺翔《こうしょう》せり／文を以て恒《つね》に友に会し／優游《ゆうゆう》　云《ここ》に年を極む／何ぞ況《いわん》や吾と子《きみ》とをや／嘗《かつ》て先生の門に遊ぶ／行くには則《すなわ》ち車騎《しゃき》を並べ／止《とま》れば則ち茵筵《いんえん》を同じうす／風波　一たび処《ところ》を失へば／彼此《ひし》　天淵《てんえん》の如し／子は青雲の志を抽《ぬき》んで／我は是れ金仙を慕ふ／子は東都の東に去り／我は西海《さいかい》の藩に到る／西海は我《わ》が郷に非《あら》ず／誰か能《よ》く長く焉《こ》れに滞《とど》まらんや／去り去りて旧閭《きゅうりょ》に向《む》かひ／杳杳《ようよう》として雲端《うんたん》を凌《しの》ぐ／聊《いささ》か一把《いちわ》の茅《かや》を得て／居を国上《くがみ》の嶺《みね》に占《し》む／故国《ここく》　疇昔《ちゅうせき》に非ず／朝野《ちょうや》多く変遷す／人に逢うて朋侶《ほうりょ》を問《と》へば／手を挙げて高原を指さす／嗚咽《おえつ》して言ふ能《あた》はず／良久《ややひさ》しうして涙連連たり／昔同門の友と為《な》り／今苔下《たいか》の泉《せん》と為る／昔　常に歓言《かんげん》に接し／今は亡《ぼう》と存《そん》とに為る／三界　何ぞ茫茫《ぼうぼう》たる／六趣《ろくしゅ》　実《まこと》に論じ難《がた》し／之《これ》を釈《す》てて道路に就き／錫を振つて人烟を望む／青松　道を夾《はさ》んで直《なお》く／宮観《きゅうかん》　雲中に聯《つら》なる／楊柳翠旗《ようりゅうすいき》を揺《ゆる》がし／桃花　銀鞍《ぎんあん》に点ず／市中　佳辰《かしん》に当たり／往来　何ぞ連綿《れんめん》たる／之を顧みれば相識《そうしき》に非ず／安《いず》くんぞ潸然《さんぜん》たらざるを得んや

（『定本・一・375』『文庫・二五―二八頁』　一部ふりがな省略）

「富取之則が亡くなったと聞いて　二首（その一）」

人生の百年とは／たとえるなら川なかを漂う船のよう／因縁あってそうなっているのだが／だれもそんなことを考えはしない／むかし　友人たち二、三人と／狭川のあたりを肩で風切って歩いた／いつも詩文を持ち寄り論評しあい／のどかに楽しく学年を重ねた／まして君と私とは言うまでもないが／かつて子陽先生の門に学んだ仲良しだ／通学するには一緒に馬のくつわを並べて行き／教室では隣り合って席を占めたものだった／ところが世に風波がたち　塾が閉鎖されると／私たちの運命も　天と淵ほどにもかけ離れていく／君は青雲の志を人一倍強く抱き／私は美しい仙人の世界に憧れて／君は東国の江戸へと去り／私は西海の玉島の地へとたどり着いた／だが玉島は生まれ故郷ではない／どうして永住などできようか／ああもう帰りたいと故郷をめざし／はるかな雲の峰をも越えてきた／ちょっとした茅葺小屋を得て／居を国上山の中腹に決めた／だが故郷は昔のままではない／まちの様子はすっかり変わってしまった／知人に逢って君の消息を尋ねると／手を挙げて高原の墓地を指さすではないか／嗚咽がこみあげ何にも言えない／しばらくすると涙がぽろぽろ／昔は同門の仲良しだったというのに／今　君は苔むす墓石の下に眠る／昔はいつも楽しく語りあったのに／今　君は亡者で私は生者だ／この世界とはなんと訳の分からないものなのか／まして死後のたどる道など論じようもない／友への思いを振り払ってまた道をたどり／錫杖を鳴らしながら街をめざした／青い松が道を挟んでまっすぐ続き／神社やお寺の屋根がそびえる／風に揺れる柳はまるで緑の旗のよう／散る桃の花は神馬の鞍の銀飾りのよう／街中はちょうど祭日で／人の往き来はとめどもない／振り返って見たが知らない人ばかり／どうして泣かずにいられよう

（その二）

今日出城下／千門乞食之／路逢有識人／道子黄泉帰／忽聞只如夢／思定涙沾衣／与子自少小／往還狭河陲／不啻同門好／共有煙霞期／家郷分飛後／消息両夷微／当此揺落候／棄我何処之／聚散元有分／誰能永追随／吁嗟復何道／飛錫帰去来

今日城下に出で／千門乞食《こつじき》して之《ゆ》く／路に有識《ゆうしき》の人に逢ひしに／子《し》　黄泉に帰すと道《い》ふ／忽《たちま》ち聞いて只《ただ》夢の如く／思ひ定まりて涙衣を沾《ぬら》す／子とは少小自《よ》り／狭河《せばがわ》の陲《ほとり》を往還す／啻《ただ》に同門の好《よしみ》のみならず／共に烟霞《えんか》の期あり／家郷《かきょう》　分飛《ぶんぴ》の後／消息両《ふた》つながら夷微《いび》す／此の揺落《ようらく》の候に当たり／我を棄てて何処へか之《ゆ》ける／聚《しゅう》　散《さん》元《も》と分《ぶん》有り／誰か能《よ》く永く追随せん／吁嗟《ああ》　復《ま》た何をか道《い》はん／錫を飛ばして帰りなんいざ

（『定本・一・376』『文庫・二八―二九頁』一部ふりがな省略）

今日　町に降りて行き／家々を托鉢して歩いた／途中で知人に逢ったところ／君はもうこの世の人でないと言う／突然聞いたので夢かと思った／ああそうだったのかと涙がぽろぽろ／君とは少年時代から／狭川のほとりの塾に通ったね／ただ同門の友にとどまらず／一緒に家出をしたことさえあった／（そんな仲だったのに）故郷を離れたあとは互いに消息を知ろうともしなかった／このものみな滅び行く淋しい秋に／私を棄てて君はどこへ行ったというのか／だが　出会いと別れは運命なのだ／誰だって永遠に楽しく付き合うなんて出来はしない／ああもう何を言ってもしかたない／さあ帰ろう　錫杖を鳴らしながら

之則は子陽塾での親友。良寛の帰国年は寛政八年（一七九六）三九歳のときというのが一般説だ。翌寛政九年には国上寺の隠居所五合庵に仮寓していることが、同じく同門だった原田鵲斎の「尋良寛上人」の詩から確認されている。この五合庵には五年ほどいたが、一時、国上寺住職の隠居のために明け渡し、三年ほど寺泊近辺を転々とした。再度五合庵に住むのは文化二年（一八〇五）からだが、この詩を作ったのは「聊得一把茅／占居国上嶺」とあるから五合庵に住むようになってすぐ、つまり帰国後半年か一年後ではないか。五合庵から地蔵堂はすぐなのだから落ち着いたらさっそく旧友を訪ねるのが当然と思う。

ところが大抵の本に之則は江戸にでて儒者として成功し、三春藩の儒官となり、文化九年（一八一二）に三春で没したと書かれている。すると、この詩は良寛帰国後一三年もしてからの詩ということになる。それでは長い不在の後に帰郷して旧友の消息を尋ねると、友はとうに亡くなっていたという良寛の嘆きが、作り物めいた嘘くさいものになってしまう。疑問に堪えない私は、分水町歴史民俗資料館館長塚本智弘氏に調査を依頼した（平成一三年春）。氏は松澤佐五重氏とともに富取家の菩提寺西敬寺の過去帳を調べて下さり、文化九年没も三春藩儒官だった云々も、いずれも弟の大武についての記述だったことをつきとめてくださった。なお、この兄と弟の名の混同の可能性については、「谷川目録」三〇一頁にも示唆されている。結局、之則の没年は明らかにならなかったが、良寛が帰郷の折にはとうに亡くなり郷里の墓に葬られていたのに違いない。この二首は帰国間もなく、親友の失意の死を知っての嘆きとして読んでこそ、涙を誘われるのである。

この二詩から知られる具体的な子陽の塾に関する情報を分析してみよう。まず明白なのは、塾は狭河《せばがわ》（＝現在の地図では西川）のほとりにあったということだ。この川は良寛が狭い川と記している通り、とても幅が狭い。しかも深そうでかなり急流だ【図20】。燕市史によれば、この川は上杉兼続が天正一四年（一五八七）に開いた運河なのだ。信濃川は与板と分水町（旧地蔵堂＝現燕市）のあたりで川幅が最大となり、新潟県の内陸東側を流れて新潟市で海に出る。西川は信濃川から取水し、広大な西蒲原平野の穀倉地帯に水利をもたらし、同じく新潟市でまた信濃川に合流して海に出る。信濃川にほぼ並行しながら越後平野の西側を流れるので西川《さいがわ》とも呼ばれる。

子陽の塾はやや町の中心（下宿した中村家は中心にある）から西川沿いに

図20　西川（狭川　信濃川から取水された運河）（筆者撮影）

北上した郊外、多分粟生津に近い方向の川端にあったのだろう（中村家の筋向いあたりにあったという説を聞いたことがあるが、古老がそう言っていたという程度の根拠の言伝えらしい。中村家のすぐ裏手は花町だったので学塾の立地としては不適切に思われる）。西川は田畑に水をもたらすだけでなく、生産された米の輸送路でもあったから、堤防沿いに曳舟用の道路も整備されていたにちがいない（今はサイクリングロードになっている）。「行くには則ち車騎を並べ」とあるから、通学には乗物を使うほど、中村家から距離があったのではないか。乗合馬車は日本に発達しなかったので、私は馬を想定した。農民階級の子弟は乗馬などしないと思いがちだが、橘屋は神官も兼職しており神馬の名目で馬を二頭飼っていた。それは小前百姓の嫉妬の対象であり、由之が告発された理由の一つでさえあった。良寛は実家に帰省のとき、二〇キロの道のりを徒歩でなく馬を使っていた可能性もあろう。

富取之則も地蔵堂の大庄屋富取家の三男で、馬を乗り回しても変ではないお坊ちゃんだった。松澤佐五重論文によれば富取家には正則、鴻、之則、大武という四兄弟がおり（出雲崎の敦賀屋に一五歳くらいで婿入りして一〇代長兵衛となり、隠居後鳥井直右衛門と名乗った人物も大庄屋富取調太夫の息子と伝えられるので、実は五人兄弟かもしれない。第3章〈生真面目な役人の一面〉の節を参照されたい）、明和八年（一七七一）、良寛一四歳のときに、長男正則二六歳、大武一五歳だったという。鴻、之則の年齢は分からないが、末弟でさえ良寛より一歳年長なのだから、之則は良寛より二、三歳年長か。両人は地域のエリートとして、西川の岸辺をおしゃれな身なりで馬に乗り、「翺翔」していた。つまり得意げに闊歩していた。良寛の詩には他にも少年時代の回顧詩が複数ある。たとえば自選第一詩集「貫華」の四九番は次のようなものだ。

帰来

平生少年時／遨游逐繁華／愛著嫩鵝衫／好騎白鼻騧／朝過新豊市／暮酔河陽花／帰来知何処／笑指莫愁家

平生《へいぜい》　少年の時／遨游《ごうゆう》して繁華《はんか》を逐《お》へり／愛して嫩鵝《どんが》の衫《さん》を著《き》／好んで白鼻《はくび》の騧《か》に騎る／朝《あした》に新豊《しんぽう》の市《いち》を過《よ》ぎり／暮れに河陽《かよう》の花に酔ふ／帰来するは知んぬ何れの処ぞ／笑つて指《ゆび》さす莫愁《ばくしゅう》の家

（『定本・一・49』『文庫・一四六頁』一部ふりがな省略）

その昔　まだ若者だったころ／遊びまわって繁華をもとめた／おしゃれな羽織が大好きで／馬に乗るなら鼻先の白いやつさ／朝は賑やかなまちを遊びまわり／夕べは花街で酔いつぶれる／どこへ帰るのと聞かれれば／笑って指差すなじみの妓楼を

「嫩鵝の衫」とは若い水鳥の羽のように柔らかくて光沢のある織物の羽織、あるいは若い水鳥を刺繍した羽織か。いずれにしても贅沢なおしゃれ着だ。同工異曲の美少年の蕩児と遊女の交流をほのめかす詩は他にもいくつもある。新豊とか可陽などの中国の地名があることから、これらはみな寒山詩や李白の「少年行」（五陵年少金市東／銀鞍白馬度春風／落花踏盡遊何處／笑入胡姫酒肆中）などの詩にならった、若いときの遊蕩の愚かさを説く教訓詩であり、すべてフィクションだと従来の研究者はみなす。しかし自伝を意図して自ら編集した「貫華」「草堂詩集」「草堂集」のいずれにもこの詩は含まれている。一見教訓詩にみせかけて、自己の少年時代を語ったと私は見たい。出雲崎とか地蔵堂といってはまずいので中国地名にしているのではないか。

出雲崎にも地蔵堂にも当時、繁華な花街があった。出雲崎の妓楼は良寛の実家から五〇メートルほど北上した羽黒町から鳴滝町にかけて、二〇軒ほども連なっていたという。佐渡渡海に絶好の天候を待って何日でも役人を接待するのが出雲崎人の仕事だったので、必然的に料亭と妓楼は発達していた。また、地蔵堂の花街は下宿していた中村家のすぐ裏手にある。地蔵堂も川港として繁栄しており、芸者、遊女などが抵抗なく受け入れられていた土地柄だった。その伝統は、現代でも桜の満開の頃に観光行事として「花魁道中」が毎年行われていることでもわかる【図21】。

良寛の詩に遊女の登場する作が多いのはそうした環境に起因する（『定本・一・50・51・138・139・159・196・197・320・325・349・461・462・473・474・475など』）。出雲崎の内藤家に長期逗留し、出雲崎の風俗を友人に書き送った新楽間叟の「間叟雑録」（寛政一一＝一七九九年、『出雲崎町史・通史編（上）』八一一頁『資料編Ⅱ・近世（二）』七六四頁）には次のような記述がある。

図21　地蔵堂の花魁道中（筆者撮影）

出雲崎の妓を養ふ家すべて二十軒斗あり、皆良家なり、家屋敷田地をもち、或ハ酒を造り、或ハ醤油を作り、船商売などして、所のふるき良家の冨商なり、（中略）妓楼に女児をおひたゞしく養ふなり、六七歳より十四五歳までの女児数十人を養ふ、成長して妓となるもの也、十五になりて財主ありて名くれて後妓となる也、それ迄ハ十六になりても枕席をすゝめす、名をくれるといふて大祝をする事也。十金余もかゝる也、その財主破瓜する事也（中略）吉日を撰ひて其朝新衣服を美々しくかさりて、其町内楼ハ申に及す外々をも皆あるくなり、さて酒肴を山にまうけて客をむかへて、其余肉を以て楼の主人幷婦人・妓等皆よひむかへて大宴をもふくる（以下略）

間叟によれば、妓楼には少女が常時数十人も養われていた。一五歳になると妓楼の主人は財主を捜してつけ、祝宴をして遊女としておひろめするのだという。いたましい現実だ。

柳娘二八歳／春山折花帰／帰来日已夕／疎雨湿燕支／回首若有待／褰裳歩遅遅／行人皆佇立／道是誰氏児

柳娘《りゅうじょ》　二八《にはち》の歳《とし》／春山《しゅんざん》　花を折つて帰る／帰来《きらい》すれば日已《すで》に夕《く》れ／疎雨《そう》　燕支《えんじ》を湿《うるお》す／首《こうべ》を回《めぐ》らして待つ有るが若《ごと》く／裳《しょう》を褰《かか》げ歩むこと遅遅《ちち》たり／行人《こうじん》　皆　佇立《ちょりつ》し道《い》ふ／是《こ》れ誰《たれ》氏の児《こ》ぞと

（『定本・一・475』『文庫・一四九頁』ふりがな一部省略）

妓楼の娘は一〇歳頃／春の山から花を手折ってお帰りだ／帰ってくればもう日暮れ／雨がぱらぱら紅いほっぺに降りかかる／ふりかえっては人待ち顔で／裾をつまんでそろりそろりと歩く／道行く人はみんな見とれて立ち止まり／どこの妓楼の子かしらと問うのだった

二八歳を掛け算にして一六歳と従来訳されているが、『町史』の「間叟雑録」を読んだあとでは、足し算で一〇歳とすべきと思った。まだ売られてきたばかりのあどけない美少女が、桜の花枝を手にしゃなりしゃなりと山から下りてくる。町のひとたちは「また新しい子がきた。どこのみせの養女なのだろう」とひそひそ問い交わす。あの一本道の狭い町のことだから、一六歳にもなれば一人前の遊女として町中のひとが知っている。しかし引き取られたばかりの少女はまだなじみがない。一〇歳前後の遊女予備軍の少女たちが、良寛の実家のすぐ近くに遊び暮らしていたのだ。

良寛は僧となってから子どもたちとおはじきや毬つきをするのが好きで、この二つは誰にも負けないと自慢する。多分、少年時代に妓楼の少女たちといつも遊んでいたので上手なのではないか。いずれにせよ良寛は勉強ばかりしていた堅物ではなく、幼いときは妓楼の養女たちと毬やおはじきで遊び、長ずるに及んでは妓楼にのぼり痛飲もする若者だったにちがいない。長身痩躯、切れ長の眼、総角《あげまき》という愛らしいヘアースタイル（長髪を左右に分け、両耳のわきで角状に髷にした少年の髪型。「憶昔総角歳　従游狭水傍」と「訪子陽先生墓」の詩にあるので、良寛の少年時代の髪型と分かる【図22】）で、そのうえおしゃれで秀才なのだから遊女たちにもてないわけがない。

図22　総角《あげまき》という髪型　国宝　善財童子像　鎌倉時代　奈良　安倍文殊院

「橘物語」（没後資料③）の中段には「わかゝりて、いまだ世ばなれざりしほどは、いみじういろこのみになんありける」とあり、僧形になって旅立とうとする良寛が妓楼の前にさしかかると、深く契交わした遊女が現れて袖にすがってさめざめと泣くくだりがある。これは良寛没後一三年目に書かれた作なので、まだ良寛の青少年時代を知るひとに取材した可能性があり、案外真実を含んでいるのかもしれない。

良い学友はまた良い遊び友達でもあった。ただ同門というだけでなく、之則とは煙霞の期を共有していたとある。煙霞とは煙や霞のたなびく美しい山水を求めて放浪して歩くことを意味する。しかしそれに加えて雲隠れとか行方不明とか家出とかいったニュアンスも感じられる。そしてこの「共有煙霞期」はもう一人の同門の親友三輪左一を回想する詩「上巳日游輪氏別墅有懐左一」（「上巳《じょうし》の日　輪氏の別墅に游んで左一を懐ふこと有り」（『定本・一・

250』『文庫・三五頁』）の冒頭にも「与子従小少　共有烟霞期（子とは小少より、ともに烟霞の期あり）」と繰り返されている。仲良し三人組はときどき山野の冒険にくりだして数日帰らず、親や下宿先を心配させていたのかもしれない。そんな冒険は友情の絆をより深いものにする。

左一については後の章で詳述するが、之則に負けず劣らずの親友だった。三人はみな優秀で互いの才能を認め、将来の野心を語り合う仲だった。之則と左一はともに三男だから、いずれ家を出る運命にあったが、長男の良寛は逆に家を継ぐ義務があった。しかし、親友が青雲の志に燃えて他国に雄飛する夢を語るのにつられ、田舎の小役人で終わる人生を嫌悪し、世間にでて自分の可能性を試したいと思うようになるのは必然のなりゆきだろう。

子陽は旅立つに際し、もはや師を凌駕するほどの詩境に達した弟子たちを集めて、言ったに違いない。「私の教えられることはすべて教えた。もっと学びたければ私より優れた師を捜せ」と。師が鶴岡に旅立ったのは良寛が数え年二〇歳のとき、そして新たな師国仙に出会って玉島に向かったのは数え年二二歳のときだ。その間の二年間は何をしていたのか、まったく謎につつまれている。

第5章 青年時代 文人への憧れ

近代「出家伝説」のいかがわしさ

いよいよ良寛の出家を語るところへ漕ぎ着けた。江戸時代の主要な良寛伝は出家の動機をなんら語っていない。ところが、近代の良寛伝はその出家を、現世への失望による厭世観、無常観、宗教的発心からなされたものと考え、家庭環境や時代背景の分析を、没落、貧困、政治抗争といったマイナーな要素にばかりしぼって考察してきた。たしかに江戸時代の暗い側面に注目すれば、封建身分制度、災害、飢饉、一揆などがある。しかし文化に目を向けるならば、驚くべき活況を呈していることも事実だ。良寛は一七五八年に生まれたとされ、一八三一年に没しているが、それは江戸時代中期の後半から後期の前半に相当し、江戸文化の全盛期に一致する。左記の人物たちの生没年をみていただきたい。

本居宣長（一七三〇－一八〇一）　杉田玄白（一七三三－一八一七）　伊能忠敬（一七四五－一八一八）

亀田鵬斎（一七五二―一八二六）　頼山陽（一七八〇―一八三二）　山東京伝（一七六一―一八一六）
十返舎一九（一七六五―一八三一）　上田秋成（一七三四―一八〇九）　曲亭（滝沢）馬琴（一七六七―一八四八）
与謝蕪村（一七一六―八三）　池大雅（一七二三―七六）　丸山応挙（一七三三―九五）
曾我蕭白（一七三〇―八一）　長沢蘆雪（一七五四―九九）　伊藤若冲（一七一六―一八〇〇）
木村蒹葭堂（一七三六―一八〇二）　谷文晁（一七六三―一八四〇）　小林一茶（一七六三―一八二七）
酒井抱一（一七六一―一八二八）　田能村竹田（一七七七―一八三五）　平賀源内（一七二八―七九）
司馬江漢（一七四七―一八一八）　鈴木春信（一七二五―七〇）　蔦屋重三郎（一七五〇―九七）
喜多川歌麿（一七五三―一八〇六）　東洲斎写楽（生没年不明・活躍期一七九四―九五）
葛飾北斎（一七六〇―一八四九）　歌川広重（一七九七―一八五八）　渡辺崋山（一七九三―一八四一）

みな良寛の同時代人だ。良寛が知に目覚めた一〇代に時代は天明に入り、学問芸術は隆盛の一途をたどり、良寛が帰郷し創作に没頭する後半生は文化文政の町人文化全盛期である。既述のように、家庭環境や天領の町出雲崎の特殊な経済的繁栄と文学的風土には、生命力の横溢する青年が厭世観に陥るような背景は見出せない。近代良寛研究における出家の動機考察は、渡辺秀英『良寛出家考』に代表されるように、本人の性格の非社会性と無常感というところに集約されている観があるが、その判断は誤った土台の上に建てられているのではないかと思われてならない。

考察に大きな狂いの生じた原因は、良寛没後の時代の激変にある。良寛の時代はまだかろうじて平和が保たれていたが、没後二二年目の嘉永六年（一八五三）、浦賀沖にペリーの黒船艦隊が来航して以来、時代は一気に幕末の混乱期に突入した。幕府の崩壊とともに天領出雲崎の没落が始まる。財政的特典は失われ、河川と海を結んで繁栄した出雲崎、地蔵堂、寺泊、与板は近代の鉄道流通経済から見捨てられた。いずれも幹線鉄道網をはずれてしまったのである。佐渡航路も鉄道に直結した新潟港が主流となり、寺泊、出雲崎は小漁港にすぎなくなった。良寛研究者が資料収集を始めた頃の良寛ゆかりの地は、いずこも昔日の輝きを失って久しく、大天才出現の豊かな風土を想像することは困難だったろう。

そんな時代の激変にもかかわらず、良寛追慕の気運は明治一〇年代から早くも復活している。「谷川目録」によれば、明治に入っていち早く良寛歌集を編んだり、伝記を書いたりした人びとに村山半牧、蒲生重章、岡千仭らがいるが、これらを総合するかたちで明治二五年に小林二郎が精華堂から『僧良寛詩集全』と『僧良寛歌集』を出版した。両書は何度も版を重ねており、明治期の良寛研究を総合する著作と見られよう。山崎良平が一高校友会雑誌に書いた「大愚良寛」もそれらの先行書に拠って書かれている。これらの書の伝記の幼少年時代に関する記述は、「幼時より優秀で、俗流になじまず、一八歳で光照寺の玄乗和尚の弟子となり、その四年後に国仙に随って玉島におもむいた」と要約されるが、名主見習役に就いたという記述と少年時代の逸話は存在しないことに特徴がある。

では今日普及している良寛逸話はいつ頃現れたかというと、どうも大正三年発行の西郡久吾(一八六七―一九三二)著『北越偉人沙門良寛全傳』(以下『全傳』と略す)が最初のように思われる。教職にあった西郡は良寛に心酔し、遺墨所有者や良寛支援者の子孫や由之の子孫山本鉄之助らと親交を結び、それらの家に伝わる口碑を採集し、同書に発表した。採集は明治末年頃から大正の初め頃(一九一〇年代前半)らしい。西郡に続き大正七年にでた玉木礼吉の『良寛全集』も相馬御風の『大愚良寛』も同工異曲の逸話を繰り返したので、もはやそれらは事実のように定着した。しかしこの時代の一〇〇歳の古老といえども、良寛の少年時代、すなわち一七七〇年代頃の記憶があるはずもない。西郡らの採集逸話は、明治末の衰退した出雲崎を根拠として、ことごとく民衆の想像力が作り上げた空想なのではないか。

たとえば西郡は「性魯直《ろちょく》沈黙、恬澹《てんたん》寡欲《かよく》、人事を懶《ものう》しとし唯讀書に耽る、衣襟を正して人に對する能はず、人稱して名主の晝行燈《ひるあんどん》息子といふ」（六九頁）と記述する。バカ正直で物欲がなく、本ばかり読んでいて、人付合いが下手で、「名主の晝行燈息子」とあだ名されたというのだ。江戸時代文献も幼時から普通の人とは違っていたと記述するが、それは抜群の優秀児だったという意味だから、随分ニュアンスが違う。そのバカ正直さ加減の例として、つぎのような逸話を西郡は紹介する。

> 禅師八、九歳の頃、晏起《あんき》して（＝寝坊して）父君に呵責せられし時、上目にて父君を視る、父君曰く、父母を睨む者は鰈《かれい》となる可しと、師これを聞きて外出したるまゝ日暮れに及べども帰り来らず、家内眷属狂奔して捜索したりけるに、海濱のとある岩石上に悄然佇立せるを発見し、問ひて曰く、何すれぞ然るかと、師曰く、予未だ鰈と化《かわ》らざるかと、伴ひて家に送れりと。

素直ともひどく反抗的ともとれて面白い逸話だが、私の記憶では出雲崎の海岸は砂浜で、築港を別とすれば、岩場などなかったような気がする。鰈の逸話は多分、出雲崎海岸を知らない人の創作と思う。今日、鰈になるのを待つ少年良寛の彫刻はコンクリートの台座にのっている。

こんなふうに西郡の本は良寛の魯直愚鈍を強調する。もちろん、第一には師国仙の印可の偈に「良也如愚」とあり、諡号が大愚であることに影響されたものだろう。第二には教育者だった西郡が、愚者を尊い善人と考える時代思潮—大正期の自由主義教育思潮やロシア文学の影響下にあったことを想像させる。良寛は、社会に順応できない高貴な愚者『白痴』のムイシュキン公爵にみたてられているかのようだ。

そのほか西郡によって採録された出家以前と出家にまつわる逸話は、「一八歳で名主見習となったが、盗賊の処刑をみて感ずるところあって帰宅後ただちに出家した」「漁民と代官の争いを調停できなかった」「友人と青楼にあがって痛飲し、大金をたちどころに費やしたのち出家した」「一度妻を迎えたが半年足らずで出家した」などである。しかし西郡は、当時良寛の家庭は隆盛円満であり、良寛の出家の理由は厭世、失恋、悲傷、慷慨、怨恨などとは思われず、結局のところわからないが、両親は良寛が名主職に向いていないことを認めて本人の遁世希望を許したものであろうと、比較的穏当な判断をくだしている。ところがなぜかそれ以降の良寛伝はどんどん厭世観とか反社会的性格を強調するようになっていく。

普及した良寛逸話の筆頭「一八歳で名主見習に就いた」は、調べてみると意外にも、『町史』の古文書にも同時代文献にも確認できず、大正三年の『全傳』で初めて主張されたことだった。前章の〈子陽塾の思い出〉の節に書いたように、安永六年（一七七七）、鶴岡に旅立つ子陽先生を送別する詩「春送子陽先生遊象潟」が発見されたことと、良寛の学問好きを考えるなら、二〇歳までは地蔵堂の地にいたと考える方が順当なのではないか。その後は光照寺の玄乗和尚のすすめにより国仙の到着を待った。二二歳までの二年間をどう過ごしていたかは不明、良寛詩の語でいえばまさに「煙霞」の期なのだ。

また、幕末の鈴木文台以降繰り返される出家の動機に、「犯罪者の処刑を見て」というのがある。しかし、『町史』に収録された古文書に犯罪記録はほとんどない。百姓一揆も皆無だ。天領として多くの特典を持つ出雲崎は、極めて平和な地域だったといえよう。多少とも犯罪らしきものとして記録されているのは、由之の公金私的流用事件だが、これとて既述のように財産没収・所払いになっただけで入牢などの重い刑は執行されていない。

出雲崎には、佐渡からの金銀等を一時保管する御金蔵があったのに、盗難の記録さえ見いだせない。そのような温和な土地に、処刑場（獄門）などあっただろうか。私が昭和期に撮影した尼瀬の代官所跡にもっともらしくしつらえられた獄門跡【図23】は、逸話に合わせて明治以降に作られた観光名所にすぎないのでは、と怪しまれる。二〇一一年に行ったときには、かつて古い人形が供えられていた不気味な堂は閉ざされ、北国街道の石柱が獄門跡の看板を隠すように建てられ、隣の代官所跡の方が目立つように演出が変わっていた【図24】。第一、代官所建築場所にも不自由した土地のない出雲崎が、一〇〇年に一件もないような処刑のために、あのような広い空地を確保しておくなどとは考えられない。

この私の見解に対し、『編年史　中』三八九、五〇六頁に死刑執行記事が二件あるではないか、と反論する人がいるかもしれない。確かに「安政五年（一八五八）罪人死刑執行」と「慶応四年（一八六八）ボッサ柏屋貞助死

図23　昭和期出雲崎獄門跡（筆者撮影）

図24　平成期出雲崎獄門跡（筆者撮影）

罪被仰付」と二件の記載がある。ところがよく内容を読むと、安政五年の件は、「米十日記」という文書のなかに、「御仕置人が五人あるので、御仕置着を五枚納入するよう役所から命令があり、五枚合計金弐分弐朱で納入した」という商人の記述に過ぎず、御仕置が死刑であるとも、いつどこで執行されたとも書いていない。また慶応四年の件は、戊辰戦争のさなかに、スパイと目された目明し柏屋貞助（仇名ボッサ）を官軍が処刑したという記事で、処刑場所は二説あり、「相場川岸」あるいは「井鼻稗田の火葬場」となっている。相場川は井鼻に流れ出る川で、出雲崎・尼瀬地区を流れていない。捕縛地が石地であるのに、出雲崎・尼瀬地区を通り越して井鼻まで北上して処刑したということは、とりもなおさず尼瀬に処刑場がなかったことの明瞭な証明となろう。しかも処刑はいずれも騒然とした幕末のことで良寛の時代ではない。

また、「良寛が見習いとなって間もない頃、佐渡奉行の渡航に際し、駕籠の柄が長すぎて船に積めないと船頭が困っているのをみて、柄を切らせたところ、奉行とのあいだに悶着がおき、名主見習が嫌になり出家した」という逸話は相馬御風の『大愚良寛』に初出し、以後繰り返されている。しかし、『町史』によれば、出雲崎には天領の公用港として、ほかの地では類をみない「船道《ふなどう》」という世襲役職が尼瀬に置かれていた。役人の渡海を取り仕切るのは船道の仕事であって名主は係らない。まして見習が佐渡奉行の乗船を取り仕切ることはあり得なかった。また佐渡に渡る船は二〇〇石前後の大きさで、駕籠も積めないほど小さな船ではないし、客船、貨物船、炊事船などが船団を組んで渡っていたことも、『町史』に書かれている。佐渡渡海の実態は、もうこれほどにも忘れられていたのだ。名主見習時代の失敗談、世俗に適応できない自閉的性格などはすべて明治以降の空想の産物といえよう。良寛は自作詩中に、友情に厚く、活発な少年時代をしばしば詠っているのに、なぜか無視されてきた。また橘屋の没落もよく主張されるが、それは由之の失脚以降であり、良寛の少年時代も帰郷の頃も、堂々たる構えの富家だったことは既述した。良寛の出家はけっして厭世観によるものではないと私は考える。

「出家の歌」の信憑性――「木端集」考

しかし、出家を宗教的発心からと信じる良寛ファンは、「出家の歌」という動かぬ証拠があるではないか、光照寺には石碑まであるではないか、と反論するかもしれない。そこで先達研究者の業績を批判するのは気の進まぬことだが、いつかは誰かがやらねばならないことなので、いやな役目をここで引き受けることにしよう。

実証的な数々の良寛研究の発表により、もはや揺るぎない良寛研究の第一線に立っていた渡辺秀英（一九一〇―二〇〇二）が、「出家の歌」を含む上杉篤興《あつおき》の稿本「木端集」を、上杉家の古文書中に発見したのは昭和三九年（一九六四）だった。上杉家は小関村（現燕市）の庄屋を代々つとめる家柄で、篤興（一七九一―一八四七）は江戸平田篤胤に学んだ国学者歌人でもあった。「木端集」には良寛の短歌、長歌類が端正な書体で一八〇ほど筆記されている。このなかに渡辺は「題しらず」という題の長歌を発見した。そして渡辺はこの長歌こそ、良寛出家の動機を語る自作と確信した。しかし、この反歌のない長歌は、良寛の真筆遺墨中に存在しない。また信頼がおけると研究者たちに認められた数種の写本中にも存在しない。光照寺の石碑は渡辺の執筆である。歌人で良寛研究者でもある吉野秀雄は、渡辺にこの発見を世間に公表してほしいと依頼されたが断った。また吉野が渡辺に紹介した毎日新聞社も、自筆稿でないからと掲載を断ったという疑問の多い作だ。

それにもかかわらず良寛の真作と確信する渡辺は、この長歌を「出家の歌」と改題し、『良寛出家考』なる著書の冒頭に据えて世間に発表した（昭和四九＝一九七四年、考古堂書店）。さらに二四年後には稿本「木端集」を『良寛歌集　木端集（復刻）』（象山社　平成元＝一九八九年）として注釈をつけて出版した。この復刻版の表紙には「良寛歌集」と銘打ってあるが、写真製版により多分原寸大に復刻された「木端集」の表紙をみると、「木端集　上椙篤興摭編《せきへん》」としかない。どこにも「良寛歌集」の字はない。篤興はこの稿本を「良寛歌集」と命名してはいない、ということにまず注目しておこう。

渡辺は「木端集」を『良寛出家考』では「こっぱしゅう」と読ませ、『復刻』では「このはしゅう」と改めている。私は、越後の民家の屋根を葺く素材としてもっとも一般的に使われていたひのきや杉の薄板を木端《こば》というので、「こばしゅう」と読んではどうかと思うが、それはどうでもよい。「摭《せき》」という字は「ひろう」という意味なので、上杉篤興が拾い集め編集した詩文集ということになる。

表紙をめくり「木端集はしがき」を読むと、おとぎ話仕立ての良寛一代記となっているので、ようやくこの書が良寛の和歌などを拾い集め書写したものと分かる。「木端集」の大部分は良寛の遺墨があるものか、あるいはほかの写本にもあって、東郷豊治の『良寛全集　下巻』(昭和三四年刊)に収録されている作品だが、「題しらず(出家の歌)」およびそれに続く「同じころ」と題する長歌、秋の野の短歌連作十数首と、異色の歌論「歌の辞」は「木端集」にしかない未知の作品だ。さすがに「歌の辞」は良寛の直筆ではなく篤興の聞書きであろうとして、『定本・二』の編者は採録しなかったが(『定本・二』の解説八頁)、それ以外は遺墨の確認できない作もすべて『定本・二』に採録されている。さすがに「出家の歌」は「題しらず」に戻してはあるが(『定本・二・552』)、良寛の真作か否かの疑義は呈されていない。渡辺が「出家の歌」と命名した「題しらず」とはつぎの歌だ。

題しらず

うつせみは　常なきものと　むら肝の　心にもひて　家をいで　うから(親族)をはなれ　浮雲の　雲のまにまに　ゆく水の　ゆくへもしらず　草枕　たびゆく時に　たらちねの　母にわかれを　つげたれば　今は

この世のなごりとや　思いましけむ　涙ぐみ　手に手をとりて　わがおもを　つくづくと見し　おもかげは　なほ目の前に　あるごとし　父にいとまを　こひければ　父がかたらく　よをすてし　すてがひなしと　世の人に　いはるなゆめと　いひしこと　いまもきくごと　おもほえぬ　母が心の　むつまじき　そのむつまじき　み心を　はふらすまじと　思ひつぞ　つねあはれみの　心もし　うき世の人に　むかひつれ　父がことばの　いつくしき　このいつくしき　みことばを　思ひいでては　つかのまも　のりの教へを　くたさじと　朝な夕なに　いましめつ　これのふたつを　父母がかたみとなさむ　わがいのち　この世の中に　あらむかぎりは

原文は「題しらず＝題志ら数」「うつせみは＝宇津勢み者」のような草仮名混じり表記である。引用文は渡辺版復刻『木端集』（平成元年）巻頭の翻刻ではなく、草仮名をすべてひらがなにした、より原文に忠実な解説文の表記をとった。

この歌を良寛の真作とみるならば、「現世は無常であると思って出家した」と良寛自身が明言していることになる。真作を疑わない渡辺は、良寛の出家は無常感によると強く主張するために、『良寛出家考』を著したのである。「題しらず」がいつ頃の制作かについて、渡辺は「国仙和尚に従って玉島に行ってからの作で、それほど後年のものではないであろう」といい、『定本・二』の解説者谷川は「円通寺修行時代初期の感慨であろうか」という。内容からすれば、玉島時代の作でなければおかしいが、良寛の現存作品はすべて帰郷後の作だから、学問的検証が必要と思われるが、今まで論争は一切なされなかった。

率直に言うと、私はこのセンチメンタルな詠嘆調の長歌に、良寛の和歌らしさを微塵も感じない。良寛の詩歌には季節、時間、登場人物の年齢、容姿、服装、周囲の空間などを表現する名詞が大抵の場合ちりばめられており、非常に映像的な特色がある。ところが上杉本の「題しらず」には季節や場所や時間を感じさせる表現がまったくない。季節はいつか、時刻は朝か夕か、道は南北いずれに向かうのか、天候は晴れか曇りか、一人旅か連れがいるのか、といった良寛の歌にかならずある基本的情報がこの長歌には一切ない。それに国仙に随行して玉島の円通寺に行くことが決まっているのに、「浮雲の　雲のまにまに　ゆく水の　ゆくへも知らず　草枕　たびゆく時に」などとあてどない漂泊の旅にでるかの表現は理解に苦しむ。息子の大志を理解して送り出す俳人の父以南の訓戒が、「世を捨てし　捨てがひなしと　世の人に　言はるなゆめ」などと通俗的なのもいただけない。また「かた(語)らく」「はふらす」「いつくしき」「くたさじ」など、良寛の和歌中に見かけない、音韻の美しくない語の多用に違和感を感じる。「こころもし」という表現も理解に苦しむ。

さらに「母が心の　むつまじき　其むつまじき　み心を　はふらすまじと　思いつ**ぞ**　つねあはれみの　こころもし　うき世の人に　むかひ**つれ**」とあるが、この表現は文法が間違っている。係り結びの法則では、強調の助詞「ぞ」は連体形で結ばれるのが約束だ。つまり「〜向かひ**つる**」でなければならないのに、結びにあたる完了の助動詞「つ」が已然形の「つれ」になっている。已然形で結ばれるのは「こそ」のみなので、これは明白な文法上の誤りと言える。これが誤植や翻刻の誤りでないことはファクシミリの復刻版で確かめた。文法に一家言を持つ良寛が、このような初歩的文法を間違うはずはない。自然描写が不在で文法上の誤りがあり、詩的魅力に欠けるこの長歌を、良寛作とすることは良寛に失礼なのではないか。

多分この長歌は、出家の際の感慨を述べた良寛の歌を発見できなかった篤興が、良寛に成り代わって試作したとみるべき作であろう。良寛の漢詩「落髪僧伽」の後半部分(第6章を参照されたい)にやや似たところがあるので、篤興は交流のあった鈴木文台らの写本を参照した可能性が考えられる。それに良寛の長歌制作は万葉集研究を始めた六〇代以降と考えられるので、初期の長歌制作は変なのではないか。

なお、出家の動機にかかわる問題ではないが、同じ「木端集」中の「歌の辞」なる歌論も、良寛にもし歌論を書かせたならこうも書いたであろうか、という篤興の試作に過ぎないと私には思えるので、ここに連記しておきたい。それは次のような文である。

「歌の辞」

よき歌よまむとするはわろし。おもしろき歌よまんとするもわろし。歌の中にはよきもやさしきもあるなり。すべて物に目あてをするは、みなひが言なり。歌はやさしくたけ高くよむ物なりと教ふるは、みな歌の道にくらき人のいふことなり。そもそも歌は我が国のものにもあらず、人のこしらへたるものにもあらず、古しへのみありて今はなきにもあらず。人の心のうごく心のはしばしを文字にあはせて、心やりにうたふものなり。近くいはば、泣くは歌なり。笑ふは歌なり。歌の心とて別にあるものにあらず。我は歌をよく意得《こころえ》たりとおもふはまだしきときの歌なり。此道に意得やうありといはば歌にはあらず。（コノアヒダ例ノ落字アルニや意得カタシ）古今よりきざして、夫《それ》よりしもつ方は歌にはあらず。歌のまねするなり。つひには月花の中だちとなり、うかれ人のつぶねとなりをはんぬ。今の世の人もなどか歌なからんや。かしこきおろかなるをとはず、都鄙《ひな》をわかたず、朝夕ものにふれ、心のうごくところみな歌なり。これを誰よりか伝へて誰にかをしへん。もし、しかあらずとおもはば、こころみに古の歌をもて己が心にあてて見よ。われも知らず、人も知らず、おのづから事にふれてうごく時の意を、すぐさまに言葉にあやなし、聞きにくからぬやうにして、声を長くしてうたひて、其《その》をりの心をやるものとはしるべし。猶もいはば、心のうごかざる時は歌なり。うたはざる時はうたなり。うたはうたのうたなり。うたにあらざるは、歌にあらざるの歌なり。

（渡辺秀英の復刻『木端集』平成元年版の巻頭の翻刻ではなく、解説文中の表記による。渡辺は括弧内の注を篤興のものとみるが、私見では別人の筆跡）

紀貫之の『古今集仮名序』をベースに賀茂真淵以来の万葉集評価の論調を加えたような歌論だが、自分だけが歌の神髄を知っているというような、断定的で居丈高な文体にまず疑問を抱く。第一、「そもそも歌は我が国のものにもあらず」などは一体なにを根拠にいうのだろうか。詩とは漢詩を、歌とは和歌をさし、和歌が日本固有の文学形式であることは文学史の常識だ。定型詩としての和歌の概念と、単に普遍的な詩情という意味が無秩序に混同して使われていて、非論理的である。

「古今よりきざして、それより下つ方は歌にはあらず。歌のまねするなり」とあるが、良寛が憧れ尊敬してやまず、その墓に参ったこともある西行法師は、『新古今和歌集』の代表的な歌人である。良寛が「人にありせば笠かさましを　蓑着せましを」などと繰り返し歌った「田中に立てる一つ松」への愛情など、西行の「ここをまた我が住み憂くてうかれなば松は一人にならむとすらむ」という歌の影響なしには考えられないのではないか。この古今以降の歌を低く評価する論調は、国上時代の良寛の有力な庇護者の一人だった解良叔問の息子解良《けら》栄重《よししげ》（一八一〇―五九）の「良寛禅師奇話《りょうかんぜんじきわ》」（弘化二＝一八四五年頃の成立とみなされている）の影響を思わせる。父と良寛の親密な交流を間近に見、父の使いとして、五合庵や乙子神社脇の庵を訪れ、言葉を交わしたことのある栄重の記述は、貴重な証言として良寛史においてもっとも重視される文献の一つだ。しかし、良寛が島崎に移ってから（文政九年＝一八二六）は遠いので面会していないとすると、栄重が良寛と言葉を交わしたのは、数え年一六歳のときにすぎない。「歌の辞」の根拠となった次の記述も、まだ初学の少年への助言として理解すべきものと思う。

34　余問フ、歌ヲ学ブ何ノ書ヲヨムベシヤ。師曰、、万葉ヲヨムベシ。余曰、万葉ハ我輩不可解《かいすべからず》。師曰、ワカルダケニテ事足レリ。時ニ、古今ハマダヨイ、古今以下不堪読《よむにたえず》。

当時、良寛は阿部家の万葉集に朱注をほどこしながら万葉集研究に励んでいた折でもあり、万葉に傾倒していたことは事実であろう。しかし、「古今ハマダヨイ、古今以下不堪読」などと良寛が本当に言ったとは信じられない。文意からすれば「新古今以下不堪読」でなければ文意が通らないし、良寛が言おうとしたことは、「君はまだ初心者だから万葉の分かるものから学びなさい。古今はまだ理解しやすいが、新古今以降になるとむずかしくて、まだ君には無理だろうから」という程度のことだったと思われる。栄重が「奇話」を書いたのは良寛の死後一四年後のことだから、記憶も曖昧だろうし、四〇代半ばの自分の文学観も投影されたかもしれない。それゆえ、良寛が新古今以降の和歌をまったく評価しないという、事実に反する記述となったと思われる。その栄重と距離的に近く、庄屋階級の交流を持つ篤興が、「奇話」を見せられた可能性は高い。そして万葉を高く評価し、「古今よりきざして、それより下つ方は歌にはあらず。歌のまねするなり」という極端な文学観を良寛の思想と考えたのではないか。

『定本・二』の解説者はこの歌論を篤興の聞書きであろうとしているが、篤興が良寛に会った証拠は存在しない。信奉者の鈴木文台、解良栄重、原田正貞（鵲斎の長男）らとの交際からのみ想像していたのではないかと思う。それゆえ「はしがき」にえがかれた五合庵は深山であり、狼や蛇が良寛を親しく護り、小鳥がまつわりついて遊ぶおとぎばなしの世界となっている。

上杉篤興は渡辺の推定によれば、一七九一年頃の生まれだから、良寛より三三歳も若い。交流を証明する手紙はない。弟の由之の「橘由之日記」中に、文政四年（一八二一）新潟への旅の途中に小関の上杉家に一泊したことが書かれている。渡辺はこの記述をたよりに上杉家を訪ね、「木端集」の発見に至った。しかし、渡辺も書いているように、由之宿泊のとき篤興は江戸で平田篤胤のもとで修学中ゆえ不在、由之が会ったのは大刀自、すなわち篤興の母だった。篤興が江戸から帰って国学塾を開いた頃には、良寛は島崎に移っていた可能性が高く、交流を持つには遠すぎる。篤興が良寛と面識を持った証拠はなく、もし「出家の歌」なるものを良寛が所持していたとしても、筆写を許されたということは証明できない。「木端集」は、良寛が同時代の若い世代にいかに尊敬され、神格化されていたかを証明する貴重な資料だが、その内容のすべてを良寛作とするには無理がある。遺墨にも他の写本にも存在しない歌は、篤興の自作ではないのか。「はしがき」はもちろん篤興の創作であるし、第一、篤興は「木端集」の全作品を良寛の作と主張してはいない。「良寛歌集」は渡辺が挿入した副題である。「題しらず」に歌われた内容は、あくまで篤興の想像にすぎないのではないか。誰にも語られなかった出家の動機を、篤興が良寛になりかわって試作してみたのが「題しらず」であり、「歌の辞」も、良寛がもし歌論を書くとすればこんなものか、というこれも篤興の試作と私はみなしたい。

「金仙」の世界に憧れて

それではいかなる動機により良寛は出家したのだろうか。良寛は出家の動機を誰にも語らなかったと一般に思われているが、丁寧に読めば、自伝的漢詩のなかにはある程度告白されている。たとえば第4章にあげた「聞之則物故　二首」のなかの一節「子抽青雲志　我是慕金仙（子は青雲の志を抽んで　我は是れ金仙を慕ふ）」を考えてみよう。師を失い、自立をせまられた子陽塾生のうち、之則はまもなく出世を夢見て江戸に向かった。左一も同様だったかもしれない。だが良寛の夢は「金仙を慕う」ことであり、世俗における成功ではなかった。

この部分の訳はすべての解説者が「仏を慕う」あるいは「仏教に憧れる」としている。しかし、なぜ「金仙」がなんの疑いもなく「仏」あるいは「仏教」と訳されるのか。『諸橋漢和辞典』で「金仙」をひくと。①神仙、②仏の別称となっている。白川静の『字通』では「金仙」の項目はないが、金の熟語の羅列の中に、「金仙　神仙」となっている。つまり金仙＝神仙という表記である。なぜ基本辞書の第一義をとらず第二義をとるのだろう。神や仙人と、仏あるいは仏教は別の概念だ。金は名詞としては金属の金であるが、形容詞的に用いられると「美しい」「立派な」という意味になる。たとえば本堂を金堂、立派な言葉を金言というように。だから良寛が出家したことを知らない人が素直に訳すなら、「君は世俗世界で立身出世しようという意志が人一倍強く、一方、私は美しい神仙思想に憧れた」となるだろう。良寛は、出家の動機が必ずしも宗教的発心ではないことを、ここに告白しているのではないか。良寛は精神世界をもっと深めたい、もっと学問の奥義を窮めたいと望んだのである。だが子陽先生に優る先生はそう簡単にはみつからない。

　子陽先生に去られ、国仙師に出会うまでの二年間は、まさに烟霞の期でいかなる情報もない。それゆえ記述の仕様もないが、多分、名主見習いに就くことは断固拒否しつつ独学に過ごし、身の振り方について光照寺の住職玄乗破了に相談に行ったりしていたのではないか。そして破了から、彼の師国仙がいかに優れた学問僧であるかを教えられた。しかも破了は二年後の光照寺の授戒会に、その国仙を招いているという。ほかに伝手のない良寛は、ひたすら国仙の出雲崎到着を待つことにしたのだろう。そして安永八年（一七七九）についにその人は出雲崎にやってきた。欣喜雀躍して良寛は面会を申し込んだに違いない。破了和尚の話は嘘ではなかった。良寛は国仙の深い学識、高い人格にたちまち魅せられ、この人についていけば「金仙」の世界に近づけると確信したのである。晩年の良寛と親しく交わった僧証聴の筆になる「良寛禅師碑石並序」（第4章没後文献①）に「會備圓通寺主國仙老師遊化、往投之、一見器重、爲薙染焉（備の円通寺主国仙老師の遊化に会うや、往いてこれに投じ、一たび器の重なるを見て薙染をなす）」とあるのは、この成り行きを正確に物語っている。「薙染《ちせん》」をなす、つまり髪を剃って墨染の衣を着て僧となるのは、当時必ずしも職業的僧侶になることを意味しなかった。神仙に憧れても薙染することはあったのである。

遁世という生き方

神仙とは文字通りの不老長寿の仙人というより、禅思想と結びついて室町時代以降、美術や文学に豊かな展開をみせた老荘思想をさしている。竹林の七賢人が琴棋書画に興じ、無為自然のなかに清談をするような世界に良寛は憧れたのだ。善と美を究極の目標として生きる哲学的詩人、今日的言語でいえば「純粋芸術家」を青年良寛は思い描いたのだろう。

これは江戸後期においては特異なことではない。戦争のない二〇〇年は、社会に経済的繁栄、文化的向上と爛熟をもたらした。ただ自らの精神性の向上をめざして書・詩・画にうちこむ生き方は、僧侶や武士階級を超えて文人思想として町人や上流農民階級にまで浸透していた。野口武彦の「書字の幕末維新」（石川九楊編『書の宇宙20 近代への序曲 儒者・僧侶・俳人』二玄社 一九九九年 所収論文）によれば、幕末の万延元年（一八六〇）刊行の『安政文雅人名録』は、儒、書、詩、画に始まり、和歌、俳諧、狂歌、軍学、篆刻などの看板を掲げている人を八二一人もあげているという。茶道、華道、剣道、琴、三味線など様々な芸道の家元制度が確立したのも江戸時代だった。風流とか数寄への憧れ、つまり近代言語でいう広義の芸術への憧れの大衆化は、江戸時代後期の大きな文化的特徴なのである。

こうした数寄への憧れから出家し、「遁世」というライフスタイルをとる伝統は遡上すれば西行に行き着く。平安末から鎌倉にかけて、西行をはじめ能因法師、鴨長明など遁世の文人が輩出するが、その理由を国文学者目崎徳衛は次のように分析している。

こうした数寄の遁世者の輩出した理由はほぼ二つ想定することができよう。第一は貴族社会における身分・家柄の固定・硬化がもたらした不満と絶望である。数寄を目的としたのではないが、少納言入道信西が博学多才をもて余して遁世したのも、また鴨長明が河合社禰宜《ねぎ》への道を同族の反対で絶たれて遁世したのもみなこの例である。第二は貴族層の得た経済的余裕である。中下級貴族の中には、受領を歴任したり荘園を領有したりして富を積んだ者が多く、優雅な遁世生活を支える経済的基礎はそこにあった。出家は本来無一物たるべしというものの、あくせくと乞食・勧進に明け暮れるようでは、数寄も風流もないからである。

つまり精神的には体制に絶望し、物質的には体制離脱の手段を持っていたところに、数寄の世界が開かれてきた。したがって、数寄の遁世は俗界を完全に拒否し脱出する行為ではなく、僧にもあらず俗にもあらずといった、独自の境涯である。自由人の日本的形態である。（目崎徳衛『西行』六九頁　一九八〇年　吉川弘文館）

優雅な遁世生活は平安・鎌倉時代にあっては富裕な貴族階級にのみ可能なライフスタイルだったが、時代が下るにつれ、より下層に広がっていった。江戸時代前期元禄時代に活躍した松尾芭蕉は、西行を熱烈に慕って遁世の旅に明け暮れた。しかし彼の出身階級は農民と武士の中間の土豪とされる。数寄を愛好する層の拡大により、資産はなくとも抜群の才能さえあれば、支援者に支えられて遁世生活が可能な時代になってきたのである。

良寛の出身地出雲崎は既述のように、数世代にわたって富を蓄積し、趣味を洗練してきた特殊な家系を擁する歴史の町だ。その歴史の頂点に立つ橘屋は、祖父の代からまさに数寄者家族と化していた。名主という職は百姓の最高位であるとしても、最下級の役人に過ぎない。千利休をあげるまでもなく、町人や農民にとっては数寄の世界で名をあげることこそが唯一の、身分制度を超えて上昇する手段だったにちがいない。良寛が自分の文才をたのみ、禅林に学んで数寄に生きるという野心を持ったとしても、不自然ではない条件が出雲崎の橘屋には整っていた。父以南も、息子の野心をあえて止めようとはしなかった。息子の才能を理解する父は、期待していた自らの隠居と数寄三昧の日々を先送りして、不本意な名主稼業を続けることも辞さず、才能ある息子の旅立ちを見送った。碩学国仙との邂逅を、息子が西行や芭蕉の道に連なる千載一遇の好機と理解すればこその決断である。

若き良寛の大望

数寄に生きるといっても、江戸中期以降の純文学の先端はもう俳諧や和歌ではなく、儒学や漢詩文に移り、より広範な教養と時代の成熟に見合う思想性が要求されていた。上昇志向を抱いたとき、どのような方法によって高い教養を獲得するか、が百姓階級出身者にとっては大問題だ。現代のように一般民衆が学べる大学などなかった時代である。士族階級ならば藩校で高度な学問に接する機会があるが、町人や百姓には私塾しかなかった。しかも私塾は内容に幅がないうえ都会に集中しており、お金もかかる。そこで今日の大学に相当する教育機関として注目されるのが禅林である。当時の格式ある禅林は、宗教学に限らず、漢学全般、絵画、書、作庭、茶道、華道から料理、行儀作法に至るまでの総合的文化の教育機関、発信基地だった。禅林は向上心に富む若者を受け入れ、勤労奉仕のかたわら、托鉢、座禅、漢詩文の素読を日課とさせて教育したという。禅林に入ることこそ、百姓階級の子弟が高度な教育を受ける唯一の方法だったのではないか。

禅林で学び、後に還俗して学者や文人として活躍した人は結構いる。たとえば良寛が尊敬してやまない芭蕉もそういう人だったとも考えられている。芭蕉は老荘思想、李白、杜甫らの漢詩文を取り入れて談林俳諧の卑俗を改革したが、その教養をどこで身につけたかは解明されていない。芭蕉は二三歳で故郷伊賀を出立したが、江戸に現れたのは二九歳とされている。その伝記不明の六年間を、岩波文庫『芭蕉　おくのほそ道』の校注者萩原恭男は「芭蕉はおそらく京都あたりの禅林で過ごした」（「解説」二七〇頁）と推論している。

良寛も敬愛する西行や芭蕉と同じ方法を選択した。つまり、高等教育を受ける手段、世俗から距離を置く手段としての出家だ。第一、おしゃれな着物を着て馬に乗り、遊女の熱い視線を背に受けながら闊歩していた青年が、突然無常を感じて出家するなどは非現実的ではないか。その出家の動機が仏門への帰依でないことは、次の詩からも推測される。

少年捨父走他国
辛苦画虎猫不成
有人若問箇中意
只是従来栄蔵生

少年　父を捨てて他国に走り
辛苦《しんく》　虎を画《えが》いて猫にも成らず
人《ひと》有《あ》りて　若《も》し箇中《こちゅう》の意を問はば
只《た》だ是れ従来の栄蔵生《えいぞうせい》

私は少年の頃　父を捨てて他国に走った／そして辛苦して虎を描いたつもりだったが　猫ほどにも描けていない／もし誰かが今の心境はいかがと問うならば／まだ私は昔の栄蔵のまま、ちっとも進歩していないと答えるしかない。

（『定本・一・609』『文庫・二七三頁』）

この詩で良寛は「私は大望を抱いて故郷を捨てたものの、気がついてみると大した人物には成っていなかった」と、自己の挫折をふりかえっている。さらに注意深く読むならいろいろなことがこの詩から分かる。まず、父と故郷を捨てたのは、「虎を描く」という大望を抱いたからだという。「虎を画く」というのはべつに画家と狭く限定する必要はない。「偉大な文人になってやるぜ」くらいの心意気と解されよう。書詩画のすべてに秀でた偉大な文人、数寄者への憧れから出家したことが、ここには率直に告白されている。

この詩は六〇歳代の作と推定されているが、今もし誰かが「あなたの若いときの野望は達成されましたか」と問うならば、「いやまだまだ未熟で、昔の栄蔵からちっとも進歩していない気がする」と答えるしかないという。この詩には「阿部氏宅即事」という題があるので、問う「人」は阿部定珍の可能性が高い。良寛の最大のパトロンであり、文学の友でもあった定珍の問いに即興的に答えた詩なのだ。そうした状況を考えると、これははなはだしく謙遜した表現とみるべきだろう。その真意は、文人として自分はまだまだ未熟な段階にあり、本物の虎を画くのはこれからですよ、と言っているともとれる。

野心に溢れ、旺盛な知識欲をもって勉学に励んだ少年時代を詠った詩はほかにも多い（たとえば「一思少年時」＝『定本・一・658』『文庫・一九二頁』）。ところが少年時代に、この世に無常を感じたとか仏教に帰依したいとかいった詩はみいだせない。出家といっても越後に多い浄土真宗系の寺でなく、禅林を選んだことに注目するならば、良寛の出家の動機はただ一つ、文人としての大成に必要な高等教育を受けるためだったと推論されるだろう。大望を実現するためには、もっと深く学問をし、もっと広く人間を知らなければならない、という思いが国仙に従って父と故郷を捨てたときの、良寛の率直な気持だったと私は推測する。

第6章　禅林修行　円通寺時代

漢詩探究への道

良寛が全生涯に制作した文学作品を大別すると、俳句、和歌、漢詩の三種に分類されるが、いずれに良寛が文学的生命をかけていたかと問えば、それは漢詩と思われる。俳句は父の専門で、すでに時代遅れの文学形式だったから、真剣に取り組んだ風には見えない。量的にも採集されたのは一〇八句と少ない（『定本・三』所収数）。内容も「雨の降る日はあはれなり良寛坊」とか「新池や蛙とびこむ音もなし」などと冗談めいた句が多い。良寛は俳句にはユーモアとか蕉風のいう「軽み」を求めたのかもしれない。

和歌は俳句に比べ格段に量が多いうえに、長歌、旋頭歌などあまり近世には行われない古典的様式歌もあり、このジャンルには俳諧よりは良寛の文学的意欲が感じられる。採集された歌は短歌、長歌、旋頭歌など合わせて一四七六首（『定本・二』所収数）にのぼるから、数としては、漢詩七七五（『定本・一』所収数）をはるかに越える。しかしその内容は必ずしも独創的とはいえない。参照歌が推定できる歌は多いが、本歌取りの技巧をつくす意図はなく、単純に影響を受けただけの作が多い。気軽に作っているので数が多いともいえる。賀茂真淵や本居宣長が日本の古典を学び直し、漢文学の「からごころ」に対し「やまとごころ」の確立をと強く主張している時代で、和歌には万葉調が推奨されてもいた。良寛の歌作態度はほぼ宣長らの主張に呼応するもので、特に時代にあらがう自己主張を感じない。

ところが漢詩においては、良寛は真剣に時代を超えた独創的様式の創出を求めていた。漢詩こそ、江戸後期の複雑に深化した知識人の思想と感情を盛るにふさわしい文学形式と良寛は考えていたのだろう。詩は漢字のみを使う。清朝の康熙字典が日本でも翻刻出版された（安永九年＝一七八〇）とはいえ、一般人の手の届くものではなかったはずだ。辞書類の利用という点では現代とは比較にならない不便な時代にあって、良寛は驚くべき正確さで私など見たこともない複雑な美しい漢字を駆使している。五合庵に辞書があったとは聞いたことがないので、この膨大な漢字はすべて良寛の頭脳中に暗記されたものだろう。しかも漢字といえばすぐ連想される儒学の道徳理念など見向きもせず、自分という一個人の生涯を詩によって物語ろうと意図した良寛は断然新しい。日本における近代的自我の表現者として、もしかしたら非常に先駆的存在なのではないか。

内山知也の研究書（『良寛詩　草堂集貫華』春秋社　一九九四年）によれば、文化七、八年（一八一〇、一一）頃、つまり帰郷（寛政八＝一七九六年、三九歳での帰郷説をとるとして）から一四、五年たった五三、四歳頃に、良寛は『草堂集貫華』という一一七首の詩からなる自筆詩集を編纂した。「貫華」は花束、美しい詩のアンソロジーの意である。詳しくは内山論文をみていただきたいが、この詩集は円通寺時代に始まり、帰郷の旅路、帰郷してからの草堂五合庵での生活、青春時代や旧友の回顧、現在の生活と心境など、五〇代に至るまでの生涯を語る自伝的構成をもって編まれている。その後も自作詩を自伝的に構成編集した詩集制作は試行錯誤を繰り返し、すべての自筆本詩集（後述）は五六歳頃までに完成されたという。当時の寿命は現代とは比較にならないほど短かった。人生五〇年はまさに一つの人生の完結と良寛には意識されていたのだろう。このような試みは日本の文学史上に初めてのことではないか。良寛は、詩に抒情を託すだけではなく、自己の生き方や内的思索を語り、自己の内面の表も裏も見せ、「私を見よ」「私を読め」「私を味わえ」と読者に迫る。まるで近代の文学者や哲学者のようだ。しかもこの人生は計画的だったと見える。

良寛の文学的野心は何よりもまず、日本的「詩」の確立にあった。それには基礎として漢字、漢詩文の徹底的学習が必要だが、町の私塾では所蔵する文献が限定されるから、いかに優秀な先生がいたとて物足りない。そこにいくと伝統的寺院には経典が沢山ある。経典は漢字の宝庫であり、東洋の思想と想像力の源泉だ。中国に留学して、日本に新たな仏教をもたらした空海や道元は驚異的語学の天才で、その著書には無慮数万の漢字が日本語として活用駆使されている。経典や仏教学における先達の著作を学ぶことは、詩の革新を求める良寛にとって避けては通れない道である。禅林への入門は、良寛の計画的人生の第一歩だったに違いない。

国仙への師事、孤独の日々

子陽が塾を閉鎖して鶴岡に去ってから、良寛が国仙に出会うまでに二年というかなりの時間がある。この二年間に関する情報が一切ないことは既述した。しかしこの間に光照寺の一二代住職玄乗《げんじょう》破了《はりょう》に身の振り方を相談し、よき師の紹介を依頼したことは十分考えられる。光照寺は先代住職時代から橘屋と親しい間柄とされている。当時破了は、三〇歳前後らしいが、国仙（一七二三―九一）が育てた三〇人の弟子中の五番目の弟子だったという。国仙は埼玉県岡部村に生まれ、曹洞宗大本山永平寺で修行ののち、府中、町田など関東圏のいくつかの寺の住職を歴任し、四七歳のとき、格の高い岡山の円通寺住職に抜擢された僧だった。破了は国仙が関東圏にいた頃の弟子かもしれない。しかし師がかならず弟子の寺を訪ねるとは限らないだろう。なぜ国仙が何百キロも離れた越後の光照寺までやってきたのかは謎だ。これはまったくの私の想像だが、破了は良寛と国仙を引き合わせることを目論んで、自分の寺の授戒会に彼を招いたのではないか。遠隔地との手紙の交換には何ヶ月もかかる時代だった。来越が実現するまでの二年間、良寛はひたすら待っていたようだ。ともかく当代稀な碩学の僧が出雲崎にやってきたのだった。さきに引用した証聴の「良寛禅師碑石並序」は、「備の円通寺主国仙老師の遊化に会うや、往いてこれに投じ、一たび器の重なるを見て薙《ち》染《せん》をなす」としている。つまり良寛は自分から国仙に会いに出かけ、問答をし、この僧は大変な大人物だと納得したのちに弟子入りを願い、剃髪したのだ。きっと国仙も良寛の素晴らしい資質を認め、是非育てたいと思ったことだろう。二人の出会いは安永八年（一七七九）の夏、出雲崎光照寺【図25】においてだった。

図25　出雲崎　光照寺

さて、玉島は岡山県にある。出雲崎からどういう道を何日かかって辿り着いたのだろう。出雲崎から最短距離で玉島に向かうには、北陸道を南下して敦賀あたりから琵琶湖沿いに京都、大阪に到り、山陽道をたどるルートが最短だが、それでも六〇〇キロにもなる。しかし、国仙はゆかりのある他の寺にも招かれていたので各地に寄り道をし、長野の善光寺にも参ってから帰ったという。郷里の埼玉にも寄ったかもしれない。おそらく糸魚川から信濃路に入り、いったん江戸に出て、東海道で帰ったと推定されている。すると八〇〇キロ以上も歩いたのだろうか。いずれにしても良寛は生まれて初めての長旅で、江戸、京都、大阪という三大都市を見学し、人生の種々相を学びつつ玉島の円通寺【図26】に至った。おそらく安永八年も秋になっていたことだろう。

それから良寛は国仙の二九番目の弟子として修行生活に入り、一一年後の寛政二年（一七九〇）に印可の偈を得るが、その修行生活については、良寛自身がつぎのような詩を書き残している。

円通寺
自来円通寺／幾度経冬春／衣垢聊自濯／食尽出城闉／門前千家邑／更不知一人／曾読高僧伝／僧可可清貧
円通寺《えんつうじ》に来《きた》りて自《よ》り／幾度《いくたび》か冬春《とうしゅん》を経《へ》たる／衣《い》垢《あか》づけば聊《いささ》か自《みずか》ら濯《あら》ひ／食尽《しょくつ》くれば城闉《じょういん》に出《い》づ／門前《もんぜん》　千家《せんか》の邑《ゆう》／更《さら》に一人《いちにん》も知《し》らず／曾《かつ》て高僧《こうそう》の伝《でん》を読《よ》むに／僧可《そうか》は清貧《せいひん》を可《か》とせり
（『定本・一・233・354』『文庫・一一七頁』）

円通寺
円通寺に修行に来てから／いったいもう何年がたったことだろう／着物が汚れたら気軽に自分で洗濯し／食べ物がなくなれば町に托鉢に出かける／門前には多くの家が立ち並ぶが／特別に庇護してくれるひとがあるわけではない／かつて高僧の伝記を読んだことがあるが／そこにあった僧慧可の清貧の生活そっくりのこの日々をよしとしている

図26　円通寺　本堂

身の回りのことはすべて自分でやる、自立した質素な生活の日々が詠われている。円通寺での修行生活を回顧した詩はもうひとつある。

憶在円通時／恒歎我道孤／搬柴憶龐公／踏碓思老盧／晩参匪敢後／入室常先徒／自従一散席／倏忽三十年／山海隔中州／消息無人伝／懐旧終有涙／以寄水潺湲

憶《おも》ふ円通《えんつう》に在《あ》りし時《とき》／恒《つね》に我《わ》が道《みち》の孤《こ》なるを歎《たん》ぜしを／柴《しば》を搬《はこ》んでは龐公《ほうこう》を憶《おも》ひ／碓《うす》を踏《ふ》んでは老盧《ろうろ》を思《おも》ふ／晩参《ばんさん》　敢《あ》へて後《おく》るるに匪《あら》ず／入室《にっしつ》　常《つね》に徒《と》に先《さき》んず／一《ひと》たび席《せき》を散《さん》じて自《よ》従り／倏忽《しゅくこつ》　三十年《さんじゅうねん》／山海《さんかい》中州《ちゅうしゅう》を隔《へだ》て／消息《しょうそく》　人《ひと》の伝《つた》ふる無《な》し／旧《きゅう》を懐《おも》ひて終《つい》に涙《なみだ》有《あ》り／以《もっ》て水《みず》の潺湲《せんかん》たるに寄《よ》せん

（『定本・一・54・150・326・440』『文庫・六二頁』）

思い出すよ　円通寺にいた頃／私の生き方は孤立していていつも悲しかったことを／日中は、柴を運んでは龐公を偲び／碓を踏んでは老盧を思い、作務に励んだ／夜の講義には他の学徒に遅れず馳せ参じ／師の部屋での個別指導も、いつも率先して受けた／だが修行の場を離れると／あっというまに過ぎたこの三十年／今は海山や中央地域を隔てた田舎に住み／あちらの様子を伝えてくれる人もない／昔を思ってとうとう涙があふれてきた／さらさらとゆく川に流せるほどにとめどなく

このふたつの詩を読むと、円通寺での生活は、日中は作務と托鉢、夜は勉学に励む日々だったことがわかる。しかし私が奇妙に感じるのは、あれほど子陽塾では友愛を重んじ、親友を幾人も得た良寛が、一〇年以上も過ごした玉島の地では孤立し、ただ一人の友人もつくらなかったらしいことだ。同年代の修行僧はつねに何人かいた

と思われるのに。必要にかられ職業僧となるため修行をしている僧と、良寛のように純粋に学問をするために修行している僧とのあいだには目にみえない対立があったのだろうか。

私が円通寺を初めて訪れたのは二〇〇三年だった。詩から沢山の修行僧が講義に参列していると思いこみ、永平寺のような広大な伽藍を想像していたが、円通寺の規模はごく普通で、ちょっと立派なお寺という程度だった。山腹の敷地の広さからして、江戸時代にもこれ以上に大きかったとは考えられない。国仙は生涯に三〇人の弟子を育てたというが、出雲崎の破了など初期の弟子は関東圏での弟子かも知れない。国仙が円通寺住職となったのは四七歳の時から没するまでの二二年間に、円通寺で育てたのは良寛を含め二〇数人位か。交代があるだろうから常時いた修行僧は四、五人と考えれば、お寺は妥当な大きさだ。良寛が印可の偈を受けるまでの一二年間に、誰と修行をともにしたのか、良寛の記述からはわからない。唯一の例外として「仙桂和尚」という名が次の詩から知られる。

仙桂和尚真道者／貌古言朴客／三十年在国仙会／不参禅不読経／不道宗文一句／作園蔬供養大衆／当時我見之不見／遇之遇之不遇／吁嗟今放之不可得／仙桂和尚真道者

仙桂和尚《せんけいおしよう》は真《しん》の道者《どうしや》／貌《かお》は古《こ》にして言《げん》は朴《ぼく》なるの客《かく》／三十年《さんじゆうねん》　国仙《こくせん》の会《え》に在《あ》りて／禅《ぜん》に参《さん》ぜず　経《きよう》を読《よ》まず／宗文《しゆうもん》の一句《いつく》すら道《い》はず／園蔬《えんそ》を作《つく》つて大衆《だいしゆ》に供養《くよう》す／当時《とうじ》　我《われ》　之《これ》を見《み》れども見《み》えず／之《これ》に遇《あ》ひ之《これ》に遇《あ》へども遇《あ》はず／吁嗟《ああ》　今之《いまこれ》に放《なら》はんとするも得可《うべ》からず／仙桂和尚《せんけいおしよう》は真《しん》の道者《どうじや》

（『定本・一・772』『文庫・二九四頁』）

仙桂和尚は仏道を求める真の修行者だった／その容貌は昔ふうで言葉は朴訥な人物だった／三十年も国仙師の門下にありながら／座禅もしなければお経も読まない／曹洞宗の教えの一句すら言ったことがない／彼はただ畑で野菜を作り、みんなに食べさせていた／当時の私は彼を見ていたが、その真の姿が見えていなかった／頻繁に彼に会っていたのに、本当の彼に会ってはいなかったのだ／ああ、今になって彼の真価がわかり、見ならおうとしても、もうできない／仙桂和尚こそは本当に仏道を求める修行者だったのだ

仙桂和尚は円通寺の資料によれば、国仙の一八番目の弟子。三〇年も国仙に師事していたと良寛は書いているから、多分国仙が玉島に赴任する前から、その死までずっと国仙につき従っていたのだろう。参禅もせず経も読まず、ただ野菜を作って供するだけのこの僧を、当時の良寛は内心で軽蔑していたらしい。『定本・一』の解説によれば、この詩は仙桂和尚の訃（一八〇四年）を聞いて間もなくの作と推定されている。同僚はみんな嫌な奴ばかりだったが、仙桂だけは阿呆のようで罪のない奴だった、学問するばかりが能ではない、作務に徹底することも仏道の奥義に達する道なのだと今になって思う、というのである。円通寺の一二年間に、少なくとも二〇人前後の修行僧と知り合ったと思われるのに、良寛がその名を記録し、多少とも評価したのは仙桂和尚ただ一人だ。そして同僚修行僧たちへの批判的なまなざしが際立つ詩「落髪僧伽」や、宗教界の堕落を嘆く詩「唱導詞」を書いた。この修行僧仲間への批判は非常に手厳しく、冷ややかな軽蔑の念さえ感じられる。両方ともとても長いが、良寛の宗教観をみるには必読の詩と思うので読んでみよう。

落髪僧伽

落髪為僧伽／乞食聊養素／自見已若此／如何不省悟／嗟見今時僧／昼夜浪喚呼／祇為口腹故／一生外辺騖／白衣無道心／尚是為可恕／出家無道心／如之何其汙／髪断三界愛／衣破有相句／棄恩入無為／是非等閑做／

我見彼朝野／士女各有作／不織何以衣／不耕何以哺／今称釈氏子／無行復無悟／徒費他信施／三業不相顧／
聚首打大話／囚循度旦莫／外面逞殊勝／誑彼田野媼／謂言好箇手／吁嗟何日寤／縦入乳虎隊／勿践名利路／
名利纔入心／海水亦難澍／憶昔出家日／不為衣食故／阿母撫爾頭／親族遠送路／音容従玆隔／在家何所作／
暁夜請仏神／永願道心固／似爾今日作／向後大可怖／好時常易失／正法亦難遇／宜著精彩好／母待換手呼／
今我苦口説／竟非好心作／自今熟思量／可改汝其度／勉哉後世子／莫自遺懼怖

落髪僧伽《らくはつそうぎゃ》

落髪《らくはつ》して僧伽《そうぎゃ》と為《な》り／乞食《こつじき》して聊《いささ》か素《そ》を養《やしな》ふ／自見《じけん》已《すで》に此《か》くの若《ごと》し／如何《いかん》ぞ省悟《せいご》せざる／嗟《ああ》　今時の僧を見るに／昼夜《ちゅうや》　浪《みだ》りに喚呼《かんこ》す／祇《た》だ口腹《こうふく》の為《ため》の故《ゆえ》に／一生《いっしょう》　外辺《がいへん》に騖《は》す／白衣《びゃくえ》にして道心《どうしん》無《な》きは／尚《な》ほ是《こ》れ恕《ゆる》す可《べ》しと為《な》すも／出家《しゅっけ》にして道心《どうしん》無《な》きは／之《こ》れ其《そ》の汙《けが》れを如何《いかん》せん／髪《はつ》は三界《さんがい》の愛《あい》を断《た》ち／衣《い》は有相《うそう》の句《こう》を破《やぶ》る／恩《おん》を棄《す》てて無為《むい》に入《い》るは／是《こ》れ等閑《とうかん》の做《しわざ》に非《あら》ず／我《われ》　彼《か》の朝野《ちょうや》を見《み》るに／士女《しじょ》　各《おのおの》　作《な》す有《あ》り／織《お》らずんば何《なに》を以《もっ》て衣《き》ん／耕《たがや》さずんば何《なに》を以《もっ》て哺《くら》はん／今《いま》　釈氏《しゃくし》の子《こ》と称《しょう》し／行《ぎょう》も無《な》く　復《ま》た悟《さと》りも無《な》し／徒《いたず》らに他《た》の信施《しんし》を費《つい》やし／三業《さんごう》　相顧《あいかえり》みず／首《こうべ》を聚《あつ》めて大話《たいわ》を打《だ》し／因循《いんじゅん》　旦莫《たんば》を度《わた》る／外面《がいめん》　殊勝《しゅしょう》を逞《たくま》しうし／彼《か》の田野《でんや》の媼《おうな》を誑《あざむ》く／謂《い》ふ　言《われ》　好箇手《こうこしゅ》なりと／吁嗟《ああ》　何《いず》れの日《ひ》にか寤《さ》めん／縦《たと》ひ乳虎《にゅうこ》の隊《むれ》に入《い》るとも／名　利《みょうり》の路《みち》を践《ふ》む勿《なか》れ／名利《みょうり》　纔《わずか》かに心《こころ》に入《い》らば／海水《かいすい》も亦《ま》た澍《そそ》ぎ難《がた》し／憶《おも》ふ　昔出家《むかししゅっけ》せし日《ひ》／衣食《いしょく》の為《ため》の故《ゆえ》ならず／阿母《あぼ》　爾《なんじ》が頭《こうべ》を撫《な》で／親族《しんぞく》　遠《とお》く路《みち》に送《おく》る／音容《おんよう》　玆《こ》れ従《よ》り隔《へだ》たり／家《いえ》に在《あ》りては何《なん》の作《な》す所《ところ》ぞ／暁夜《ぎょうや》　仏神《ぶっしん》に請《こ》ひ／永《なが》く道心《どうしん》の固《かた》からんことを願《ねが》ふ／爾《なんじ》の今日《こんにち》の作《しわざ》の似《ごと》きは／向後《こうご》大《おお》いに怖《おそ》る可《べ》し／好時《こうじ》は常《つね》に失《うしな》ひ易《やす》く／正法《しょうほう》も亦《ま》た遇《あ》ひ難《がた》し／宜《よろ》しく精彩《せいさい》をして好《よ》から著《し》むべし／換手《かんしゅ》して呼《さけ》ぶを待《ま》つ母《なか》れ／今《いま》　我《われ》　苦口《くこう》に説《と》くは／竟《つい》に好心《こうしん》の作《しわざ》に非《あら》ず／今自《いまよ》り　熟《つらつら》　思量《しりょう》し／汝《なんじ》の其《そ》の度《ど》を改《あらた》む可《べ》し／勉《つと》めよや後世《こうせい》の子《し》／

自《みずか》ら懼怖《くふ》を遺《のこ》す莫《なか》れ

（『定本・一・281・64・175・390』『文庫・一七頁』）

髪を剃って修行僧集団に入り／托鉢して気楽に暮らしてゆこう／君らはそんな風に思っているらしいが／どうしてもっと深く考え、悟らないのだろう／この頃の僧ときたら／昼も夜もやたらに外にでて経やら説法やら喚き散らしている／それはただ衣食の欠乏を満たすためだ／生涯そんなことのために寺院の外を駆回っている／世俗の人に道義心がないのは／まあ仕方がないとしても／出家のくせに道義心のないのは／汚らわしくてどうにもならない／髪を切ったのは世俗への愛着を断つため／僧衣をまとうのも執着心をなくすため／家族への恩愛を棄てて仏門に入ったのは／そういい加減な行為ではないはずだ／私が世間を見るところ／男も女もみな働いている／もし女が織ってくれなければ、どうして着物が着られよう／もし男が耕してくれなければ、どうしてご飯が食べられよう／今の僧たちは仏弟子と称しながら／僧らしい善行もなければ、自ら悟ることもない／ただ檀徒からの施しを無駄使いし／僧としての務めを果たしていない／寄り集まっては空疎な禅問答をし／因習にしたがって日々を過ごしている／外に出ると高僧らしくとり澄まして／あの素朴な田舎のばあさんたちをだましている／そして「わたしこそは立派な僧だ」とうそぶいている／ああ、いつの日になったら自覚するのか／たとえ子持ちの気の荒い虎の群れに囲まれるような危険にさらされても／名誉や金に惑わされてはいけない／すこしでも名誉や金の誘惑に負けると／もうその欲望は大海の水でも洗い流すことは出来ない／思い出してごらん、君が出家した日のことを／それは衣食のためではなかったはずだ／お母さんは君の頭をなで／家族はみな遠くまで見送ってくれた／家族との関係はそれより絶え／実家がどうなったか分からない／けれども父母は日夜君のことを神仏に祈り／君の求道心の揺るがないことを願っているのだよ／それなのにきみの今の有様ときたら／このさきどうなることかと恐ろしい／よい機会というものは常に失いやすく／正しい仏法もまたなかなか会えないものだ／ここはひとつ頑張るべきだよ／あとで後悔して胸を叩いて叫んだりしないように／私が手厳しい苦言を呈するのは／つまり親切ぶって甘やかしてはいないからだ／今からよくよく考え／君のその生き方を改めることだ／しっかり勉めなさい将来ある若き僧よ／修行のつらさを恐れてはならない良寛はこの詩を三度にわたって推敲を繰り返すほどに重要視している。とりあえず、ここでは現存する自筆本「草堂詩集　地巻」に収録された作（『定本・一・281』）を挙げてみた。しかし「草堂集貫華」に現れた初作（『定本・一・64』）の第一句は「遯蹤託蘭若（蹤《あと》を遯《のが》れて蘭若《らんにゃ》に託《たく》し＝俗世間から逃れて寺院に身を託し）」となっており、改訂稿より難解だ。また、「地巻」ではもう一つの仏教界批判の長詩「唱導詞」が「落髪僧伽」の先にくるという編集になっている。さらに最終自筆本「草堂集」では順序が逆転し、「落髪僧伽」「唱導詞」の順となった。私は最終稿の順序のように読むことが、良寛の円通寺での修行と仏教観を知るうえで重要かと思う。良寛は両詩を断固としてセットで読んでもらいたいと考えている風なので、長いが「唱導詞」をも挙げてみよう。

唱導詞

澆風扇天下／風俗漸靡靡／師盛唱宗風／資随而和之／師資逓膠黐／没歯不敢移／法若可立宗／古聖何不為／
人人若立宗／吁余焉適帰／諸人且勿譁／我陳唱導詞／唱導自有源／請従霊山施／仏夫天中天／誰人敢思議／
仏滅五百歳／人二三其儀／菩薩当此世／造論帰至微／唯道以為任／何是亦何非／自仏法東漸／白馬創作基／
吾師言西来／諸法頓有帰／彼大唐盛牟／罔美於此時／領衆兮匡徒／箇箇法中獅／頓漸雖逗機／南北未分岐／
洎此有宋末／白璧肇生疵／五家互争鋒／八宗並駆馳／支派聿遠牽／殆至不可排／粤有吾永平／真箇祖域魁／
夙帯太白印／扶桑振法雷／大哉択法眼／龍象尚潜威／盛牟弘通任／無不幽蒙輝／合削皆已削／合施皆已施／
自師辞神州／悠悠幾多時／枳棘生高堂／蕙蘭荒叢萎／陽春無人唱／巴曲日盈岐／吁嗟余不幸／遭遇於斯時／
大夏将崩倒／非一木所支／永夜不能寐／反仄歌此詩

唱導詞《しょうどうし》

澆《ぎょう》風天下《ふうてんか》に扇《さか》んにして／風俗漸《ふうぞくようや》く靡靡《びび》たり／師盛《しさか》んに宗風《しゅうふう》を唱《とな》へ／資随《しした》つて之《これ》に和《わ》す／師資遁《ししたが》ひに膠黐《こうち》し／歯《とし》の没《つ》くるまで敢《あ》へて移《うつ》らず／法《ほう》にして若《も》し宗《しゅう》を立《た》つ可《べ》くんば／古聖何《こせいなん》ぞ為《な》さざる／人人若《にんにんも》し宗《しゅう》を立《た》てなば／吁《ああ》 余《われ》 焉《いず》くにか適帰《てきき》せん／諸人《しょじん》よ且《しばら》く譁《かまびす》しくする勿《なか》れ／我《われ》 唱導《しょうどう》の詞《うた》を陳《の》べん／唱導自《しょうどうおのずみなもと》ら源有《あ》り／請《こ》ふ 霊山従《りょうぜんよ》り施《ほどこ》さん／仏《ほとけ》は夫《そ》れ天中《てんちゅう》の天《てん》なり／誰人《たれ》か敢《あ》へて思議《しぎ》せん／仏滅《ほとけめつ》して五百歳《ごひゃくさい》／人《ひと》 其《そ》の儀《のり》を二三《にさん》にす／菩薩《ぼさつ》 此《こ》の世《よ》に当《あ》たり／論《ろん》を造《つく》つて至微《しび》に帰《き》す／唯《た》だ道以《みちもつ》て任《にん》と為《な》す／何《いず》れを是《ぜ》とし亦《ま》た何《いず》れを非《ひ》とせん／仏法《ぶつぽう》の東漸《とうぜん》して自《よ》り／白馬創《はくばはじ》めて基《もとい》と作《な》る／吾《わ》が師《し》 言《ここ》に西来《さいらい》し／諸法頓《しょほうとみ》に帰《き》する有《あ》り／彼《か》の大《だい》唐《とう》 盛《さか》んなるかな／此《こ》の時《とき》より美《び》なるは罔《な》し／衆《しゅう》を領《おさ》めて徒《と》を匡《ただ》し／箇箇《ここ》 法中《ほうちゅう》の獅《し》たり／頓漸《とんぜん》 機《き》を逗《とど》むと雖《いえど》も／南北未《なんぼくいま》だ岐《き》を分《わ》かたず／此《こ》の有宋《ゆうそう》の末《すえ》に洎《およ》び／白璧肇《はくへきはじ》めて疵《きず》を生《しょう》ず／五家互《ごけたが》ひに鋒《ほう》を争《あら》ひ／八宗《はつしゅう》並《なら》び駆馳《くち》す／支派聿《しはつい》に遠《とお》く牽《ひ》き／殆《ほとん》ど排《はい》す可《べ》からざるに至《いた》る／粤《ここ》に吾《わ》が永平有《えいへいあ》り／真箇《まこと》に祖域《そいき》の魁《かい》たり／夙《つと》に太白《たいはく》の印《いん》を帯《お》び／扶桑《ふそう》に法雷《ほうらい》を振《ふ》るふ／大いなるかな択法眼《ちゃくほうげん》／龍象《りゅうぞう》も尚《な》ほ威《い》を潜《ひそ》む／盛《さか》んなるかな弘通《ぐつう》の任《にん》／幽《ゆう》として輝《かがや》きを蒙《こうむ》らざるは無《な》し／削《けず》る合《べ》きは皆已《みなすで》に削《けず》り／施《ほどこ》す合《べ》きは皆已《みなすで》に施《ほどこ》す／師《し》の神州《しんしゅう》を辞《じ》して自《よ》り／悠悠《ゆうゆう》 幾多《いくた》の時《とき》ぞ／枳棘《ききょく》 高堂《こうどう》に生《しょう》じ／蕙蘭《けいらん》 荒叢《こうそう》に萎《な》ゆ／陽春《ようしゅん》 人《ひと》の唱《とな》ふる 無《な》く／巴曲《はきよく》 日《ひび》に岐《き》に盈《み》つ／吁嗟《ああ》 余《われ》 不幸《ふこう》にして／斯《こ》の時《とき》に遭遇《そうぐう》す／大厦《たいか》の将《まさ》に崩倒《ほうとう》せんとするや／一木《いちぼく》の支《ささ》ふる所《ところ》に非《あら》ず／永《えい》夜《や》 寐《い》ぬること能《あた》はず／反仄《はんそく》して此《こ》の詩《し》を歌《うた》ふ

（『定本・一・112・280・391』『文庫・二〇頁』）

唱導の詞《うた》

天下に軽薄の気風がみなぎり／風俗は次第に乱れてきた／師匠はさかんにただ自分の覚えた教義のみをとなえ／弟子は従順にこれを繰り返す／師弟は互いにぴったりくっついて／死ぬまで変わろうとしない／仏法にもし宗派を立てる

ことが出来るというのなら／昔の聖人たちはなぜ宗派をたてなかったのだろう／もし聖人たちがひとりひとり宗派をたてたとしたら／ああ　私はどの派に属したらいいか分からないではないか／人々よ　すこし静かにしてくれたまえ／私は唱導のうたをうたってみたい／唱導というからにはそもそもの始まりがある／まず釈迦が説法を始められた霊山から説き起こそう／釈迦は最高の仏である／これには誰も異議はない／ところが釈迦が滅んで五百年もたつと／人々はその教えを分裂させた／菩薩のような龍樹大士が現れて／論文を書き詳細な解釈をされた／しかしそれは本来の仏法の論理を明白にするに任せただけで／どの論が正しくどの論が間違っているなどいってはいない／仏法がインドから東方の中国に伝来し／白馬寺が創建され、中国仏教の最初の寺院となった／ついでわが禅宗の始祖達磨大師がインドから中国に来られ／もろもろの宗派がここに再統一された観がある／偉大な唐時代の仏法の盛んだったこと／この時代より見事な時代はない／多くの宗派を統一し、学徒を正しく導いた／この頃の高僧たちは仏教史中の最高の人々だった／禅宗における頓教と漸教の二傾向は際立ってはいたが／南北ふたつに分裂していたわけではない／ところが宋代の末に至って／立派な禅宗の壁に亀裂が生じた／五つの流派が互いに対立抗争し／八つの宗派が覇を競いあった／その支派がついに遠い日本にまでやってきて／ほとんど排除できない勢力となった／ここに道元禅師が現れ永平寺を興された／師は並みいる祖師中でも最高の存在である／師は入宋して太白山で印可の偈を受け／帰国して日本に仏法を雷のように轟かせた／その学識は素晴らしく／当時の最高峰の僧たちもひるんだ／師は精力的に仏法を広めたので／薄暗い底辺までその輝かしい教えの恩恵は及んだ／師の仏法に関する著作は、不要なところはみな削り／解釈を施すべきところはみな施してある／その師がこの日本で亡くなられてから／どれほどはるかな歳月がたったことか／いま、美しい禅寺にいばらがはびこり／香草は荒れたくさむらで萎れてしまった／このうららかな美しい春に、高貴な思想を説く人はなく／卑俗な教えだけが世に溢れている／ああ、私は不幸にして／こんな時代に遭遇している／仏法という大建築がまさに崩壊の瀬戸際にあるとき／たった一本の木で支えられるものではない／そう思うと夜も寝られず／幾度も寝返りをうちながらこの詩を書いてみた

どちらの詩にも、驚くべき美しい言語が氾濫している。見たこともないような難しい漢字と熟語が特別なイメージ喚起力と音楽的響きをもって迫ってくる。電子辞書もない時代に、これらの美しく難解な文字や言葉が良寛

の頭脳から滔々と流れ出てくる。おそらくそれらの言語は万巻の経典を学んで獲得され、良寛の頭脳に刻まれた言語であろう。ところが良寛はその絢爛豪華な聖なる言語をもって、禅宗宗門の腐敗堕落を痛烈に攻撃するのだ。彼は同門の修行僧たちを軽蔑しきっている。これでは友人などできるわけがない。

この同輩に対する批判的眼差し、立ち位置の違いには、多分同輩の修行僧たちと良寛の家庭環境の違い、育ちの違い、仏門に入る動機の違いが影響しているのではないか。良寛は豊かな文化的環境に育ち、学問を続けたい一心で仏門に入った。良寛は、若者が仏門に入るという決意は、学問的関心あるいは人生への真摯な哲学的煩悶からしか生まれないと考える。だから「思い出してもみたまえ、君が昔出家したのは、衣食の為の故ではなかったはずだ」と正論を吐くが、はたして現実はそうだろうか。

江戸後期はもう高度に発達した商業資本主義の時代であり、信仰の時代ではなかった。分与される財産も土地もなく、あるのは人より多少優れた頭脳だけ、というような農民や町人の次、三男が、生きて出世する手段として出家するというのが、江戸後期の出家の実情だったのではないか。江戸時代の僧侶に婚姻は許されていないから（浄土真宗を除いて）、寺院に世襲制度はなかった。したがって修行の結果が優秀ならば、出身階級の如何を問わず寺院の住職となり、格式の高い宗教界の出世の階段を上る可能性も出てくる。階級を越えて出世する唯一の手段が宗教界入りだとも言える。ほとんどの修行僧はみな口腹のため、名利のため仏門に入ったのであって、真摯な信仰心などからではないに違いない。それは一八、九世紀の西欧でも事情は同じ、若い修行僧はみな『赤と黒』のジュリアン・ソレルなのだ。だから、彼らには出身階級と封建身分制度に対する深い悲しみと恨みがあっただろう。職業僧侶となる必要に迫られず、ただ学問的情熱から仏教学の研究に励む良寛には、彼らの悲しみに同情がなく、その詩は厳しく容赦のない僧侶批判、宗教界断罪に満ちている。もちろんそれは正論なのだが、その大所高所からの批判的眼差しは、起居をともにする修行僧たちに敏感に受け止められ、嫌われただろう。

それに言葉の問題もある。江戸時代に標準語はなかった。いかに良寛が文章語に長けていても、会話は越後弁しか話せない。関西語圏の玉島ではおおいに笑われたことだろう。必然的に愚者のように押し黙っているしかない。しかしその聡明と善良な性格は師には別格に愛されていた。同僚の嫉妬は激しかっただろう。多分、良寛の円通寺での一〇数年間は、ひどいいじめにあい続けた年月かもしれないと想像される。だから彼はいつも孤独だった。円通寺時代を楽しく回想する詩は一篇も見いだせない。

「落髪僧伽」「唱導詞」という過激な宗門批判の詩が自筆本に書きこまれたのは帰郷後だとしても、内容は円通寺時代の痛切な実感に根差しているだろう。禅学者柳田聖山は、これらの作を円通寺時代の作と断定しているほどだ。これらの詩を読めば、良寛はある時期から、多分円通寺にいるときから、禅宗のみならず日本の仏教界全体を崩壊寸前の大伽藍と見ていることが分かる。そしてその崩壊はたった一本の木で支えられるような状態ではないという。一本の木とは自分のことなのである。なんという自負心なのだろう。日本仏教の堕落を直視しているのは自分しかいない、という自信がこの詩には漂っている。私はこの自負心を傲慢とは思わない。「唱導詞」の見事な仏教東漸の歴史記述を読めば、良寛は道元に優るとも劣らぬ天才なのだと素直に納得できる。ただもう時代は中世ではない。おそらく良寛は円通寺にいるときから、仏教という大厦に見切りをつけ、自分という一本の木を育て繁らせ、文学の大厦によって、宗教に代わる善き影響を世に及ぼそうと期したのではないか。

印可の偈を受ける

国仙は寛政二年（一七九〇）に、良寛に印可の偈《げ》【図27】を与えた。印可とは印信許可《いんじんこか》の略で、仏が弟子の理解を承認すること、また師僧が弟子の悟りを証明することである。良寛が師から印可の偈をもらっているとは、生前には誰も知らなかっただろう。印可の偈は他人に見せるものではないという。良寛はその死までこの偈を父以南遺品の俳句紙片とともに、頭陀袋に秘蔵していたらしい。死後の遺品整理によって発見され、すでにたびたび引用している僧証聴の「良寛禅師碑石並序」の原稿に、その没年内に初めて翻刻されたのだった。この石碑は実現せず、その原稿が古書店から発見され、昭和一六年に相馬御風により紹介された。しかし印可の偈そのものは木村家に秘蔵され、屏風に表具されているので、近代の研究者には早くから知られていた。その偈とは次のようなものである。

附良寛庵主
良也如愚道転寛／騰々任運得誰看／為附山形爛藤杖／到処壁間午睡閒
／寛政二庚戌冬／水月老衲仙大忍叟（花押）

良寛庵主《りょうかんあんじゅ》に附《ふ》す
良《りょう》なること愚《ぐ》の如《ごと》く道転《みちうたた》寛《ひろ》し／騰々任運《とうとうにんうん》誰《たれ》か看《み》るを得《え》ん／為《ため》に附《ふ》す山形爛藤《さんぎょうらんとう》の杖《つえ》／到る処の壁間午睡《へきかんごすい》の閒《かん》
／寛政二《かんせいに》（一七九〇）庚戌冬《かのえいぬふゆ》／水月老衲仙大忍叟《すいげつろうのうせんだいにんそう》（花押）

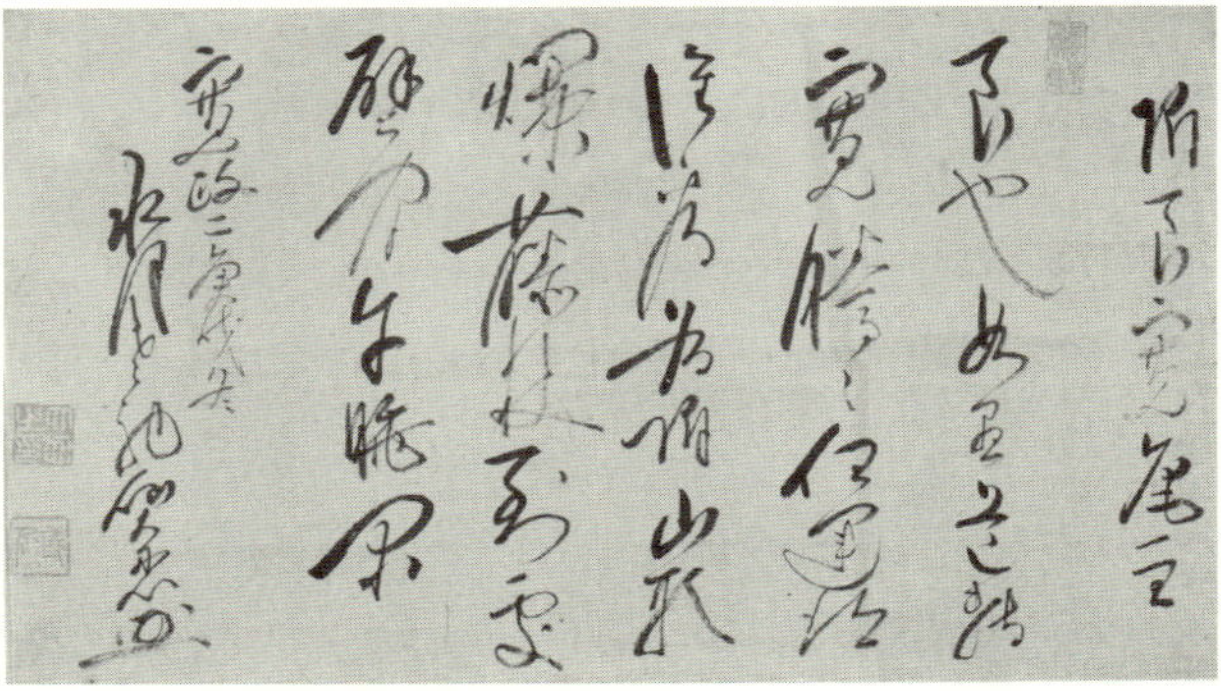
図27　国仙が良寛に与えた印可の偈　　木村家

良寛庵主に与える
おまえの性質の善良なことはまるで愚者かと見えるほどであり、おまえの求める理想の道は非常に広大である。運に任せて自由にどこまでも高く駆け上がるがよい。だれもその行く末を予測することはできない。その長い道のりのために、にぎり把手が山の形をした古い藤の杖をあげよう。おまえの行くところにはどこでも、ちょいとした壁の隙間があって、昼寝をするくらいの空間はいくらでも見つかるだろう。

なんという粋な、洒落た、愛情に満ちた偈であろうか。私は偈について何の知識もないので、他の例と比較することはできないが、非常に独創的な内容だという印象を受ける。

この内容はまず、良寛という名前の由来を明確にしている点で貴重だ。良寛とは、弟子にした栄蔵を、善良で寛大な精神の持ち主とみた国仙の命名に思われる。またその死後の贈り名（諡）「大愚」は良寛自身が用意したものらしいが、この偈の「良也如愚」に依拠した号だということも明白だ。大愚とは、愚と見えるまでに徹底して善良ということなのだ。それにあれほど良寛自身が気に入って繰り返し揮毫した詩「生涯懶立身　騰々任天真」の騰々任天真はこの偈の「騰々任運」に由来するということもわかる。「運にまかせて思いのままに高く駆け上るがよい」というからには、良寛には初めから職業的な僧侶になる意志はまったくなく、別の野心を抱いていたということを、国仙はよく承知していたのだろう。寺院の僧となることを拒否し、仏教学を通じて漢詩文を学び、文学の新境地を求める良寛を、予測できない未来を持つ人物として、国仙はおおらかに承認している。そしてその前途の支えとなるように、古い藤でできた杖をプレゼントしている。この杖を良寛は生涯愛用した。遺品の一つとして与板の支援者山田家に引き取られたという。それに「到処壁間午睡閒」とはなんと粋な励ましの言葉だろう。「お前ならどんな状況にあっても心に余裕をもって生きていけるよ」と、保証してあげている。良寛の偉大な才能を予測し、その前途の幸運を祈ってくれた師の偈は、良寛にとって生涯の宝物だったことだろう。

さらにこの偈が「良寛庵主に附す」となっていることからして、もう彼は雑居房に住むただの修行僧ではなく、一庵を構える指導的立場の僧だったと諸研究者は指摘する。そしてその庵は、当時境内にあって空庵だった覚樹庵（現在は跡のみ）とも推定されている。現在良寛堂と額の掲げてある建物は、本来は衆堂とよばれる建物で、修行僧たちの居住の場だったらしい。ごく小さな建物で、常時いた修行僧は四、五人だったとしても、とてもつらい共同居住空間だっただろう。しかし国仙は自分の死期の近いことを悟り、本来は自分が入るべき覚樹庵を良寛に与え、自分の隠居所としては新たに水月庵（現在は跡のみ残る）を造営させたらしい。「水月老衲仙大忍叟」という署名から、偈を与えた頃には水月庵は完成し、国仙はそこに移住しており、後継者には玄透即中という僧がすでに着任していたとも推定されている（「谷川目録」一四二―四三頁）

謎の数年間

円通寺に何の資料も残っていないのでこれはあくまで推定にすぎないが、一庵主となれば、そこに安定した生活基盤が保障されていたと考えられる。帰郷までの数年間、諸国の高僧を訪ね歩いたとか、上京して弟の香や父に会ったとか、京で行われた父以南の法要に参加したなどは、すべて近代の良寛伝作者たちの単なる推量にすぎない。当時の通信網は公用便が主体だった。民間人が遠隔地に通信するには人を雇って託すしかないので、莫大な費用がかかった。旅も同様で費用がかかるうえに命がけだった。資産のない香と良寛が連絡をとりあうことも、処々に行脚することも実は不可能だったのではないか。

良寛が印可の偈をうけた翌年に国仙は没した。そのときまで良寛は覚樹庵に居住していたはずで、師の葬儀にも参列したことだろう。しかしその後帰国するまでの五、六年間の動向はまったく分からない。なぜ分からないかというと、良寛が語らなかったからだ。晩年親しく閲歴を語った貞心尼にさえ、この間のことはぼかして、諸国の名僧を訪ねる行脚に月日を送ったかに思い込ませている。しかし良寛には、修行という名目の名利行脚を無駄な行為と軽蔑していたと思われる詩がある。

我見行脚僧／総是可憐生／不蹈三刹地／謂汚衲僧名／所以去師友／茫茫杖策行／一夏離此地／三冬駐彼郷／徒費草鞋銭／虚数他行程／有那閑菩提／被為汝等成

我《われ》　行脚《あんぎや》の僧《そう》を見《み》るに／総《す》べて是可憐生《これかれんさん》／三刹《さんせつ》の地《ち》を蹈《ふ》まずんば／衲僧《のうそう》の名《な》を汚《けが》すと謂《おも》へり／所以《ゆえ》に師友《しゆう》を去《さ》り／茫茫《ぼうぼう》として策《つえ》を杖《つ》いて行《ゆ》く／一夏《いちげ》　此《こ》の地《ち》を離《はな》れ／三冬《さんとう》　彼《か》の郷《きよう》に駐《とど》まる／徒《いたず》らに草鞋《わらじ》の銭《ぜに》を費《つい》やし／虚《むな》しく他行《たこう》の程《みちのり》を数《かぞ》ふ／那《なん》の閑菩提《かんぼだい》有《あ》つてか／汝等《なんじら》が為《ため》に成《じよう》ぜられんや

（『定本・一・74・161・343・454』『文庫・六九頁』）

私は行脚している僧たちを見ると／すべてかわいそうな奴らと思わずにはいられない／有名な禅宗の大寺を訪ねなければ／禅僧の恥だと思い込んでいる／それだから今の師や友を離れ／疲れ切った様子で錫杖をついて旅に出ていく／あっちの寺で夏修行の三ヶ月を過ごしたかと思うと／冬の三ヶ月はこっちの寺にこもるといったふう／無駄に旅費を費やして／何の得るところもなくただ遠い旅を繰り返している／そんな行脚をしたからといってどんな悟りの境地が／おまえたちに成就されるというのか

この詩は自筆本に四度繰り返された詩で、良寛の仏教観、僧侶観を知る上で見逃せない作だ。驚いたことにその詩は、名刹を行脚して歩く僧たちを「かわいそうな奴ら」と嘲笑している。内山知也は「良寛も大忍魯仙も若い時は同じように行脚の修行をしたはずなのに、それを否定している」と疑問を呈し、東郷豊治は「一般の行脚僧を叙してこれを嘲り、かつ良寛自身を自嘲した作と考えられる」とやや善意に解釈する。しかし、良寛が名刹行脚をしなかったとすると、この詩は良寛の偽らざる本心の吐露とみることができるのではないか。

宗龍禅師という高徳の僧に会うため大冒険をした話を良寛から聞いた云々と、貞心尼は蔵雲（『良寛道人遺稿』の編者）への手紙（相馬御風『良寛と貞心』昭和一五年　六藝社　一三三―三五頁所収）に書いているが、宗龍がどこの寺の僧か、いつ頃のことかはまったく聞いていないので不明と断っている。この逸話は子陽塾が閉鎖されてから国仙に出会うまでの二年間をどのように過ごしていたのかと貞心尼に問いつめられて、苦し紛れに語った若い頃の思い出ではないか。円通寺に行ってからは、国仙以外の師を求める旅をしたとは思われない。第一、崩倒に瀕している仏教界をもし支えるとすれば自分しかいない、というほどの自負を内心に秘めた良寛には、もはや教えを請いたいほどの高僧など見つからなかっただろう。

一般に良寛伝を書く人びとは、江戸時代の旅の費用、時間、危険などをまったく考慮せず、まるで忍者のように良寛を走らせる。いわく、母の死の三回忌に一時帰国し、さらに紫雲寺村観音院の僧宗龍を訪ねた後にまた玉島にとって返した（宮栄二説）とか、父の死に際して上洛したとか、土佐に渡って霊場巡りをしたとか、想像力豊かな柳田聖山に至っては長崎から清国に密航したに違いないとまで言う（NHK・宗教の時間テキスト「良寛の漢詩をよむ　上・下」一九九九年）。柳田説は、良寛の漢字、漢詩文に関する教養があまりにも凄く、留学しなければ達成できそうにないと考えて唱えたものらしいが、実証性皆無だ。どこからそんな資金がでてくるのかと私は問いたい。僧は無銭で旅ができるということは有りえないだろう。良寛の詩にも「徒費草鞋銭」とあるではないか。

昔の人は一日に三〇から四〇キロも歩いたという。しっかり食事をし、睡眠をとらなければ体調を維持して目的地にたどりつくことは難しい。江戸時代の主要な街道には宿駅が整備され、旅人はおおむね一泊二食付の宿屋に泊り、茶屋で昼食や休憩をした。一日三〇〇文が必要として、江戸・京都間の旅約一五日間で四貫五〇〇文が費やされる。つまり一両以上（一〇万円くらい？）用意できなければ、旅は野垂れ死の危険がいっぱいということになる。もちろん僧はゆかりの寺を訪ねて泊めてもらえることはあるかもしれない。しかし旅費が皆無では帰郷の旅に出る決心も鈍ることだろう。蓄財の苦手な良寛だった。それに命の次に大事な経典や漢籍も背負って帰れるわけはないから、頭脳に刻み込む時間が必要だった。印可の偈を受けてからの五、六年間は、行脚などせず、良寛（覚樹）庵主としてひたすら勉学と僧の業務にはげみ、帰郷の準備をしていたのではなかったか。

良寛の四国行脚説について

印可の偈を受けてから帰郷までの謎の六年間に、良寛は四国に居たとする説がある。その説はまず、解良栄重の稿本「良寛禅師奇話」に現れた。その全六一項中の第五六項に「56　土佐ニテ江戸ノ人萬丈ト云人、一宿ヲ共ニセシト。其時ノ事、萬丈ノ筆記ニアリ」とある。「良寛禅師奇話」の稿本は弘化二年（一八四五）頃書き始められ、弘化四年（一八四七）頃、つまり良寛没後一七年頃に最終部分が執筆されたとみなされているので、この土佐の良寛情報はその頃もたらされたようだ。

この「筆記」の実体を長らく誰も究明しなかったが、ついに相馬御風が調査にのりだし、その実態を『良寛百考』に「土佐で良寛に遇った人」（同書六九—七二頁）として発表したのは昭和一〇年のことだった。御風は、近藤萬丈が土佐で了寛（良寛ではないことに注意！）に遇ったとする文の全容を翻刻紹介した。その記述によれば、かねがね「良寛禅師奇話」に登場する萬丈のことが気になっていた御風は、越後の解良家を訪問調査し、同家の古文書中に萬丈自筆の紀行文「寝覚めの友」と題する小冊子と、そのなかに含まれるくだんの「萬丈が土佐で了寛という僧に遇った思い出」部分の抜書き一葉、および「詠草」と表書きした萬丈自筆歌集一巻を発見した。この歌巻の奥書には「弘化三年十月十七日小日向新屋敷一丁目近藤又兵衛萬丈翁をとふ解良栄重」と記されていたという。

御風がこれらを調査したのは何年のことか書かれていないが、昭和十年の出版の数年前と思われる。なぜ萬丈の手書き稿本二点と抜書きが解良家にあるかについて、御風は歌集への栄重自身の書き込みから推理して、まず田中庵という越後出身の人が「抜書き」を解良家にもたらし(弘化二年)、興味をもった栄重が江戸の萬丈を訪ね(弘化三年)、稿本「寝覚めの友」と『歌集』をもらい、持ち帰ったものかとしている。栄重は田中庵のもたらした情報をわざわざ江戸まで出向いて確認したうえで、「奇話」の最終部分に挿入したことになる。しかしその書き方はかなり懐疑的なニュアンスを帯びていると私には感じられた。

また御風は、「寝覚めの友」の他の部分を拾い読みすると、萬丈は玉島出身で、中国、四国の各地を旅したのち江戸に住んだことが分かるとも書いている。栄重は「寝覚めの友」稿本の余白に「法名椿園萬丈居士　嘉永元年戌申年一〇月二七日死　行年七二歳　小日向新屋敷通称近藤又兵衛萬丈、男五郎萬一」と書き込んでいることから、萬丈が嘉永元年(一八四八)に七二歳で亡くなったことが、その息子から栄重に知らされたこともわかっている。田中庵によりもたらされた「抜書き」とは次のような文である。

おのれ萬丈、よはひいと若かりしむかし、土佐の国へ行きしとき、城下より三里ばかりこなたにて雨いとう降り、日さへ暮れぬ。道より二丁ばかり右の山の麓に、いぶせき庵の見えけるを行きて宿乞ひけるに、色青く面やせたる僧のひとり爐をかこみ居しが、食うべきものもなく、風ふせぐべきふすまもあらばこそといふ。雨だにしのぎ侍らば何をか求めんとて、強ひてやどかりて、小夜更くるまで相對して爐をかこみ居るに、此僧初めにものいひしより後は、ひとこともいはず、坐禅するにもあらず、眠るにもあらず、口のうちに念仏唱ふるにもあらず、何やら物語りても、たゞ微笑するばかりにて有しにぞ、おのれおもふにこは狂人ならめと、其夜は爐のふちに寝て、暁にさめて見れば、僧も爐のふちに手枕してうまく寝て居ぬ。扨明けはてぬれど、雨は宵よりもつよくふりて、立出づべきやうもなければ、晴れずともせめて小雨ならんまで宿かし給はんやといふに、いつまでなりともと答へしは、きのふ宿かせしにもまさりて嬉しかりし。ひの巳の刻過ぐる頃に麥粉湯にかきまぜてくらはせたり。扨この庵のうちを見るに、たゞ木佛のひとつたてると、窓のもとに小さきおしまつき据ゑ其上に文二巻置きたる外は、何ひとつたくはへもてりとも見えず、このふみ何の書にやとひらき見れば、唐刻の莊子なり。そが中に此僧の作とおぼしくて、古詩を草書にて書けるがはさまりてありしが、から歌ならはねば其巧拙はしらざれども、その草書や目を驚かすばかりなりき。よりて笈のうちなる扇ふたつとふでにて賛を乞ひしに言下に筆を染めぬ。一つは梅に鶯の絵、ひとつはふじのねを繪かきしなりしが今は其賛はわすれたれど、富士の繪の賛の末に、かくいふものは誰ぞ、越州の産了寛書スとありしを覚え居ぬ。其日もまた暮ちかきに雨は猶時しくに降りてやまざれば、その夜もきのふのごとく僧とともに爐かたはらにいねしが、明くれば雨名ごりなく晴れて、日の光かゞやきぬ。例の麥の粉くらひて、二夜の報謝にいさゝか銭をあたへけれど、かゝるもの何せんとてうけひかず、其のこゝろざしに戻らむも本意ならねば、引きかへて紙と短尺とを與へけるをば、よろこびてうけ納めぬ。こははや三十とせあまりむかしの事なるが、ちかきとし橘茂世といへるもの著せし北越奇談と題せし書に、了寛は越後の国其地名はわすれたり橘何某といふ豪家の太郎子なりしとか、おさなき時より書をよむを好み、殊に能書なりしが、古人の風を慕ひ、さしも富貴の家を嗣ず、終に世を遁れ行方しれずなりしと、はた其家に有し時の事ともつぱらにしるせしを見れば、かの土佐にて逢し僧こそはと、すゝろに其昔を思ひ出して一夜寝覚めの袖をしぼりぬ。

こははたとせあまりのむかし我それまでの見聞しことも書あつめて寝覚の友と名づけて一小冊となしもてるを、此頃田中庵の大徳の見習ひて、我も越州の産なり、了寛和尚なつかしからぬにあらず、此かけるまゝを寫し與へよとあるに、いなみがたくて、

弘化二年巳のとしの初夏椿園のあるじ萬丈　　七十歳書す

さて御風は、まったく手掛かりのない良寛の三〇代について、もっともらしい資料がでてきたことを喜ぶあまり、内容について十分な検証をしていない。まず萬丈が良寛と出会ったのは何歳のときかを考えてみよう。息子らしい人が栄重によこした訃報では嘉永元年（一八四八）に七二歳で没したとなっている。七二歳没説によって生年を類推すると、一七七六年頃となる。良寛との年齢差は一八歳。弘化二年（一八四五）から二〇年あまり昔に「寝覚めの友」を書いたというのだから、それは一八二五年かそれよりちょっと前ということになる。そのとき萬丈は五〇か四九歳くらい、その年齢の時点から約三〇年くらい前の体験談だと文中にあるので、萬丈が良寛に会ったのは、一九歳か二〇歳の出来事だ。そのとき良寛は三七、八歳であり、たしかに帰郷前の消息不明の時期にあたる。

しかし二〇歳の年齢で、笈のなかに扇子や紙や短冊や筆などを入れ、お金もたっぷり持って一人旅をするものだろうか。二泊もしたのに僧が一言も言葉を発しないというのが、まず不自然。僧の年頃を書いていないのも不自然、さらに古詩の草書というのも変だ。草書は帰郷後かなり後から学んだとされている。帰郷後五合庵定住時

代中期頃まで、漢詩はすべて楷書で書かれている。画賛をしてもらった扇子を紛失したのか、肝心の画賛内容がわからないこともおかしい。さらに最大の疑問は「かくいふものは誰ぞ、越州の産了寛書ス」という偉そうな署名である。良寛に画賛はかなりあるが、「越州の産」とか「了寛」などと書いた賛は一つもない。そして『北越奇談』のみがなぜか「了寛」となっていることを思い出すと、萬丈は『北越奇談』（一八一一年）を読んで一種の短編小説を発想したのではないか、という推論がなりたつ。事実、萬丈の文の終りの方に『北越奇談』を読んだことを告白しているので、その部分を現代語訳にしてみよう。

これ（土佐で了寛にあったこと）は今から三〇年あまり昔の事になるが、近年、橘茂世という人物が著した『北越奇談』と題する本を読むと「了寛は越後の国―その地名は忘れてしまったが―の橘何某という富も権力も備えた立派な家の長男だったそうで、幼い時から読書を好み、とりわけ書に優れていたが、昔の人の風雅の道に憧れて、それほどの富貴の家を継がず、ついに遁世して行方不明になったそうだ」と書いてあった。また、その家にいた頃のことなどを詳しく記してあったのを読んで、あの土佐で逢った僧こそは（『北越奇談』が伝える行方不明時代の）了寛だったのだと（思われて）ただもうむやみにその昔を思い出して、一夜明けて懐旧の涙にくれたことであった。

『北越奇談』には良寛が玉島で修行したとは書いていないので、萬丈が良寛と玉島のゆかりを知っていたかどうかは「寝覚めの友」からは読み取れない。しかし知っていたからこそ、玉島出身の萬丈は特別の関心を良寛に抱いたのではないか。萬丈が「寝覚めの友」を書いた一八二五年頃といえば、良寛は六八歳位で島崎の木村家に移る前年頃、その文人としての盛名は江戸にも京にも鳴り響いていた。同じく文人をもって任じる萬丈が良寛を知らないはずはない。萬丈は「良寛」が正しい名であることは百も承知のうえで、あえて『北越奇談』にならって了寛と書いたのではないか。それに「寝覚めの友」とは巧妙に考えられた書名だ。ここに書いたことは、夢の記述に過ぎませんよ、と言い訳しているのである。萬丈にすれば軽い遊びの文章が、後世に論争の種をまくとは思いもよらなかっただろう。

良寛は海をおそれ、海を渡ることは生涯なかったのではないか。彼は家の裏浜から正面に見える母の里佐渡にさえ一度も渡らなかった。海を渡ることは、死の危険を冒すことでもある。これから帰郷し、大詩人の才能を開花させようと目論む良寛が、危険な鳴門の渦潮を越えて用もない四国に渡るだろうか。四国の良寛ファンには残念なことであろうが、良寛は四国には渡らなかったと私は結論したい。歴史的天才の生涯をひもとくと、かならず自分の才能が十全の開花を遂げるまで、死なないように気をつけていることに気づく。セザンヌもゾラもモネもゴッホもピカソも、漱石もみな巧みに徴兵をすり抜けて大成した。良寛は危険な海を渡る旅などせず、ひたすら勉学に励み、持ち帰ることの出来ない多くの経典や漢詩文の典籍を、頭脳に刻み込みつつ帰国までの日々を過ごした、というのが事実なのではないか。

第7章　還　郷　文学的人生の始まり

なぜ帰郷しなければならなかったか

良寛は「西海は我が郷に非ず　誰か能く長く焉れに滞まらんや」といって（「聞之則物故　二首」の二〇、二一句目。第4章を参照されたい）帰郷の途につくのだが、なぜそんなに帰りたかったのか。玉島で遁世者として生きる道はなかったのかと長年疑問に思っていた。ところが、二〇〇三年、一月の末頃に初めて円通寺を訪れて、その境内にたって美しい瀬戸内海を眼下に見下ろしたとき、この疑問は一瞬にして解けた気がした。越後ならばまだ吹雪に耐えている季節というのに、玉島は明るい陽光、波ひとつない青い海、風もなく、花こそ咲いていなかったが、真冬とは信じられないうららかさなのだ。雪がない、吹雪がない、鉛色の空も沖から押し寄せる敵意に満ちた波もない。ああこれでは詩は生まれないと心底から思った。この気候では良寛のあの寒い長い冬をじっと耐える詩も、めぐりきた春に喜びを爆発させる詩も生まれない。あまりにも気候がおだやかで単調なのだ。詩人良寛の大成には、風雪に耐える越後の風土がどうしても必要だったのだろう。

帰郷には周到な準備がなされたに違いない。国仙が良寛に印可の偈を与えた寛政二年（一七九〇）、彼はすでに隠居の身で、後継者の玄透即中（一七二九—一八〇七　国仙より六歳若いだけ）がすでに赴任していたと推量されている。したがって国仙は即中に良寛の特殊な立場を説明し、よろしく遇するよう依頼した可能性が高い。いかなる僧の位階も望まず、寺の住職となることも拒否して、ゆくゆくは帰郷し、遁世者として生きたいという良寛の希望は、新円通寺住職の即中にも理解されていたのではないか。それゆえときに托鉢するほかは、勉強三昧の生活が即中の円通寺在任中は、覚樹庵主として保障されていたと思われる。即中も良寛の抜群の頭脳と学識を認め、弟子養成の講義の代講くらいさせていたかもしれない。「落髪僧伽」や「唱導詞」が修行僧教育の立場から書かれたとすれば、ある程度納得できる。

今までの良寛史は、師国仙の没した寛政三年（一七九一）春から、帰国の途に就いたとされる寛政八年（一七九六）の春までの五年間を、諸国行脚の時期とする。ところがこの間に、良寛が立ち寄ったことの証明される土地や寺は一ヶ所もない。しかも「我見行脚僧　総是可憐生」（『定本・一・74・161・343・454』）の内容をみれば明らかなように、良寛は修行と称して各地の名刹を訪ね歩く僧を「かわいそうな奴ら」と軽蔑していた。それゆえ、師国仙没後の五年間も良寛（覚樹）庵主として円通寺にとどまり、諸国行脚など一切せず、ひたすら勉学に励み、体力と資金の浪費を慎んだのだろう。この五年間に自らの頭脳を電子辞書と化す勉学がおおいに成果をあげたことは、帰国後の驚くべき作品群からして明らかだ。

ところがその第二の庇護者即中が、寛政六年（一七九四）に埼玉県竜音寺へ昇任し、さらに翌年に曹洞宗本山永平寺の第五〇代住職となったことは、良寛の出発の肩を押す出来事となった。もはやただひとりの理解者も保護者もいない円通寺にとどまることは出来ない。それに年令ももはや勉学のときではなく、収穫すべきときを迎えていた。良寛は慎重に準備を整え、厳冬を避けて立春を過ぎた寛政八年（一七九六）睦月二〇日頃（新暦二月末あるいは三月初め頃か。根拠は「須磨紀行」）に玉島を出発し、あちこち寄り道をしながら初秋に越後入りをしたように思われる。

文学紀行の旅——帰路の全体像

従来から、制作地が地図上で出雲崎と玉島の間にあるとわかる作品がかなり知られているが、それらはかならずしも帰国途中の作とは考えられず、単に旅中の作と受けとめられてきた。なぜなら、師の没後帰国までの数年間、良寛は諸国を行脚していたとみな思い込んでいたからだ。しかし良寛が行脚などしなかったとすれば、これらはすべて帰国途中の作ということになる。私はこころみに、『定本』に採録されている旅中作の制作地を地図上に配置して、その通過点と季節を対比してみた。すると玉島に近いところは早春、伊勢あたりでは梅雨、駿河あたりでは初夏、長野あたりでは初秋と矛盾なく推移していることがわかり、ほぼ半年にわたる帰国のルートが浮かび上がってきた。

帰国途中と思われる作は、和歌、和歌と俳句を含む紀行文および漢詩に散見され、良寛の扱った全ジャンルに及んでいる。それらの作から通過したことが確認または推定される地点をつないで現代の府県名で表記すれば、岡山県↓兵庫県↓大阪府↓和歌山県↓奈良県↓京都府↓滋賀県↓三重県↓愛知県↓静岡県↓神奈川県↓東京都↓埼玉県（中山道を行ったと仮定すれば）↓長野県↓新潟県（糸魚川経由）となる。

岡山県倉敷市玉島から新潟県三島郡出雲崎町に到る最短距離は、岡山県↓兵庫県↓大阪府↓京都府↓滋賀県↓福井県↓石川県↓富山県↓新潟県であることは、日本地図を広げてみれば誰の目にも明らかだ。このルートなら苦しい山越えもほとんどない。ところが良寛は山陽道を大阪までたどりつくと、北へ向かわず、紀伊半島西側を和歌の浦まで南下し、名所旧跡を訪ねたのちに高野や吉野を経て京へのぼったように思われる。そして京都から西近江路、北陸道という通常の越後行きルートをとらず、東海道で江戸方向に向かったようだ。しかも東海道に入ってまもなく、四日市あたりから紀伊半島の東側をまた南下し、伊勢に遊んでいる。この頃にはもう梅雨の季節に入ったのか、雨に苦しめられたらしい。急遽また東海道までとってかえし、富士山を眺めながら江戸入りをはたす。江戸にどれほど滞在したのかわからないが、伊勢物語ゆかりの隅田川はしっかりと訪れた。

さていよいよ越後に向かうのだが、ここでも良寛は最短の三国街道ではなく、中山道から北国街道に入るという遠回りの道を選んでいる。さらに不思議なのは、北国街道で長野の善光寺まできていながら、道なりに行って越後の高田に出なかったことだ。善光寺の次に泊まったことが記録されているのは糸魚川。つまり、遠回りの難路をとって糸魚川にでたのだ。善光寺から糸魚川に行くには、まず善光寺から西に困難な鬼無里《きなさ》の山道を白馬までたどり、それから塩の道として知られる千国街道を北上するしかない。

この不合理な道の選択の理由は、地図を持たないので、国仙と一緒に玉島に来た時と同じ道を辿り、師と一緒の旅で泊めてもらった寺を宿としてあてにしたということがまず考えられる。それにしても目的地に着くことを優先的に考えるならば、不可解な道程だ。良寛は、生涯に最後かもしれない長旅を最大限に楽しみ、見聞を積み、有効な文学の発想源とするため遠回りを厭わず、著名な文学的名所旧跡、歌枕の地をできるかぎり廻ったのに違いない。同郷の少年僧がいた宇治の興聖寺を別とすれば、禅宗の名刹など尋ねた風がないのも注目される。良寛は帰国の旅を、西行や芭蕉の旅にならった、またとない文学紀行の旅と位置付けていたのだろう。道程をたどれる作品を列挙してみよう。

中国路（山陽道）

玉島から紀伊半島の付け根大阪までは、瀬戸内海沿いの中国路しかないので追跡は容易だ。まず玉島に一番近い地名として「あこう」が歌集「布留散東」の二番目に出てくる。

あこうてふところにて　天神の森に宿りぬ
小夜ふけ方嵐のいと寒うふきたりければ

山おろしよ　いたくな吹きそ　白妙の　衣片敷き　旅寝せし夜は

（『定本・二・2』　ふりがなは省略）

昔の旅人は健脚で、女性で一日に八里（三二キロ）、男性なら一〇里（四〇キロ）も歩いたという。地図で目測すると玉島から赤穂まで六〇キロ以上はありそうだ。良寛がいかに健脚でも、一日に六〇キロ以上は無理、赤穂は出発から二泊目の宿りかと思う。それにしても、神社の軒下で野宿とは、さぞ寒かったことだろう。その翌日の手がかりもある。

次の日は　韓津《からつ》てふ所に到りぬ　今宵宿の無ければ

思いきや道の芝草　打ち敷きて　今宵も同じ　仮寝せむとは

（『定本・二・3』ふり仮名一部省略）

韓津とは現在の兵庫県姫路市的形町福泊だという。赤穂市から三〇キロ強の位置にあり、一日の行程として納得のいく宿泊地だが、出発早々に二日も続けて野宿とはなんとかわいそうな旅だろうか。れっきとした街道筋に宿屋のないはずはない。良寛は心細い旅費しか用意できなかったために、托鉢僧を無償でとめてくれる信仰心厚い仏教徒や寺社などを捜し、ないときは無人の社を見つけて軒下に泊まったようだ。季節はまだ早春、いくら温暖な瀬戸内海地方といっても野宿はつらかろう。

次の足跡は「はこの松は」という文に残る。この文は遺墨断簡が他の紀行断簡と合装されて糸魚川歴史民俗資料館に所蔵されている。

はこの松ハ、常住寺の庭にあり。常住寺太子の建立也。家持の歌に

けふははや　たづのなくねも　春めきて　かすミにみゆる　はこの島松

（『定本・三・文集・441』ふりがな省略）

常住寺とは、兵庫県加古川市の寺で、この寺の名松は「加古の松」とよばれているという。「はこの島松」になってしまったのは良寛の記憶違いか。加古川市は姫路市から三〇キロ弱の位置にあるので、韓津の翌日の宿泊地と思われる。また家持の歌というのも良寛の記憶違いで、藤原行家の歌（『夫木和歌抄』）と定本解説にある。「けふは又たづの啼く音も春めきて霞にけりなかこの島松」という歌碑が同寺に古くからあるという。ちょっと微笑ましい良寛の記憶違いだが、歌としてはひろびろとした空間性が感じられ、ずっと良くなっているような気

もする。この日はきっと暖かくていい気分だったのだろう。この断簡を御風は京都の常住寺と考えたらしく「京都紀行」と命名したようで、現在の所蔵館である糸魚川歴史民俗資料館の登録作品名もそうなっている。しかし私は「加古川紀行」と呼びたいと思う【図28】。

次には、「須磨紀行」【図29】と呼びならわされている紀行文遺墨が注目される。須磨は兵庫県神戸市須磨区のあたり、加古川から三五キロくらいの地点なので、ちょうど泊まるべきあたりだろう。出発から数えると五泊目か。

すまでらの昔をとへばやまざくら
あなたこなたとするうちに、日くれけれバ、宿をもとむれども、独《ひとり》ものにたやすくかすべきにしもあらねバ、を《お》としつけて、
よしやねむすまの浦ハ《わ》の波まくら
とすさみて、つなしき天神のもりを尋てやどる。里を去こと一丁ばかり、松の林の中ニあり。春のよのやミハあやなし梅の花いろこそミへ《え》ね、お《を》りく〵ハ、よるのあらし(に)さそわ《は》れて、墨の衣にうつるまでにほふ。石どうろうの火ハほのよりきらめき、うちよする波の声も、つねよりハしづかにきこゆ。板じ

図28　加古川紀行（所蔵館名＝京都紀行）

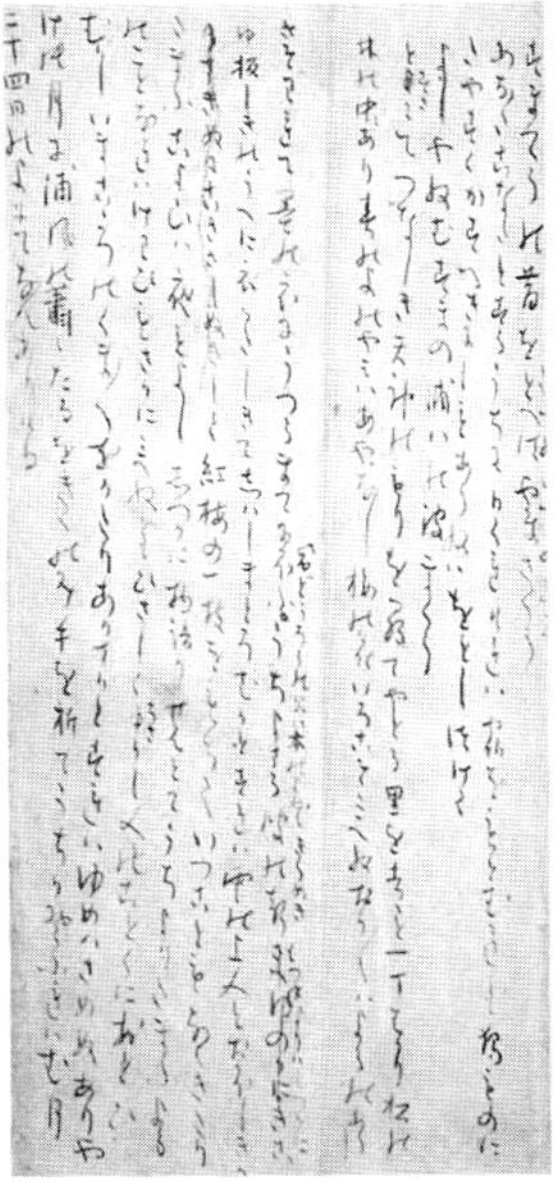

図29　須磨紀行

きのうへに衣かたしきて、しバしまどろむかとすれバ、雲の上人とおぼしきが、うすぎぬにこきさしぬきして、紅梅の一枝をもちていづこともなくきたりたまふ。こよひハ夜もよし、しづかに物語りせんとてうちよりたまふ。よるのことなれバ、けわ《は》いもさらにミへ《え》ねども、ひさしくちぎりし人のごとくにおもひ、むかしいま、こゝろのくま〳〵をかたりあかすかとすれバ、ゆめハさめぬ。ありやけ《あ》の月に浦風の蕭々《せうせう》たるをきくのみ。手を折てうちかぞふれバ、む月二十四日のよにてなんありける。

(『定本・三・文集・442・443』ふりがな一部省略)

須磨寺とは神戸市須磨区にある真言宗のお寺。定本解説では源平合戦のゆかりのことしかふれていないが、良寛がこの寺で回想したのは合戦よりもむしろ、『源氏物語』の「須磨」「明石」の巻や伊勢物語の在原行平、業平兄弟ゆかりの地、ということではないか。国文学者目崎徳衛は平成五年小千谷市における講演「良寛の生き方―遁世者の伝統に生きた良寛」(雑誌『良寛 27号』の八〇―九一頁に収録されたものを参照)で、「須磨は『伊勢物語』『源氏物語』『平家物語』という日本の古典の最高の三作品の舞台であった」と指摘し、西行も芭蕉も訪れたところを良寛も訪れ、芭蕉の紀行文やその淵源である紀貫之の『土佐日記』までを視野にいれつつ俳句を含む旅日記を書いたのだと述べておられる。また氏は、「春のよのやミハあやなし梅の花いろこそミへ《え》ね」の文を『古今集』の凡河内躬恒の「春の夜のやみはあやなし梅の花色こそみえね香やはかくるゝ」からの引用であるとし、良寛の広範な日本文学の教養にも言及された。

事実か文学的虚構かわからないが、良寛は出発して第五夜もまた綱敷天神の社の板の間に野宿同然の宿りをした。夢に、薄絹に濃い指貫をはいて紅梅の一枝を持った光源氏のごとき雲上人が現れ、語り明かそうとするが目覚めてしまう。ここでどうしても「夢」をもちださねば気が済まなかったのは、芭蕉の『笈の小文』の最終の地が須磨と明石で、「蛸壺やはかなき夢を夏の月」と結ばれているのを思い出し、はかない春の夢醒めて有明の月を眺める自分を重ねてみたかったのかもしれない。

そしてそれは指折り数えてみると睦月二四日のことだった、と書いてある。これは重要な情報だ。私の距離計算によれば、この夜は五泊目なので、玉島を出発したのは睦月二〇日ということになる。これは新暦に直すと二月の末か三月初めということになるので、天神の森に梅の香が衣にうつるほどにたちこめていたというのは、さもありなんと思う。中国路（山陽道）で作品のある通過点は赤穂市、姫路市、加古川市、神戸市となる。神戸市ではさらにもう一ヶ所泊まった。有馬である。

有馬の何てふ村に宿りて

笹の葉に　ふるや霰《あられ》の　ふるさとの　宿にも今宵　月を見るらむ
（『定本・二・521』ふりがな一部省略）

有馬は六甲山奥の温泉地として昔から有名だ。須磨からちょうど三〇キロほどのところなので、妥当な宿泊地だろう。なつかしいふるさとの人々も今私が眺めている同じ月を眺めていることだろう、とはやくも心は越後の空に飛んでいる。「笹の葉に　ふるや霰の」は「ふるさと」を導く序詞であって、千載和歌集に用例があるという。月が出ているのだから、実際に霰が降ったということではないだろう。

なお「ふるさと」には入っていないが、須磨の手前の明石で詠んだ歌も片桐某の写本には残されている。

明石

浜風よ　心して吹け　ちはやぶる　神の社に　宿りせし夜は
（『定本・二・520』ふりがな省略）

この歌には遺墨もあるが、遺墨では「明石」の詞書がないという。明石は加古川から二〇キロくらいの地点なので、加古川に泊まったとすれば次の宿泊地としては近すぎる。多分通過しただけなのではないかと思う。

紀伊半島へ

赤穂、福泊、加古川、明石、須磨、有馬とくれば大阪への入口はもうすぐだ。しかしそこから先の道は大阪、京都方面、奈良方面、和歌山方面と分岐する。そしてこの地方での良寛の作品は、和歌の浦（和歌山県）、高野山（和歌山県）、吉野山と立田山（奈良県）、西行の墓のある河南（大阪府）、宇治（京都府）に関係づけられる。それをどのような順序でめぐったかを推理する手がかりとして、私はまず桜の開花期を考えた。明石、須磨、有馬を新暦の三月初旬に通過ということは、桜の開花にはすこし間があるように思われる。万葉の時代から有名な吉野山の桜をみるにも、桜の頃に亡くなったという西行の墓に詣でるにも、桜が咲いていなくては興ざめだ。それに先にあげた「加古川紀行、須磨紀行」とこれから検討する「高野紀行」と「吉野紀行」の遺墨は、本来一枚の紙だったものを三つに切断したと東郷豊治の全集には注記があり、現在「加古川、須磨」と「高野」は巻子装で糸魚川歴史民俗資料館（相馬御風記念館）に所蔵され、「吉野」は長岡市（旧和島村）の良寛の里美術館に軸装で所蔵されている。きり離されなければ帰郷の道順がはっきりするのに、と残念だが今となっては仕方がない。ともかく道順を推定してみよう。

開花期に桜の名所吉野にたどりつけるようにと、良寛は遠回りしたのではないか。須磨からすぐ紀伊半島へ向かわず、まず六甲山中の有名な温泉地有馬へ寄ったのも、桜の季節に吉野に行きたいがための時間かせぎだったのかもしれない。有馬温泉で数日疲れをいやした後、また海岸にとってかえし、今度は大阪湾沿いに紀伊半島西岸を南下する。それから東進して高野山に達することで数日をついやし、桜もそろそろほころぼうかという如月上旬（新暦三月中旬）に吉野→河南という順序をたどって京都に入った、と仮定してのべてみよう。神戸市の海岸から大阪湾をぐるりとまわって南下し、和歌の浦湾に達するには、くねくねした道を行かなければならないから、四、五日を要したかもしれない。和歌の浦での歌が二首しられている。

眺むれば　名も面白し　和歌の浦　心なぎさの　春に遊ばむ　（『定本・二・524』ふりがな省略）

ひさかたの　春日に芽出る　藻塩草　かきぞ集る　和歌の浦わは　（『定本・二・525』ふりがな省略）

和歌の浦を訪れ、山辺赤人の歌「和歌の浦に潮満ちくれば潟をなみ、蘆辺をさして鶴なきわたる」など、和歌の浦を主題とする古歌を思い浮かべつつ、風光を楽しんでいる。しかし和歌の浦自体は主目的ではなく、ここから東に折れて、高野山に向かうのが本来の目的だったのではないか。地図でみると和歌の浦から高野までは概算七〇キロくらいかと思うが、けわしい山道らしいので、たどり着くのに数日を要しただろう。高野山では漢詩と俳句を併記した書を残した。これは高野紀行【図30】と呼ばれている。

「高野道中買衣（不）直銭」／一瓶一鉢不辞遠／裙子褊衫破如春／又知囊中無一物／総為風光誤此身

「高野道中《こうやどうちゅう》衣《ころも》を買《か》はんとして銭《ぜに》に直《あた》らず」／一瓶一鉢《いちびょういっぱつ》　遠《とお》きを辞《じ》せず／裙子褊衫《くんすへんさん》破《やぶ》れて春《はる》の如《ごと》し／又《ま》た知《し》る囊中一物《のうちゅういちもつ》無《な》きを／総《す》べて風光《ふうこう》の為《ため》に此《こ》の身《み》を誤《あやま》る

（『定本・一・566』『文庫・二四七頁』）

図30　高野紀行

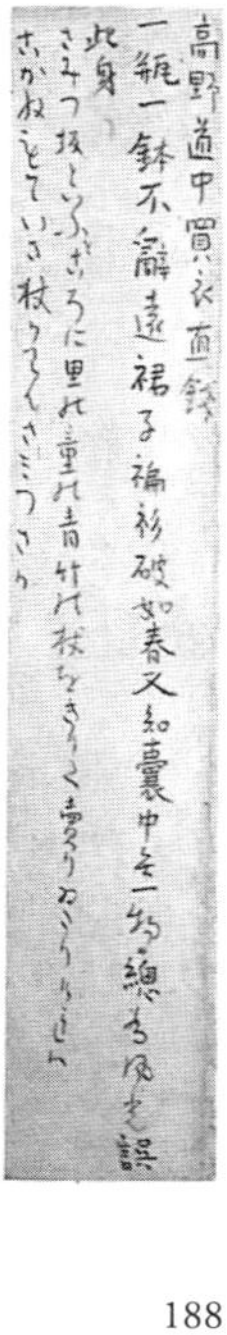

さみつ坂といふ所に、里の童の青竹の杖をきりて売りゐたりければ、

こがねもていざ杖買わんさみつ坂

（『定本・三・俳句・98』ふりがな省略）

「高野山に参る道中、衣を買おうとするが銭がない」
水筒一本と托鉢の鉢一個だけをたよりに遠い道のりもいとわずにやってきた／ふとみれば僧衣は上下ともぼろぼろで、春霞のようにたなびいているではないか／また、買換えようと頭陀袋のなかをまさぐれば、銭がなんにも無いではないか／私はいつもそうなのだが、風光明媚にひかれて、つい馬鹿なことをしてしまうのさ

（『定本・一・561』内山解説によれば、遺墨には「不」の字が脱落している）

高野山の金剛峰寺は真言宗の総本山。「神聖な高野山に参るのだから、ぼろぼろの衣を買い換えようかと思ったが、お金がないのであきらめた、いつもオレはそうなんだ、用もないところに好奇心から出かけていって文無しになるのサ」と自嘲ぎみの良寛。目崎徳衛は前記講演で、「良寛の高野山参詣の動機は宗教的というより、西行が三〇年もこの地に草庵を結んだことに一番心惹かれたのではないか。彼は職業的僧ではなく、西行や芭蕉の伝統を受け継ぐ「遁世者」だった」と言っている。遺墨では漢詩にすぐ続いて俳句がくるのだが、『定本』ではジャンルが違うので別々の巻に収録されている。さみつ坂というのはどこかよくわからないが、高野山への登り口の坂らしい。衣を買うほどのお金はないが、登山用の竹の杖くらいなら買おうかという。どうも無一文という

のは文学的誇張らしい。それに玉島を出発してから、どういう路を通ったにしても、まだ一ヶ月とたってはいないはず、いくら野宿したからといって「裙子褊衫破如春」という状態になるとは思えない。「高野道中」の詩はリアルな旅日記というより、文学作品と解すべきなのだろう。それより重要なのは「総為風光誤此身」の一行と思う。そこには宗教にというより、風光の美に酔いしれ数寄に徹したいがために遁世した、という良寛の告白を読みとることができる。

さて、須磨から海沿いに紀伊半島西岸を下り、和歌の浦から左折して高野山あたりまで達すると、確実に如月に入ったことだろう。新暦でいえば三月一〇日前後か。高野山に幾日を過ごしたか分からないが、良寛が次にめざしたのは桜の名所吉野山だ。高野山から吉野までの距離は北東方向へ上ること、地図上の直線距離では三〇キロくらいにみえるが、厳しい道なのでとても一日では行けないことだろう。桜の名所として万葉集時代から名高い吉野山は、西行が出家して最初に庵を結んだ地としても有名だ。西行を慕う芭蕉も『野ざらし紀行』と『笈の小文』の旅で二度にわたって訪れている。良寛も西行と芭蕉をしのんで吉野を訪れ、「里へくだれば（吉野紀行）」【図31】という俳文の書（良寛の里美術館）を残したのだった。

里へくだれバ、日ハ西の山にいりぬ。あやしの軒に立て一夜の宿をこふ。そのよハ板敷の上にぬまてふものをしきて臥す。夜るのものさえなけれバいとやすくねず、よいのまハ翁の松をともしてその火影にいとちゐ《ひ》さきかたみくむ。なにぞと問へば、これなんよしのゝさとの花筐《はながたみ》といふ。蔵王権現の桜のちるをお《を》しミて、ひろひて盛たまふ。そのいわ《は》れにハ、いまもよしのゝ里にてハ、いやしきものゝ家の業《わざ》となす。あるハわらハのもてあそびとなし、また物種《ものだね》いれてまきそむれバ、秋よくミのる。これもてるものハ万《よろづ》のわざはひをま

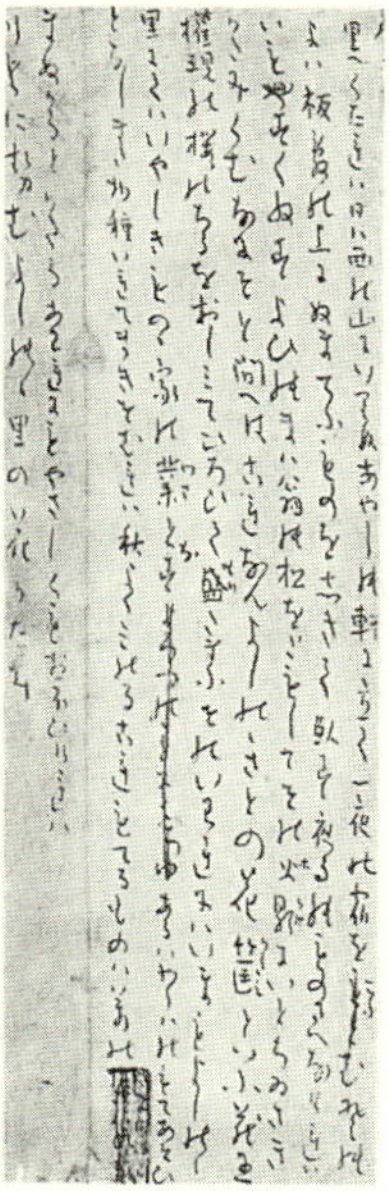

図31　吉野紀行（良寛の里美術館）

ぬがるとかたる。あわれにもやさしくもおぼひ（え）けれバ

つとにせむよしのゝ里の花がたみ

（『定本・三・文集・443・444』ふりがな一部省略）

山桜の開花は近代の改良種である染井吉野より遅く、たいてい新暦三月末から四月だ。花の咲き具合に言及のないところをみると、良寛が訪れた三月中旬頃ではまだ咲いていなかったかもしれない。ともかく良寛は山奥の金峯《きんぷ》山寺《せんじ》と西行庵を訪ねてから里に下りてきたと思われる。さいわいその夜は心やさしい老人の家があって、野宿はしないですんだ。しかし布団はなくて「ぬま」というものを敷いただけの寝床なので、なかなか眠れない。主の老人は火をともして、その光をたよりにちいさな「かたみ（目の細かい竹籠）」を編んでいるので、なんですかと問うと、「これが吉野の里の花筐です」という。老人が語るところによれば、金峯山寺の本尊蔵王権現が、桜の散るのを惜しんでその花びらを拾って竹籠に盛ったことに由来し、花筐つくりは吉野の貧しい家の稼業ともなっているとのこと、それでは「つと（みやげ）」にしなくてはと良寛は結んだ。しかし良寛の遺品中に花筐があったということは伝えられていない。

この一連の紀行文を切断される前の状態に復元するとすれば、加古川、須磨、高野山、吉野の順【図32】になろう。吉野からは一路北上して京都方向に向かうが、その途中に紅葉の名所で名高い竜田川がある。定本は立田山としているが、立田山という地名は現在ない。竜田川と表記され、奈良県三郷町を流れる紅葉で有名な一帯をいう。竜田山というのはあたりの山を漠然とさすもので、固有名詞ではないらしい。

立田山　もみじの秋にあらねども　よそに　優れて　あはれなりけり

（『定本・二・523』　ふりがな省略）

次に良寛が訪れたのは、憧れてやまない西行法師の終焉の地、墓のある河内国の弘川寺だと思われる。この地は現在の大阪府河南町。吉野山から三〇キロ程度北上したあたりなので、一日の行程で達する距離か。「願はくは花の下にて春死なんその如月の望

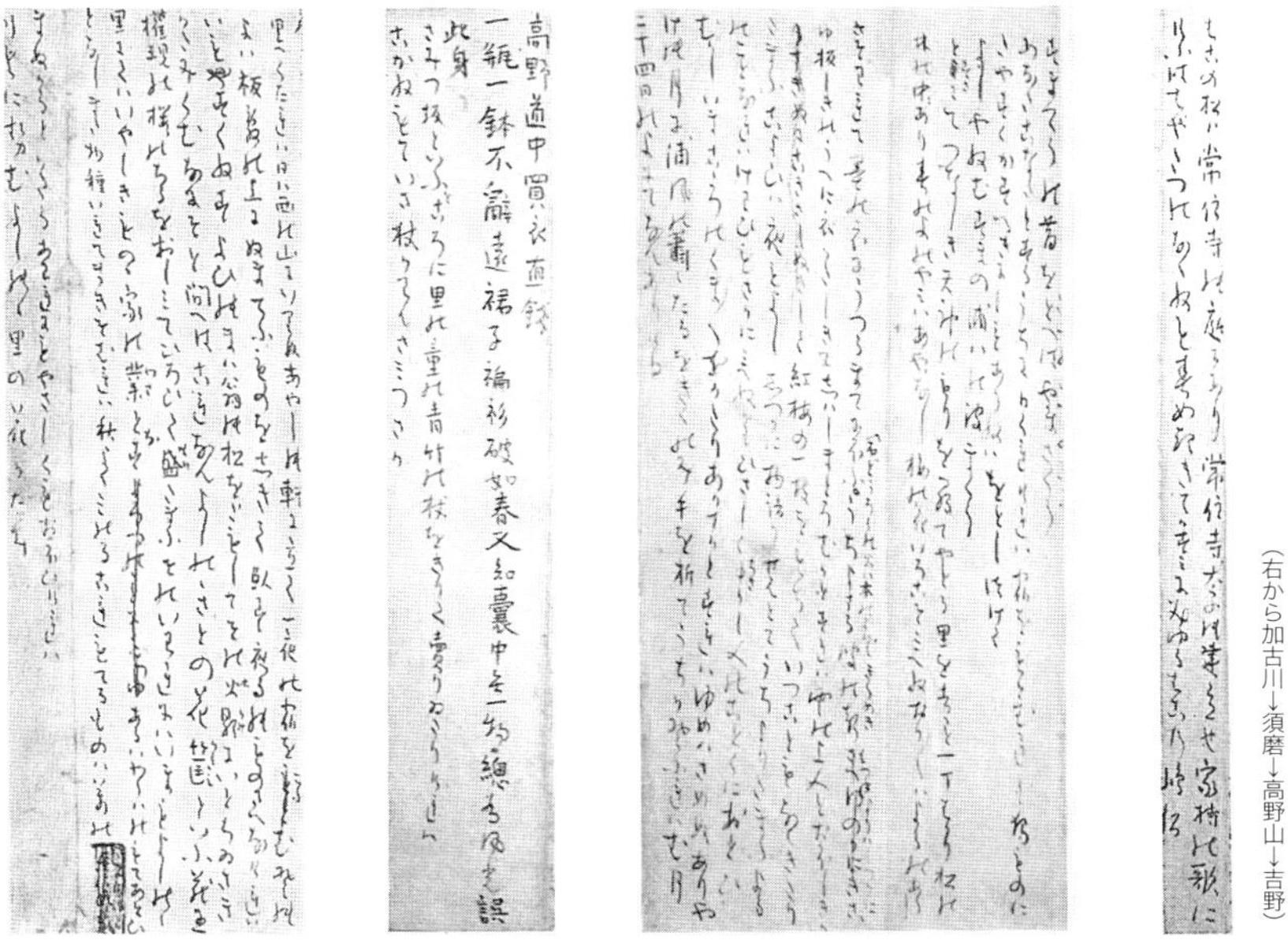

図32　続けて書かれていたときの想定状態（右から加古川→須磨→高野山→吉野）

月のころ」と詠ったのはまだ壮年時代のことらしいが、なんと西行は七三歳の文治六年（一一九〇）二月一六日、ほぼ願い通りの季節に亡くなった。良寛がこの命日を目指して河南にやってきたと仮定すると、それは新暦では三月下旬となる。

西行法師の墓に詣でて花を手向けて詠める

手折り来し　花の色香は薄くとも　あはれみ給へ　心ばかりは

（『定本・二・396』 ふりがな省略）

この花は当然桜でなければならない。しかし通常弘川寺の桜の開花は四月上旬らしいので、良寛が訪れたときはまだ咲いていていなかったのではないか。仕方なく良寛はかたい蕾の枝を手折って墓前にささげ、「花の色香は薄くとも　あはれみ給へ」と詠んだのだろうと想像する。この歌は自筆本にはないが、貞心尼の「蓮《はちす》の露（本編）」に収録されているので信用してよいと思う。この墓参後に、良寛はさらに北上して京都の宇治に到ったと推測される。

京都の良寛

良寛が帰国の途につく前年に父は京都で入水自殺（後述）し、その死に責任を感じてか弟の香も消息不明となっていた。しかし良寛は何も知らなかったらしい。帰国の途中に家族の消息を尋ねたり、思い悩んだような記述は一切ない。先にも述べたように、飛脚制度があったといっても主として公用便であり、一般庶民が利用できるものではなかった。一般庶民が遠隔地に便りをだすにはその方面に行く旅人に託すか、人を雇って届けるしかない。いずれも費用がかかるうえに不確実だ。父の死や香の消息はすべて帰郷後に知ったことだったと私は推測する。しかし、良寛の京都滞在は自作詩に詠われているので疑いがない。

良寛は京都で宇治の興聖寺【図33】を訪れた。興聖寺といえば道元が宋への留学から帰国し、約一〇年後に深草の地に創建した日本最初の曹洞宗の名刹。道元が永平寺に移ってから荒廃し廃絶したが江戸初期に宇治に再興されていた。良寛はその興聖寺にいた同郷の後輩僧を訪ねた。その名は大忍魯仙《たいにんろせん》（一七八一—一八一一　了然ともいう）という。

師の国仙と同じ諱《いみな》を持つこの僧を、師国仙と混同しないようにと注意を喚起しつつ、初めて紹介したのはまたも相馬御風だった。彼は『良寛を語る』（昭和一六＝一九四一年　博文館）中に「大忍和尚の良寛評」と題して、六頁にわたり、両者の交友を証明する魯仙の詩文二篇をあげた。御風は魯仙について、出雲崎尼瀬の小黒宇兵衛入道速圓の長子で、幼名を佐久太といい、七歳で三島郡西越《にしこし》村川西（現在は出雲崎町）の双善寺に出家し、ついで宇治の曹洞宗古刹興聖寺で修行し、のちに武州大里郡大寄村（現埼玉県深谷市）矢島慶福寺一五世となるが、文化八年（一八一一）三月九日に示寂したと述べた。しかし生年は不明としている。没年は慶福寺に現存する墓碑に刻まれているので疑いない。この時点では、御風は魯仙を良寛より年長のように思っている書きぶりだ。

図33　京都府宇治市　興聖寺（インターネット写真より）

しかし今日では、彼が二五歳のとき、京都の書肆柳枝軒（御風が述べた松月堂はまちがい）から『無礙集《むげしゅう》』という漢詩文集を出版した事実（後述）から逆算して、天明元年（一七八一）の生まれとされている。その序文に「時文化乙丑七月二十二日北越沙門僊大忍自題於無礙庵中」とあるので、文化乙丑＝文化二年（一八〇五）の出版は確実だ。また同書中の最後の方の詩に「二三歳まで生きてきて半分は病床にあった」という記述があり、その詩の二年後に出版がかなったと仮定しての、二五歳出版説であろうか。この年齢を信じれば、良寛が宇治興聖寺に魯仙を訪ねた一七九六年に、彼はまだ数え年一六歳だったことになる。驚くべき早熟の神童だった。尼瀬に近代まで名の残る家は貧困であるわけはなく、七歳で宗教的発心をおこすことも考えられないので、この少年の出家の理由は、その聡明を惜しんだ周囲が、学問をさせるために寺に預けたものと思われる。

良寛は自分の少年時代を彷彿とさせるようなこの少年僧の才気を愛し、自作の詩偈を書写させ、数日にわたって詩論を教授したらしい。ひとに文学を教授するなど良寛の後半生にはないことだが、魯仙が別格に聡明な文学好きの少年であるうえ、病身で長生きしそうにない様子に心を動かされたのかもしれない。御風は『無礙集』中の「良寛道人を懐《おも》ふ」「良寛道人の偈を読む」の二篇を紹介しているが、その内容をみると、良寛の著名な詩数篇がすでに玉島滞在中に出来ていたらしいことや、国仙の印可の偈さえ魯仙にはみせてやった可能性も推測されて実に興味深い。しかし、ここでは帰国の道順を論じているので、その良寛論については、第9章で詳述することとしたい。

良寛が帰郷後しばしば魯仙に会ったように記述した本をみかけるが、『無礙集』を読めば、魯仙が、一度も帰郷していないことは明白だ。それに次にあげる良寛の詩二首からも、京での数日がふたりの面会の最後であると読み取れる。

・「有懐二首」の第一首／了然古道人／数話且過中／一自別京洛／消息杳不通

了然《りようねん》は古道《こどう》の人《ひと》／数《しばしば》　話《かた》り且《か》つ中《なか》ばを過《す》ごす／一《ひと》たび京洛《けいらく》に別《わか》れて自《よ》り／消息《しょうそく》　杳《よう》として通《つう》ぜず

（『定本・一・258』『文庫未収録』）

了然は古典的な仏道を追究する人だ／彼とは幾度も語り合い、いつも夜更けになった／ところが京都で別れて以来／その消息はさっぱり分からない。

・「有懐四首」の第二首／大忍俊利人／屢話僧舎中／自一別京洛／消息杳不通

大忍《だいにん》は俊利《しゅんり》の人《ひと》／屢《しばしば》　話《かた》る僧舎《そうじゃ》の中《うち》／一《ひと》たび京洛《けいらく》に別《わか》れて自《よ》り／消息《しょうそく》　杳《よう》として通《つう》ぜず

（『定本・一・380』『文庫・一八〇頁』）

大忍は優れた頭脳の持主だ／彼とは幾度も寺の宿舎で語り合った／ところが京都で別れて以来／その消息はさっぱり分からない。

二つの詩からは、魯仙（了然）が非常に正統理論派で、良寛を感心させたことがわかる。彼が一〇代の少年だという感じはしないが、二人は年齢差を越えて意気投合したようだ。

なぜ良寛は迷わず魯仙を訪ね当てることができたのだろう。一つの仮説として考えられるのは、魯仙が出雲崎から興聖寺に向かうことになったとき、橘屋から玉島の良寛への手紙となにがしかの路銀を預かり、玉島訪問を依頼されたのではないかということだ。魯仙が何歳で上京したかを伝える文献はないが、何とか旅の出来る年齢といえば、一五歳前後か。少年の足でも、宇治―玉島間は一〇日もあれば往復可能なので、橘屋も家書を託しやすかっただろう。橘屋と魯仙の実家小黒家との親交は、橘屋の驚くべき蔵書目録が、小黒家の襖の下張りから発見されたことで証明されている（第3章を参照されたい）。多分、魯仙も幼少からの天才児で橘屋の蔵書を借り受けていたのかもしれない。仏門に入るや、その神童ぶりが評価されて魯仙は宇治の興聖寺に招かれることになり、その旅の延長上に玉島訪問があったと想定される。つまり、魯仙が玉島に良寛を訪ねたことがあった（良寛が帰郷する前年頃？）ので、良寛は迷わず宇治の魯仙を訪問できたと考えたい。先の詩を読んでも、京都で会ったのが初対面の雰囲気ではなく思われる。

いずれにしろ、『無礙集』の記述によると、この面会の折に魯仙は良寛から「偈数十首」を得たという。「偈」とは「詩偈」すなわち僧の作る漢詩をさす。現在『定本・一』に収録された漢詩はすべて、帰郷後に決定稿となったものとされるが、「唱導詞」「落髪僧伽」をはじめ、制作地を越後と想定する必要のない詩は沢山ある。玉島時代にできていた詩も多いのではないか。いずれにしろ良寛は帰郷時に、詩作ノートのようなものを所持していたことがわかる点でも、魯仙の『無礙集』は貴重だ。帰郷の折に携えていた頭陀袋には師国仙の印可の偈とともに、自作詩集や旅の歌日記一巻もあったとみなければならない。

柳田聖山が良寛の「法華転」「法華賛」を含む全詩の三分の一は玉島時代の作と主張した（『良寛の漢詩をよむ上』一三頁）のは、あながち根拠のないことではない。しかも魯仙は早熟な学僧で、二〇代前半ですでに門人をかかえ漢詩文を教授していたらしく、教材に良寛の詩偈を取り上げていたことが、「良寛道人の偈を読む」の記述から推測される。越後の詩壇に知られるよりずっと早い段階で、京都詩壇に良寛の名が流布していたとは驚く。

『無礙集』は良寛の詩について、大讃美の論陣（第９章の〈魯仙の良寛評―『無礙集』の伝播〉の節を参照されたい）を張った最初の出版物であり、その出版年は文化八（一八一一）年の『北越奇談』に六年も先立っている。『無礙集』における禅僧詩人良寛の高い評価が、『北越奇談』に良寛を取り上げる動機を与えた可能性は限りなく高い。いずれにしても二人の出会いは、良寛史にとって貴重な一頁となっている。

寄り道――伊勢路へ

宇治興聖寺にかなりの日数を過ごしたのち、良寛が帰郷のためにとった道はなんと東海道だった。宇治から東海道の終点の京三条大橋までいったかどうかは分からないが、どういう道を通っても宇治から東海道の最後の宿大津へは二〇キロくらいしかない。半日の行程だ。大津の宿は琵琶湖の湖尻に位置し、東海道の宿であると同時に敦賀へと北上する西近江路の起点になっている。普通京都から越後にいくなら、この西近江路を琵琶湖沿いに北上し、敦賀を抜けて北陸道に入るのが最短距離だ。この道をとれば途中に曹洞宗の大本山永平寺もあるのだが、良寛は見向きもせず、近江路起点を横切って東海道を直進した。それでも近江路に来たときには逡巡したのだろう。こんな歌を作っている。

近江路をすぎて

ふるさとへ　行く人あらば言づてむ　けふ近江路を　我越えにきと

（『定本・二・1』ふりがな省略）

近江路を通ってふるさとの越後に向かう人がいたら「帰郷の旅で私は今日近江路までたどり着いたが、ちょっと近江路は横切って遠回りしていくからね」と言伝てほしいというのだ。もう二度とないかもしれない長旅なのだから、遠回りでもみるべき名所はすべて見て行きたかったのだろう。伊勢物語の業平の東下りにも比すべき良寛の東下りがここから始まる。この歌は自筆稿本歌集「布留散東《ふるさと》」の冒頭に置かれている。近江路に達したのは玉島を出てから二ヶ月くらいは経っていると思われるのに、この歌を冒頭においたのは、帰郷の旅を自分の文学的人生の始まりと明白に表明したかったからかも知れない。

さて大津から東海道を下る道を選んだ良寛は、紀伊半島の東の付け根にある桑名の宿までできて直進をやめ、右折して半島を南下し伊勢に到る。伊勢には神宮があり、伊勢物語のゆかりの地でも、西行が晩年に庵を結んだ地でも、芭蕉が『野ざらし紀行』で訪れた地でもある。はずすわけにいかないと良寛は寄り道をしたのだが、これが悪天候で大変だった。京都にはかなり滞在して、現在の暦で五月中に出発したのではないかと推測するが、早めの梅雨に襲われてたびたび足止めをくらったのか、宇治から伊勢までたどり着くのに一二日も要したらしい。晴天続きなら六日もあれば十分なはずなのだが。

「伊勢道中苦雨作二首」／吾従京洛発／倒指十二支（第三首以下は略）

「伊勢《いせ》道中《どうちゅう》雨《あめ》に苦《くる》しんで作《つく》る　二首《にしゅ》」／吾《われ》　京洛《けいらく》を発《はっ》して従《よ》り／指《ゆび》を倒《たお》せば十二支《じゅうにし》なり

（『定本・一・235』『文庫・三六―三八頁』）

（第二首目）

投宿破院下／一灯思消然／旅服誰為乾／吟詠聊自寛／雨声長在耳／側枕到暁天

投宿《とうしゆく》す破院《はいん》の下《もと》／一灯《いつとう》　思《おも》ひ消然《しようぜん》たり／旅服《りよふく》誰《たれ》か為《ため》に乾《かわ》かさん／吟詠《ぎんえい》して聊《いささ》か自《みずか》ら寛《くつろ》ぐ／雨声《うせい》　長《なが》く耳《みみ》に在《あ》り／枕《まくら》を側《そば》だてて暁天《ぎようてん》に到《いた》る

（『定本・一・236』『文庫・三八頁』）

まったく散々の旅だった。三日三晩ほとんど嵐に近い風雨で、衣服はぐしょ濡れ、明け方まで眠ることさえままならないとは。伊勢道中は風光をめでる余裕もなく、悪天候を歎く詩二首を残す結果となった。もしかしたら次の歌も伊勢道中の作かもしれない。

伊勢の海　浪静かなる春に来て　昔の事を　聞かましものを

（『定本・二・526』ふりがな省略）

せっかく伊勢の海に憧れてきたのに、こう降られてはどうにもならない。浪の静かな春にきて、神宮や西行庵など昔の事跡を訪ねたかったものだなあ、という嘆きであろう。

駿河路を経て江戸へ

国仙は良寛を連れて玉島に帰るとき、出雲崎↓糸魚川↓善光寺↓江戸↓京↓大阪↓玉島という遠回りルートで、遊行しながら帰ったらしい。用心深い良寛は、風光を楽しむこともさることながら、帰郷の道も出来るだけ自分の知っている道をたどろうとしたようだ。遠回りでも、あの辺に泊めてくれる寺があったとか、無人の泊まれそうな神社があったはず、などの記憶があるとないでは旅の安心度が大いに違う。むろん、いまや京都を凌駕する大都市江戸を見物したいという気分もあったことだろう。雨に苦しめられた伊勢路をあとにして、富士山を前方あるいは左手に見ながら東海道をたどったことは次の歌からわかる。

言《こと》の葉《は》も　如何《いかが》かくべき　雲霞《くもかすみ》　晴れぬるけふの不二《ふじ》の高根《たかね》に

（『定本・二・534』）

富士山が見える駿河の国（静岡県）に入ったのは、多分梅雨の終り頃だったのではないか。富士山が一番大きく見えるのは由比から沼津まで、とくに富士川を越えるあたりである。私は富士山の見えるところに住んでいるのでこの歌が実感としてよくわかる。富士山は気温や湿度の高い春と夏にはなかなか姿を見せない。晴れていてもまるで存在しないかのように雲や霞に覆われていることが多い。だからたまに湿度の低いからっとした晴天の日に、裾野からくっきりと全身を現している富士山に出会うと、言葉もなくただもううれしい。美しい富士山を見ることが出来た良寛は幸運だった。感動の富士山を後ろにして箱根を超え、多分初夏の頃、良寛は江戸に入った。そして彼はまっすぐに隅田川を目指した。品川を朝立ったとして約一二キロ、まだ明るいうちに隅田川河畔に着いたことだろう。

富士《ふじ》も見《み》え　筑波《つくば》も見《み》えて　隅田川《すみだがわ》　瀬々《せぜ》の言《こと》の葉《は》尋《たづ》ねてもみむ

（『定本・二・535』）

江戸でもっとも有名な歌枕の場所といえば隅田川だ。隅田川を題材とした文学作品は数多くある。「瀬々」は「世々」「代々」の掛詞でもあり、良寛の脳裏には『伊勢物語』や謡曲『隅田川』など歴代の文学が去来したに違いない。

都鳥《みやこどり》　角田川原《すみだかはら》に　住馴《すみな》れて　遠路近人《おちこちびと》に　名《な》や問《とは》るらむ　（『定本・二一・536』）

この歌は、東郷豊治の『良寛全集　下巻・四四七頁』では

都鳥　隅田川原に　汝棲《なれす》みて　をちこち人に　名や問はるらむ

となっており、私はこの方が好きだ。この歌は言うまでもなく、伊勢物語の主人公業平が隅田川までたどり着いて詠んだとされる「名にし負はばいざ事問はむ宮こ鳥わが思ふ人はありやなしやと」を敷いている。いずれにしても隅田川といえば伊勢物語がだれの頭にも浮かぶので、和歌で新鮮な感興を詠むことは良寛でもむずかしかっただろう。

物思いにふけりつつ隅田川の河岸にたたずみ、両国橋の見事な威容【図34】をながめているうちに日が暮れ、月が昇ってきたとしよう。ちょうど満月の夜で川面に美しく月が映っていたらしい。橋脚の下の河原では、非人らしき群れが酒宴の最中だったのかもしれない。良寛が見るともなく眺めていたそのとき、事件は起こった。群れのなかから立ち上がった一人の男がよろよろと川面に近づいて流れに落ち、そのまま流されていったのである。男の仲間たちが「八助、八助」と叫びながら行方を捜索する声を聴いて、良寛は流された男の名を知ったのか、あるいはまわり

図34　江戸時代の両国橋（広重　名所江戸百景　両国花火）安政五年（1858）
東京藝術大学大学美術館

の人びとの会話から知ったのか、それは想像するしかない。しかし、河原で暮らす不幸な八助の最後を目撃した良寛の脳裏には、一瞬にしてその死を悼む詩がひらめいたように思われる。

「非人八助」／金銀官禄還天地／得失有無本来空／貴賎凡聖同一如／業障輪廻報此身／苦哉両国長橋下／帰去一川流水中／他日知音若相聞／波心名月主人公

「非人八助《ひにんはちすけ》」／金銀官禄《きんぎんかんろく》　天地《てんち》に還《かえ》り／得失有無本来空《とくしつうむほんらいくう》なり／貴賎凡聖《きせんぼんしょう》　同《おな》じく一如《いちによ》／業障輪廻《ごうしょうりんね》　此《こ》の身《み》に報《むく》ゆ／苦《くる》しいかな両国長橋《りょうごくちょうきょう》の下《もと》／帰《かえ》り去《さ》る一川流水《いっせんりゅうすい》の中《うち》／他日《たじつ》　知音《ちいん》若《も》し相聞《あいと》はば／波心《はしん》の名月《めいげつ》　主人公《しゅじんこう》

（『定本・一・753』『文庫・二三二頁』）

と

「非人の八助」／財産も地位も死ねば天地に還るもの／得たの失ったの、有るの無いのと騒ぐことはない、もともとこの世は空無なのだから／貴人、賎民、凡人、聖人、みんな同じ人間さ／ただ前世の罪障がこの世の身分差に現れているだけだ／かわいそうなことよ、両国橋の下に暮らす非人の八助は／一瞬のうちに流水に飲まれてあの世に帰っていった／もしいつの日か、親友があの日の出来事を問うならば／事件の主人公は川の真ん中に映っていた美しい満月なのだよ（八助はそれを捉まえようとして流されたのさ）と答えよう

この異色の詩は自筆稿本に採択されなかった。しかし良寛は隅田川での事件を、生涯鮮明に記憶していたのではないか。見事な完成度からしてこの最終稿は晩年作と思われるが、年月を経ても、一瞬にして波間に消えた八助の運命を目撃した臨場感は、五行目と六行目に見事に保たれている。「一川」の音が「一閃」の音に通じ、ひらりと身をおどらせた八助のシルエットが視覚的にくっきりと目に浮かぶようだ。八行からなる律詩は、二行ず

つ意味と音韻の聯をなしながら、川の流れのように迅速に展開していく。

八助はなぜ死んだのか。酔って水に落ちた過失？　それとも覚悟の自死？　なぜ八助は非人なのか。なぜ人間に貴賤や階級があるのか。江戸という、時代の中心の時と場に立った良寛は重い思索を迫られた。それゆえこの穏やかならぬ詩は、自選詩集のいずれにも収録されなかったのだろう。

「波心名月」は水墨画の画題として有名な「猿猴捉月《えんこうそくげつ》」をまず想起させる。手長猿が、井戸の底の水に映った月を捉えようとして木の枝にぶらさがり、手を伸ばすが枝が折れて溺死する話は、身の程をわきまえず高望みをして失敗することを戒めた仏教説話。絵としては南禅寺金地院の長谷川等伯の襖絵がもっとも有名だ。しかし描かれた猿は、愚かな存在というより、美に憧れて死ぬ高貴な存在のようにさえ思われる。それは等伯の筆力のゆえかもしれないが、水面の月に手を差し伸べる猿は美に憧れる者とも言えるからではないか。さらに舟遊びで酔った詩聖李白が、洞庭湖に映る月を捉えようとして湖中に没した伝説を重ねるならば、良寛は八助を美への殉教者にみたてたのだという解釈も可能だ。非人という八助の現世の身分が前世の業障によるとすれば、美に殉じて死んだ八助の来世は、もっと祝福されたものとなるのかもしれない。さげすまれた階級にも、美しい魂の存在の可能性を示唆する良寛は、時代を超えた自由思想の持主に思われる。

この猿猴捉月の逸話を良寛が知っていたかと疑う人がいるかもしれないので、蛇足ながらつけ加えておこう。良寛は猿猴捉月の逸話を含む詩を二首残しており、一首は自筆稿本「草堂集貫華」に収録（『定本・一・44』）されており、残る一首は同じく失われた自筆稿本「草堂集」（『定本・一・455』）に収録されていることを。しかも後者の遺墨は出雲崎円明院（弟宥澄が住職をつとめていた真言宗の寺）に軸装で残り、そこには「寛政七卯年出雲崎円明院沙門良寛」の自署があるという（『定本・一・44』の解説。および内山知也「良寛詩の成立」＝『良寛研究論集』一五九―六二頁）。帰郷したのが寛政八年（一七九六）とされているから、その詩は帰郷の前年にすでにつくられていた可能性がたかい。次のような詩だ。

我見世間人／総為愛欲籌／求之有不得／心身更憂愁／縦恣其所欲／終是能幾秋／一受天堂楽／十為地獄囚／以苦欲捨苦／因之永綢繆／譬如清秋夜／月華中流浮／獼猴欲探之／相率水中投／苦哉三界子／不知何日休／遥夜熟思惟／涙下不能収

我　世間《せけん》の人を見るに／総《すべ》て愛欲のために籌《はか》る／之を求めて得ざる有れば／心身更に憂愁《ゆうしゆう》す／縦《たと》ひ其の欲《ほつ》する所を恣《ほしいまま》にするも／終《つい》に是《こ》れ能《よ》く幾秋《いくとし》ぞ／一《ひと》たび天堂の楽しみを受けて／十《と》たび地獄の囚《しゆう》と為《な》る／苦を以て苦を捨てんと欲《ほつ》し／之《これ》に因《よ》りて永《なが》く綢繆《ちゆびゆう》す／譬《たと》へば清秋《せいしゆう》の夜《よる》／月華《げつか》　中流に浮かぶ／獼猴《びこう》　之を探《さぐ》らんと欲し／相率ゐて水中に投ずるがごとし／苦しいかな三界《さんがい》の子《こ》よ／知らず　何《いず》れの日か休《きゆう》せん／遥夜《ようや》　熟思《つらつらし》惟《ゆい》すれば／涙下りて収むる能《あた》はず

（『定本・一・455』一部ふりがな略）

長野から糸魚川へ

江戸から越後へ向かう路はいくつかあるが、「草堂集貫華」に残された詩「信州道中」（『定本・一・2』）及び

「再游善光寺」から推定すると、中山道を追分宿まできて、そこから木曽方面へ向かう中山道を離れ、北国街道に入って長野方面に向かったらしい。長野に着く前に、田ごとの月や姨捨山伝説で有名な更科の地を通ることになる。

つれづれに　月《つき》をも知《し》らで　更科《さらしな》や　姨捨山《をばすてやま》も　よそに眺《なが》めて

（『定本・二・533』）

良寛は物思いにふけりながら歩いていたので、田ごとの月の名所にも気付かず、文学に名高い姨捨山も漠然と見過ごしてしまったようだ。この歌は、後でしまったと思っての作かもしれない。更科の次はなつかしい善光寺に至った。

「再游善光寺」／曾従先師游此地／回首悠悠二十年／門前流水屋後嶺／風光猶似昔日姸

「再游善光寺《さいゆうぜんこうじ》」／曾《かつ》て先師《せんし》に従《したが》ひて此《こ》の地《ち》に游《あそ》ぶ／回首《かいしゅ》すれば悠悠二十年《ゆうゆうにじゅうねん》／門前《もんぜん》の流水《りゅうすい》　屋後《おくご》の嶺《みね》／風光《ふうこう》は猶《な》ほ昔日《せきじつ》の姸《うつく》しきに似《に》たり

（『定本・一・3』『文庫・二四六頁』）

「再び善光寺に遊ぶ」

むかし、今は亡き師に従って、この地に遊んだことがあった／ふりかえれば、あれからはるかに二十年もたったのだ／門前の川の流れも、背後の山の嶺も／眺めは昔に変わらぬ美しさではあるけれど

この詩により、二二歳で国仙に従って出雲崎から玉島に向かったときの路が、長野経由だったと、まず推定さ

れる。善光寺は再訪ということになる。またあの時から数えれば二〇年が過ぎたといっているので、この数字が正確とすると、帰郷は四二歳ということになってしまうが、別の同じ内容の詩では一〇年と書いてもいるので、漠然とながい年月がたったという意味にとりたい（四二歳のときにはもう五合庵にいた証拠が先行研究によりあげられている）。

さて善光寺から越後の柏崎、出雲崎方面に向かう最短の路は、妙高高原を超えて高田から直江津（両方とも今は上越市）へ向かう北国街道だ。ところが良寛は長野から西に路をとり、白馬あたりにぬけ【図35】、そこから姫川沿いに淋しく険しい千国街道を糸魚川に向かった。はなはだしく遠回りになる。正確な地図など無い時代だから、この路が遠回りと気づかなかった可能性もあるが、糸魚川経由選択の最大の理由は、かつて師とともにたどった路だったからだろう。

図35　長野　善光寺から白馬へ向かう鬼無里街道（国道406）より白馬連峰を望む（筆者撮影）

さらにこれは私ひとりの妄想かもしれないが、糸魚川という地名の美しさに、良寛の詩心がいたく惹かれていたのではないか。糸魚川に宿泊したときの詩を、自筆稿本のすべてに収録するほどに、良寛はイトイガワという音韻を気に入っていたらしく、得意の草仮名もまじえて三通りに表記し、それぞれに詩的効果をあげていることに注目したい。

予游方殆二十年今玆還郷至伊東伊川

体中不豫寓居客舎于時夜雨蕭蕭

一衲一鉢裁是随／扶持病身強焼香／夜雨蕭蕭蓬窓外／惹得廿年羈旅情

予《よ》游方《ゆうほう》すること殆《ほとん》ど二十年《にじゅうねん》今茲《ことし》郷《きょう》に還《かえ》らんとして伊東伊川《いといかわ》に至《いた》る。
体中不豫《たいちゅうふよ》なれば客舎《かくしゃ》に寓居《ぐうきょ》す。時《とき》に于《お》いて夜雨《やう》　蕭蕭《しょうしょう》たり

一衲一鉢《いちのういっぱつ》　裁《わず》かに是《こ》れ随《したが》ひ／病身《びょうしん》を扶持《ふじ》して強《し》ひて焼香《しょうこう》す／夜雨《やう》蕭蕭《しょうしょう》たり蓬窓《ほうそう》の外《そと》／惹《ひ》き得《え》たり廿年《にじゅうねん》羈旅《きりょ》の情《じょう》

（『定本・一・4』『文庫・二五一頁』）

私の他国修行ももはや二十年ほど。今年こそは故郷に帰ろうと、糸魚川までようやくやって来た。ところがからだの具合がどうもよくない。そこで宿屋に身を寄せた。あいにくその夜は、雨がものさびしく降っていた。
一衲一鉢のほかは何も持たない貧しい旅で／病気にかかり、宿のひとに助け起こされ、ようやく焼香をするていたらく／荒れた宿の窓外には　夜の雨が淋しくしとしと降っていて／いやでもかきたてられてしまったことよ、二十年の長旅の感傷が。

この詩では「伊東伊川」と表記されているが、「草堂詩集・地巻」では「厭川」（『定本・一・242』）、「良寛尊者詩集」では「伊登悲駕波」（『定本・一・361』）となっている。糸魚川の地名の起源は、糸魚という魚が昔この地方の河川に棲息していたからとか、糸井という新羅系渡来人に由来するとか、諸説あるがいずれも決定的ではない。糸魚川市の中心を流れる川の名は、翡翠を産するので有名な姫川。とすればなぜイトイガワなのかと想像をかきたてられる魅力的な地名なのだ。良寛はいろいろな当て字を使っているが、「厭川」などは、ようやく郷里近くまで来たのに体調不良となり、寝込んでいる落ち込んだ気分が率直に反映している。私が一番好きなのは「伊登

悲駕波」だ。この表現は、信州最後の村落の小谷《おたり》村を過ぎて、険しい山越えにさしかかったときの悲鳴にも近い良寛のあえぎを感じさせる。良寛のたどった道は、現在の国道一四八号線、昔の千国街道（塩の道とも呼ばれた）。白馬山系に端を発する姫川の深い峡谷沿いに、大糸線と並行しつつ糸魚川へとぬけている。

　私は郷里の柏崎に車で帰るとき、このルートで帰るのが大好きだ。風光明媚、絶景につぐ絶景で、はらはらどきどきスリル満点、一歩間違えば千尋の谷底へ、といったこの道は、現在では危険個所はトンネルや洞門（アーケード）で保護されている。トンネルも洞門もなかった江戸時代、この道（必ずしも現在の道と同じではないが並行している）を行くことはどんなに厳しく恐ろしかったことだろう。小谷村を過ぎれば、現在でも二〇キロ近く人家は見当たらない。どんなに苦しくとも、日の沈まないうちに糸魚川までたどり着かなければ命にかかわる。今でも小谷村道の駅には熊の毛皮を売っているのだから、当時は崖に落ちない用心に加えて、熊や猪に遭遇する恐怖にも耐えなくてはならなかっただろう。危険な道を一人で辿る苦しさ悲しさ、駕籠にでも乗りたい疲労感、まだ海は見えないかしらという期待感などが「伊登悲駕波」の草仮名当て字のなかに凝縮されている。

　しかし、この道を通ることは実に正しい選択だったと思う。この道は日本列島を横断する糸魚川静岡大地溝帯、フォッサマグナに沿った道、日本の東北地方と西南地方を截然とわける道なのだ。典型的縄文土器の分布はおおむね大地溝帯以北であり、典型的弥生土器の分布は大地溝帯以西だという。人種的にも先住民と渡来人の違いがこの大地溝帯を境に、ずっと尾をひいているのかもしれない。テレビやラジオの普及によって標準語が確立している今日でさえ、東北弁と関西弁は歴然と対立してい

図36　晩年の相馬御風
糸魚川歴史民俗資料館（カタログ『相馬御風と良寛遺墨』より転載）

る。標準語は明治以降に試行錯誤をへて次第に成立していったが、良寛の時代の越後中部地方の口語は、関西圏の玉島で通じたのだろうか。標準語のない江戸時代にあっては、良寛は玉島での日常会話に苦しんだことだろう。

今日、良寛を熱愛する玉島のひとびとには残念なことだろうが、十数年に及ぶ滞在にもかかわらず、良寛の玉島滞在を伝える確実な資料は、師国仙の偈と良寛自身の詩以外にはなにもない。友も弟子も支援者も作らず、自分の殻に閉じこもり、ひたすら学問し、普遍的な文学表現の道を探っていた良寛だった。言語、文化、風土をわける大地溝帯を来た時と逆にたどって郷里に帰ることは、良寛の精神の転換に是非とも必要だったのかもしれない。まさに糸魚川は東国の人良寛が西国へ留学するにあたっての分岐点、精神の支点となるトポスだった。すると良寛研究にその後半生をささげた相馬御風（一八八三―一九五〇）【図36】が、糸魚川の旧家出身だったということも、実に運命的な必然の出会いと思えてくる。

第8章　故郷での生活の始まり　不定住時代

郷本空庵の良寛

寛政八年（一七九六）旧暦八月頃（?）、「厭川」「伊登悲駕波」と書くまでに疲労困憊してたどり着いた糸魚川で、良寛は何日間か休んだようだ。ともかく彼は強い意志で回復し、ほどなく出雲崎に至った。糸魚川から出雲崎までは海沿いの一本道で、さほど難路ではないが結構遠い。八〇キロ弱はあるだろう。越後は細長い。途中二泊くらいしないと無理な距離だが、泊まった地の手がかりはない。ともかく初秋のある日、夕暮れ近くだろうか、笠を目深にかぶった埃まみれの僧が、石井町の立派な橘屋の門前にしばしたたずんでいたに違いないが、それに気づいた人は誰もいなかった。

第1章で書いたように、橘屋は良寛が旅立った頃より一層立派な構えになっていたはずだ。なぜなら七年前の寛政元年（一七八九）に巡見使の派遣があり、一〇〇人近い一行のうちの重要人物四六名を宿泊させるために、官費で家屋の大改修がなされていたはずだから。家の間口の幅も現在の良寛堂の土地の倍はあったという（佐藤耐雪説）。従来の良寛伝では良寛が帰郷したとき、橘屋は没落傾向にあるように書かれているが、新しい『町史』に照らせば、そんなことはない。すでに父以南は没していたが、由之の羽振りはよく、数年後に一部の町民から訴えられるほどに贅沢な暮らしぶりだった。あまりにもみすぼらしい身なりの良寛は、とても門をたたく気になれず、迷いつつ門前を通り過ぎたのだろう。なつかしい遊女たちの住む羽黒町、鳴滝町も通り過ぎ、一本道を寺泊方向へ向かった。この道ならば地蔵堂の子陽塾に学ぶために何度も往還した道だから、どの辺に神社があるとか、無人の塩炊き小屋があるなどのおぼろげな記憶があったのかもしれない。井鼻を過ぎ寺泊に入るとまず山田、ついで郷本《ごうもと》の集落が海岸に沿って現れる。良寛は郷本で格好の無人小屋を見つけ、隣人の許可を得てそこに旅装を解いた。郷本の空庵で良寛が発見される顛末は、橘崑崙《こんろん》（茂世）著『北越奇談』【図37】に次のように伝えられている。

さてかの五合庵に近ごろ一奇僧を住す　了寛道僧と号す　人皆其無欲清塵外施俗の奇を賞する所なり　即《すなわち》出雲崎橘氏某の長子にして家富《いへとみ》　門葉《もんよう》広し　始メ名ハ文孝《ぶんこう》　其友富取　笹川　彦山《げんざん》等と共に　岑《しん》子陽《しやう》先生に学ぶこと総《すべ》て六年　後　禅僧に随て諸国に遊歴す　その出るとき書を遺して中子に家禄をゆずり　去て数年音問を絶す　後　海

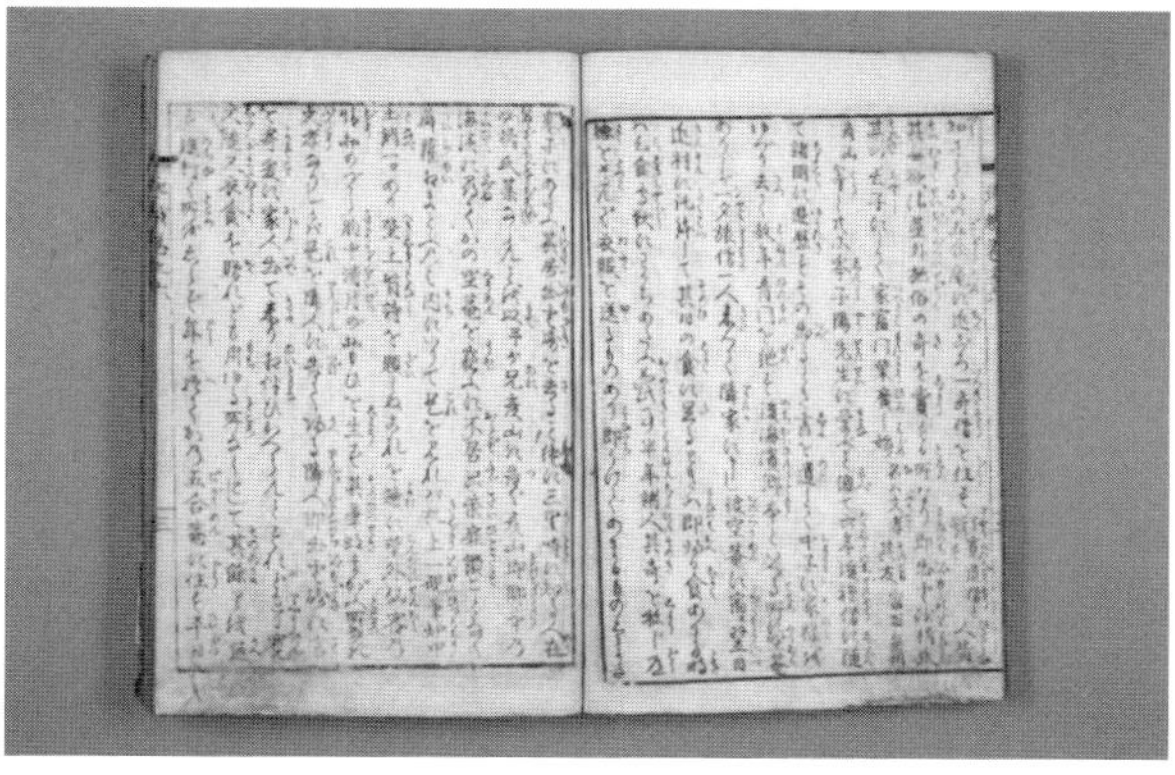

図37　『北越奇談』巻六　其三「さてかの五合庵に近ごろ一奇僧を住す　了寛道僧と号す」の頁

早稲田大学図書館

浜郷本《ごうもと》といへる所に空庵ありしが　一夕　旅僧一人来って隣家に申し　彼空庵に宿ス　翌日近村に托鉢して其日の食に足るときハ即帰る　食あまる時ハ乞食鳥獣にわかちあたふ　如此事《かくのごときこと》半年　諸人其奇を称し道徳を尊んで衣服を送るものあり　即うけてあまるもの　ちまたの寒子にあたふ　其居　出雲崎を去ること纔《わずか》に三里　時に知る人在《あり》　必橘氏某ならんことを以　予が兄彦山に告ぐ　彦山即郷本の海浜に尋てかの空庵を窺ふに不居《おらず》　只柴扉鎖《さいひとざす》ことなく　薜蘿《へいら》相まとふのミ　内にいりて是を見れバ机上一硯筆炉中土鍋一ツあり　壁上皆詩を題しぬ　これを読むに塵外仙客の情おのづから胸中清月のおもひを生ず　其筆跡まがふ所なき文孝なりしかバ　是を隣人に告げて帰る　隣人即出雲崎に言を寄す　爰《ここ》に家人出て來り、相伴ひかへらんとすれども了寛不随《したがはず》　又衣食を贈れども用ゆる所なしとして　其余りを返す　後行く所をしらず　年を経てかの五合庵に住す　平日の行ひ皆如此《かくのごとし》　実に近世の道僧なるべし

（文化八＝一八一一年刊『北越奇談』第六巻其三　原文のふりがなは一部をのぞき省略。なお原文に郷本を「さともと」とふりがなしているのは間違い。「ごうもと」と地域では呼ぶ。また了寛としているのも明らかに違うが、これは現存人物であるため意図的に変えたのかもしれない）

この記述によれば、良寛は空庵に半年ほどいて素姓が割れたことになる。その人品卑しからぬ風貌と行為は村人の注目を集め、ついに出雲崎橘屋の出家した長子ではないかといいだす人がでてきた。その人は良寛が地蔵堂の大森子陽の塾に学んでいたことを思い出し、『北越奇談』の著者橘崑崙の兄で、同じ塾出身の彦山に確認を依頼したのだった。彦山が訪れたとき、あいにく良寛は不在だったが、べつに戸締りもしておらず、ただつる草の類がぶら下げてあるだけなので中に入ってみると、美しい漢詩が壁一面に張りめぐらせてあった。その筆跡は塾

で見覚えのある文孝（良寛）のそれに間違いないと確信した彦山は、隣人にその旨を告げて去った。これは一大事と隣人は出雲崎の橘屋にご注進に及んだという。弟の由之は大急ぎでかけつけ、涙の再会を果たしたのだろう。しかし良寛は実家に戻ることを拒否し、近隣の空庵や寺院の一隅に身を置き、托鉢しつつ自由に生きる道を選んだ。安楽な生活よりも精神の自由をとったところに、良寛の思想がよく表れている。

最初に良寛が身を寄せた空庵は寺社のものではなく、塩炊き小屋あるいは物置小屋だったと考えられている。現在郷本海岸は波に浸食され、かつて塩田だった砂浜はほとんど海となって、家屋は道の山側にしかない。「良寛空庵跡」の石碑【図38】が郷本弦徳寺石段脇に設置されているが、実際の空庵は一〇メートルほど先の海中に没したという。テトラポットの遥か向こうになろう。

この空庵生活を詠った作と推定される詩があるので、読んでみたい。『定本・一』によれば、「貫華」では無題詩（95）、「草堂詩集・地巻」では「傭作」（286）、「良寛尊者詩集」では「傭賃」（407）となっている。内容はほぼ同じだが、この頃の良寛の生活ぶりを表わす題「傭賃」を持つ「良寛尊者詩集」収録作を検討してみよう。

「傭賃」／家在荒村空四壁／展転傭賃且過時／憶得疇昔行脚日／衝天
志気敢自持

「傭賃《ようちん》」／家《いえ》は荒村《こうそん》に在りて四壁空《しへきむな》し／展転《てんてん》として傭賃《ようちん》して且《しばら》く時《とき》を
過《す》ごす／憶《おも》ひ得《え》たり疇昔《ちゆうせき》　行脚《あんぎや》の日《ひ》／衝天《しようてん》の志気《しき》　敢《あ》へて自《みずか》ら持《じ》す

図38　郷本空庵跡と郷本海岸（筆者撮影）

（『定本・一・407・95・286』『文庫・二五六頁』）

「雇われ仕事」／家は淋しい村にあり、家財道具は何もない／あちらこちらに雇われて、しばしは日雇い労働者の暮らしだが／つい先日までの、あの苦しい行脚はもう過去の思い出だ／今は、やるぞという天を衝く意気込みで、あえて自分を奮い立たせる日々だ

私の現代語訳は既出の訳と違う。たとえば、『定本・一』の訳は次のようになっている。

貧しい村に住んで家財道具もなく、／あちらこちらと日雇い労働して日々を過ごしている。／思い起こされるのは昔、行脚して修行していたころ、／激しい求道心を自ら持ち続けていたことである

東郷豊治らほかの人の訳も大同小異だ。私と先達の訳の違いは「疇昔」を「昔」ととるか、「きのう、先ごろ、先日」という意味にとるかにかかっている。先訳はすべてが「疇昔」を「昔（若かった頃、修行に旅立った頃）」の意にとっているが、『広辞苑』の説明は「①きのう、昨日。②先日。先ごろ。また、昔」となっており、主としてごく近い過去をさす言葉の方が第一義とされている。白川静の『字通』によれば、「疇昔」は「かつて。前日」とあり、「昨夜」の意味で「疇昔の夜」と使った蘇軾の詩が例に挙げられている。そこで私は第一義をとり、「憶得疇昔行脚日」を「つい先日までの苦しい行脚はもう終わった。過去の思い出だ」という意味にとってみた。すると「衝天志気敢自持」は、現在の良寛の気分の表現に思われてくる。この場合、「衝天志気」の解釈でも私は過去の注釈者と根本的に違っている。過去の注釈者はこの語を、みな「仏道修行への情熱」ととっているが、すでに見てきたように、良寛は初めから宗教者ではなく文人としての自己完成をめざしていた。それゆえ、私は

「衝天志気」を宗教的求道心ではなく、「文学の力で日本の精神文化の再構築をなし遂げてみせる」という良寛の秘かな野心ととってみた。

この意欲満々の傭賃生活は、郷里の友人に発見されたことで、終りを告げたらしい。『奇談』の記述ではその素姓の露見に至るのに半年を要したと受け取れるが、実際はもっと早かったのではないか。なぜなら、寺泊海岸に五年間住んだ私の経験に照らして、一一月以降の猛烈な季節風吹きすさぶ冬を、浜の塩炊き小屋などで生き延びることは到底できないと確信するからだ。厳冬には托鉢もできないし、賃仕事もない。気温は零下になることも多い。だから良寛は現在の暦で九月上旬頃に空庵に住みついたとしても、寒くなる前に、つまり一〇月末か一一月初め頃には発見され、保護されたのではないか。少なくとも、風囲い（防風柵）、厚い布団、綿入れの着物、薪炭などがなければ、海岸の小屋で冬を越すのは無理だ。しかし、一たび良寛と身元が知られれば、保護を申し出る人はいくらもいただろう。子陽塾の名だたる神童の帰還を、同門だった人びとは放っては置かないに違いない。

また次男由之は出雲崎の名主、三男宥澄は出雲崎円明院の住職、長女の妹むらは寺泊の庄屋外山家の嫁、次女たかは出雲崎の年寄高島家の嫁、三女みかは出雲崎浄玄寺の嫁といった具合に、弟妹たちも近隣で相当の社会的地位を占めており、援助の手をさしのべることは容易だった。郷里で遁世生活を送るという良寛の人生設計において、身内や友人の援助を受けることは計算済みだったに違いない。しかしまずは自立の意志をみせて、発見されるまで名乗りもしなかった良寛の作戦は大成功だった。帰郷数ヶ月にして、出雲崎、寺泊、地蔵堂、与板地域に、文人良寛支援のネットワークがすみやかに築かれていった。

支援者に守られて

いったんその存在が気付かれてしまえば、もう傭賃労働などする必要はなかった。友人、弟妹に加えて、父以南の与板の二つの実家、山田家と新木家（第3章を参照されたい）も、富裕かつ文人尊重の家風で知られていたし、子陽塾での同門だった地主階級の子弟（生き残りは少ないが）も、こぞって援助を申し出たことだろう。良寛は物心ついてから通算六年間ほど子陽塾に学んだのだから、その土地勘は出雲崎より地蔵堂界隈や国上山近辺【図39】の方によく働き、人脈もそちらの方に多く築かれていたということが、支援者の輪からみえてくる。また、富裕の度合いからみても、出雲崎や寺泊の海岸地帯【図40】より、広大な蒲原平野の穀倉地帯をひかえた内陸部の方が、大地主が多く、安定した経済力があったにちがいない。

最初に支援の手を差し伸べたのは原田鵲斎（一七六三―一八二七）らしい。鵲斎は国上村真木山の庄屋の三男に生まれ、子陽の塾で学んだのち江戸で医学を学ぶ傍ら、文学修業にも励み、帰郷後は文人の医者として地域の名士だった。良寛より五歳年少だが、塾ではきっと先輩後輩として顔を合わせた時期が何年かあったに違いない。「谷川目録」によれば、帰郷の翌年にあたる寛政九年（一七九七）に、良寛上人を「丘岳陰」に尋ねた鵲斎の詩があるという。谷川は「丘岳陰」の庵を国上山の五合庵【図41】と推定し、良寛は鵲斎の世話でまず国上山の五合庵に入ったのではないかとしている。

五合庵とは、国上山の中腹にある真言宗国上寺《こくじょうじ》【図42】の中興の祖万和尚の隠居所として作られた庵で、一日五合の米を寺が援助したため五合庵と名付けられたという。たまたま空庵だったので鵲斎の斡旋で良寛は入庵で

図39　大河津分水側からみた国上山（筆者撮影）

図40　寺泊海岸から見た国上山（右）と弥彦山（左）。中央は遠くに見える角田山。この山脈の背後に穀倉地帯の蒲原平野が広がる（筆者撮影）

図41　五合庵（2011年５月２日　筆者撮影）

きたらしい。良寛は曹洞宗を学んだが、仏教は本来一つであるべきという思想の持主ゆえ、宗派の違いは気にしなかった。

有力な支援者はほかにも沢山いるが、ここでは代表的な人を二人あげておこう。まず五合庵に最も近い渡部（現燕市）の庄屋、阿部定珍《ていちん》（さだよし）（一七七九―一八三八）。私はかつて阿部家【図43】の所在を道行く人に尋ねたとき、「阿部サマの家ならあそこです」と教えられたことがある。現代にも阿部様と呼びならわされるほどの名家は、土地を集約した豪農で、酒造業も営んだというが、当主はもう貴族化して代々文人だった。定珍は良寛より二一歳も年少だからもちろん子陽門ではないが、江戸に三年間遊学した教養人で、良寛文学の高貴の質を厚く尊敬し、その生活を支えることを喜びとも誇りともしていたように思われる。定珍宛の良寛書簡は四八通現存し最多を誇っているが、その大部分はもらった食料に対する礼状だ。「歳暮として　酒　野菜　品々玉はり　拝受仕候（以下略『定本・三・書簡集・28』）」などといたって簡略な礼の述べ方で、恐縮している風はまったくない。そうした配慮に見合うだけの知的恩恵を周囲に施している自信が、良寛にはあるのだろう。

二人目の支援者は解良《けら》叔問《しゅくもん》（一七六五―一八一九）。叔問は牧ヶ花（現燕市）の豪農庄屋で、定珍と同じく漢学にも国学にも通じた教養人だった。叔問宛書簡は二一通、定珍についで二番目に多い。財力と教養を併せ持つ二人の強力な支援者をごく近くに得て、良寛の五合庵での生活は順調にすべりだした。しかし五年ほどたった享和二年（一八〇二）頃、国上寺の住職義苗が隠居することになったため、五合庵を出て寺泊の照明寺境内の密蔵院【図

図42　国上寺本堂（2011年５月２日　筆者撮影）

44】や野積の西生寺【図45】に仮寓したらしい。

照明寺は町の中心からやや出雲崎よりの山側に、白山媛神社と並んである寺で、すこし石段を登った高台にある。境内左手の密蔵院は近年の再建ではあるが、眼下に海が見え、背後は山林でいかにも良寛好みの風情をもつ。五合庵定住時代にも夏を密蔵院で過ごすことが度々あったという。境内は静かでも石段を少々下ればそこは町中だし、食事は寺で供されたし、妹むらの嫁ぎ先の外山家も近いので、良寛には住みやすかっただろう。

野積の西生寺は第2章「出雲崎における文学的風土」で述べたように、室町時代に断食修行をして即身仏となった弘智法印のミイラがまつられてある。日本最古とされるこのミイラは江戸時代から有名で、芭蕉と曾良も

図43　阿部家邸内に残された古い家屋（筆者撮影）

図44　寺泊　照明寺　密蔵院の登口（筆者撮影）

図45　寺泊（野積）　西生寺本堂（筆者撮影）

『おくのほそ道』の行脚の途中、弥彦の宿をたってすぐ、この寺に寄り道して拝観の後、出雲崎へ向かった。今日、西生寺に行くには、寺泊の町を弥彦山方向にぬけ、分水に架かる野積橋を渡り（当時信濃川大河津分水はなかった。分水は一九二二年完成）、弥彦山の裾野らしい山をかなり登らなくてはならない。もちろん車で登れる。徒歩で五合庵から行くならちょいと隣の山へという感じだろうか。しかし西生寺へ歩いて登るとすると、五合庵以上に大変かもしれない。良寛が西生寺に仮寓していたことは、かの弘智法印ミイラ像実見の感慨を詠った次の詩の存在が証明する。

「題弘智法印像」／鄰皴烏藤朽夜雨／襴衫袈裟化暁烟／誰知此老真面目／画図松風千古伝

「弘智《こうち》法印《ほういん》像《ぞう》に題《だい》す」／鄰皴《りんしゅん》たる烏藤《うとう》は夜雨《やう》に朽《く》ち／襴衫《らんさん》と袈裟《けさ》は暁烟《ぎょうえん》に化《か》す／誰《たれ》か知《し》らん此《こ》の老《ろう》の真面目《しんめんもく》／画図《がと》の松風　千古《せんこ》に伝ふ

（『定本・一・660』『文庫・二六五頁』）

「弘智法印の像を見ての詩」／清らかなしわのよった、黒ずんだ古い藤の杖は、夜毎の雨に腐りゆき／僧衣も袈裟もぼろぼろで、まるで朝もやのよう／この高僧が即身仏と化した真意は、誰にもわかりはしない／ただ「岩坂の主は誰ぞと人問はば墨絵に描きし松風の音」という辞世の歌が、その心を永遠に伝えるだろう

下総の人弘智法印は、幼少より出家し諸国行脚のはてに、西生寺裏手の岩坂まできてこの地を終焉の地ときめ、長い木食戒（腐らない体質にするために三千日にわたって行うという）や断食行の後に即身仏（ミイラ）になったという。寺の伝承によると室町時代初期（一三九〇年代）のことだ。私はそのミイラを拝観したことがあるが、前かがみに

座っている像は干からびて、わずかにみえる顔は黒く、人間とは思えないほどに小さかった。坐ったまま死ぬということ自体、強固な意志力がなければ出来ないことだろう。着物は住職の説明によれば、十数年おきに着せ替えているとのことで、暁烟と化してはいなかったが、人形の着物の大きさしかなかった。長い断食修行のうちに骨も縮んでしまうのだろう。この摩訶不可思議な像が生きて笑っていた日もあったと思うと、なにか厳粛の気に襲われたことを思い出す。

良寛は、戦慄を覚えるその干からびた肉身をではなく、気の遠くなるような時間のうちに朽ち、溶けていった杖や僧衣を詠って、法印の計り知れない苦悩を暗示する。「粼皴烏藤」は良寛が師国仙からもらった「山形爛藤杖」を思わせる。それにしても「粼皴」という言葉はどこから来たのだろう。「皴」はしわのことで、美術用語としても「皴法《しゅんぽう》」などとよく使うが、「粼」は私など見たこともない漢字だ。白川静の『字通』によれば、「きよらか。粼粼は水が清くて、川底の小石が光ってみえるさま」だという。粼皴は辞書に見つからないので良寛の造語かもしれないが、なんと美しい響きだろう。「烏」はカラスのことなので、烏藤は黒い藤の杖と訳すのが普通だが、藤蔓は初めは黒くない。数百年を経て黒くなったのだろうか。これも良寛の造語かもしれない。いずれにしても起句承句の音楽的効果は絶大だ。結句は法印の辞世歌「岩坂の主は誰ぞと人問はば墨絵に描きし松風の音」を誰もが知っている、との前提に立った表現ととれば意味は明瞭だ。松の姿は絵に描けても、松風の音はどんな画家にも描けはしない。即身仏と化した法印の真の心は、誰も、法印自身さえも言葉に出来ない永遠の謎だと良寛は言う。

この音楽的リズムと絵画的イメージに彩られた独創的な詩が、帰郷七年後の作（西生寺に仮寓したのは、一八〇三年とされる）とすると、もうこの頃良寛の詩は独自の様式を確立し、豊饒な成熟の時代を迎えていたことがわかる。

この法印を主人公とした、江戸時代前期の古い人形浄瑠璃台本『越後国《えちごのくに》柏崎《かしわざき》弘智《こうち》法印《ほういん》御伝記《ごでんき》』を早稲田大学教授鳥越文蔵が大英博物館の倉庫にあった資料中に発見し、『古浄瑠璃集　大英博物館本』（古典文庫）として翻刻刊行したのは一九六六年だった。長崎出島のオランダ医師ケンペルの持ち帰った資料中に含まれていたものという。また、ドナルド・キーンのすすめに従って、この台本をもとに越後猿八座が古人形浄瑠璃を復活公演したのは二〇〇九年六月のことである。内容は空想的なもので、弘智法印は越後の人、柏崎の遊郭で遊びほうけ、妻子を死に至らしめ、のちに悔悛して即身仏となるというストーリー。即身仏となるところだけが史実に一致している。この経緯については新関公子「弘智法印御伝記上演に寄せて――良寛詩「題弘智法印像」と西生寺」（越後タイムス・越後タイムス社発行　4635号・4636号・二〇〇九年五月一五日・二二日号）を参照されたい。

師と友人たちの消息、家族の死

五合庵も西生寺もかつての修学の地、地蔵堂（現燕市）に近い。傭賃から解放され、支援者に守られながら落ち着いた独居生活様式を確立すると、良寛は自分と同じように野心を抱いて故郷を出奔した友人たちと先生子陽のその後が気にかかってならない。国上山の五合庵に落ち着いて、良寛が真っ先にやったことのひとつは、彼らの探索だった。もっとも親しい友人の一人だったと目される地蔵堂の富取則之の実家は、地蔵堂の大庄屋で五合庵にすぐ近いのだから、情報はすぐに入手したと思われる。

文化九年（一八一二）に三春藩の儒官として亡くなったという従来の之則の伝記は、弟大武のそれの誤記であることは、地蔵堂の研究者により明らかにされている。このことはすでに第4章に記述したのでここでは詳述しないが、良寛が帰ったとき、之則はおそらくもうとうに江戸で亡くなっていたのだろう。「聞之則物故　二首

（之則が物故を聞く　二首）」に詠われているように、之則は学んだ儒学をもって身をたてようと、青雲の志を抱いて江戸に上ったらしいが、世の中はそんなに甘くなかった。儒学を学んだ武士は掃いて捨てるほどいるのだから、いかに優秀と自負しても百姓階級出身者を儒官に採用する藩など簡単に見つかるわけもない。そうこうするうちに寛政二年（一七九〇）に、昌平坂学問所に朱子学以外の儒学の教授を禁じる「寛政異学の禁」が発令された。ときの幕府の中心学問所が朱子学一辺倒となれば、地方藩校や民間塾でも他の学派が不利になることは目に見えている。大森子陽は文学色の強い古文辞学派だったから、之則が江戸で成功する道は閉ざされたも同然であり、郷里に連絡をとることもなく窮死したのではないか。

兄弟がいずれも三春藩の儒官になったという伝承にも私は疑問を抱いて、かつて国会図書館で三春町の町史を丹念に見たことがあるが、藩校の歴代儒官のリストに富取之則の名も大武の名も発見できなかったことを思い出す。成功を夢見て郷里を後にした次男、三男たちは、郷里の親を安心させようとして、悲しい嘘をついたのかもしれない。

もう一人の親友三輪左一の場合の失意は病だったようだ。与板の豪商大坂屋三輪家五代多仲長旧の三男だった左一は、その没年しかわからないが、良寛が残した左一宛の手紙三通と捧げた多数の詩から類推すると、ほぼ良寛と同世代らしい。

之則、左一、良寛は子陽塾で覇を競いあった俊秀で、かつ「煙霞の期（美しい風光を求めて放浪する旅）」を共有する仲良し三人組だったらしい。左一も三男だから之則と同様に青雲の志を抱いて大阪に出たらしいが、病を得て良寛が帰郷するより以前に実家に戻っていた。おそらく結核であろう。良寛が国上山に最初に落ち着いた頃には、左一はまだ訪ねてくる元気があったが、徐々に弱り、文化四年（一八〇七）五月一日に亡くなった（後述）。最初の自選集「草堂集貫華」では五番目と六番目に、次のような二つの落胆の詩がくる。

「還郷」／出家離国尋知識／一衲一鉢凡幾春／今日還郷問旧友／多是名残苔下塵

「郷《きょう》に還《かえ》る」／出家《しゅっけ》して国《くに》を離《はな》れ知識《ちしき》を尋《たず》ね／一衲一鉢《いちのういっぱつ》　凡《およ》そ幾春《いくはる》ぞ／今日《きょう》　郷《きょう》に還《かえ》って旧友《きゅうゆう》を問《と》へば／多《おお》くは是《こ》れ　名《な》は残《のこ》る苔下《たいか》の塵《ちり》

（『定本・一・5・243』『文庫・二五一頁』）

「故郷に帰る」／出家して故郷を離れ、善知識を求めて／一衣一鉢の清貧生活を、幾春重ねてきたことか／今日、故郷に帰って旧友の消息を問えば／多くは名のみ残して、苔むす墓の下の塵となっていた

「暁」／十餘年来還郷里／旧友零落事多愆／夢破上方金鐘暁／空牀寂寞灯火残

「暁《あかつき》」／十餘年来《じゅうよねんらい》　郷里《きょうり》に還《かえ》る／旧友零落《きゅうゆうれいらく》し事多《ことおお》く愆《たが》ふ／夢《ゆめ》は破《やぶ》る　上方《じょうほう》　金鐘《きんしょう》の暁《あかつき》／空牀《くうしょう》　寂寞《せきばく》として灯《とう》火残《かのこ》る

（『定本・一・6・244・362』『文庫・二五九頁』）

「夜明け」／十数年ぶりに故郷へ帰ってみると／昔の友人はおおむね事志にたがう敗残者ばかり／まだ薄暗い明け方、上方の国上寺の美しい鐘の音が私の夢を破る／起き上れば、空の寝床を燃え残りの灯火が照らすのみ

「十餘年来」といっているが、二二歳出家、三九歳帰国という一般説に従えば、一七年間の不在ののち、良寛は無一物ながら鍛えぬいた頭脳を唯一の宝として帰郷した。ところが旧友はもう亡くなっていたり、失意のうちに病に伏したりしている。そのうえ、先生の子陽もまた良寛帰郷の五年も前の寛政三年（一七九一）五月七日に、

五四歳で帰らぬ人となっていた。移住先の鶴岡で、藩儒に召し抱えられる夢もかなわず、民間塾の一教師として志半ばの死だった。寛政異学の禁（一八九〇）は古文辞学派の子陽に不利に働いたに違いない。弟子たちは鶴岡の明伝寺に「鬚髪《しゅはつ》の碑（遺髪をいれた記念碑）」を建てたが、遺骨は息子の求古により郷里にもたらされ、寺泊の万福寺境内の大森家一族の墓の一つに納められた。今日では刻字が風化してよく読めないが。良寛は帰郷後、この敬愛する師の墓を訪ね、次のふたつの詩を書いた。

「訪子陽先生墓」／古墓何処是／春日草萋萋／伊昔狭河側／慕子苦往還／旧友漸零落／市朝幾変遷／一世真如夢／回首三十年

「子陽先生の墓を訪《と》ふ」／古墓《こぼ》何《いづ》れの処《ところ》か是《こ》れなる／春日《しゅんじつ》　草萋萋《くさせんせん》たり／伊《こ》れ昔《むかし》狭河《せばがわ》の側《ほとり》／子《し》を慕《した》ひて苦《ねんごろ》に往《おう》還《かん》せり／旧友《きゅうゆう》漸《ようや》く零落《れいらく》し／市朝《しちょう》幾《ほとん》ど変遷《へんせん》す／一世《いっせい》真《まこと》に夢《ゆめ》の如《ごと》し／首《こうべ》を回《めぐ》らせば三十年《さんじゅうねん》

（『定本・一・115』『文庫・一一八頁』）

「子陽先生の墓を訪ねて」／子陽先生の墓はどこだろう／訪ねたのは草も萌えだした春のある日／思えば昔、狭川のほとりの塾に／先生を慕って熱心に通ったものだった／あの頃の友はつぎつぎに世を去り／町の様子もほとんど変わった／人の一生は本当に夢のよう／あれからもう三十年がたっているとは

「弔子陽先生墓」／古墓荒岡側／年年愁艸生／灑掃無人侍／適見芻蕘行／憶昔総角歳／従游狭水傍／一朝分飛後／消息両茫茫／帰来為異物／何以対精霊／我灑一掬水／聊以弔先生／白日忽西沈／山野只松声／徘徊不忍

去／涕涙一沾裳

「子陽先生《しようせんせい》の墓《はか》を弔《とぶら》ふ」／古墓《こぼ》　荒岡《こうこう》の側《かたわら》／年年《ねんねん》愁艸生《しゆうそうしよう》ず／灑掃《さいそう》　人《ひと》の侍《じ》する無《な》く／適《たまたま》芻蕘《すうじよう》の行《ゆ》くを見《み》る／憶《おも》ふ昔《むかし》　総角《そうかく》の歳《とし》／従《したが》ひ游《あそ》ぶ狭水《きようすい》の傍《かたわら》ら／一朝分飛《いつちようぶんぴ》の後《のち》／消息両《しようそくふた》つながら茫茫《ぼうぼう》たり／帰《かえ》り来《きた》れば異物《いぶつ》と為《な》り／何《なに》を以《もつ》てか精霊《しようりよう》に対《こた》へん／我《われ》　一掬《いつきく》の水《みず》を灑《そそ》ぎ／聊《いささ》か以《もつ》て先生《せんせい》を弔《とぶら》ふ／白日《はくじつ》　忽《たちまち》ち西《にし》に沈《しず》み／山野《さんや》只《た》だ松声《しようせい》のみ／徘徊《はいかい》して去《さ》るに忍《しの》びず／涕涙《ているい》　一《いつ》に裳《もすそ》を沾《うるお》す

（『定本・一・549』『文庫・三九頁』）

「子陽先生の墓にお参りする」／古びた墓は荒れ岡のそば／毎年淋しい草が生えるばかり／墓を清め守る人もなく／時々草刈り人や木こりの行くのが見えるだけ／まだ子どもの髪型をしていた頃を思い出す／先生に就いて狭川のほとりの塾で学んだことを／ある朝遠く別れることになった後／消息は互いにすこしも分からなかった／帰郷してみればもう先生はこの世の人ではないという／どんなふうに先生の霊に向かえばいいのだろう／私は一すくいの水を墓に注いで／わずかに慰霊の心をささげた／夕日はたちまち西に沈み／野山にはただ松風の声が渡る／行きつ戻りつ去りがたく／ただもう涙があふれて衣も濡れた

子陽先生を見送ったとき、良寛が二〇歳だったとすれば、この二詩はそれから三〇年たった、五〇歳のとき、文化七年（一八〇七）頃の作とみなされると定本解説は述べている。しかし、三〇年は先生と出会ったときから数えているのかもしれないし、おおざっぱな言い方かもしれない。三九歳か四〇歳頃帰国したとして、大恩ある先生の墓を一〇年も訪れなかったとするのは不自然ではないか。子陽先生の墓は寺泊（現長岡市）の当新田の万福寺境内にある。五合庵から寺泊側に下って、渡部橋を渡り（当時は分水も橋もなかったが）、越後線寺泊方向に、つまり内陸方向に三キロほどの距離しかない。おそらく地蔵堂で之則の死を確かめたのと同時に、先生の消息も聞いただろうから、良寛が先生の墓に参ったのは、郷本の空庵から五合庵に移ってすぐのことではないだろうか。寛政八年（一七九六）の帰国とすると、翌寛政九年の春、雪が消え、草が萌えだした頃と思われる。旧友や先師の死を悼む詩はみな帰郷後、一、二年のうちの作と考えたい。

亡くなっていたのは友人や師ばかりではない。母のぶは、良寛が玉島におもむいた安永八年（一七七九）から四年後の天明三年（一七八三）に早くも亡くなっていたし、父以南は帰郷の一年前の寛政七年（一七九五）に、京都で入水して亡くなっていた。従来の良寛伝では、訃報が玉島に届けられ、良寛は一時帰国したり、京都にかけつけたりしたことになっているが、私はそのようなことは不可能だったと思う。すでに述べたように、江戸時代の郵便制度は未発達であり、玉島まで人を雇って便りを託すことは莫大な費用のかかるうえに確実に届くという保証もない。一時帰国もまた多大の出費に加えて、命がけの危険を冒すことに他ならないからだ。両親の死は帰国後に知ったものだろう。さらにくわえて、帰国の二年後の寛政一〇年（一七九八）に、四男で末の弟香が二八歳の若さで京都に客死し、寛政一二年（一八〇〇）には、三男の弟宥澄（観山）が、出雲崎の円明院の住職となりながら三一歳で没した。しかし良寛は家族の死については寡黙だった。家族に関しては、誰に対しても詩によってその死を悼むことはなかった。家族の死は和歌によって追悼されているので、あげてみよう。まず母については、次の二首が知られる（詳しくは第４章を参照されたい）。

このごろ出雲崎にて

たらちねの母が形見と朝夕に佐渡の島べをうち見つるかも　（『定本・二・823』）

沖つ風いたくな吹きそ雲の浦はわがたらちねの奥津城《おくつき》どころ　（『定本・二・271』）

香については和歌さえも見いだせない。良寛が玉島に向かう二二歳のとき、香はまだ八歳だった。しかも良寛は六年間ほど、地蔵堂に下宿していたのだから、たまの帰省時にその幼顔をみただけで、人間性についてはまったく知らないだろう。京都で会ったという従来説には何の根拠もなく、以南の四九日法要が京都で行われたという説も、あり得ないということは、すでに第4章で書いたのでここでは繰り返さない。したがって八歳の顔しか思い浮かばない香に対し、追悼の歌をつくらなかった良寛を薄情と責めることはできない。以南の俳句仲間の前川丈雲は、以南入水の知らせを受けてから、追悼句集の出版を企画し、橘屋の家族全員にも、諸国の俳句連にも企画書を送り、追悼俳句を募った。六年後の享和元年（一八〇一）についに追悼句集『天真仏』がなり、そこには香の歌と良寛の俳句が一つおいて並んでいるが、この出版が成ったとき、もう香は三年前に京都で病死したとされている。縁の薄い兄弟だった。香の死の二年後に三男の宥澄もなくなったが、彼については次の歌が追悼歌とみられる。

はらからの阿闍梨《あざり》の身罷《みまか》りしころ夢に来て　法門のことなど語りて　醒めて
面影の夢に見ゆるかとすれば　さながら人の世にこそありけれ
（『定本・二・218』）

宥澄も香より一歳年上だったに過ぎないから、良寛があまりよく知らない弟であることに変わりはない。しかし帰郷後に会って同じ僧侶となっていることを知り、法門のことなど語り合う仲となっていただろう。しかし、友人の死や家族の死も、長い修行を重ねて覚悟の人生を歩む良寛には、さほどの打撃を与えたようには思われない。

天駆ける詩想──「我に一張の琴有り」

良寛はいつまでもくよくよしてはいなかった。支援者に恵まれ、静かで風光明媚な山中の住居を得て、衣食の心配もなくなり、気力、体力、知力は四〇歳を迎えて充実し、その創作意欲はとどまることを知らない勢いだった。自選集「草堂集貫華」には「円通寺」に始まる自伝的有題詩が七首続いた後、「雑詩」という分類のもとに題のないさまざまの詩が八八首続いている。雑詩というといかにもどうでもいいような詩と思いがちだが、『定本・一』編者内山知也の解説によれば、雑詩とは「形式にこだわらぬ即興的な詩」をいい、「良寛の詩集において雑詩は、量的に多いばかりでなく、良寛の折々の思索・主張・教訓・勧誡・真情など、さまざまな思想表現に用いられている」（『定本・一・40』）という。「貫華」の雑詩の冒頭を飾る「我有一張琴」で始まる詩は、「草堂詩集　天巻」でも「人巻」でも冒頭に置かれ、「良寛尊者詩集」では一七九首中の七二番目に置かれている。また「補遺」中の「霏霏連夜雨」に始まる長い詩も、後半はまったく同工異曲の内容なので、いかに良寛がこの詩に愛着を持っていたかが推し量られる。

我有一張琴／非梧兮非桐／五音詎能該／六律調不同／静夜高堂上／朱絃操松風／氤氳青陽暁／声達天帝聡／
天帝大驚異／欲窮声所従／維時二三月／気候和且融／風伯掃道路／雨師厳林叢／取月暈為傘／横彩虹作弓／
雲旆兮霞纓／逸其御六龍／冥冥極黄泉／飄飄凌蒼穹／三山坐超忽／五天望裡空／弥往兮弥遠／在西欻自東／
神亦為之疲／心亦為之窮／逡巡相顧去／帰与吾旧邦

我《われ》に一張《いつちよう》の琴《きん》有《あ》り／梧《ご》に非《あら》ず　桐《とう》に非《あら》ず／五音詎《ごおんなん》ぞ能《よ》く該《そな》はらん／六律《りくりつ》　調《しら》べ同《おな》じからず／静夜《せいや》　高堂《こうどう》の上《うえ》／朱絃《しゆげん》　松風《しようふう》を操《あやつ》る／氤氳《いんうん》たる青陽《せいよう》の暁《あかつき》／声《こえ》は天帝《てんてい》の聡《そう》に達《たつ》す／天帝《てんてい》大《おお》いに驚《おどろ》き異《あや》しみ／声《こえ》の従《よ》る所《ところ》を窮《きわ》めんと欲《ほつ》す／維《こ》れ時《とき》は二三月《にさんがつ》／気候《きこう》和《なご》やかにして且《か》つ融《やわ》らぐ／風伯《ふうはく》　道路《どうろ》を掃《は》き／雨師《うし》　林叢《りんそう》を厳《ととの》ふ／月《つき》の暈《かさ》を取《と》りて傘《かさ》と為《な》し／彩虹《さいこう》を横《よこ》たへて弓《ゆみ》と作《な》す／雲《くも》の旆《はた》　霞《かすみ》の纓《むながい》／逸《いつ》として其《そ》れ六龍《りくりゆう》を御《ぎよ》す／冥冥《めいめい》として黄泉《こうせん》を極《きわ》め／飄飄《ひようひよう》として蒼穹《そうきゆう》を凌《しの》ぐ／三山《さんざん》　坐《すず》ろに超忽《ちようこつ》／五天《ごてん》　望裡《ぼうり》に空《むな》し／弥《いよいよ》　往《ゆ》けば弥《いよいよ》　遠《とお》く／西《にし》に在《あ》れば欻《にわ》かに東《ひがし》自《よ》りす／神《しん》も亦《ま》た之《これ》が為《ため》に疲《つか》れ／心《しん》も亦《ま》た之《これ》が為《ため》に窮《きゆう》す／逡巡《しゆんじゆん》して相顧《あいこ》去《きよ》し／帰《かえ》らんかな吾《わ》が旧邦《きゆうほう》に

（『定本・一・8・119・301・425・635』『文庫・九九頁』）

私には一張の琴がある／素材はあおぎりでもなければ桐でもない／五音階が正しく出るわけでもなく／六律も調子外れになりがちだ／けれども静かな夜に立派な堂にのぼり／朱色の弦で松風の曲をかき鳴らせば／生気の満ち溢れるこの春の暁に／その音楽は天帝のお耳にまで届く／天帝は大いに驚き不思議がり／その調べの源を知りたいと思われた／ちょうど季節は二、三月頃で／お天気はのどかに和らいできた／風神は風で道路を掃き清め／雨神は雨で林や草叢を美しく整えた／天帝は月の暈をとって傘になさり／輝く虹をこわきにかかえて弓となさり／雲の旗をなびかせ、霞を冠の飾りにして／はやる六頭の龍のごとき名馬を御し／真っ暗な地底界をくまなく巡り／風を切って天界の青空も越えてゆかれる／神仙の住む三つの山もたちまち越えて／五つの天竺の国もあっというまに視界から消え去るが／行けばゆくほど音は遠ざかり／西から聞こえたと思うと、突然、東から聞こえてくる／そのため天帝の魂は疲れ／そのため心も困り果て／ついに、天帝はためらいつつ後ろの従者たちをふり返り／しかたない、もとのわが国に帰ろうよ、とおっしゃるのだった

「私には一張の琴がある」というが、良寛の所持品に琴はなかったし、琴をはじめ何かの楽器を弾いたという伝承もない。良寛の琴は「心の琴」なのだ。良寛の心の琴線には朱色の糸が張られている。朱はたぎるような詩

的情熱を表わすのだろうか。その朱絃を良寛がかき鳴らせば、松林を渡るさわやかな風のような音楽となって、天帝の耳にまで達する。この天帝のイメージが壮烈なまでに美しい。月の光の暈を頭上の傘にして、虹のアーチを弓にして小脇に抱え、雲の旗をなびかせ、霞を冠の飾りにひらひらさせ、鼻息荒い六頭の名馬に馬車をひかせて、暗闇の冥界、光の天界を駆け巡る。さきがけには風神がその風で行く道を掃き清め、雨の神はその雨で林や草叢の緑を輝かせる。天帝はロケットの速度を持つその壮麗な馬車で、良寛が弾く心の琴の音を追いかけるが追いつけない。なんという壮大な、スピード感に溢れた美しいイメージだろう。天帝はアポロンの馬車そのものだ。

漢詩はかならず先代の範例を踏まえて作るものと柳田聖山が書いていた。先代の範例を踏まえた新しい表現に、重層的な意味、詩情を汲み取ってこそ、漢詩はおもしろいのだという。本歌取り的性格を解明することは、漢詩鑑賞に絶対欠かせない条件であるらしく、良寛詩の注釈者もこの詩に関していろいろな範例、典拠を示す。谷川は屈原の『楚辞』中の「遠遊」をあげる。しかしそこには「風伯」「雨師」「雷公」「仙人」は登場しても、「天帝」はいない。内山は『韓非子』の「十過篇」をあげる。そこには「六頭の龍にひかせた象車に乗る黄帝」や「風伯」「雨師」や鬼神、猛獣の類が登場するが、「天帝」はやはりいない。「黄帝」は炎帝とともに、漢民族の始祖とされる伝説上の帝王であって、神ではないので天は駆けない。二人の碩学をもってしても、虹の弓を小脇にかかえ、六頭立ての馬車で天界冥界を駆け巡る天帝のイメージの、中国文学における直接的範例は発見されていない。

私は漢文学の門外漢なので、文学的範例はまったく想像もつかないが、美術史において一例を思いつく。それはタリバーン勢力によって二〇〇一年に爆破され、今はもうこの世に存在しないアフガニスタンのバーミヤン石窟にある東大仏の壁龕天井画である。不幸中の幸いは、フランスの調査隊が一九三五年に同寸の模写【図46】を残しておいてくれたことだ。二〇〇二年に東京藝術大学大学美術館で行われた「アフガニスタン　悠久の歴史展」で私はこの壁画模写に出会った。それは、タリバーンの暴挙に抗議するため、パリの国立ギメ美術館（東洋美術館）が、急遽二〇〇二年春に立ち上げた展覧会を、仏教美術の保護に心を砕いていた故平山郁夫東京藝術大学学長が、強く望んで招聘した展覧会だった。私が大学美術館教授に就任して最初に責任を負った展覧会でもあったので、とりわけ記憶に残っている。この展覧会は、草創期の仏教美術のギリシャ的性格を強く印象付けた点で画期的企画だった。ガンダーラやマトゥラーとほぼ時を同じくして紀元一世紀頃、バーミヤンも仏教美術誕生の地だったことは、それまで日本ではあまり注目されなかったのではないか。シルクロードの要害の地に位置するアフガニスタンは、西洋と東洋の文化の衝突融合する場として、紀元前四世紀のアレクサンドロス大王の東征の影響を、紀元八世紀頃まで仏教美術のなかに見事に継承していた。その頃の仏像はギリシャ彫刻といってもおかしくはない。

フランス調査隊により模写された天井画には、四頭の白い奔馬を御す堂々たる太陽神が夜の闇を背後にして光明の世界へと立ち現れる。太陽神は右手に槍、左手に剣を持ち、火焔を放つ巨大な円光を光背にしている。右上の風をはらんだ布を手にする人物は夜の女神とされるが、宗達の描く風神にもそっくりだ。そして太陽神は良寛の詠う天帝を彷彿とさせる。この太陽神が闇を払いもたらした光明の真下に、かつては三八メートルの大仏が立

図46　バーミヤン東大仏天井画模写（1935年）
布、グワッシュ　275×186cm
フランス　国立ギメ東洋美術館
東京芸術大学美術館カタログより転載

っていた。この大仏は七世紀初頭頃と推定されている。

このバーミヤン石窟仏像群を六二九年に訪れた三蔵法師玄奘は、六四六年に一二巻からなる『大唐西域記』を完成させたが、そこにはバーミヤンの東西二大仏の存在が書かれているという。すると唐代の中国文学の中に、ギリシャ神話の太陽神アポロン、あるいはペルシャのゾロアスター教の光明神ミスラを思わせる、「天帝」像があってもおかしくはない。内山によれば、良寛は『文選』『唐詩選』『寒山詩集』などの詩集はもとより、『論語』などの思想書、『法華経』や他の仏典などあわせて四〇種以上の古典を参照、駆使しているというから、天帝の範例を私たちが気付かないだけなのかもしれない。私が一番気に入っているのは「横彩虹作弓」というところだ。バーミヤンの太陽神は単に槍と剣をもっているだけだし、ヨーロッパ絵画にも七色の虹を小脇に抱えて弓とするイメージはみたことがない。これがもし、何かの範例によらない良寛の想像力の産物なのだとしたら、それは驚くべき良寛の詩的天才の世界性を証明するものといえよう。

また、この詩の主題である象徴的な心の琴の典拠としては、谷川も内山も諸書に拠り、「没弦琴《もつげんきん》（無弦琴）」という言葉をあげ、仏法のさとりを表わすとしている。しかし、仏法の悟りの境地はかくも色彩に溢れ、リズムとスピードに溢れた生命的世界なのだろうかと、私はなんとなく納得が行かない。この詩に関して解釈批評をしている三者の解説の一部をあげてみよう。

良寛さんは、一張の琴を通して人間の表層意識による五官の感覚世界を超え、深層意識を動員して天上世界へと舞い上がる。そして天帝との対話。天帝に付き従がう風伯、雨師。ついで月や雲。六頭立ての馬車に乗って十洲五天を駆けめぐる。表層意識の精神も深層意識の心象も、ともに心意識の運転をやめ、下界の現実界にもどってくるさまを美しいしらべの中に賦《よ》みこんでいる。この詩は良寛さんの心象風景を哲学的、音楽的象徴性にからませて宇宙との一体感を示した絶唱である。

（飯田利行『良寛詩との対話』二〇四頁　邑心文庫　一九九七年）

良寛さんは詩魂が最も昴まると長詩を賦んだ。しかも五音六律による琴の音に深層意識の漏斗《じょうご》がひねられ滾々《こんこん》と湧き出てくる意識を感性が仕切る。それを美しい詩語に写し、これを音律のひゞきに寄せて宇宙に昇華縦横無尽に馳せめぐらせる。一篇で言いつくせない場合は、続編に及び、汲めども涸《か》れない詩魂のたぎりを存分に披露する。このような深層意識に基づく絶唱は、日中文学史上、空前にして絶後といえよう。（前掲書　二四七頁）

これは宇宙規模のロマンである。良寛はこれを仏法の世界とした。仏法は、人間の作り出した法則にとらわれず、自然の中に満ちて永遠である。生命力の根源でもある。天帝という権力者は自然を利用し、力で仏法を求めるが、ついにその自由、平等、寛容、慈悲の本質をつかみ得なかった。仏法は力によって得られるものではなく、純粋な心によると良寛は言う。

（谷川敏朗『校注　良寛全詩集』九七頁　春秋社　一九九八年）

良寛が弾じている無弦琴は〈自心是仏〉の悟りであり、天帝ですら入りこめない世界を示すものであると思われる。

（内山知也『定本・一・四一頁』中央公論新社　二〇〇六年）

三者の解説は必ずしも明解ではないが、飯田は良寛の無弦琴を「詩魂」とし、具体的には音律豊かな長詩とする。谷川、内山二氏は無弦琴を良寛の「仏法世界」とする。私は素直にこの詩を読んで微塵も仏教的印象を受けなかったので、飯田の詩魂説に与したい。もちろん、長年仏教を学んだ良寛の詩魂には、仏法が隅々まで浸透しているには違いないが、仏法では説明のつかない近代的自我をも感じる。この詩には、世界の造物主に対抗する、芸術的天才が主張されているのではないか。ともかく「我有一張琴」の詩にみなぎる自負はただごとではない。気力体力充実し、生活環境も整った四〇代の良寛は、自らの天才を自覚し、あふれる詩想を十全に開花させるべく気を引き締めている。その緊張感に満ちた豊饒な創作は、次第に周囲の人びとを魅了し、尊敬を集め、安定した数寄者生活を維持する源となった。

東北への旅の可能性

良寛の詩に「秋夜宿香聚閣早倚檻眺」と題する長詩があるが、この香聚閣とは福島県河沼郡柳津《やないず》町の円蔵寺をさすという解釈は今日、定着している。非常に気に入った詩らしく「草堂集貫華」にも「草堂詩集　地巻」にも「良寛尊者詩集」にも収録されている。また「米沢道中」（『定本・一・610』）及び「宿玉川駅」という詩もある（『定本・一・240』）。玉川という地名は多数あり紛らわしいが、『定本・一』の編者内山は注釈においてこの玉川を山形県西置郡小国村玉川と推測し、「良寛は新潟県新発田市から関川村に入り、大里峠を越えて玉川宿に入ったと思われる。目的地は米沢あるいは鶴岡であろう。享和二、三年（一八〇二、三）壬戌、癸亥ころの〈米沢道中〉と題する詩（610）もある」と指摘する（二二五頁）。さらに「米沢道中」の注釈では「良寛が米沢をいつ訪れたかはわからない。良寛が一三歳ころから一八歳ころまで学んだ漢学塾の大森子陽は、寛政三年（一七九一）辛亥に山形県鶴岡で亡くなった。良寛は鶴岡を訪れる途中、米沢を通ったのだろうか」（四三七頁）と推測する。つまり、内山はこれらの三詩を鶴岡を目的地とする東北旅行の途中の作と想定した。

鶴岡を最終目的地と想定し、良寛が東北旅行で遺した詩から往路の行程を地図上に求めると、国上↓柳津↓米沢↓鶴岡の順になるが、玉川はどうしてもはずれてしまう。玉川は帰りにのみ通過したと私は考えたい。もちろんこれらは越後から鶴岡に行く最短距離の途中にある土地ではない。玉島からの帰国と同様に、良寛の旅は常識はずれの旅だった。

三つの詩の季節を比べると、柳津は「高秋八九月」つまり秋たけなわの頃、現在の一〇月頃か。ところが米沢は「鴻雁鳴いて南に去る／回首すれば秋の蒼茫たるに耐へず」「千峰落葉」とあるので晩秋の雰囲気、玉川宿も「秋まさに莫れんとす」とあるから晩秋、一一月も後半か。米沢と玉川は一、二日で行ける距離なので、季節は同じでおかしくない。目的地鶴岡の作はないが、一〇月後半頃の滞在か。季節から判断すると、米沢と玉川の詩は鶴岡からの帰途の作ということになる。

鶴岡を目的としながら最初に柳津を訪れたのは現代人には不可解だが、当時は東北を旅行するなら是非とも寄りたい観光名所だったのだろう。どういう道を行ったかはわからないが、国上を初秋に出発し、秋たけなわの頃柳津に至り、米沢、山形経由で鶴岡に着いたのは秋の後半、鶴岡を発ってまた来たときと同じ道を米沢までたどり、それから右折して小国村玉川宿、関川村を経由して越後に帰ったのではないか。なぜ鶴岡から海岸沿いに鼠ヶ関を越えて越後に入る最短距離をとらなかったのかと不思議でならないが、遠回りでも、知っている道や面白い道を選ぶのが良寛の癖なのかもしれない。早く帰らないと冬になってしまうと心配しながらも、良寛は往路と同じ米沢経由の遠回りをし、音にきく十三峠を越えて、初冬近くにようやく五合庵近辺に帰着したと推定できる。初秋から晩秋にかけて三ヶ月間ほどの比較的短期旅行だった。今度の旅は支援者の援助があるので、ひたすら歩くのではなく、当時の高速道路だった河川交通も利用したのではないか。まず地蔵堂から船で信濃川か西川を新潟まで下り、それからちょっと歩いて阿賀野川を曳舟で遡り、只見川に入れば、三、四日で柳津に達するかもしれない。柳津での詩作には疲労や不安のかげがなく、この世のものとは思われぬ絶景を眺める喜びに溢れている。

「秋夜宿香聚閣早倚檻眺」／日夕投精舎／盥漱拝青蓮／一灯照密室／万象倶寂然／金鐘五夜後／清梵動林泉／東方漸已白／泬寥雨後天／高秋八九月／爽気磨山川／宿霧消陰壑／初日上層巒／宝塔虚空生／金閣樹杪懸／山包秀奇深／水接遥天寛／歴歴問津客／軋軋競渡船／地霊粛進退／谷邃幾蔵玄／宿昔貴遐異／足跡殆将遍／而今游此地／佳妙不可宣／誰取香聚界／置之余目前／高出一世表／歌謡聊成篇／帰期無奈何／永路忽心関／人間有虧盈／再来定何年／欲去且因循／卓錫思茫然

「秋夜《しゅうや》香聚閣《こうじゅかく》に宿《しゅく》し、早《つと》に檻《かん》に倚《よ》りて眺《なが》む」／日夕《にっせき》　精舎《しょうじゃ》に投《とう》じ／盥漱《かんそう》して青蓮《しょうれん》を拝《はい》す／一灯《いっとう》　密室《みっしつ》を照《て》らし／万象倶《ばんしょうとも》に寂然《じゃくねん》たり／金鐘《きんしょう》　五夜《ごや》の後《のち》／清梵《せいぼん》　林泉《りんせん》を動《うご》かす／東方漸《とうほうようや》く已《すで》に白《しろ》く／泬寥《けつりょう》たり雨後《うご》の天《てん》／高《こう》秋《しゅう》　八九月《はちくがつ》／爽気《そうき》　山川《さんせん》を磨《ま》す／宿霧《しゅくむ》　陰壑《いんがく》に消《き》え／初日《しょじつ》　層巒《そうらん》に上《のぼ》る／宝塔《ほうとう》　虚空《こくう》に生《しょう》じ／金閣《きんかく》　樹杪《じゅびょう》に懸《か》かる／山《やま》は秀奇《しゅうき》を包《つつ》んで深《ふか》く／水《みず》は遥天《ようてん》に接《せっ》して寛《ひろ》し／歴歴《れきれき》たり津《しん》を問《と》ふ客《かく》／軋軋《あつあつ》　渡《と》を競《きそ》ふ船《ふね》／地《ち》　霊《れい》なれば粛《つつし》んで進退《しんたい》し／谷邃《たにおくぶか》ければ幾《かす》かに玄《げん》を蔵《ぞう》す／宿昔《しゅくせき》　遐異《かい》を貴《とうと》び／足跡《そくせき》　殆《ほとん》ど将《まさ》に遍《あまね》からんとす／而《しか》るに今《いま》　此《こ》の地《ち》に游《あそ》ぶに／佳妙《かみょう》　宣《の》ぶ可《べ》からず／誰《たれ》か香聚界《こうじゅかい》を取《と》りて／之《これ》を余《よ》が目前《もくぜん》に置《お》ける／高《たか》く一世《いっせい》の表《ほか》に出《い》で／歌謡《かよう》して聊《いささ》か篇《へん》を成《な》す／帰期《きき》　奈何《いかん》ともする無《な》く／永路《えいろ》　忽《たちま》ち心《こころ》に関《かか》はる／人間《じんかん》　虧盈《きえい》有《あ》り／再《さい》来《らい》　何《いず》れの年《とし》とか定《さだ》めん／去《さ》らんと欲《ほっ》して且《しばら》く因循《いんじゅん》し／錫《しゃく》を卓《た》てて思《おも》ひ茫然《ぼうぜん》たり

（『定本・一・96・237・367』）

「秋の夜、香聚閣（柳津の円蔵寺）に泊まって、朝早くから欄干に身を乗り出して景色を眺めた」／夕暮れにお寺にたどり着いて泊めてもらった／手を洗い口を漱いで仏様を拝した／須弥壇には燈明がひとつともり／まわりのすべてがひっそりと静かだった／美しい鐘の音が夜明けを告げると／清らかな読経の声が野山に響きわたる／東方はもう次第に明るくなってきた／雨上がりの空はくっきりと晴れ渡っている／この秋たけなわの八、九月／爽快の気が山川を磨き輝かせる／ずっと立ち込めていた霧は暗い谷間に消え去り／朝日が重なる峰々から昇ってくる／すると仏塔が空間にくっきりとそびえ／仏殿は樹々の梢に見え隠れする／山は美しく不思議な形をして奥深く／川は地平の空まで滔々と流れて広い／つぎつぎと客はこの川港を訪れ／ぎいぎいと渡し船の櫓の音が競いあう／この地の霊的な雰囲気は人びとの行動を慎ましくさせ／谷が深いのでなにか玄妙の気が漂っている／私は昔、珍しい風物を貴んで／ほとんどくまなく天下を旅した／ところが今この地を訪れてみると／そのすばらしさはいまだかつてみたことがなく、言葉に出来ないほどだ／いったい誰が仏の理想世界をとってきて／私の目前に置いたのか／この世を超越した気分になり／歌いたくなって一篇の詩ができた／しかし帰る時期の定まった旅の日定を変えるわけにはいかない／先の長い旅路も急に気になりだした／人の運命は栄枯盛衰計りがたい／またいつこの地を訪れることができるやら／立ち去ろうとしてはためらい／錫をついたままただもう茫然としているのだった

私はまだこの詩を柳津での作と知らない頃、柳津町立斎藤清美術館を訪れる必要があって新潟から磐越自動車道を通って柳津に入ったことがあった。新潟市から八〇キロくらいだろうか。阿賀野川沿いの道をまっすぐ行くと只見川につきあたった。川を渡って坂下ＩＣで降り、国道252号を川沿いにいき、途中で252号線にはいるとすぐに岩盤にそそり立つ円蔵寺が現れた【図47】。252号をそのまま行けば、赤い鉄橋を渡って対岸から円蔵寺の威容を眺めることができる。この道はまたすぐに同じような赤い鉄橋を渡って円蔵寺側の岸に戻って走るので、この二つの橋はただ円蔵寺の威容を対岸から見せるためだけに作られているような不思議な設計だった。二番目の橋の上流のあたりで川幅が最大になっていた。二〇〇メートルもあろうか。江戸時代には橋も車もなく、かわりに船

がさかんにいきかっていたのだろう。

私は斎藤清美術館に行く目的だけで、円蔵寺のことはなにも知らずにやってきたので、突然ひらけた見事な光景にただあっけにとられた。磐越道には車がまばらだったし、どうしてこんな山深い田舎に、こんな巨大豪壮な寺院があるのかと狐につままれたような気分だった。そして寺のあたりを散策するうちに、良寛の銅像と詩碑をみつけ、良寛がここを訪れたことを偶然知ったのだった。広い境内には今でも本堂のほかに幾つもの堂宇が点在しているが、良寛の詩によれば、当時は三重の塔（のちに焼失）をはじめもっと多くの伽藍が木の間に見え隠れしていたらしい。江戸時代は川が高速道路に相当したので、只見川の川港柳津は今日では想像できないほどに繁栄していたのだった。


良寛のいう「香聚閣」が遺墨の注記から柳津の円蔵寺のことだと気付かれたのは、かなり近年のようだ。当時私が読んでいた昭和五年初版の岩波文庫版（平成の版でも改訂は一切ない）には「香聚閣」の所在について何の注もなかった。昭和三四年初版の東郷豊治編著『良寛全集　上巻』に到ってはじめて「〇香聚閣。未詳。下方の校異欄に示した自筆稿には〈也奈伊津の香聚閣〉とある」と注記された。おそらくこれがもとになって鶴岡を最終目的地とする内山の東北旅行説は提出されたのだろう。内山が「米沢道中」の詩を「享和二、三年（一八〇二、三）壬戌、癸亥ころ」と断定している根拠が示されていないのは残念だが、遺墨などの確かな根拠あってのことに違いない。

私はこの東北旅行を、享和二年（一八〇二）の秋と推定しておきたい。

図47　円蔵寺（2001年　筆者撮影）

享和二年（一八〇二）は、国上寺の住職義苗の隠居のために、良寛が五合庵を出た年。四五歳でまだ元気な盛りだった。同年七月頃まで寺泊の密蔵院や野積の西生寺などに仮寓の証拠があるが、後半にはない。どうせ転々とするのであれば、この際先生の最期の様子を鶴岡まで行って確かめてこよう、と良寛が考えたとしてもおかしくはない。

ところで、この東北旅行を良寛の六〇代のことと記述する伝記が多いので、それは明らかな間違いであるとここに指摘しておきたい。理由は「秋夜宿香聚閣」「宿玉川駅」の二詩が、ともに自筆稿本の比較的初めの方に収録されていることによる。稿本は遅くも文化九年つまり五合庵定住時代半ばの完成だから、この二詩は不定住時代または五合庵定住時代初期に成立していなければならない。それなのに柳津の良寛銅像解説には「良寛は文化一四年（一八一七）に六〇歳で柳津を訪れた」とあるのはいかなる根拠によるものなのだろう。文化一四年といえば、乙子神社脇の草庵に転居した年だ。五合庵への一五〇メートルを上下する体力を失って乙子神社脇に転居したというのに、危険な長期のひとり旅などするとは思われない。

第9章　成　熟　五合庵定住時代

魯仙の良寛評――『無礙集』の伝播

文化元年（一八〇四）に、五合庵に隠居していた国上寺元住職義苗が没した。それゆえ良寛は翌年からまた五合庵に入居することになった。文化二年（一八〇五）から文化一三年（一八一六）まで良寛はそこに住み続けたので、一般に良寛史はこの一一年間を「五合庵定住時代」と呼んで、初期の不定住期に含まれる五年間ほどの五合庵居住期とは区別する。四八歳から五九歳までの、気力体力ともに安定充実した成熟の時代だった。そしてこの成熟の時代の幕開けは、あの帰郷の旅の途中に寄った、宇治興聖寺の僧大忍魯仙（一七八一―一八一一）の『無礙集』出版（一八〇五）により盛大に飾られた。そこに収められた良寛絶賛の二詩文の影響は計りしれない。魯仙が出雲崎尼瀬の出身で、良寛より二三歳も若く、出会った時は一六歳に過ぎなかったことは第7章の〈京都の良寛〉の節ですでに述べた。病弱の魯仙が文化二年（一八〇五）、二五歳にして出版を成し遂げるまでに成長したとは驚く。

魯仙と『無礙集』をもっとも早くとりあげたのは相馬御風で、『良寛を語る』（昭和一六年　博文館）の中で「大忍和尚の良寛評」として、魯仙の出自、良寛賛美の詩文を紹介している。後の記述者はほとんどこの御風の記述を踏襲しており、『無礙集』原本を手にとって精査した人はいないように思われる。ネット検索したところ、国立国会図書館古典資料室に所蔵されていたので、急遽出かけ閲覧し、かつ全部のコピー（マイクロフィルムから）も入手した。国会図書館の本は旧「鶚軒《がくけん》文庫」中の一冊【図48】。鶚軒は東京帝国大学医科大学教授土肥慶蔵（一八六六―一九三一）の号。その膨大な蔵書は没後に医学関係書は東大、文学関係書は国会図書館、その他はカリフォルニア大学バークレー校に引きとられたという。

『無礙集』の実物を手にとることが許されたのは幸運だった（普通はマイクロフィルムしか見られない）。その結果御風の伝える出版元松月堂は間違い、あるいは再版元ではないかと思うに至った。鶚軒文庫の『無礙集』には「松月堂」の記載はなく、裏表紙の見返しには、

京師六角通寺西江入町
禅林書林　柳枝軒　小川多左衛門刻

とあった。御風以後に『無礙集』に言及する人はすべて御風に倣って松月堂としているので、誤りを正しておきたい。なお、御風は『無礙集』の入手先を示していない。もしかすると魯仙の実家尼瀬の小黒家かもしれないが、もしその本に松月堂とあったのなら、それは再版の板元名かもしれない。初版元の小川多左衛門は京都の著名な出版業者の二代目で、初代は貝原益軒の著作出版で財を築き、二代は仏書出版、とくに禅林の出版を多く手掛けた著名な出版業者。屋号を「小川屋」、軒号を「柳枝軒」とする。

『無礙集　完』と表紙左に題簽を添付した本は、美しい書体の実に毅然とした楷書木版本で、立派な帙（新しく

制作されたもの）に入っていた。薄手の和紙二六×四〇センチの紙三一枚を半分に折り袋綴じにしたもので、本文二九丁からなる（表紙は別）。厚さは五ミリくらいか。全頁に枠と罫線が引いてあり、序文は一頁五行、一行一〇字、本文は一頁九行、一行一八字。すべての文に訓読の返り点が施され、初心者にも意味がとりやすい。一〇七篇が収録されており、最後の散文一篇以外はすべて詩だと内山知也はいう（『良寛研究論集』所収「良寛詩の成立」による。氏が見たのは内藤広吉氏所蔵油印本＝ガリ版）。詩はみな有題だが行を分けず縦詰めに書いてあるので、一見したところでは詩か文か私にはよくわからなかった。題は「遊方」「雑吟」「言懐」「偈作」「和可休隠翁偈」「懐父母」「偈作」「贈道人」「閑吟」といった変哲のないもので、全体としては郷里出雲崎をでてから出会った人、訪れた土地など二三歳頃までの自分の閲歴を述べる詩、および仏教的偈からなっている。「病中」「除日臥病」「病中元日」「因病辞首座職」などの自分の病を主題とする詩が多い。二三歳まで生きてきたが、その人生の半分は病床にあったとか、苦痛に七転八倒したと述べられており、実に多病の人だったようだ。

永平寺を経て文化甲子すなわち文化元年（一八〇四）夏に魯仙は越後の松之山温泉に至り、大いに気に入って十有余日滞在し、湯治と詩作を楽しんだ。松之山温泉は下越地方の山奥、長野県との県境の地で出雲崎はまだまだ遠い。魯仙は越後の地に足を踏み入れたことに満足して出雲崎までは行かず、京への帰途に就いた、と私はそれらの詩から判断した。序文末尾に「時　文化乙丑七月二二日　北越沙門大忍自題於無礙庵中」とある。文化乙丑《きのとうし》は文化二年（一八〇五）のこと。つまり魯仙は文化

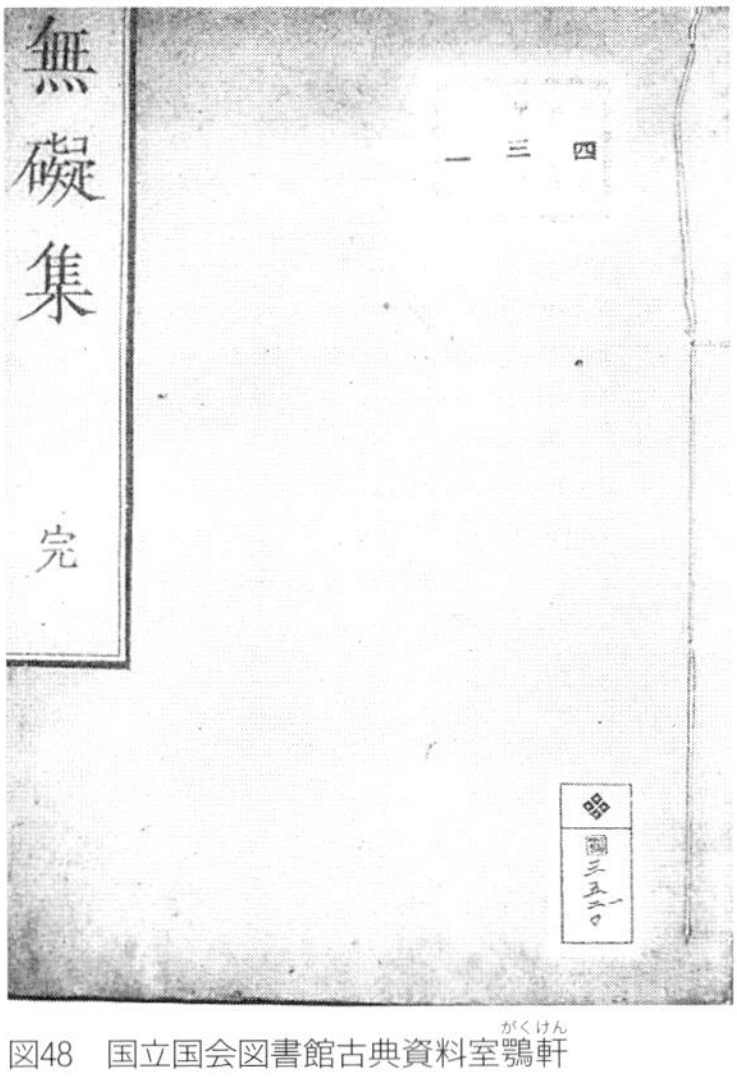

図48　国立国会図書館古典資料室鶚軒《がくけん》文庫の『無礙集』表紙

二年に在京で、興聖寺中に無礙庵という独立の住庵を得ていたとも推察される。埼玉県深谷市慶福寺住職となったのは、きっとこの出版よりかなり後のことだろう。いずれにせよ良寛が魯仙の訃報に接して、京都に別れて以来その消息を知らなかったと自作詩（第7章を参照されたい）に述べたのは正しい。また詩はすべて二三歳頃までに成った作と読み取れるので、確かに『無礙集』は二五歳頃の出版だと納得できた。見るまでは信じられなかったが。この書は、詩「懐良寛道人」【図49】と散文「読良寛道人偈」と題する良寛論を終り近くに収録していることで、特に注目される。まず二四丁裏にある「懐良寛道人」を検討してみよう。

「懐良寛道人」／良寛老禪師／如愚又如癡／心身總脱落／何物又可疑／不住名利境／不遊是非歧／朝向何處往／夕向何處歸／任他世人謍／任他世人欺／師曾到吾廬／告吾微妙辭／吾又久抱病／因師既得醫／其恩實無限／何以又報之

「良寛道人を懐《おも》ふ」／良寛老禅師／愚の如く又癡《ち》の如し

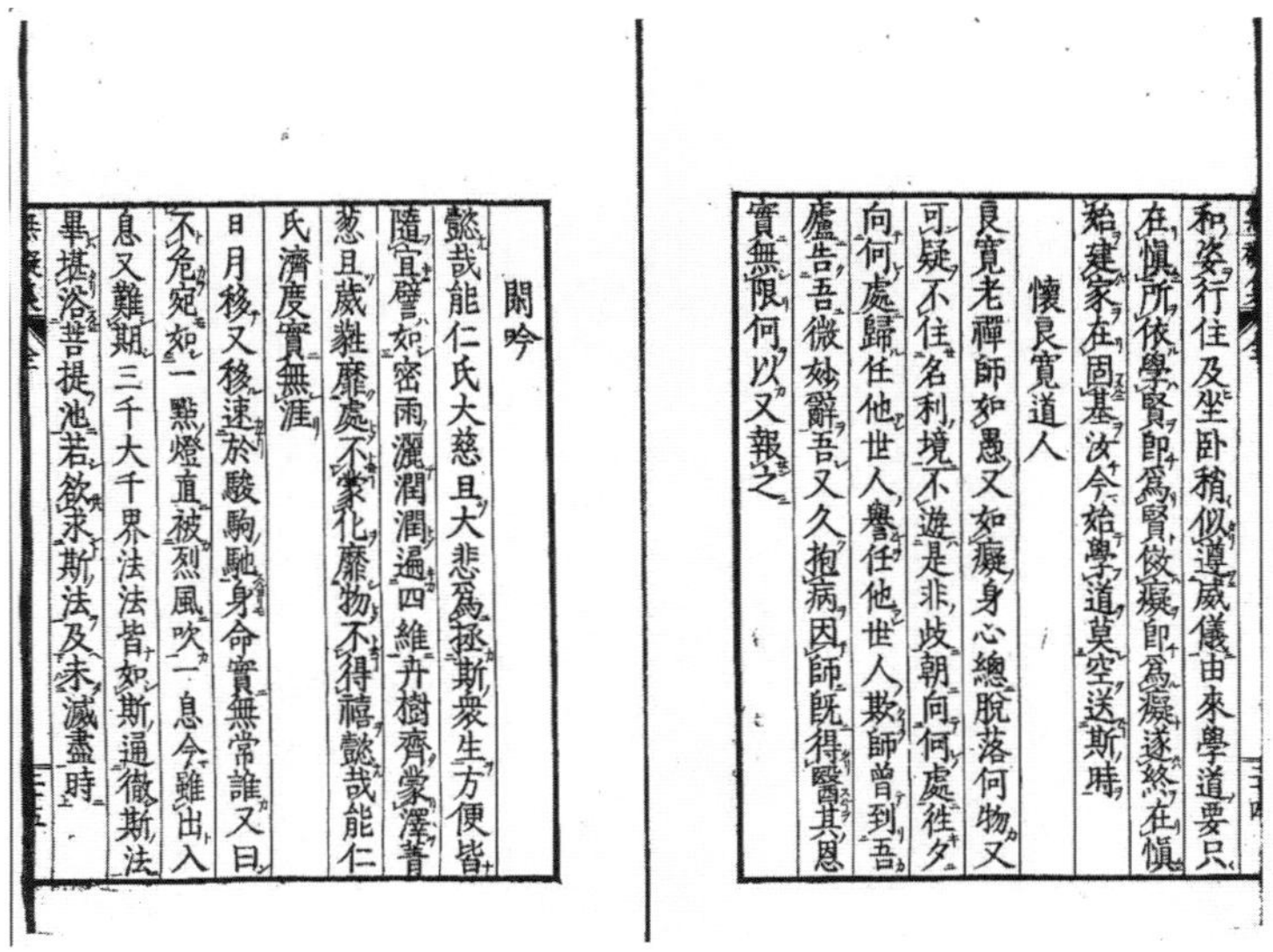
和姿行住及坐臥稍似遵威儀由來學道要只
在愼所依學賢即爲賢從癡即爲癡遂終在愼
始建家在固基汝今始學道莫空送斯時
懐良寛道人
良寛老禪師如愚又如癡身心總脱落何物又
可疑不住名利境不遊是非歧朝向何處往夕
向何處歸任他世人謍任他世人欺師曾到吾
廬告吾微妙辭吾又久抱病因師既得醫其恩
實無限何以又報之

閑吟
懿哉能仁氏大慈且大悲爲拯斯衆生方便皆
隨宜譬如密雨灑潤遍四維卉樹齊蒙澤普
慈且蔵雖靡處不蒙化靡物不得禧懿哉能仁
氏濟度實無涯
日月移又移速於駿駒馳身命實無常誰又曰
不危宛如一點燈直被烈風吹一息今雖出入
息又難期三千大千界法法皆如斯通徹斯法
畢堪浴菩提池若欲求斯法及未滅盡時

図49　『無礙集』「懐良寛道人」の頁見開き（24丁裏と25丁表）

／心身総《すべて》に脱落／何物か又疑ふ可《べけ》ん／名利の境に住せず／是非の歧《き》に遊ばず／朝《あした》に何れの處に向《むかひ》て往き／夕べに何れの處に向て帰る／任他《さもあらば》あれ世人の譽《ほむ》ることを／任他あれ世人の欺くことを／師曽《かつ》て吾が盧《いおり》に到り／吾に微妙の辭を告ぐ／吾れ又久《ひさし》く病を抱く／師に因《より》て既に醫することを得たり／其の恩実に限りなし／何を以てか又之に報ぜん

この詩は良寛が帰郷の途中、興聖寺に魯仙を訪ねたときの印象を、後に回想したもの。面会当時、魯仙は一六歳、良寛は三九歳。少年僧には良寛が老禅師と見えたとしても無理はない。それは肉体的年齢が老けて見えたというより、「心身脱落」して、つまり身も心も一切の束縛から解放されて、悟りの境地に達した人に見えたということかもしれない。また「如愚又如癡」や「任他（他人の評価にまかせる、どうぞご勝手に、の意）」という表現は、良寛が師国仙からもらった印可の偈の一節「良也如愚」や「騰々任運」を知っていることを思わせる。郷里では死ぬまで誰にも見せなかった印可の偈を、良寛はこの少年僧には見せた可能性を否定できない。今生の別れとなりそうなこの早熟病弱な少年僧に、良寛はいたく心を動かされたのだろう。このとき魯仙はすでに病気を抱えていたが、良寛の微妙な言葉によって回復し感謝していると詠う。微妙の辞で治る病気とは何だろう。幼くして親許を離れ、孤独に修行するとは実に過酷なことだから、魯仙は肉体の病に加えて精神の病をも抱えていたのではないか。良寛は適切な助言を与え、見事なカウンセラー役を果たしたらしい。精神の均衡を回復した魯仙は精進に励み、出版の頃には興聖寺で漢詩文を教授する地位にあったことが、次の評論文「読良寛道人偈」（二八丁裏、二九丁表・裏）からわかる。

「讀良寛道人偈」

余嘗得良寛道人偈數十首、而朗讀之、則其辭之所寓、不必敷麗華事妝飾、猶、淳樸之民發語只任自然、未嘗構巧偽焉。而至其旨之所託、則、淵淵乎雖片章隻句、靡不出於非思量之思量。可謂至道中之妙曲矣。會々有客難之曰、良寛道人偈、不依規格、不守體裁、只是荒唐辭而已　然師尊崇之、以爲至道中之妙曲、則不大錯耶。曰余錯與否姑致焉、汝雖視道人偈、未夢知其旨者也。苟欲知其旨、須先達至道。未達至道、則雖有至道中之妙曲、奚可得而知焉。且夫西乾之偈也、東震之詩也、本邦之歌也、率皆舒其志之所之者也。譬諸卉木、其旨也者根本也。其規格體也者枝葉也。枝葉由根本而長也。雖匪始離根本別有枝葉、而徒守其枝葉、而未知根本、則與夫衆瞽撫象之片體、而不能知全象者無異。不亦昧乎。於是客茫然失所言。余亦黙然而止焉。嗚呼斯妙曲誰拍手而和焉。

「良寛道人の偈を読む」

余嘗て良寛道人の偈数十首を得て、之を朗読するときは、則ち其の辞の寓する所、必ずしも麗華を敷き妝飾を事とせず、猶《なお》、淳朴の民の語を発するに只自然に任せて、未だ嘗て巧偽を構へざるがごとし。而して其の託する所に至りては、則、淵々乎として片章隻句と雖も、非思量の思量より出でざると云うこと靡《な》し。至道中の妙曲と謂《いい》つ可し。会々《たまたま》客あり、之を難じて曰く、良寛道人の偈は、規格に依らず体裁を守らず、ただただ、これ荒唐の辞なるのみ。然るに師これを尊崇して、以て至道中の妙曲と為すときは、則《すなわち》大に錯《あやま》るにあらずやと。曰く、余が錯りと否とは姑《しばらく》致《お》く。汝道人の偈を視ると雖も、未だ夢にだも其の旨を知らざる者なり。苟《いやしく》も其の旨を知らんと欲せば、須《すべから》く先ず至道に達すべし。未だ至道に達せざれば、即ち至道中の妙曲有りと雖も、奚《なん》ぞ得て知る可けん。且夫《そ》れ西乾の偈なるや、東震の詩なるや、本邦の歌なるや、率《すべ》て皆其の志の之《ゆ》く所を舒《の》ぶる者なり。諸《これ》を卉木《そうもく》に譬ふるに、其の旨は根本なり。其の規格体裁は枝葉なり。枝葉は根本に由りて長し。始めより根本を離れて別に枝葉有るにはあらずと雖も、而《しか》も徒に其の枝葉を守りて、未だ根本を知らざるは、即ちその衆瞽《しゅうこ》象の片体を撫して、全象を知ること能《あた》はざると、異なることなし。亦《また》昧《くら》からずやと。是に於て、客茫然として言ふ所を失す。余も亦黙然として止む。嗚呼斯の妙曲誰か手を拍つて和せん。

あるとき客がきて「先生は良寛道人の詩を絶賛なさるけれど、ちっとも詩の規格に合っていないでたらめな作ばかりじゃありませんか」と非難した。これに魯仙は答えて「お前はまだ詩の根本というものが分かってないね。規格体裁なんて枝葉だよ。根がなけりゃ枝葉は繁らない。枝葉の格好を整えることばかり気にして、詩の根本の心を理解しないようでは、群盲象を撫でるの諺のように、良寛道人の偉大さなどわかるわけがない」と諭したという。この論は明らかに良寛の有名な確信犯的詩論の二、三を知っていたことを思わせる。良寛の有名な詩論詩の一つとは次のようなものだ。

孰謂我詩詩／我詩非是詩／知我詩非詩／始可与謂詩

孰《たれ》か我《わ》が詩《し》を詩《し》なりと謂《い》ふ／我《わ》が詩《し》は是《こ》れ詩《し》に非《あら》ず／我《わ》が詩《し》の詩《し》に非《あら》ざるを知《し》つて／始《はじ》めて与《とも》に詩《し》を謂《い》ふ可《べ》し

（『定本・一・227』『文庫』未収録）

私の詩を詩だという人が誰かいるだろうか／私の詩は詩ではない／私の詩が通常の詩とは違うということを分かっている人だけが／はじめて私と両手をとりあって詩について語ることの出来る人だ

良寛の時代に諸国に広まった漢学塾において教授されていた漢詩は、内山によれば「唐代に確立した五言・七言の近体詩および古体詩である。厳密な定型・押印・平仄の技巧が求められ、それに準拠しないものは、漢詩でないと嘲笑されていた」（『定本・一・二〇頁』）という。良寛はこの点に断固として反抗する。良寛は形式にこだわって内容が空疎になることを嫌い、特に中国語に基づく押韻と平仄の技巧を無視した。内山はその理由を「平仄について無頓着であったのは、表記こそ定型の漢詩であっても、日本人が漢詩を鑑賞するときは音読みでなく訓読するからである。むしろ〈文語自由詩としての訓読漢詩〉の情趣を愛好しているといってもいい。良寛自身も訓読しながら定型の漢詩を作っていたであろう。となると、音読みにこそ必須とされる押韻・平仄の技巧は、日本人が味わう場合には意味をなさないことになりはしないか。良寛はその意味でも先駆的な見識をもっていたのである」（『定本・一・二〇頁』）と分析している。では良寛の詩が音楽的でないかというとそんなことはない。日本語の詩として訓読したときに、良寛の詩ほどに音韻の魅力に満ちている詩はそうはないと私は感じる。この良寛の確信犯的破格宣言は「草堂詩集・天巻」に初めてでてくるのだが、『定本・一』の「補遺」のなかには、次のような詩もある。

可憐好丈夫／閑居好題詩／古風凝漢魏／近体唐作師／斐然其莫章／加之以新奇／不写心中物／雖多復何為

憐《あわ》れむ可《べ》し好丈夫《こうじょうふ》／閑居《かんきょ》して好《この》んで詩《し》を題《だい》す／古風《こふう》は漢魏《かんぎ》と凝《さだ》め／近体《きんたい》は唐《とう》を師《し》と作《な》す／斐然《ひぜん》として其《そ》れ章《しょう》を莫《はか》り／之《これ》に加《くわ》ふるに新奇《しんき》を以《もつ》てす／心中《しんちゅう》の物《もの》を写《うつ》さずんば／多《おお》しと雖《いえど》も復《ま》た何《なに》をか為《な》さん

（『定本・一・558』『文庫・一七七頁』　出所は解良家横巻）

結構なことだ、立派な男子はひまにまかせて題詩を作る／古詩ならば漢や魏を絶対とみなし／近体詩ならば唐をお手本として作る／美しく章句を整え／それに加えて新奇さも盛り込んで／しかし、自分の心の中の思いを表現するのでなければ／いくら沢山作ったところで、何にもなりはしない

この「心中の物」つまり主観の表現がなければ詩作は無価値だという詩論が、魯仙の「良寛道人の偈を読む」にはそっくり受け継がれている。寛政八年の晩春頃、宇治興聖寺での邂逅以外に両者の出会いはないのだから、その時魯仙が良寛から得た数十首の詩偈のうちに、この二首の詩論詩が含まれていた可能性は高い。含まれていないにしても、良寛が若い魯仙の頭脳に、自己の確信する詩論を吹き込んだことは疑いない。『定本・一』に収録された全詩は帰国後の作とされているが、この魯仙の良寛評を読めば、柳田聖山が良寛全詩の三分の一は玉島時代の作だと推定するのも、あながち独断とは言い切れない。頭陀袋には、師国仙の印可の偈とともに玉島時代の作詩ノートが秘匿されており、良寛は請われるままに、それを魯仙に書写させたのではないか。

いずれにしても魯仙は良寛の詩偈数十首を入手し、それらを漢詩教授の教材としていた。それゆえ良寛の名と詩は魯仙によって京阪の文壇に徐々に広められ、『無礙集』出版の文化二年（一八〇五）以降は、より広範な地域にその名が高まったと見なければならない。著名な文人亀田鵬斎が文化六年（一八〇九）に江戸から良寛を訪ねてきたのも、偶然ではなかったのではないか。『無礙集』の出版があったからこそ、文化八年（一八一一）出版の『北越奇談』にも、遅れること六年ながら良寛伝が記載されたのだろう。

魯仙の『無礙集』中に「因病辞首座職」という詩があるので、二三歳前後の若さで首座《しゅそ》職（首席の僧侶）に一度は就いたこともわかる。二五歳の出版時に興聖寺にいたのだから、首座職とは興聖寺のそれ以外には考えられない。若くして著名な書肆から出版できたのも、その地位を考えれば当然なのだった。魯仙はその後、埼玉県深谷市矢島の慶福寺一五世住職となった。同寺に「文化八年（一八一一）三月九日」銘の刻まれた墓が今もある。出

雲崎の爛熟した文化的風土は、良寛に続いて魯仙という早熟の神童を生んでいたのだった。その早世が惜しまれる。良寛は生存中から名声に包まれていたが、その名声は魯仙の出版により中央文壇からまず起った。それを知った鈴木桐軒、文台兄弟が五合庵に通い、その後の詩を書写して広めたことで、越後でも良寛敬慕熱が不動のものとなった、というのが良寛生存中の名声確立の順序かもしれない。

弟由之の挫折

かように五合庵に定住した頃から、良寛への尊敬と評価はますます高まるばかりだった。ところが兄を支えるべき弟の由之はこの頃危機を迎えていた。なんと由之は、文化元年（一八〇四）に息子で名主見習の馬之助ともども、配下の小前百姓（小規模自立業者）たちから代官所へ訴えられた。その訴状の写しが敦賀屋文書中に残っているが、「非道糾明願」と表書きされたその内容には、「年中不用之人を相集、剰《あまつさえ》近年乗馬等相飼置御武家躰之身持を働候」などとあり、何の罪を犯したのかは判然としない。要するに「名主一家は我らから集めた税金を不当に使って身分不相応な贅沢をしているから、調べて欲しい」という内容に思われる。由之親子が派手な生活で小前百姓から嫉妬されていたのは事実らしく、良寛も心を痛めていた。背景には出雲崎の経済的特殊性がある。

この特殊性については、すでに第1章の〈「買受米」という名の補助金制度〉〈「巡見使」接待の甘い汁〉〈出雲崎人の商才〉の節で詳述しているので、ここでは簡略な記述にとどめるが、天領出雲崎は役人と佐渡産出金銀の渡海を請け負う特殊な業務により、年貢を免除され、一見貸金に見せかけた莫大な補助金をもらい、町民は豊かな消費生活を楽しんでいた。渡海業務は海がおだやかな春から夏（三―七月頃）に集中し、秋、冬には仕事がない。

由之は兄の天才には及ばぬものの、父以南の文才をやはり受け継ぎ、和歌を得意とし、書にも並々ならぬ個性を発揮する趣味人だった。だから役人を泊めるとき以外はガラ空きの自宅に、人を集めて歌会などを催さずにはいられない。当然、宴会となる。そのうえ、春夏の渡海業務のあるときの由之の仕事もまた宴会だった。海難事故が絶対に起こらない絶好の好天が来るまで、何日でも「日和待ち」をし、その間料亭や芸者置屋で役人を接待する。また橘屋は石井神社【図50】の神官も兼務していたので、昔から神馬の名目で馬を二頭飼い、乗り回してもいた。良寛の少年時代を回想する詩にも乗馬を示唆する句がある。そんな暮らしぶりは嫉妬の的にもなりやすかった。

名主の重要な任務は、通常は年貢の徴収であろうが、出雲崎の場合は貸付金をよそおった補助金を管理分配することだったのではないか。ところが由之は経理が苦手らしく、「町入用（町の運営のために使う税金）」の使い方の明細帳簿を作っていなかった。小前百姓たちは、町入用を由之が私的に流用して遊び暮らしているとみなし、代官所へ訴えたのである。町入用といっても出雲崎の場合には実際に町民から取り立てるのではなく、買受米貸付金七〇〇両のうちからプールされた二〇〇両をさすものと、私は『町史』の煩雑難解な文書類から推定する。それほどの額を町内維持に必要ではないので、残りを配分する習慣だったのに由之が行わなかったので訴訟となったらしい。訴状が曖昧模糊としているのは、昔から表向き買受米は借金であり、すべて返済納付した年貢と見せかけるよう書類を作る慣習になっているためと思われる。本当に由之が小前百

図50　石井神社（左側　山を登った方。右は住吉神社）（筆者撮影）

姓から厳しく税を取り立てて、それを個人的に流用し、上納しなかったのなら、役所はすぐにも由之を追究したことだろう。しかし実のところは補助金分配の内輪もめに過ぎないから、代官所は関係ないこととして何年間も取り合わなかった。しかし訴状は毎年のように提出されるので、とうとう放っておけず、最初の訴えから六年後の文化七年（一八一〇）に、代官所は最終的に由之に有罪判決を下し、家財没収、所払いの処分をした。由之も、不正使用ではなく公務のために使ったとかなり抗弁したが、結局その乱脈経理を正当化することは出来なかった。次のような良寛の手紙【図51】の存在は、この裁定があながち不当ではなかったと思わせる。

（春毛理宛書簡）

人も三十四十**遠**
越**天者**お**東**ろへ
由久毛乃奈礼者
随分御養生可被
遊候大酒飽淫
波實**尓**命遠
き留斧**奈利**
由め〱**春**こさぬ
よふ**尓**あ**所者留**《さ》
へ**久**候　七尺**乃**
屏風**毛**お**東良**

人も三十四十を
超ては　おとろへ
ゆくものなれば
随分御養生可被
遊《あそばさるべく》　候《さうろふ》。大酒飽淫
は実に命を
きる斧なり
ゆめ〱すごさぬ
よふにあそばさる
べく候。七尺の
屏風も　おどら

者奈堂可超さ
良む　羅綾**能**
袂**毛比可波奈**
東加堂へさ**良**む
遠能礼本里春留
堂ころ**奈利東毛**
制セ**波奈東可**
や**未**さ**良**む

春毛理老　良寛

ばなどか超さざ
らむ。羅綾の
袂《たもと》も　ひかばな
どかたへざらむ
をのれほりする
ところなりとも
制せば　などか
やまざらむ

すもり老　良寛

（太字表記は草仮名の使用を表わす）

人も三十、四十を過ぎると、衰えて行くものなのだから、随分と節制なさるべきです。大酒、うんざりするほど色情に溺れることは、実に命を切る斧のようなものです。ゆめゆめ度を越さぬようになさっていただきたいものです。七尺の屏風も身を躍らせるならば、どうして越えられないことがありましょうか。薄絹や綾織の立派な着物の袂なら、強く引っ張ても切れはしないものです。自分の欲望であっても、（あなた

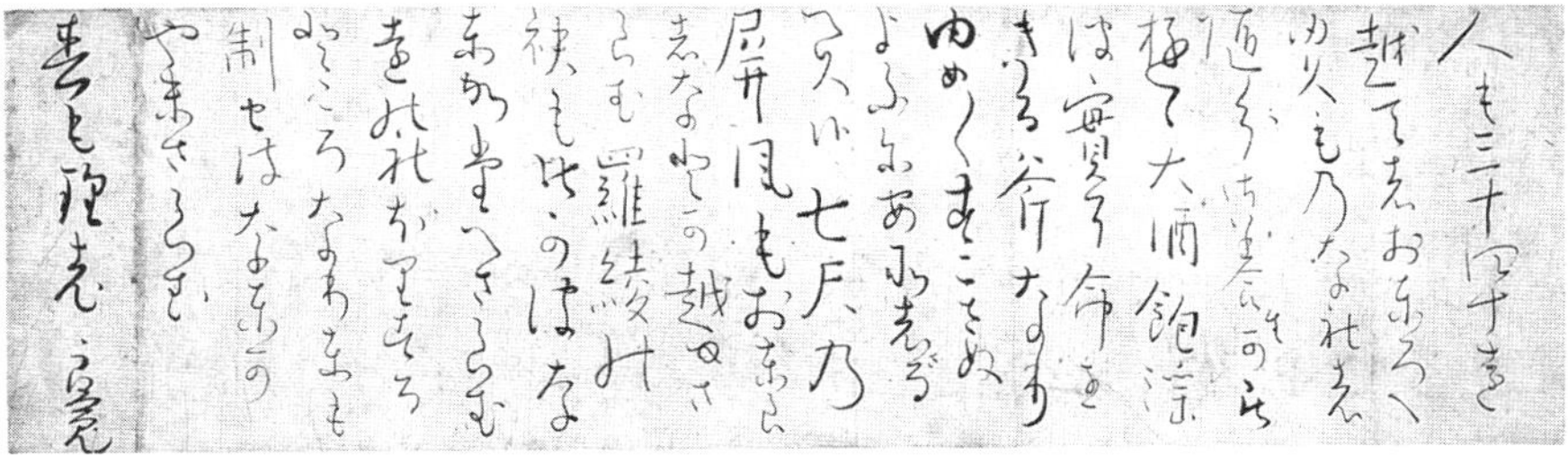

図51　良寛の手紙「人も三十四十を越えては」　　出雲崎　良寛記念館

（春毛理宛書簡）
人も三十四十遠
越天者お東ろへ
由久毛乃奈礼者
随分御養生可被
遊候大酒飽淫
波實尓命遠
き留斧奈利
由めく〳〵春こさぬ
よふ尓あ所者《さ》留
へ久候　七尺乃
屏風毛お東良
者奈堂可超さ
良む　羅綾能
袂毛比可波奈
東加堂へさ良む
遠能礼本里春留
堂ころ奈利東毛
制セ波奈東可
や未さ良む

春毛理老　良寛

は羅綾の質なのだから）自制するならば、どうして止められないことがありましょうか。

すもり様　　良寛

「七尺の屏風もおどらばなどか超さざらむ。羅綾の袂もひかばなどかたへざらむ」とは、東郷豊治によれば『平家物語』の一節からであり、『定本・三』の編者によれば、『平家物語』にも謡曲「紅葉狩」「沈設弓張月」「太平記」にもあるが、直接には琴唄からであろうという。反語なので、「などか超さざらむ」は「どうして超さないことがあろうか。超すことが出来る」の意となる。つまり、二メートルの屏風も跳躍すれば越えられるのだから欲望を意志で乗越えることは出来るはずだという。「羅綾《らりょう》の袂も　ひかばなどかたへざらむ」は前節と対句なので、訳せば「どうして耐えないことがあろうか。耐えることが出来る」となる。羅や綾という本質的に上等の織物はちょっとやそっと引っ張っても切れるものではない、つまり、君は羅綾のように、本質的に上等な人間なのだから、俗な誘惑に負けてボロボロになるはずはない、という意味になろう。

このおだてながら説教する名文の手紙は、「非道糾明願」が提出された文化元年前後、つまり、不定住時代末期から五合庵定住時代初期の間（一八〇〇―〇五年頃）に書かれたと推定できる。それゆえ、良寛行書の初期の筆跡と限定される点でまず貴重。さらに意味の的中した漢字と、意味に関係なく音だけに的中した草仮名（草仮名については後述するが、太字にしたところはすべて草仮名）と、平仮名とカタカナが混在する点も書の様式美という点から注目される。由之も身にしみたらしく、この美しい手紙を大切に保管した。

さてこの飽淫ということは、由之に限らず出雲崎の特殊性からくる、町にしみこんだ風潮だったことを証言する資料が、『出雲崎町史・通史編・上』『出雲崎町史・資料編Ⅱ・近世（二）』に載っている。第4章でも少し述べたが、それは寛政九年から一二年（一七九七―一八〇〇）にかけて、ふらりと出雲崎にやってきて船橋の内藤家

（船橋は尼瀬から内陸に二キロほど入った村で、尼瀬の年寄内藤家が寛政七年に移住し、代々庄屋をつとめた）の食客となり、三年近くも逗留した新楽《にいら》間叟《かんそう》（一七六四―一八二七）が残した「間叟雑録」（東京都町田市公益財団法人無窮会所蔵）である。その内容は、江戸の友人に出雲崎の生活を報告する書簡の形式をとっているが、実に詳細を極めていること、友人間の回覧が指示されていること、三年間の書簡が製本されて専門的図書館に保存されていることなどから考えて、単なる私信ではなさそうだ。そこに具体的に述べられた出雲崎の遊郭の規模、遊郭経営者の多角経営ぶり、妓楼の建築構造、芸妓、遊女の容貌や年齢と暮らしぶり、料理のメニュー、とれる海産物の種類、蝦夷地との交易の様子、盆踊りの熱狂、造船の技術や規模等々は、一八〇〇年前後の出雲崎をまさに映画でもみるように活写して余すところがない。出雲崎史を記述するうえで不可欠の資料となっている。

　間叟は、七弦琴の名手で詩や書をよくする文人という。出雲崎に来たときの年齢は三〇代半ばか。ただ文人というだけの遊興の徒を、かくも長きにわたって厚遇するのは不思議に思われるが、間叟は浪人をよそおった幕臣、または準幕臣らしい。のちに幕府のエトロフ島調査船に雇われ医師として随行している（一八〇五―〇六）ので、町史執筆者は「間叟の出雲崎での数年間は、蝦夷地の情報を入手するのが目的であったのではないだろうか」（『町史・通史編・上・八一二頁』）と推定した。つまり補助金をむしりとられている町に、幕府がさしむけた密偵、と町史執筆者は睨んでいるようだ。幕末に敦賀屋が幕府からカラフト開発を命じられ、散財させられたこととも密接な関係がありそうな町史の記述である。

　この謎の人物間叟が「雑録」に記載した出雲崎の妓楼の実体については、すでに第4章で一部を引用したが、中華楼という妓楼における二昼夜に及ぶ蕩尽ぶりの記述は凄まじいばかりだ。そのお相手をしたのが浄玄寺住職五羊和尚と書かれているが、この人物は良寛の末の妹みかが嫁した人かもしれない。間叟は「この国の遊宴を事とするや、他の国にはなき事也、色食は富めるといふべし」とか「出雲崎は酒色肉三ッ東都にまさること万々なり、落第書生の居るべき楽園也」などと書き送っている。寄食浪人や僧でさえこうなのだから、接待が公務の由之が酒色に浸るのは、あながち自堕落のせいばかりともいえない。出雲崎育ちの良寛は木石ではない。説教には背景を理解しているやさしさが感じられる。

しかし由之のこの遊蕩生活も文化七年（一八一〇）の敗訴決定、家財没収、所払いにより不可能となった。そのうえ同年五月に妻やす子は四二歳の若さで病没、一方、息子馬之助には長男泰世が誕生するなど、まったく文化七年は由之にとって、目まぐるしく人生の変転した年だった。けれどもこの変転は、由之にとっては、俗世間からの解放だったともいえる。橘屋の資産は家財取り上げくらいで揺らぐものではなかったらしく、追放後に由之は与板（父以南の実家の地）の中心の一等地（中川家の邸内とされる）に松下庵という名の庵【図52】を結んだ。そして和歌の宗匠として旅に明け暮れ、大酒飽淫からも遠ざかり、兄と親しく手紙【図53】や歌を交わすなど文人として充実した後半生を送り、兄良寛の死をみとり、三年後の一八三四年に七三歳の天寿をまっとうした。息子馬之助は出雲崎の名主にこそ復帰できなかったが、間もなく出雲崎に隣接する井鼻の庄屋になれたし、幕末の文書には出雲崎の年寄に新左衛門という名もみえるので、橘屋の家門は立派に後世に続いたと考えられる。家門の繁栄など良寛にとってはどうでもよいことで、由之の失脚にもそれほど心を悩ました風はないが、その説教の手紙があまりにも見事で、書家良寛の誕生を告げる嚆矢の作に思われるところから、ここにとりあげた。

なおこの由之失脚が、敦賀屋の扇動によるという従来説は完全な誤解であることはすでに第2章の最終節で述べた。敦賀屋の一〇代目長兵衛も由之と共同責任をとって同年に引退し、鳥井直右衛門を名乗り、余生を文人として良寛と親しく交流したことは、二通の良寛の直衛右門宛て書簡（『定本・三・書簡・170・171』）が証明している。

ところで二〇一四年に良寛記念館を久しぶりに訪れた折に、両家不仲説を否定するもっと強力な遺墨が存在することに、遅ればせながら気付いたので、ここに紹介しておきたい。それは「書与某氏（書して某氏に与ふ）」という表題を持つ長文遺墨【図54】で、ほぼ全紙大の紙（一〇三×五五センチ）に書かれ軸装されている。加藤僖一解説では「楷書、行書、草書がいりまじっており、一種の破体書ともいえよう。行は自然にうねり、文字も大小入

図52　由之が与板の中心街に結んだ庵　松下庵（筆者撮影）

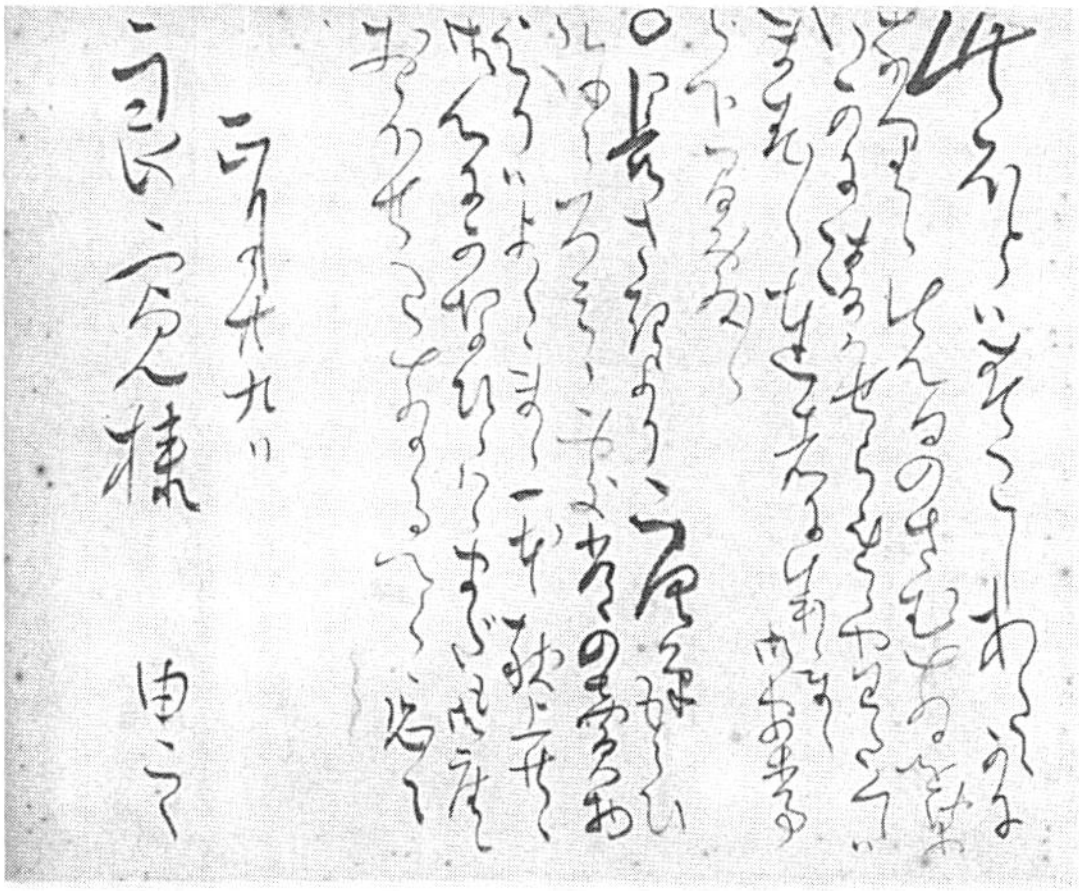

図53　由之の良寛宛書簡「此のほどは」（島崎時代のもの）　木村家

此本とハ春こし安多々可尓
奈里候先日のさむ散を婆
い可尓凌可せら連候や王多くしハ
ま春〳〵　達者尓な利候まゝ
　御案事
被下間敷候
○長さ起より唐筆もらひ
許々呂ミ候處常の賣物
与りハよく候まゝ一本献上仕候
御心尓可なひ候ハゞま多も御座候
お本せく多散るべく候　恐々
　正月廿九日　由之
良寛様

このほどは、すこし暖かに
なり候。先日の寒さをば
いかに凌がされ候や。私は
ますます達者になり候まゝ
　ご案じ
下されまじく候
○長崎より唐筆もらひ
試み候ところ常の売物
よりは良く候まま、一本献上仕り候
御心にかなひ候らはば、まだも御座候
おほせ下さるべく候　恐々

り乱れ、かつ墨量の変化があって、頗る立体感に富む名品である」とある（『良寛記念館と出雲崎』五六頁）。その書体は、様式をめぐって試行錯誤をくりかえしていた五合庵期のものかと私は感じた。

この遺墨では某氏となっているが、玉木礼吉『良寛全集』収録作（九九頁）は「某氏」が「敦賀屋氏」となっており、『定本・三』もこの説を踏襲して「書与敦賀屋氏（出雲崎町鳥井義質氏宗家）」としている（『定本・三・438・440』）。某氏を鳥井直右衛門と考えると、従来の不仲説では説明できなかったこの遺墨の成立事情がみえてくる。直右衛門は、一五歳前後で敦賀屋に入婿して以来、資産家敦賀屋の身代を増やすことや小役人業務に汲々としてきた。ところが思いがけない経緯から隠居を余儀なくされて、余生の生き方に悩んだのだろう。そこで尊敬する良寛に、これからの人生の指針を書いて欲しいと依頼したのではないか。

「古来、君子といわれるような人物は、物欲に支配されず、物に心を寄せてその感興を楽しんだ。あなたも何か心を寄せる対象を選んで趣味に生きなさい」と良寛はいう。直右衛門が良寛の助言通りに、学問や詩書画に心を寄せる文人的余生を送ったことを思えば、従来の両家不仲説がいかに現実からかけ離れていたかが納得されよう。

親友左一との再会とわかれ

五合庵定住期初期の良寛に深い悲しみを与えた出来事は、由之の失脚より親友左一の死だった。三輪左一（？―一八〇七）の名は自分の署名をみると「左市」となっているが、良寛は一貫して左一と表記しているので、ここでも左一とする。彼については、すでに第4章の〈謳歌する青春――子陽塾での交友〉の節で少しふれたが、地蔵堂の子陽塾で良寛、富取之則、三輪左一は「煙霞の期」を共有する仲良し三人組だったようだ。三人とも優秀かつ野心に溢れる青年で、良寛は玉島に、之則は江戸に、左一は多分大阪に雄飛した。

ところが良寛が帰郷してみると、之則はすでに失意のうちに亡くなっていた。左一は一時大阪にあって米の取引で名をあげたというが、病を得て帰郷し、実家で療養の身だった。多分結核と推定される。左一の年齢は不明だが、三輪家五代多仲長旧の三男で、第六代多仲長高の末弟とされる。一方、長高の娘維馨尼は一七六四年生ま

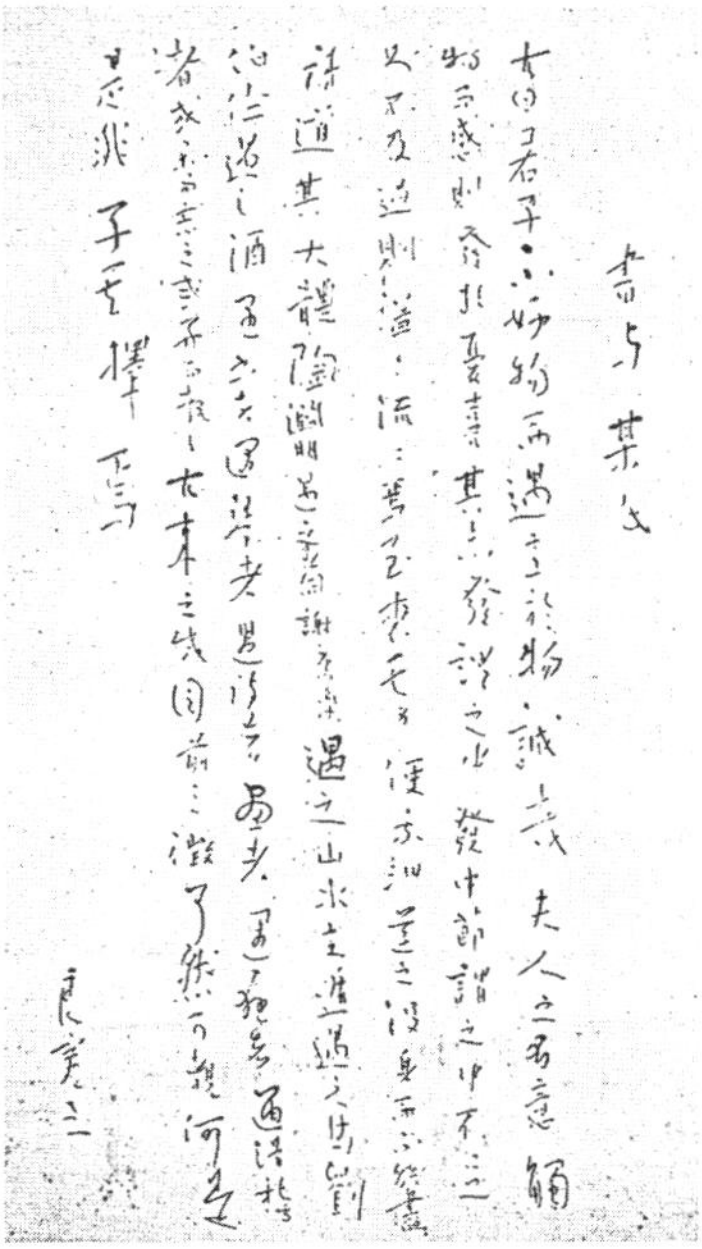

図54　「書与某氏」　出雲崎　良寛記念館

書して某氏に与う

古《いにしえ》に曰《いわ》く、君子は物を好まずして意を物に遇せしむとは誠なる哉《かな》。夫れ人の意有るは、物に触れて感ずれば則《すなわ》ち憂喜を発す。其れ未《いま》だ発せざる、之《これ》を中と謂《い》い、発して節に中《あた》る、之を和と謂う。足らざれば則ち及ばず、過《す》ぐれば則ち溢《あふ》れ、溢るれば則ち流る。流れて其の身を喪《うしな》うに至らん。我《われ》をして細かに之を道《い》わしめんに、身を没するも尽くす能《あた》わじ。請《こ》う、其の大体を道《い》わん。陶淵明《とうえんめい》は之を菊に遇し、謝康楽《しゃこうらく》は之を山水に遇し、支遁《しとん》は之を馬に遇し、劉伯倫《りゅうはくりん》は之を酒に遇し、書に遇する者、琴に遇する者、詩に遇する者、画に遇する者、狂に遇する者、滑稽に遇する者、或は楽しみて之を忘れ、或は好みて之を執《と》る。古来の感、目前の徴、了然として観《み》るべし。何れか是なる。是非は子《し》其《そ》れ焉《これ》を択べ。

古曰　君子不好物而遇意於物　誠哉　夫人之有意　触
物而感則發於憂喜　其未發謂之中　發中節謂之和　不足
則不及　過則溢　溢流　流焉至喪其身　使我細道之　没身而不能盡
請道其大體　陶淵明遇之菊　謝康楽遇之山水　支遁遇之馬　劉
伯倫遇之酒　遇書者（者＝脱字）遇琴者　遇詩者　遇（遇＝脱字）畫者　遇狂者　遇滑稽
者　或楽而忘之　或好而執之　古来之感　目前之徴　了然可覩　何是
是非　子其擇焉
良寛書

れなので、伯父にあたる左一は少なくとも五、六歳以上は姪の維馨尼より年長なのではないか。多分良寛と同年かやや年長くらいだろうか。『定本・三』の解説では、妻より三歳年長と仮定すると四七歳で没したか、となっている。左一が没した文化四年（一八〇七）に良寛は五〇歳なので、『定本・三』は良寛より三歳年下と推定していることになる。いずれにしても、ふたりの年齢は接近しており、良寛帰郷後一一年間左一は生存していた。

良寛が帰郷した当初、左一はさほど重症ではなく、まだ外出する体力があった。左一宛の良寛の手紙は三通残っているが、そのうち一番早いと思われる手紙を挙げてみよう。左一がせっかく五合庵を訪れてくれたのに、あいにく留守にしていた良寛が、その留守の理由を述べたもの。手紙といっても、漢学塾に学んだ二人の交わす手紙は詩である。

光照寺の御隠居破了和尚病気にて、飛脚参り、出雲崎へ帰り候。其跡へ御尋被下《おたずねくだされ》、不及面談《めんだんにおよばず》、
残惜奉存候《のこりおしくぞんじたてまつりさうらふ》。聊以偈換書札《いささかげをもつてしよさつにかへん》。
早訪師兄病／得得携瓶之／海闊一雁遠／満山秋木時
早《つと》に師兄《すひん》の病《やまひ》を訪《とぶら》はんと／得得《とくとく》　瓶《びやう》を携《たずさ》へて之《ゆ》く／海闊《うみひろ》くして一雁遠《いちがんとほ》く／満山秋木《まんざんしうぼく》の時《とき》

良寛

三輪左一居士

（『定本・三・297・299』『文庫・一八二頁』）

光照寺の玄乗破了和尚が病気だと飛脚が知らせてきたので、私は出雲崎へ帰っておりました。そのあとにお訪ね下さったのですが、お目にかかりお話することができず、残念に存じます。そこで詩偈をお贈りしてあなたへのお手紙に換えさせていただきます。

朝早く　病気の兄弟子見舞おうと／てくてく瓶をぶらさげ行けば／海はひろびろ　雁は一列遠い空／山という山
木々はみんな秋の色

病気見舞にしてはいたって陽気な詩だ。「得得」はてくてくと歩く様子の形容と同時に、瓶の中の液体が揺れる音も連想させる。瓶の中に入っていたのは酒？　破了和尚が亡くなったのはこの手紙の頃よりずっと後なので、出雲崎に行きたがらない良寛を、破了は病気を口実に呼び寄せたと思われる。良寛もその点はよく心得て、楽しげに酒瓶をぶらぶらさせながら出雲崎へ向かったのだろう。五合庵から光照寺まで一五キロくらいだろうか。山を下り、野積から寺泊の海沿いの一本道を南下する道程、秋晴れの早朝に出発した。進行方向の右手はずっと海、好天で波はおだやか、そして左手をみればさして高くはないが、切れ目のない海岸段丘が出雲崎まで続いている。ほとんどが雑木山なので紅葉が美しい。お昼少し前頃の到着だったろうか。多分四〇歳を超えたばかりで、健脚の良寛には気持のいい遠足程度かもしれないが、日帰りは無理な距離だ。運悪く左一はたまたま良寛が不在の日にきてしまったのである。与板から五合庵までは一二、三キロくらいか。与板から信濃川を地蔵堂まで舟で下れば、歩くのは五キロほどで済む。廻船問屋の三輪家のことだから、病身の左一のために、きっと舟を出したに違いないなどと想像する。

左一は訪問のしるしに詩を書き置きしていったようだ。それを読んで、良寛もさっそく留守の言い訳にこの詩偈を書いて村人に託し、後日みずから与板の左一を訪ねたのではないか。帰郷後しばらくの間、二人は何度か往来した形跡がある。なんといっても左一は漢詩を媒介として思想的なことを語り合えるインテリだったから、良寛にとっては貴重な存在だった。また、良寛が左一に「居士」と敬称を付けていることから、左一は在家の禅の修行者だったともみられる。左一の最初の五合庵訪問を良寛帰郷の翌年、つまり寛政九年（一七九七）の秋とすると、翌年寛政一〇年（一七九八）の春頃にも、左一の五合庵訪問の推定される詩がある。

「暁送左一」／依稀松羅月／送君下翠微／自茲朝又夕／寥寥掩柴扉

「暁《あかつき》に左一《さいち》を送《おく》る」／依稀《いき》たり松蘿《しょうら》の月／君《きみ》を送《おく》りて翠微《すいび》を下《くだ》る／茲《こ》れ自《よ》り朝《あした》又《ま》た夕《ゆう》べ／寥寥《りょうりょう》として柴扉《さいひ》を掩《おお》はん
（『定本・一・100・134・247・526』『文庫・一八二頁』）

「夜明けに左一を送る」
蔦のからんだ松越しにおぼろな月がかかる明け方／君を送って緑の萌えだした山腹を下った／これからまた朝も夕も／一人さびしく柴の戸を閉ざすのかと思いながら

おぼろ月で若草がかすかに萌えだした頃とすれば、ときは早春。左一が訪ねてきてくれたので、夢中で語るうち夜が白んできた。我に返って病身の左一をいたわりつつ山麓まで送っていく。そして、ああ、明日からはまた一人ぼっちだと良寛は嘆く。左一は徐々に弱りつつあるので、もう山を登って訪ねてきてくれることは無理だろう、と良寛は思ったのかもしれない。この早春の訪問からしばらくして、左一は次のような手紙【図55】を良寛に送った。三月二五日の年記がある。旧暦の三月末だから今の四月末だが、春の遅い越後は、梅も桜もこの頃なのだ。寛政一〇年（一七九八）晩春と推定しておこう。

春雨中臥病　春雨《しゅんう》の中《うち》、病《やまい》に臥《ふ》し

賦呈　風邪起居自在
寛上人換柬
晩恨春風散白梅
朝看夜雨長蒼苔
空閑漫学維摩室
未見文殊問病来
　　相隋来
良寛尊者　三輪左市
　　三月廿五日

賦《ふ》を呈し　風邪ながら起居自在
寛上人《かんしようにん》への柬《かん》に換《か》ふ
晩《ばん》には春風《しゆんぷう》の白梅《はくばい》を散《ち》らすを恨《うら》み
朝《あした》には夜雨《やう》に蒼苔《そうたい》の長《なが》きを看《み》る
空閑漫《くうかんみだ》りに維摩《ゆいま》の室《しつ》を学《まな》ぶも
未《いま》だ文殊《もんじゆ》の病《やまい》を問《と》ひ来《く》るを見《み》ず

（『定本・三・300・301』 谷川敏朗『校注　良寛全詩集』218の詩の解説文中に引用あり）


春雨の中、病に臥せっておりますが、詩を作って良寛上人に進呈し、手紙に換えさせていただきます。

　私は風邪をひいてはおりますが、起居は自在です。

昨晩は春風が白梅を散らすのを恨みました／今朝は夜の雨が庭の緑の苔をいっそうのばしたのを見ました／閑なのでとりとめもなく自室を維摩の部屋にみたてておりますが／まだ文殊菩薩は病める維摩を見舞いに来てはくださいません

次第に左一は弱ってきたようだ。「起居自在」と強がってはいるが、もう国上山の中腹まで登って行く元気はないらしい。「良寛上人よ、文殊は病める維摩を見舞に現れたといいますが、わたしも在家で維摩のまねごとをするものです。文殊菩薩にも等しいあなたにおいでいただければ、私はどんなに嬉しいことか」と暗に来訪を請

図55　三輪左一の偈　「没後百五十年　良寛」展カタログより転写
寛政一〇年（一七九八）晩春頃か

「相随來」の書き込みは、この手紙を良寛が持って見舞に来て、
返してくれたことを左一自身が書きこんだものと、筆者は推定する。

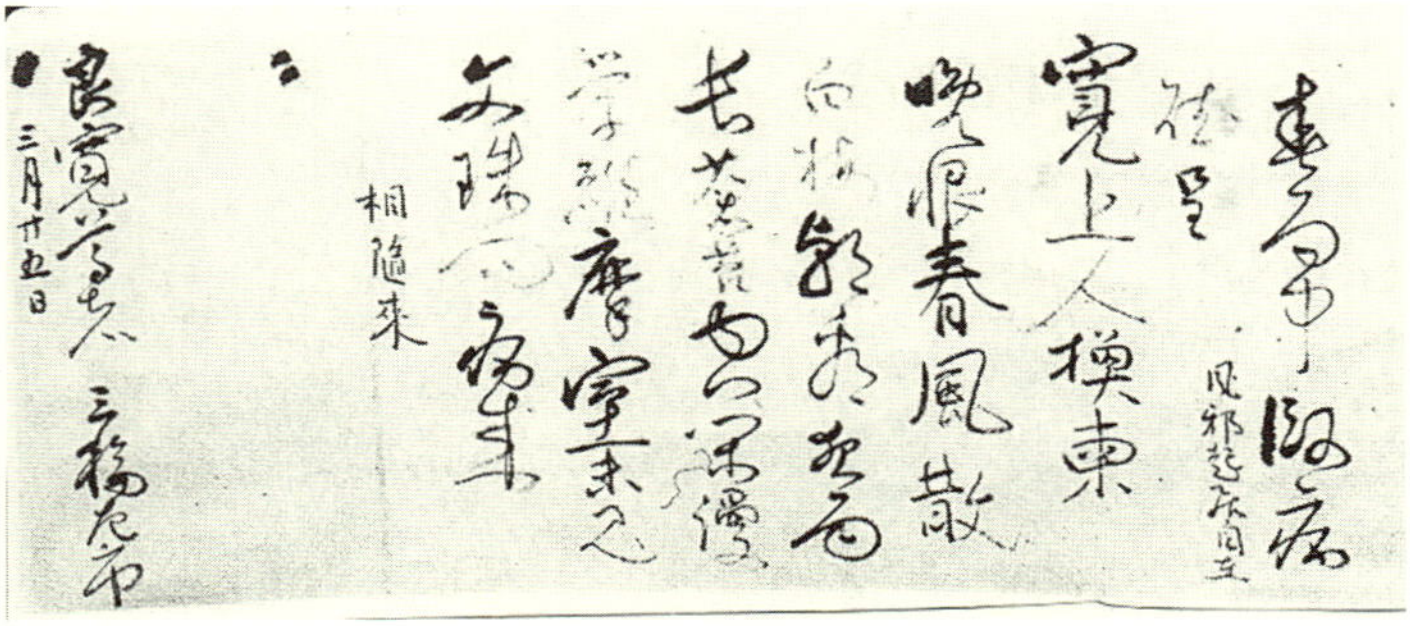

春雨中臥病
賦呈　風邪起居自在
寛上人換柬
晩恨春風散
白梅朝看夜雨
長蒼苔空閑漫
学維摩室未見
文殊問病来
相隋来
良寛尊者　三輪左市
三月廿五日

春雨《しゅんう》の中《うち》、病《やまい》に臥《ふ》し
賦《ふ》を呈し　風邪ながら起居自在
寛上人《かんしょうにん》への柬《かん》に換《か》ふ
晩《ばん》には春風《しゅんぷう》の散《ち》らすを恨《うら》み
白梅《はくばい》を　朝《あした》には夜雨《やう》に看《み》る
蒼苔《そうたい》の長《なが》きを　空閑漫《くうかんみだ》りに
維摩《ゆいま》の室《しつ》を学《まな》ぶも　未《いま》だ見《み》ず
文殊《もんじゅ》の病《やまい》を問《と》ひ来るを

うている。かつて学友だった良寛を上人、尊者と最上級の敬称で表現していることに、左一の良寛評価の高さが表れている。学問と禅修行をした左一には、良寛が禅僧としても文人としても希有な天才として開花しつつあることがよく見えたのだろう。こんな素晴らしい手紙をもらった良寛は大急ぎで駆けつけたに違いない。そして左一の病室で二人は無言のうちに深い思いを交わしたのだった。次の詩は左一の枕元で作られたものと私は考える。

「即事」／対君君不語／不語意悠哉／帙散牀頭書／雨灑簾前梅

「即事《そくじ》」／君《きみ》に対《たい》すれども君語《きみかた》らず／語《かた》らざれども意《こころ》悠《ゆう》なるかな／帙《ちつ》は散《さん》ず牀頭《しょうとう》の書《しょ》／雨《あめ》は灑《そそ》ぐ簾前《れんぜん》の梅《うめ》

（『定本・一・105・256・527』『文庫・未収録』）

「即興詩」
君と向かい合っているのだが、君は何にも語らない／語らなくていいのだよ、君の心を私はよく知る友だから／枕元には書物の山、帙は散らばる、そこここに／春雨は降る、すだれの前の梅の花に

大坂屋三輪家は与板きっての豪商だから、病を得て帰郷した左一のために、療養の家を建てたと私は思う。江戸時代に結核は労咳《ろうがい》と呼ばれていたが、伝染性であることは知られていたので、本宅とはやや離れた場所に建てたのではないか。それが現在は楽山苑として保存されている三輪家別荘（別墅《べっしょ》として後にとりあげる良寛の詩にでてくる）だ【図56】。この美しい数寄屋風の建築は、明治期の再建だということに注意しなければならない。小高い丘の上の風通しと日当たりの良い敷地は、療養の家としては理想的だ。最初の家は、敷地も建築規模も現在のもの

とさほど変わらないかもしれないが、窓や戸はガラス戸ではなく、障子や板戸で、屋根も茅葺か木端葺だったと思われる。庭に面した部屋には床が延べられており、左一が横になっている。枕元には書物が積み上げてあり、書物を包んでいた帙がそこかしこに散乱している。明かりをとるために明けた障子窓の先には簾がつるしてあり、その簾越しに雨に打たれる花をつけた梅の木がみえるという室内風景を、左一は病気療養する維摩の部屋に見立てた。

　維摩は『維摩経』の主人公。もちろん伝説上の人物だが、『維摩経』では、釈迦の愛弟子でかつ富豪、在家ながら並みいる菩薩たちを論破する筋金入りの論客という設定になっている。ある日、病気の維摩を見舞にいくよう釈迦が菩薩たちに命じたが、論破されることを恐れて、みんな尻込みする。そこでもっとも知恵者の誉れ高い文殊が代表になり、他の仏弟子を引き連れて維摩を見舞いに行く。そして沈黙の対決によって維摩を信服させたというのが、物語仕立ての『維摩経』の粗筋という。「帙は散ず牀頭の書」は、智の充満した維摩の病室のイメージと、左一のそれを重ねたもの。二人は文殊と維摩のように、黙って向き合い眼を見つめるだけでお互いの考えを分かり合える仲であり、詩の交換は会話より深く互いの想いを確かめ合う手段だった。

　この詩の「君」を、良寛の母の遺品の石の小地蔵に呼びかけたもの、とする解釈が古くからなされているという（『定本・一・105　解説参照』）が、私はこの解釈には納得できない。その枕地蔵といわれる小仏像は佐渡の民芸品で、母の遺物だったとされる。良寛の死後に遺品中から発見されたというが、なんの根拠も示されてはいない。

図56　与板　三輪家別荘楽山苑入口（2001年2月21日　筆者撮影）

現在は良寛堂のなかの石塔にはめ込まれているが、良寛が毎日この像を拝んでいたなどということは、私には信じがたい。この不出来な小像が良寛の所蔵だったという証拠はないし、良寛の詩文にこの小地蔵を詠った作も存在しない。それに良寛が偶像崇拝者であるはずはないとも思う。

「君」を左一ととれば、「即事」の詩は、左一が手紙代わりに届けさせた詩にぴったり対応する。左一の病室での良寛と左一の無言の対話は維摩と文殊のそれに重なって一幅の絵画のようだ。法隆寺五重塔の塑造群像中の維摩と文殊の対面の場面も思い出される。この詩が「草堂詩集　地巻」において「左一大丈夫」（後述）の詩の前に位置づけられていることも、「君」が左一であることを示している。

さらに、詩集に収録されていないが五言対句になった素晴らしい対幅遺墨「君看双眼色（君看よ双眼の色を）」「不語似無憂（語らざるは憂い無きに似たり）」【図57】も、書として成立した時期はもっと後かもしれないが（通常島崎時代とされている）、内容はこの左一見舞の詩に由来している。良寛と左一はお互いの眼を見つめ合っているだけで、心満たされる親友だった。「無憂」の「無」の字の驚異的奇想天外な記号化と、長く優美に引き延ばされた「憂」の字は一体となって、良寛の心の無限の悲しさを表わしている。言葉にならないほどの深い憂いのあればこそ、憂いよ消えよとの強い思いが無の字に呪力を与えたかのようだ。この一対の二行書は、維摩と文殊の無言の対決を踏まえた、左一と良寛の友情の対峙なのではないだろうか。対句自体は臨済宗中興の祖白隠が大燈国師の著作『大燈録』を解題した『槐安国語』中にもあるというが、良寛がその書を読んだ証拠はない。おそらく、源は三者が共通に学んだ古い経典なのかもしれない。しかし、良寛の書にはなにか痛切な臨場感がある。じっとみていると双幅はどちらが良寛か左一か決めかねるが、無言で対峙する両者に見えてくる。

この晩春の会見からあっというまに暑い夏がやってきた。良寛はまた左一に会いたくてたまらず、五言律詩の手紙を人に託した【図58】。この手紙は、従来文化二年頃と推定されているが、私はもっと早い寛政一〇年（一七

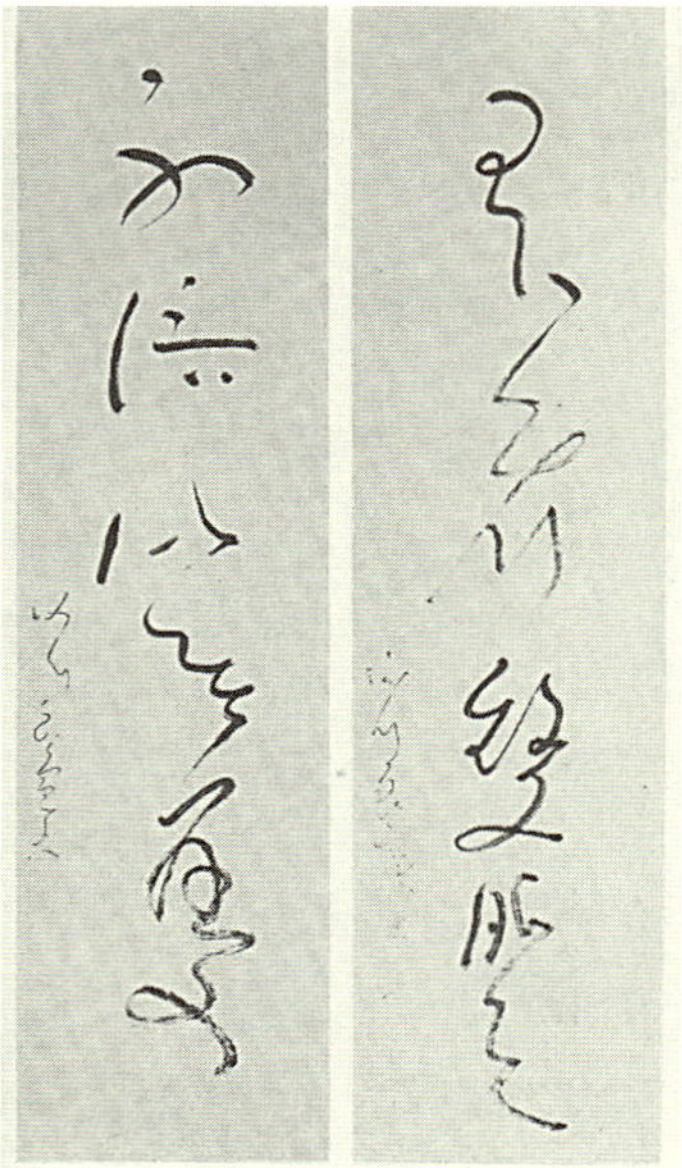

図57　良寛書「君看雙眼色」「不語似無憂」（双幅）
何必館　京都現代美術館（『聚美』14　より転写）
島崎時代

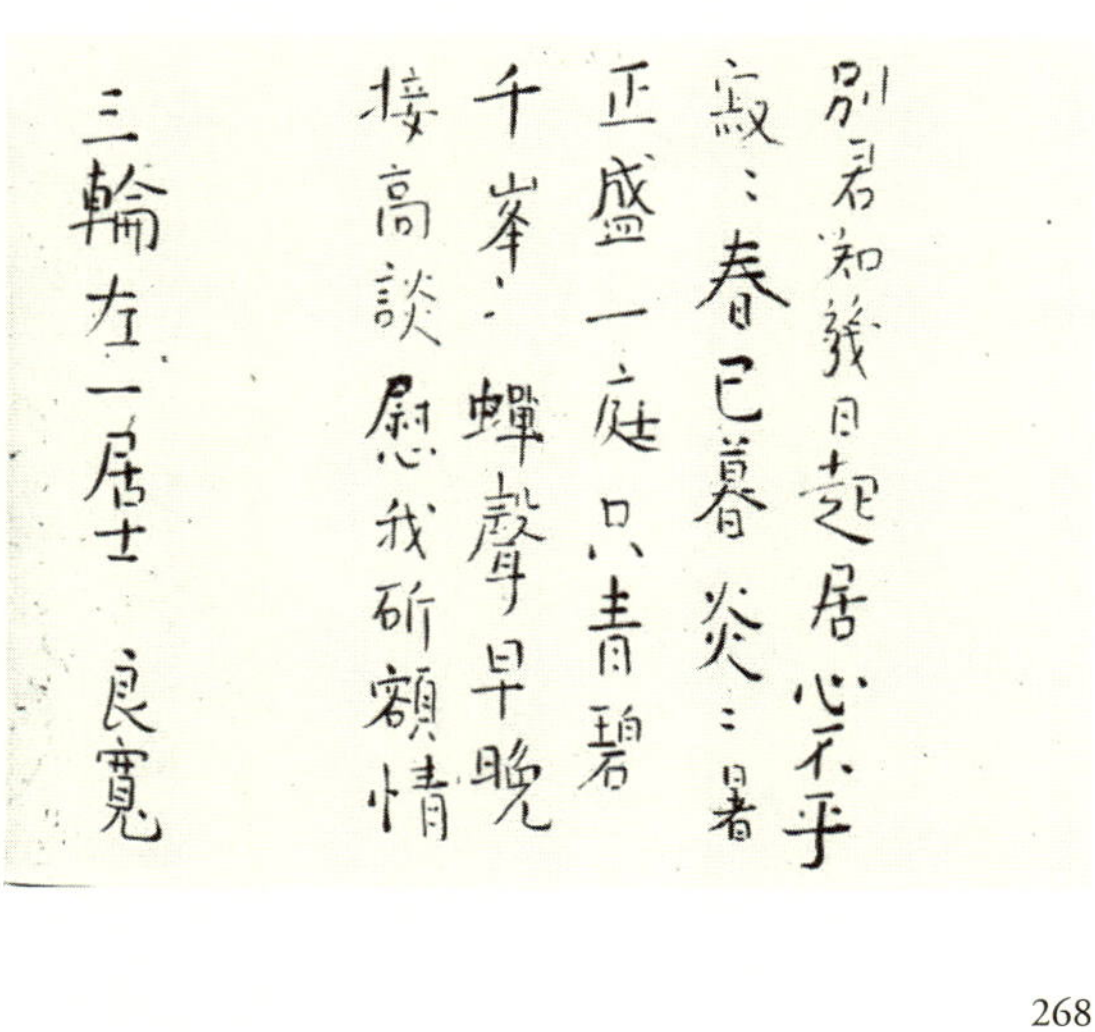

別君知幾日起居心不平
寂々春已暮炎々暑
正盛一庭只青碧
千峯々蟬聲早晩
接高談慰我斫額情
三輪左一居士　良寛

図58　良寛が左一に宛てた書簡詩「別君知幾日」
寛政一〇年（一七九八）頃か（不定住時代だが、五合庵
に入居していた時期）
現存するもっとも初期の楷書のひとつ

九八）夏と推定する。帰郷後二年目くらいに書かれたことの確実な楷書として、良寛書の様式を考えるうえでも貴重な遺墨である。

別君知幾日／起居心不平／寂寂春已暮／炎炎暑正盛／一庭只青碧／千峰□蟬声／早晩接高談／慰我斫額情／
三輪左一居士　良寛

＊□は破損のため判読できない。

君《きみ》に別《わか》れてより知《し》んぬ幾日《いくにち》なるを／起居《ききよ》　心平《こころたひ》らかならず／寂寂《じやくじやく》として春已《はるすで》に暮《く》れ／炎炎《えんえん》として暑《あつ》さ正《まさ》に盛《さか》んなり／一庭《いつてい》　只《た》だ青碧《せいへき》にして／千峰《せんぽう》　蟬声《せんせい》のみ／早晩《さうばん》　高談《かうだん》に接《せつ》し／我《わ》が斫額《しやくがく》の情《じやう》を慰《なぐさ》めん／三《み》輪《わ》左《さ》一《いち》居《こ》士《じ》　良寛

（『定本・三・書簡・204』）

この前君と別れてからもう随分日がたちました／そのため寝ても覚めても心が落ち着かないのです／ひっそりと静かに春はもう過ぎて／いまは燃えるような暑さのまさに盛りです／庭一面がただ草木の緑一色におおわれ／山という山が蟬の声に埋め尽くされています／近いうちにまたお訪ねして君のお話をうかがい／この私の額も割れそうな思慕の情を慰めたいものです。
三輪左一居士　良寛

この手紙は先の面会から三ヶ月後の六月末（旧暦）くらいだろうか。三ヶ月会わないというだけで、「額も割れそうな思慕の情」に苦しむと言われた左一の喜びは、いかばかりだったことか。もちろん、良寛は左一の「おいでください」という返事を待ってすぐに訪ねたことだろう。それから多分同じ寛政一〇年（一七九八）の初冬、吹雪の始まった頃、一一月初め頃だろうか、今度は突然左一が五合庵を訪ねてきた。それは次に挙げる手紙から推定できる（『定本・一』の詩集にも『定本・三』の書簡集にも収録されている）。

曾冒風雪尋草盧／一椀苦茗接高賓／那時話頭尚在耳／倒指早是十余春／旧痾瀰来無増悩／時当歳寒宜厚茵／我道回首実堪嗟／天上人間今幾人／左一老　良寛

曾《かつ》て風雪《ふうせつ》を冒《おか》して草盧《そうろ》を尋《たず》ね／一椀《いちわん》の苦茗《くめい》　高賓《こうひん》に接《せつ》す／那時《なじ》の話頭《わとう》　尚《な》ほ耳《みみ》に在《あ》るも／指《ゆび》を倒《たふ》せば　早是《はやこ》れ十余春《じふよしゅん》／旧痾《きうあ》　瀰来《じらい》　悩《なや》みを増《ま》すこと無《な》きや／時歳寒《ときさいかん》に当《あ》たる　宜《よろ》しく厚茵《こういん》すべし／我《わ》が道《だう》　回首《くわいしゅ》すれば実《じつ》に嗟《なげ》くに堪《た》へたり／天上人間《てんじやうじんかん》　今幾人《いまいくにん》ぞ／左一老《さいちろう》　良寛《りやうかん》

（『定本・一・572』『定本・三・書簡・203』『文庫・二三〇頁』）

かつて、吹雪をついてあなたは私の庵を尋ねて下さったことがありましたね／当方はなんのおもてなしもできず、一杯の渋茶でこの高貴なお客をお迎えしたのでした／あの時の会話は今もなお耳に残っていますが／指折り数えてみれば、あれからもう十年以上もが過ぎているのです／あなたの持病はあれから重くなってはいないでしょうね／これから一層寒くなるときです／十分に暖かくなさってください／さて、われわれの共通の関心事である仏教界をふり返ってみると、実に嘆かわしい現状です／ひろい世間で今幾人の真の仏教者がいるといえるのでしょうか

左一老　　良寛

越後の海岸地方は、一一月に入ると季節風が海から吹きつけ、みぞれ、吹雪となり春まで青空のでることはほとんどない。遠くへ出かけるのに、関東の人のようにお天気の日を待ってなどいると、一冬中出かけられないかもしれない。だから左一は吹雪をついて出かけた。待っていたら雪が深くなってもう行くことは来春まで出来な

いかもしれない、そして来春にはもう体力が落ちて、五合庵まで歩くことはかなわないかもしれないと思うと、左一は矢も盾もたまらず吹雪の中を歩き出したのだろう。これが最後の訪問と心に秘めて。この詩偈のような手紙をみると、二人はこの初冬（おそらく寛政一〇＝一七九八年）の面会以後会っていないことになる。「倒指早是十余春」はすこし文学的に大袈裟な言い方をしたのかもしれない。この手紙が左一の死の数ヶ月前に書かれたものだとしても、左一の死は文化四年（一八〇七）五月一日だから、寛政一一年春から数えると九回目の春を迎えたところにすぎない。

かくも敬愛しあう仲で、住居も三時間程度の歩行距離にありながら、一〇年近く二人が会わなかったことは不自然にも思えるが、これは左一の方から面会を謝絶したのではないか、と私は想像する。労咳が伝染性であることは左一も自覚していたに違いない。自らの病の進行状況を考えて、左一はこれ以上良寛を労咳罹患の危険にさらす愚を自らに禁じたのだろう。良寛もそれを受け入れた。寛政一〇年は良寛の四一歳、彼の文学と思想と書の総合的な完成はまさにこれからという時期、良寛は健康に生きねばならなかった。また左一も何よりそれを望んだ。自らの果たせなかった文学的野心を左一は良寛に託したのだろう。だから九年間左一を見舞おうとしなかった良寛を責めることはできない。この長い無沙汰の後のこの詩手紙は、虫の知らせが書かせたものだろうか。おそらく半年くらいたった文化四年（一八〇七）の五月に、左一の訃報が五合庵に届けられた。

「左一訃至泫然有作」／吁嗟一居士／参我二十年／其中消息子／不許別人伝

「左一《さいち》の訃至《ふ》り、泫然《げんぜん》として作有《さくあ》り」／吁嗟《ああ》　一居士《いちこじ》／我に（と）参ずること二十年／其中《ごちゆう》の消息子《しようそくし》／別人《べつじん》に（の）伝《つた》ふるを許《ゆる》さず

（『定本・一・106・249・374』『文庫・一八二頁』括弧内は筆者の読み方）

「左一の訃報が届いたので、涙ながらにこの詩を作った」
ああ、左一居士よ／私と君とは二十年のつきあいだった／その間のさまざまな経緯を／他人がとやかく言うことは許さない

この詩はかなり問題を含んでいる。まず、「参我二十年」をどう読みどう訳すかであるが、今まですべての研究者が例外なく左一を良寛の禅の弟子とみなし、ニュアンスの違いはあれ、「あなたは二十年間、わたしのもとに参禅に通った」と訳している。しかし、そんなことはちょっと考えればあり得ないことは明白だ。二人は子陽塾の学友で、年齢はほぼ同じか違っても二、三歳である。親友ではあるが、師弟関係ではないし、塾生当時の良寛はまだ僧でもない。子陽が塾をたたんだ時、二人は二〇歳前後だったが、まもなく良寛は玉島に、左一は大阪へと別れていった。再会したのは少なくとも二〇年後、二人とも四〇前後になっていた。そのとき左一は与板の実家に帰って寝たきりではないが、もう療養の身だった。再会から左一の死まで一一年しかないのに、二〇年間参禅することなどできるはずがないではないか。しかも二人が会ったのは、手紙や詩から類推して多分帰郷の翌年および翌々年の二年間のみであり、回数は数回に過ぎない。また与板と五合庵は、一二、三キロ離れているから片道三時間はかかり、毎日参禅になど通えるわけもない。「参」を参禅という意味にとるから矛盾が生じる。辞書でひいてみると、「参」の第一義は「まじわること。かかわること。加わること」とあり、参禅は第六義にようやくでてくるにすぎない。

そこで私は、「我に参ずること」ではなく「我と参ずること二十年」と読んでみた。そうすれば「私とつきあうこと二十年」と訳すことができる。一四歳から二〇歳までの子陽塾時代の六年間と玉島に行くまでの二年間をたして八年間、帰郷してからの一一年間を合計すれば一九年間になり、概略二〇年といっても許されるだろう。

第一、並の僧の生活を拒否した良寛が、弟子をとり指導するなどはあり得ない。左一の仏教学的教養は、誰かに師事したにせよ独学したにせよ、良寛と別れていた二〇年間に獲得されたもので、良寛の指導によるものではないと考えるべきだろう。塾生時代は二人ともエリート意識芬々の生意気青年だったに違いないが、二〇年後の再会で、互いに語るに足る求道者に成長した相手を発見し、ともに喜んだ。「其中消息子／不許別人伝」は「他人にはわからないいろんなことがあったね」くらいのニュアンスか。次の詩も左一の訃報を受けたすぐ後の作である。

「聞左一順世」／微雨空濛芒種節／故人捨我何処行／不堪寂寥則尋去／万朶青山杜鵑鳴

「左一《さいち》の順世《じゅんせい》を聞《き》く」／微雨空濛《びうくうもう》たり　芒種《ぼうしゅ》の節／故人《こじん》　我《われ》を捨《す》て何処《いずこ》にか行《ゆ》ける／寂寥《せきりょう》に堪《た》へず則《すなわ》ち尋《たず》ね去《ゆ》けば／万朶《ばんだ》の青山《せいざん》に杜鵑《とけん》鳴《な》く

（『定本・一・573』『文庫・二五三―五四頁』）

「左一の亡くなったことを聞く」

霧雨が降って薄暗い芒種の頃（暦上の稲の種まきの季節）だった　君の訃報を聞いたのは／亡き友よ君は私を捨ててどこに行ったというのか／さびしさに堪えかねて君を捜しに行けば／しだれ若葉の緑の山にはただほととぎすの声のみ響く

植物の生命がよみがえる春、稲の種まく芒種の頃に左一は逝った、この私を残して、と良寛は嘆く。まだその辺に左一がいそうな気がして山中に尋ね行くが、いるはずもない。見渡す限りの緑の山かげから、甲高いほととぎすの鳴き声だけが聞こえるという。鳴いて血を吐くなどといわれるほととぎすは、結核で死んだ左一の魂を思わせる。自然の生命の横溢と親友の生命の消失が対比されていて、生と死が絶えず交代して行く自然界の有様が見事に描き出されている。良寛の左一への思いはさらにいくつもの詩に結晶した。

左一大丈夫／惜哉識者稀／唯餘贈我偈／一読一沾衣

左一《さいち》は大丈夫《だいじょうふ》なり／惜《お》しいかな識《し》る者《もの》稀《まれ》なり／唯《た》だ我《われ》に贈《おく》る偈《げ》を餘《のこ》すのみ／一読《いちどく》して一《いっ》に衣《ころも》を沾《うるお》せり

（『定本・一・257・381』『文庫・一八一頁』）

左一は大人物だった／だが残念なことにそのことを知る人は少ない／その証拠としては、ただ私に贈ってくれた詩偈がひとつ残っているだけだが／それを読むと読むたびに泣かずにはいられない

この詩は先に挙げた「即事」の詩を書いた紙の余白に細字で書きこまれているという。「我に贈る偈」とはもちろん図版にも示した左一の「晩恨春風散白梅」の七言絶句をさす。あの高踏的な教養を踏まえた社交辞令を、晩春のけだるい気分にのせて詠った詩は、たしかに並の才能の人物がものせる作ではない。左一は沢山の詩を作っただろうに、ただ一篇しかその作が伝えられていないのは惜しいと思う。良寛が言いたいのは、左一が単に立派な人物だというより、才能ある詩人だったということではないか。そしてただ一篇現存する左一作の偈は、もらった良寛が三輪家に返したためにこの世に残ったと思われる。なぜかというと、左一没後に良寛が左一の父三輪九郎右衛門に送った礼状（『定本・三・書簡・192』）と、この偈は合装されているからだ。

また、図55をよく見ると、良寛尊者の宛名のわきに小さく「相隋来」という文字が書かれているが、これは良寛が見舞いにかけつけた際に相携えてきて返してくれたもの、という意味であろう。左一あるいはその父が後で書きこんだと考えられる。この書をはじめ、三輪家には多くの良寛の書があったはずだが、それらはみな散逸している。日本のコレクターに作品の来歴を丹念に記録する風習があれば、もっと学術的に解明されることが多いのに、と残念に思われる。

「自遺　二首」／左一棄我何処之／有願相次黄泉帰／空牀唯餘一枕在／回首遍界知音稀

「自《みずから》を遣《や》る　二首《にしゅ》」／左一《さいち》　我《われ》を棄《す》てて何処《いずこ》へか之《ゆ》ける／有願《うがん》　相次《あいつ》いで黄泉《こうせん》に帰す／空牀《くうしょう》　唯《た》だ餘《あま》して一《いつ》枕《ちん》在《あ》り／回首《かいしゅ》すれば遍界《へんかい》　知音《ちいん》稀《まれ》なり

（『定本・一・282・384』『文庫・二六二頁』）

「自分を慰める詩　二首」

左一はこの私を棄ててどこに行ったというのか／有願も相次いであの世の人となってしまった／からっぽの布団には枕がひとつあるだけ／見回したところ、このあたりに私をよく理解してくれる人はあまりいなくなってしまった

二首とあるが、一首しか残っていない。有願（新飯田に住む文人僧。文化五年＝一八〇八没）も左一の死の翌年に亡くなった。和歌のできる人は沢山いても、漢詩文により交友できる同世代の友は近所にもういない。別に彼らと同居したわけではないが、枕一つの自分の寝床を見つめて、しみじみ孤独をかみしめる良寛だった。有願は文化五年（一八〇八）八月三日没なので、この詩は多分、同年後半の作か。同年の前半の作としては次の詩もある。

「上巳日游輪氏別墅有懐左一」／与子従小少／共有烟霞期／子已帰黄泉／我尚守林扉／維時莫春初／飛錫此地来／倉庚何喈喈／楊柳正依依／拾翠誰家女／載酒何処児／凡百雖異品／亦各嘉其時／嗟我独何為／惆悵自不持

「上巳《じょうし》の日《ひ》　輪氏《りんし》の別墅《べっしょ》に游《あそ》んで左一《さいち》を懐《おも》ふこと有《あ》り」／子《し》と小少《しょうしょう》従《よ》り／共《とも》に烟霞《えんか》の期《き》有《あ》り／子《し》已《すで》に黄泉《こうせん》に帰《き》し／我《われ》尚《な》ほ林扉《りんぴ》を守《まも》る／維《こ》れ時《とき》　莫春《ぼしゅん》の初《はじ》め／錫《しゃく》を飛《と》ばして此《こ》の地《ち》に来《きた》る／倉庚《そうこう》何《なん》ぞ喈喈《かいかい》たる／楊柳《ようりゅう》正《まさ》に依依《いい》たり／拾翠《しゅうすい》するは誰《た》が家《いえ》の女《むすめ》ぞ／載酒《さいしゅ》するは何処《いずこ》の児《こ》ぞ／凡百品《ぼんひゃくひん》を異《こと》にすと雖《いえど》も／亦《ま》た各《おのおの》其《そ》の時《とき》を嘉《よみ》す／嗟我独《ああわれひと》り何為《なんす》れぞ／惆悵《ちゅうちょう》として自《みずか》ら持《じ》せざる

（『定本・一・250』『文庫・未収録』）

「三月の節句の日に三輪家の別荘に遊びに行って、左一を思い出した」／私君とは少年の時から／一緒に家出して山野をめぐったほどの仲良しだったのに／君はもうあの世に行ってしまい／私だけが山中の庵に住み続けている／今、ときはおりしも晩春のはじめ／錫を鳴らしながらこの地にやって来た／鶯はなんと楽しげに鳴いていることか／柳はほんとにしなやかに揺れていることよ／かわせみの翠の羽を拾っているのはどこの家の娘だろう／お酒を給仕しているのはどこの子どもだろう／それぞれ身分は違っても／みんなおもいおもいにこの春を楽しんでいるというのに／ああ、なんで私ひとりが／こんなに悲しくて身も世もないのか

与板の春祭りに、良寛は三輪家の別墅（別荘）に招かれた。多分それは左一の一周忌を兼ねた行事かもしれない。三輪家の別墅とは、私の推理では左一の療養所だった「楽山苑」。病人没後はもうそこはただ見晴らしの良い別荘だ。翠を拾うとはかわせみの翠の羽を拾って髪飾りにすることから発して、娘たちの野遊びをさすと定本は解説するが、私は良寛の詩以外の使用例を知らない。良寛詩では遊女を詠った詩の一節に「翠を拾つて公子に

おくり」という例もある（『定本・一・50』）。美しい遊女がかわせみの羽を拾って、「これあなたにぴったりよ」と好きな男に献上する図か。なんと素敵な表現なのだろう。翠や瑠璃色に輝くかわせみの羽などめったに拾えはしないが、単に草摘みとか野遊びというより、はるかに色彩豊かでイメージ喚起力のある表現だ。「載酒何処児」を大人の行為とみた訳も多いが、私は子どもの頃、近所の祝言の宴で、盛装して給仕する少年少女を見た記憶がある。中越地方では祝宴で子どもに給仕をさせる風習があった。時間表現としては、少年時から現在に至る歴史的時間と季節の推移、国上山から与板への移動を、空間表現としては、遠景に柳の新緑、中景に少年少女群像を置き、全空間を見渡す近景の中心に孤独な自分の視点を置く。この詩的構成は、空間性と時間性の見事に交錯する良寛詩の典型と言えよう。

かように自分の来し方と親友の死を思えば、身も世もなく悲しい良寛だった。しかし、左一は良寛が自分に会いにくることさえ禁じて、良寛の文学的完成を願ったのではなかったか。果たせなかった左一の野心も自分には託されていると思えば、良寛はただ悲しみに浸ってばかりはいられない。そして、巡り来る春の喜びに創作の情熱を抑えられないのも良寛だった。この哀悼の詩にも柳の黄緑をはじめ、よろこびを喚起するたくさんの色彩に加えて、鶯の鳴声さえ響いている。生命は美しい。どのような悲しみも、良寛の燃えるような創造のエネルギーを弱めることはできなかった。

自選詩集を編む

親友左一が亡くなった文化四年（一八〇七）は五合庵定住の三年目にあたるが、この年、良寛は五〇歳に達した。今日、日本人の平均寿命は男女ともに八〇歳を越えている。しかしそれはごく近代のこと。江戸時代の感覚では「人生五〇年」だった。良寛の人生計画もその線に沿って立てられていたように見える。二二歳での旅立、勉学と修行の一七年、三九歳での帰郷、文人として詩作に明け暮れる一一年、そして五合庵定住三年目に迎えた五〇歳。良寛は、きっとそろそろ自分の人生を総括する時を迎えたと思ったのだろう。多数にのぼる自作詩を適切に編集して、自己の人生と思想を語る一冊の詩集を編んで後世に残したいと考えた。その営みは『定本　良寛全集　第一巻　詩集』の編著者の解説（『定本・一・五―二三頁』）によれば、

①「草堂集貫華」（旧外山家蔵。新木家旧蔵の「小楷詩巻」はその抄本）
②「草堂詩集（天・地・人）」（本田家旧蔵）
③「草堂集」（原本は行方不明だが、複数の写本の存在により成立が確実と推定される）

という順序で編纂された。これらの詩集中には乙子神社時代以降の詩が含まれていないこと、粟生津（現燕市）の鈴木桐軒（一七九四―一八五二）、文台（一七九六―一八七〇）兄弟が文化一〇年（一八一三）頃から五合庵をたびたび訪れ、良寛の自筆詩集を借覧し、写本制作に励んだこと、文化一三年（一八一六）に文台が「草堂集序」を書きあげていることなどから推測して、すべて五合庵定住時代の成立で、最初の詩集「草堂集貫華」は文化八年（一八一一）頃に成ったと定本解説は推定する。

貫華とは多くの花を糸で貫いて作った花輪のことだから、美しい詩を集めた花輪のような詩華集（anthology）の意。この最初に成った詩華集は日ごろの世話への感謝をこめて妹むらの嫁ぐ寺泊の庄屋外山文左衛門に贈られた。「草堂集貫華」に続いて制作された「小楷詩巻」は「貫華」の抄本で、これもまた日頃から世話になっている父以南の実家、与板の新木家に贈られた。

そのすぐ後に「草堂詩集（天・地・人）」が続く。定本解説によれば、この三集は「貫華」に新作を加え、改修を施し、配列の順序を組み換えてみるなどの試行錯誤がみられ、重複が多いので、最終的な編集のためのたたき台として編まれた過渡的な作だという。この自筆稿は最初どこの家に贈られたものか分からない（私は三輪家ではないかと想像するが）。昭和四五年から雑誌『墨美』に次のように翻刻された。

『墨美』第二一〇号「良寛―本田家蔵Ⅱ―草堂詩集（天）」墨美社　昭和四六年（一九七一）
『墨美』第二一三号「良寛―本田家蔵Ⅲ―草堂詩集（地・人）」墨美社　昭和四六年（一九七一）

このときは地蔵堂の本田家が所蔵していたのだが、現在は不明。なお、素晴らしい対幅遺墨「君看双眼色（君看よ双眼の色を）」「不語似無憂（語らざるは憂い無きに似たり）」【図57】も『墨美』に掲載された頃には本田家蔵だった（現在は何必館蔵）。本田家と良寛の交流は知られていないので、三輪家が大正二年に一家をあげて京都に移住する際に、良寛資料を一括して本田家に譲ったのではないかと私は想像しているのだが、後代の研究を待ちたい。

さらに定本解説は、これらを総合する最終稿の「草堂集」が成ったのは五六歳の文化一〇年（一八一三）頃と推定している。この自筆稿は行方不明だが、実在したことはまったく同じ内容の写本「良寛禅師詩集」「良寛尊者詩集」「良寛上人詩集」などが複数存在することから証明されている。『定本・一』はこの三種の自筆稿本を、重複を厭わずすべて忠実に収録している点で、今までのいかなる良寛詩の全集より優れている。

この最終良寛自筆稿本「草堂集」の出版を鈴木文台が企画し、文化一三年（一八一六）に「草堂集序」を書くが実現しなかった。文台は一八歳で良寛を知り心酔、一九歳で江戸に遊学し、二一歳で帰国したばかり、莫大な費用のかかる出版を実現させる力量がないのは当然だった。しかし良寛が自己の人生五〇年を総括する詩集を編んで、世に問う意志のあったことは疑いない。それらの詩集に集められた詩はほとんど重複し、並べ方の順序が異なっているのだが、冒頭は「円通寺」か「我有一張琴」のいずれかで、修行から故郷に帰り、高い志をもって思索、詩作に励む乞食僧の生涯を語りだすという構成になっていることは共通する。詩集はいわば自叙伝なのだ。しかし、その意図はけして自己顕示にあるのではなく、根源的な美と善を求める自己の生き方を丸ごと提示することにより、人々の魂によろこびとなぐさめと教育的効果を与えたいという願いからなのではないか。この人生五〇年の総括を成し遂げたことで、良寛は人生最大の目標に到達した。その後は余生という気分になり、美しい書を書きたいとか、日本の古典を学び直したいとか、より人生を楽しむ豊饒な創作活動の時代へと入っていく。

書の個性的様式の確立に向けて——中国の古典を学ぶ

さて、いよいよ良寛の書の魅力について語るところに来た。私は美術の研究者なので書の歴史については暗い。解説書なしには良寛の書のほとんどを読むこともできない。しかし良寛を切実に研究したいと思ったのは「序」に書いたように、その書を見たからだ。三〇代半ば過ぎ、父の本棚にあった『書道藝術　別巻第四　日本書道史』（中央公論社　昭和五二年）に「小楷詩巻」の一部を見て以来、私は良寛のとりこになった。このとき、私は美術と同様の造形的な書の表現者としての良寛を発見した。それから、「良寛の書はどうしてこんなにも美しいのか」という問いが私の頭を離れなくなった。良寛の究極の価値は書作品にあると思う。しかし、私が書道史的観点から良寛を論じることは無理なので、書研究者の所見に拠りつつ、感想を述べるにとどめておきたい。

良寛はいつ頃からその個性的な書様式を確立したのか。まず、郷本の空庵で傭賃生活を始めた頃、子陽塾で同門だった彦山が会いに行ったというエピソードを思い出そう。良寛は不在だったにもかかわらず、壁に貼ってあった詩の筆跡をみて彦山は、「其筆跡まがふ所なき文孝なり」と自信満々に断定して帰ってしまう。この断定は正しかった。良寛の筆跡は上手かどうかは別として、子陽塾時代から非常に個性的な特徴を備えていたのだろう。

どんな人の字にもその人固有の特徴というか癖のようなものがある。そのひとの体型、運動神経、空間のバランス感覚などが、微妙に個人の書体の特徴を形成するようだ。とくに空間のバランス感覚、書全体の構成力は絵画的美しさとまったく共通する。漢字はもとをただせば象形文字で一種の絵なのだから、造形的美意識の鋭敏が書体の美を決定するのは当然かもしれない。これは訓練により磨かれる要素ではあるが、天性という部分も大きい。長身痩躯と伝えられる良寛のしなやかな体型、毬つきやおはじきが得意、盆踊りも大好きという運動神経の良さ、などからみて、良寛は特に努力したわけではなく、初めからしなやかで美しい字あるいは線を書いたのかもしれない。

一見して誰とわかる特徴的な美しい線で素描をする画家がいる。たとえばマティスやピカソがそうだ。もちろん修練による部分もあるが、根本的な部分は天性による。良寛のひく線にも私は天性の優美と軽やかさを感じる。しかし天才は磨かなければ光らない。いかに早く自己の内なる天才を自覚し開花させる努力をするか、に芸術的天才の実現はかかっている。これは西洋美術史を長年学んできた私の実感だ。きっと良寛も子陽塾時代から自分の書における才能を自覚していたに違いない。しかし書芸術の特殊性は、それが言語芸術でもあるということだ。他人の作った詩歌や文をいかに美しく書けても、それのみでは創造的な書家とはいえない。自己の内面から湧き上がる詩情や思想を、それにふさわしい書体で表現してこそ書芸術といえるのではないか。ところが造形的書の才能と高い詩人思想家の資質が、ひとりの人間に共存している例はめったにない。さらに、書において造形性と内容とどちらが重要かというと、私は多分内容なのではないかと思う。それゆえ技法的にはなっていない書体でも、何事かを成し遂げた武将や政治家の書には特別な存在感があるし、思索を重ねた禅僧の書には、破格でも圧倒的な迫力があったりするのだろう。書芸術は恐ろしい程に内面の充実が問われる。だから子供や青年の書はつまらない。書く人の生き方が問題なのだ。

良寛はこのことをよく自覚し、一七年の歳月を玉島で勉学、修行に励み、人格を陶冶した。四〇歳近くなって、ようやく自己の内面の溢れるような充実に突き動かされ、乞食僧という生活形態をとりつつ詩歌人にして書家という表現者の道を歩き始めた。したがって、書家としての良寛の書様式の確立は、帰郷後の四〇代から始まると言ってもよいだろう。

手習いを始めた幼年期から円通寺時代に至るまで、良寛の書の一番身近な直接の手本は、教科書として使われた漢詩文や経典の版本類だったと思われる。書には楷書、行書、草書があるが、一言一句違えてはならない経文は、原本、写本、版本すべて楷書だ。良寛は、辞書の類を所蔵していないにもかかわらず、私など見たこともないような珍しい字、難しい複雑な字をけっして間違わず正確に書く。膨大な量の漢字を自在に操れるようになるまで、多分良寛の漢字はすべて楷書、それも小楷だったのではないか。貴重な紙と墨を無駄にしないため、絶句、律詩なども改行せず、墨も節約した細い線で、紙の上から下まで続けて書く。「草堂集貫華」「草堂詩集」「法華転」「法華讃」「小楷詩巻」などのこの書き方は、脚韻にこだわらないことの意志表示ともとれるが、最大の理由は紙と墨の節約にあろう。

しかし良寛は、そこに細線の小楷書がリズミカルに連続する様子に特別の美を発見し、誰にも真似のできない軽快なバロック音楽のような楷書様式を創造していった。そして漢字の楷書に関するかぎり、不定住時代【図58】、五合庵定住時代【図59】、乙子神社草庵時代【図60】、島崎木村家時代【図61】の各楷書を比較対照しても、そこに様式的特徴ある展開は見られないように思う。ただ書いたときの健康状態、精神状態、周囲環境の暑さ寒さなどの条件により、やや揺らいだりするだけで、その細く晴朗な書体は一貫している。線にあまり肥痩の無いことが特徴で、一見、固い鉛筆やペンで書いたのかとさえ思うほどだ。

楷書の手本は確定されていないが、行書や草書ではいくつかの手本があり、『書道藝術第二〇巻　良寛』（中央公論社　昭和五〇年刊　一七七―八六頁）によれば、手紙や遺品および鈴木文台の跋文などから次のように特定されるという。

・中国の書＝後漢・張芝（?）、東晋・王羲之（三〇七?―三六五?）、梁・瘞鶴銘《えいかくめい》（六世紀初期）、唐・張旭（八世紀前期）と懐素（七二五―八五以後、一説には七三七―九九以後）書「自叙帖」（七七七）と「千字文」、宋・黄庭堅《こうていけん》（一〇四五―一一〇五）書「盧山七仏偈」（一〇九一）

・日本の書＝伝小野道風筆「秋萩帖」（一〇世紀初期）、尊円親王（一二九八―一三五六）筆「梁園帖」

以上の良寛が学んだ手本中で、何と言っても書の王道をいく書家といえば王羲之だが、折しも東京国立博物館で「書聖　王羲之」展（二〇一三年一月二二日―三月三日）が開かれていたので二〇一三年二月九日（土）に見に行った。

書聖と言われる王羲之は東晋時代の世襲貴族で高級官僚、恵まれた条件下に生きた。書芸術の最初の大成者とされる。ところが真蹟はただの一点も存在しないのだという。すべての王羲之作は精巧な敷き写しか臨書による模本か、「双鈎塡墨《そうこうてんぼく》」（細筆の敷き写しで字の輪郭をまずとり、それから細線で中を充填する模写法。この技法は、今日、芸大大学院の文化財保存学で行われている絵巻物の詞書部分の模写に使われている技法でもある）による模本だった。またそれらの模本を石に刻み、拓本にとり手本として製本した法帖《ほうじょう》も多い。一点もオリジナルがないとはいえ、精巧な模本類は王羲之の素晴らしさをよく伝えている。しかし私の印象ではそれらは良寛に少しも似てはいなかった。やや似ていると感じたのは王羲之よりはるか昔の、紀元前九、八世紀（西周時代）に青銅器に刻まれた金文の拓本（出品番号5、6）である。それらは線に肥痩がなく、均等な力で繊細に刻み込まれ、字の配列が微妙に乱れていて純朴な印象だった。もちろん字形は甲骨文に近い篆書だから違うが、素直で清潔で威張った感じのしないところが

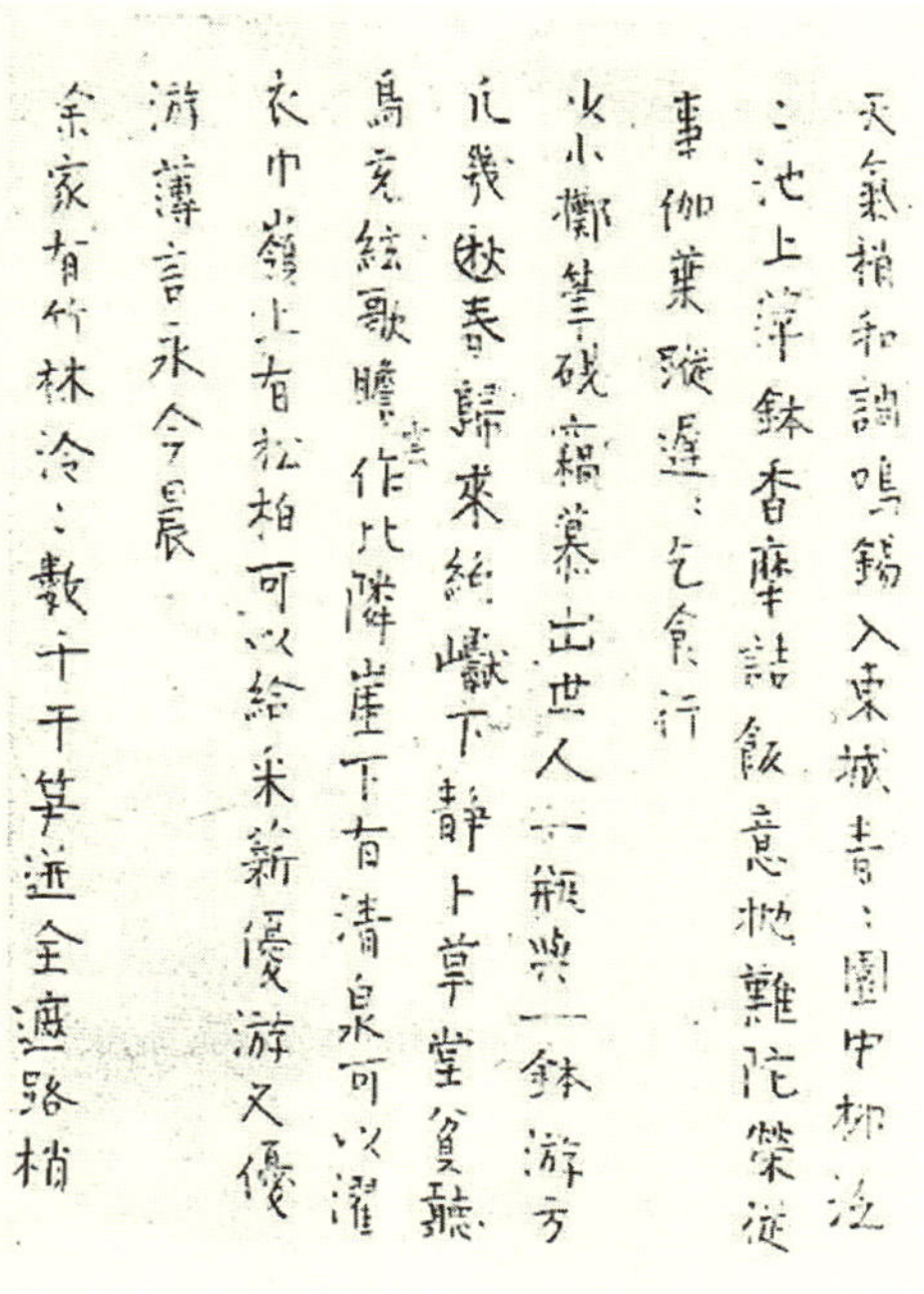

天氣稍和調鳴錫入東城青々園中柳泛
々池上萍鉢香摩詰飯意抛難陀榮從
事伽藍縱遅々乞食行
少小擲筆硯竊慕出世人一瓶與一鉢游方
凡幾春歸來絶巘下靜卜草堂貧聽
鳥充絃歌瞻雲作比隣崖下有清泉可以濯
衣巾嶺上有松柏可以給采薪優游又優
游薄言永今晨
余家有竹林冷々數千竿笋迸全遮路梢

図59　五合庵定住時代の楷書「小楷詩巻」

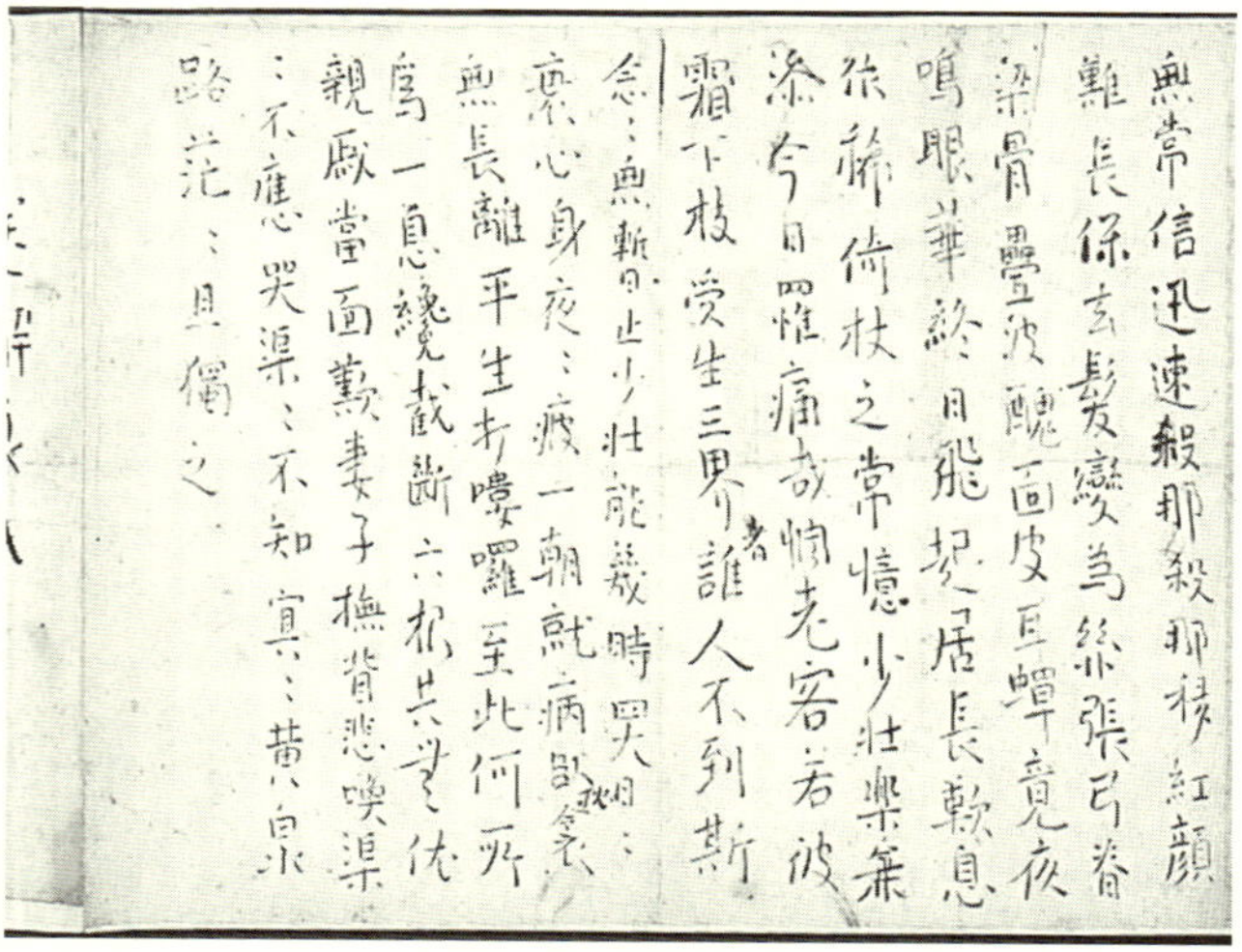

無常信迅速剎那剎那移紅顏
難長保玄髮變為絲張弓脊
梁骨疊波醜面皮且暝竟夜
鳴眼華終日飛起居長歎息
依稀倚杖之常憶少壯樂棄
添今日痛哉悔老容若彼
霜下枝受生三界者誰人不列斯
念々無暫止少壯能幾時哭涙々
病心身疲々一朝就病臥秋衰
無長離平生衣嘍囉至此何所
寫一息纔截斷六根共依
親戚當面歎妻子撫背悲嘆渠
々不應哭渠々不知冥々黄泉
路茫々且獨之

図60　乙子神社脇草庵時代の楷書「無常信迅速」　東京国立博物館

良寛風に思われた。王羲之になると紀元四世紀で西周時代からみれば千年以上もたっており、文化背景がまったく違うのだから、金文の素朴さがないのは当然だろう。しかし、端正で自信に満ち、高い倫理性と美意識が混然一体となった王羲之の書が、書の歴史における最高峰の古典としてあがめられたことは、この展覧会を見てよく理解できた。

　良寛も書の歴史を重んじればこそ、王羲之を学んだのだろうが、その明白な影響関係を私は感じとることが出来なかった。特に楷書は全然違う。時代が一五〇〇年も前なのだから、違うのは当然かもしれないが。釈然としない私は常設展示の書も見た。常設の「日本の美術の流れ」展にも書が沢山出品されており、経典もあった。経典には良寛の細楷に通じる繊細端正なもの（鎌倉時代国宝・金光明経巻第三など）もあったが、やはり似ているかと問われると、似ていないと言いたくなる。形が似ているというのではないが、どこか精神の有様が似ていると感じたのは、王羲之展では、後代の作例中にあった明時代の董其昌《とうきしょう》と、常設展にあった

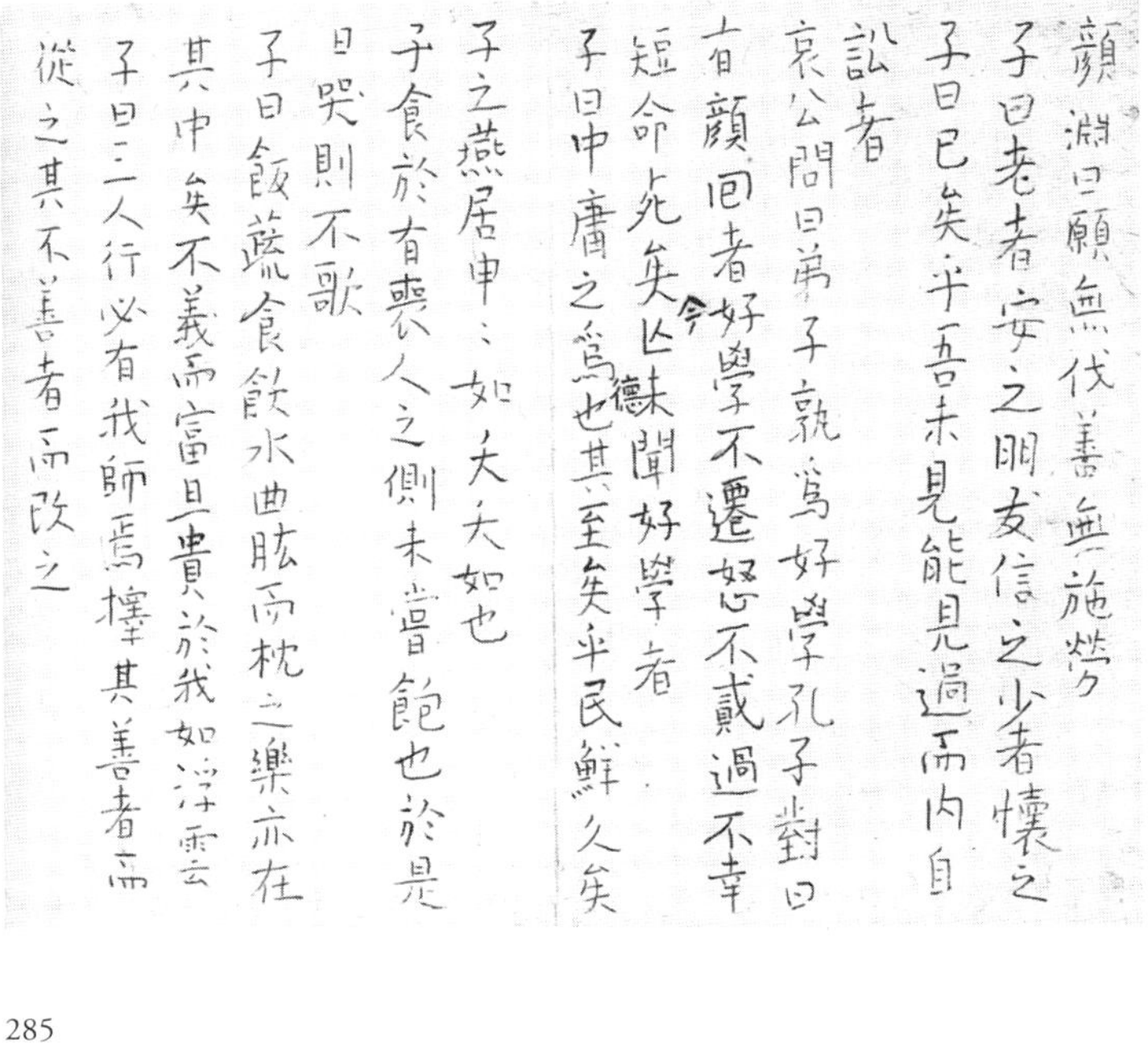
顔淵曰願無伐善無施勞
子曰老者安之朋友信之少者懐之
子曰已矣乎吾未見能見過而内自
訟者
哀公問曰弟子孰爲好學孔子對曰
有顔回者好學不遷怒不貳過不幸
短命死矣今亡未聞好學者
子曰中庸之爲德也其至矣乎民鮮久矣
子之燕居申申如也夭夭如也
子食於有喪者之側未嘗飽也於是
日哭則不歌
子曰飯疏食飲水曲肱而枕之樂亦在
其中矣不義而富且貴於我如浮雲
子曰三人行必有我師焉擇其善者而
從之其不善者而改之

図61　島崎時代の楷書　論語「顔淵曰」　木村家

室町時代の一休宗純だった。董其昌は詩書画一致を理想の文人のあり方と主張した最初の人、一休は恋愛も実践する破格の僧。ふたりとも明瞭な自我意識が自然に現れているところが、どこか良寛に通じている。しかし結局のところ、良寛は誰にも似ていない。一九世紀人良寛の書は、博物館でみた書家の誰よりも明るく近代的で、弱そうに見えながら強靭だ。自己感覚のみを信じているその書は、書道史における印象派の出現のようにも思えた。自然の光が射しているような、どこか革命的な書なのである。

良寛の書は、楷書については生涯大きな変化はみとめられないが、行書、草書については一般に「五合庵定住時代」「乙子神社草庵時代」「島崎時代」の三期に分けられ、時代を追って次第にその円熟と枯淡の度合いを深めるとされている。その変化は各種法帖を真剣に手習いすることにより獲得された技法があるのはいうまでもない。

「秋萩帖」——日本の古典を学ぶ

さて、ここまで書き進んだ二〇一三年三月はじめに、美術雑誌『聚美』（二〇一一年一〇月創刊。年四回発行。一―八号青月社、九号以降聚美社）の編集長岡川聰氏と面会の機会があり、七月発行の第八号から本稿の抄書のエッセイを連載することになった。そして岡川氏を介して萬羽啓吾氏とその著書『良寛　文人の書』を知り、「秋萩帖」【図62】の日本書道史における特別な位置と、良寛書の様式確立への影響について、盲を開かれた。そこで私も、「秋萩帖」について検討してみたい。かつて有栖川家に秘蔵された原本は、今日では国宝に指定され、東京国立博物館の蔵品となっているので、まずそのウエブサイト上に公表されたデータと解説を引用しよう。

国宝／指定名称＝秋萩帖《あきは(ぎ)じょう》／淮南鴻烈兵略間詁《えなんこうれつへいりゃくかんこ》（紙背）／伝小野道風《おののみちかぜ(とうふう)》筆／一巻／彩箋墨書／24.0×842.4／平安時代・一一～一二世紀／東京国立博物館／B-2532

第一紙に「安幾破起乃《あきはぎの》」と始まる和歌が書かれていて「秋萩帖」の名があり、女手（平仮名）が完成する過渡期の草仮名《そうがな》で書かれた遺品として、また筆跡と色紙の美しさから、日本の書の歴史において特に有名である。

全部で二〇紙あり、白紙のほか藍、茶、黄、緑の濃淡のある染紙を継いだ彩りの豊かな色紙を用いている。第一紙から第一五紙には和歌四八首が書写され、第一六紙から第二〇紙は、中国・東晋時代の王羲之《おうぎし》の書状（尺牘《せきとく》）一一通を写している。第一紙は小野道風《おののみちかぜ》筆、第二紙以下は和様の書を完成した藤原行成《ふじわらのゆきなり》筆と伝えられるが確証はなく、平安時代後期、あるいは伏見天皇の筆という説もある。

第二紙以下の紙背には、中国・前漢時代の思想書『淮南子《えなんじ》』を唐代に力強く端正な楷書体で書写した『淮南鴻烈兵略間詁《えなんこうれつへいりゃくかんこ》』がある。

良寛は、この国宝「秋萩帖」を原本として、江戸時代に相次いで版刻出版された数種類の法帖《ほうじょう》と呼ばれる折れ本仕立ての手本の一つを誰かから借

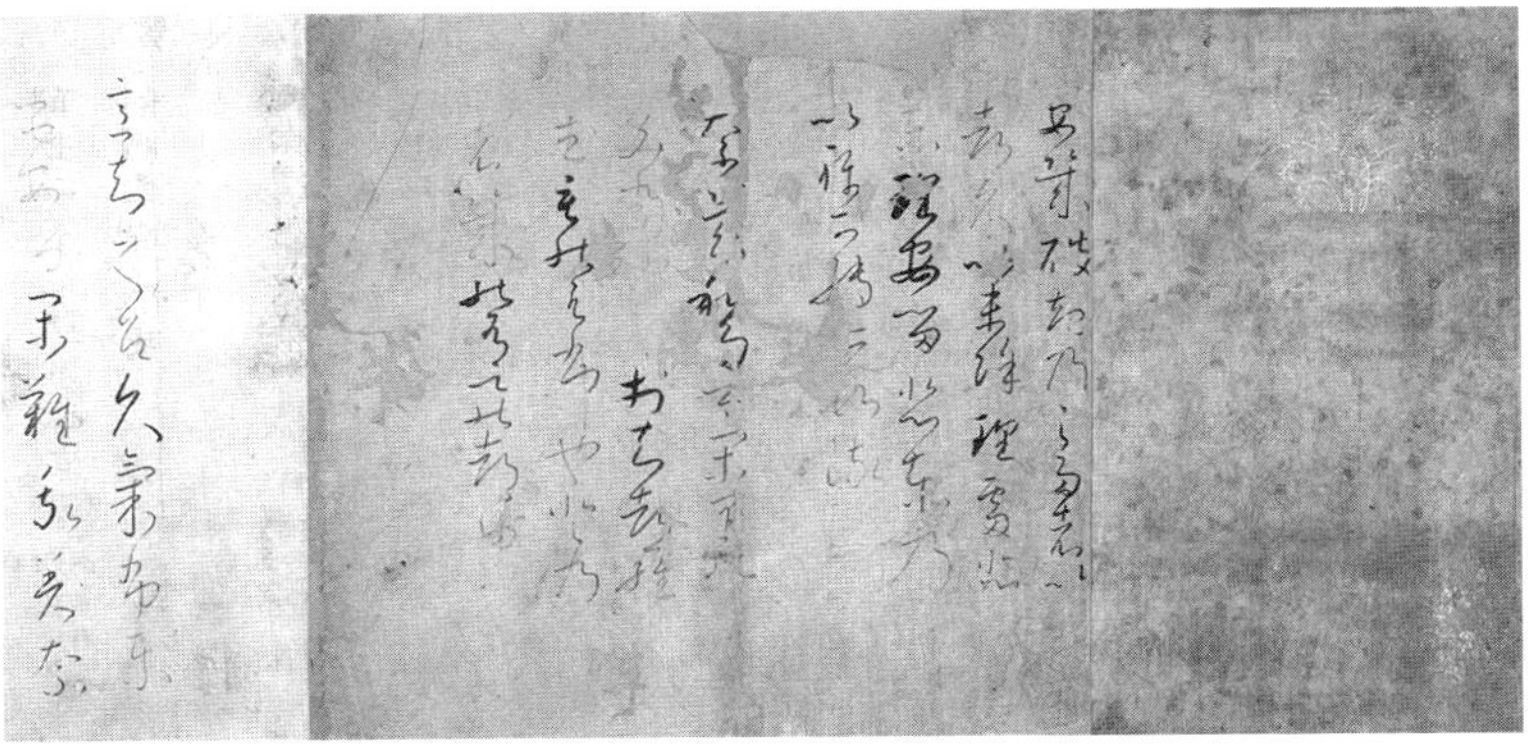

図62　国宝「秋萩帖」　東京国立博物館

り、その巻末見返しに「於礼可能」と書きこんで【図63】大切にし、懸命に手習いした。法帖には石に刻んだ拓本と、木版本があるが、良寛所蔵のものは本人が「石ズリ」と呼んでいるけれども、木版の法帖と思われる。陰刻で黒地に白く字が浮き出ている。この法帖は原本と比べるとはなはだしく違う。堀江知彦にいわせれば、「原本と似ても似つかないひどいもの」らしい。ところが良寛の不思議は、不出来なこの手本を学びながら、手本をはるかに凌いで、見たこともないはずの原本の美に迫る書【図64】を完成していることだという（『良寛』堀江知彦編　至文堂　昭和五一年刊　四〇頁）。

なお原本法帖が「秋萩帖」と呼ばれているのは、その第一首が「安幾破起乃之多者以〇都久以末餘理處悲東理安留悲東乃以禰可轉仁数流（あきはぎの／したばい（「ろ」脱）づく／いまよりぞ／ひとりあるひとの／いねがてにする）」という和歌から始まっていることに由来するが、良寛の法帖の旧蔵者相馬御風は常に「さゞなみ帖」と書いているので、第一首が「秋萩帖」とは違っているらしいと気がかりだった。そこで、二〇一三年三月二二日に、この法帖の現在の所蔵館である糸魚川歴史民俗資料館（相馬御風記念館）を訪れた。ちょうど法帖は展示中だったが、展示では表紙を見せるためか、冒頭の部分が隠されていて、わからなかった。あとで係の方から法帖全部のコピーをいただいて、ようやく

図63　良寛手沢本法帖「秋萩帖＝散々難見帖」　糸魚川歴史民俗資料館
左　良寛の書込「於禮可能」とのちの所蔵者の蔵書印　中　第一首「散々難見也」と第二首「駕勢遠以堂見」　右　表紙

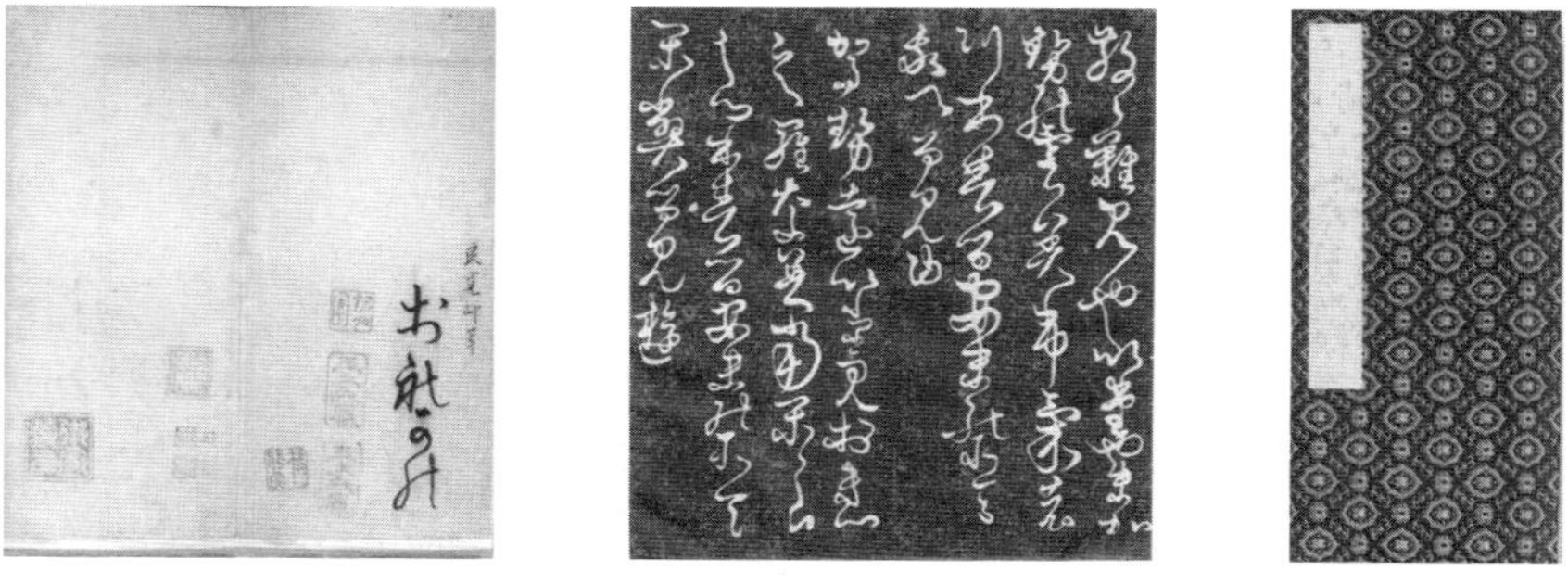

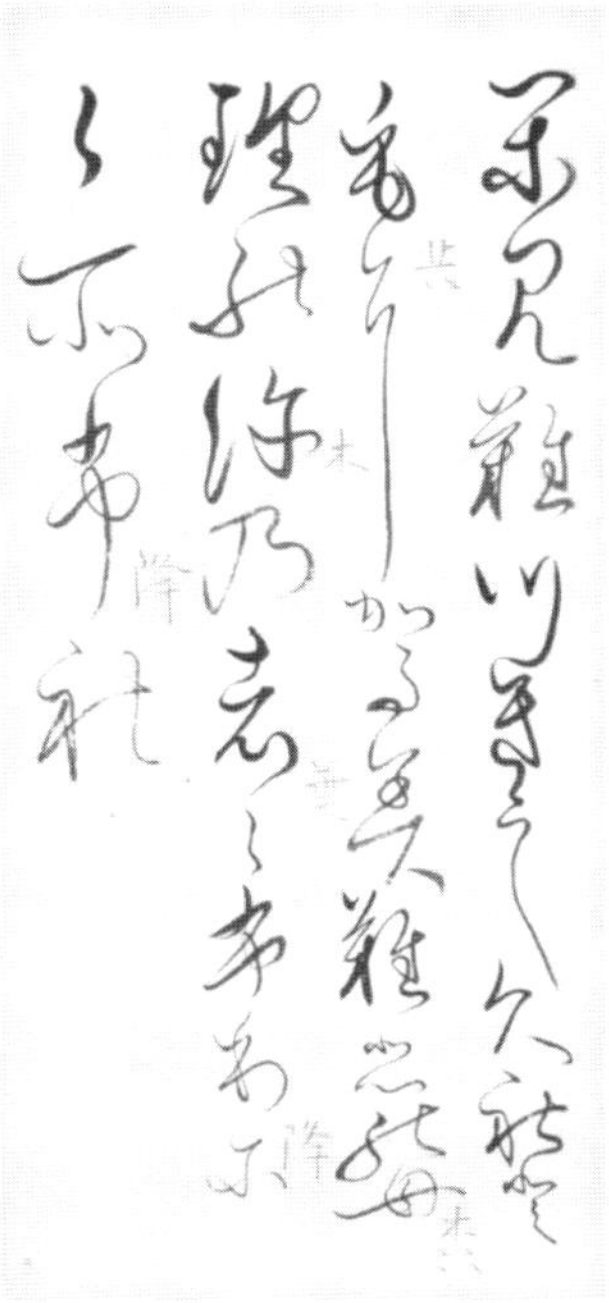

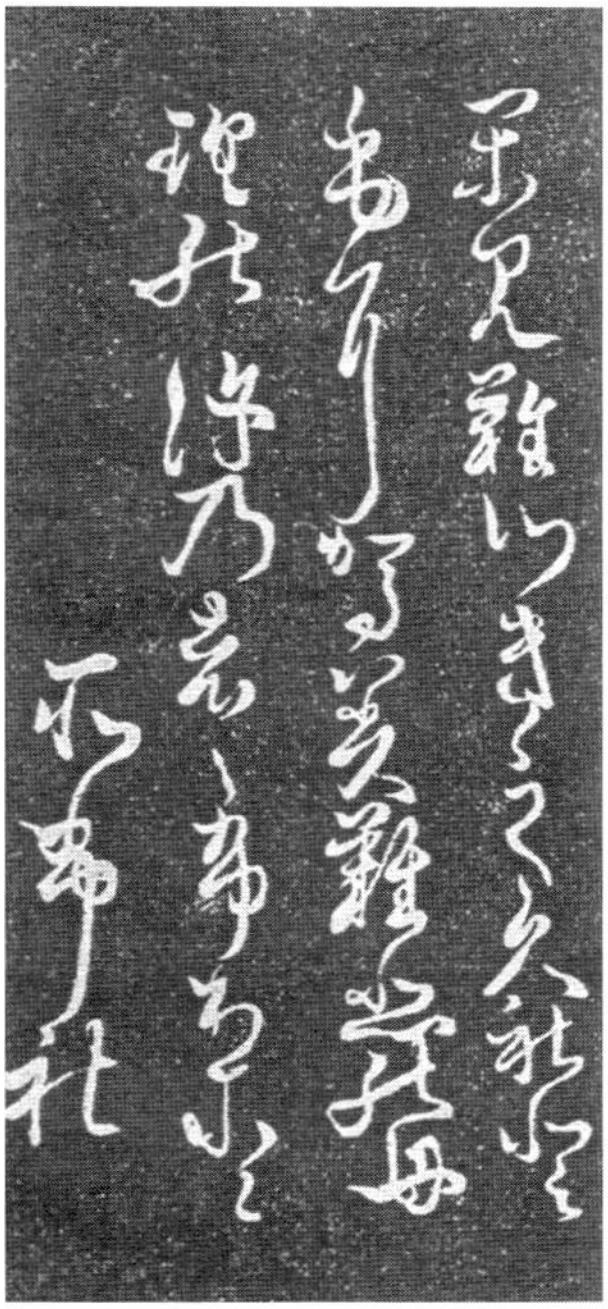

図64　良寛の法帖手本（糸魚川歴史民俗資料館）とその臨書（良寛記念館）

閑《か》見《み》難《な》川《づ》幾《き》之《し》久《ぐ》禮《れ》登《と》□（と・一字脱）
毛《も》耳《に》駕《か》美《み》難《な》悲《び》能《の》母《も》
理《り》能《の》許《こ》乃《の》者《は》々《は》布《ふ》利《り》爾《に》
己《こ》所《そ》布《ふ》禮《れ》（手本の法帖では「己」は前の行の最後にある。レイアウトの修正により、意味がとりやすくなっている）

（神無月時雨とともに神南備の森の木の葉は降りにこそ降れ）

「散々難見也以堂也末加勢能雲美布気者川利春留安末能所天我部留見由（さざなみや／いたやまかぜの／うみふけば／つりするあまの／そでかえるみゆ）」という和歌が冒頭にあることを確認した【図63】。さらにこの法帖の和歌の順序は「秋萩帖」とはまったく違っているうえに、四一首しかないということもわかった。たとえば「安幾破起乃」の歌は一六番目に出てくるといった具合で、王羲之の尺牘も裏面の淮南子もない。巻末に制作者呉橋木翹の識語がついており、寛政丁巳《ひのとみ》（九年＝一七九七）の年記がある。

いったい「秋萩帖」の法帖にはどんな種類があるのかと、早稲田大学図書館がウエブサイト上に報告している「秋萩帖」蔵書解説をみたら、まず千厓文庫に九種類、ついで単独で二種類があった。なんと早稲田大学図書館には一一種もの「秋萩帖」法帖が存在する。原本と同じ四八首を収録しているのは千厓文庫に含まれない一点（市島春城旧蔵）だけであり、これは出版元、出版年ともに不明だが、六メートル以上ある巻子装で、歌が原本と同じ配列の拓本である。しかし他の法帖はそれぞれ一五首、二一首、二二首、二七首の歌を収録しているのみで、歌の順序も原本と同じものと、独自の並べ方のものが混じっているし、拓本ではなく木版本のようにみえた。良寛の所蔵した「秋萩帖」法帖の四一首収録は飛びぬけて多い方だ。肉太書体で四一首収録する法帖は「上毛田子恕本（澤田東江本）」系統であるとのことなので、良寛の法帖はこの系統の一種らしい。法帖類の名称を第一首の出だしからとる習慣に従えば、良寛と御風がこの法帖を「さゞなみ帖」と呼んでいるのは正しい。今後良寛の学んだ法帖を示すときは、「秋萩帖＝散々難見帖」と表記することにしよう。良寛はこの不出来な法帖を、草仮名の習得と運筆やくずし方の参考書として徹底的に活用した。

草仮名の獲得

良寛がいつ草仮名の法帖「秋萩帖＝散々難見帖」を所有したか、その入手経路などは解明されていない。しかし本章の最初にあげた弟春毛理こと由之宛書簡の書体が「秋萩帖＝散々難見帖」の面影をどこか宿しており、「草仮名」を多用していることから、不定住時代の末期から五合庵定住時代の初期にはもう手元において練習に励んでいたと考えられる。

ところが、この法帖の最後の旧蔵者相馬御風は、「於礼可能《おれがの》」と草仮名を使った良寛の署名にもかかわらず、この法帖が本当に彼の所蔵物だったのか疑わしいと『良寛百考』（一九三五年　厚生閣刊）中に書いている（〈「おれがの」〉〈「おれがの」さゞなみ帖の旧蔵者〉の二文　二四八―五四頁）。その理由は、良寛は借り物にも「おれがの」「ほんにおれがの」と書く癖があった、と解釈できるような一文が解良栄重の「良寛禅師奇話」二〇番にあるということと、法帖の裏表紙見返しの「於礼可能」の右肩に別人の手で「良寛師筆」と書き込んであり、左には「玉木文庫」「橘勝良」などの蔵書印が押してあるからという【図63】。

しかし玉木文庫の主である歌人玉木勝良は良寛より三〇歳も年下、居住地は新潟で交友するには遠隔地すぎる。玉木宛の手紙もない。また良寛がこの法帖による手習いを始めた頃、玉木はまだ一〇代で、法帖の所有者であるわけがない。なによりもその蔵書印の押してある位置が、「於礼可能」の書き込み以後に押されたものであることを示している。良寛没後に何かの縁で玉木が入手し、押印したものだろう。左下に御風の蔵書印も押してある。

しかし乞食生活の良寛が自費で購入することはありそうにないし、遺品の中にあったということも聞かないので、やはり誰かから借りたものに違いない。「おれがの＝おれのもの」という書きこみはべつに固有名詞を書いたわけではないので、誰の手に渡っても通用するというのが、良寛の論理らしいと御風は推理している。ちょっと微笑ましい屁理屈だが、貸した人にすれば大喜びだろう。素晴らしい良寛の書が手にはいるのだから。

私はこの法帖は与板の親戚である山田杜皐《とこう》から借りたか贈られたという仮説を提出したい。理由は、図64の臨書にある朱墨のふりがなならぬふり漢字は、山田杜皐の依頼に応じて入れたということのわかる良寛の手紙が存在するからだ。

さざなみ帖の歌、落候処《おちさうろふところ》に字を樹候《うえさうらへ》ども、おぼつかなく候。大目《おおめ》に御覧可被下候《ごらんくださるべくさうろう》。由之居士にも御聞合《おききあわせ》被遊《あそばされ》てよかるべく候。

からす（『定本三・書簡・219』）

山田杜皐様

良寛はわかりにくい草仮名表記の意味がとりやすいように、要所要所に適切にふり漢字を朱墨で入れている。この手紙によって考えるなら、法帖四一首とまったく同じ臨書を良寛は書きあげ、全歌に適切に訓読みのふり漢字を朱墨で入れて山田杜皐に贈ったと思われる。事実、昭和三〇年代頃までこの臨書は法帖と同じ順序で四一首連続した一巻だったという証言があちこちに見られる。ところがいつのまにか切り刻まれ、同好の士たちの分有するところとなってしまった。平成五年の『良寛墨蹟大観』に一〇首の臨書が収録されたが、残り三一首の所在はまったくわからなかったらしい。今日では、図64にあげた良寛記念館蔵の「閑見難川幾」一首断簡を除いて、残り四〇首の断簡（二首あるいは三首続きの断簡もあるらしいので、全部で何点の断簡かは不明）の所在がほとんど不明なのではないか。実に嘆かわしいことだ。良寛記念館の一点を見るだけでも、その臨書が手本の法帖の水準をはるかに超えた高貴な香りをはなっていることは誰の眼にも明らかだ。これだけの美しい臨書に達するにはどれほどの回数の練習を重ねたことか。良寛はこの法帖から実に多くのことを学んだ。良寛がこの法帖をいかに大切に思っていたかは、解良家にそれを忘れてきたときのあわてた手紙【図65】によくうかがえる。この手紙にも法帖の面影を認めることが出来るし、「春毛理宛書簡」に書体がよく似ているので、やはり五合庵定住時代初期を下らないものとみなせよう。

先日**者**久々にて
御面談仕大
悦奉存候然ハ
道風の石ズリ
を貴宅ニ失
念仕　甚不安心
耳候御むつか**志**な
可ら御尋被下
此者に**毛**た　せ
可被下　候
　ウハガミは丸い
コガタ

先日者《は》久々《ひさびさ》にて
御面談仕《つかまつり》　大《だい》
悦奉存候然《えつにぞんじたてまつりさうらうしから》バ
道風の石ズリ
を貴宅ニ失《しっ》
念仕《ねんつかまつり》　甚《はなはだ》不安心
耳《にさうらう》候　御《お》むつか**志**《し》な
可《が》ら　御尋被下《おたずねくださり》
此者《このもの》に**毛**《も》た　せ
可被下《くださるべく》　候《さうらう》
ウハガミ《上紙》は丸い
コガタ《小形》

（表紙の図）
初ニ
散々難――――――

もし主人**能**御る
すにてし**礼**ず候ハ、
是をふちやうにして
御尋可被下候
以上
良寛

正月十三日
〆
解良氏　良寛
用事（太字は草仮名使用）

初《はじめ》ニ
散《さ》々《ざ》難《な》
もし主人**能**《の》御《お》る
すにて　し**礼**《れ》ず候《さうら》ハ《ば》、
是《これ》をふち《符》や《丁》うにして
御尋可　被下候《おたずねくださるべくさうらう》

先日は久々にて／御面談つかまつり／大悦に存じ奉り候／しからば道風の石ズリを／貴宅に失念つかまつり／はなはだ不安心に候／御むつかしながら／お尋ね下《くだ》され／この者に持たせ下さるべく候／上紙は丸い小形／（表紙の図）／初めニ／散々難――――／もし主人お留守にて／知れず候はゞ／是を符丁にして／お尋ねくださるべく候／以上／良寛／

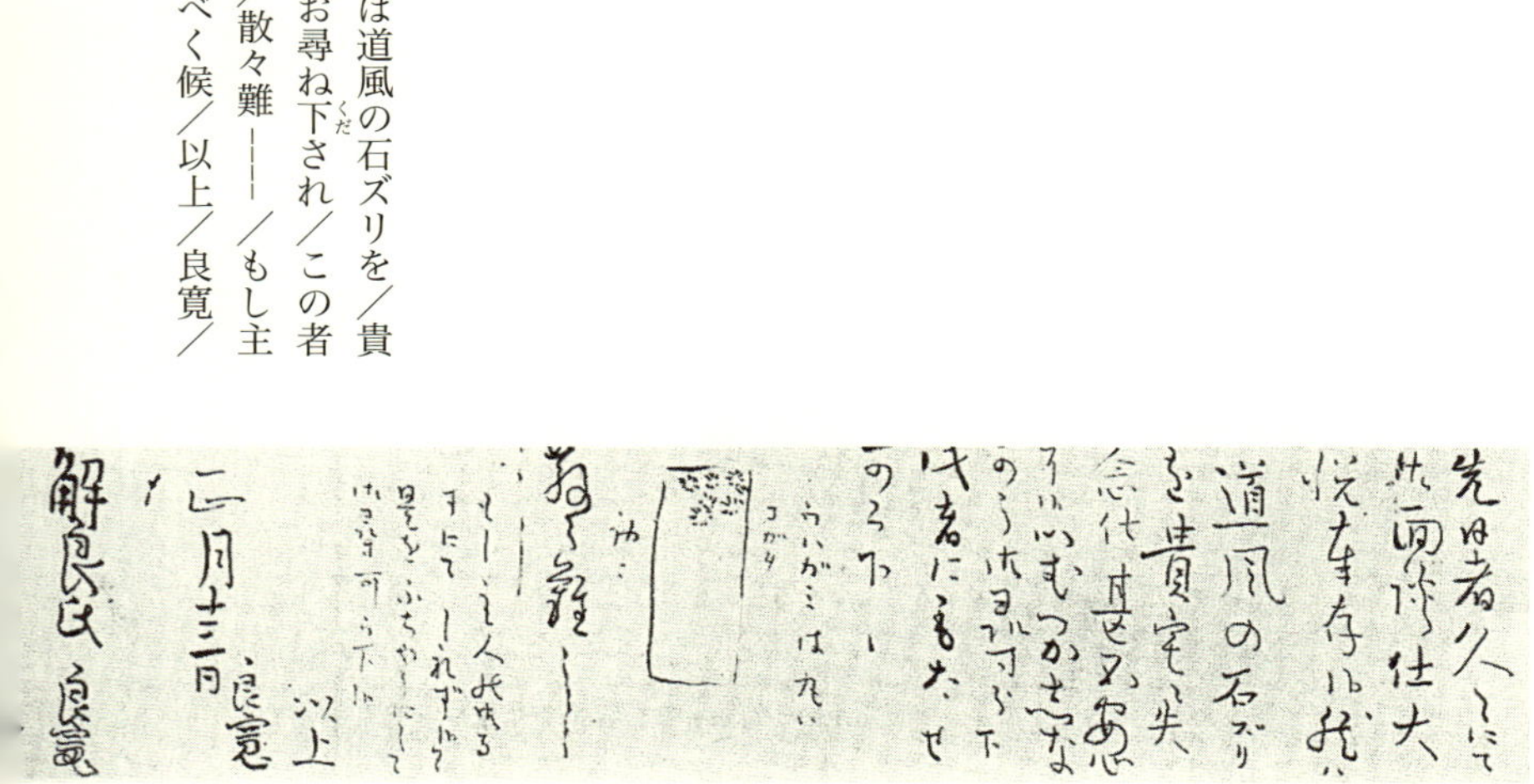
解良家への手紙　　解良家

正月十三日／〆／解良氏／良寛／用事

もちろん解良家ではすぐに探し出して、使いの者に持たせてやったことだろう。この手紙でも、ウハガミ（表紙）の小紋模様の絵のあと、最初の字が「散々難――」と書いてあるので、良寛所蔵時代から、この法帖の第一首は「散々難見也」だったことが確認される。

「秋萩帖」の意図

良寛がこの法帖から学んだ一番重要なことは、一音を一漢字の草体で表す表記法ではないだろうか。この表記法は、草仮名と呼ばれる。一般に奈良時代の『万葉集』に使われた楷書万葉仮名（男手＝おのこで）を草体にくずした書体といわれ、ひらがな（女手）は、この草仮名をさらに簡略記号化して平安初期に成立させたものとされている。したがって漢字↓草仮名↓平仮名という順序で表記法は成立したとされているのだが、先にあげた萬羽啓吾はその著書『良寛　文人の書』でこの説に強い疑義を提示している。過渡的な存在の草仮名が、その後も使われ続ける理由を、この直線的発達論は何も説明できていないという。たしかにおかしい。『古今和歌集』の成立は一〇世紀初頭で、平仮名はもう完成している。紀貫之の『仮名序』は教科書にも載る名文として名高い。それなのにその一〇〇年以上も後にすべての歌が草仮名で表記された「秋萩帖」がなぜ編まれたのか。

まったくこの章を書くまで、草仮名というものに無知だった私は、まず万葉仮名と呼ばれる『万葉集』の表記から検討してみることにした。

すると『万葉集』の表記はかならずしも一音一字ではないことに気付いた。たとえば、巻一の額田王の歌(18)「三輪山を然も隠すか雲だにも心あらなも隠さふべしや」は「三輪山乎　**然毛隠賀**　**雲谷**裳　**情有**南畝　可苦佐布倍思哉」と表記されており、厳密に一字一音ではない。太字のところは漢字の訓読みになっている。初期の巻一だからそうなのかと思って、終巻の巻二〇の最後の大伴家持の歌(4516)「新しき年の初めの初春の今日ふる雪のいや頻《し》け吉事《よごと》」をみると「**新**　**年**乃**始**乃　波都波流能　家布敷流由伎能　伊夜之家餘其騰」となっており、やはり訓読みが混じっている。すべてが一音一字に表記された歌は『万葉集』の後半にいくほどに多くはなるが、すべてではない。しかも一音にあてた漢字の種類が非常に多い。たとえば「し」の音には三〇以上の字が使われており、音表の法則性がつかみにくいというか、なきに等しい。この無数の漢字を使うわずらわしさを解決するために、日本語の五〇音(実質的には四七音)を漢字から選んで記号化したのが平仮名で、『古今和歌集』の完成とほぼ並行して、一〇世紀初頭には成立していた。

「秋萩帖」の初歌「あきはぎの」は『古今和歌集』(九一四年頃成立)巻四・秋歌の220番歌だという。平仮名が立派に成立していた時代の歌を、なにゆえ意味の取りにくい草仮名のみで表記するのか。また選択された歌が名歌と思われないことも奇妙だ。歌は万葉、古今などからとられているが、その選択理由は、一種のしりとりゲームのように、前の歌と同じ用語、いいまわしを含んでいるからのように見える。以上のような疑問から私は、「秋萩帖」の制作意図は、秀歌の鑑賞や美的書表現ではなく、日本語の音韻のすべてを表記する草仮名の基本用字の範例を示すことにあったと考えるに至った。

なぜ平仮名があるのにわざわざ漢字でその代用をさせるのかというと、それは多分、造形的な美しい書として和歌を書く必要からではないかと思う。たとえば「秋萩帖」成立以前の古今集の「高野切」をみると、訓読みの漢字(人=ひと、花=はな　山=やま　など)と平仮名で表記された歌の要所要所に、草仮名風の漢字(たとえば耳=に、毛＝も、能＝の）が使用されていることに気付く。これは、平仮名が多すぎると単調で魅力がないので、適度に漢字を挿入して書の流れにアクセントをつけるということが、平仮名完成以降も、美的な書表現を求める教養人の習慣となっていたことを示している。

仮名というから紛らわしいのだが、草仮名はあくまで漢字を平仮名ふうに使うもの。しかも平仮名に混ぜて違和感のないしなやかな草体でなければならない。しかし何万とある漢字を個人が恣意的に草仮名化して使ったのでは、コミュニケーションが成り立たない。せっかく煩雑な万葉仮名を整理して平仮名を発明した意味もなくなる。そこで、書の美的表現のために使う漢字（草仮名）の字数を制限し、草体に崩すときの筆順や形態も統一し、誰もが共有できる基本的草仮名使用の範例集が必要、という機運が高まって制作されたのが「秋萩帖」なのではないか。その表具の体裁や合装された資料の貴重さ、料紙の豪華さから考えて、「秋萩帖」は単に一貴族が楽しみに書いたものではなく、朝廷の文化的総力を結集して制作した、ひとつの事業だったに違いない。

このひらがな表記のなかに適度に草仮名を散りばめる習慣は、平安から江戸まで連綿と続いており、良寛が「秋萩帖」を学ぶ以前の和文にも、解良家の家人が読むことを想定してやさしく書いた「先日**者**久々にて」の手紙【図65】にもみられる。この通俗化した草仮名の一部は変体仮名と呼ばれて明治までごく普通に使われていた。通俗的な黄表紙の類にも変体仮名は混じっているし、今日でも蕎麦屋の看板に「生楚者」あるいは「幾楚者」と草仮名風表記を見かける。だから平仮名の単調や紛らわしさを避けるため、あるいはしゃれたデザイン的書体として草仮名を適度に使用することは、江戸時代には常識だったのかもしれない。すると、平仮名の方が先に成立し、その欠陥を補うために草仮名が整備されたと考えたほうが合理的ではないだろうか。

私は「秋萩帖」が草仮名使用の範例集であるという仮説を証明するために、まず、「秋萩帖」の歌を『日本名筆選　42　秋萩帖　伝小野道風筆』（島谷弘幸解説　二玄社　二〇〇四年）と『良寛　文人の書』（萬羽啓吾　新典社　二

○○七年）を参照しつつ活字で翻刻し、五〇音にその漢字を分類してみた。なお（ ）内の歌の読み方は参照例がなかったので、とりあえず私がつけてみた暫定的なもの。識者の修正を請う。

「秋萩帖」の歌四八首（／は書の改行の位置を示す）

1 安幾破起乃之多者以《あきはぎのしたばい》□（ろ・一字脱）／都久以末餘理處悲《つくいまよりぞひ》／東理安留悲東乃《とりあるひとの》／以禰可轉仁數流《いねがてにする》
（秋萩の下葉色づく今よりぞ独りあるひとのい寝がてにする）

2 奈幾和多留閑里能《なきわたるかりの》□（な・一字脱）美當也於知都羅《みだやおちつら》／武毛能无布也登乃《むものもふやどの》／者幾能有部能都由《はぎのうへのつゆ》
（鳴き渡る雁の涙や落ちつらむもの思ふ宿の萩の上の露）

3 意知之呂久気布東《いちしろくけぶと》／毛安留閑難我美奈《もあるかなかみな》／難（な・一字衍字）都幾也末散之久《つきやまさしく》／母利之久禮不留女理《もりしぐれふるめり》
（市白く煙ともあるかな神無月山さし曇り時雨降るめり）

4 閑見難川幾之久禮登《かみなづきしぐれと》□（と・一字脱）／毛耳駕美難悲能母《もにかみなびのも》／理能許乃者々布利爾己《りのこのははふりにこ》／所布禮《そふれ》
（神無月時雨とともに神南備の森の木の葉は降りにこそ降れ）

5 之毛能布留餘者々堂散《しものふるよははださ》／牟之遠見難弊之《むしをみなへし》／和可也東閑留奈々《わかやどかるなな》／爾所弊天堂仁《にぞへてだに》
（霜の降る夜は肌寒し女郎花我が宿かるな何ぞ経てだに）

6 安幾者轉々之毛爾難《あきはててしもにな》／理爾之和禮難禮者《りにしわれなれば》／知流許東能者遠那《ちることのはをな》／仁閑有羅見武《にかうらみむ》
（秋果てて霜に成りにし我なれば散る言の葉を何か恨みむ）

7 母能於毛布登飛東利《ものおもふとひとり》／志毛和可於幾川禮者《しもわがおきつれば》／雲美部乃堂都毛餘《うみべのたづもよ》／者爾難久奈理《はになくなり》
（もの思ふと一人しも我が起きつれば海辺の鶴も夜半に鳴くなり）

8 我幾久良之安羅禮不《かきくらしあられふ》／利川面之等堂末能之《りつめしらたまのし》／気留也登々毛悲東能《けるやどともひとの》／見流閑耳《みるがに》

9　萬都能有幣耳《まつのうへに》□□□□（おきつる・四字脱）之毛《しも》／能散武計禮者許牟也《のさむければこむや》／東堂能無餘己所於保《とたのむよこそおほ》／気禮《けれ》
（かきくらし霰降りつめ白玉の敷ける宿とも人の見るがに）

10　堂我也萬能之當久斜々也幾《たかやまのしたくささやぎ》□□□（三字脱）餘遠許《よをこ》／餘悲毛耶者堂和可比《よひもやはたわがひ》／東利禰牟《とりねむ》
（松の上に置きつる霜の寒ければ今夜と頼む夜こそ多けれ）

11　駕勢遠以堂見於幾川《かぜをいたみおきつ》／之羅奈美當閑々良《しらなみたかから》／之川利春留安末能所天《しつりするあまのそで》／閑幣留見遊《かへるみゆ》
（高山の下草さやぎ□□□夜を今宵もやはた我が一人寝む）

12　末地閑禰轉和禮者牟《まちかねてわれはむ》／閑部良之武者堂萬《かへらじむばたま》／能和我久呂閑見耳志毛《のわがくろかみにしも》／者於久東母《はおくとも》
（風をいたみ沖つ白波高からし釣する海女の袖返る見ゆ）

13　可見難都幾和閑見安《かみなづきわがみあ》／羅之能布久散登者《らしのふくさとは》／古東乃者左弊所雲川《ことのはさへぞうつ》／呂飛耳気留《ろひにける》
（待ちかねて我はむ帰らじむばたまの我が黒髪に霜は置くとも）

14　之久禮布留々々也美也《しぐれふるふるやみや》／萬能也末毛理耳安《まのやまもりにあ》／羅年登気散者所轉《らねどけさはそで》／所都遊計幾計幾《ぞつゆけき・けき》（二字衍字）
（神無月我が身嵐の吹く里は言の葉さへぞ移ろひにける）

15　志毛能宇弊耳安登不《しものうへにあとふ》／美東牟留者末地東《みとむるはまちど》／理遊久倍毛難之東《りゆくへもなしと》／和悲都々所布流《わびつつぞふる》
（時雨降る降るや深山の山守にあらねど今朝は袖ぞ露けき）

16　安末能閑者布由者所《あまのがわふゆはそ》／羅散弊許保禮者也《らさへこほればや》／以之末耳堂幾川於《いしまにたぎつお》／東堂爾母勢奴《とだにもせぬ》
（霜の上に跡踏みとむる浜千鳥行方も無しと侘びつつぞ旧る）

17　散々難見也以堂也末加《さざなみやいたやまか》／勢能雲美布気者《ぜのうみふけば》／川利春留安末能所天我《つりするあまのそでか》／部留見由《へるみゆ》
（天の川冬は空さへ凍ればや石間に滚つ音だにもせぬ）

（細波やいた山風の海吹けば釣する海女の袖返る見ゆ）

18 可《か》世《ぜ》難《な》久《く》者《ば》以《い》散《ざ》之《し》末《ま》弊《べ》／美《み》耳《に》於《お》起《き》川《つ》難《な》美《み》堂《た》／知《ち》□（一字脱）之《し》久《く》東《と》毛《も》牟《む》奈《な》之《し》／久《く》者《は》許《こ》事《じ》

（風無くばいざ島辺見に沖つ波立ち□しくとも虚しくは来じ）

19 計《け》左《さ》能《の》安《あ》羅《ら》之《し》散《さ》牟《む》久《く》／裳《も》安《あ》留《る》閑《か》難《な》安《あ》之《し》悲《び》幾《き》／乃《の》也《や》萬《ま》斜《さ》之《し》久《く》毛《も》利《り》／遊《ゆ》幾《き》所《ぞ》布《ふ》留《る》良《ら》之《し》

（今朝の嵐寒くもあるかなあしびきの山さし曇り雪ぞ降るらし）

20 雲《う》気《け》母《も》安《あ》弊《へ》數《ず》所《そ》羅《ら》／耳《に》起《き》要《え》都《つ》々《つ》布《ふ》留《る》遊《ゆ》／幾《き》遠《を》難《な》東《ど》閑《か》堂《た》能《の》末《ま》／武《む》多《た》毛《も》登《と》奴《ぬ》良《ら》之《し》爾《に》

（受けもあへず空に消えつつ降る雪をなどか頼まむ袂濡らしに）

21 和《わ》可《が》々《か》見《み》能《の》美《み》難《な》之《し》羅《ら》／由《ゆ》幾《き》爾《に》奈《な》利《り》奴《ぬ》禮《れ》者《ば》於《お》計《け》／留《る》之《し》毛《も》耳《に》所《ぞ》於《お》東《ど》呂《ろ》加《か》／禮《れ》奴《ぬ》流《る》

（我が髪のみな白雪になりぬれば置ける霜にぞ驚かれぬる）

22 保《ほ》理《り》轉《て》於《お》幾《き》之《し》移《い》気《け》／波《は》駕《か》々《が》見《み》耳《に》許《こ》保《ほ》禮《れ》／東《ど》毛《も》許《こ》閑《か》気《げ》堂《だ》爾《に》見《み》／要《え》春《ず》東《と》之《し》所《ぞ》部《へ》仁《に》計《け》流《る》

（掘りて置きし池は鏡に氷れども木陰だに見えず年ぞ経にける）

23 難《な》見《み》堂《だ》閑《が》者《は》美《み》奈《な》久《ぐ》／波《ば》可《か》利《り》能《の》不《ふ》地《ち》者《は》安《あ》禮《れ》登《ど》／許《こ》保《ほ》理《り》東《と》気《け》□（ね・一字脱）波《ば》我《か》計《げ》／裳《も》也《や》登《ど》羅《ら》春《ず》

（なみだ川みなぐばかりの淵はあれど氷溶けねば影もやどらず）

24 布《ふ》利《り》之《し》気《け》者《ば》萬《ま》散《さ》爾《に》和《わ》／閑《が》見《み》東《と》所《そ》部《へ》都《つ》部《べ》久《く》於《お》／母《も》部《へ》者《ば》遊《ゆ》幾《き》能《の》所《そ》羅《ら》爾《に》知《ち》／利《り》川《つ》々《つ》

（降りしけばまさに我が身とそへつべく思へば雪の空に散りつつ）

25 餘《よ》遠《を》散《さ》牟《む》見《み》安《あ》散《さ》東《と》／遠《を》安《あ》気《け》轉《て》和《わ》可《が》美《み》禮《れ》／波《ば》爾《に》者《は》之《し》呂《ろ》當《た》幣《へ》爾《に》／安《あ》和《わ》由《ゆ》幾《き》所《ぞ》不《ふ》留《る》

（夜を寒むみ朝戸を開けて我が見れば庭白妙に淡雪ぞ降る）

26 見《み》餘《よ》之《し》能《の》々《の》也《や》末《ま》能《の》之《し》良《ら》／由《ゆ》幾《き》布《ふ》見《み》和《わ》気《け》轉《て》以《い》里《り》／利《り》（一字衍字）爾《に》之《し》飛《ひ》東《と》能《の》於《お》登《と》川《づ》／禮《れ》毛《も》勢《せ》奴《ぬ》

（み吉野の山の白雪踏みわけて入りにし人の訪れもせぬ）

27 之《し》羅《ら》遊《ゆ》幾《き》能《の》也《や》部《へ》不《ふ》利《り》之《し》／計《け》留《る》閑《か》部《へ》流《る》也《や》萬《ま》可《か》部《へ》流《る》／我《が》部《へ》流《る》毛《も》於《お》意《い》耳《に》気《け》／留《る》閑《か》難《な》

28　悲閑利末川要堂耳《ひかりまつえだに》／閑々禮留由幾遠己所不《かかれるゆきをこそふ》／遊能者難東波意布《ゆのはなとはいふ》／部我利気禮《べかりけれ》
（白雪の八重降り敷けるかへる山かへるがへるも老いにけるかな）

29　奈閑禮由久美都己保《ながれゆくみずこほ》／理奴留布遊散部也《りぬるふゆさへや》／難保宇幾久佐能安《なほうきくさのあ》／東波登々面奴《とはとどめぬ》
（光待つ枝にかかれる雪をこそ冬の花とは言ふべかりけれ）

30　毛美地者能難閑禮轉《もみじばのながれて》／登末留和當川美波久《とまるわたつみはく》／禮奈爲不可久難美所《れなゐふかくなみぞ》／當都羅牟《たつらむ》
（流れ行く水氷ぬる冬さへやなほ浮草の跡は留めぬ）

31　志可理東轉處無可禮《しかりとてそむかれ》／那久耳許登新安《なくにことしあ》／禮者末都難気駕留《ればまずなげかる》／々安難雲餘乃那閑《るあなうよのなか》
（紅葉葉の流れてとまるわたつみは紅深く波ぞ立つらむ）

32　久毛者禮天美都耳都《くもはれてみづにつ》／幾閑気雲都羅《きかげうつら》□（な・一字脱）牟《む》／見末久保理要者爾許《みまくほりえはにご》／理勢難久耳《りせなくに》
（しかりとて背かれなくに事しあればまず嘆かるるあな憂世の中）

33　意久餘之母安羅新《いくよしもあらじ》／和可美遠難所波閑久《わがみをなぞはかく》／阿末乃我留母耳於母《あまのかるもにおも》／悲美當流々《ひみだるる》
（雲晴れて水に月影映らなむ見まく堀江は濁りせなくに）

34　末天《まて》□（一字脱）者無許登《はむこと》□（一字脱）年當散《ねたさ》／耳《に》□（し・一字脱）能布禮波有久《のぶればうく》／母春々呂耳難気幾志都流《もすずろになげきしつる》閑《か》
（行く由もあらじ我が身をなぞはかく海女の刈る藻に思ひ乱るる）

35　王閑也登遠安幾《わがやどをあき》／能也布東新阿羅勢《のやぶとしあらせ》／禮者美當禮天裳那久《ればみだれてもなく》／無新乃己恵閑奈《むしのこゑかな》
（まて□はむこと□ねたさに忍ぶれば憂くもすずろに嘆きしつるか）

36　意登波當毛地理奴留《いとはたもちりぬる》／者那《はな》□（か・一字脱）以呂可布留都遊《いろかふるつゆ》／波於可之登於母悲之《はおかじとおもひし》／毛能遠《ものを》
（我が宿を秋の藪としあらせれば乱れても鳴く虫の声かな）

37 美餘之乃々也末幣爾《みよしののやまべに》／數面者保度々幾數《すめばほととぎす》／許乃末當地久幾難閑《このまたちくきなか》／奴非者那之《ぬひはなし》

（いとはたも散りぬる花か色変ふる露は置かじと思ひしものを）

38 遊面能可気乃可悲度々《ゆめのかげのかひとど》／女天和我留東毛故悲《めてわかるともこひ》／之閑羅牟《しからむ》□（一字脱）安可春見《あかずみ》／川禮波《つれば》

（み吉野の山辺に住めばほととぎす木の間たちくき鳴かぬ日はなし）

39 者難能意呂乃美留面《はなのいろのみるめ》／安久末轉幣末新可波《あくまでへましかば》／雲久散羅末之難爾《うくざらましなに》／保非奈可良毛《ほひながらも》

（夢の影のかひとどめて別るとも恋しからむ□飽かず見つれば）

40 安閑數之天和閑留々那《あかずしてわかるるな》／美當々幾《みだたき》□（に・一字脱）所不見都末《そふみづま》／散留東也志母者美《さるとやしもはみ》／流羅牟《るらむ》

（花の色の見る目飽くまで経ましかば憂くざらましな匂ひながらも）

41 爾保不可登美禮者有《にほふかとみればう》／川呂布者難所許波川《つろふはなぞこはつ》／幾耳毛美無難安加《きにもみむなあか》／春久禮奈者《ずくれなば》

（飽かずして別るる涙滝に添う水増さるとや下は見るらむ）

42 安羅堂末能東新也《あらたまのとしや》／川美気無之能不久散《つみけむしのぶくさ》／也登耳者々也久於比《やどにははやくおひ》／爾志母乃遠《にしものを》

（匂ふかと見れば移ろふ花ぞこは月にも見むな飽かず暮れなば）

43 雲久悲春耳堂能美《うぐひすにたのみ》／波々也久有都之天幾《ははやくうつしてき》／夜《や》徒《ど》乃《の》散《さ》非《び》新《し》悲之（非之・二字衍字）／久阿禮志東幾餘里《くあれしときより》

（あらたまの年や積みけむ忍草宿にははやく老ひにしものを）

44 不留散登々奈理爾新《ふるさととなりにし》／可者也保登度幾《かばやほとどぎ》／數波夜志散非之登難《すはやしさびしとな》／畿王堂留羅牟《きわたるらし》

（うぐひすに頼みははやく移してき宿の寂しく荒れし時より）

45 難保志天者難幾母和《なほしてはなきもわ》／當羅之報登々幾春《たらじほととぎす》／雲幾餘爾春末布悲《うきよにすまふひ》／徒能堂面許處《とのためこそ》

（故郷となりにしかばやほととぎす林淋しと鳴きわたるらし）

（なおしては鳴きも渡らじほととぎす憂き世に住まふ人のためこそ）

46　與《よ》能《の》奈《な》可《か》耳《に》阿《あ》羅《ら》武《む》我《か》／堂《た》那《な》美《み》散《さ》和《わ》気《げ》者《ば》也《や》／許《こ》々《こ》呂《ろ》有《う》幾《き》久《く》散《さ》餘《よ》留《る》／幣《べ》散《さ》堂《だ》面《め》努《ぬ》

（世の中に在らむかた無みさわげばや心浮き草寄る辺定めぬ）

47　於《お》无《も》悲《ひ》耳《に》者《は》閑《か》堂《た》難《な》／幾《き》閑《か》報《ほ》母《も》都《つ》久《く》登《と》意《い》不《ふ》／遠《を》計《け》布《ふ》能《の》美《み》閑《か》耳《に》者《は》那《な》乃《の》事《し》川《づ》面《め》□（一字脱）

（思ひには形なき顔もつくといふをけふのみかにはなのしづめ□）

48　夜《や》弊《へ》武《む》久《ぐ》羅《ら》堂《た》禮《れ》可《か》／和《わ》気《け》川《つ》留《る》安《あ》末《ま》乃《の》可《が》者《わ》／登《と》和《わ》堂《た》流《る》布《ふ》年《ね》母《も》和《わ》可《が》／末《ま》多《た》難《な》久《く》耳《に》

（八重葎誰か分けつる天の川と渡る舟も我が待たなくに）

二三首まで書写したところで、これ以上写す必要はないのではないか、と思えてきた。なぜかというと、ここまででもう五〇音（正確には四七音）に対応する草仮名はほとんど出そろって、あとは繰り返しのように思えたからだ。13、19、21、24番歌に新しい字はない。しかし我慢してさらに書いてみると、一字から三字程度の新しい字を含む歌が飛び飛びに見つかった。新字は当然のことだが、1番から4番の歌までで六六字もでてきて、全体の半分以上になった。その後、新字は一首のなかに三個、二個、一個と徐々に減っていく。まったく新しい字を含まず、既出の字だけで書かれた歌が一九首（13、19、21、24、25、26、27、28、32、34、36、37、39、40、41、42、44、47、48）あった。つまり二九首だけの法帖でも、「秋萩帖」に使われている草仮名は全部学べるのである。上手に歌を選べばもっと歌数を減らせるかもしれない。江戸時代の「秋萩帖」法帖の歌数が原本より少ないのには正当な理由があったのだ。

それに歌の順序にこだわることも無意味のようだ。研究者はまじめに秋の歌、冬の歌、雑歌などと分類したりしているが、歌の選択は意味から行われているのではなく、しりとりの遊びのように、同じ言葉、似た言い回しという音韻の基準によっているように見える。いったい幾つの漢字が「秋萩帖」には使われているのだろうか。

一首三一字として四八首だから、字余りは考えずに単純計算すれば、一四八八字の漢字が「秋萩帖」には記されているはず。しかし丁寧に「あいうえお」に分類してみたところ、なんと「秋萩帖」に使われている草仮名の種類は全部で一一二個しかなかった。整理すると次節のようになる。一見したところ、もっと多くの字が使われているようにみえるが、それは同じ言葉の組み合わせを変えて表記しているだけなのだ。一音に対応する字が一番多かったのは「か」で、可・閑・我・駕・加と五字あった。しかし、「え」「お」「く」「れ」「ろ」「ゐ」「ゑ」「を」は要、於、久、禮、呂、爲、恵、遠と各一字しかなく、いたって覚えやすい。

「秋萩帖」にでてくる草仮名とその用法（太字は一字しかない場合）

あ　安・阿
い　以・意・移
う　有・雲・宇
え　**要**
お　**於**
か（が）　可・閑・我・駕・加
き（ぎ）　幾・起
く（ぐ）　**久**
け（げ）　気・計
こ（ご）　許・己・故
さ（ざ）　散・斜・左・佐
し（じ）　之・志・新・事
す（ず）　數・春
せ（ぜ）　勢・世
そ（ぞ）　處・所
た（だ）　多・當・堂
ち（ぢ）　知・地
つ（づ）　都・川

て（で）　轉・天
と（ど）　登・東・度・徒
な　奈・難・那
に　仁・耳・爾
ぬ　奴・努
ね　禰・年
の　乃・能
は（ば・ぱ）　破・者・波
ひ（び・ぴ）　悲・非・飛・比
ふ（ぶ）　布・不
へ（べ・ぺ）　部・弊・倍
ほ（ぼ・ぽ）　本・保・報
ま　末・萬
み　美・見
む　武・牟・無
め　女・面・
も　毛・无・母・裳
や　也・耶・夜
ゆ　由・遊
よ　餘・與
ら　羅・良・等
り　理・里・利
る　留・流
れ　**禮**
ろ　**呂**
わ　和・王
ゐ　**爲**
ゑ　**恵**
を　**遠**

少しも名歌とは思われない、似たような歌が列挙されているわけは、同じ単語やいいまわしの表記の違いを列挙する目的があると思われる。そこで四八首全体から同じ言葉で表記の違うものや類語、縁語を集めてみた。

あしびきの＝安之悲幾乃
やえむぐら＝夜弊武久羅
釣する＝川利春留
白＝之呂
黒髪＝久呂閑見
上＝有弊、宇弊
下葉＝之多者
松＝萬都
浮草＝宇幾久佐、有幾久散
たづ（田鶴）＝堂都

虫＝無新
海辺＝雲美部
波＝難美、難見、奈美
立つ＝當都
寒し＝散牟之
時雨＝之久禮
露＝都由、都遊

あらたまの＝安羅堂末能
むばたまの＝武者堂萬能
天の川＝安末能閑者、安末乃可者
白玉＝之等堂末、之羅堂末
紅＝久禮奈爲
下＝之當、之多
木の葉＝許乃者
森＝母理
鶯＝雲久悲春
ほととぎす＝保登度幾數、報登々幾春
鳴く＝難久
沖＝於幾
白波＝之羅奈美
風＝加勢、駕勢、可勢、可世
嵐＝安羅之
降る＝布留、不留
置く＝於久

みよしのの＝見餘之能々、美餘之乃々
海女＝安末、阿末
色＝以呂、意呂
黒＝久呂
紅葉葉＝毛美地者
下草＝之當久斜
枝＝要當
浮世＝雲幾餘
雁＝閑里
浜千鳥＝者末地東理

海＝雲美
わだつみ（海神）＝和當川美
細波＝散々難見
吹く＝布久
雲＝久毛
霜＝之毛、志毛
空＝所羅

光＝悲閑利
白雪＝之羅由幾、之羅遊幾、之良由幾
氷＝許保理

神南備＝駕美難悲
我＝和禮
老＝於意
独り＝悲東理、飛東利、比東利
涙＝那美當、難見堂
思い＝於母悲
今朝＝計左、気散
夜＝餘
花の色＝者難能意呂
萩＝破起、者幾
庭＝爾者
宿＝也東、也登、夜徒
川＝閑者、可者

月＝都幾、川幾
淡雪＝安和由幾
水＝美都

顔＝閑報
我が身＝和可美
旧る＝布流
世の中＝與能奈可
心＝許々呂
袖＝所天、所轉
今日＝計布
夢＝遊面
匂い＝爾保非
女郎花＝遠見難弊之
里＝散登
山＝也末、也萬
渡る＝和堂流、和多留

雪＝遊幾、由幾
冬＝布由、布遊、不遊
神無月＝我美奈都幾、我見難都幾、可見難都幾、閑見難川幾
髪＝可見、閑見
肌＝者堂
人＝悲徒、飛東
声＝己恵
嘆き＝難気幾
袂＝多毛登
今宵＝許餘悲
花＝者無、者那、者難
散る＝地留
忍草＝之能不久散
ふるさと＝不留散登
山辺＝也末弊
舟＝布年

池＝移気　淵＝不地　島＝之末
なり＝奈理　ぬ＝奴　ぬれば＝奴禮者
めり＝女理　らむ＝羅牟　らし＝良之
ける＝気留、計留　けれ＝気禮

ざっとあげてみたが、こんな具合である。これだけ用例をあげられたら、それにならって自分の書きたい文を一一二個の草仮名の自由な組み合わせで、思いのままに書くことが出来よう。たとえば、「今日はよい天気です」は「計布者餘以轉無幾天春」とか「気布波與意天牟起轉數」などと表記できる。もちろん、そのほかの表記も可能だ。しかし「秋萩帖」が歌のすべてを一音一字の草仮名で書いたのは、あくまでも草仮名の種類の制限とその用法の範例を示す目的からで、実際の使用法としては、平仮名ばかりではしまりがないと思われる要所要所に高野切のように、散りばめて使うものだったと思われる。

良寛が使った草仮名

次に良寛が和歌の表記に用いた草仮名を、『良寛遺墨展』カタログ（平成一七年　新潟県立近代美術館　解説・訓読松矢国憲）に掲載された「布留散東（ふるさと）」【図66】、その他の活字翻刻、及び『墨　第6　良寛入門』の加藤僖一編「良寛いろは帖」を参照し、できるかぎり拾って五〇音（実際には四七音）に分類してみた（太字は「秋萩帖」と共通する字）。なお、これは暫定的なものなので、識者の後補を待つ。

あ　**安**・**阿**・鞅
い　**以**・**意**・伊・五・井
う　**雲**・**有**・**宇**
え　江・衣
お　**於**
か（が）　**加**・**我**・**可**・**閑**・**駕**・賀
き（ぎ）　**幾**・**起**
く（ぐ）　**久**・九・区・具・玖
け（げ）　**計**・**気**
こ（ご）　**己**・**許**・**故**・古
さ（ざ）　**散**・**斜**・**左**・**佐**
し（じ）　**之**・**志**・**新**・**事**
す（ず）　**數**・**春**・須・寸・寿
せ（ぜ）　**勢**・**世**
そ（ぞ）　**所**・**處**・楚・曽
た（だ）　**多**・**當**・**堂**・太
ち（ぢ）　**知**・**地**・千・血
つ（づ）　**川**・**都**・徒
て（で）　**天**・**轉**・而・手

と（ど）　**東**・**登**・止・騰
な　**奈**・**難**・**那**・南
に　仁・**耳**・**爾**・邇・二
ぬ　努・**奴**・怒
ね　**禰**・**年**・寐
の　**能**・**乃**・廼
は（ば・ぱ）　**者**・**波**・八
ひ（び・ぴ）　**比**・**飛**・**悲**・**非**
ふ（ぶ）　**不**・**布**・婦
へ（べ・ぺ）　**弊**・**部**・敝・重
ほ（ぼ・ぽ）　**本**・**保**・**報**
ま　**末**・**萬**・眞
み　**美**・**見**・躬・三
む　**無**・**武**・**牟**
め　女・**面**・免
も　**毛**・**裳**・**母**・**无**・茂
や　**也**・屋・弥
ゆ　**由**・**遊**
よ　**餘**・**與**・世

ら	良・羅	わ	和・王
り	利・里・理	ゐ	爲
る	留・流	ゑ	恵
れ	禮・連	を	遠
ろ	呂		

良寛の場合、国宝「秋萩帖」の一一二字より少し多く一四七字採集できた。しかし三五字多いだけで、覚えられないほどのものではない。一〇〇〇字にものぼるかといわれる万葉仮名に比べたら、明らかに「秋萩帖」が範例化した草仮名使用の秩序内に収まっている。しかも良寛独自の草仮名は稀にしか使われず、大部分は「秋萩帖」の範例に従って書いている。ただひとつ、「秋萩帖」の用例の「え＝要」を採用していないことが目につくが、これは「い」と「え」の区別がつかない越後人の特性から、「要」を「い」と読んで誤用と考えて排斥したのではないかと思う。良寛も貞心尼もあれほどの教養にもかかわらず、「い」と「え」の誤用は沢山ある。ラジオ、テレビが普及するまで「い」と「え」の区別は越後人の泣き所だった。また、草体の崩し方はいかに独創的に記号化しているように見えても、よく比較すれば、「秋萩帖」の崩し方に正しく則っていることがわかる。

平仮名（女手）だけで書いた和歌や俳句は、書としては単調でつまらない。それゆえ「秋萩帖」がひらがな主体の和歌表記に使ってもよい草仮名のマニュアル化を行ったのだが、製作者はなにも和歌全部を草仮名で表記することを考えていたわけではないだろう。あくまでひらがな書のところどころに挿入して変化をつける意図だったのではないか。その証拠には和歌全部を厳密に草仮名のみで書いた歌集というものは、平安、鎌倉、室町を通じて「秋萩帖」以外は存在しない。すると「秋萩帖」は歌集ではなく、あくまで草仮名表記の範例集として編まれたもので、いわば手習いする法帖（拓本、版本）の原本として制作されたものと考える方がわかりやすい。江戸時代に驚くほど多種多様な「秋萩帖」の法帖が出版されたということは、残っていないにしても鎌倉、室町でも出版されていたからに違いない。かくも多くのひとが「秋萩帖」法帖を手習いしているにもかかわらず、だれひとりとして自作和歌を一〇〇パーセント草仮名で表記した歌人がいないところをみると、江戸時代に至るまで「秋萩帖」が草仮名使用の特殊な範例集であることは、一般によく認識されていたのではないか。

ところが良寛は、草仮名修得以後、和歌や俳句をほとんど全部草仮名で書き始めた。これは驚くべきことだ。草仮名修得後にまとめた最初の歌集は自筆稿本「布留散東」。そこに収録された短歌五四首、長歌三首、旋頭歌四首合計六一首は、草仮名をほぼ全面的に（平仮名も多少はある）駆使している。内容は帰郷の旅から五合庵の現在の暮らしに至る自伝的な色合いが濃いので、『定本・二』の編者は漢詩集「草堂集貫華」と対応する文化九年頃の成立とするが、収録された歌の中に五合庵時代末期の歌があるので、これは明白な誤りだ。松矢国憲は、「布留散東」をその草仮名習熟度から推測して、乙子時代初期に位置

図66　「布留散東」第一首から第四首の途中まで
安布美知遠春起天（近江路を過ぎて）
布留さ東部由久悲堂安良者許東都天む
（ふるさとへ行く人あらば言伝む）
計ふ安布み知遠和禮己恵耳幾堂
（今日近江路を我越えにきと）以下略

づけており、私もこちらを支持したい。

良寛が和歌や俳句を草仮名のみで書く意図は、単にひらがなの弱さ、単調さを避ける造形的効果のみならず、漢字が本来持つ意味の詩的効果をも狙っているのではないか。たとえば七番目の作「来てみればわがふるさとは荒れにけり庭も籬《まがき》も落ち葉のみして」と活字本に表記されるよく知られた歌は、「布留散東」の表記では「幾轉見礼波／和我布留散登者／安礼耳計利／尓波毛萬加起（も＝脱）／於知者能美之天」となっている。この歌には多くの遺墨があり、第一句だけでもほかに「幾天見礼者」とか「起轉見礼者」など多様な表記がある。「幾天見礼者」や「起轉見禮者」の表記には、運の命ずるままに転居する自由人の感じが、「布留散東」の表記には旧居の謙虚なたたずまいが、「安礼耳気利」や「安礼尓気理」の表記には、少しも荒廃した様子のない穏やかな古びの感じがする。落ち葉を「於知者」とか「遠知者」と表記されると、落ち葉一枚さえ深遠な自然の哲理の体現者と思えてくる。「於知者能美之天」や「遠知者能美之天」の表記から私たちは、国上の旧居が降る落ち葉に埋もれ、自然の摂理に従って美しく古びていく姿を彷彿と思い浮かべる。なお、この句には「久閑美尓天餘女留（国上にてよめる）」の詞書がついているので、不定住時代に一度は住んだ五合庵を国上寺の義苗に明け渡し（享和二年）諸所を転々としたあと、義苗没後再入居（文化二年）のため訪れた際の感慨と思われる。その間三年間に過ぎないので、それほど荒れ果てたというのではなく、ちょっと古びてしまったなあ、という程度の軽い嘆きなのである。

これが俳句かと思うような「雨の降る日はあはれなり良寛坊」【図67】の一見散文的な句も、「安女能不流日波鞅者礼奈利　良寛坊」と書かれると、素晴らしく魅力的に思えてくるから不思議だ。「鞅者礼奈利」の表記には少しも哀れっぽさがない。鞅《むながい》は馬の胸から腹にかけて渡す皮ひものことだというが、行動の自由を束縛されて不満げな良寛がユーモラスに浮かんでくる。だから、『定本　良寛全集』の歌、俳句、書簡はみな意味の的中した

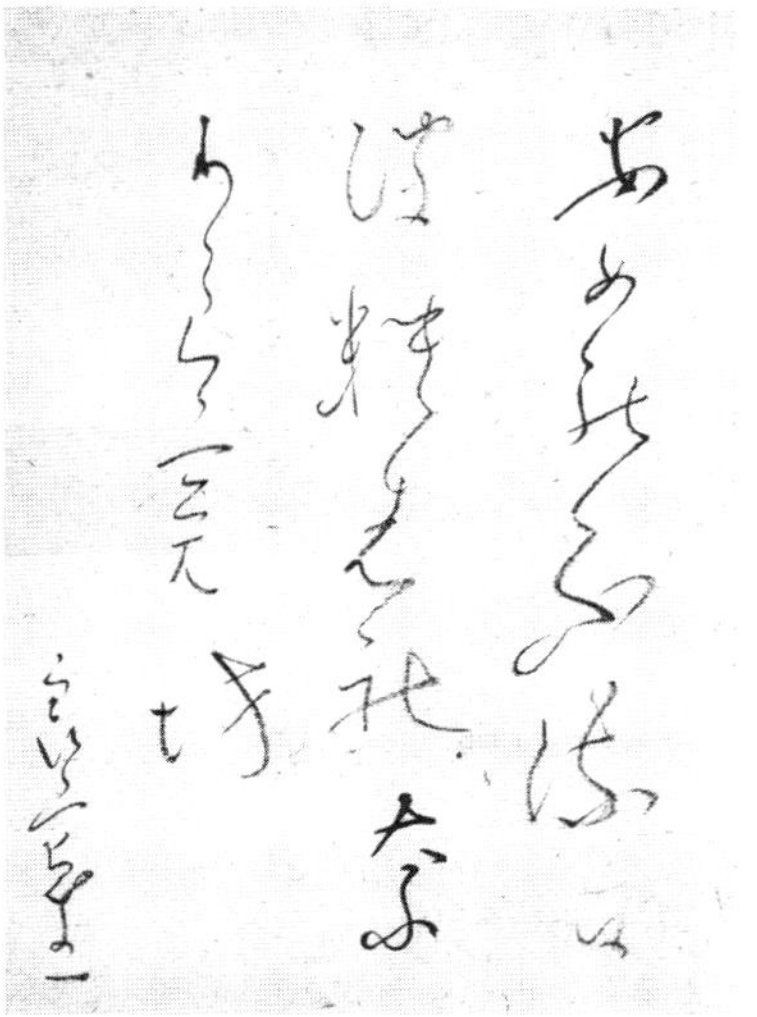

図67　俳句「雨の降る日は哀れなり良寛坊」　木村家
安女能不流日
波鞅者礼奈
利良寛坊
良寛書

漢字と仮名の混交文に変換収録されているが、なぜ良寛が書いた通りの草仮名表記をも翻刻併記してくれなかったのかと残念だ。「あ」とか「い」とかいう一音に対応する漢字は複数あり、どの漢字を採用するかに、良寛の文学的かつ造形的センスが見事に発揮されているのに、それが見られなくては良寛文学の魅力が半減すると思う。

こうしてみると、草仮名とは詩的にも造形的にも魔力を発揮する、実に魅力的な方法なのだと気づく。良寛にとって、草仮名漢字の持つ意味のイメージ喚起力とその造形性は、ともすれば弱くなりがちの大和言葉の書作品には不可欠の要素だった。それゆえ良寛は「秋萩帖」の臨模には心血を注ぎ、のちには自由自在に草仮名を操れるようになった。純粋に女手の作例を意図したと思われる『万葉集』からの抄本「あきのゝ」さえ、扉には「安起乃ゝ」とあるし、よく見ると能、乃、起、川、毛など代表的草仮名が要所要所に散りばめられている。（なお、この「あきのゝ」は従来安田靭彦旧蔵「安田本」が知られていたが、二〇一二年に行方不明だった「竹内本」が出現し、影印本が出版された〈『あきのの帖』池田和臣　萬羽啓吾編著　青簡舎　二〇一二年〉。その写真と精緻な解題により、竹内本が原本で、安田本の方が写本であることは、もはや明白と思われるので、ここに注意を喚起しておきたい。）

いずれにしても「秋萩帖」は書を美しく見せるために、平仮名と同じ一字一音の漢字を適切に選定し、その使用例をマニュアル化したものであると結論したい。しかし、いくら表音的に用いたからといって、漢字本来の持つ象形性や意味性を、日本人は完全に頭の中から払拭することはできない。だからすべてを草仮名で表記した良寛の歌や俳句の遺墨を見ると、歌の意味と漢字の意味の思いがけない乖離に新鮮なショックを受ける。異質なイメージとイメージを衝突させることが、詩的ポテンシャルを生むという、シュルレアリスムの方法論にも通じる草仮名表記。この表記法を愛好した良寛の前衛性にあらためて感嘆せずにはいられない。

レイアウトの技法——良寛様式の確立

良寛が草仮名の種類と崩し方の様式を最初に学んだ法帖は「於禮可能」と書き込んだ「秋萩帖＝散々難見帖」に間違いない。それは五合庵時代初期の由之宛や解良家宛ての手紙の字がその法帖によく似ていることから、大方の研究者が認めている。しかし私は奇妙なことに気付いた。図64をみていただきたい。良寛の臨書は最後の行が、左側の「於禮可能」の法帖のレイアウトとは違って、前の三行の頭に揃えてある。そしてそのために手本よりずっと意味もとりやすく、見た目も美しくなっている。

実は原本の「閑見難川幾」のレイアウト【図68】は四行の頭が揃っている。原本では四八首の歌はすべて四行書きで頭が揃っている。「於禮可能」の法帖も「閑見難川幾」の歌以外はすべて頭が揃っている。版木の不都合でこの歌だけそうなってしまったのかもしれない。しかし良寛は原本を知るはずはないので、大胆に手本のレイアウトを変更するからには、そうなっている別種の法帖を知っていた可能性があるのではないかと思い、あらためて早稲田大学図書館の古典籍データベースを調べると、市島春城旧蔵の法帖のすべての頁の写真が見つかった。第四首目のレイアウト【図69】は原本とまったく同じだった。どちらも頭は揃っているが、「己」の字は三行目の末尾にある。「己」を四行目冒頭に持っていったのは良寛の独自の考えかららしい。たしかに係り結びの助詞「こそ」は分けない方が理解しやすい。同図書館にあるほかの法帖のレイアウトもみな原本を踏襲していた。

自信たっぷりの筆勢で手本のレイアウトを変更するからには、良寛は「於禮可能」の法帖ばかり習っていたわけではなく、他の法帖も学んだ可能性が高いのではないか。「秋萩帖」の法帖が各種出回っていたことは、江戸時代には常識だったかもしれない。それに「於禮可能」の法帖末尾の呉橋木翘の識語【図70】によっても、良寛は自分の習っている太字タイプの法帖より以前に、細字タイプの三宅正誼本【図71】が出ていたことを、知ることができた。識語は漢文で書かれているが、要点は「余嘗て難波の三宅正誼刻する所の秋萩帖を観るに、草体円美にして決して宋以下の能《よ》く作る所に非ざるなり。惜しいかな剞劂《きけつ》未だ妙ならず。頗《すこぶ》る清痩に失す」というところにある。つまり、三宅正誼本は美しいが、清潔で痩せすぎで運筆の妙を失っている、というのだ。さらに続けて、たまたま上毛（群馬）で肉太の双鉤填墨の書を発見したのでここに上木（木版にして出版）する次第である云々、とある。

これを読めば良寛はより古い法帖は細字タイプだったことを知り得たわけで、もともと「清痩」な字を好む彼はそういう法帖を熱心に捜したのではないか。

小島正芳は『良寛の書の世界』（恒文社　一九九六年）において「秋萩帖」法帖出版の歴史においては細字の三宅本の方が真蹟「秋萩帖」に近かったと述べ、良寛はそのような別種の法帖をも学んで独自の良寛様式の草仮名表現に到達したと主張している。そして三宅本系の法帖を学んだ臨書の例として「秋萩帖」冒頭の二首を臨書した

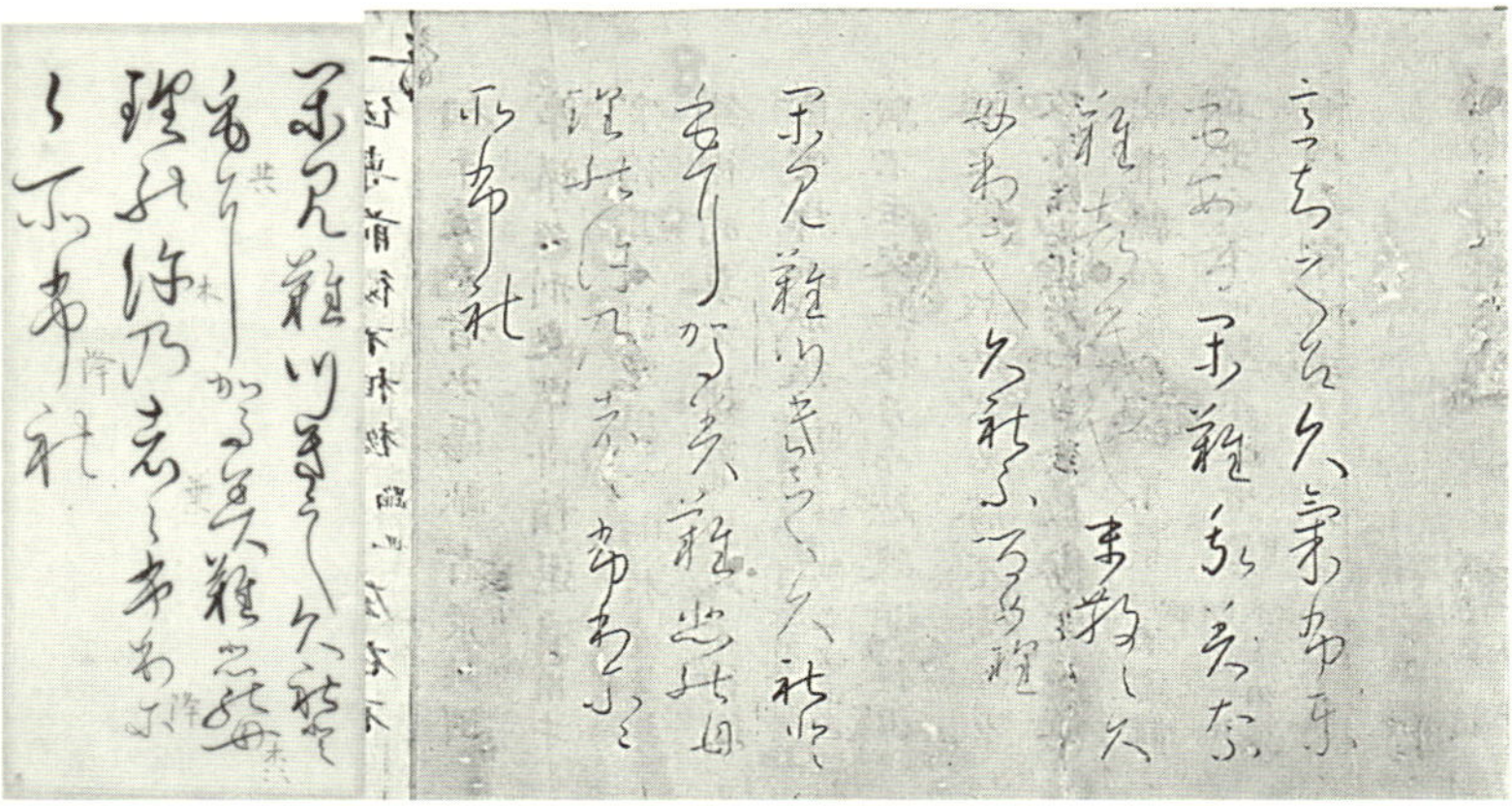

図68　原本国宝「秋萩帖」の第三歌と第四歌（インターネット画像より）と良寛臨書の比較

図69　早稲田大学図書館　市島春城旧蔵「秋萩帖」法帖　第一首から第四首まで
出版年、出版者、出版地不明、識語なし（インターネット画像より）

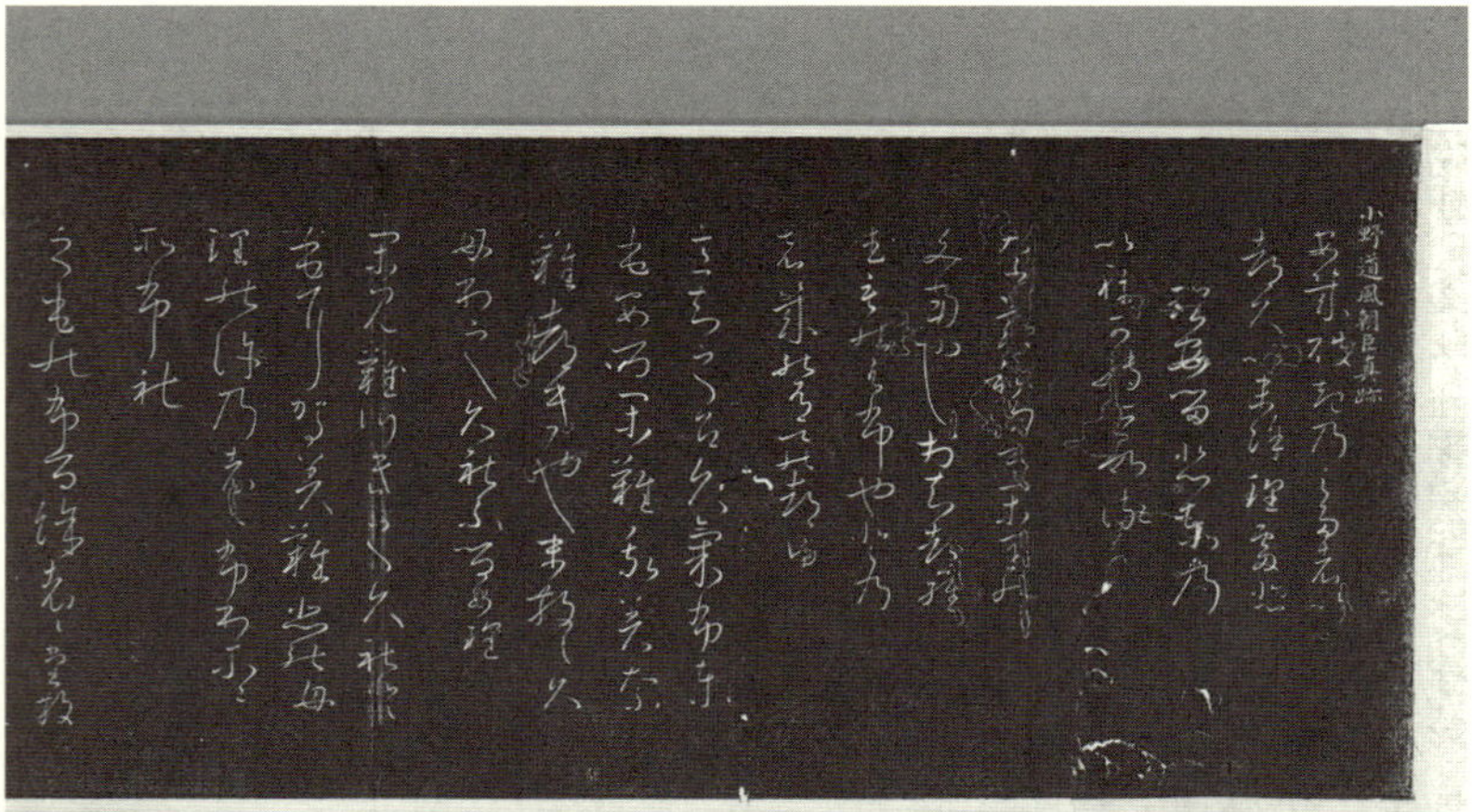

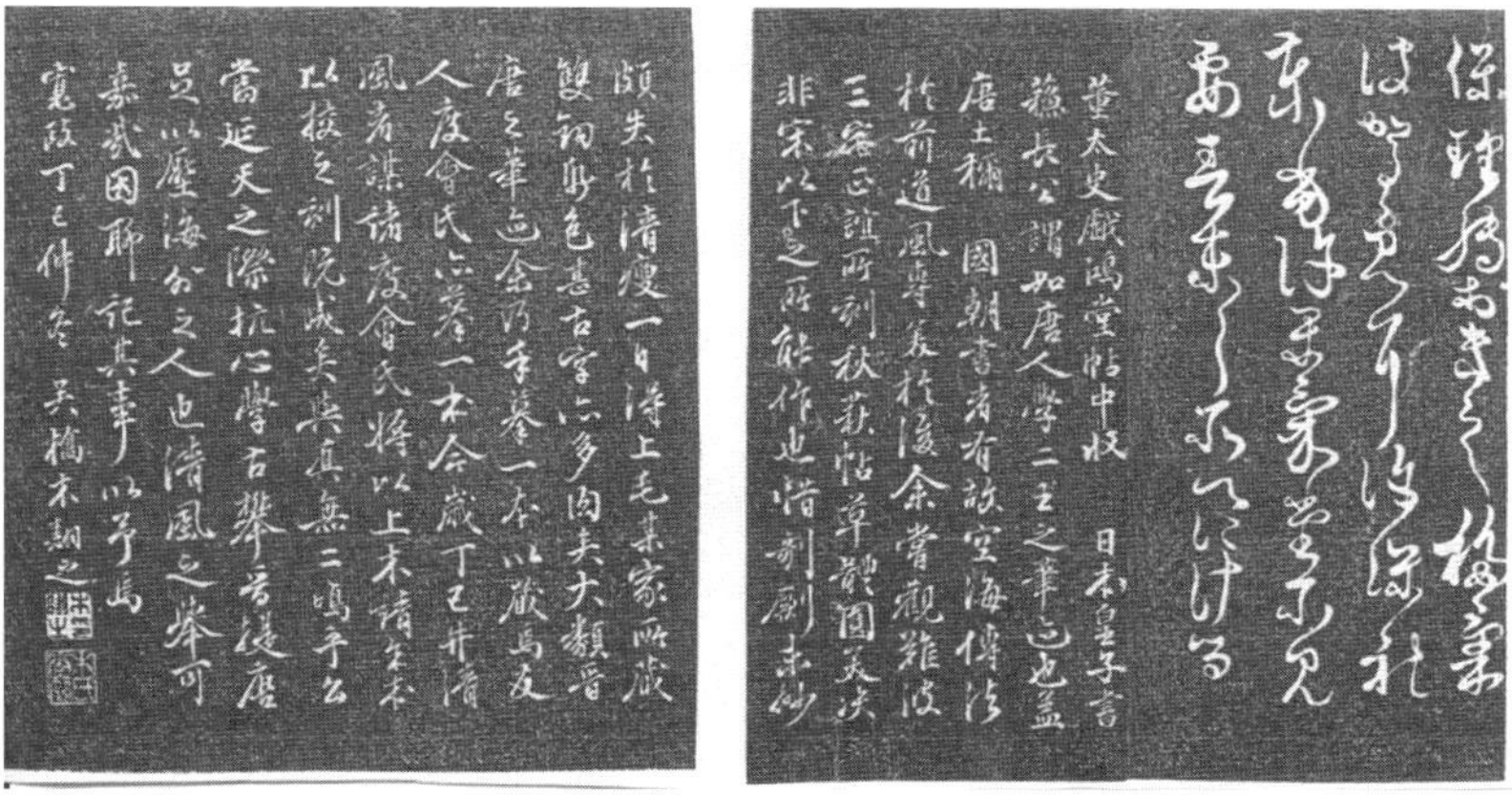

図70「秋萩帖＝散々難見帖」の末尾にある呉橋木翹の識語

図71「秋萩帖」法帖（三宅正誼識語本）の冒頭　（『良寛墨蹟大観』より転写）

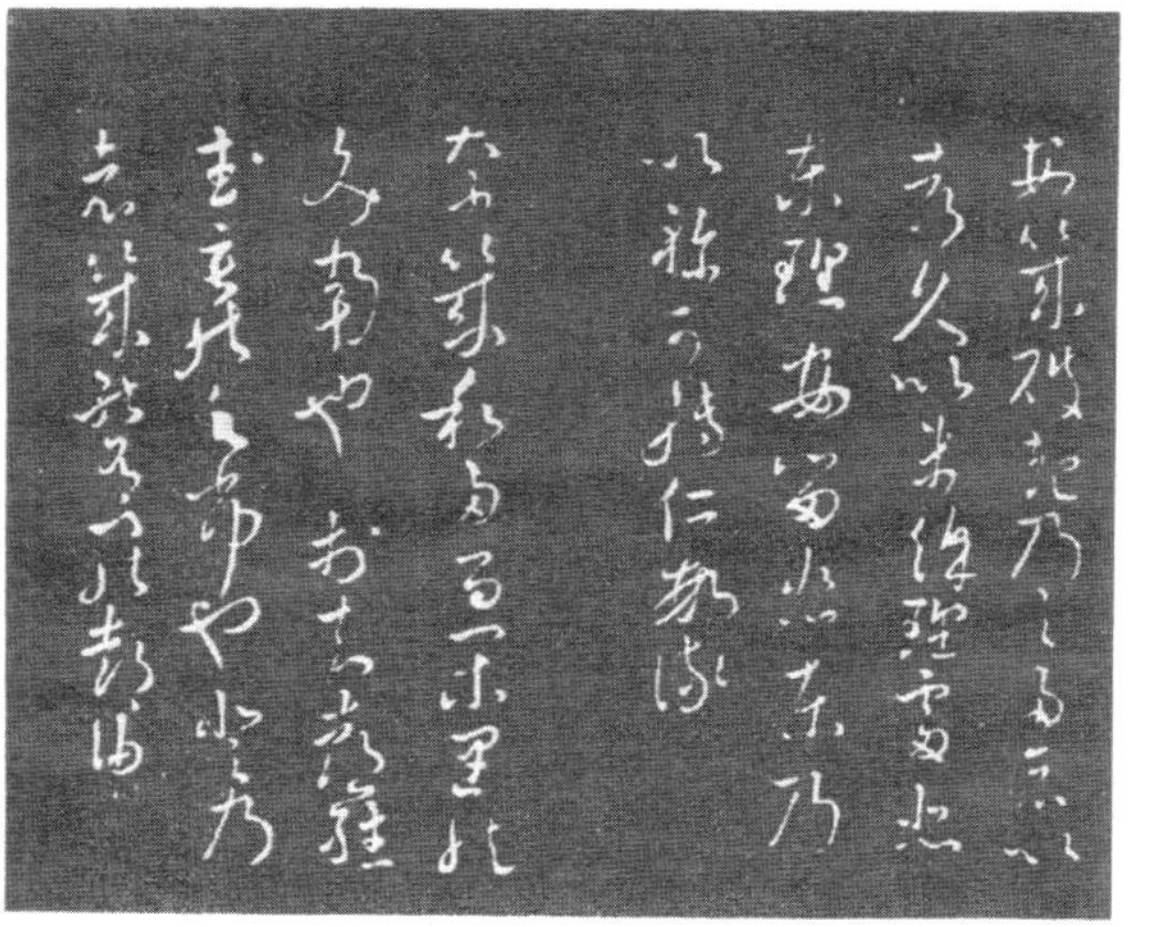

断簡【図72】をあげている。加藤僖一はこの断簡を『良寛墨蹟大観』に収録しているが、別種の法帖によったものとは断定していない。しかし加藤も良寛が太字系と細字系の複数の法帖を学んだうえで、それらに捉われない独自の良寛様式に達したという結論では小島と一致している。

図72の臨書で注目されるのは、原本「秋萩帖」で脱字になっているので、大方の法帖もその通りに脱字にしているところをちゃんと意味が通るように（ただし「以呂都久」とすべきところを「以流都久」としているので正確とはいえないが）補っている点だが、図71の三宅本をみると、脱字は脱字のままになっている。すると、どの法帖にもそっくりではないこの断簡は、もう単純な臨書の域を脱して、自由自在な良寛調秋萩帖を生み出した乙子神社脇草庵時代の作なのかも知れない。

このような、法帖にかならずしも忠実ではなく、良寛流にアレンジした秋萩帖臨書がほかにもあるだろうかと、調べてみた。すると手持ちの古いカタログに「秋萩帖＝散々難見帖」のレイアウトとはまったく違うレイアウトの良寛臨書「秋萩帖」【図73】が見つかった。一九八五年（昭和六〇）に出雲崎の良寛記念館で催された「特別展　I」と題されるカタログで、巻頭解説を読むと実質的には大矢家所蔵の良寛作品を中心にした展覧会と思われる。

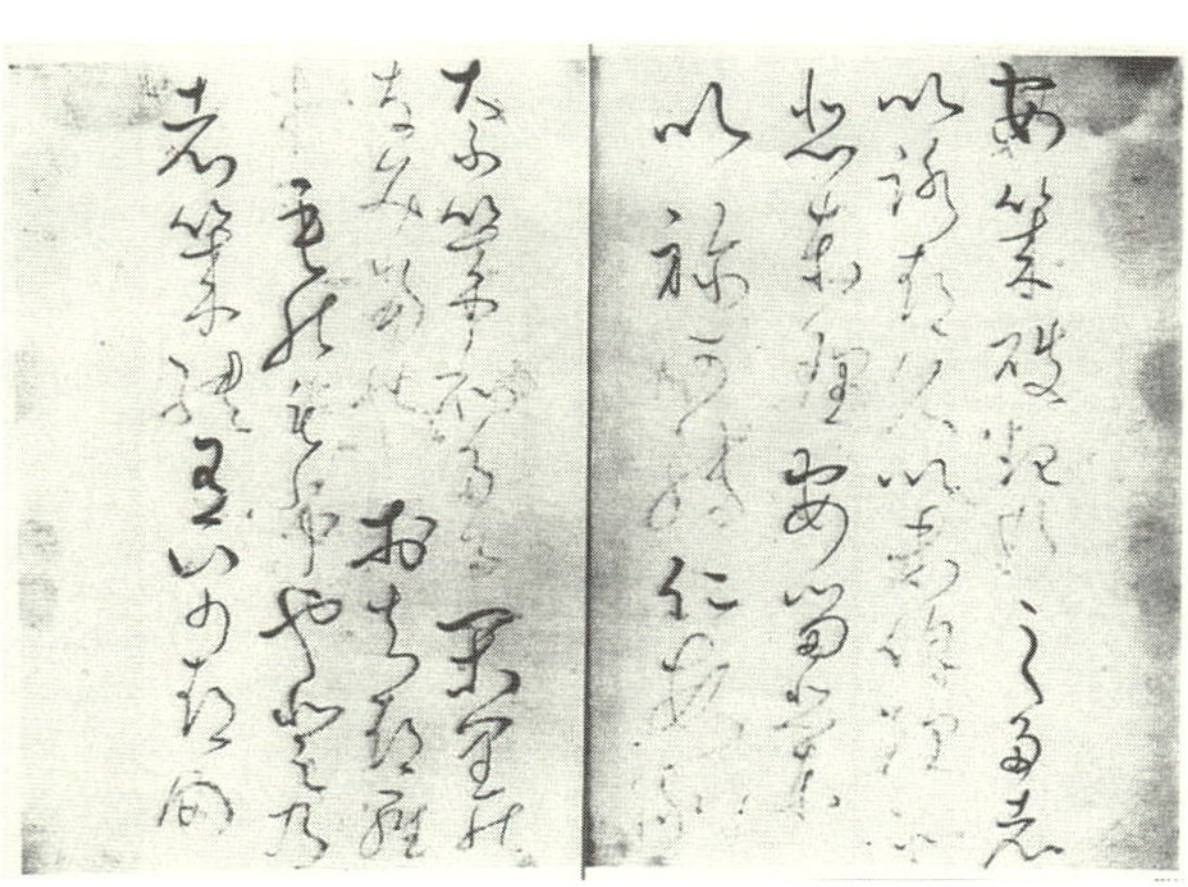

図72　良寛が別種の法帖により臨書したかと思われる断簡（『良寛墨蹟大観』より複写）

この臨書は『良寛墨蹟大観　和歌編一』（一九九三年）に「大矢家の良寛」展カタログからの複写として掲載されているが、それ以外の文献で見たことはない。八五年の展覧会は大矢家の良寛を中心に構成された云々の解説はあるが、個々の作品の所蔵先が一切ついていないので、現在の所蔵先は不明である。なぜこの書が世に出てこなくなったのだろう。もしかしたら疑念がささやかれたのだろうか。たしかにこの書のレイアウトは「秋萩帖＝散々難見帖」とはまったく違う。そうかといって原本とも市島春城旧蔵法帖とも三宅正誼識語法帖とも似ていない。その独自性を第一首に見てみよう。

安《あ》幾《き》破《は》起《ぎ》乃《の》之《し》多《た》者《ば》以《い》□（ろ一字脱）／都《づ》久《く》以《い》末《ま》餘《よ》理《り》處《ぞ》悲《ひ》／東《と》理《り》安《あ》留《る》悲《ひ》東《と》乃《の》／以《い》禰《ね》可《が》轉《て》仁《に》數《す》流《る》は――

安幾破起乃之多者
以呂都久以萬餘理處
悲東理安留悲東乃以禰
可轉仁數流
（第一のレイアウト）

安幾破起乃之多者以呂
都久以萬餘理處悲
東理安留悲東乃以禰可
轉仁數流
（第二のレイアウト）

図73　1985年の「特別展Ⅰ」カタログに載っていた良寛の「秋萩帖」臨書
上段１、１～９歌　下段10～19歌

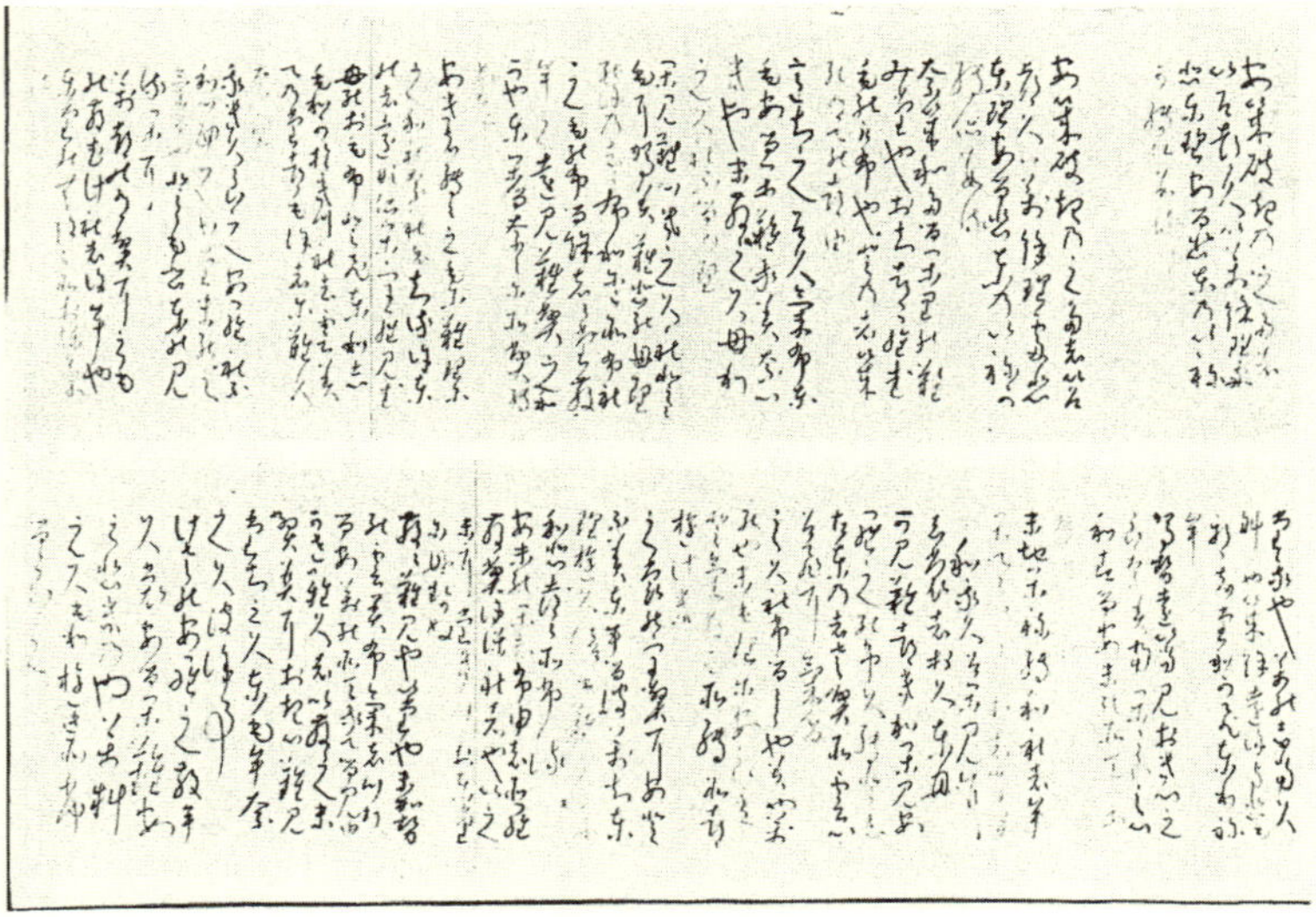

上段は20、21、27、28、29、36、37歌　下段は39、40、42、43、46、48歌

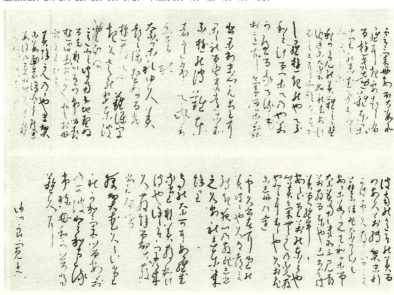

というふうに、同一歌を二様にレイアウトを変えて書いてみている。それに脱字の「ろ」を正しく「呂」と補い、「いま」の「ま」を原本も法帖も「末」であるのに「萬」に変えている。また第一のレイアウトは文法的に理解しやすいように単語単位に改行してある。このような変更は随所にみられ、しかも間違っていない。こんなことは草仮名の種類と用法に習熟し、かつ古歌に通暁し、歌の意味を正しく理解する人でなければ出来るわけがない。そんなことの出来る人が良寛以外にいるだろうか。

またこれほど原本とレイアウトの違う法帖が存在するとも思われない。それにこの書の一部は原本より連綿になっているところがあって、非常に「秋萩帖」を繰り返し練習してきたことを思わせる。様式としては図66の「布留散東」のそれに近い感じもする。もしかしたら良寛が法帖を厳密に臨書することに飽きて、すこし自分流にアレンジして書いてみた意欲作なのかも知れないとも思う。しかし、この臨書の歌は三三首（一番歌が二度書いてあるので厳密には三二首）が原本の順序通りに並んでいて、ただ22、23、24、25、26、30、31、32、33、34、35、38、41、44、45、47番歌（一六首）が抜けているだけという特徴があるので、このような歌の選択と配列の法帖が存在したことは疑えない。「秋萩帖＝散々難見帖」の順序は原本とはまったく違っているし、図71にあげた三宅本も第一と第二の歌が原本に合っているだけで、あとの順序は不同だというからこの臨書の手本ではありえない。良寛が原本の配列を知ることは不可能なのだから、このような配列の法帖があったのに違いない。

しかしそのような法帖は今のところ発見されていない。図73の臨書はかくも興味深い特徴を備えているのだから、疑わしいとか、理解できないからと隠蔽せず、公開して研究に供していただきたいと所蔵者にはお願いしたい。いずれにしろ、図72や図73の作品の存在により良寛が複数種の法帖を学んだことは疑いえない。晩年の素晴らしい草仮名様式は、五合庵時代の一一年のすべてを費やして、各種「秋萩帖」法帖を研究した結果の到達点だったのだ。

第10章 創作と研鑽の日々　乙子神社脇草庵時代

乙子神社脇草庵への転居

五合庵定住時代の後半、良寛は自分の人生五〇年を総括する詩集「草堂集」の編纂を終えた。文化一三年、鈴木文台が「草堂集序」を書いて奉ったとき、良寛はすでに五九歳を迎え、五合庵での暮らしにやや苦痛を感じ始めていたらしい。三一三メートルの国上山の中腹にある五合庵の標高は、誰に聞いてもわからないが、私の登った感じでは一五〇—二〇〇メートルの間と思われる。この標高は良寛を守る人々にとっても問題だった。すでに文人僧として全国に名声を馳せている良寛を守ることは、地域の責務の観があったから、もう少し里に近いところに移っていただこうという相談がきっとなされたのだろう。

選ばれた転居先は、乙子神社【図74】境内の草庵【図75】。ここも平地ではない。私の体感からすると、五合庵一五〇メートル、国上寺一〇〇メートル、乙子神社五〇メートルといったところか。それでも五合庵に比べればはるかに低いし、人里にも近い。乙子神社は国上山の隣の弥彦山山麓にある弥彦神社の末社だという。良寛の住庵に転用されたのは、氏子の集会所だった三室からなる建物。この転用については何の記録もないが、氏子間にしかるべき合意が形成されたのだろう。良寛はここに文化一四年（一八一七）から文政九年（一八二六）秋まで、一〇年弱を過ごした。

現存する草庵は江戸時代のものではない。実際に良寛が住んだ庵は老朽化し、明治一八年（一八八五）に再建された。この再建の庵は室内の床と屋根を破って竹が数本生えているという奇妙なものだった。私が最初に見たのは昭和五〇年代だが、「良寛が床下から生えてきた筍を不憫に思い、床を切って成長させたのは五合庵ではなく、こちらの庵でのこと云々」といった解説が掲げてあったような記憶がある。たしかに今日の五合庵の周囲に竹は一本も生えていない。一〇〇年か二〇〇年で竹林が消滅し、杉林に変じるものかという観光客の疑問に答えるべく、当時の役所の担当者が逸話にあわせて苦心した再建庵らしいが、いかにも不自然だった。しかしこの再建庵も老朽化したら

図74　乙子神社
（2011年５月２日　筆者撮影）

図75　神社脇の草庵（昭和62年再々建）
（2011年５月２日　筆者撮影）

しく、昭和六二年（一九八七）に再々建され、現在の庵となった。今度は床を破って生い茂る竹は存在しない。この時期の良寛は、衰えたといってもまだ気力は充実し、おおむね健康でもあったので、五合庵より広い住居を得て、創作と研究に没頭する充実の日々を過ごしたように思われる。

さて、この転居に先だって、早川（佐藤？）遍澄《へんちょう》（一八〇一―七六）という、若い僧が文化一三年（一八一六）に良寛を五合庵に訪ね、自ら願って良寛の法弟となり、まもなく乙子神社脇草庵にともに移り住み、通算一〇年間を師の身辺の世話に当たったと主張する出版物がある。それは桑原仁雷（仁右エ門）著『良寛と法弟遍澄』（晩年の良寛　遍澄墓碑再建記念、第４集　和島村観光協会：妙徳寺、一九六〇年一二月刊）という文献だが、なかなか手にはいらない。たまたま法事で平成二五年（二〇一三）三月に帰柏した折に、和島村「良寛の里美術館」を訪れ、コピーを入手した。この文献は、「谷川目録」『良寛事典』をはじめ、大方の良寛伝記が述べる、「僧遍澄は良寛の法弟にして世話人」という説の根拠である。

ところが私はこの文献を読み始めて、最初からつまずいた。まず僧遍澄の姓について、島崎に佐藤（『良寛事典』では佐藤遍澄となっている）という姓は存在せず、遍澄という僧は妙徳寺の過去帳からして、鍛冶職早川甚五衛門の長男市内であろうという。江戸時代には庶民階級に姓は本来ないはずなのに、一〇キロくらいしか離れていない地蔵堂では佐藤と伝えられているとは不可解だが、そのわけは究明されていない。そして「以下は早川家の血縁の早川宇越氏およびその親族の聞き伝え並びに地蔵堂、国上地方の先輩のお話を総合して記述したものであります」として、いきいきと少年市内（遍澄の推定幼名）と良寛の出会いをふたりの会話を交えて臨場感豊かに描写する。しかしその会話と、法弟になることを許されて以後一〇年同居生活をしたことは、著者の空想の産物であって、証拠があるわけではない。著者は、解良栄重の「良寛禅師奇話」の第五六話「師仏ニ入ル。初ハ如何ナル故ヲ不知。釈遍澄ニ問フベシ」という記述を唯一の根拠とし、師良寛が誰にも語らない出家の動機を遍澄にだけは語ったとすれば、よほど親しく暮らしたのに違いないと、同居説を立てたのである。著者は遍澄の経歴を次のように記述する。

遍澄法師は、享和元年（一八〇一）島崎に生まれました。父は早川甚五衛門、鍛冶職、その長男。享和八年（筆者注＝享和は三年までしかないので、文化五年＝一八〇八の間違いか）から文化十二年（一八一五）まで、島崎にある真言宗中本山準談林妙徳寺に上り、行儀見習い並びに読み書きの教えを受けた。文化十三年（一八一六）良寛さまを五合庵に訪ね、願ってその法弟となった。同年良寛さまに奨め、共に五合庵から国上山麓の乙子祠側の草庵に転住し、良寛さまの身辺の生活と、薪水のことにあたった。文政九年（一八二六）地蔵堂の庄屋等の懇請により、同地の鎮守様であった願王閣主になるにあたり、老境の良寛さまを、独り山中に残すに忍びず、島崎の木村元右衛門に依頼して同氏の裏小屋に案内した。

文化九年晩秋から、嘉永三年（一八五七）まで三十年間、願王閣主として勤行。其間、堂主住宅を改造して至誠庵と称し、附近の子弟を収容して塾を開設した。（中略）嘉永三年（一八五六）眼疾のため至誠庵を出て島崎に帰り、菩提寺である妙徳寺で勤行した。明治九年（一八七六）九月十三日歿、行年七十五、御臘六十。法名延寿院観宏遍澄法師。昭和三十年十一月、願王閣並びに地元有志に依って、百年祭が行われた。三日は楽人付法要、読経と余興で、盛会であった。昭和三十五年八月六日、島崎部落の協力を得て、墓碑並びに頌徳碑を妙徳寺境内に建立した。

桑原論から推定すると、文化一三年に遍澄はまだ数え年一六歳にすぎない。一六歳の少年僧が六〇歳の良寛の身辺の世話をすることは可能かもしれないが、五合庵および乙子神社脇草庵に同居したととれる記述には疑問を感じた。良寛の詩、和歌、俳句、手紙にはただの一度も遍澄の名は出てこない。また同居者のいることをにおわせる表現もなく、つねに孤独を歎いている。また良寛は孤独を歎きもするが、じつは孤独をこよなく愛する人だった。友人の訪問は歓迎しても、同居人を狭い庵に恒常的におくとは考えにくい。同居はかえって煩わしいだろう。

遍澄は妙徳寺と同じ真言宗の国上寺、あるいはその塔頭の本覚院などに身を置き、そこから通って良寛の面倒をみたのではないだろうか。しかしこれもまた私の想像にすぎないが。法弟というのも疑問に思う。職業的僧を拒否し、風雅の人として生きている良寛が、仏道の弟子をとることはないのではないか。与板の三輪左一を法弟と記述する伝記作家がよくあるが、これが誤りであることは、前章の〈親友左一との再会とわかれ〉の節で詳述した。遍澄はまた島崎時代に登場するので、彼についての疑問はこのくらいに留めておく。ここでは、乙子神社に移ってからも良寛の孤独な生活は、五合庵時代同様だったが、周囲の支持者の援助は一層手あつくなった、とだけ推定しておこう。

なお、乙子神社脇に移り住んでから三年にわたる東北旅行をしたとする説（「谷川目録」三六六—七一頁、『良寛事典』年表など）があるが、誤謬であることをここで強調しておきたい。谷川はその根拠として東北旅行の作とみられる詩「秋夜宿香聚閣」「宿玉川駅」「米沢道中」の存在をあげている。しかし「秋夜宿香聚閣」の詩は五合庵時代中期に成立した自筆稿本「草堂集貫華」「草堂詩集」および写本「草堂集（良寛尊者詩集）」のすべてに収録されているし（『定本・一・96・237・367』）、「宿玉川駅」は「草堂詩集（地巻）」に収録されている（『定本・一・240』）。これらは五合庵中期以前に成立していなければ自筆稿本に収録されるわけがなく、重大な事実誤認と思う。内山は確たる根拠はあげていないが、「宿玉川駅」「米沢道中」をともに享和二、三年（一八〇二、三）頃、師大森子陽の終焉の地鶴岡を訪ねたときの作とする。私はこの旅を不定住時代末期の、五合庵を立ちのかなければならなくなった年、つまり四五歳頃に行われたと推定する（第8章の〈東北への旅の可能性〉を参照されたい）。

さらに谷川は「両三年前別我去／今日再来乙子社／料知遍参無別事／眼根依双眉下」という詩（『定本・一・621』）をあげて、「私は二、三年前に旅立ったが、今帰ってきた」と解釈しているが、「別れて我を去った」のは由之ではないのか。この詩は、お互いに年だからもう生きては会えないかもしれないと、文政四年、外山家で別れを惜しんでから三年後に由之が無事に戻って乙子神社を訪ねてくれたことを奇跡のごとく喜んだ詩と読むべきと思う。六〇代東北三年間旅行説を今なお主張する人は、その間の旅路の作とわかる詩歌が一切存在せず、すでに有名人の良寛を泊めたという情報も一切ないことを奇妙と思わないのだろうか。「谷川目録」は昭和五六年（一九八一）の出版で、もう三〇年以上も昔の研究データに基づいている。しかも谷川自身この東北旅行説はあくまで推定と断っているのに、いかなる再検証もなしに、ごく近年の出版でも、乙子神社脇草庵時代に良寛は三年間の東北旅行をしたと繰り返す本が多いことは嘆かわしい。

一番残念なのは柳津の円蔵寺境内の良寛銅像解説に「良寛は文化一四年に六〇歳で柳津を訪れた」と明記されていることだ。いったい何を根拠に断言するのだろう。「秋夜宿香聚閣」の詩は溌溂とした若い生命感に溢れる名詩なのだから、この記載は「四〇代後半に訪れた」くらいの表現に改めてほしいものだ。若い時から「名刹行脚はくだらない、ムダ金使いだ」と切って捨てている良寛なのである。それに五合庵一五〇メートルほどの登り降りに難渋して乙子神社脇に移転したというのに、六〇歳で三年の長旅はありえないだろう。私は乙子期の長旅説は無視することとし、この章では交友関係と万葉集研究及びその芸術的成果に焦点を絞って述べたい。

解良叔問の支援――良寛の味覚

この頃、支援者で際立つのは解良家と阿部家だった。解良家の支援はもちろん五合庵時代からと思われるが、乙子神社脇草庵時代にとりわけその証拠が多く残っているので、ここでとりあげることにする。まず年齢の近い解良《けら》叔問《しゅくもん》の方からその支援ぶりをみてみよう。

解良家は分水町（現燕市）牧ヶ花の庄屋を代々務める豪農の家系で、第九代新八郎（一七三六？―一八一二）から第一〇代叔問（一七六五―一八一九）、第一一代孫右衛門（一七九七？―一八二八）、第一二代熊之助（一八〇四―五七）、第一三代栄重（一八一〇―五九）に至るまで四代の当主が良寛を尊崇し、さまざまの便宜をはかり、日常の物資を贈っている。解良一族への手紙は三〇通あるが、その内わけは叔問宛二一通、孫右衛門宛三通、熊之助宛三通、解良新八郎宛一通、義平太（関係不詳）宛一通、正八（栄重の幼名）宛一通である。二一通もらっている叔問は、良寛より七歳しか若くない。証拠はないが、大森子陽の塾で一緒に学んだことがあったのではないか。良寛が二〇歳で子陽の鶴岡への出発を見送ったとき、叔問は一三歳のはず、もう十分に良寛の優秀さが理解できる年頃だった。同年輩の塾生がおおむね挫折しているなかで、高い教養を身につけ、農民の尊敬を集めながら豪農としてあたりに君臨した叔問は、やはり子陽塾の下級生だった医師原田鵲斎（一七六三―一八二七）とともに、良寛の保護を自らの責務としていたように思われる。

江戸後期には税制の不備（大土地所有者にも小土地所有者にも同一の税率を適用していたため、小土地所有農民は土地を放棄し、小作や都市労働者に転落する者が多かった。放棄された土地は豪農に集約された）から、豪農はますます豪農となり、貴族化する傾向にあった。豪農は農民階級だが、もう自ら耕作などしない。労働は小作にまかせ、自らは文人生活を享受した。解良家も阿部家もその典型である。叔問は著名な漢学者後藤託玩、太田芝山や、国学者で歌人の林甕雄、加藤千蔭、大村光枝などを自宅に招いて、漢学、国学、和歌を学んでいたので、良寛の偉大さをよく理解していた。また創造者良寛には自由と孤独が必要なことをも心得た叔問は、その身辺に気を配りつつ束縛はしないという接し方を心がけたように見受けられる。叔問への手紙は二一通が知られているが、その数は阿部定珍の四八通についで二番目に多く、親しさが偲ばれる。

良寛の手紙のほとんどはもらいものへの礼状である。どんなものが贈られていたか、解良一族への手紙から列挙してみると――

・食料嗜好品＝米、餅、茶、菜、野菜、こんぶ、菊のみそづけ、菊、大豆、みそ豆、ナンバン（とうがらしの越後名）、ナスビ、酒一樽、羊羹、たばこ、茶、なし

・生活用品＝線香、蝋燭、てぬぐい、ぬのこ（綿入れの着物）、桐油（灯火用の油）、頭巾、かや、絹地

などがあげられている。さらにもらったものへの礼状だけではなく、こういうものが欲しいという依頼状も幾通かある。叔問は文政元年に亡くなるが、良寛はそのあとを継いだ息子たちとも実に親しい関係にあったので、遠慮なく依頼状をだした。たとえば、乙子神社脇草庵時代の中頃かと思われる手紙に、次のようなものがある【図76】。

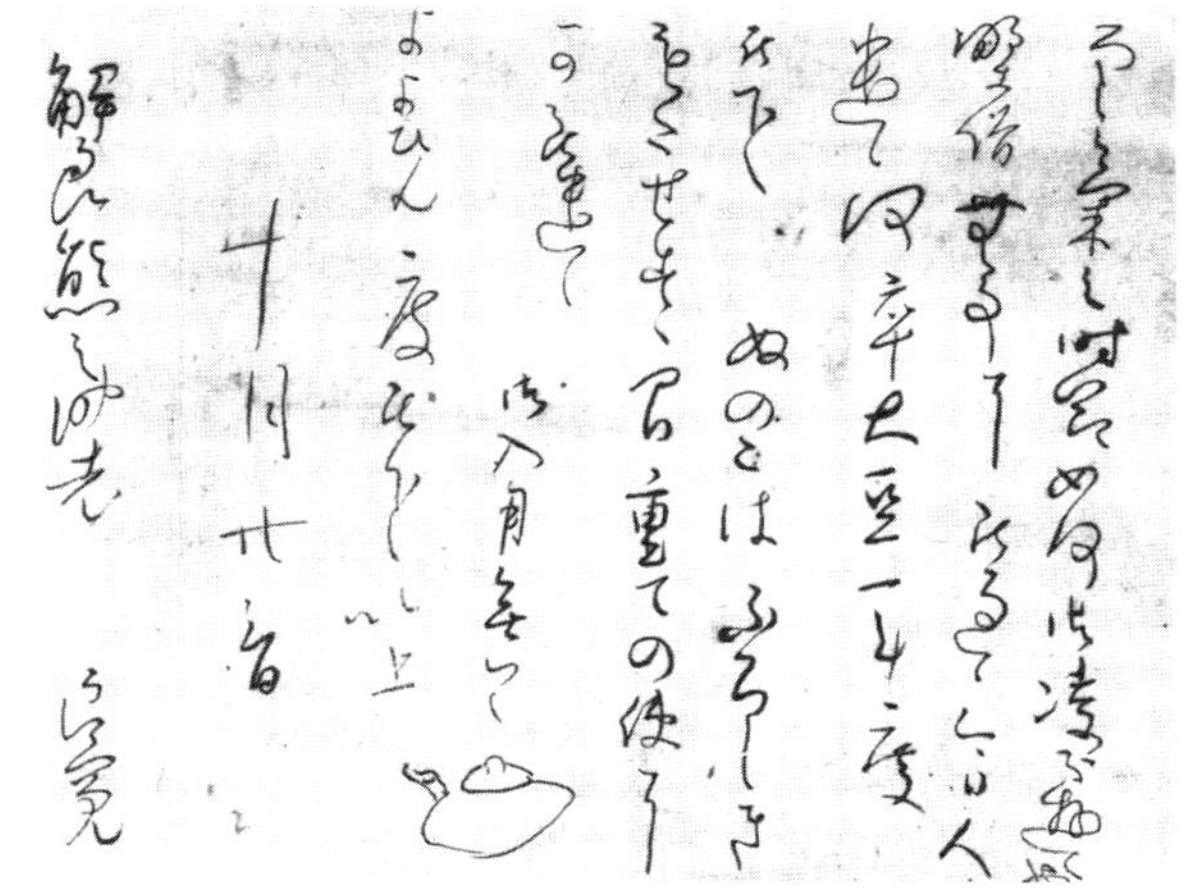

図76　解良熊之助への書簡　文政八年頃か　解良家

寒期之時節《かんきのじせつ》　如何御凌被遊候《いかがおしのぎあそばされさうらふ》や
野僧無事耳《やそうぶじに》罷過候《まかりすごしさうらふ》　今日人《けふひと》
遣候《つかわしさうらふ》　何卒大豆一斗《なにとぞだいずいっと》　度《たく》
被下候《くだされ(たく)さうらふ》。ぬのこはふろしき
毛《も》太《た》せ春《ず》候間《さうらふあいだ》　重《かさね》ての便耳《つかひに》
可被遣候《つかはさるべくさうらふ》
御入用無《ごにふようなく》〔候《さうら》〕ハヾ（図）
よよひん　度被下候《くだされたくさうらふ》　以上《いじょう》
十月廿三日
解良熊之助老《けらくまのすけろう》　良寛

寒気の時節ですが、いかが寒気をおしのぎでいらっしゃいますか。私は無事に過ごしております。今日、遣いの者をやりましたが、なにとぞ大豆を一斗頂きたいと存じます。ぬのこ（綿入れの着物）はふろしきを持たせませんでしたので、この次の遣いの者に持たせてやってください。もし、お使いになっていないのがありましたら、よよひん（図）もいただきたく存じます。以上　十月二十三日　解良熊之助老　良寛

良寛は贈与をお願いする際に、すこしも遠慮したり、卑屈になったりしない。なかなか常人の真似のできないことだ。充分な恩恵を施している自信があるからなのだろう。「よよひん」を『定本・三・書簡』の解説者は燗徳利ではないかとしているが、良寛の絵から想像して、私は煎茶をおいしく入れるための湯冷ましではないかと

思う。湯冷ましにはよく把手のない形がある。良寛はときどき高級な茶の購入を依頼しているので、湯冷ましは必要だった。大豆一斗というのは驚くほど大量だが、味噌をつくるために大豆を自分でゆでたのではないかと、『定本・三』解説者はいっている。

単に「歳暮の御贈物」とか「御年始」「野菜など」と書いてあるだけで、個別の品目が分からないのも多い。贈物は解良家からだけではなく、阿部家をはじめいろいろな人びとから寄せられる。ことのついでに解良家以外から寄せられた贈物で解良家の品目になかったものをあげてみよう（同種のものでも表記の仕方が違えばあげた。括弧内の解説は筆者がつけたもの）。

・食料品＝酒肴（内容不明）、ぢむばそ（海藻のホンダワラ?）、わさび、ゆり（百合根）なつとふ、とふがらし、茄子（越後では調理に使うのは丸なすが主流）、なすびづけ（漬物には長なすを使う）、みや（う）が、みそ、大根、にむじむ、ごぼう、あぶらげ、かしゆ〔う〕芋（ヤマノイモ科多年草の根）、芋（里芋）、雪のり、白雪糕《はくせつこう》（落雁状の粉菓子）、太白（砂糖）、やまのいも、菓子、にまめ、白麦、りんご（和林檎で小さい）、金ぺいとう、高田あはあめ（高田名産の粟を原料とする水飴）、沙唐、ゆりつと（百合根をわらつとに包んだもの）、あをさ（海藻、味噌汁の実にする）、せり、ちまき、のり、かんぴやう、なむばんづけ（鰯などの唐揚を薬味入酢醤油に漬けたもの?）、宇治之茶、濁酒、海松《みる》（海藻の一種）、みそ、ふな、そうめん、さゆりね、あわもり、くわりん漬、ぜんまい玉（ゆでて干したぜんまいを集めて丸めたもの?）、つけあげ（野菜のてんぷら?）、いご（エゴの越後なまり。海藻のエゴ草を煮溶かして冷やし、固めてゼリー状にして辛子酢味噌で食べるもの）、カウノモノ（漬物）、泡盛、海髪（イギス＝海藻の一種?）、玉砂糖、みの茶よき百文（これは購入依頼）、梅干し、盆酒、年賀之みき（御神酒）

・生活用品＝炭二俵、墨、朱唐紙、朱墨、筆、げたの緒、三臓円（胃腸薬）斎料、青銅四百文、銭六百文、わたぼうし、万能巧（いんきん、たむしの塗薬）、もんぱのたび、小紙、てまり、倚子、水瓶、冬衣、あハせ、まくらかけ、したぎ、わたいれ、もめん衣、からかさ、御薬一種、痰の薬、おび、あかざの種、わすれ草のたね、帽子、きず薬、さゞい《（え）》のからのふた、ふとん、唐紙、茶器一個、器物一対、もめん二たん、衣、赤人（炭か薪？）、福寿方寸金（薬の名称？）、金龍丸、掛物、六角灯ちん、やしやびしや（ヤシャビシャクという植物の苗）

以上おおまかに拾ってみた。回数の多い品種は食料では米、餅、味噌、大豆など、嗜好品では酒と煙草。酒はかならず一樽と書いてあるので、良寛は相当な酒豪らしい。また良寛は僧侶らしく菜食主義のようだ。動物性の食品はきわめて少ない。はっきりわかるのは「ふな」だけで、もしかすると「なむばんづけ」と「つけあげ」に小魚が入っているかと想像される程度だ。油を使ったものも「あぶらげ」「つけあげ」の二種のみ。かなり珍しい食材にもかかわらず、頻繁にでてくるのが「百合の根」。越後のお正月の煮物「のっぺ」には欠かせない食材で、良寛の好物らしい。食べ残しを植えたとも礼状にある。

良寛の主食は白米のご飯、それに野菜の味噌汁と野菜の煮つけといった質素な献立らしいが、礼状に現れる食材は上品なものばかりだ。「菊のみそづけ」など私も食べてみたい。越後では「もってのほか」と呼ばれる薄紫の食用菊の花びらをゆでて酢の物にして食べるが、そのみそ漬けは知らなかった。よほどおいしいに違いない。海藻の「海松」はどのようにして食べたのだろうか。多分二杯酢？　よほどの珍味らしく、「先日海松たまはり、久々にて賞味致、其日ハ大酔仕候。以上」と書いている（『定本・三・書簡・183』）。「いご」とあるのは「エゴ（恵胡）」のこと。ラジオやテレビで標準語が普及するまで、越後人の多くは「い」と「え」の区別がつかず曖昧な発音をしていた。書くと大抵「い」と「え」が反対になる。文豪良寛も越後人らしく、エゴをイゴ、さざえをさざいと書いている。エゴは越後の海岸地方でしか食べられない海藻ゼリーのようなもの。海藻のエゴ草を乾燥させておき、煮溶かして型に入れてかため、ゼリー状になったら切り分けてからし酢味噌をのせてたべる。昔は自宅で作ったが、今はゼリー状に作ったものを売っている。帰省したら真っ先に食べたい郷里の味だ。越後の丸なすも関東にはないもので、ふかしてしょうが醤油で食べると非常においしい。

良寛は曹洞宗のお寺で長年修行してきたのだから、道元以来伝統の精進料理の作り方をよくわきまえていただろう。解良家横巻（解良家におくられた詩や手紙を巻子に仕立てたもの）に貼りこまれた、五言古詩「臘月《ろうげつ》二日叔問子見恵芋及李餘略之賦以答（臘月《ろうげつ》二日叔問子《しゅくもんし》より芋《いも》及び李《すもも》を恵ま見《る》。餘りは之を略す。賦《ふ》して以て答ふ）」（『定本・一・546』）には、いただいた芋（里芋）をどのように調理して食べたかが詠われている。長いので引用は避けるが、さわりの部分に、芋を釜に入れて味噌味で煮て食べたら、水飴のようにとろりとしておいしかったので、三杯も食べてしまったというくだりがある。きっと常備している昆布でよいだしをとり、だし汁で煮て味噌味をつけたのだろう。里芋の煮ころがしといえば醤油味が普通だが、味噌味もおいしいかもしれないと思う。芋とともに贈られた「李」は「梨」の間違いだと原田勘平は指摘している（『墨美』no. 85 六頁）。たしかに「臘月」は一二月だから、李があるはずはない。当時梨は庶民の口には入らない高級品だったという。

良寛は折に触れて高級珍味を楽しんだ。「ぢむばそ」は海藻のホンダワラだというが、浜辺に沢山打ちあがっているホンダワラを中越地方の海岸で食べる習慣を聞いたことがないので、もしかしたらこれはホンダワラ類に着生する「もずく」のことかと思う。越後のもずくは沖縄もずくとはまったく違う細い品種で歯ごたえがあり、その酢の物は素晴らしい。これも帰郷したら真っ先に食べたい郷里の味だが、収穫量の少ない高級品だ。

出雲崎は役人接待を職務とする美食の町なのだから、良寛の味覚は子ども時代から洗練されていたに違いない。とうがらし、わさびなどの香辛料をもらって喜んでいるのも、良寛の食通ぶりを示す。いずれにしても「良寛禅師奇話」の第一五話にあるような、蛆のわいた腐った残飯を平気で食べたなどという話は、良寛没後に形成された、いいかげんな伝聞としか思われない。また嗜好品に関しても、お茶は常に自分でお金をだして上等な品種を指定して注文していたようだ。小銭を贈る人もいたので、そのくらいのことは出来た。届けられた御菓子類をみると、羊羹、白雪糕、金平糖、高田あはあめなど、みな上品な高級菓子ばかりだ。ところが、良寛は乞食僧なのだから、粗衣粗食に違いないという思い込みが従来の良寛伝にはあふれている。良寛が白雪糕という高級粉菓子を、出雲崎の菓子屋と与板の山田杜皐におねだりする手紙【図77】があるが、それは母乳の足りない木村家の嫁のために、依頼したのだと解説するのもその一例ではないか。白雪糕を溶かして母乳の代用にすることがあったのは事実らしいが、どうして良寛が上品な菓子を食べてはいけないのか。

味覚は美意識と密接な関係がある。あの美しい書を書く良寛が、番茶で駄菓子をぼりぼりかじる図など想像したくない。「よよひん」で熱湯をさまし、ゆっくり入れた芳醇な宇治茶で白雪糕をいただく良寛こそ良寛らしいと思う。塩分の強すぎる味噌を塩分の低いものと取り換えて欲しいと再三依頼する手紙もあり、良寛は味覚にはかなりのこだわりがある。また自分の体調には常に気を配り、少しでも具合が悪いと、良くなるまで寝ているらしいこと

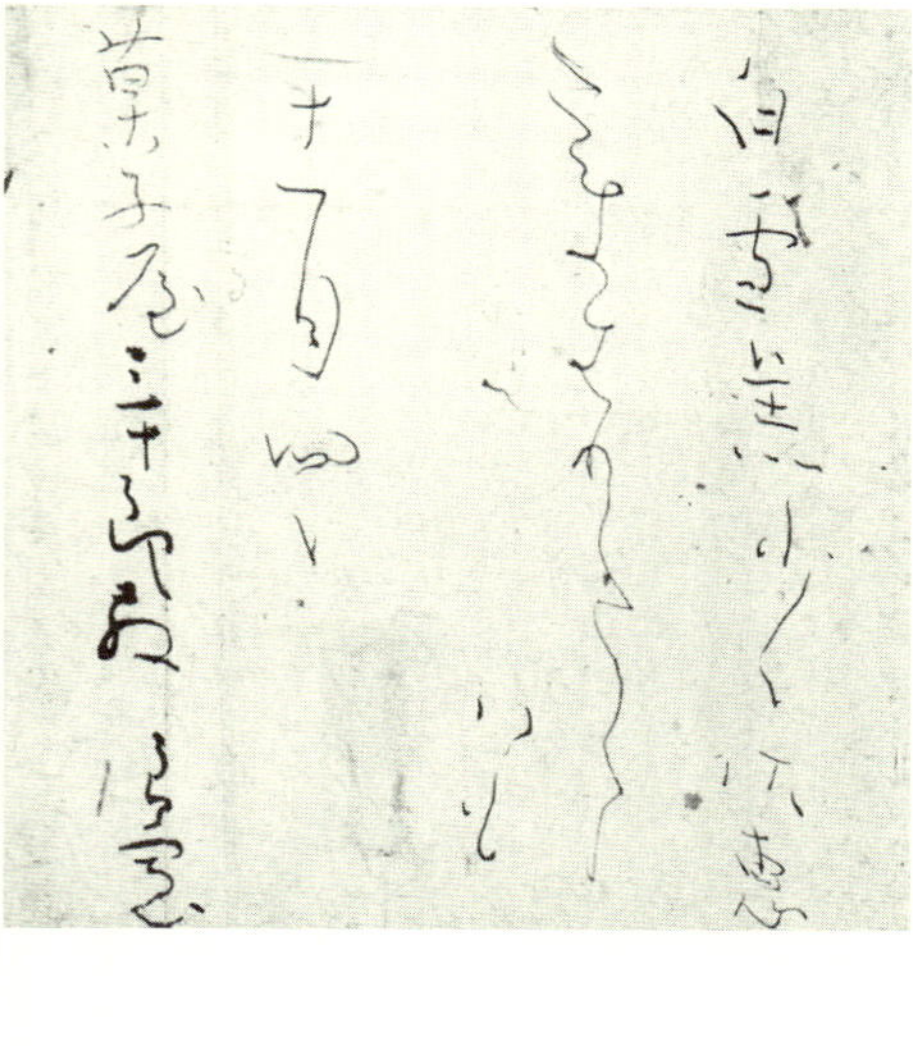

図77　菓子屋三十郎宛書簡

「白雪糕少々御恵多ま者利多く候
以上
十一月四日
菓子屋三十郎殿　　良寛」
（これは島崎期のもの）

木村家

が多くの手紙からわかる。薬も大好きで、みずから処方を教わって調合してみたこともある。いつもおいしい健康食を心がけていたからこそ、良寛は当時としては長寿のうちにはいる、七四歳まで生きられたのだろう。

こうした衣食についての解良家の配慮に対し、良寛も誠意をもって応えていた。叔問の詩歌を添削したり、『法華経』を書写してあげたこともある。良寛が『法華経』を書写し、解良家に贈ったことは、『定本・三・書簡・82・83』に明記してあるので疑いないが、現存しない。叔問は文政二年（一八一九）に没するが、供養のためその墓中に埋められたのではないかという説もあるという。『法華経』は長大な経巻なので、全巻の書写とは思われない。また書写する経巻がどこから提供されたのか、あるいは超人的記憶力により脳裏に刻まれた経巻の書写なのか、謎につつまれている。

また、叔問には長男孫右衛門、次男熊之助、三男栄重と三人の男児がいたが、良寛はときには慈父のように、ときには厳父のようにも接して、彼らに教育的感化を及ぼしていた。ことに長男孫右衛門が文政元年（一八一八）二一歳の頃、江戸に冒険と快楽を求めて出奔してしまったときには、次のような真情溢れる手紙を書いて、この放蕩息子を帰還させることに成功し、おおいに面目をほどこした。

久々御目ニ不懸《かからず》候。如何御暮し被遊《あそばされ》（候）や。当春ハ御隠居も御親父《ごしんぷ》も、事の外よはり被遊候《あそばされさうらふ》。貴公御帰国の事をのみ、朝夕仏神へ御祈祷のよふすに候。此度御使の人と御同道ニ而《て》御帰り可被遊候《あそばさるべくさうらふ》。若しさなく候《さうら》ハゞ、生涯親子の対面も不可有之候《これあるべからずさうらふ》。一旦《いったん》の楽ニおぼれ、長く其の身をうしなはん事ハ、返々《かへすがへす》も口惜事《くちをしきこと》ニ不候《さうらはず》や。若《もし》仏の御恵《おめぐみ》ニ離れ、天のあみにかゝり候ハゞ、其時くゆともおよばぬ事ニ候。つら〳〵生《いけ》としいけるも〔の〕を見るに、皆生涯の計ハあるぞかし。如何《いかに》御年少なれバとて、すこしハ御推察可被遊候《あそばさるべくさうらふ》。野《や》僧《そう》も貴公のために心肝《しんかん》をくだき、いろ〳〵思慮をめぐらし候得《さうらへ》ども、更ニ外のてだて御坐無《ござなく》候。ただ〳〵御帰国の趣《おもむき》、一決《いっけつ》可被遊《あそばさるべく》候《さうらふ》。以上。

良寛

五月十二日

解良孫〔右〕衛門殿

（『定本・三・書簡・99』）

久しいことお目にかかっておりません。どんなふうにお暮しでいらっしゃいますか。この春は、御祖父様もお父様もことのほかお弱りでいらっしゃいます。あなたのご帰国のことだけを朝夕神仏に祈っておられるご様子です。このたびお使いの人と一緒にお帰りになってください。もしそうなさらないと、生涯親子の対面も出来ないことになりましょう。いっときの快楽に溺れ、長い一生を台無しにしてしまうことは、かえすがえすも残念な事ではありませんか。もし、仏様のご慈悲に見放され、天の網にかかって罰せられるようなことになったなら、もうそのとき後悔しても遅いのです。つらつら生きものすべてのあり方をみると、みな、生涯の計画を持っているものです。いかにお年が若かろうとも、このくらいのことは御推察なさるべきです。私もあなたのために心を悩ませ、いろいろ考えたのですが、ほかの解決法はありません。ただただ、御帰国なさることをただちにお決めになるべきです。以上。

良寛

五月十二日

解良孫〔右〕衛門殿

良寛はこの手紙を、江戸に孫右衛門を迎えに行く使者に持たせた。もちろん孫右衛門は一決して同年七月に帰国した。親のいうことは聞かない跳ね返り息子も、良寛には頭が上がらなかったと見える。父叔問は心労のせいか翌年亡くなり、長命だった祖父の新八郎も叔問の死の二年後に往く。孫右衛門は父の没後、二二歳で名主職に就くがわずか二年でなぜか若隠居し、三一歳の若さで亡くなった（『定本・三・書簡・100』に付された編者解説による）。それゆえ文政四年（一八二一）以降の乙子神社脇草庵時代後半の良寛に気配りをする役は、家督を継いだ二男熊之助が務めている。叔問の息子たちへの良寛の手紙（孫右衛門三通、熊之助三通、正八＝栄重一通）をみると、さきにあげた「よよひん」の絵入り手紙にもみるごとく、じつに親密で遠慮がない。まるで自分の息子たちに接するかのようだ。

　末子の栄重が名主職に就いたのは、熊之助が亡くなった安政四年（一八五七）で、良寛の没年からすれば二六年も後のこと。良寛が島崎に移ったとき、栄重は一六歳にすぎなかった。解良家から島崎へは一〇キロくらいと遠いので、おそらく栄重は島崎時代の良寛に会ったことはないだろう。そして栄重が「良寛禅師奇話」を執筆し始めたのは三八歳、弘化二年（一八四五）頃からと随分時間がたっている。したがって「奇話」には、栄重少年の知る事実の外に、良寛死後に形成された神話もかなり紛れ込んでいることは、すでに述べているので繰り返さない。栄重がまだ幼名正八だった頃、正八宛の手紙が一通あるが、「是をあをづへ　御とゞけ被下候（これを粟生津へお届けくださいますよう）」というお使いの依頼である。『定本・三・書簡』解説者は「これ」とは良寛自筆詩集最終稿本「草堂集」だったのではないか、と推定している。粟生津とは「草堂集」の写本を制作した鈴木桐軒・文台兄弟の住所。こんなお使い依頼状さえ大切にとっておかれた。解良家にとっては折々にもらう礼状そのものが、貴重な宝物だったのだろう。すべてが巻子装に仕立てられている。

阿部定珍との交友——万葉集注釈の仕事

　次に阿部《あべ》定珍《ていちん(さだよし)》（一七七九―一八三八）との交わりをみよう。阿部家は旧分水町（現燕市）渡部《わたべ》の旧家で、元禄時代から代々庄屋をつとめた豪農。酒造右ェ門《みきえもん》定珍はその七代目で、良寛より二一歳若い。学問を好み、江戸に三年遊学したとされるので（『良寛事典』）、良寛が帰郷した頃、定珍は郷里にいなかった可能性が高い。帰郷年は不明だが、不定住時代の享和元年（一八〇一）七月に、定珍と江戸の歌人の大村光枝と原田鵲斎が連れ立って五合庵に良寛を訪ねた記録が光枝の紀行文にあるという（「谷川目録」二二六頁）。両者の交流は定珍が帰郷してすぐ、不定住時代中期に始まったとみてよいだろう。渡部は国上山に近い。今は大正時代に完成した信濃川分水の幅広い水流が国上と渡部を隔てているが、当時分水はなく、阿部家は現在の位置よりやや国上寄りだった。阿部家から五合庵へは寺泊側登山口から登り、乙子神社脇草庵へは国上山麓を右まわりに行ったが、いずれも一・五キロくらい。支援者のうちでは最短距離に位置するのが阿部家だった。したがって良寛への気配りも並ではなく、支援者中最多を誇る四八通の手紙の大部分が贈物への礼状だ。

しかし、定珍との交友で重要なのは文学上の仕事である。まず『万葉集』に関して述べよう。あるとき、定珍は『万葉和歌集』全二〇巻（橘経亮　山田以文校・刊　文化二＝一八〇五年　京　出雲寺文治郎）を購入した。良寛はこれを知ってさっそく定珍が読んでいない後半の一〇巻をまず借り受けた。早々に読んでしまったらしく、後半の一〇巻をお返しするので、前半の一〇巻を貸してほしいと歳暮の礼状のついでに依頼した手紙がある（『定本・三・書簡・6』）。手紙には年記がないが、五合庵時代の終り頃と一応推定しておこう。その万葉集に朱墨で注と訓を書き入れる仕事【図78】をしたのは、伊丹末男『書人　良寛――その書風と生涯』（国書刊行会　一九七六年）では文化七年（一八一〇）、「谷川目録」では文化一四年（一八一七）頃、加藤僖一『良寛事典』では文政二年（一八一九）、二〇一五年の『良寛遺墨展』カタログでは文化一二―一四年（一八一五―一七）頃と、研究者により推定年にはかなり幅がある。

注釈のためには参考書が必要だが、おりから、橘千蔭の注釈書『万葉集略解《りやくげ》』（全二〇巻三〇冊。名古屋　永楽屋東四郎　自筆稿本の完成は寛政一二＝一八〇〇年だが、版本の出版は寛政八＝一七九六年から始まり、完了は文化九＝一八一二年）

が出版された。何年のことかわからないが、与板の三輪権平がこの注釈書全巻を購入したので、良寛は次々に借覧したことが、年記のない頻繁な手紙によって確かめられている。

実家の蔵書目録には『萬葉和歌集（寛永一二年）二十巻』が含まれている（第3章〈以南の蔵書が意味するもの〉の節を参照されたい）から、良寛はけしてこのとき初めて『万葉集』を知ったわけではないと思われる。しかし実家はすでに文化七年に家財没収所払いとなり、蔵書は敦賀屋や尼瀬の小黒家などに分散所蔵されたらしく、寛永版万葉集は敦賀屋の引き取った蔵書の目録中に見られる。何度も繰り返したように、橘屋と敦賀屋鳥井家とが不仲で対立抗争し、敦賀屋が橘屋を破綻に追い込んだというのは、佐藤耐雪翁の偏った古文書の読み方からきた誤解である。所払い以後に良寛と鳥井家が親しい文人の付き合いをしている証拠が沢山あることからみて、文学好きの由之と馬之助親子も鳥井家と交流し、旧蔵書籍を借り出すことは可能だったにちがいない。

『定本・三』の書簡解説者（谷川敏朗、松本市壽）は良寛一家と親しく交際した国学者で歌人の大村光枝が死（文化一三＝一八一六年）に近い頃、寛永版万葉集全二〇巻を、由之の息子

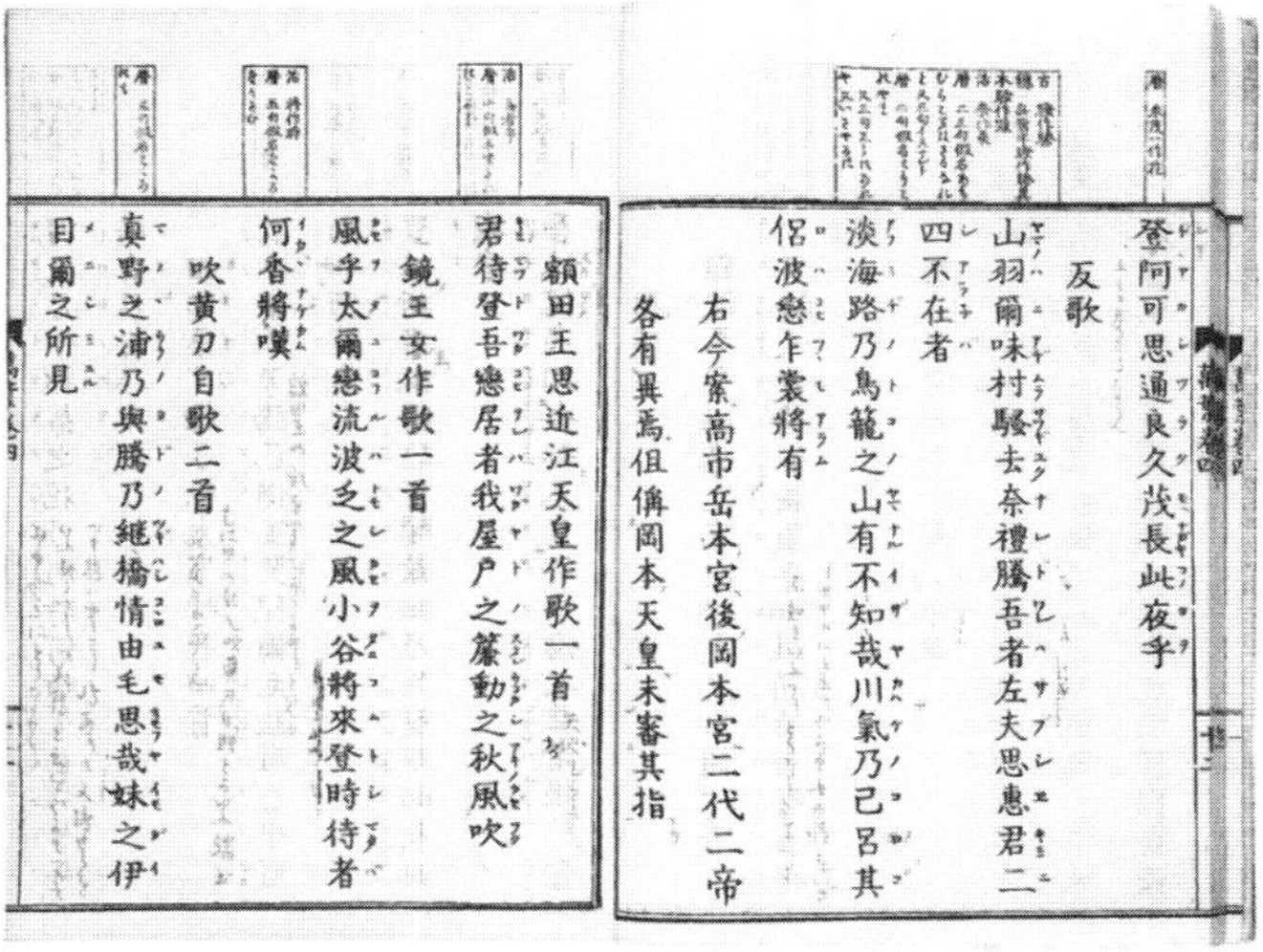
登阿可思通良久茂長此夜乎
反歌
山羽爾味村騷去奈禮騰吾者左夫思恵君二
四不在者
淡海路乃鳥籠之山有不知哉川氣乃己呂其
侶波惣作叢將有
右今案高市岳本宮後岡本宮二代二帝
各有異焉但偁岡本天皇未審其指
額田王思近江天皇作歌一首
君待登吾戀居者我屋戸之簾動之秋風吹
鏡王女作歌一首
風乎太爾戀流波乏之風小谷將來登時待者
何香將嘆
吹黄刀自歌二首
真野之浦乃與騰乃繼橋情由毛思哉妹之伊
目爾之所見

図78　良寛が朱墨で解説を入れた万葉集版本　巻四　阿部家

の馬之助に贈ってくれたとしているが、その根拠は示されていない。いずれにせよ馬之助が『寛永版万葉和歌集』二〇巻を当時所有していたことは確かだった。馬之助は失脚数年後には、出雲崎ではもっとも寺泊寄りの井鼻の庄屋に返り咲いていたので、良寛はこちらにも手紙をやって、全巻をかなり長期にわたって借用している（『定本・三・書簡・149』）。これは注釈に正確を期すためでもあるが、秀歌の抄本を作るためでもあった。

この阿部家の『万葉集』に朱注を入れる仕事のなかばの完成と、朱墨と筆の不足を告げる手紙（『定本・三・書簡・35』）は、阿部家の娘ますの死を悼む手紙（『定本・三・書簡・36』）との関連から、文政二年一〇月末と推定される。さらに「残りたるは五、六冊に候。あまり寒気にならぬうち、書きしまいたく候」云々の手紙（『定本・三・書簡・37』）が続くところから、年度内に完成させたかと推定される。注を入れる仕事も最初のうちは手間取ったが、終りに近づくにつれ理解が深まり、迅速に進んだ様子が文面から伝わる。

定珍が『万葉集』を購入した年も三輪権平が『万葉集略解』を購入した年も不明なので、この仕事がいつ始まったかを決定することはできない。しかしいくら良寛でも、注釈書なしに始めることはないと思われるので、開始は少なくとも『万葉集略解』の出版が完了した文化九年（一八一二）以降であろう。そして完成は文政二年（一八一九）末頃と推量される。つまり乙子神社脇草庵に定住して三年目、六二歳頃の完成ということになる。万葉集のさまざまな様式の和歌を隈なく読み、独自の註解をほどこしたことは、定珍の依頼とはいえ、良寛自身おもしろくて止められない仕事だったに違いない。

この経験から良寛が得た成果は実に多い。良寛の和歌は一般に万葉調と言われるが、西行の生き方に憧れて遁世した良寛なのだから、初期には古今や新古今の影響下にあった。本格的な万葉調への移行はこの朱注入れの経験と並行したものではないか。また「秋萩帖」の草仮名研究の方が先行していたが、徹底的に万葉仮名を学ぶことにより、漢字、草仮名、ひらがな、カタカナの関係を理解したことは、良寛の晩年の変化に富んだ書様式成立の重大な根拠となった。

さらに『万葉集』全巻四五六一首の中から秀歌を抽出して、美しいひらがな（女手）に草仮名を交えた書作品「あきのゝ（安起乃々）」抄本を制作したことが注目される。この作品に見られる良寛の選んだ万葉秀歌は、阿部家の文化二年版の仙覚本系（鎌倉時代の学僧仙覚が注釈した系統の本。岩波文庫の『万葉集』などもこの系統）にでている歌と読み方の違っている歌がかなりある。したがってこの秀歌選択は阿部家の『万葉集』は返却したあとで、遠慮なく全巻の長期借用が可能だった馬之助所有『寛永版万葉集』（非仙覚本系）によってなされた仕事のように思われる。文政三年（一八二〇）頃の成立だろうか。

万葉集抄録「あきのゝ」の原本と写本

明治一九年（一八八六）、この「あきのゝ」の存在を寺泊の涌井家《わくい》で最初に発見し、書写したのは良寛研究者の平野秀吉だった。平野はこの本を写本と考えていたが、ともかく涌井家にあった本は涌井本、平野の写本は平野本と呼ばれている。それから四〇年後の大正一五年（一九二六）に、出所不明の「あきのゝ」が安田靫彦所蔵本として、相馬御風著『良寛和尚万葉短歌抄』に全文翻刻された。この著書が「あきのゝ」の存在を、一般の読者に最初に知らせた本である。この御風が紹介する抄録は一九〇首からなっていたことを、まず記憶しておこう。この出版により安田本はながく原本とみなされてきたのだが、原本であることへの疑問と、異本や写本の存在は出版当初から指摘されていた。そして昭和四年（一九二九）に、小千谷の酒造家大塚家に「あきのゝ帖」の存在することが酒井千尋（元根津美術館学芸員）により明らかにされた。この大塚本は市島春城（初代早稲田大学図書館長、随筆家）の手を経て、昭和一六年頃、三菱石油社長竹内俊一（一八九六―一九七六）の手に移ったので、竹内本と呼ばれるが、これは竹内没後に行方不明となった。

ところが平成二二年（二〇一〇）頃、竹内本は古美術商で良寛研究者の萬羽啓吾に再発見される。氏は国文学者池田和臣と協力して、写真版に解題を附した『あきのゝ帖　良寛禅師萬葉摘録』（青簡舎刊）を出版した。平成二四年（二〇一二）のことだ。ふたりはこの本において、大塚本＝竹内本こそが良寛の真筆原本で、安田本はその写しであり、さらに安田本は平野が最初に発見した涌井本そのものである可能性が高いと結論付けている。書体を写真で比較検討した考察をみると、竹内本の方が美しいうえに安田本には誤写が多いという指摘に説得力がある。また私が見比べたところで気づいたことは、竹内本では墨継ぎが歌のリズムにあわせ、一定の呼吸で行われ、全体としてみると濃淡がバランスよくいきわたっているのに、安田本では墨継ぎのリズムが一定でなく、濃淡のバランスが竹内本に比べ、うまくいっていないという印象を受けた。これは安田本が臨書しているからではないか。

さらに安田本には一九〇首しかないのに、竹内本は二〇一首からなっており、しかもその差一一首が竹内本では二一頁と二二頁に相当する袋綴じ一丁分に書かれているから、安田本は写すとき一丁分飛ばしてしまったのだ、という推定も説得力がある。平野本は一九〇首なので、行方不明の涌井本も一九〇首だったことは明白、したがって出所不明の一九〇首からなる安田本は涌井本そのものである可能性が高いという推理も納得される。今後、安田本は写本であり、竹内本が原本であるという認識は定着して行くだろう。

「あきのゝ」の内容と表記の仕方

竹内本はかつて袋綴じだったものを、折れ本仕立にし、表紙【図79】をつけてある。表紙には中間の所有者市島春城の字で「良寛禅師万葉摘禄　㊞㊞」という題箋が附されているので、このような状態への改装者は市島春城とわかる。裏表紙から六頁にわたり、まず一〇三の枕詞とその被修飾語の抜書きが続くことは原本も写本も同様。良寛の抜書きの基準は何によるものかよくわからない。原本に出て来る順でもなく、言葉の種類別でもない。思いついた順なのだろうか、同じものが何度も出てくる。最初の一丁目表に相当する一頁目を写してみると、

うき年　い起
みづと里の　う起年　さかとり乃
あさ多ち
に本どりの　奈つさへ　さ能づとり
起ゝす
に者つとり　可け　お起川とり
か毛
ぬえとり能　うらなけ起　川ゆ志毛の
あ幾

図79　「あきのゝ」帖　竹内本の表紙
（市島春城の改装による折れ本仕立）
題箋「良寛禅師萬葉摘禄」は市島春城筆

可し能みの　ひと里　み川ぐり能　奈可
者な可多ミ　可すに毛あらぬ　なる可みの　をと
川ぬさ者ふ　い者　あまとふや　可里
しらなみ乃　あとな起　くれ奈ゐの　いろ
おくやまの　ま起　者奈ぐ者し　さくら
かぐ者し　者奈多ち者な　なく者志　よしの

といった具合に順不同で、ひらがなと草仮名が混用されている。しかもこれらの枕言葉のなかで、良寛が選んだ万葉秀歌二〇一首に使われているものは一四個しかない。一方、選んだ二〇一首の秀歌中にも使われていて、よく知られた「ももしきの」「とぶとりの」「さざなみの」などは採録されていない。一見したところ、大学入試にでるようなごく一般的なものが落ちていて、珍しいものが多く拾われている。この枕詞は三丁分、頁にすると六頁を占める。

　七頁目にようやく「あ起乃ゝ　良寛」【図80】という内題が出て来る。これが良寛の選んだ万葉秀歌のアンソロジーの題ということになるが、これは「秋萩帖」の命名法と同じく第一歌の冒頭の句からとられている。秀歌選択の基準もよく分からないが、二七番歌のように、音韻の音楽性に注目した選択が目立つ。ちなみに斎藤茂吉

図80　竹内本の内題「あ起乃ゝ　良寛」(左)と安田本の内題「あ起乃ゝ」(右)

の『万葉秀歌　上・下』（岩波新書　一九三八年初版）は三六五首を選んでいるが、良寛の二〇一首の選択と一致しているのは数えてみたら五九首だった。二八パーセントくらいの一致率だ。良寛と茂吉がともに選んだ万葉秀歌こそ秀歌中の秀歌かもしれない。以下に一丁目一、二頁の一〇首【図81】を、良寛の表記の通りに翻刻してみよう。このうち、七、一一、二〇、二一、四〇、四六の六首が茂吉の選択と一致している。なぜか巻の若い方ほど一致率が高いように思われる。

「あきの〻」は女手（ひらがな）の作例とよくいわれるが、決して平仮名だけで書かれているのではない。要所要所に草仮名とカタカナを交えているので、単調を免れている。このことは、草仮名を「秋萩帖」の法帖によって学び、自由自在に使いこなせるようになってからの作品であることを物語る。作者名と括弧内の通常の表記及び注記は、岩波文庫『万葉集（一）』（佐竹明広他校注　二〇一三年刊）によって筆者がおぎなったものである。岩波文庫万葉集は西本願寺本（仙覚本系）を定本とするが、良寛は馬之助から借りた寛永版（非仙覚本系）によっている可能性が高いので、岩波万葉集とやや違う表記が多い。

あ起乃〻　　　良寛

額田王

あきの〻能みくさ可里ふ起やとれりしなら能ミや古能可里いほしそおもふ（七）

（秋の野《の》のみ草刈《くさか》り葺《ふ》き宿《やど》れりし宇治《うぢ》のみやこの仮盧《かりいほ》し思《おも》ほゆ）　良寛は「奈良」のみやこ、「しぞおもふ」としているが、岩波万葉集では「宇治」「しおもほゆ」となっている。

中皇命《なかつすめらみこと》

和可せこハか里いほつくらす可やなくハ古まつ可志たのくさをカらさ禰（一一）

図81　竹内本「あ起乃ゝ」　1丁目　1，2頁

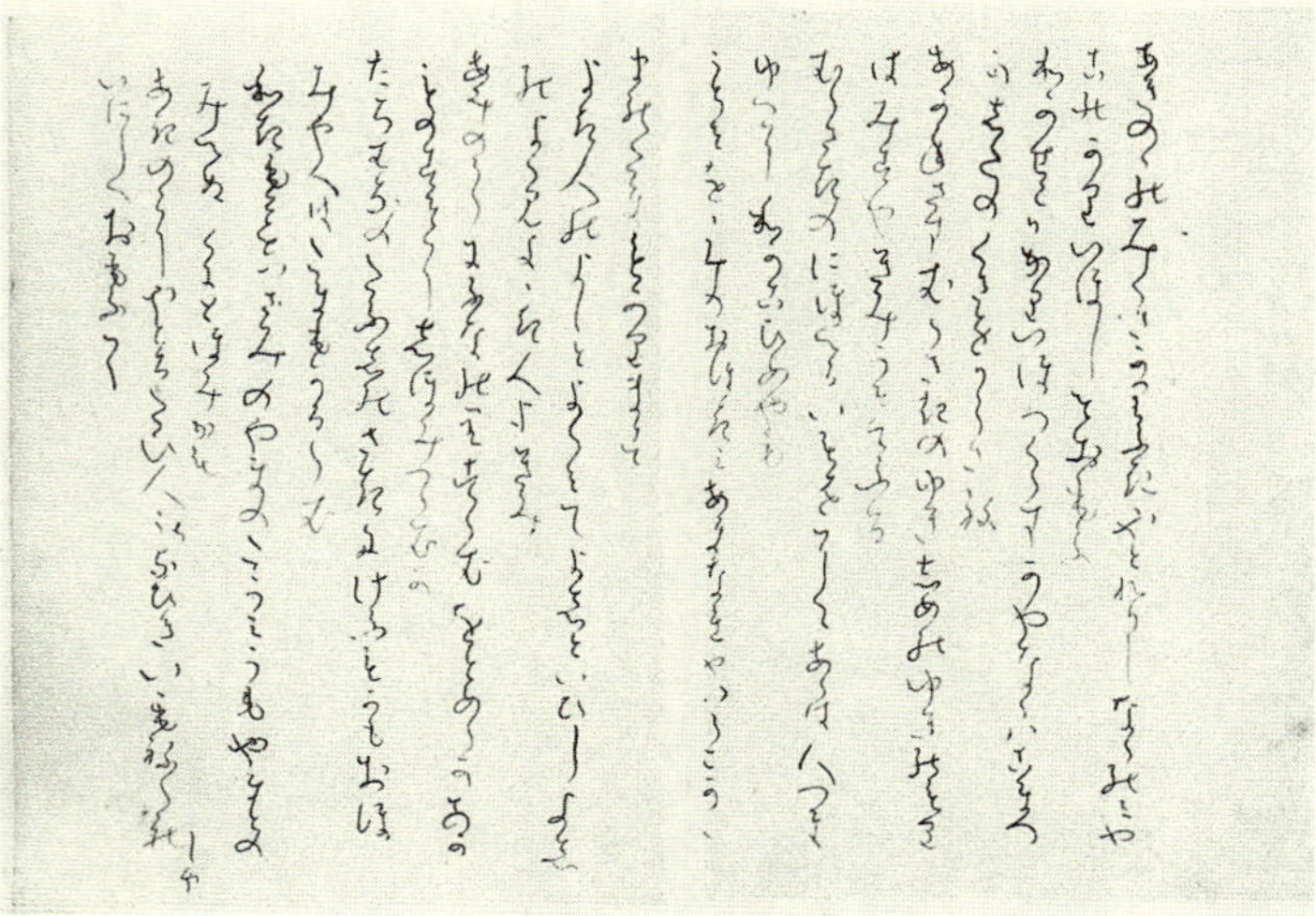

安田本「あ起乃々」1丁目　1，2頁

（わが背子《せこ》は仮盧《かりいほ》作らす草《かや》なくは小松が下《もと》の草《くさ》を刈《か》らさね）

額田王

あ可年さすむらさ起のゆき志め能ゆき能毛里はみ春やきみ可そてふる（二〇）

（あかねさす紫草野《むらさきの》行き標野《しめの》行き野守《のもり》は見ずや君が袖振《そでふ》る）

大海人皇子

むらさ起のにほへるい毛を耳くゝあらは人つまゆへ耳和可古ひめや毛（二一）

（紫草《むらさき》のにほへる妹《いも》を憎《にく》くあらば人妻《ひとづま》ゆゑに我《われ》恋ひめやも）

作者不詳

うちそをゝみのおほ起ミあまな連やいらこ可し末能たま毛可里ま春（二三）

（打麻《うちそ》を麻続《をみの》　王《おほきみ》　海人《あま》なれや伊良虞《いらご》の島の玉藻《たまも》刈ります）　「打麻を」は「麻続」の枕詞

天武天皇

よ起人能よしとよくミてよ志といひしよ志能よく見よゝ起人よきみ（二七）

（よき人のよしとよく見てよしと言ひし吉野《よしの》よく見よよき人よく見）　＊良寛は「よき人よきみ」とするが、岩波万葉集では「よき人よく見」となっている。

柿本人麻呂

あみのうら尓ふな能里春らむをとめら可あ可毛の春そ耳志ほみつらむ可（四〇）

（あみの浦《うら》に船乗《ふなの》りすらむ娘子《をとめ》らが玉藻《たまも》の裾《すそ》に潮《しお》満つらむか）　＊良寛は「あかも」とするが岩波万葉集では「玉藻」となっている。

柿本人麻呂

たち者奈のたふ志能さ起尓けふ毛可もおほみや人は多ま毛可るらむ（四一）
（釧《くしろ》つく答志《たふし》の岬《さき》に今日《けふ》もかも大宮人《おほみやびと》の玉藻《たまも》刈るらむ）　＊良寛は「たちばなの」「おほみや人は、」とするが、岩波万葉集では「釧つく」「おほみや人の、」となっている。

石上大臣《いそのかみのだいじん》
和起毛こをいざみのやまのた可ミ可毛やまとのみへぬく尓とほみか毛（四四）
（我妹子《わぎもこ》をいざみの山を高《たか》みかも大和《やまと》の見えぬ国遠みかも）　＊良寛は「やまのたかみかも」とするが岩波万葉集では「山を、高みかも」となっている。

柿本人麻呂
あ起のゝ耳やと留たひ人うち奈ひきい毛禰ら禮しやいにしへお毛ふ耳（四六）
（阿騎《あき》の野に宿《やど》る旅人《たびびと》うちなびき眠《い》も寝《ぬ》られしや古思《いにしへおも》ふに）

一見すべてひらがな書と見せかけながら、一音一漢字の草仮名を要所要所に交えている。しかし、訓読みの漢字は使わない。ただし「たひ人」の人は例外的に「ひと」と二音に読んでいる。歌はところどころで仙覚本系と違っているが、これが寛永版によるものか、良寛独自の考えによるものかは、慎重に検討する必要があろう。いずれにしても良寛は注釈しつつこのような万葉秀歌のアンソロジーを制作したことにより、枕詞を多用した音楽性に富む万葉調を自分の歌風にもとりいれることになった。また書は漢字、ひらがな、カタカナ、草仮名を自由自在に駆使することが可能となった。俯瞰的に乙子神社期の一〇年を眺めれば、それは、貪欲に古今東西の法帖や日本の古典文学を学び、それらを自由自在に駆使できるようになるための修練の時代だった、と位置づけることができよう。

この万葉秀歌抄本「あきのゝ」原本とみられる大塚本（＝竹内本）がなぜ阿部家の所蔵でなく、小千谷の酒造家大塚家で発見されたのかはわからない。現存する手紙の宛名でみるかぎりでは、小千谷の住人と良寛の交流はないので、もとは阿部家のために制作したものが、流出したのだろうか。

阿部家伝来良寛遺墨と紅葉和歌

御三家と称される解良家、阿部家、木村家に伝来する遺墨は一括して、昭和二九年（一九五四）に新潟県文化財の指定を受けていたが、後に阿部家の遺墨のみが「良寛遺墨（阿部家伝来）」の名目により、国の重要文化財に指定された。文化庁のデータベースによれば、指定を受けたのは「昭和五五年（一九八〇）年六月六日」、指定区分は「重要文化財」、指定番号「2371」枝番号「00」、時代「江戸」、部門、種別「書籍・典籍」となっている。さらに内容として、

一、漢詩（四首／六曲屏風）
一、五言詩（青山前與後云々）
一、七絶詩（芳春萋々緑連天云々）
一、一行書（白雲流水共依々）
一、自筆和歌書状類（百四通／内定珍筆五通）
一、墨竹図（自画賛）

一、紅葉和歌（紅葉押葉料紙／三首）

一、版画菅公像賛

と書かれている。これは非常に分かりにくい表記である。件数としては八件というふうに理解されるが、文化財というからには物質としての個体を指定しているのだから、制作年代、材質、形状、寸法、個体数を表記しないということは、実に理解に苦しむ大雑把さだ。平成一七年に新潟県立近代美術館で行われた『良寛遺墨展――御三家を中心に』展カタログ、及び加藤僖一編『阿部家伝来　良寛墨宝』（二玄社　平成一九＝二〇〇七年）と照らし合わせて、制作年代、材質、形状と個体数を推定してみた。

一、漢詩（四首／六曲屏風）＝紙本六曲一双屏風【図82】　六扇ある屏風の一と六は115.6×49.0cm　二、三、四、五は115.6×52.4cm

漢詩が右から左に四首書かれているが、一扇に一首ずつでないところに注意がいる。

風気稍和調振錫出
東城青々園中柳泛々水
上萍鉢香千家飯心抛

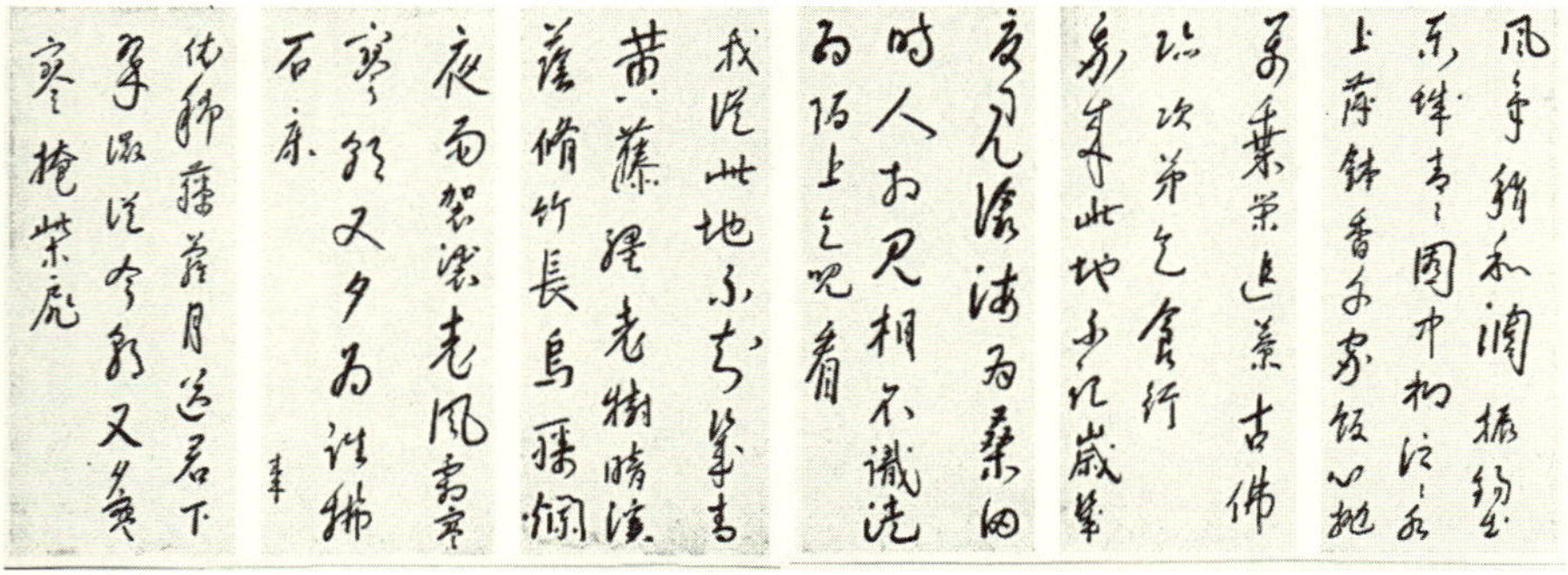

図82　阿部家の重要文化財　六曲一双屏風

萬乗栄追慕古佛
跡次第乞食行
（『定本・一・10・131・234・507』と同趣だが一部違う）

我來此地不記歳幾
度見滄海為桑田
時人相見相不識徒
為陌上乞児看
（『定本・一・603』）

我従（来＝欠字）此地不知幾青
黄藤纏老樹暗渓
蔭脩竹長烏藤爛
夜雨袈裟老風霜寥
寥朝又夕為誰払
石床
（『定本・一・604』）

依稀藤蘿月送君下
翠微従今朝又夕寥
寥掩柴扉
（『定本・一・134』）

以上、四首が各扇に三行ずつ書かれているので、第二扇では三行目は別の詩になっている。一―三扇には五言律詩と七言絶句を、四―六扇には五言律詩と五言絶句を組み合わせて書いてある。書体は不定住期のものとされる。個体としては一双、つまり一つである【図82】。

一、五言詩二首（青山前與後＝『定本・一・17』と担薪下翠岑＝『定本・一・528』）を書いた遺墨　紙本軸装　135.4×51.7cm　個体としては一つ。

一、七絶詩（芳春萋々緑連天）

芳草萋々緑連天

桃花亂点水悠々　我亦従

来忘（機＝脱字）者悩亂風光殊未休（以上の詩は『定本・一・113・263・368』と同趣だが微妙に違っており、この遺墨の詩は定本に収録されていない）。制作期不詳　紙本軸装　134.0×51.7cm　個体としては一つ【図144-2】。

一、一行書（白雲流水共依々）＝紙本軸装　1324.2×34.2cm　制作年不詳　個体としては一つ【図83】。

一、自筆和歌書状類（百四通／内定珍筆五通）＝紙本巻子装　これらは一括表記されているが、『阿部家伝来　良寛墨宝』によれば、おおむね年代順に仕立てられた七本の巻子からなっており、なかには島崎時代のものも含む。巻子にしたてられた年代はそれぞれ違っている。個体としては巻子七巻。

一、墨竹図（自画賛）＝紙本軸装　124.5×54.0cm　自分で描いたと思われる節のない竹の絵に、「似竹　似葦似藤麻　一段風光　為君伸」と自賛する。制作年不詳　個体としては一つ。

一、紅葉和歌（紅葉押葉料紙／三首）＝和歌一首を書いた料紙一葉、和歌二首を書いた料紙一葉、計二葉を一本の軸に仕立てたもの。制作年は乙子神社脇草庵時代末期か。紙本軸装　33.7×19.9cm　35.2×34.3cm

個体としては一つ【図84】。

一、版画菅公像賛＝紙本軸装　86.0×35.0cm　松の樹の下にすわる菅公像を表す木版画に「和禮堂能無　悲東遠牟奈之久那春奈良者安面閑之當爾也奈遠也那可散牟（我たのむ　人をむなしくなすならば　天が下にやなおや流さむ）」と草仮名で賛をしている。制作年不詳　個体としては一つ。

なお、文化庁データベースにはのっていないが、展覧会カタログによれば、「重要文化財付けたり指定」として『良寛書き入れ版本万葉集二十冊』【図78】が挙げられている。これは帙入りなので、個体としては一括して一つと数えてよいだろう。すると、重文指定の個体数は全部で一五点ということになる。しかし文化庁のデータベースの指定物件の総体の員数（個体数）は不記入となっている。遺墨一枚ずつ、本一冊ずつ数えれば、一三〇点ということになろうか。

指定の理由として以下のような文が付記されている。

良寛は和歌、書をよくし、その奇行に富んだ清貧な生涯によって、広く人々に親しまれている。その遺墨は

図83　阿部家の重要文化財
一行書「白雲流水共依々」

良寛の庇護者であった阿部、解良、木村の三家に纏って伝存し、中でも阿部家の遺品は、良寛の壮年から晩年に及んで、その代表的筆蹟を伝えている。阿部家は西蒲原郡の庄屋役を務めた家柄で、七代定珍が詩歌をよくして、良寛との交遊は三十余年に及んだといわれる。遺墨中の中心を占める書状類は、いずれも定珍との交誼を反映したもので、寛政七・八年越後帰国時のものから文政十一年七十一歳頃に至る間のものがみえ、良寛平生の筆蹟と姿を伝えた基本史料として価値が高い。

この解説は誰が書いたものか分からないが、「その奇行に富んだ清貧な生涯」などの記述にはちょっと抵抗がないわけではない。一番気になるのは書状に「寛政七・八年越後帰国時のもの」があるという記述。定珍は良寛より二一歳年下なので、良寛が帰国した三九歳のとき、定珍は一八歳にすぎない。その経歴は、若い頃江戸に三年遊学とされており、良寛の帰国時に定珍が在郷していたかどうかわからないし、ただちに親交が始まった証拠もあがっていない。『定本・三』に収録された、現存四八通の書状中に、翻刻された文章から寛政七、八年越後帰国時と確実に推定されるものはないのではないか。阿部家伝来の遺墨は、『墨美　阿部家の良寛　一、二、三』(昭和二六年　墨美社　墨美　no. 189, 190, 191)に網羅されているが、帰国時と認められるものはないような気がする。六曲一双屛風がもっとも初期の作風を示し、不定住期中頃と推定されている。

ともかく阿部家伝来の遺墨には不定住時代中期から晩年までの全様式が網羅されており、基本研究資料としての価値が高いということが指定の理由であって、阿部家以外の遺墨が、芸術的に劣るという意味ではないことに留意しよう。指定はなによりも作品の散逸をふせぐ意味合いから行われたもの。指定により受けるさまざまな制約や責任を、阿部家が引き受けてくれたことにわれわれは感謝しよう。

この阿部家伝来遺墨中で、他家の所蔵品にない様式のものがある。「一、紅葉和歌(紅葉押葉料紙/三首)」【図84】

図84　阿部家の重要文化財　「紅葉和歌」

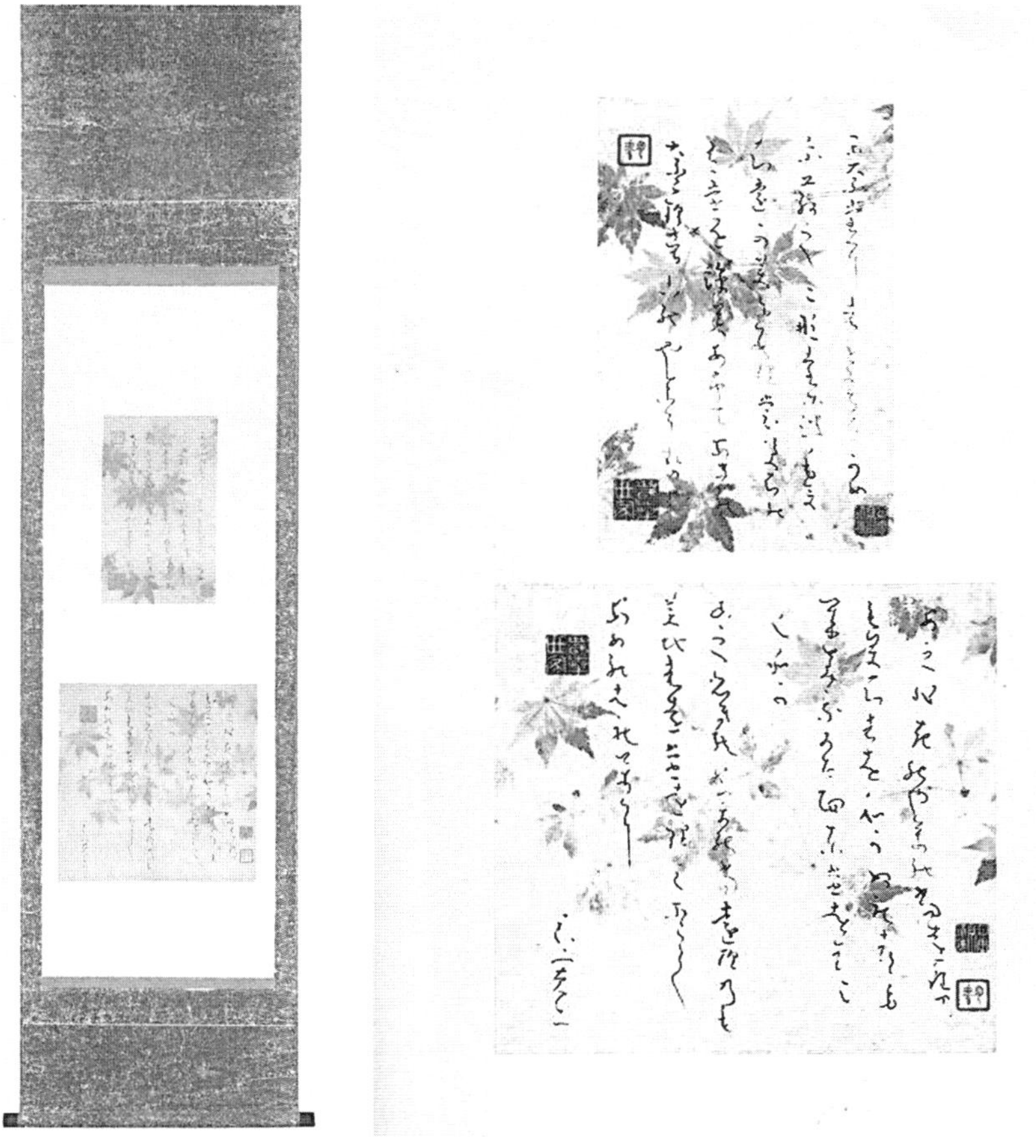

として挙げられている作で、本物の紅葉の葉に紅葉色の顔料をつけ、紙に転写した料紙を使っている。料紙制作技法としては、芋版同様の素朴なものだが、紅葉葉の散らし方、刷だしの強弱に造形的バランス感覚が発揮されているので、良寛自身の制作かもしれないと私は思う。使われているのは二枚の紅葉押葉料紙。上方の料紙に一首、下方の料紙に二首、合計三首の和歌（？）を流麗な草仮名で書き、一つの軸に表具してある。

上段の歌は――

閑奈堂耳者《かなたには》　毛美知遠可女《もみぢをかめ》
尔散之《にさし》　己那堂尔波《こなたには》　毛美《もみ》
知遠《ぢを》　可美尔數理《かみにすり》　裳美知能《もみぢの》
有堂遠《うたを》　餘美安布天《よみあふて》　安幾能《あきの》
奈己理者《なごりは》　古能也東耳勢武《このやどにせむ》

かなたには　紅葉を甕に挿し　こなたには紅葉を紙に刷り　紅葉の歌を詠みあふて
秋の名残はこの宿にせむ

下段の右の歌は――

安之非起能《あしひきの》　也萬能當遠理乃《やまのたをりの》
毛美知者遠《もみぢはを》　和可奴禮都々毛《わがぬれつゝも》

幾《き》美《み》我《が》美《み》太《た》面《め》東《と》　堂《た》遠《お》里《り》己《こ》
之《し》和《わ》可《が》

あしびきの　山のたをりの　紅葉葉を　わが濡れつつも　君が御為と　手折り来しわが
（＊たをり＝山の尾根の低くくぼんだところ）

下段の左の歌は――

安《あ》之《し》悲《ひ》幾《き》能《の》　也《や》萬《ま》能《の》當《た》遠《を》理《り》乃《の》　毛《も》
美《み》地《ぢ》者《ば》遠《を》　堂《た》遠《お》理《り》天《て》所《ぞ》己《き》之《し》
安《あ》女《め》能《の》者《は》禮《れ》萬《ま》耳《に》

あしひきの　山のたをりの　紅葉葉を　手折りてぞ来し　雨の晴れ間に

乙子神社脇草庵時代後期の作か。押されている三個の印はいずれも定珍の所蔵印で、白文（陰刻で文字が白く出る）方印は「農桑世家」「月華亭珍蔵」。朱文方印は「月華」。

通常の短歌の韻律に従っているのは第三首だけで、第一首は「五・九・五・九・七・五・七・七」、第二首は「五・七・五・七・七・七」となっており、短歌でも旋頭歌でもないし、長歌というにはあまりにも短い。これは自由律の近代詩に近いといえようか。料紙の面積に見合うだけの文字を並べた結果、このような破格の和歌ができたとも考えられる。草仮名のはかない優雅な墨の線と、散り敷く紅葉の濃淡の色彩が何とも言えず調和して美しい。造形的にも文学的にも幾重にも楽しく鑑賞できる。この書への色彩の導入は、万葉集版本に朱墨で注を書き入れる仕事に触発された結果ではないか、と私は感じる。

第11章　芸術的集大成の境地　島崎村木村家時代

和島村能登屋庭の庵室に移り住む

六〇歳のとき始まった乙子神社脇の草庵生活は、多くの支援者に見守られながら平穏に、実り多い時を刻んでいった。しかし六〇代も後半に入ると、終末をどのように迎えるかについては、良寛も周囲も秘かに悩んでいたことだろう。炊事などの日常生活の労働は、修行の一環の作務として道元により深く意義づけられていたから、良寛はけして厭うわけではなかっただろうが、体力の衰えは意のままにならない。

転機は六九歳のときやって来た。多分近隣のどこかに住んで、日常の雑務を引き受けてくれていた遍澄が、地蔵堂の大庄屋富取家の創建した願王閣の閣主に迎えられ、地元の子どもたちの教育にあたることになったのである。遍澄は自分のサポートなしの良寛の暮らしを案じて、実家のある島崎の有力者たちに相談していたらしい。文政九年（一八二六）のある日、島崎の豪農で信仰心厚い木村元右衛門（第一一代）利蔵（一七七六－一八四八　良寛をひきとったとき五〇歳）が草庵に現れて、転居をすすめると、良寛はあっさり従った。このことは貞心尼が「蓮《はちす》の

露」に、

島崎の里なる木村何がしといふもの、かの道とくをしたひて、親しく参りかよひけるが、よはひたけ玉ひてかゝる山かげにたゞひとり物し玉ふ事の、いとおぼつかなう思ひ給へらるゝを、よそに見過しまゐらせむも心うければ、おのが家居のかたへに、いさゝかなる庵のあきたるが侍れば、かしこにわたり玉ひてむや、よろづはおのがもとより物し奉らんとそゝのかし参らするに、いかゞおぼしけむ、稲ふねのいなとものたまはず、そこにうつろひ給ひてより、あるじいとまめやかにうしろ見聞えければ、ぜじも心安しとてよろこぼえ給ひしに、そのとしよりむとせといふ年の春のはじめつ方、つゐ《ママ》に世を去り給へ《ママ》ぬ。

（原文は草仮名混じりの「島崎能里奈留木村何可しといふも能閑の道と久を志多ひて親し久参利可よひ」といった読みにくい記述である。ここでは柏崎市立図書館のデジタルライブラリーで原典をみつつ、東郷豊治『良寛全集　下巻』参考資料の項の読み方を参照した。）

と記している。六年後の没と貞心尼は書いているが、これは数え年風の記述。示寂したのは天保二年（一八三一）一月六日だから、実質的に良寛が木村家に滞在したのは、四年と三ヶ月程度だ。しかし、日常生活の雑事から解放され、たっぷりと自由な時間を保証され、筆墨紙を充分に供給されたこの四年三ヶ月は、詩歌文学においても、書表現においても、良寛が最高の高みに達した充実の時期ということができる。

諸資料によれば、木村家の祖先は近世の初め頃、菩提寺の隆泉寺（浄土真宗）とともに能登から移住してきたので、能登屋と呼ばれた。一向一揆の挫折後に、能登や富山から越後に逃れた浄土真宗の寺や門徒は多い。隆泉寺と能登屋もそんな一族か。二世紀にわたり島崎に根を下ろすうち、能登屋は代々島崎の百姓惣代を務める豪農の家柄となり、今も隆泉寺とともに存続する【図85】。

良寛を迎えたのは第一一代元右衛門だが、貞心尼の記述によれば、元右衛門は良寛の徳を慕って、国上山の五合庵時代からその庵にしばしば通っていたらしい。島崎から五合庵までは片道一二キロくらい、三時間弱歩くことになるが、昔の人にはそのくらい遠いうちには入らないのかもしれない。元右衛門はしばしば通ううちに、「年老いて、山陰での一人暮らしを心細く思っていらっしゃる良寛様のご様子を見てとり、うちにちょっとした庵の空いたのがございますから、そこに移られてはいかがですか、一切の面倒はうちでみさせていただきますから、とおすすめしたところ、少しもいやがる風なく渡りに舟とばかりに、すぐそこに移られた」と貞心尼は書いている。

庵といっても六畳一間程度の薪小屋にすぎなかったので、元右衛門は庵の新築とその間の母屋への同居をもちかけたが、良寛は断固その申し出を拒んだといわれている。いかに粗末な小屋であろうとも、孤独と精神の自由のある方が良寛には大切だったのだろう。阿部定珍への手紙（『定本・三・書簡集・44』）に「まことに狭くて暮し難く候」と書いているが、この庵を訪ねたことのある文人の九二という人物が、友人早川樵波とともに、文政一二年（良寛死の二年前）にこの庵を訪れた記憶を、良寛没後百ヶ日の忌に際して描いた、という絵が存在する【図86】。それをみると、大きな囲炉裏が切ってあり、そんなに狭苦しい不快な空間には感じられない。乙子神社脇草庵は三室もあり、周囲は森林だったので、それに比べればということかもしれない。またおいおいに増改築がなされたとも考えられる。

図85　島崎（現長岡市）木村家（インターネット画像より）

木村家と良寛の交流の始まりがいつかは貞心尼の文では不明確だが、良寛の世話をした遍澄は島崎村の出身、また木村家の筋向いに住む医師桑原祐雪に宛てた良寛の手紙は六通も現存(『定本・三・書簡・67―72』)し、その文面からは、二人の非常に親しい関係が読みとれる。こうしてみると、乙子神社期には島崎にも、桑原家、木村家、僧遍澄らにより良寛尊崇と支援の輪が形成されていたことは間違いない。

伝統的な良寛説話では、遍澄が、国上山を離れることになったため、良寛を木村家に託したとされる。しかしまだ二五歳の遍澄が、独断で良寛の世話先を決め得たとは考えにくい。そもそも少年遍澄を良寛の身辺世話役として国上に遣わしたのが、島崎の木村家や桑原家だったと考える方が順当なのではないか。それゆえ遍澄は自分の転身に際し、良寛の世話を木村家に託したのだろう。当時良寛の名声は全国に響いており、その世話をする名誉を得たいと望む支援者は多かったに違いない。良寛をひきとる能力を備えた支援者は、阿部家、解良家、原田家など国上近辺に何軒もあった。それなのに、あえてそれほど親密とも見えなかった木村家を良寛が選んだ最大の理由は、遍澄の推薦もさることながら、木村家の地理的優位性が大きな要因ではないかと思う。

老境になると弟妹や故郷は気がかりなものだ。六人の弟妹のうち、弟の宥澄と香、妹のむらとたかはすでに亡くなっていた。しかし、文人でもっとも気のあう弟由之は与板に、歌人の妹みかは出雲崎に健在だった。このふ

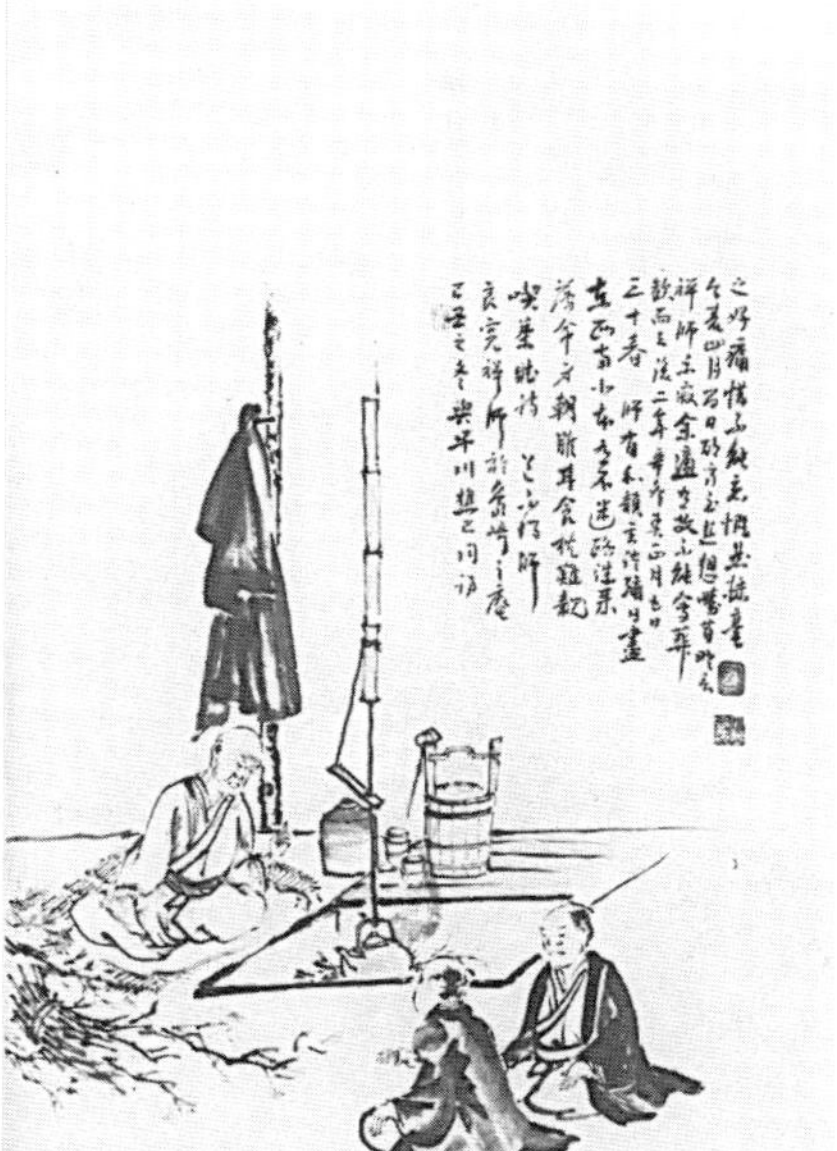

図86　九二が描いた島崎の木村家草庵の良寛
糸魚川歴史民俗資料館

たりと交流を持つには、国上村や地蔵堂近辺では少し遠すぎる。ところが島崎は国上と出雲崎の中間地点よりやや出雲崎よりにあり、弟由之の住む与板には五キロくらいで非常に近い。国上には一〇キロ、出雲崎には七キロくらいだろうか。国上、地蔵堂、寺泊の支援者たちとも、与板の弟や親戚、出雲崎の妹ともつかず離れずの交流を持つには実に適切な距離に島崎は位置していた。

元右衛門の方にも良寛に恩義があり、ぜひともお世話をしなければ、と思う訳があった。元右衛門には周蔵という息子がいた。これが道楽息子で親の意のままにならない。周蔵が一九歳の頃、一時の怒りにまかせて元右衛門は彼に勘当を言い渡した。すると周蔵は母の実家である同じ島崎の大矢家に逃げ込んで、のうのうと暮していたらしい。良寛は両家の面子をつぶさぬよう、まず元右衛門に勘当を解かせ、周蔵には「勘当は解けたから、すぐ帰宅して父に詫び、心を入れ替えて真面目に努力するように」という趣旨の訓戒の手紙（『定本・三・書簡・124』）を書いた。このとりなしは成功し、周蔵は実家に戻り、跡継ぎ息子としてのつとめをはたすようになった。親の体面を失うことなく息子を取り戻すことの出来た元右衛門が良寛に感謝したことは言うまでもない。これは木村家に移る前の文政五年（一八二二）頃のことと推定されている。

それに元右衛門が、文人気取りでなくひとえに信仰心厚い人物だったことも、良寛には好ましかったようだ。元右衛門はこの頃、亡き兄（第一〇代元右衛門）が望んで果たせなかった一切経（＝大蔵経）の購入を企てており、良寛が木村家に移って二年目の文政一一年にはこれに成功し、隆泉寺への寄進を実現した。これは文政元年に、与板徳昌寺の虎斑和尚が、伊勢松阪の書店から購入した『明版一切経』九〇五六巻とは別の、日本で再版された『黄檗版一切経』六七七一巻だった。虎斑和尚は伊勢国松阪の書店から二二〇両で入手したのだったが、元右衛門は、京で、一五〇両で購入したという（『良寛事典』による）。黄檗版は、黄檗宗の僧鉄眼が『明版一切経』に訓読点をつけて一〇年がかりで覆刻し、延宝六年（一六七八）に完成させたもの。二七五帙に六七七一巻に相当する経典が冊子本の形で収められているという。元右衛門は隣接する隆泉寺に経蔵を建て、経巻ともども寄進した。その経緯を良寛に書いてもらったのが「一切経由来記」である。これは木村家に移り住んでから二年目の文政一一年四月のことだった。この由来記は三種ある。一つは木札に書かれて経蔵に収められた「一切経寄進札」【図87】、二つ目は木村家の貼り交ぜ屏風に張り込まれた草稿、三つ目は経蔵前に立てられた石彫。経蔵は「小さな土蔵の建物であるが、その三方の壁が棚になっており、一七五帙、六七七一巻の大蔵経（木版本）がビッシリ積まれている」という（『良寛事典』）。こうなるまでには数年前から良寛にいろいろと相談があったに違いなく、経典を身近に閲覧できる可能性もまた良寛を木村家へと向かわせた理由の一つかもしれない。

良寛は六九歳の秋に木村家に移り住んだが、元気だった二、三年は、随分きままに知人宅を訪ね歩き長逗留することが多かった。それでいて逗留先から寒くなったから袷を届けてくれとか、戻るまでに洗濯をしておいてくれとか、まるで実家の親にいうように遠慮のない口調で元右衛門に依頼状をだしている（『定本・三・書簡・179—181』）。気まぐれに出かけたり突然帰ってきたり、我儘いっぱいの振る舞いだったが、良寛はその作品をもって誠心誠意、恩義に返礼をしてもいた。それは木村家に残された作品の質と量の素晴しさをみれば誰もが納得するだろう（良寛維宝堂編『木村家伝来　良寛墨宝』二玄社　平成一七＝二〇〇五年刊を参照されたい）。それらはまさに良寛七〇

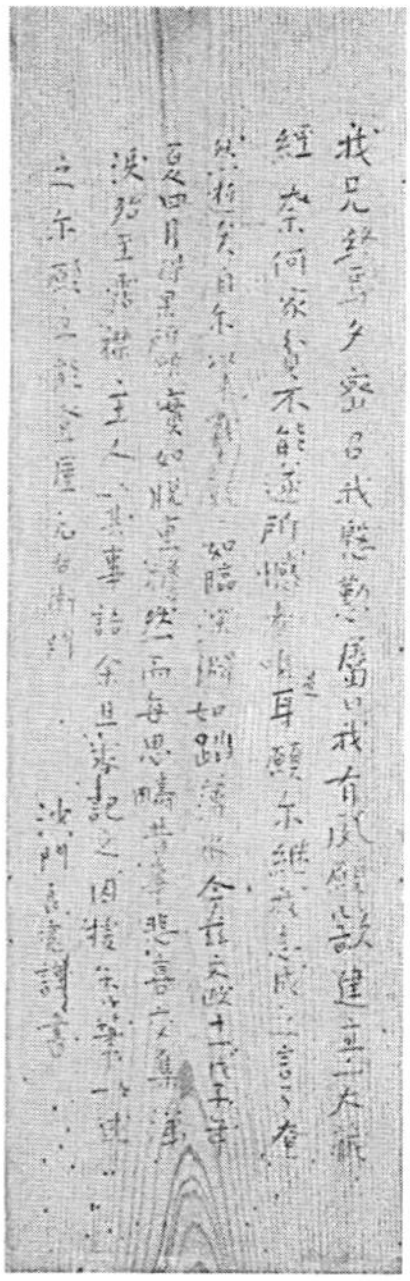

図87　良寛書　一切経寄進札　隆泉寺

余年の芸術的集大成と言える。

相馬御風は『良寛百考』（昭和一〇年三月初版）のなかの「良寛の偽筆」の項で、鈴木牧之（一七七〇―一八四二）の来信に対する元右衛門の返信全文を紹介している（二七三―七五頁）。さらに『良寛を語る』（昭和一六年初版）の「良寛と木村元右衛門」の項（六二―七〇頁）でもこの手紙を引用している。手紙は御風自身が珍蔵するとのこと。木村元右衛門がどういう人物かを知るのに実に適切な資料なので、私もその手紙を引用したい。

鈴木牧之はかの『北越雪譜』（天保八＝一八三七年刊）の著者として有名だが、まだこの頃、稿は完成して久しいけれども出版には至っていなかった。とはいえ、文人として越後では名高い人物。塩沢（現新潟県南魚沼市）在住の豪商で、代々質屋と小千谷縮の仲買人として資産を築いてきた家柄でも有名だった。牧之の手紙は残っていないが、元右衛門の返信内容から推量すると、福島尊衲（福島村閻魔堂の庵主貞心尼）と牧之は文人として既知の仲であり、彼女経由で木村家の良寛保護を知った牧之が、便りを寄せたものと考えられる。その全文を、より正確な覆刻とみられる『良寛を語る』の引用から紹介しよう（ふりがなは筆者がおぎなったもの）。

朶雲《だうん》（お手紙＝筆者注）難有奉拝見候。如尊命未不得尊意候得共、益《ますます》御機嫌絛奉恐悦候。随而被為入御念、遠處種々御恵投被下置、何寄之重寶ありがたく拝受仕候。併御厚志之御儀奉恐入候。今度福島尊衲より萬事御通達之御儀、委細承之奉恐入候。

御懇書拝見仕、年来の知己にも相まし、御ゆかしく奉存候。御行状之御儀委細被仰付、御若年よりの御慎、天にも通じ候哉、御老身御壮健、其上、御家も次第に御繁盛、寔《まこと》に珍重此上もなき事と羨敷奉存候。小子儀は末寺には良寛様ほどの達人はもち候得共、本寺私は一向風雅の名もなく、言葉にもうとく、少もとるところ無御座候。乍去《さりながら》倹の一字を相守り居候得ば、當時は兎も角くらし候。寛師御座候得ば、世間の風聞よく、寔に狐が虎の威をかると申すごとく候。御一笑可被下候。

御頼之寛師御染筆は此間中福島尊衲私宅に御留昨八日御願相成候處、御自畫之讃短冊二枚御染筆下置候。

たんさく壹枚は
○秋ひよりせんはすゝめの羽音哉
乍憚《はばかりながら》、字わかりかね候様に奉存候儘申上候。乍憚、以来良寛様御筆抔と賣物御座候とも、容易に御もとめ被遊間敷候。已に此間中、與板山田様より寒山拾得の讃と、唐紙一枚に私共も知りて居候詩、右二枚良寛様の御染筆と申うりもの御座候得共、相わかり不申候哉と、態々《わざわざ》飛脚を以て御聞合被成處、良寛様御披見、何れもねせもの（ニセモノの訛＝御風注）と被仰遣候間、乍憚此段御推察の上御求可被遊候。

寛上人様儀は、八月上旬御不快（痢病）未本復之（御様子の三字脱？＝御風注）相見へ不申、乍去御歩行抔は御自由に御座候へば、あつかひ人を付置候程之儀には無御座候間、御存命之うちに、春暖にも相成候はゞ、御来駕奉待上候。乍去遠方御来駕被遊候而茂、兼て御存知之通之御方故、一向あいそもなき體に御座候得共、只得貴顔拝候迄にて、御来駕可被遊候。萬々来陽拝顔之節と心緒申残し候のみ。

十二月七日　木村元右衛門

追而申上候、字わかりかね候處は、御賢察御披見願奉上候

塩澤驛
鈴木義三治様　尊答

この元右衛門の丁重な返信を読むと、牧之の手紙は、まず真面目な商人としての自己紹介と良寛への贈物の告知に始まり、同封した自分の絵一点に画賛、短冊一枚に揮毫を依頼し、さらに良寛訪問が可能かどうかを問い合

わせる内容だったと推察できる。御風によれば、この手紙には牧之の手で、「文政十三年十二月七日」と添え書きがあるという（文政は一二月九日までで、一〇日から天保となった。天保元年はわずか二二日しかない）。死の一ヶ月前の状況がわかる貴重な資料である。

元右衛門は、手紙のはじめの部分で、「自分は一向に風雅の名もなく、文才もなく凡庸な存在だが、良寛様がいてくださるので、世間の風聞が大変よくなりました。これはまことに狐が虎の威を借りているような次第で、ご一笑ください」などと謙遜している。良寛を保護したことが、木村家のステータスを大層押し上げたことは紛れもない事実である。それを率直に認める元右衛門は、謙虚な教養人というべきだろう。

中段では、おりから滞在中の貞心尼に依頼して、昨八日（手紙を書いた日付は七日となっているので、昨六日のまちがいか？　御風の翻刻間違いか、元右衛門の勘違いかは原本にあたらなくてはわからない）に画賛一点と短冊一点合計二点をすでに書いてもらったと告げている。

御自画とは牧之が描いた絵のこと。展覧会カタログ『良寛』（一九八〇年　毎日新聞社）によれば、三四・五×五六・六センチある水墨画で、「壮年曽遊佳妙地／老来頻動遍舟興／沙門良寛書（壮年　かつて遊ぶ佳妙の地／老来　しきりに動く遍舟の興）」と画賛してある【図88】。短冊の俳句「秋日和千羽雀の羽音かな」（『定本・三・句集・65』）は、何種類も作例のある良寛お気に入りの句らしい。

図88　鈴木牧之画　良寛賛
壮年曽遊佳妙地
老来頻動遍舟興
沙門良寛書

画賛依頼を良寛にとりついだのは貞心尼と明記されているので、貞心尼は良寛と対等に語り合える教養人として元右衛門から厚い信頼を受け、看病もまかされ、本宅への長期逗留をも許されていたことがわかる。

さらに驚くべき情報として、常に良寛が無償で書いている作品が、こともあろうに高価な商品として流通していることが書かれている。不審な作二点を与板の山田家がわざわざ飛脚で持ち込んだので、本人に見せたところ、「ねせもの（偽物）」と看破したという。生前からもう良寛の書は珍重され、偽物さえ横行し、売買されていたのだった。

最後の一段は良寛の病状の説明。これを読むと、良寛の発病は文政一三年（天保元年）八月上旬で、一二月上旬にはまだ歩行も、画賛も可能な状態だったとわかる。「御存命のうちに、春暖かになりましたならば、御来駕をお待ち申し上げます」と書かれているが、翌年（天保二年）一月六日に良寛は亡くなり、牧之の来訪は叶わなかった。

いずれにせよ木村家の保護なしには良寛が芸術的完成に達することは困難だった。木村元右衛門家の行為は偉業であり、作品を散逸させず、今日まで護持しているのも希有なこと。国家的な保護援助が今は急務と思う。

充実の作品群（1）装飾料紙に書かれた作品「遠也萬堂能」

木村家滞在中の作品は質量ともに素晴らしく、とても取り上げ切れるものではない。ここでは島崎期に到達した新境地と思える作のみを、選んで述べることとしたい。

第一にあげたいのは、模様と色彩のある料紙に詩歌を書くという試み。この実験はすでに乙子神社脇草庵時代の「紅葉和歌」から始まっていたことは第10章の終わりに述べたが、島崎時代にもこの試みは阿部定珍宅で継続された。良寛が能登屋に移ったのは文政九年（一八二六）の一〇月初めと推定されているが、翌春には春の暖かい風に誘われるように、寺泊の照明寺密蔵院にでかけ、またそこから定珍宅を訪れ長逗留をするという気ままな暮らしぶりだったらしい。阿部家で美しい料紙が制作され、そこに定珍と良寛が交互に和歌と漢詩を書くという試みがなされたのは、文政一〇年の春か、次の春かはっきりしないが、島崎期の前半であることは確実とみなされている。

ところで、この装飾料紙がどのような技法によって制作されたかについて、納得のいく説明のなされた解説を私はみたことがない。いずれのカタログでも「木版、藍刷り」と書かれている。しかし平らな木版にしては刷りが均質でないし、形態が複雑多様であり、どの形態も違っているので、版木に彫ったものとは思えない。これも紅葉の料紙と同様に、小型の笹のような植物を押し花にして乾燥させ、平らにつぶした片面に顔料を塗り、紙面に置き、その上に別紙をあて、バレンで刷りだしたものではないか。数枚しか制作しない料紙にかくも複雑な形態の版を作ることはないと思う。紅葉料紙同様に自分たちで遊びながら作ったか、あるいは出入りの経師屋にやらせたかもしれないが、その模様の配置のバランス感覚は絶妙なので、良寛の指示のもとに制作された料紙と考えたい。そしてこの書作品に色彩を添えるという発想は、万葉集版本に朱墨で注釈を入れる仕事が、内容のみならず、視覚的にも魅力的だったところからきたのではないかと推測される。

阿部家横巻七巻中の圧巻は、定珍と良寛がそれぞれ和歌と漢詩を異なる書体で書いて一巻に仕立てた第二巻、なかでも「遠也萬堂能」の和歌と「間庭百花發」の漢詩を並べた部分である。定珍書の和歌と漢詩の一対【図89】、ついで良寛の一対【図90】をみよう。

図89　定珍の和歌と五言絶句　　阿部家

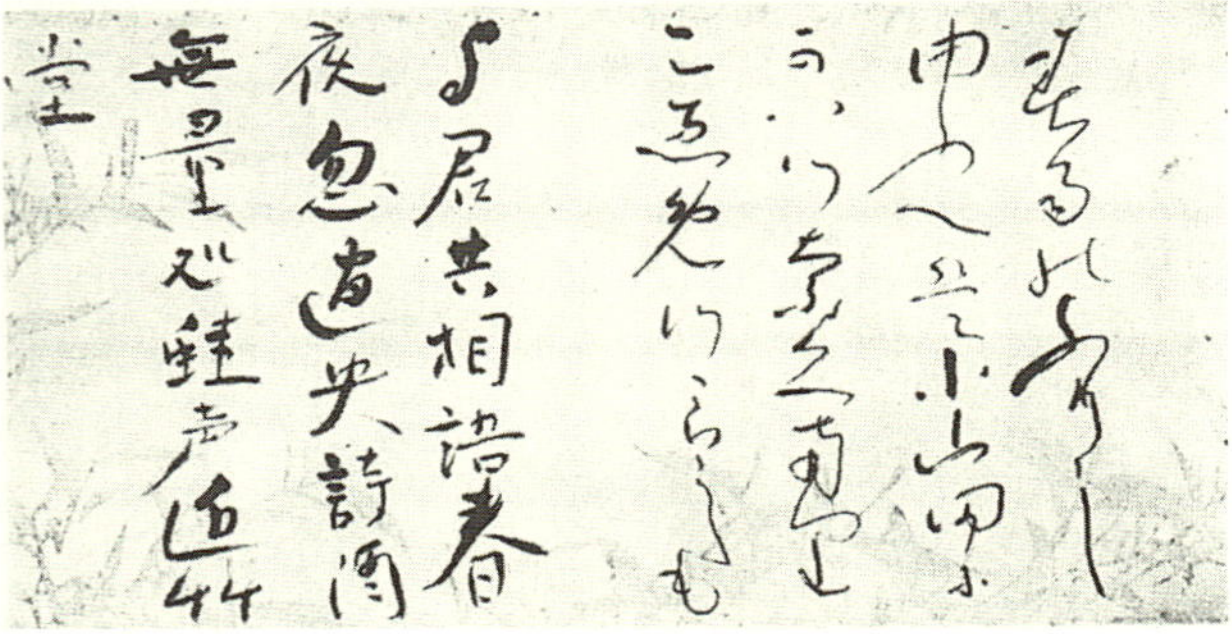

和歌

春雨能ふ利し／由ふべ盤／小山田尓／可ハ川奈久南里／こゑ免川良之も

（春雨の降りし夕べは小山田に蛙鳴くなり声めずらしも）

絶句

与君共相語春／夜忽過央詩酒／無量処蛙声近艸／堂

（君と共に相語り／春夜忽ち央ばを過ぐ／詩酒無量の処／蛙声艸堂に近し）

図90　良寛の和歌と五言絶句　　阿部家

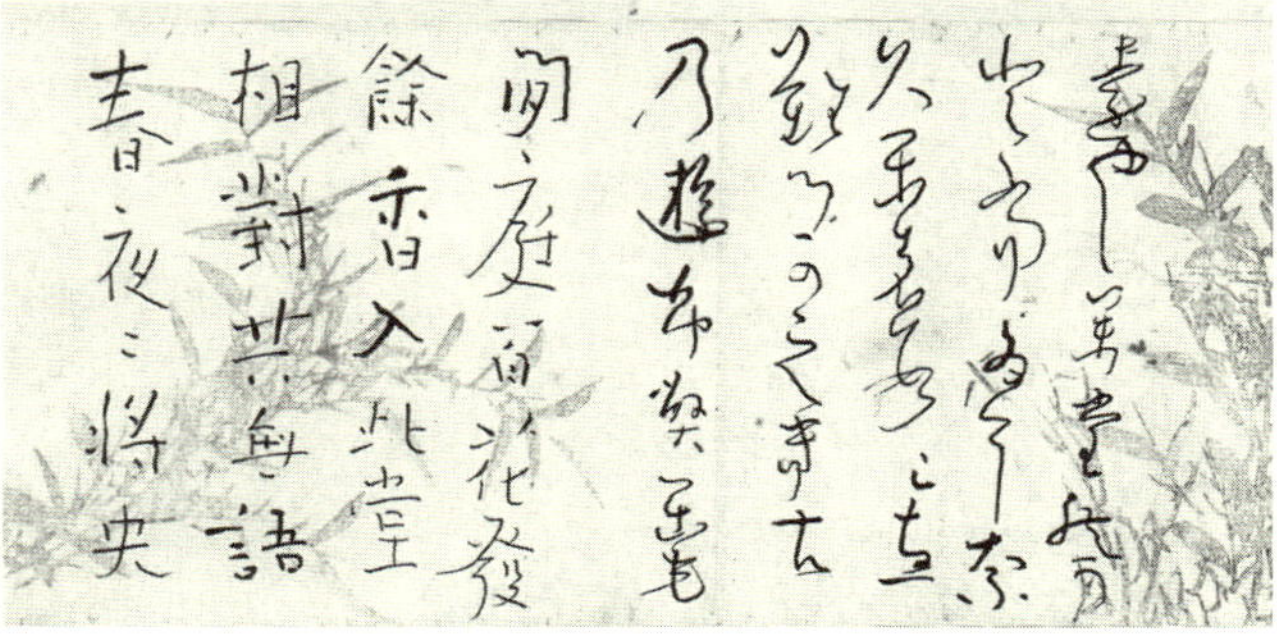

和歌

遠也萬堂能可／登當（能＝1字脱）々為耳奈／久閑者数こ恵／難川可之幾古／乃遊布幣閑毛

（小山田の門田の田居に鳴く蛙　声なつかしきこの夕かも）

絶句

閒庭百花發／餘香入此堂／相對共無語／春夜々将央

（閒庭百花発き／餘香此の堂に入る／相対して共に語る無く／春夜夜将に央ばならんとす）

〈定珍の和歌と五言絶句〉

春雨《はるさめ》能《の》ふ利《り》し／由《ゆ》ふべ盤《は》／小山田《をやまた》尓《に》／可《か》ハ川《つ》奈《な》久《く》南《な》里《り》／こゑ免《め》川《つ》良《ら》之《し》も

（春雨の降りし夕べは小山田に蛙鳴くなり声めずらしも）　（『定本・二・222』）

与君共相語／春夜忽過央／詩酒無量処／蛙声近艸堂

（君《きみ》と共《とも》に相語《あいかた》り／春夜《しゅんや》忽《たちま》ち央《なか》ばを過《す》ぐ／詩酒《ししゅ》無量《むりょう》の処《ところ》／蛙声《あせい》艸堂《そうどう》に近《ちか》し）　（『定本・一・605』）

〈良寛の和歌と五言絶句〉

遠《を》也《や》萬《ま》堂《た》能《の》／可《か》登《と》當《た》（能《の》＝脱字）々《た》為《い》耳《に》／奈《な》久《く》閑《か》者《は》数《ず》／こ恵《え》難《な》川《つ》可《か》之《し》幾《き》／古《こ》乃《の》遊《ゆ》布《ふ》幣《へ》閑《か》毛《も》

（小山田《をやまだ》の門田の田居《たい》に鳴く蛙《かはず》声なつかしきこの夕《ゆふべ》かも）　（『定本・二・222』）

閒庭百花發／餘香入此堂／相對共無語／春夜々将央

（閒庭《かんてい》　百花《ひやくか》発《ひら》き／餘香《よこう》　此の堂《どう》に入《い》る／相対《あいたい》して共《とも》に語《かた》る無《な》く／春夜《しゅんや》　夜将《よるまさ》に央《なか》ばならんとす）

（『定本・一・605』『文庫・二〇〇頁』）

定珍の詩歌は、春雨の降る夜、蛙の声を聴きながら二人で酒を酌み交わし、詩想をめぐらすうちに春夜はたちまち更けていったと詠う。良寛の歌と詩は、蛙の声に聴き入りつつ、いっせいに花開いた庭の色彩と香にも注目する。二人は五感のすべてを動員して春を満喫する。両者の作に難解なところはなく、春のけだるく甘美な気分が実に見事に表現されている。場所は阿部家の離れらしい。小山田の「お」は接頭語。「小山田の門田」で「ちょっとした山間にある家の近くの田」くらいの意か。現在阿部家は信濃川分水の寺泊側にあるが、運河のなかった江戸時代には渡部橋の中ほどよりもっと国上山寄りにあり、現在より山麓が近かったという。両者の作を比べると、定珍作の空間、時間は漠然としているが、良寛歌の「声なつかしき」には、「ああ今年また蛙の鳴きだす春になったなあ」という明瞭な時間認識が感じられ、訴える力が強い。詩においても、百花薫る庭に面する草堂で、無言で対峙する文人二人という空間的構図と、更け行く時間性を交差させて見事。しかし和歌と漢詩の両方で良寛に唱和できる定珍も並の人ではない。

定珍の和歌は漢字、ひらがな、草仮名の混交草書体、漢詩は行書体だが、良寛の和歌は草仮名に徹し、漢詩は楷書体だ。書の見本帳的横巻の仕立は実に変化に富む。『良寛遺墨展』(平成一七年)カタログ解説者松矢国憲は「良寛の書のなかでも代表的遺墨。後半部で点画が交わらず離して書いている楷書は、含みを持った特徴的な良寛の楷書である」と説明しているが、確かに微妙に点画の間にあいた隙間は、独創的軽やかさの根源かもしれない。

充実の作品群 (2) 髑髏の絵のある書シリーズ

良寛は絵も描いた。当然とも言えよう。文人は書詩画一致を理想とする。中国明代高級官僚の文人董其昌は、書詩画がひとりの手によって総合的に生み出されることを理想とした。さらに、彼は画の技術的洗練へのこだわりを職人的方便として軽蔑し、技法にこだわらない、気韻――高い精神性――が生動している作をよしとした。また彼は「万巻の書を読まず、万里の路を行かずして、画祖とならんと欲するも得べけんや」と言っていたというから、気韻、つまり生まれつきの精神性は万巻の書を読み、長い旅をすることにより鍛えられ、高められて作品に生動するとも考えていたようだ。また彼の画論は「尚南貶北論《しょうなんへんぽく》」と言われる。北宋画の精緻な技法を誇る絵を、売らんかなの職人気質の作とおとしめ、南宋文人の気韻を第一義とする単純素朴で素人っぽい絵を、精神性が高いと誉めるのだ。確かに、芸術的精神性は売ることを期待すると損なわれる危険がある。文人画は職人画のように売ることを目的とせず、ただ溢れ来る自己の内面を吐露するがゆえに高貴なのだという董其昌の主張には、まさにファインアート、純粋芸術の理想の極みがある。

無論それは建前であって、中国でも日本でも作品を売らなかった文人はいないかもしれない。しかし理想の芸術家のあり方は、文人思想にある。優れた思想家詩人書家でありながら、けして作品を売らず、乞食生活に徹した良寛は、もうそれだけで世界に希有な理想の文人といえるが、晩年には書に絵を添えることもあって、ますます文人の格を高めた。良寛の字はもともと造形的空間のセンスの良さがその個性を生んでいる。きっと画家修業をしたら大成する能力があったに違いない。しかし、絵の修業には、おそらく書以上にお金と時間がかかるから、簡単に実行はできない。晩年、木村家に庇護され、制作にゆとりが持てた頃から、何点かの作品で、簡略ながら詩書画一致の境地が試みられている。ここではその代表的作例として、「髑髏自画賛」【図91】をまずとりあげてみよう。

凡従縁生者縁尽滅／此縁従何生／又自前縁生／第一最初縁従何生／至此言語道断　心行処滅／吾持此語東家婆／東家婆不説／語西家翁／西家翁嚬眉去／試題胡餅与狗子／狗子也不喫／謂是（不）《衍字》不祥語／縁与何　生与滅／丸為一合相／与野辺髑髏／髑髏々忽然起来／為我歌且舞／歌長三世引／舞妙三界姿／三界三世三弄了／月落長安半夜鐘／釈良寛書

凡《すべ》て縁《えん》従《よ》り生《しょう》ずる者《もの》は　縁《えん》尽《つ》くれば滅《めつ》す／此《こ》の縁《えん》　何《なに》従《よ》り生《しょう》ずるや／又《ま》た前縁《ぜんえん》自《よ》り生《しょう》ず／第一最初《だいいちさいしょ》の縁《えん》は何《なに》

従《よ》り生《しよう》ずるや／此《ここ》に至《いた》りて言語道断《ごんごどうだん》　心行滅《しんぎようめつ》する処《ところ》／吾此《われこ》れを持《も》つて東家《とうか》の婆《ば》に語《かた》る／東家《とうか》の婆《ば》　説《よろこ》ばず／西家《さいか》の翁《おう》に語《かた》る／西家《さいか》の翁《おう》　眉《まゆ》を嚬《ひそ》めて去《さ》る／試《こころ》みに胡餅《こべい》に題《だい》し狗子《くし》に与《あた》ふ／狗子《くし》も也《ま》た喫《くら》はず／謂《おも》ふ是《こ》れ不祥《ふしよう》の語《ご》なりと／縁《えん》と何《なに》と　生《しよう》と滅《めつ》と／丸《まる》めて一合相《いちごうそう》となし／野辺《のべ》の髑髏《どくろ》に与《あた》ふ／髑髏《どくろ》々々　忽然《こつぜん》として起《お》き来《き》たり／我《わ》が為《ため》に歌《うた》ひ且《か》つ舞《ま》ふ／歌《うた》は長《なが》し　三世《さんぜ》の引《いん》／舞《まい》は妙《たえ》なり　三界《さんがい》の姿《すがた》／三界三世《さんがいさんぜ》三弄《さんろう》し了《おわ》り／月落《つきお》ち長安半夜《ちようあんはんや》の鐘《かね》／釈《しやく》　良寛《りようかん》書《しよ》

（『定本・一・770』内山知也訓読、一部は『墨美 no. 216・六頁』の原田勘平訓読による）

すべての存在は前世の縁から生じ、縁が尽きれば滅びる／ではこの縁はいったい何から生じるというのか／それはまた前の縁から生じるというなら／もっと前の第一最初の縁は何から生じるというのか／ここまで考えるともう言葉で説明も出来なければ心に考えることも出来なくなった／そこで私はこの難題を東隣りの婆さんに話してみた／東隣りの婆さんは喜ばない／西隣りの爺さんに話してみた／西隣りの爺さんは眉をひそめて行ってしまった／ためしにこの難題を餅に書いて、犬にやってみた／やはり犬もまた食おうとしない／そうか、この難題は縁起の悪い言葉なのだな／そこで縁と縁を生む何かと、生と滅とを／一つに丸めて野辺の髑髏にやってみた／すると髑髏よ、髑髏は突然立ち上がり／私のために歌い、かつ踊ってくれた／その歌は長く、過去現在未来の時空に響き渡った／その舞は絶妙で、欲界、色界、無明界のありとあらゆる姿を写し尽した／髑髏の歌舞が三界三世を三度嘲弄し終ると／月は落ち、長安の都に真夜中を告げる鐘が響くのだった

絵は軽やかな線でなかば抽象的に描かれた横向きの髑髏。賛の詩は、深遠な哲学的な詩でありながらどこかユーモラスだ。最初の物質はどこから来たの？　宇宙はビッグ・バンから始まったと言うけど、その前の宇宙はどうなっていたの？　などと現代物理学者に聞いてはいけない。答えられないから。同じように、仏教者にもきい

凡従縁生者縁尽滅／此縁従何生／又自前縁生／第一最初縁従何生／至此言語道断　心行処滅／吾持此語東家婆／東家婆不説／語西家翁／西家翁嚬眉去／試題胡餅与狗子／狗子也不喫／謂是（不）《衍字》不祥語／縁与何　生与滅／丸為一合相／与野辺髑髏／髑髏々忽然起来／為我歌且舞／歌長三世引／舞妙三界姿／三界三世弄了／月落長安半夜鐘／

釈　良寛書

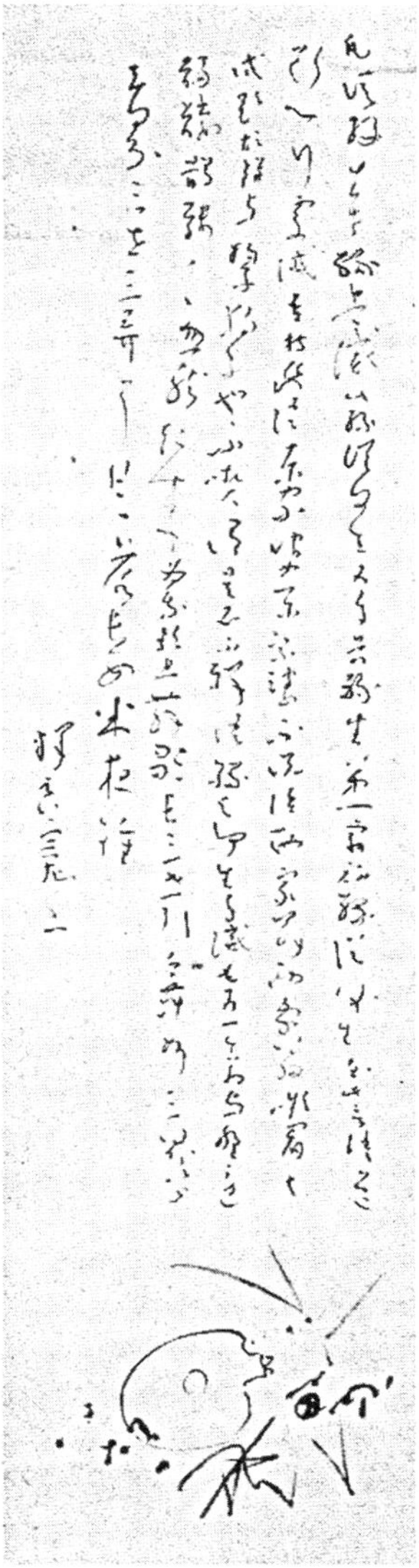

図91　髑髏自画賛　木村家

てはいけないことがあるらしい。仏教的世界観はまずこの世の存在は何かの縁により生じ、縁が尽きれば滅びると定義する。良寛はそこに疑問を感じる。ではその縁は何によって生じるのか、と。縁はそのまた前世の縁によって生じると仏教的世界観は答える。この答に良寛は満足しない。ではその前の前の――第一の、世界で最初の縁は何から生じるの？　これはビッグ・バンと同じ難問だ。この難問を書いた餅は犬も喰わない。これは犬も喰わぬほど縁起の悪い質問なのだと悟った良寛は、今度はその難題を書いた餅を丸めて一個の団子にして道端に転がっていた髑髏に投げ与えてみた。

　ここから良寛詩の独創的映像世界が始まる。良寛の絵には草叢に打ち捨てられた一個の髑髏しかないが、詩の世界では全身の骨格を備えた完璧な骸骨がむっくり立ち上がる。縁の最初は何？　生とは？　滅とは？　そんな答えようもない難問団子をぶつけられて突然蘇った骸骨は、カタカタと骨を踏み鳴らしながら歌い舞い踊る。どんな歌？　どんな舞？　この骸骨踊りは越後の片田舎から突然大陸世界に転移する。三界三世を愚弄するかの骸骨踊りが三度繰り返されて終わるころ、所は唐の都長安、月も沈む深夜、夜半を告げる鐘が響く。あたりは暗闇、難問を発した良寛も骸骨も忽然と消えてしまう。諸行無常の世界の中で、確かなことはただひとつ、万物に訪れる死のみと良寛は言いたいらしい。

この髑髏自画賛は二〇・八×二八・六センチと縦長のかなり大型作だが、似たような大きさで、賛と絵が少しずつ違う数種の作が『良寛墨蹟大観』（一九九三年　中央公論美術出版社）には収録されている。次に似たような大きさで、賛が草仮名の俳句の作【図92】をみてみよう。

幾天波宇地／由幾轉波當々久／與毛春閑羅／沙門良寛書（きてはうち／ゆきてはたたく／よもすがら／しゃもんりょうかんしょ）

（『定本・三・108』）

絵は先の髑髏より一層簡略で向きは反対、ともに草叢のなかに打ち捨てられた髑髏だ。はっきり見えている眼窩は一個しかないから、これも横向きか。賛は一応俳句とみなされるが、季語はない。『定本・三』の「句集」

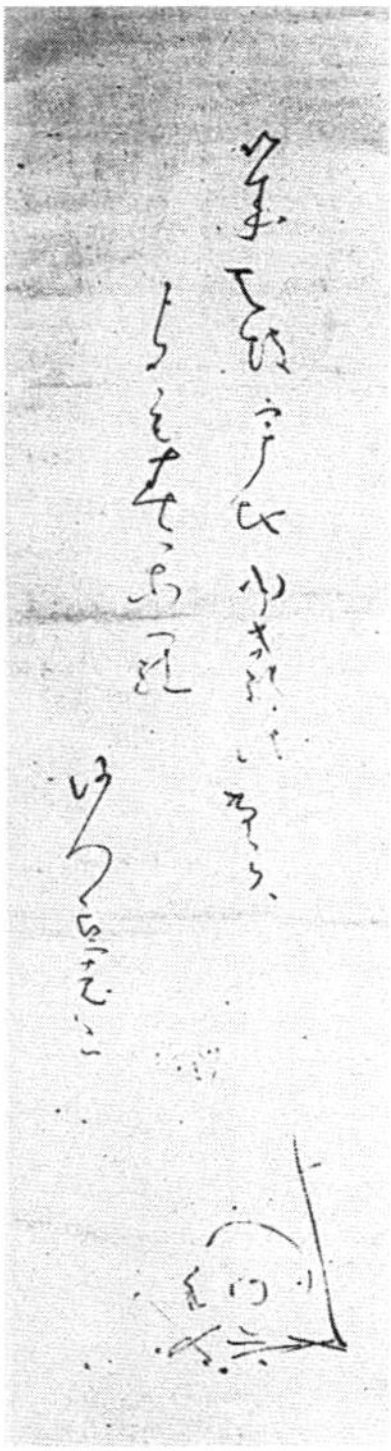

図92　髑髏画賛
幾天波宇地／由幾轉波當々久／與毛春閑羅／沙門良寛書
（きてはうち／ゆきてはたたく／よもすがら／しゃもんりょうかん　しょ）

の無季の項の最後（108）に「来ては打ち行きては叩く夜もすがら」という表記で収録されている。しかし解説の『正法眼蔵』の逸話による解釈「荒れ野に、雨や風にさらされている髑髏が一つある。鬼神が来て杖でたたいた。通り過ぎて戻り、また杖でたたいた。このようにして、一晩中たたいてやめなかった」は深読みしすぎではないか。私は「たたく」主体は風雨と考えたい。行き倒れた旅人の亡骸は、夜通し行ったり来たりする風雨に叩かれて幾星霜を過ごすうちに、純白の髑髏となった。そしてこの賛は芭蕉の『野ざらし紀行』の冒頭の句「野ざらしを心に風のしむ身かな」を前提にして鑑賞するなら一層意味深い。旅に行倒れ、野ざらし、つまり髑髏となるのも覚悟で芭蕉は旅に出た。人生という旅の終りに近い良寛も、同じ心で死を見つめている。

　またこの賛の草仮名の字の選択の適切さは魅力的だ。私がリストアップしてみた「秋萩帖」の草仮名リストによると、「き」の音には「幾」「起」、「て」の音には「轉」「天」、「は」の音には「破」「者」「波」、「う」の音には「有」「雲」「宇」、「ち」には「知」「地」、「ゆ」の音には「遊」「由」、「た」の音には「多」「堂」「當」という選択肢がある。もし良寛が「幾天波宇地」を「起轉者有知」などと書いていたら興ざめではないだろうか。「天、波、地」の漢字は草仮名の機能では、「て、は、ち」という音韻を表すにすぎないが、漢字の造形的意味喚起機能は、読

図93　髑髏自画賛
貴賤老少／惟自知
（貴賤老少／ただ自ずから知れ）
良寛書
東京国立博物館

む人の心におのずと、生の死体が白骨と化すまでに流れる自然の悠久の時をイメージさせる効果を持つ。「當々久」なども無数の雨粒が繰り返し髑髏を打つ感じにぴったりだ。「多々久」や「堂々久」では感じがでない。
また、東京国立博物館が所蔵する横型の作もよく知られている【図93】。その賛には、

貴賤老少／惟自知（貴賤老少《きせんろうしょう》／ただ自ずから知れ）

とある。「現世で身分の高い人も低い人も、老人も若者も、結局は公平に死ぬのだよ。自覚した方がいいね」くらいの意味か。良寛の描く髑髏はすこしも写実的ではなく、ほとんど記号と化しているが、それでも髑髏とわかる。しかも不気味ではなく、みな愛嬌がある。笑っているかの髑髏自画賛もある。

吾笑髑髏／髑髏笑我／咦／秋風曠野／雨颯颯（吾《われ》 髑髏《どくろ》を笑へば／髑髏 我を笑ふ／咦《ああ》／秋風《しゅうふう》の曠野《こうや》に／雨颯颯《あめさつさつ》たり）

（『定本・一・771』）

良寛は髑髏が好きらしい。秋風が吹いて、雨もぱらつく荒野に打ち捨てられた髑髏を見つけた良寛は、その髑髏に笑いかける。すると髑髏もにっこり笑いを返してくれた、という。この笑いはけして滑稽や軽蔑の笑いではない。死のみが、虚無のみが絶対の真理と知る者同士の、親密な笑いであると私は感じる【図94】。
良寛の髑髏自画賛でもう一点知られるのは、「計布己處可幾都礼（けふこそかきつれ）良寛」という賛のある「髑髏図」【図95-1】だ。草叢に打ち捨てられた髑髏は、正面に近いななめから描かれていて、ふたつの眼窩と二本の前歯がある。そのせいか、他の髑髏図より少し生々しい。多分前々から髑髏の絵を描いてください、と誰かに頼まれていて描けなかったのを「今日こそは描いてやったゼ！」と言っているのだろう。この髑髏図には賛の

図94　髑髏自画賛
吾笑髑髏／髑髏笑我／咦／秋風曠野／雨颯颯
（吾《われ》　髑髏《どくろ》を笑へば／髑髏　我を笑ふ／咦《ああ》／秋風《しゅうふう》の曠野《こうや》に／雨颯颯《あめさつさつ》たり）
（『良寛墨蹟大観』より転写）

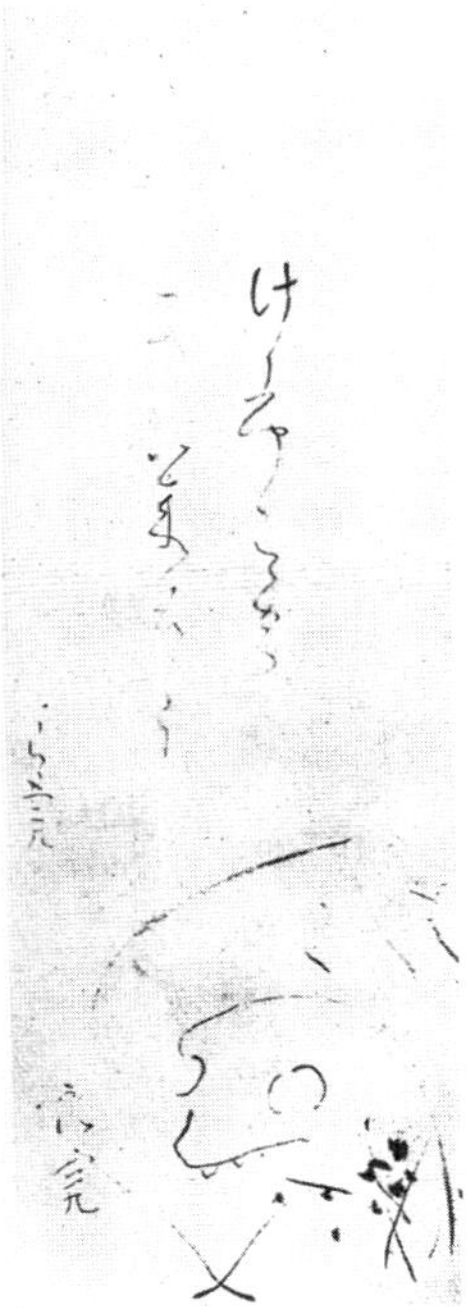

図95-1　髑髏図
計布己處可幾都礼
（けふこそかきつれ　りょうかん）
（『良寛墨蹟大観』より転写）

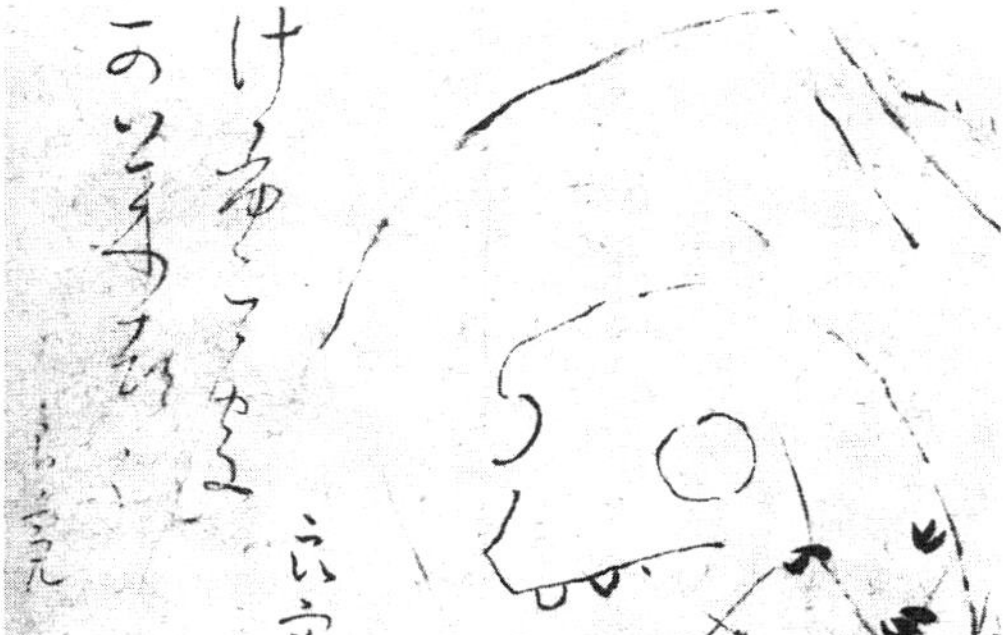

図95-2　髑髏図
（武者小路実篤著『私の美術遍歴』から転写）

署名の外にもう一つ絵そのものにつけたような署名がある。多分良寛は絵をまず描き、署名入りの賛も書き終えてから画面全体を眺め、空間に締まりがないと感じて、髑髏わきに「良寛」と再度署名したのではないか。ここに何かないと間が抜ける。比較的濃い墨色で大きく書かれた署名は、画面全体の要に位置して全体を引き締めている。署名を通常しないゴッホも、構成上ちょっとこの辺に何かアクセントが欲しいというときに、よく署名を利用した。この一事をみても、良寛の空間感覚は美術家のそれと変わらないということがわかる。なお、これと図像・賛ともに同一で横型の小品が、武者小路実篤記念館に所蔵されている【図95-2】。

ところで、これらの髑髏図は必ずしも良寛の独創ではない。西洋美術には骸骨または髑髏によって死を表現する作例は多い。骸骨の踊りは西洋では「死の舞踏（dance macabre)」とよばれ、中世以来、ペストなどが流行するたびにくり返し描かれた。ここでは一五世紀末ドイツの画家ミヒャエル・ヴォルゲムートの版画〈死の舞踏〉【図96】を挙げておこう。死を思え（メメント・モリ memento mori）というラテン語の警句を主題とした髑髏を含む静物画は、一七世紀からセザンヌやピカソに至るまで実に多い。

ところが、メメント・モリ的絵画は日本にも沢山あるのだった。具体的にそれを知ったのは、平成一二年のことだから今から一四年も前（これを書いているのは平成二六年二月三日）になる。国立西洋美術館で同年一一月から〈死の舞踏―中世末期から現代まで〉という企画展が開かれるのに合わせて、鹿島美術財団が「東西美術における死のイメージ」という講演会を企画した。

図96　ミヒャエル・ヴォルゲムート《死の舞踏》
1493年　木版

この講演会でとりわけ私が興味を持ったのは、臨済宗の高僧一休宗純（一三九四―一四八一）の著書『骸骨』を紹介した日本美術史家有賀祥隆氏の発表だった。

私は驚いて講演会終了後に氏をつかまえ、教えを請うた。氏は数日後に一休の『骸骨』について、必要充分な資料を送ってくださった。氏のご教示によれば、日本美術史に現れる「ドクロが踊っている図像」の最古例は一休宗純の『一休がいこ都《っ》』であるという。自筆本はもとより、自筆本をもとに、康正三年（一四五七）に上木された最初の刊本も伝世していないが、この康正三年本を天文年間（一五三二―五四）にさらに覆刻した本が伝世し、龍谷大学が大正一三年にこの本を影印本（写真製版本）にして出版した。氏はこの龍谷大学影印本の全コピーをはじめ、『一休可笑記』『一休禅師骸骨草紙伊呂波歌』などのコピーを送ってくださったのである。なんとその資料を活用するのに一四年もかかったとは、まことに申し訳ないことだが、今改めて資料をひも解いてみて、良寛は曹洞宗であるにもかかわらず、臨済宗の一休の著書をよく読んでいたに違いないと確信した。

早稲田大学図書館の古典籍データベース公開情報によれば、同館にはこの著書の初版（康正三年本）も天文年間本もないが、元禄五年（一六九二）に大阪の松壽堂と土佐屋喜兵衛が出した復刻版が二冊（同じ本で、一冊は坪内逍遥旧蔵）あり、さらに出版年、版元ともに不明の江戸期の復刻版が他に二種あった。つまり一休著『骸骨』は、一七世紀末には少なくとも三回も復刻版が出るほどのベストセラー的出版物だったということか。草仮名交じりの一休の筆跡をかなり忠実に彫りだしたものらしい古典籍は、とてもそのままでは私など読むことの出来ない代物なのだが、有賀氏は用意周到に明治期に森大狂が読み下した活字本『一休和尚全集』の「骸骨」の部分のコピーをも添えてくださっていた。それゆえ、一修行僧が旅に出て日暮れにとある寺にたどり着き、その奥の墓地にある骸骨堂を一夜の宿にするが、眠れないので堂の裏にいってみると、骸骨が沢山群れていて、僧に生のはかなさを歌にして踊り聞かせてくれた、という物語の脈絡を容易につかむことが出来た。

そのうえ、東京国立博物館所蔵髑髏図【図93】の賛「貴賤老少／惟自知（貴賤老少／ただ自ずから知れ）」の原本と思われる文を森大狂の活字本中に発見し、私はおおいに喜んだ。「――そもそもいつれの時か夢のうちにあらさる、いつれの人か骸骨にあらさるべし。（中略）貴きも賤きも、老いたるも、わかきも、更にかはりなし。ただ一大事因縁を悟るときは、不生不滅の理を知るなり」（傍線筆者）とある。そのくだりはなぜか龍谷大学の影印本には欠落しているが、早稲田大学の元禄五年本の七頁目八―一〇行にはあった【図97】。草仮名の通俗化した変体仮名混じりなのでいたって読みにくいが、「多布と起もいやしきもおひ多る毛王可き毛さらに／可王利なし堂ゝ一大事ゐんゑんをさとるときハ／ふしやうふめつ乃こと王りを志るなり」と読める。この文のあとに骸骨が沢山現れて踊ったり歌ったり、はかない日常を演じる絵が続く。

元禄五年本を始めとする江戸期の復刻版の絵は、天文年間本のレイアウトを上下二段につめて絵の頁数を減らしているし、より描写性に重点をおいているので、多分一休の原画とは程遠いものになっているだろう。しかし良寛は『一休骸骨』版本を必ずみているに違いない。そしてその要諦をじつに簡潔な一個の髑髏と「貴賤老少／惟自知」の漢文賛に表現した。これは有賀氏の親切によりはじめて気づいたことなので、学恩に深く感謝を記しておきたい。しかし良寛の描く髑髏も賛も『一休骸骨』刊本よりはるかに上品で美しい。線は恐ろしいまでに人格を表すとあらためて実感した。

充実の作品群（3）自画像のある書

良寛は、自画像を好んで描いた。ここでは二点をとりあげよう。まず一二〇×五六センチという大幅の「自画賛像」【図98】。この絵が、良寛自身の手になる証拠はどこにもないのだが、書と絵の絶妙のバランスと呼応関係は、詩書画一致の文人芸術の極致に思われる。私はこの絵を良寛の自画像と断言することに何の躊躇も感じない。

紙面上半分に「四月朱明節」に始まる五言一二句からなる古詩を、下半分の右側よりに僧衣をまとった自分の全身【図99】を描いている。顔は真横、からだ全体はやや斜め前方の視点からとらえている。まず、この進行方向に多くの余白を置いたこと、顔と体幹の描き方で視点を移動させたことで、空間は絶妙の運動感を得た。右手には竹の杖、左手には摘んだ野の花を持って、嬉しくてたまらないような笑みを浮かべた表情で、前方へと進んでいく。小脇に抱えた杖が、先端と体の後ろに見える後方とでつながらないのもまるでセザンヌの絵のようでおもしろい。セザンヌのテーブルの線は花瓶の後ろで必ずずれているが、そのずれはいつも観る人を、空間についての思索に誘う仕掛となる。良寛の竹杖の不連続も、同じ効果を生んでいる。もちろん、意図的ではないが。

顔の得意の表情は、初夏の花咲く野原を散歩する嬉しさから来ていることは当然だが、それに加えて摘んだ野草が貴重な珍種だったこともあるのではないか。そう思わせるほどに、手に持った花の描

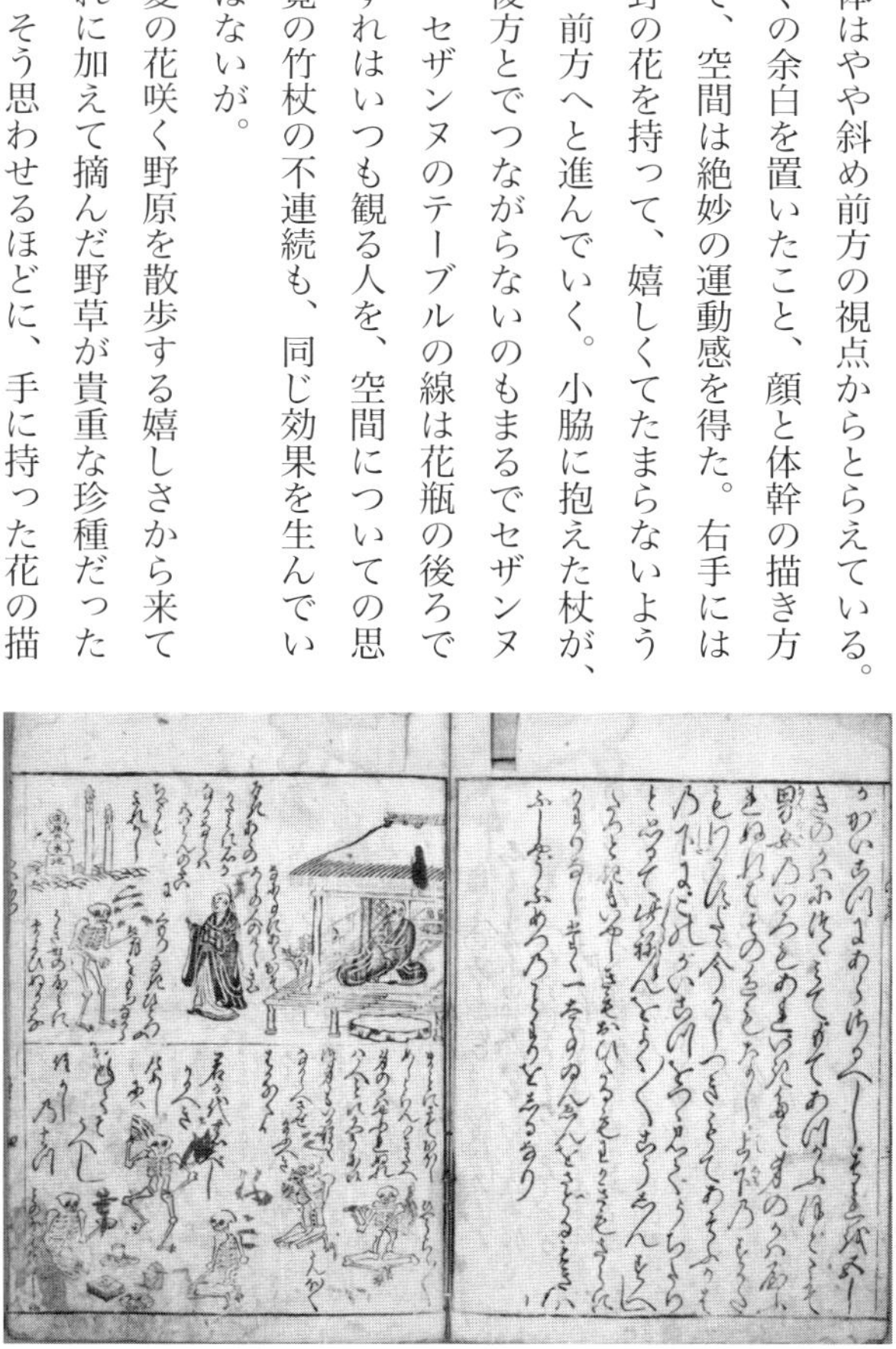

右頁　8—10行
多布と起もいやしきもおひ多る毛王可き毛さらに
（貴きも賤しきも老いたるも若きもさらに）
可王利なし堂ゝ一大事ゐんゑんをさとるときハ
（変わりなし　ただ一大事因縁を悟るときは）
ふしやうふめつ乃こと王りを志るなり
（不生不滅のことわりを知るなり）

図97 『一休骸骨』 元禄５年　大阪　松壽堂・萬屋彦太郎版

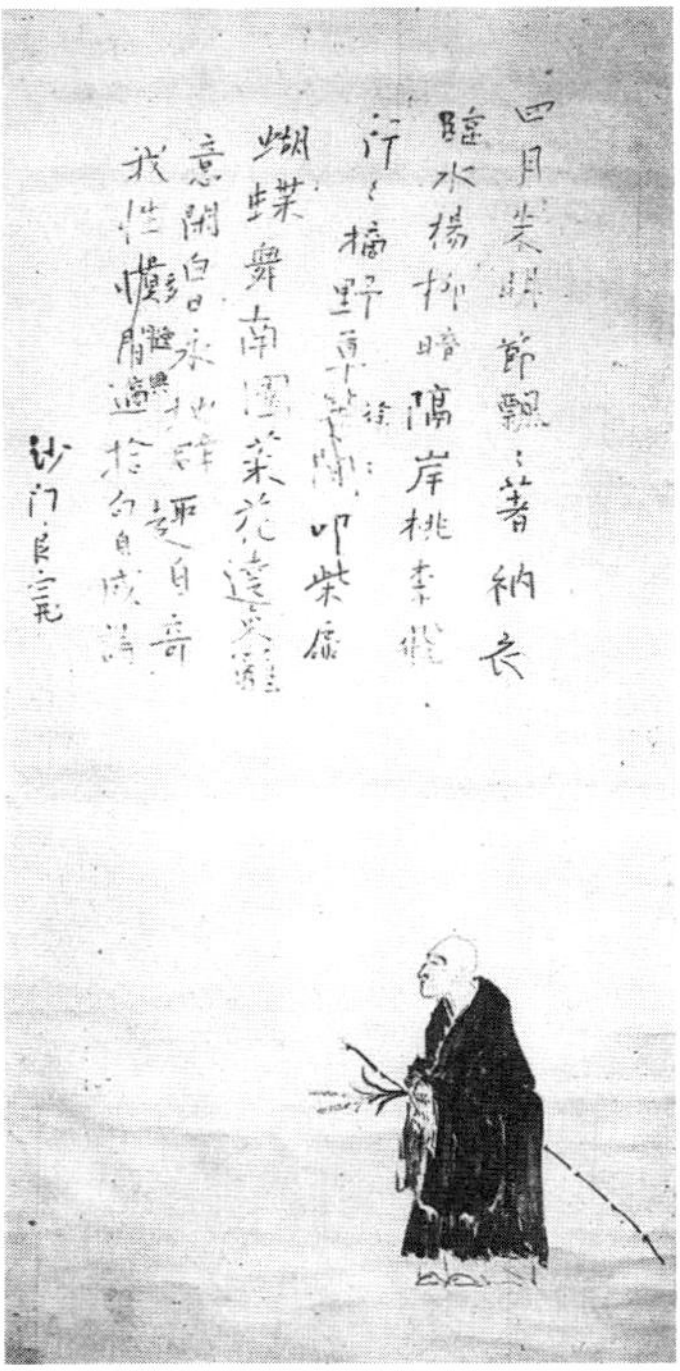

図98　自画賛像「四月朱明節」

図99　自画像部分拡大

四月朱明節飄々著衲衣
臨水楊柳暗隔岸桃李飛
行々摘野草等間《徐々》叩柴扉
胡蝶舞南園菜花遶東籬
意閑白日永地辟趣自奇
我性慣間適《多逸興》拾句自成詩

沙門良寛

図100　金蘭

写が克明正確だ。根元から二本に分かれた花序に、上向きの小花が沢山互生しており、葉はやや幅広で先が尖り、これも互生している。四月朱明の節とは現代暦の五月から六月にあたる。これだけの条件から、私は良寛が摘んだ野草は山野草中の王者「金蘭」【図100】ではないかと推量した。形からすると銀欄の方に近いかもしれないが、大きさからすると金蘭だ。色彩がないので黄か白かわからない。えびねの可能性もあるかもしれないが。いずれにしても良寛が手にしている野草は蘭科植物に違いないと思う。私は伊豆の山麓に住むようになって九年になるが、金蘭の生えているところを三ヶ所ほど発見した。群生することがなく、木陰にひっそりと一株だけ咲いているが、その鮮やかな黄色は、その気になって探せば、遠くからでも目に飛び込んでくる。トチノキなど特定の樹木の根から栄養をもらう共生関係にあるそうで、人工栽培不可能の絶滅危惧種ゆえ、今日では採取は憚られる貴重な花だ。江戸時代だってそう簡単に見つかる野草ではなかっただろうから、採取に成功した良寛は鼻高々なのだ。

良寛はときに栽培を試みるほど山野草が大好きだった。ゆり根をもらった礼状に、「さすたけの　きみが給ひし　さゆりねを　植ゑてさへみし　いや珍らしみ」という歌を添えたこともある（『定本・三・書簡・118』）。「やしやびしやく」（良寛の記述では「やしやびしや」。大木の幹のくぼみに溜まった腐葉土などに着生するユキノシタ科の落葉小低木）の苗をもらい、庵の前の大木のまたに植えたらついたという手紙（『定本・三・書簡・189』）もある。やしゃびしゃくは今日では山野草の盆栽にも扱われる珍種植物だ。また「あかざの種」をもらった礼状に、「忘れ草」の種をまたおねだりしている手紙（『定本・三・書簡・214』）もある。あかざは食用にもなる大型の野草で、茎は杖にもなる植物、忘れ草は一般にカンゾウともよばれるユリに似た朱色の花。

解良栄重の「良寛禅師奇話」の六〇番に「上人一日、山田ノ駅某ガ菊ノ花ヲ折ル。主人見トメテ花盗人トシ、其図ヲ絵ニカキテ是ニ賛ヲセバユルサント云。上人筆ヲトリテ、良寛僧ガケサノアサ花モテニグルオムスガタ、ノチノヨマデ残ラム（とお書きになった、が略されている＝筆者注）」という記述がある。この逸話とこの自画賛像を結びつけて考える人がいるかもしれないが、それは無理だろう。賛もまったく違うし、画像は良寛以外の人には描けそうにない独特の運動感、生命感を示しており、自画像であることは疑いを入れない。手に持っている花も菊ではないし、季節は初夏だ。栄重が伝える遺墨は今のところ発見されていない。しかし、親友の原田鵲斎が寺泊野積の西生寺の梅の木を根抜ぎにしようとして寺男に捕まって以来「花盗人」とあだ名されたという長歌（『定本・二・1150』）は、実は自分の体験ではないのかと思うほど、臨場感にあふれている。いずれにしろ良寛は花を見ると浮き浮きして、一枝手折らずにはいられない人なのだった。賛は以下のように読まれている。

四月朱明節／飄飄著衲衣／臨水楊柳暗／隔岸桃李飛／行行摘野草／徐徐叩柴扉／胡蝶舞南園／菜花遶東籬／意閑白日永／地辟趣自奇／我性多逸興／拾句自成詩

四月朱明《しがつしゆめい》の節《せつ》／飄飄《ひょうひょう》として衲衣を著《き》る／水《みず》に臨《のぞ》ん楊柳《ようりゆう》暗《くら》く／岸《きし》を隔《へだ》てて桃李《とうり》飛《と》ぶ／行《ゆ》く行《ゆ》く野草《やそう》を摘《つ》み／徐徐《じょじょ》に柴扉《さいひ》を叩《たた》く／胡蝶《こちょう》　南園《なんえん》に舞《ま》ひ／菜花《さいか》　東籬《とうり》を遶《めぐ》る／意閑《いかん》にして白日永《はくじつなが》く／地辟《ちへき》にして趣《おもむき》　自《おのずか》ら奇《き》なり／我《わ》が性《せい》　逸興《いつきょう》を多《た》とすれば／句《く》を拾《ひろ》つて自《おのずか》ら詩《し》を成《な》す

（『定本・一・664』）

四月といえばもう初夏だ／私は袈裟《けさ》をひらひらなびかせ歩く／足元の川辺の柳はもう濃い緑／対岸の桃やすももはもう散り始め／野草を摘み摘み歩いて行って／家々ごとに声かける／南の園は蝶が舞い／東の垣根は菜の花ざかり／気分はのんびり日はながい／ここは田舎で景色は抜群／いつもの私のもの好き癖で／語句を捻っているうちに出来てしまった詩がこれさ

良寛の書は曲っていることが多いが、この作はとりわけ曲っている。しかしそれは巧妙に意図されたものと思う。初夏の微風に背をおされて前方に歩む良寛像に呼応して、文字のすだれも軽やかになびき、一体となって動的空間を構成している。みる人もおのずと微笑まずにはいられない楽しさが、文字の曲がり具合から伝わってくる。自然から受ける一瞬の感覚的快感を、詩書画に定着するその姿勢は、絵画の印象派が目指した境地に一致しており、しかも良寛は印象派に先立つこと半世紀なのだから、その近代性に驚かずにはいられない。良寛は三行目の「等間」を「徐々」に、最後の行の「慣間適《かんてき》（間適に慣れ）」を、「多逸興」と直している。「等間」はすべての家をという意味であろうが、「徐々」の方が一軒ずつ托鉢していく方向性が感じられる。「間適、閑適」は「静かに心を安んずること」と『広辞苑』にある。「私は心を安らかにしているのがいつもの癖で」くらいの意味にとれるが、それでは平凡過ぎると思い、「いつものもの好き癖が出て、詩など捻ってしまった」とちょっと照れてみせたのだろう。この詩は推敲の過程がわかるのも、おもしろい。この作は、山野草の豊富な森に囲まれていた乙子神社脇草庵時代の作の可能性が高いが、自画像のある書としてまとめて、ここに記した。なおこのような名作の所在が今日不明であるらしいことは、実に気がかりなことだ。

平櫛田中（一八七二―一九七九）の木彫《良寛来》【図101】（一九三〇年作　木彫　高59.2cm）はこの良寛の自画像に触発された作品ではないかと思う。したがってこの「自画賛像」の初出はわからないが、一九三〇年以前からよく知られていたと考えられる。

もう一つの自画賛像は、読書する自画像と和歌のある作【図102】で、これも少なくとも一九三〇年代からその存在が知られているようだ。昭和一〇年（一九三五）三月発行の相馬御風著『良寛百考』に図版が掲載され、「良寛筆燈下讀並に述懐歌」のキャプションと「安田靭彦氏蔵」と所蔵者も明記されている。墨色、線の軽やかさ、絵と字の占める割合の適切さ、どれ一つとってみてもひとりの人間によって描かれた緊密な統一感がある。なに

図101　平櫛田中　良寛来　一九三〇年　木　h.59.2cm

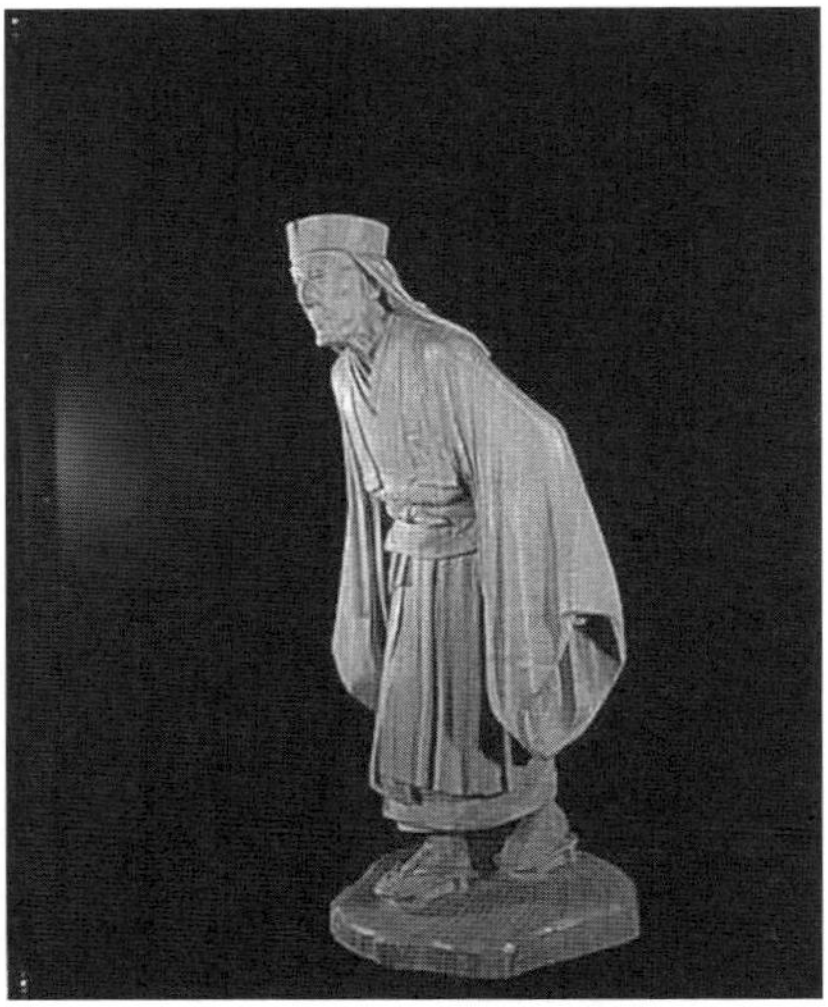

東京藝術大学大学美術館

図102　自画賛像

世能中耳末之良奴東（よのなかにまじらぬと）
爾者安羅禰止毛悲登利（にはあらねどもひとり）
安處非曽和禮ハ（あそびぞわれは）
末左禮留（まされる）

より、静止画像のなかにこもる生動感、行燈と人体の緊張関係から生まれる空間の表現は、良寛にしか描けない独特のものだ。その賛は草仮名に漢字とカタカナを交えて、

世能中耳／末之良奴東爾者／安羅禰止毛／悲登利安處非曽／和禮ハ末左禮留

と書いてある。この賛は和歌として「世の中に／まじらぬとにはあらねども／ひとり遊びぞ／我は勝れる」（『定本・二・1044』）と読むことができる。この歌は「世の中に／交じらぬとにはあらねども／ひとり遊びか／我は楽しも」（『定本・二・450』）という変奏もあるが、意味に大差はない。「社交がいやというのではないが、ひとりで読書したり詩作にふけっていたりするほうが、私はやっぱり楽しい」というのである。そのくせしばらく誰も訪ねてくれないと淋しくてたまらず、「わが宿を　訪ねてきませ　あしびきの　山のもみじを　手折りがてらに」（『定本・二・34』）などと詠ってしまう良寛。おおかたのインテリが共感を抱かずにはいられないところだろう。

　この行燈のもとで読書する良寛坐像の、コンパクトな造形性は近代の彫刻家を惹きつけた。ここでは橋本平八（一八九七―一九三五）の《良寛》【図103】（一九三四年作木高27.4cm　東京藝術大学　大学美術館蔵）および平櫛田中（一八七二―一九七九）の《燈下萬葉（良寛和尚）》【図104】（一九四八年作・木・彩色総高55.5cm　像高50.4cm、東京藝術大学　大学美術館蔵）の二点をあげたい。橋本平八はわずか三八歳で世を去ったので知名度が低いが、西洋彫刻の造形性と日本の精神性の統合を意図した類まれな彫刻家で、その作品の評価は、近年高まる一方だ。理想主義者の彼は、個人の肖像など作らなかったが、歴史上の偉人として馬《め》鳴《みょう》尊者（カニシカ王時代のインドの仏教詩人アシュヴァゴーシャ）、維摩、達磨、老子、利休、一茶、良寛の七人をとりあげ、いずれも小品の全身木彫像を残している。この人選をみれば、橋本が良寛をどれほど高く評価していたかが偲ばれよう。

　橋本が《良寛》を制作した一九三四年（昭和九）は、相馬御風の『大愚良寛』が出版された一九一八年から数

えて一六年後、安田靭彦設計の良寛堂が竣工した一九二二年から数えて一二年後で、良寛研究はブームの観があった。橋本の作はこの自画賛像の写真が掲載された『良寛百考』(一九三五年　厚生閣)の出版より一年早い。おそらく、遺墨集などで、読書する良寛の自画像はすでに紹介されていたのだろう。橋本の作品は小さいが、良寛の画像の持つ独特の造形性と生命感を巧みに立体化した佳品。良寛の画像の動感は何に由来するかというと、首の前傾と、手にした本が右膝上に不安定に浮遊した状態にあることによるが、橋本は首の傾斜を強調して右に傾け、本を絵とは逆に、左膝の方向にもってきたことで、静止像に無限の運動感、生命感を付与することに成功している。ロダンの《考える人》も右手を左膝についているが、これは彼がミケランジェロ作品の研究から導き出した生命感表現の秘密だった。生命にはねじれやゆらぎがつきものなのだ。橋本の場合、良寛の絵に加えてロダン彫刻も知っていたし、ロダンの著作『ロダンの言葉』(高村光太郎訳　大正五年＝一九一六年)も読んでいたから、熟慮のうえでこの微妙な動感表現にたどり着いたと思われる。しかし良寛の絵の生命感は、苦心したり意図したというより天然自然にそうなってしまったという感じがする。そこが書同様にたまらなく不思議で魅力的なのだ。

平櫛田中は橋本より二五年も早く生まれ、四四年も余計に生きた

図103　良寛像　橋本平八　一九三四年　木　h.27.4cm　東京藝術大学大学美術館

図104　平櫛田中　燈下万葉(良寛和尚)　h.50.4(総高55.5)　小平市平櫛田中美術館にほぼ同じ作がある(台座なし)

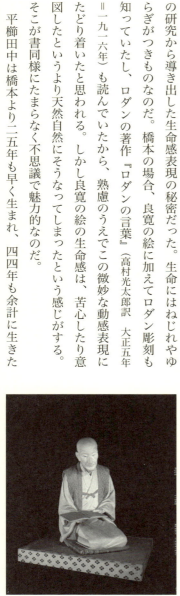

（享年一〇七歳）。平櫛は、自分とまったく資質の違う若い橋本の才能を愛し、作品を買い上げて支援し、自作とともにそのコレクションを藝大に寄贈したので、同じ絵に触発された二人の《良寛》が藝大蔵となっている。平櫛の《燈下万葉（良寛和尚）》は、小平市の平櫛田中彫刻美術館にもほぼ同種の作品がある。平櫛は、助手を多く使って伝統的工房制作をするので、類似作品が多い。平櫛の良寛像は橋本平八のそれより一四年後の作。平櫛も良寛の精神性を強く意識しつつ絵を立体化しているが、その作は絵より端正で古典主義的な作風となった。どちらを好むかは見る人の感覚によるが、何と言っても、おおもとの良寛の絵が造形的だからこそ、ふたりの彫刻の魅力が生まれたことを忘れてはならないだろう。

充実の作品群　(4)　涅槃図

良寛には〈狗子〉【図105】〈涅槃図〉など、賛のない絵だけの作もある。『良寛墨蹟大観』に収録されている〈狗子〉は二点、〈涅槃図〉は三点だが、至文堂の日本の美術シリーズのNo. 116号『良寛』において、編者堀江知彦は〈涅槃図〉【図106】を図版No. 75として掲げ、その下に「良寛の描いた涅槃図はこれとも五点ほど知られている」と書いている。堀江編『良寛』所載〈涅槃図〉と、私がここに掲載した武者小路実篤記念館所蔵〈涅槃図〉【図107】はともに樹々の幹などに淡彩が施されており、意欲的な作とみなせる。武者小路実篤の「良寛の涅槃図」という一文（『この道』昭和四〇年一〇月号）によれば、この作品は一九四〇年頃画商から購入したもので、価格は四〇〇円だったという。また「購入時に安田靫彦がこの絵の箱の裏に〈天竺のねはんのぞうと良寛とまくらならべてあいねたるかも〉と書いてくれ、〈類作二、三あり〉とも書いてくれた」とある。五点あるとされる涅

図105 〈狗子図〉 31.0×41.0cm 糸魚川歴史民俗資料館

図106 涅槃図
（至文堂 日本の美術 No. 116号『良寛』より転写）

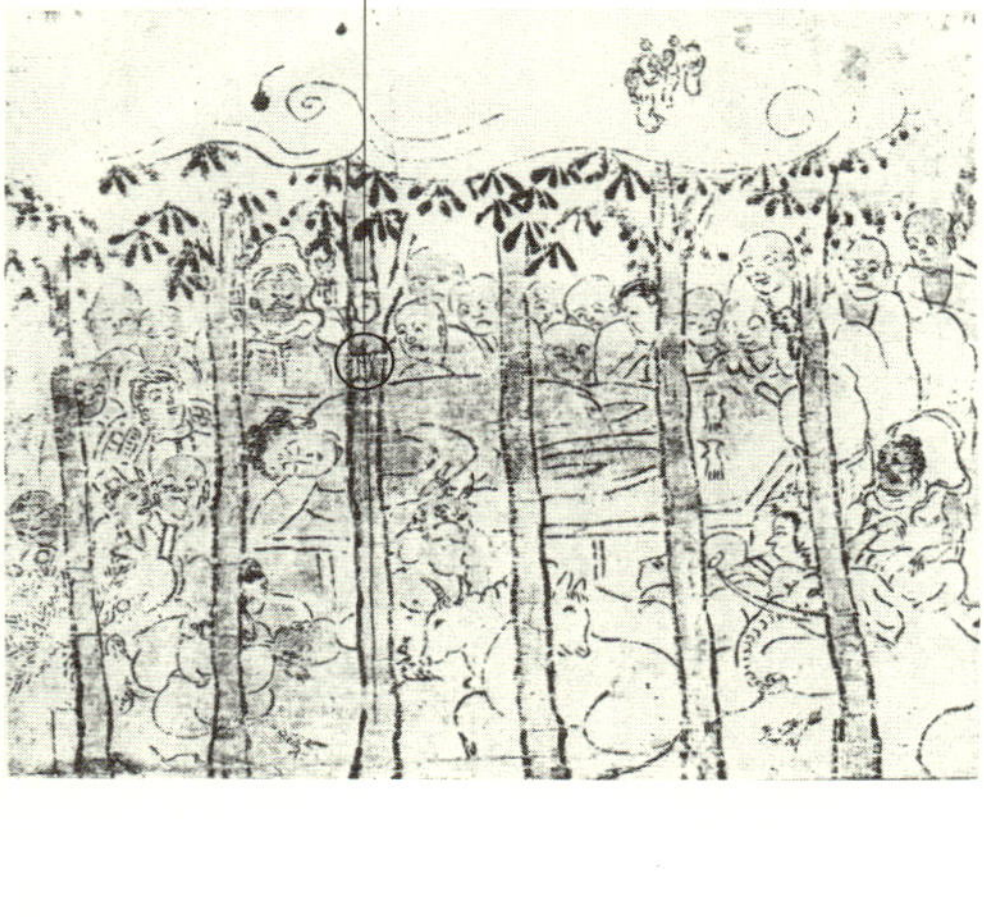

図107 涅槃図 武者小路実篤記念館
（『良寛墨蹟大観』より転写）

槃図中、公的美術館所蔵作は唯一この作だが、展示されることはめったになく、インターネット画像は不鮮明な写真で、印刷図版もない。見るには館に行って館内でのみ有効なパソコン画面で見るしかない。平成二六年一月二九日に行って画像を見てきた。二九・五×三六・〇センチの小品だが、画面では拡大してみることも出来た。書によって鍛えた良寛の線の緩急自在さは並ではなく、練達の素描と敬服した。昭和一五年の四〇〇円とは今日のいくらに相当するのか、安い金額ではなさそうなので、実篤の慧眼と勇気に拍手したい。

実篤はこの作を「古画の自由模写かと思っている」と書いている。涅槃図は旧暦二月一五日に催される涅槃会に用いられる懸図として古来多く制作され、現存する最古の作例は平安時代後期の応徳三年（一〇八六）の金剛峯寺本だという。涅槃会は宗派を問わず大衆教化の重要な催事であるため、涅槃図の残存数は非常に多い。特に江戸期は際立つ。なんと円通寺にも江戸中期（一七四〇頃）の調達と伝えられる大きな涅槃図【図108】があり、現在も二月から三月にかけて公開され、法要が行われている。良寛もこの涅槃図を何度となく眺めたために、涅槃図の図像が鮮明に脳裏に刻まれていたのではないか。当時、木版の小型涅槃図が流布していたとは思うが、良寛涅槃図の軽妙な線の運びと、描く度に微妙に違ってくる細部とをみると、手本を臨模したものとは思えない。脳裏に刻まれた記憶図像があり、それを適宜自分流にアレンジしながら素早く描いたという印象を受ける。

ここでは、通常の涅槃図の図像学とは異なる、良寛涅槃図の独創的部分に注目してみよう。まず沙羅双樹の生え方が違う。一般的には釈迦の臥床の四方に二本ずつ、あるい

図108　涅槃図　江戸時代
玉島　円通寺（インターネット画像より）

は後方左右に四本ずつ、合計八本、その半分の四本の葉は白く枯れ、他の半分は緑に描く。白変は釈迦入滅の悲しみを表し、緑はその教えの永続を意味するとされる。ところが良寛の絵の沙羅の樹は六本で、釈迦の臥床を取巻かず、最前景に平面的に一列に並ぶ。私は多くの涅槃図を調べたが、樹が六本の例はあっても、一列に前景に並ぶ例を発見できなかった。前景に沙羅双樹の並木をつくり、並木越しに距離をおいて涅槃の情景を描くという空間構成は、いまだかつてない良寛の独創とみてよいのではないか。残る四点の涅槃図もすべて最前景に沙羅の樹が一列の並木になっていることは共通する。

この空間構成は、かつて越後平野のいたるところにみられた、稲を乾燥させるための「はさ（稲架）木」の並木を思い起こさせる。私が子どもの頃の越後平野は、稲を干すために、農道にも畦道にも細く背が高く上のほうにだけ葉の繁った木が等間隔に、見渡す限り縦横に植えてあった。私は「たもの木」と教えられたように思うが、今調べるとトネリコの木とある。タモはトネリコの越後地方名かも知れない。稲刈りが終わると、この並木に竹を横に何段も渡して縄で縛りつけ、稲を架けて数日間乾燥させる【図109】。はさの上の方は、架ける人が梯子にのり、下にいる人が稲束を一束ずつ、束の方を上にして垂直に投げ上げると、受け取ったひとは素早く束を二つに割って竹に架ける。投げる、受け取る、振り分けて架けるという動作は絶妙の呼吸でリズミカルに繰り返され、見る見るうちに分厚い稲のカーテンが出来上がっていくのだった。稲の匂いに誘われて蝗がピョンピョン飛んでいた光景を懐かしく思い出す。稲の電気乾燥はいつからか知らないが、新幹線で帰郷するようになった頃

図109　稲架木《はさき》に稲をかけた状態
（インターネット画像より）

から（一九八〇年代以降）車窓に「はさ木」並木を見かけなくなったようだ。しかし江戸時代には見渡す限り、越後平野に「はさ木」並木は続いていただろう。

良寛の涅槃図はいずれも「はさ木」並木越しに、涅槃の情景が田圃のなかで繰り広げられている。なんと越後の民衆に与えるにふさわしい涅槃図だろう。この場面設定は、一六世紀フランドルの画家ブリューゲルが、キリスト伝の《嬰児虐殺》場面を、フランドルの雪景色の中に描いたことを想起させる。良寛の詩は、歴史的時間空間を目前のことのように彷彿とさせる特色があるが、絵もまたそうなのだ。

もう一点、他の涅槃図にない図像学的特徴は、角の二本ある鬼が一匹、正面に描かれていることだ【図110】。一般の涅槃図では釈迦の周囲に、その入滅を嘆き悲しむ菩薩、羅漢その他もろもろの仏弟子たちと鳥獣を描く。爬虫類や昆虫まで描いたものもある。良寛の涅槃図は小さいから、生物としては象、馬、牛各一匹と鶏らしき鳥類一羽、仏弟子としては二五、六人ほどがいる。そのうち、釈迦の床の前方にすわっている人物にはどう見ても二本の角があるので、鬼と思われる。鬼も歎き悲しむほどの釈迦の入滅とは微笑ましい。

さらに解釈が分かれるのが、大方の図像で向かって左側二本目の木にかかっている赤い袋だ（図106では一番左側。図107では左から三本目・彩色はない）。一説には、釈迦の母摩耶夫人が息子の病を救おうと、天空から投げた薬袋だという。木の枝にひっかかって役にたたず、釈迦は入滅してしまったという解釈である。良寛の絵でも一般の絵と同様に、上

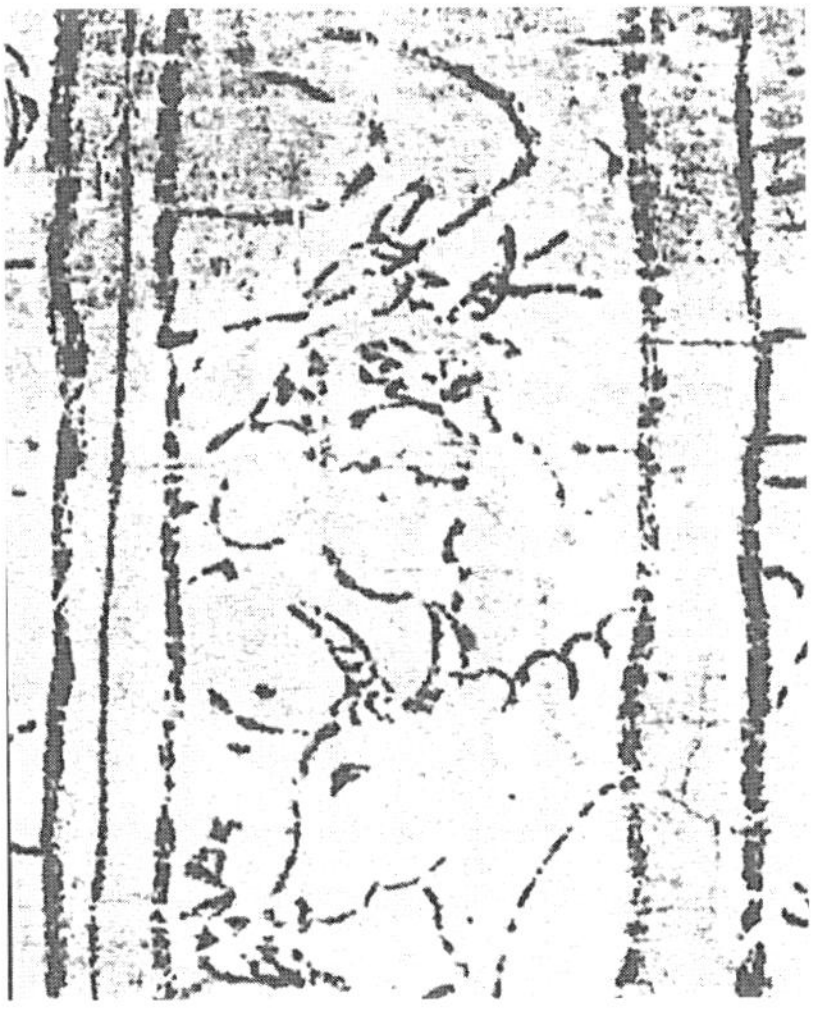

図110　良寛の涅槃図のなかに描かれた鬼（図107の部分）

空の雲の上に摩耶夫人と従者らしき三人が描かれている。もう一つの解釈は、僧衣や托鉢の鉢を入れる頭陀袋説だ。こちらの説に立脚する絵は、よく見ると袋が錫杖に結わえつけられており、袋の下に錫杖の長い棒が見えている。死期を悟った釈迦は故郷ルンビニーで死のうと旅にでたが、すこし手前のクシナガラまで来て力尽きた。錫杖に結ばれた袋は、釈迦の行脚途中の入滅を表すとする説で、こちらの方が論理的で正論らしい。しかし大衆的人気は枝に引っかかって届かなかった薬袋の方にある。良寛の解釈はどうかというと、袋の下からまっすぐな棒がのびているので、頭陀袋説をとっているように見える。しかしよく見ると、その袋には手足のようなものが何本も生えていて、てんとう虫あるいは亀かすっぽんのよう。錫杖の棒はこの生物が下から這い上がってきた痕跡のようにも見える。どちらの説にも与したくない良寛のユーモア溢れる韜晦ではなかろうか。小品ながら魅力ある独創的涅槃図と評価したい。

充実の作品群　(5) 漂流木に寄せる詩と書の革新と総合

文政八年(一八二五)一二月、越後椎谷藩(現柏崎市)宮川地区の浜に「娥眉山下喬」という刻字と人頭彫刻を持つ木柱【図11】が漂着した。これは良寛が島崎の木村家に移る約一年前のことだ。なにしろ高さが三メートル近い(正確には二六〇センチ)木柱で、柱頭に奇怪な鬼面が彫ってあり、誰が見ても日本のものとは思われない雰囲気の代物。この木柱はまず漁師が拾ったのを、通りかかった好事家が譲り受け、学識ある僧に鑑定を依頼したのち、椎谷藩主堀氏に献上した。その後柱は、高柳村(現柏崎市)の大庄屋で豪農の村山家の所蔵となった。堀氏が、戊辰戦争の折に村山家に借りた軍資金の礼として、贈ったと伝えられる。江戸中期に創建された茶道趣味豊かな村山家の邸宅と庭園は、天保一四年（一八四三）に藍澤南城（南条村＝現柏崎市に漢学塾をひらいていた儒者）により「貞観園《ていかんえん》」と命名された。戦前から国の名勝史跡の指定を受けて公開されていたが、戦後昭和二六年（一九五二）に新しい文化財保護法に基づき再指定され、現在も公開されていて、この奇怪な木柱も拝観出来る。私は中学三年のとき、高柳の隣の南鯖石村（現柏崎市）に移住したので、その夏休みに拝観したのが最初で、以後何度となく接しているが、その不思議な迫力にはいつも圧倒される。

この木柱は江戸時代にも評判を呼び、鈴木牧之が『北越雪譜　二篇巻之四』（文溪堂　天保一三＝一八四二年）に「娥眉山下橋柱《がびさんかのはしばしら》」と題して記述するところとなった。

文政八年乙酉十二月、刈羽郡《かりはこほり》越後椎谷《しひや》の漁人《ぎよじん》（椎谷は堀侯の御封内なり）ある日椎谷の海上に漁《すなどり》して一木の流れ漂《たゞよ》ふを見て薪にせばやとて拾《ひろ》ひ取て家にかへり、水を乾《かわか》さんとて庇《ひさし》に立寄おきしを、椎谷の好事家通りかゝり、是を見てたゞならぬ木とおもひ熟視《よく〳〵みる》に、娥眉山下斋《がびさんかのはし》といふ五大字刻しありしをもつてかの国の物（注一　四一四頁以降参照）とおもひ、漁人《ぎよじん》には薪《たきゞ》を与へて乞《こ》ひうけけるとぞ。さて余《よ》が旧友観励上人《きういうかんれい》は（椎谷ざい田沢村浄土宗祐光寺）強学《きやうがく》の聞えあり、嘗《かつ》て好事《かうず》の癖《へき》あるを以てかの橋柱《はしばしら》の文字を双鈎刊刻《さうこうかんこく》して同好《どうこう》におくり且橋柱《はしばしら》に題《だい》する吟詠《ぎんえい》をこひ、是も又梓《あづさ》にして

図111　「娥眉山下木斋」の刻字と
人頭彫刻を持つ木柱（貞観園の展示状態）
（筆者撮影）

世に布《しか》んとせられしが、故《ゆゑ》ありていまだ不果《はたさず》（注二）。かの橋柱は後《のち》に御領主《ごりやうしゆ》の御蔵《ござう》となりしとぞ。椎谷《しひや》は余《よ》が同国《どうこく》なれども幾里を隔《へだて》たれば其真物《しんぶつ》を不見《みず》、今に遺憾《ゐかん》とす。姑伝写《しばらくでんしや》の図を以てこゝに載《のせ》つ。（以下に刪《さん》定《てい》者京山人百樹〈山東京伝の弟で戯作者。随筆家。本名岩瀬百樹。一七六九―一八五八〉の長い注記が続くが略）

縮図左のごとし。丈《たけ》一丈余。周《めぐり》二尺五寸余。木質弁名《きはなにともなづく》べからず。【図112】（以下略）

この紹介により木柱は一躍有名になったが、縮図寸法ともにかなり本物とは違うので、私が貞観園学芸員渡邊庸一氏から頂き、使用を許可された貞観園保存会作成の実測図もここにあげておきたい【図113】。この実測図によれば、長さ二六〇センチ、最大直径二八センチの丸太を、径の太い根の方を頭部にして使い、字を彫る側をかなり深く平らに面取りをして平面にしてあることが分かる。木質の記載はなかった。

中国四川省の峨眉山（蛾眉山、娥眉山とも書く）は、二つの嶺が美しい蛾眉（蛾の触角）のような三日月形を描く高山。仏教の聖地も多い著名な山だ。標高三〇九九メートルもあり、いつも霧に包まれ写真を撮るのが非常に難しいらしい。私はその名の由来を証明する写真を随分捜したが、いかなる中国の観光写真集にもインターネット写真にも二峰が眉状に見える写真を発見できなかった。ところが良寛書研究の第一人者新潟大学名誉教授加藤僖一氏は、峨眉山市訪問の折に、一瞬の晴れ間を捉えて見事に蛾眉の撮影に成功なさり【図114】、『良寛研究第12集　良寛と峨眉山』（良寛研究所　平成二＝一九九〇年）と『良寛事典』（新潟日報事業社出版部　平成五＝一九九三年）に掲載なさった。先生はこの写真の転載を快く承諾くださった。おかげで中国に行ったことのない私も今は峨眉山の麗峰を実感できる。峨眉山は、李白の「峨眉山月歌」で江戸時代にも著名だったが、写真はもとより、絵姿もなかった。当時の詩人たちにとって、この木柱の漂着がいかに刺激的だったかは想像に余りある。

鈴木牧之の旧友の僧観励がこの漂流木の刻字を写しとって版に彫り、刷物にして同好の士に配って吟詠を請う

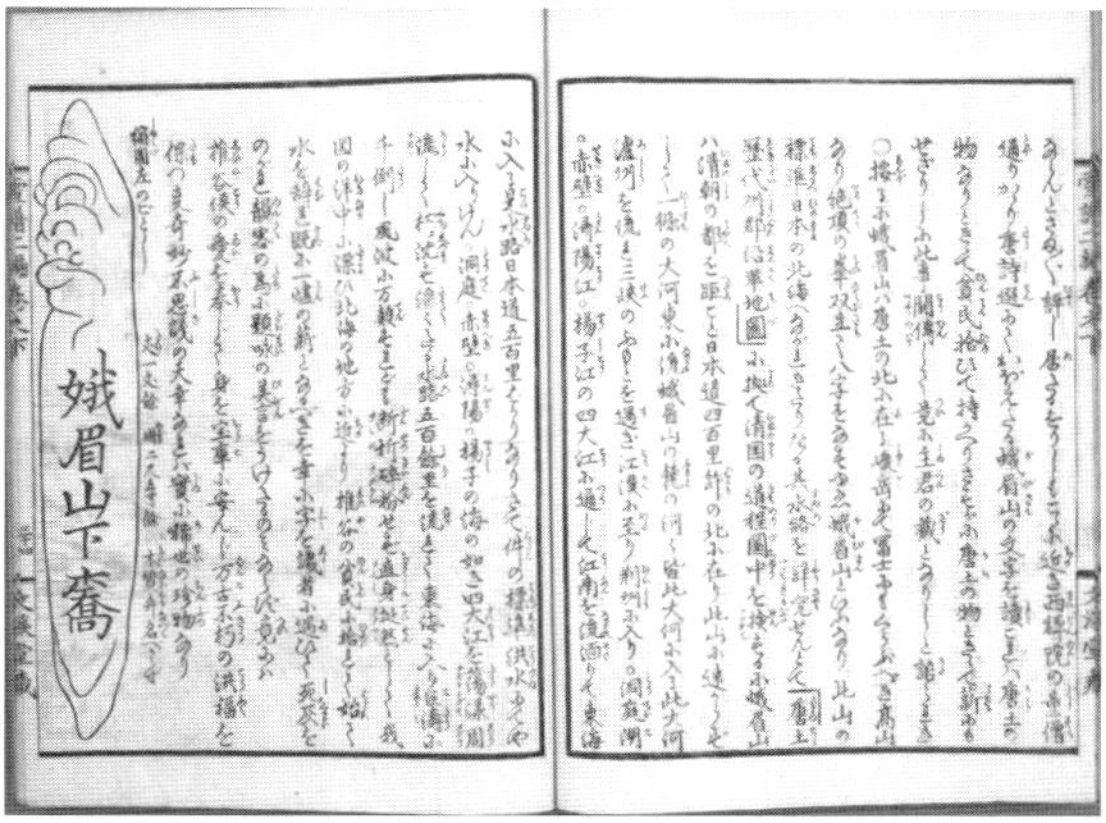

図112　『北越雪譜』に掲載された木柱の図

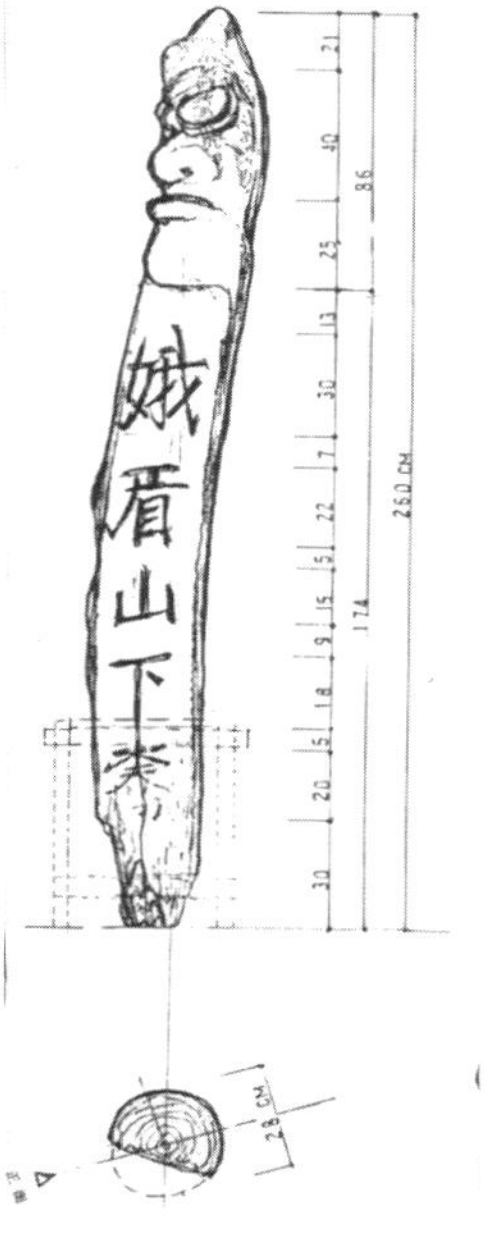

図113　木柱の実測図
（貞観園保存会作成）

図114　峨眉山　（加藤僖一撮影）

たというのは事実だった。この求めに応じた良寛、鈴木牧之、藍澤南城の三者の詩が今日知られている。牧之と南城の詩についてはここに紹介する余裕はないが、目崎徳衛著『南城三餘集私抄』（平成六＝一九九四年　小澤書店五六二―六八頁）に詳述されているので、興味ある方は参照されたい。

ところで良寛のこの流木に関する詩は、一部の表記が異なる二タイプが存在する（遺墨あるいは遺墨からの写本でのこと。刊本では編者の独断や誤解あるいは誤植により三、四種ある）。第一稿は、次のような詩である。

峨眉山下橋

不知落成何年代／書法**温雅**且清新／分明**峨**眉山下橋／流寄日本**椎谷**濱　（＊太字は後に修正するところ）

註曰、文政八乙酉冬十月、有一木材、漂着、越後國椎谷濱、其長八尺七寸餘其圍二尺九寸、木頭彫人面、狀貌兇猛殊甚、木身刻娥眉山下橋之五字、字畫遒勁頗可愛、椎谷侯大夫珍之、模冩字形上木、頒同好云

（東郷豊治編『良寛全集・上巻・62』『文庫・二六八頁』）

江戸期唯一の良寛詩集刊本である蔵雲編『良寛道人遺稿』（一八六七）を皮切りに、近代の小林二郎編『僧良寛上人詩集　全』（一八九三）、西郡久吾『北越偉人沙門良寛全傳』（一九一四）、玉木礼吉『良寛全集』（一九一八）、相馬御風『訓釋良寛詩集』（一九二九）、大島花束・原田勘平『良寛詩集』（一九三三）、東郷豊治『良寛全集　上巻漢詩』（一九五九）に至るまで、すべての漢詩集はこの「第一稿」を載せていた。当時、この詩の遺墨は発見されていないが、鈴木文台の写本「草堂集」に収録されており、すべての編者はそれによっていたのだと思われる。「註曰」といっているのは写本制作者の鈴木文台の言葉であり、「文政――」以下の漢文注は良寛自身がつけたも

のと理解される。なぜこのような詳しい注記をつけることが可能だったかは後で詳述するが、僧観励が配った刷物にそのような解説があったからだと理解していただきたい。

ところが、ある時期からこの第一稿は遺墨【図115】に基づく第二稿にとって代わられることになった。第二稿は次のような詩である。

「**題蛾**眉山下橋**杭**」／不知落成何年代／書法**遒美**且清新／
分明**我**眉山下橋／流寄日本**宮川**濱　（『定本・一・652』）

「蛾眉山下《がびさんか》の橋杭《きようこう》に題《だい》す」／知《し》らず落成《らくせい》　何《いず》れの年代《ねんだい》ぞ／
書法《しよほう》　遒美《しゆうび》にして且《か》つ清新《せいしん》／分明《ぶんめい》なり我眉山下《がびさんか》の橋《はし》／流《なが》れ寄《よ》る日本宮川《にほんみやがわ》の濱《はま》

「蛾眉山麓の橋杭に寄せて」／何時の時代に落成したのか知れないが／その字の書法は強く美しく、そのうえ清く新鮮だ／蛾眉山下の橋とはっきり読める／なんとはるばる日本の宮川の浜に流れついたことよ

太字にしたところが改作したところ。一番重要な変化は、刻まれた五文字の印象を第一稿では「**温雅**」としていたのに、

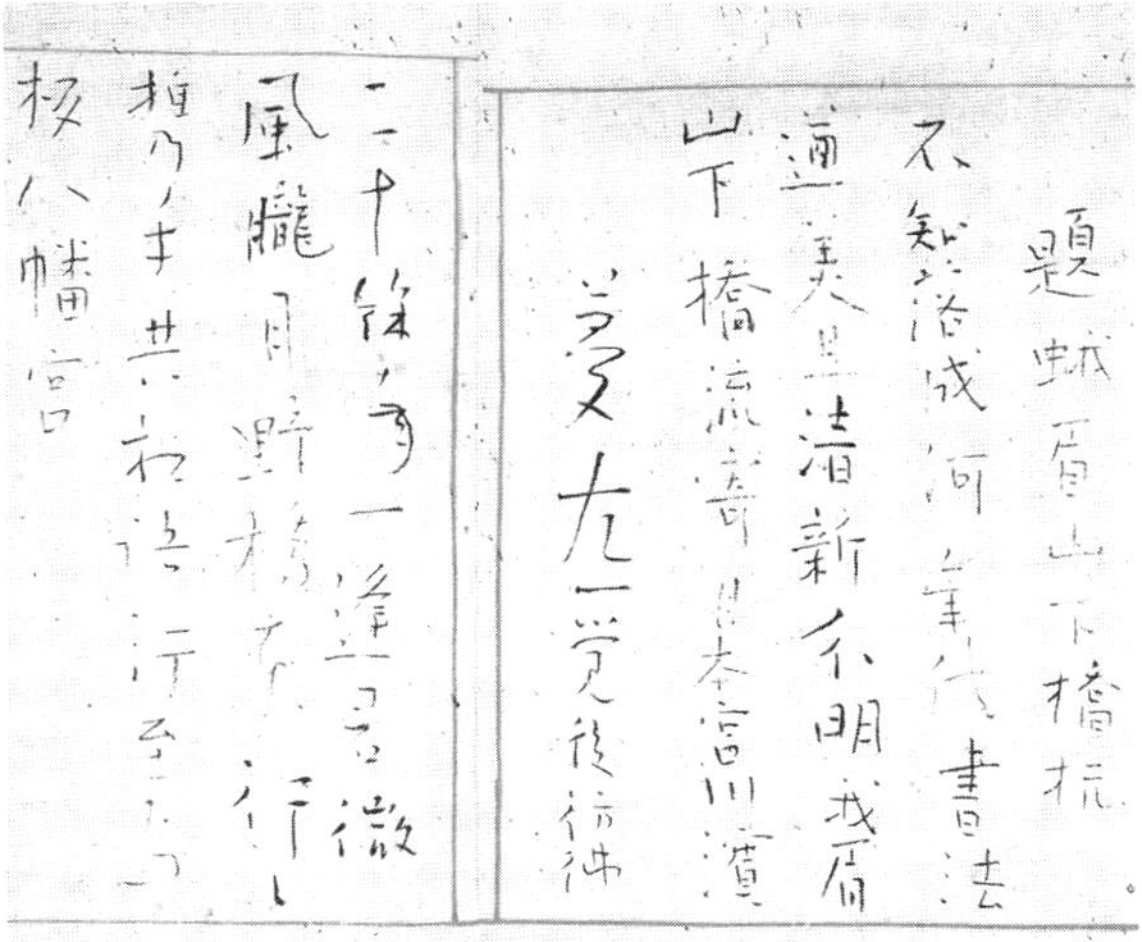

図115　「題蛾眉山下橋杭」と「夢左一覚後彷彿」の二詩を一体化した遺墨

第二稿では「遒美」と直したことだ。この第二稿は遺墨によっているが、この遺墨がひとびとの眼に広く公開されたのは、昭和三二年（一九五七）の「生誕二百年記念　良寛展」（新潟県教育委員会、新潟日報社主催　東京展・於高島屋　新潟展・於大和百貨店）が初めてではないかと思う。当時私は高校生で良寛に何の関心もなく、展覧会も見ていない。しかし後年、古書店で入手したその展覧会の薄いカタログには、一九八点の出品目録の七七番に「題蛾眉山下橋杭」が載っている。しかし残念ながら写真はない。当時は出品作全部を写真掲載する豪華なカタログ製作など不可能な経済環境だったのだろう。けれども所蔵者の欄に「冨所氏蔵」とあるので、図115の遺墨に間違いない。旧吉田町在住の冨所氏（故人）は良寛書コレクターとして一部の人には知られた方である。私が冨所氏のお宅に伺ってこの遺墨をはじめとする素晴らしいコレクションを見せていただいたのは、平成一二年（二〇〇〇）の夏だった。あの日を懐かしく思うと同時になぜ入手経路をお聞きしておかなかったのかと、今は残念に思う。

この遺墨をモノクロ図版ではあるが、原寸大で紹介した最初の出版物は『墨美　特集　良寛　No. 99』（昭和三五＝一九六〇年七月）。さらにこの遺墨をカラー図版で掲載した最初の出版物は、私の見た限りでは、『書道藝術第二〇巻　良寛』（中央公論社　昭和五〇＝一九七五年）がもっとも早いように思う。冒頭に美しいカラー図版で紹介されており、以後良寛の書の最高傑作としての評価はゆるぎないものとなっていった。

全詩集活字刊本では谷川敏朗『校注良寛全詩集』（春秋社　平成一〇＝一九九八年）が第二稿を取り上げた最初の全詩集となっている。ところがなぜそれ以前のすべての詩集と一部が違っているのかについて、まったく言及されていない。『定本・一』もこの詩に関しては谷川校注をそっくり踏襲しているので変更の理由は依然としてわからない。

管見の限りでは、なぜ二タイプあるかの理由を述べた研究者はいない。そこで私は考えてみた。第一の詩は実物を見ないで、配布された刷物とそれに添えられた情報だけによってつくった初稿、第二の詩は実物をみて修正の必要に迫られて作った決定稿ではないか、と。良寛は刷物のみ見て初稿を作ったのちに、実物を見る機会があって改作の必要に迫られたのだろう。これには和島村島崎への転居が大きく関わっている。当時柱を預かっていたと思われる僧観励の祐光寺のある田沢村（旧刈羽郡西山町＝現柏崎市）は島崎から一五キロ程度で、良寛の健脚をもってすれば、容易に日帰りできる距離だ。良寛は文政九年秋に木村家に入り、刷物を受け取って詩作したが、好奇心抑えがたく、後に尋ねていって実物を見たのに違いない。

ここまで考えて、『北越雪譜』に書いてある観励上人の「椎谷ざい田沢村浄土宗祐光寺」を調べるべきだと気がついた。そこで新潟県の詳しい地図を見たところ、いとも簡単に田沢の地名とその寺は見つかった。電話をして住職に「北越雪譜に出てくるお寺はお宅でしょうか」とお聞きすると、「そうです。娥眉山下橋の拓本もあります」とおっしゃる。さっそく訪問させていただくことにした。訪問は二〇〇一年七月一四日のことである。夫の運転で関越高速の長岡ＪＣから北陸自動車道に入り、西山ＩＣで西山バイパスにおりて、出雲崎方向に少し走ると、左手の田圃越し

図116　祐光寺　入口（筆者撮影）

一番右は、実物から直にとった拓本／中央は石に彫って地域の好事家に配布された拓本／左は揮毫したものの印刷複製（最近の寺の記念行事のくばり物）（筆者撮影）

図117　三種の「娥眉山下齋」の軸

に立派なお寺がみえてきた。すぐそばに墓石を並べた石屋もあり、寺の入口には三メートル近くもあろうかと思われる「祐光寺」の石柱がたっている【図116】。住職風巻和人氏は、庫裡の床の間になんと三本の仮表装の「娥眉山下喬」の軸を懸けて待っていてくださった【図117】。良寛研究者が訪ねてきたのは私どもが初めてだとおっしゃった。驚いたことである。鈴木牧之が『北越雪譜　二篇巻之四』に田沢村祐光寺と明記しているのに誰も調べようとしなかったとは。

まず三本の軸について説明しよう。

一番右は、実物から直にとった拓本。木柱に紙を載せ、湿気を与えてでこぼこの柱の表面に紙を密着させ、タンポに墨を含ませて凸部をたたく拓本の要領で制作されている。木柱のまがりやねじれや表面のでこぼこがそのままに写し取られており、刻まれた文字特有の鋭く引き締まった感じが何とも言えず魅力的だ。この実物から取った拓本をみると、なぜ橋の字の木偏が喬の字の上に載っているのかの理由がたちどころに分かった。木材の根の方を上にして制作しているので、下に行くほど幹が細くなり、正規の橋の字を彫るには幅が足りなかったのだ。それで窮余の作として木偏を上にのせて字全体としては娥の字に負けない大きさを与えてバランスをとったのだった。『北越雪譜』の注釈者京山人百樹は、いくら調べても「喬」という字は存在しないので、田舎の無教養な俗子が書いたものだろうと結論づけていたが、実物からほど遠い図をみただけでは分からないのも無理はない。木材に刻んだ字は大らかで鋭く引き締まり、金石文のようだ。

二番目の軸は地域の好事家に配布された拓本。木柱から直にとった拓本（以後「木拓」と略称）の字を双鉤（輪郭を写すこと）した字と解説文を大きな一本の石材に刻んで、拓本にとったもの（以後「石拓」と略称）。直どりの木拓はねじれているが石拓の方は、石材の大きさと解説文挿入の限定があるので、行をまっすぐにし、字間を実物よりやや詰めて写している。結果的にそっくり写しているようでありながら、原作の鋭さと大らかさ、動きのある生命感が弱いものになってしまっている。

第三番目の軸は刻んだものではなく、揮毫したものの複製で、最近の寺の記念行事のくばり物として複製されたもの。実物からほど遠い穏やかな字体になっている。写本は写せば写すほど原本から遠くなるということが、三本の軸を並べると良くわかった。

つぎに石拓に勧励がつけた解説を見てみよう。

仕切線を引いた下部に、細かい字で左のような解説文が彫られていた。一行一〇字で一一行（終りの行は四字）、年号、署名が二行、合計一三行からなっている【図118】。字体はよく整った楷書である。

文政乙酉冬十月／越後椎谷濱有一木／如柱／随波上沙／其圍二尺九寸長八尺七寸餘／木頭刻人面／兇猛殊甚／木身刻娥眉山下橋五大字／字○遒勁可愛／椎谷侯大夫見以為珍／乃上之乎侯也云／余雙鈎其字／即上石／以贈諸同好／冀為賜寄題詩／亦是好事之一／

奇賞也乎／丁亥冬十二月／僧勸勵拜具

文政乙酉《きのととり》（文政八＝一八二五年）の冬十月に／越後の椎谷藩の浜に、一木が流れ着いた／柱のようなものである／波に運ばれて砂浜に上がったのである／その周囲は二尺九寸、長さは八尺七寸あまり

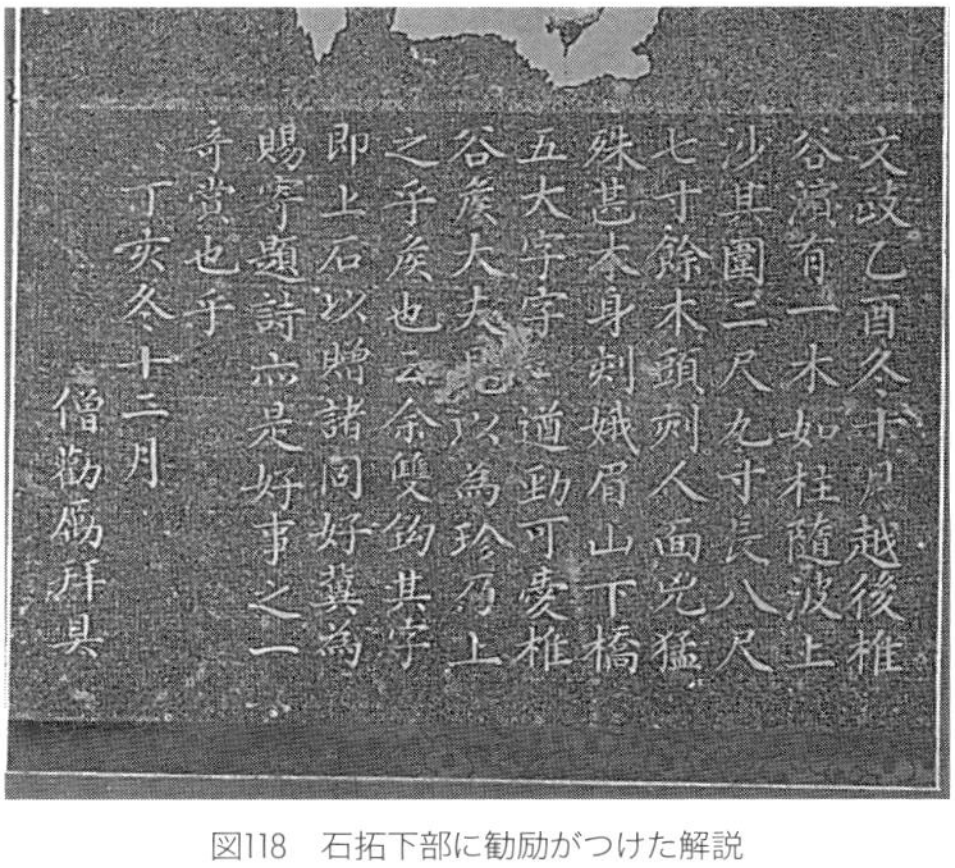

図118　石拓下部に勧励がつけた解説
（文政８年12月）（筆者撮影）

／木の頭部に人面が彫ってある／その相は兇猛ことに甚だしい／木身部には「娥眉山下橋」という大きな五文字が刻んである／その字の姿は力強く引き締まっていて素晴らしい／椎谷侯の家老はこれを見て珍しがり／おまえ、これを椎谷の殿様にさしあげてはどうかという／私はその字の輪郭を写し取り／すぐに石材に刻んで拓本を作り／同好の諸氏に贈ることにした／どうか願わくば、この刷物を主題とする詩を詠んでお寄せいただきたい／そうすることはいかにも風流な遊びではなかろうか／丁亥（文政十年＝一八二七）十二月／僧勸勵拝具（拙訳）

石拓にはこのような懇切丁寧な解説が附されていたので、良寛は実物を見てもいないのに、文台の写本「草堂集」に収録されたような自注をつけることができたのだと納得した。しかし、良寛は勸勵の注を少々誤解したようだ。良寛の誤解の第一は、勸勵は上石と書いているのに、上木と直したこと。私も実物を見るまでは、木版の拓本と思っていたが、実物を見ると木目がまったくみられず（浮世絵木版をよくみると、広い面積を一色で刷った場合、板目がうつっていることが多い）、石材彫刻碑銘の拓本であると理解した。こんな巨大な石材などあるわけがないと考えて、良寛は上木と直したのだろう。しかし寺は墓石を必要とするから石屋と密接な関係にある。現に祐光寺に隣接して石屋があった。寺の入口に建っている石柱はこの拓本とほぼ同じ大きさだった。大きな石材も字を彫刻する技術者も、寺には身近な存在なのである。

良寛の誤解の第二は、この拓本を同好の士に配ったのは椎谷侯大夫であると記述したことだ。椎谷藩の藩主堀氏は一万石の小大名で、参勤交代を免除されている。堀氏は常に江戸詰めであり、椎谷にいるのは代官のみで城もない。殿様はお国入りしたことなどなく、ただ収入を椎谷藩内から召し上げているにすぎない。したがって椎谷大夫というのは、国家老とか代官に相当する人物をさしている。巨大な石材に文字を彫らせ、大型和紙に拓本を摺り、かなり遠方の名士にまで届けさせるという事業は、実に相当な費用のかかる道楽であり、貧しい小藩の代官が一存でできることとは思われない。椎谷大夫は「これは珍なるものだから、殿様にさしあげてはどうか」

と言ったのにすぎないだろう。これは召し上げられるのは必定と考えた勧励は、拓本制作を急いだのではないか。それでも丸一年余もかかり、刷物を配布したのは、流木漂着の一年二ヶ月後の文政一〇年一二月になったのである。

良寛の誤解の第三は、勧励が刻字の印象を「遒勁」としているのに、「温雅」と修正してしまったことだ。たしかに配られた石拓の字の印象は遒勁というより温雅かもしれない。しかしこの一番肝心の字の印象が、勧励の注の評と異なったことは、良寛にとって気がかりなことだったと思われる。拓本制作の過程で、原本の魅力が半減することは、「秋萩帖」の法帖で経験済みだった。なんとしても実物を自分の目で確かめたいと、文政一一年（一八二八）の春以降に田沢の祐光寺まで出かけたと私は推定する。この年、良寛は七二歳だが、まだ発病には至らず元気だった。そのとき、橋杭が祐光寺にあったか、代官所にあったかはさだかでないが、両者は三キロとは離れていないからどちらかで良寛は実物を見たに違いない。もちろん、実物からとった、鋭くて曲った木拓も見た。そして自分の「温雅」の評は不適切で、勧励の「遒勁」の評の方が正しかったと認識したので、「遒美＝強く引き締まって美しい」と訂正したのだろう。また、椎谷は現在では一区域の地名だが、当時は第一義としては椎谷藩全域をさす名詞だったから、より正確に漂着位置を記述する必要にもかられたと思われる。今日では灯台のある椎谷観音岬から見下ろして【図119】岬寄りを椎谷、柏崎寄りを宮川と呼ぶ。江戸時代も同じだったかどうかは分からないが、橋杭の漂着地点は宮川の浜だと、土地の人たちに確かめたからこそ決定稿で直したのだろう。

図119　椎谷岬からみた椎谷（手前）、宮川（奥）の浜
（2011年５月　筆者撮影）

それにしても実物を見た良寛は、どんなにか驚いたことだろう。なぜなら私が見るところ、その刻字は細く鋭いのに大らかで、良寛が彫ったのかと思うくらい、良寛の書体にそっくりなのだから。修行に修行を重ねて到達した良寛の楷書の様式が、いつの時代とも知れない中国奥地の無名の工人が刻んだ書とそっくりとは！　無垢で自然な魂は時間を越え、距離を越え呼応するものなのか。良寛はこの刻字をいたく気に入ったに違いない。

木村家の庵に日暮れに帰りついた良寛は、その夜興奮してなかなか寝つけなかった。あの娥眉山下の橋とはどんな川に架かっていたのか。あの杭は橋の欄干の先頭だったのか、それとも橋の手前にあった道標だったのか。その橋は何時の時代に落成したのだろう。峨眉山といえば、憧れの詩聖李白を生んだ四川省の名山ではないか。どんな嵐で橋は流されたのか。名も知れぬ支流から広大な長江の流れに入り、三峡や赤壁や洞庭湖を経て東シナ海に出て黒潮にのり、はるばる宮川の浜までたどりつくとは、なんと気の遠くなるような距離と時間であることか、などと「橋」に思いを巡らしつつ眠りに落ちていくとき、良寛は夢を見た。現れたのは木村家のすぐ前を流れる島崎川に架かる島崎橋【図120】だった。

この橋を渡ると東にのびる一本道【図121】が塩入峠《しおのりとうげ》（【図122】現在はトンネル）を越えて与板へとつながっている。与板といえば今は亡き親友三輪左一が住んでいた町だ。目を凝らしてみると、なんと橋の向こう側に立っているのは忘れもしない左一ではないか。思わずかけより手をとりあって夢中で語り合いながら歩いていくと、与板の入口にある八幡宮【図123】まで来てしまったところで目が覚めた。なんだ夢だったのかと名残惜しいが、まだありありと左一の姿が空間に見えるような気のした良寛は、大急ぎで忘れないうちに、つぎのような詩を書きとめた。

「夢左一覚後彷彿」
二十餘年一逢君／微風朧月野橋東／行々携手共相語／行至与板八幡宮

図120　島崎橋上から見た島崎川の流れと橋の袂の立て看板（筆者撮影）

図121　島崎橋を渡って与板方向へ向う国道116号／踏切を渡り県道247号与板北野線に入り、塩入トンネルを越えると与板八幡宮へ至る（筆者撮影）
右側の手すりは島崎橋の手すりの一部

図122　塩入峠（今はトンネル）（筆者撮影）

図123　与板八幡宮（筆者撮影）

「左一《さいち》を夢《ゆめ》み、覚《さ》めて後彷彿《のちほうふつ》たり」／二十餘年《にじゅうよねん》　一《ひと》たび君《きみ》に逢《あ》ふ／微風朧月《びふうろうげつ》　野橋《やきょう》の東《ひがし》／行《ゆ》く行《ゆ》く　手を携《たずさ》へて共《とも》に相語《あいかた》り／行《ゆ》きて与板八幡宮《よいたはちまんぐう》に至《いた》る

（『定本・一・655』『文庫・二六二頁』）

「左一を夢に見て覚めてからもその姿がありありと目に浮かぶ」／二十数年ぶりだ、きみに逢ったのは／そよ風の吹く朧月夜、村はずれの橋の東側にきみは立っていた／思わず駆け寄り手を取り合って、夢中で語り合いながら／歩いて行くと与板の八幡宮まで来てしまった（そして目が覚めた）

左一とは与板の豪商大阪屋三輪家の三男で、子陽塾で机を並べた親友のこと。その交友については、第9章「五合庵定住時代」の〈親友左一との再会とわかれ〉の節に詳述しているので、ここでは簡略に述べる。良寛が三九歳で帰郷したとき、大阪に雄飛したはずの左一は、病を得て帰郷、療養の身だった。帰郷後の二、三年は相互に訪ねあい、文学や思想を語り合った。しかし次第にその宿痾（多分結核）は重篤化し、良寛帰郷一一年後の文化四年（一八〇七）に亡くなった。良寛の左一への思いの深さは、再会から一周忌までの間に捧げられた一一もの詩が証明する。

良寛は、「娥眉山下喬」の木柱を見てきた日の夜、興奮覚めやらぬままに眠りにおちて夢を見た。良寛は村はずれの橋の東側、つまり与板側になつかしい左一がたっているのに気づき、駆け寄って手をとりあい語り合いながら行くうちに、与板八幡宮まできたところで目覚め、映像が脳裏から消えないうちにこの詩を書きとめたのだろう。野橋とは木村家のすぐ前を流れる島崎川に架かる島崎橋のこと。橋の西側は島崎側、東は与板側。橋を渡ると国道116号がまっすぐ東にのびている。ちょうど一キロ位行ったところで越後線踏切にぶつかり、踏切を渡る

と道は左右に別れるが、右手の県道274号与板北野線を行くと塩入峠トンネルに至る。もちろん江戸時代には踏切もトンネルもなく峠越えだった。踏切から約四キロで与板の入口の本与板に至るが、進行方向右手に見えてくるのが赤い鳥居の美しい与板八幡宮だ。良寛が目覚めたのはこの神社でのことと私は思う。

ところがなぜか「夢左一覚後彷彿」の良寛詩碑は、与板の長岡寄りにある豪壮な構えの都野《つの》神社境内に建てられ【図124】、鄙びた八幡神社は与板観光地図から追放されている。都野神社は江戸時代にも八幡神社と呼ばれたことはないし、第一、左一との夢の散歩が三輪家も楽山苑も通り過ぎて町はずれまで続くはずがないではないか。町の観光行政者に切に再考を願う。

夢という精神現象について、ドイツの精神科医ジグムント・フロイトが『夢判断』を著し、夢の分析から人間の深層心理に迫ったのが一九〇〇年。フランスの詩人アンドレ・ブルトンが『シュルレアリスム第一宣言』を出版し、無意識世界の自動記述や夢の記述により、想像力の根源に迫ることを提唱したのは一九二四年。良寛が夢の記述詩ともいうべき「夢左一覚後彷彿」を書いたのは文政一一年（一八二八）。なんと精神分析学や近代芸術の革新に先立つこと一世紀近い。

良寛の詩想の自由奔放さは時代を越えていた。彼は単に夢の記述詩を作っただけでなく、その詩と夢のきっかけとなった橋杭の詩とを一体化した書作品を構想したのである。遺墨【図115】を見ていただきたい。二つの有題七言絶句がまるで一つの詩のように緊密に配置されて

図124　与板都野神社にある「夢左一覚後彷彿」の詩碑
（2000年８月７日　筆者撮影）

いる。「蛾眉山」の詩は表題も含めて四行に、「夢左一」の詩は表題も含めて五行にレイアウトされ、「夢左一覚後彷彿」という表題が全体の中心にくるように慎重に考えられている。二つの詩を関係づけるキーワードは「橋」だが、「夢左一覚後彷彿」の行はまさに左右の詩を視覚的に繋ぐ橋に見立てられている。書を前にして私がこの考えを述べたとき、冨所氏が「そうだ！　この詩は橋つながりなんだね！」と同意してくださったお声は今も耳に残っている。

右の詩は、遠い大陸から流れてきたとはいえ此の世の実在である橋杭、左の詩は非実在の亡き友が主人公だが、良寛は、此岸と彼岸をつなぐ橋は夢だといわんばかりに、中心に位置する夢の字を全文字中最大の長さと濃さで書いた。しかも全体を見ると二つの詩の頭部は峨眉山の二つの山頂のように、二つのアーチをなしている。字でもあり、絵でもあるような書。そして橋杭に刻まれた字は「**娥**」であるにもかかわらず、蛾の触角形の山頂を想起させるためか、「**蛾**眉山」とまず書き、つぎに同じ単語の来るところでは、「**我**眉山」と書き、この山の名の表記は「娥」「蛾」「峨」「我」のどれでもいいのですよ、美しいと思うものをお使いなさいと言っているかのようだ。同じ字形を繰り返して単調に陥る危険を巧みに回避している。そしてなによりも驚くのは「夢左一覚後彷彿」の行を中心の胴体とみると、左右の詩は蛾の翅とも見えることだ。

文字のレイアウトで造形的イメージを呼び起こす試みといえば、私は若い頃、日仏学院でヴァレリーの詩集『魅惑（Charmes）』のなかの第三番目の詩「円柱の歌（Cantiques des colonnes）」を習ったときのことを思い出す。ギリシャの神殿建築の列柱の美を讃えるその詩は、定型詩句四行を一小節として、一八小節からなる詩だった。一小節四行はぴったりと行間を詰めて印刷され、小節と小節の間は規則正しく一行空いていた。アンリ・ルヴェル先生が、文字の配列は視覚的に円柱の列を表す意図を持っているとおっしゃったことが強く印象に残っている。本当にそれは太いドリス式円柱列が、一八本横向きに並んでいるように見えたのだった。古風な定型詩と見せかけながら前衛的なこの詩の制作年は一九二二年だから、良寛の試みはなんと約一世紀も早い。

良寛は、文字の配列や揺らぎによって事物の形象や気分を暗示したり、和歌と漢詩を草書と楷書で並記したり、今までにも随分実験的書表現を追究してきたが、この書では、それらの試みが見事に総合されている。一見平易な、経験的事実を記述したかに見える二詩だが、じっとみつめているうちに、此岸と彼岸、実在と非実在、大陸と日本、遠い過去と現在といった対立するイメージが、夢を媒介として立ち上がってくる。異質なイメージの衝突が、新たな高度の詩的イメージを生むということは、シュルレアリストの方法論の基礎として知られている。それにシュルレアリスムを持ち出すまでもなく、日本では、俳句や和歌の短詩形表現で昔から常に用いられてきた方法でもある。しかし意識的にやろうとするとわざとらしくなりがちだ。ところが大陸から橋杭が流れ着いたのも偶然なら、亡き友の夢を見たのも偶然、二つの偶然のイメージが結びついて時間と空間の広がりが無限の余韻を残す作品に仕上がった。

さらにその異質なイメージの衝突と連鎖は、定規引きで蛾の翅のように引かれた縦と横の朱線により一層の効果をあげている。その朱線の引き方がまた心憎い。縦の朱線を両詩の中間に引かず、「夢左一」の表題と詩本体の間に引いて、両詩の分離を避けると同時に、この夢が「蛾眉山下橋」の連想から惹起されたことを暗示する。さらに、下は共通の一直線でありながら、上は段違いの線にした工夫は、左右対称の単調を可避しているし、用紙の両端の左右には朱線を引かなかった配慮も絶妙だ。左右に限定的朱線がないため、過去・現在・未来への自由な空間と時間が流れるように感じられる。そして朱線はくすんだ灰色の紙色と墨色に干渉して、全体を明るく生気に満ちた印象に変える。良寛は阿部定珍の依頼で、刊本万葉集に注釈を入れるとき朱墨を使って以来、朱墨の適量の使用が、単調な墨一色の紙面を活性化することに気付いていたのだろう。この書は良寛にとって会心の作だったのではないか。朱線を入れた遺墨は「秋萩帖」臨書を別とすれば、今のところこの一点しか発見されていない。作品の出来にいたく満足した良寛は、まるで先生が生徒の宿題に朱の花丸をつけるように、朱線を入れたのである。

ところで、この書を印刷で見たとき、縦の朱線と朱線の間の線が何か分からず気になった。薄く線が引いてあるのか、折った跡なのか確かめたいがため冨所氏訪問を企てたのだった。氏の御好意により実物を拝見して疑問は氷解した。線は巻紙の継ぎ目だったのである。良寛は巻紙の継ぎ目を目印に全体のレイアウトを考えたのだ。そしてそのかすかな継ぎ目の線さえ、全体の構成の重要な一要素になっていることに、私は改めて感心した。

〔注〕

一、「かの国」とは中国の意。峨眉山は李白の詩で有名な中国の名山だから、流木の旅は想像を絶する距離であり、大いに人々の関心をひいた。昭和六四年（一九八九）頃から、日中漢詩友好協会会長柳田聖山氏の発案で、峨眉山山麓に良寛の「題蛾眉山下橋杭」の詩を刻んだ石碑を建てるという事業がすすめられ、募金が募られた。事業は日中双方の協力で順調に運び、柏崎市高柳出土の石材で制作した詩碑は船で柏崎港を平成二年（一九九〇）七月末に出港し、橋杭の流れを逆にたどって長江を遡上して運ばれた。そして峨眉山の麓に用意された八〇〇坪の良寛公園中央の碑亭に設置され、同年八月二五日に、日中双方の関係者多数の出席のもと盛大な除幕式が行われた。この事業に関しては、「良寛研究第12集　良寛と峨眉山」（良寛研究所・加藤僖一編著　一九九〇）を参照されたい。

ところが、この橋杭を本当は韓国のものだと主張する研究者が後をたたない。まず柏崎の郷土史研究家の関甲子次郎が稿本「柏崎文庫」（一九二〇年代）中で、ついで月橋会《たかし》が「娥眉山は韓国にあり」（一九九三年　私家版）で、日本海沿岸に流れ着いた同種の木柱はすべて韓国産と推定されているから、貞観園の木柱も韓国産とみるべきと主張した。さらに関は、釜山市に峨眉山がある、月橋は大邱市に娥眉山があった、とも主張しているが、筆者の調査では確認できない。次に、韓国人研究者韓泰植「娥眉山下橋木柱と韓国の長柱（チャンスン）について」

（『印度学佛教学研究』一九九五年一二月号）および李慶熙「朝鮮の天下大将軍が新潟県の柏崎に流れ着いた」（『日本の民芸』一九九六年九月号）の二論文が同じく、貞観園の木柱は韓国産であるという論を展開した。さらに柏崎市立博物館学芸員渡邊三四一が「漂着チャンスン考―〈娥眉山下橋〉の資料的位置づけをめぐって」（『柏崎市立博物館館紀要』二〇〇九年）を発表し、山形県その他の日本海沿岸に漂着した木柱はすべて韓国産チャンスンであるから、貞観園木柱も韓国産と考えるべきと結論した。

しかしこれらの論に共通する弱点は、多々ある。まず、韓国のチャンスンに地名や山名を彫ったものは存在しないということ。チャンスンは男女一対として作られ、男性像には「天下大将軍」女性像には「地下女将軍」と刻むか墨書されているのが常だ【図125】。さらに朝鮮半島に「峨眉山」も「娥眉山」も存在しないということ。韓国人学者はかつてそう呼ばれた山が多数あった、とか、天然痘をもたらす鬼を退治してくれるという長江の南に住む峨眉山神人に対する信仰が存在し、その信仰から仮設の峨眉山を作り、このようなチャンスンを建てて祈った、などと主張するが、実証するに至っていない。私は韓国の観光公社東京支所に行って、峨眉山と呼ばれる山があるか、あるいは別の名であっても山頂が二つあって美しい眉のような形の山があるか、を調べてもらったがなかった。

私は韓国のチャンスンと貞観園の木柱とは造形性が決定的に違うと感じる。韓国美術の共通する特色はやさしさ、優雅さ、やわらかさ、哀愁と滑稽味だが、貞観園の作はあくまで鋭く強直で厳しい緊張感に貫かれている。美術史的にみると、この作に韓国美術の特質は微塵もみられない。たしかに中国にこのような造形物の類似品は保存されていないが、中国の王朝交代は激しく、木造で戸外に建てられたものはほとんど残らなかったのではないか。韓国や日本の美術で起源が中国

図125　韓国国立民族博物館のチャンスン（2004年　酒井恵美子撮影）

でないものなど、無きに等しい。韓国のチャンスンも中国から伝わって、韓国的に変容したものであろう。

一方、二〇世紀になって発掘がはじまり、近年日本にもたびたび紹介された中国四川省の三星堆《さんせいたい》遺跡出土の青銅製神像と頭部【図126】は、その強直さにおいて実に貞観園の木柱に似ていることに私は注目したい。この文明は紀元前二〇〇〇年にも遡り忽然として消えた文明だが、地理的には峨眉山のある四川省だ。王朝は滅んでも地域の文化的性格は長く伝承されるものではないだろうか。また貞観園の頭部彫刻は伎楽面との類縁性をも感じさせる。造形的性格としては、中国東南アジア系に源流を求めるべきと思う。また潮流の関係でいえば、韓国から流出したものも、長江から流出したものも、ひとしく黒潮にのって、日本海沿岸に漂着することは、多くの例によって実証されている。したがってこの木柱が、中国四川省峨眉山麓の川から長江、東シナ海を経て越後に流れ着いたと考えることはまったく正当なことと思う。

二、祐光寺一八代住職風巻和人氏からいただいた祐光寺開基四百年・本堂再建百五十年記念誌『慶讃法要』（平成五年＝一九九三）所収の祐光寺年表によれば、勧励（在位一八二五―五五）は一三代目の住職で、小戸（新発田市）高陰寺から三二歳で入婿した人。鈴木牧之とどこで友人となったかは分からないが、勧励には越後に存在する石碑の碑銘を拓本にとって出版物とした『越後碑銘集』という著書があり、文人仲間には知られた人物だった。第2章〈見

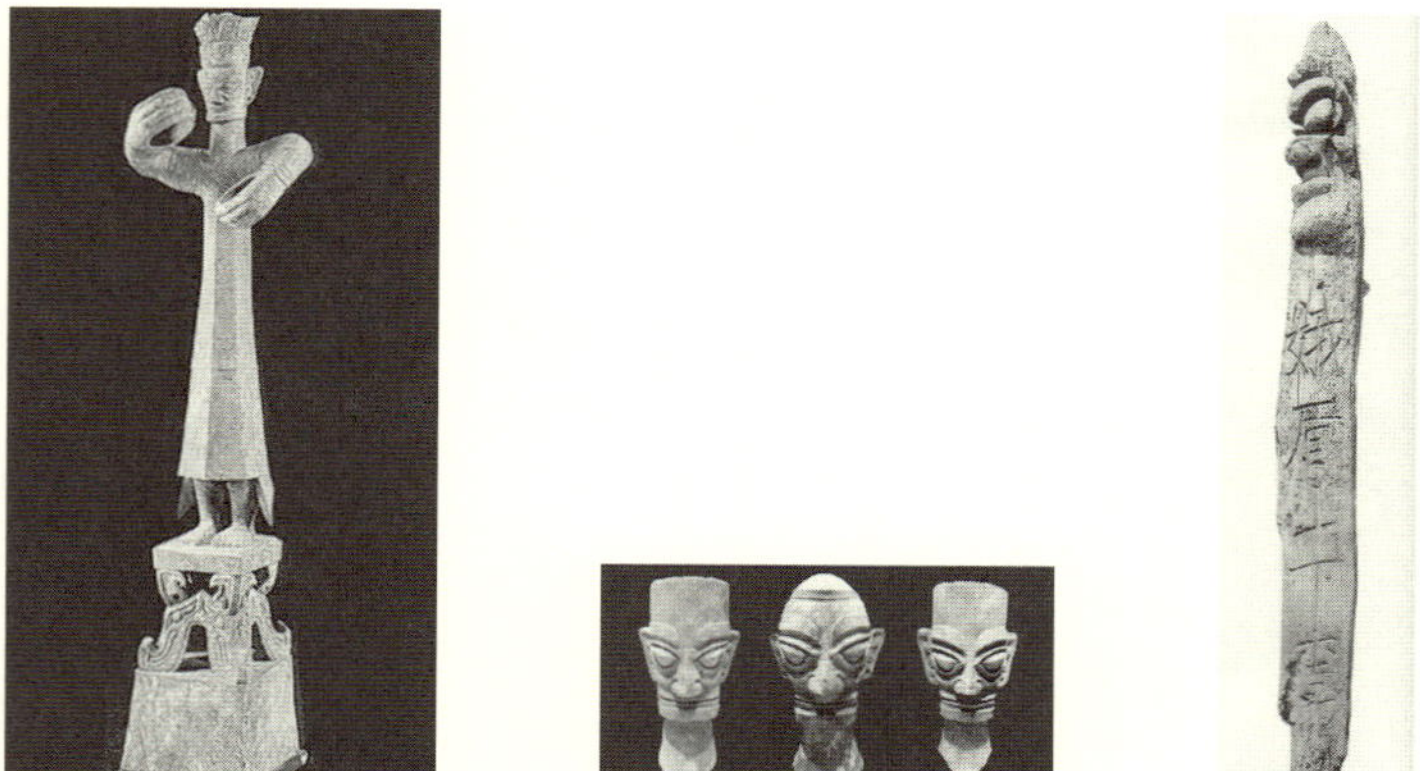

図126　中国四川省の三星堆遺跡出土の青銅製神像と頭部および娥眉山木柱との比較

失われた俳諧伝燈塚の発見と再建〉をご覧いただきたいが、出雲崎で発見された俳諧伝灯塚の判読不明の碑文を、発見者佐藤耐雪はこの『越後碑銘集』によって復元したのだった。そのような文学趣味豊かな勧励は、「娥眉山下橋」と彫られた木柱にいたく感動し、私費をもって原寸大拓本を制作し、それを近隣の趣味人に配り、詩集を編纂してこれを記念しようと思い立った。しかし詩集編纂について、鈴木牧之は「故ありていまだ不果」と書いている。その「ゆえ」は、『慶讃法要』に収録された「祐光寺年譜」をみると、天保四年（一八三三）二月二三日に発生した火災だと推定される。この火災は勧励（当時四〇歳）が不在のときの事故だったという。全山焼失、本尊、仏具などもことごとく焼失したなかで、「娥眉山下橋」の木拓と石拓の巻物は、幸運にも救済された一部の備品のなかに含まれていたのだった。しかし、その後の勧励は詩集の編纂どころではなく、寺の再建に邁進しなければならなかった。本堂は一〇年後の天保一四年（一八四三）に再建が成るが、その後も庫裡や経堂の再建に追われ、六六歳で没するまでついに勧励は好事家の本領を発揮することができなかった。しかし勧励の拓本制作、配布が良寛晩年の傑作を生む契機となったのだから、その栄誉は長く讃えられなければならない。

貞心尼との日々

すでにたびたび引用しているので、貞心尼（寛政一〇年＝一七九八―明治五年＝一八七二）は良寛と古くからの友人と思われがちだが、実際に良寛史に彼女が登場したのは、島崎に良寛が移ってからのこと。今日巷に溢れる良寛と貞心尼に関する物語には、彼女の教養よりもその若さと美貌ばかりが強調されがちだ。淋しい晩年に、突然訪れた若く美しい尼僧に敬慕され、介護されつつ遷化した良寛は、まさに理想の死を遂げた人。良寛人気の一端はこの明るくよろこばしい死に方にあるといっても過言ではない。けれども本当に注目すべきことは、美貌より、初対面から良寛を魅了したその文学的才能と見識であろう。

また、彼女が良寛の業績を後世に伝えるために傾けた努力は並のものではない。それはまず良寛没後四年目の天保六年（一八三五）五月一日に稿本「蓮《はちす》の露」となって結実した。すでに何度か一部を引用しているが、本文は生前の良寛から直接聞いた履歴の簡潔な紹介にはじまり、歌人としての良寛への高い評価を述べ、散逸しかかっている作品を出来る限り蒐集し、自分との応答歌も添えて一巻にまとめ、「こは師のおほんかたみとかたはらにおき、朝ゆふにとり見つゝ、こしかたしのぶよすがにもとてなむ。天保むつの五月ついたちの日に　貞心しるす」とまとめている。本文あとには、本篇として拾い集めた良寛の短歌、旋頭歌、長歌など九四首（『定本・二・392―485』）と、唱和篇として自作短歌二三首、良寛短歌三四首、俳句良寛九句、自作一句を収録している。

さらに貞心尼は『良寛道人遺稿』（蔵雲編　江戸　尚古堂　慶応三年）の出版にも尽力した（後述）。編者は前橋の龍海院の僧蔵雲となっているが、その序文によっても両者間に取り交わされた書簡によっても、この出版が貞心尼のプロデュースにより実現したことは明らかで、そのことは同時代の人々の間ではよく認識されていたに違いない。ところが明治を境に良寛の生前を知る人々は次々に亡くなった。良寛の没年に二二歳だった解良栄重は安政六年（一八五九）に、三四歳だった貞心尼は明治五年（一八七二）に、三一歳だった遍澄は明治九年（一八七六）に、三六歳だった鈴木文台は明治三年（一八七〇）に没している。この四人より若い人に良寛の偉大さを理解する人はもういなかった。そして時代は明治維新の大混乱期に入り、良寛追慕や研究の復活は明治一〇年以降を待たねばならなかった。

その間に貞心尼のこともほとんど忘れられていたのだが、さすがに終焉の地柏崎の人びとの記憶には残っていたらしい。柏崎出身の実業家中村藤八（嘉永六年―大正九年　享年六八歳）は、物産会社を創業し、日本石油に発展させるなど実業に励むかたわら、柏崎刈羽一帯の郷土史に関する資料の蒐集にも邁進し、三〇〇〇点にのぼるコレクションを形成した。そのなかには、「蓮の露」をはじめとする貞心尼直筆資料がかなり含まれている。

さらに特筆すべきは、貞心尼の経歴を詳らかにすべく、中村が明治四四年に、貞心尼の弟子で後継者の智譲尼に試みたインタヴューであろう。この試みは「中村藤八による智譲尼より聞取書」にまとめられた。そしてこれらの貞心尼関係資料を含む膨大なコレクションは大正七年に刈羽郡に一括寄贈され、現在は柏崎市立図書館の三階に中村文庫室として公開されているし、「聞取書」はデジタル・ライブラリーで読むこともできる。非常に読み取りにくい文書だが、近年小川幸代が読み解いてくれた『長岡藩士の娘　貞心尼――「中村藤八による智譲尼より聞取書」』（二〇一三年全国良寛会長岡大会記念誌）を参照することにより、より正確な読み取りが可能となった。この資料を中心に、近年郷土史家により補完された資料も加えて、貞心尼の生い立ちや教養の形成を一通り検討したい。

まず語り手の智譲尼について記しておこう。生年は不詳だが、中村「聞取書」によれば彼女は七歳のとき（八歳説もあり）貞心尼の弟子となり、一九歳で師と死別したという。貞心尼は七五歳で明治五年（一八七二）に亡くなっているから、逆算して智譲尼は嘉永六年（一八五四）生まれということになるが、中村が「聞取書」を書いた明治四四年（一九一一）に、智譲尼は六〇歳だったという説もあり、ここで二歳の誤差が生じる。没年については柏崎市立図書館発表年譜によると昭和七年（一九三二）である。昭和初期に、相馬御風が彼女を釈迦堂に訪問して写真を撮影しており【図127】、この写真は昭和一五年（一九四〇）出版の『良寛と貞心』（六藝社）に掲載されているが、その写真

図127　昭和初期に、相馬御風が智譲尼を釈迦堂に訪問して撮影した写真（『良寛と貞心』六藝社　昭和15年刊　より転写）

解説に智譲尼は数年前に亡くなったとあるので、図書館の説は妥当に思われる。いずれにせよ八〇歳近くまで生存したらしい。彼女は貞心尼を知る唯一の証人だったから、近代最初の良寛伝記作者西郡久吾も彼女に取材したに相違ない。彼の『北越偉人沙門良寛全傳』（目黒書店　大正二年）に記述された貞心尼伝は、大筋で中村の「聞取書」と一致するが、年齢、年代、夫との死別か離縁かなどでは微妙な違いがある。御風はほぼ西郡説を踏襲している。要するに、智譲尼の記憶のみによって語られた貞心尼の履歴はそれほど厳密なものではないと思うべきだろう。中村「聞取書」では夫とは死別と離別の両説が出て来るほどだ。しかしこの点に関しては小出の郷土史家の調査で夫だった人の没年が明らかにされて、離別つまり離婚だったと決着がついている。中村「聞取書」に加え、柏崎市立図書館の発表する年譜や、近年の郷土史家の調査などにより補完された要素も交え、最大公約数的貞心尼の履歴をまとめてみよう。

寛政一〇（一七九八）　長岡藩士奥村五兵衛の娘として生まれる。幼名「ます」。幼くして母と死別（中村文書では義母あり）。奥村は二五石取の下級武士。

文化六（一八〇九）　乳母（一説には隣家の使用人）にともなわれて柏崎の中浜に遊び、海に魅了され「斯如場所ニテ学文《まま》シタキ者ナリ」という（一二歳）。

文化一一（一八一四）　小出（現魚沼市）の医師関長温に嫁す（一七歳）。

文政三（一八二〇）　夫と離婚。その後柏崎下宿（現在の番神）の閻王寺（閻王閣の記載もあり。浄土宗？　現存せず）で、眠竜と心竜という姉妹尼僧の弟子となって剃髪、尼僧生活に入る（二三歳）。

文政九（一八二六）　三月、福島村（現長岡市）の閻魔堂【図128】に移る。この秋または翌年の秋、和島村島崎（現長岡市）に良寛を訪ね、以後親しく交友する（二九または三〇歳）。

図128　近年に再建された福島村（現長岡市）の閻魔堂
（2005年４月16日　筆者撮影）

図129　現在の釈迦堂跡（筆者撮影）

図130　不求庵跡（筆者撮影）

天保二（一九三一）一月六日良寛の示寂を看取る（三四歳）。

天保六（一八三五）五月一日、「蓮の露」完成（三八歳）。

天保一二（一八四一）柏崎に移り、洞雲寺（曹洞宗）の泰禅和尚について正式に得度し、釈迦堂【図129】の庵主となる（四四歳）。

嘉永四（一八五一）四月二一日、柏崎大火で釈迦堂も焼失。このとき貞心尼は長岡にでかけていて無事だったが、しばらくは知人宅に寄寓。九月に、歌友たちが広小路に不求庵【図130】を建ててくれたので移る。「焼野の一草」を執筆（五四歳）。

安政六（一八五九）智譲尼が弟子入り（六二歳）。

慶応元（一八六五）上州前橋龍海院の蔵雲和尚が貞心尼を訪問。以後良寛詩集出版につき情報をおくる（六八歳）。

慶応三（一八六七）最初の版本蔵雲編『良寛道人遺稿』（江戸　尚古堂）の刊行なる（七〇歳）。

明治五（一八七二）没（七五歳）。


この貞心尼の経歴でまず注目されるのは、非常に下級とはいえ、彼女が長岡藩牧野家に仕える士族階級の娘だったこと。長岡藩の家老稲垣平助の末娘杉本鉞子《えつこ》が著した『武士の娘』を読むと、維新後でさえ長岡藩士の家風は教育熱心なことに驚く。とくに聡明な女子には男子同様に学問させる気風があったようだ。貞心尼が生をうけた江戸後期における武士階級の誇りはさらなるものがあっただろう。中村「聞取書」によると、幼くして生母に死別し、継母に賃仕事をさせられたが、その賃の余剰で筆墨紙を求め学問をしたという。また彼女は一二歳のころ、奥村家使用人（一説には隣家の使用人）で柏崎の中浜村出身の「をやえ」という女性に連れられて柏崎を訪れ、中浜の金毘羅宮脇薬師堂から町全域と海を眺めたことがあった。内陸の長岡に生まれ、海を知らなかった貞心尼は感激して、「カヨウナ場所ニテ学問シタキモノナリ」と言ったという。幼少から聡明で、広い世界に羽ばたきたいという野心を持った少女だったのだろう。

私は柏崎高校時代、中浜の煉瓦坂に下宿していたので、その辺の地形をよく知っているが、中浜は旧柏崎市内西本町と鵜川を挟んで隣接する地域で、橋を渡ると驚くほど急激な坂道になる。貞心尼が立った薬師堂は現在の中浜一丁目虚空蔵寺に位置し、坂を登りきったあたりで、町も海も一望のもとに見える【図131、132】。貞心尼と柏崎の縁を語る貴重な証言である。

一七歳の頃、小出（現魚沼市）の医師関長温と結婚するが、二三歳の頃離婚したとみられる（智譲尼の証言では夫

図131　柏崎市中浜の旧金毘羅宮、現虚空蔵寺
（2015年10月18日　筆者撮影）

図132　境内海側から見下ろした柏崎市街と海
（2015年10月18日　筆者撮影）

婦の期間は八、九年とやや長い）。離婚理由は分からないが、子どもに恵まれなかったことは当時としては立派な離婚理由にあげられよう。また中村「聞取書」には「縁付キタル内トテ机ニ向ヘ《ママ》字ヲ而巳《のみ》読書シ居ラレタルよし」ともあるので、勉強ばかりしていて主婦らしいところのない妻に夫が愛想を尽かしたとも考えられる。いずれにしろ離婚は貞心尼の望むところだったのではないか。幼い頃から学問好きだった彼女は、離婚後ただちに憧れの海の町柏崎に出て、下宿《しもじゅく》（現在の番神）閻王寺（閻王閣と記載する資料もあり）の眠竜尼、心竜尼という姉妹尼に弟子入りして尼僧生活に入った。江戸後期に著名な女流文人といえば加賀千代女（一七〇三―七五）と太田垣蓮月（一七九一―一八七五）だが、二人とも後年出家して尼僧となり、自立した生計を営みつつ文学的業績を残した。王朝時代には貴族で経済力のある宮廷女官の女性のみに許された文学が、江戸時代には下級武士や庶民階級の女性にも望めば許された。その際、尼僧になることは、経済的自立と自由な時間、空間の確保のために最良の手段だったと思われる。

貞心尼の場合、学問とは仏道と和歌を学ぶことだった。柏崎市立図書館の所蔵する貞心尼自筆資料中に、山田ひろかた翁という和歌の師に贈った作が二首ある。

たどりこし和歌の浦はの道かへてうきめ刈るてふあまとなりにき

よそながらあわれともみゆはるばるとこのうら里にすみそめのそで

この二首のつつみ紙に「下じゅく　貞心尼」とあるので、閻王寺で尼となった二三歳からほど遠からぬ頃の作だろう。古典を踏まえ、掛詞を駆使した技巧的な作で、すでに歌人の風を漂わせる。二九歳で良寛に面会を申し込むからには、相当の自信があったに違いない。

彼女が物心ついたとき、良寛はもう全国的に高名だった。良寛の文名の高さを聞いた長岡藩主牧野忠精が、藩儒に招いたが良寛は断ったという逸話も、事実かどうか怪しいが、その名声を物語る。貞心尼は良寛詩歌を、中越地方の方々の名家に所蔵されていた墨跡から学びつつ、良寛に会って自分の歌を指導してもらいたいと希っていたのだろう。文政九年春に貞心尼は福島村の閻魔堂の庵主となったが、同年秋良寛も国上村から和島村島崎に移ったので、好機が到来した。柏崎から国上は遠すぎて訪問しにくいが、長岡の福島から和島の島崎なら、信濃川を舟で渡る必要はあるものの、与板経由で二〇キロ程だから五時間弱で行ける。貞心尼は周到に準備して木村家にも連絡をつけてから行ったにちがいない。それが良寛が島崎に移った文政九年（一八二六）秋のことか、翌文政一〇年秋のことかはわからない。かなり周到な準備のうえの訪問と思われるので、私としては文政一〇年秋の訪問と思いたい。春と夏に良寛は密蔵院や阿部家にでかけていて、島崎に不在という情報は貞心尼にも届いていたことだろう。いずれにせよ日帰りは無理な距離なので、来訪のときはいつも木村家に泊めてもらっていたようだ。木村家の丁重な、敬意のあふれる対応をみると、貞心尼はその頃すでに歌人として越後では名のある存在だったと思われる。

御風の『良寛と貞心』（昭和一五年　六藝社）の説くところによれば、「蓮の露」の本文の後につけられた貞心と良寛の応答歌の最初の歌は、人を介して木村家の良寛に届けられたものだという。また江戸時代末期に良寛の和歌を蒐集した国学者林甕雄《みかお》（画家林武の祖父）の注記によれば、「この贈答歌は貞心尼が良寛禅師を島崎の庵へ訪ひけるに在しまさゞりければ、手まりに、これやこのゝ歌を添へて残し置きける。師後に、つきてみよの歌を返し玉ふと遍澄師いふ」とある（東郷豊治『良寛全集　下巻』七頁の注記より）。この注記では、手まりは手土産に持参したものとされている。正確に良寛遺愛の手まりとされるものは存在しないようだ。分水の良寛資料館や糸魚川歴史民俗資料館にあるものはみな中村家から出たものらしく、貞心尼の贈ったものかどうかはわからない。いずれもゼンマイの綿毛を核にして糸で巻き、刺繍をほどこした美しい手まりである。しかし実際について遊んだな

図133　良寛遺愛の手まり？（中村家伝来）
分水町（現燕市）良寛資料館

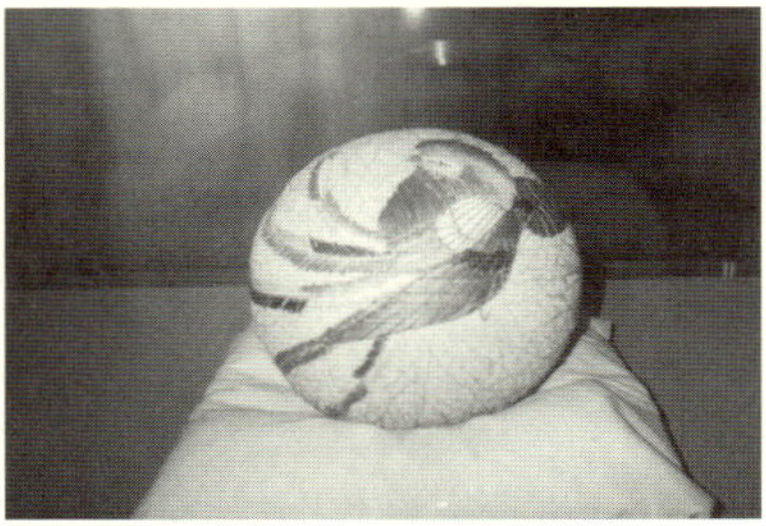

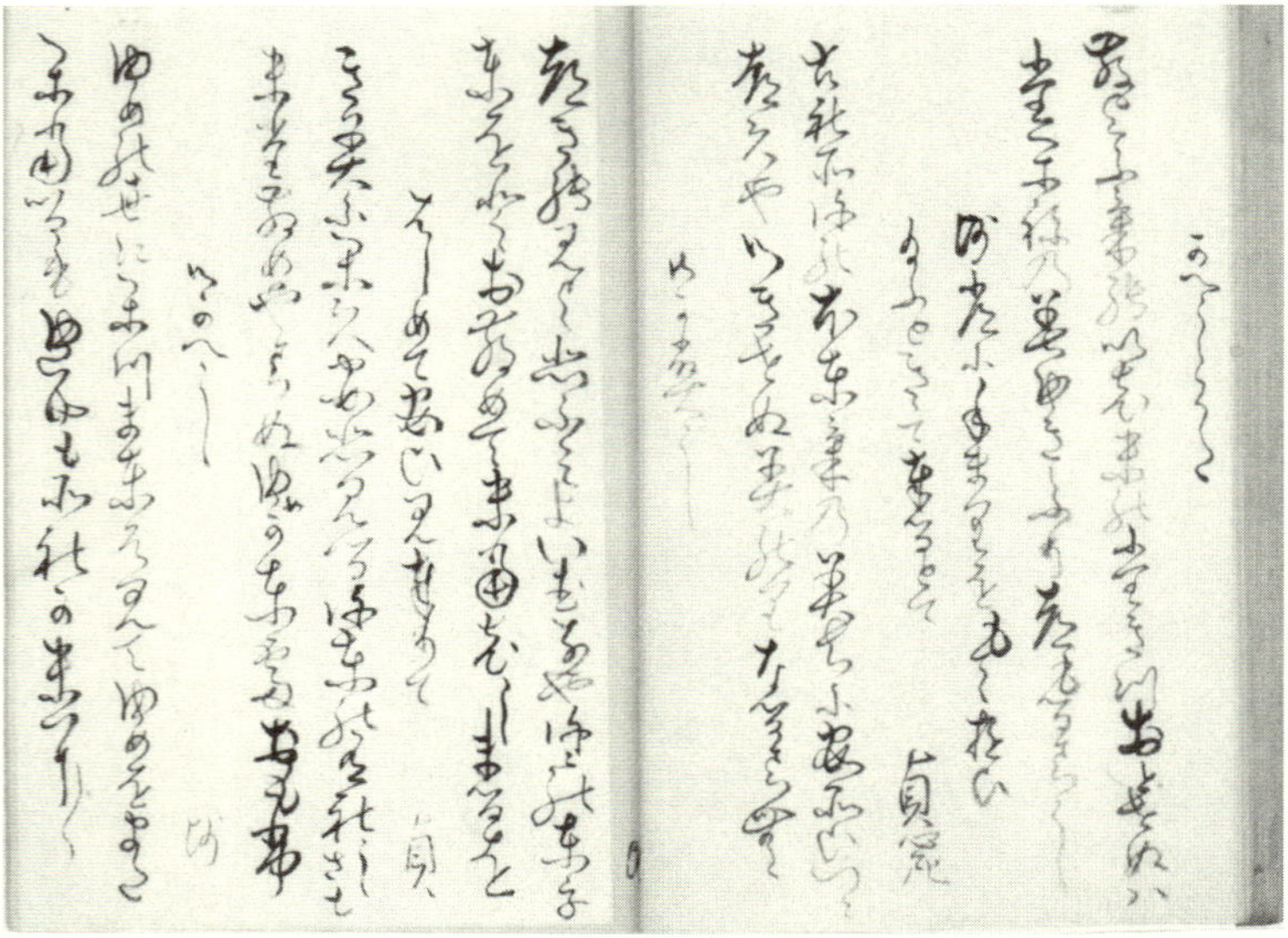

図134　貞心尼「蓮の露」の贈答歌
二八丁目裏四―八行及び二九丁目表一―二行

師常尓手末里遠毛天游比
（師　常に手毬をもてあそび）
玉ふときゝて奉留とて
（たまふときゝてたてまつるとて）　貞心
古礼所許能本東気乃美知尓安所比川々
（これぞこのほとけのみちにあそびつゝ）
都久也川幾世奴美能里奈留良無
（つくやつきせぬみのりなるらむ）
　御可幣之
　（おんかへし）
都幾轉見与悲不ミよい武奈也許々能東乎
（つきてみよ　ひふみよいむなここのとを）
東遠登お散め天末當者之末留遠
（とをとおさめてまたはじまるを）

ら、こんな美しい刺繍は残らないだろう。例として分水良寛資料館の手まりをあげておこう【図133】。添えた歌は、いかにも即興的に書き置いたように見せかけているが、事実は熟慮のうえに用意していったものではないか。内容が重いのである。以下引用する応答歌は、柏崎市立図書館のデジタル・ライブラリーで原文【図134】を確かめ、拙訳をつけてみた（原文は括弧内に示したような草仮名交じりの難解な表記）。

師　常に手毬をもてあそび玉ふときゝて　奉るとて　貞心

これぞこのほとけのみちにあそびつゝつくやつきせぬみのりなるらむ（師常尓手末里遠毛天游比玉ふときゝて奉留とて／貞心／古礼所許能　本東気乃美地尓安所比川々　都久也川幾世奴美能里奈留良無）

師はいつも手まりで遊んでいらっしゃると聞きまして手まりに添えてこの歌を奉ります
いつも手まりをついて遊んでいらっしゃるそうですが、それはきっとほとけの道に遊ぶようなものなのでしょうね、ついてもついても尽きないほとけの教えがそこからわきでてくるのかとお察し申し上げます

掛詞や縁語を駆使した、驚くべき技巧的な歌だ。毬つきのくり返しのなかに尽きることのない仏法の真理があるのでしょうか、と問いかけているのだが、僧らしい仕事はせず、遊び暮らす良寛への揶揄も感じられる。「遊ぶ」は毬つき遊びと仏道に精神を解放する境地を、「つく」は毬をつくと尽きない法のめぐみを掛けている。受け取った良寛は驚いたに違いない。いままで阿部定珍や弟由之らと歌を詠みあったことは多々あるが、こんな生き方の根幹に切り込んでくるような歌をつきつけられたことはない。しかも聞けば作者は若く美しい尼僧だという。女性ながら自分と同じ遁世者の道を歩む後輩に、軽々しい歌を返すことはできない。良寛の返歌はつぎのよ

うなものだった。

御かへし

つきて見よひふみよいむなやこゝのとを　とをとをさめてまたはじまるを（御可幣之／都幾轉見与悲不ミよいむ奈や許々能東乎　東遠登お散め天末當者始末留遠）

お返しに下さった歌

私にならって毬つきをしてごらんなさい。毬唄は一、二、三、四、五、六、七、八、九、十までくると、また一にもどるではありませんか。毬つきも仏法の追究もきりがないのですよ

数え歌風の単純な手まり歌のくり返しのなかに、世界の永遠の反復循環の哲理があると思わせるような、みごとな返歌。年長者の精神的余裕も感じられる。返歌を届けさせた良寛の対応には、一筋縄ではいかない歌の作者貞心尼への好奇心が感じられる。

それにしても良寛の時代にどんな手毬唄があったのだろうか。残っていないのが惜しい。私は、ゼンマイの綿毛を集めて作った毬を子供の頃ついてみたことがあるが、たいしてはずまなかったような記憶がある。第一、板の間でないとはずまないし汚れるから、ゴムまりのように土のうえではつけない。良寛はお寺や神社の縁側などでついたのだろうか。それにしてもあんなはずみの悪い手まりで一〇までつくのは大変かもしれない。私が毬つきをして遊んだのは昭和二〇年代だが、「いちかけにかけてさんかけてしかけてごかけて橋をかけー」とか「いちれつだんぱんはれつして日露せんそうはじまった」とかいう毬つき歌を断片的に思い出す。おはじき歌では

「いちご（越後の〝え〟が〝い〟になまっている）にがた、さんじょ、よいた、いずもざき、むいかまち、ながおか、やひこ、きゅうしゅ、とうきょでホイ」というのもあった。県内の地名が足りなくなって九州と東京が終りに入っているが、ここまで失敗しないでおはじきをうまく弾いてくると一つおはじきを取れるのだった。いずれの歌も数え歌ふうで、数列は永遠に反復する。良寛の時代の手毬唄もそんな風だったのだろう。

このやさしく包み込むような見事な返歌に喜んだ貞心尼は、ときをおかず再訪したに違いない。打てば響くような聡明な貞心尼に、良寛が魅了されたのは言うまでもない。ふたりは和歌の応酬を通して、四〇歳の年齢差を越えて、師弟関係というより敬愛しあう親友となった。万葉集では大きなジャンルだった相聞歌は、王朝制度が崩れると姿を消したが、江戸時代になって良寛と貞心の応答歌のなかに見事に復活したのである。全身全霊を捧げて熱愛するに値する才能と人格の人に出会って、貞心尼の歌は高揚した。その詠い方の率直な近代性は、与謝野晶子の先駆と言えるかもしれない。

君にかくあひ見ることのうれしさもまださめやらぬ夢かとぞおもふ

という歌に始まる天真爛漫な思慕の歌の数々は、良寛の方がおされてたじたじとなるほど。老いの悲哀のなかにあった良寛は、貞心尼の出現により生命力を更新され、すこし貞心尼の訪問が途絶えると、訪問を催促するまでになる。

ほどへてみせうそこ給はりけるなかに
きみやわするみちやかくるゝこのごろはまてどくらせどおとづれのなき

かなりたってお手紙を下さったなかにあった師の歌
あなたはわたしのことをお忘れになったのか、それとも道が隠れてわからなくなったのか、この頃は待てど暮らせどおとずれては下さいませんね

御かへしたてまつるとて
ことしげきむぐらのいほにとぢられてみをばこゝろにまかせざりけり

お返しの歌にさしあげた私の歌
なにかと忙しい草庵の雑事に閉じ込められて、心は良寛様をお尋ねしたいと思うのに身体は自由になりませんでした

貞心尼は職業的尼僧だったから、自活のためには葬儀や法事や村人の教育など仕事があっただろう。良寛は彼女を自分と同じ閑人のように思ったことを恥じ入ったようだ。

御かへし
みをすてゝ世をすくふひともますものをくさのいほりにひまもとむとは

お返しにいただいた師の歌
自分のことなどかえりみず、世の中を救うために奮闘しているひともおられるというのに、なんということか、私は草庵ののんびりした生活に安住しきって、お恥ずかしい、実に思慮の足りないことを申しました

島崎での良寛はもはや日常の雑事に煩わされず、文人生活に没頭できる環境だった。貞心尼も同じ身分と思って訪問を催促した自分の浅慮を自嘲する良寛。この良寛の歌は単に晩年の生活をかえりみるだけではなく、遁世者としての自己の生涯への反省ともとれて、複雑に鑑賞できる。こうした応酬のはてにふたりは年齢差を越えて、おおらかに純愛の世界に遊んだ。

歌やよまむ　手まりやつかむ　野にや出む　君がまにまに何して遊ばむ（貞）

歌や詠まむ　手まりやつかむ　のにや出む　心ひとつを定めかねつも（師）

などとほほえましい唱和が続いた。しかしそれも良寛が元気で歩き回れた二、三年間のことで、最終的には「さらぬわかれ」、つまり良寛の死が主題となっていく。

この「蓮の露」の草稿は嘉永四年（一八五一）四月二一日の柏崎大火で釈迦堂が焼失したのにもかかわらず今に伝えられた。外出の際も肌身離さず持ち歩いたために無事だったのだろうか。副本を作って信頼できるひとに預けてあったのだろうか。いずれにせよ、貞心尼の日頃からの心がけによって伝世したことに感謝したい。

ところで近年「蓮の露」に記載されていない相聞歌が公表され、貞心尼の墓のある洞雲寺【図135】に歌碑【図136】はまでたっている。この相聞歌はいつ公表されたのか分からない。少なくとも相馬御風（昭和二五＝一九五〇年没）は知らなかった。東郷豊治の『良寛全集　下巻』（昭和三四＝一九五九年初版）にも渡辺秀英の『良寛歌集』（昭和五四＝一九七九年初版）にも収録されていない。ところが突然平成三年（一九九一）に、中村藤八の孫の中村昭三の寄進により、貞心尼の直筆遺墨【図137】を拡大覆刻した歌碑が、貞心尼の墓のある洞雲寺に出現した。そして平成七年（一九九五）の柏崎市における全国良寛会総会を記念する市立図書館主催「貞心尼展」に遺墨そのものも出品

図135　貞心尼の墓と歌碑のある洞雲寺　柏崎市
（筆者撮影）

図136　相聞歌　歌碑洞雲寺

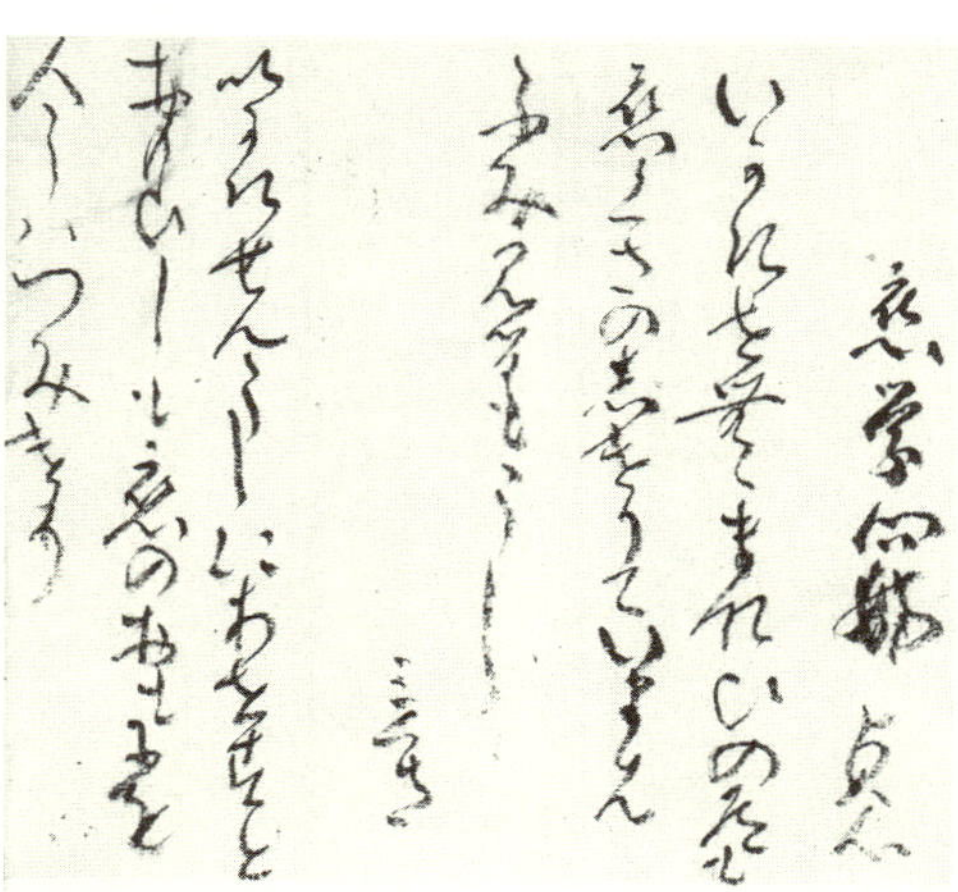

図137「恋学問妨」貞心尼遺墨

恋学問妨（恋は学問を妨ぐ）　貞心
以可仁世無末那比の道毛（いかにせむ学びの道も）
恋久さの志遣りて以末者（恋草の茂りて今は）
ふみ見留毛宇之（文見るも憂し）

良寛
以可仁世无宇之仁安世春と（いかにせむ牛に汗すと）
於毛比之毛恋のお毛尓遠（思ひしも恋の重荷を）
今ハつみ気遣利（今は積みけり）

された。平成八年にリニューアル開館した市立図書館ソフィアセンター前にも、この歌碑は同じく中村昭三の寄贈により建てられた。遺墨は良寛の返歌も貞心尼が書いたものであることに注意を払っておきたい。さらに雑誌『良寛　27号』（考古堂書店　平成七年五月刊）に中村千榮子と谷川敏朗の解説が載った。

中村千榮子は中村藤八の孫で昭三の妹、詩人として知られる方だ。そのエッセイ（二七頁）によると、この遺墨は軸装で、実家中村家の蔵にあり、四季折々に中村家では床の間に紫の小花とともに飾っていたという。祖父藤八は貞心尼関係品を一括寄贈したが、これは手放し難く、手元に遺しておいたものかと中村千榮子は推定し、作曲家越部信義に作曲を依頼してできた譜面を紹介している。このエッセイから推量すると、一部の人たちにはその存在を知られていたとしても、公表されたのは、平成三年の歌碑寄進の年と考えてよいのかと思われる。平成一八年（二〇〇六）出版の『定本・二』にはもちろん収録されているが(1444)、発見の経緯については何も記載がない。良寛の歌の方は良寛の遺墨があるわけではなく、貞心尼の遺墨のみから知られる作である。

恋学問妨　　　　　　貞心
以可仁世無末那比の道毛
恋久さの志遺りて以末者
ふみ見留毛宇之
良寛
以可仁世无宇之仁安世春と
於毛比之毛恋のお毛尓遠
今ハつみ気利

恋は学問を妨ぐ　貞心
いかにせむ学びの道も
恋草の茂りて今は
文見るも憂し
良寛
いかにせむ牛に汗すと
思ひしも恋の重荷を
今は積みけり

一読して何と大胆な愛の告白なのかとびっくりする。しかし谷川敏朗の解説（三四―三五頁）によれば、これは歌会での題詠であり、抽象的な恋の歌だという。歌会では題を設定し、それについて参加者があらかじめ清書した歌を詠みあげて競ったり批評したりするものらしい。貞心尼は地域の歌人として歌会によく参加しており、晩年には柏崎歌壇の重鎮の一人であり、歌人仲間に焼失した庵を再建してもらっているほどだ。ちなみに御風によれば、良寛没後の貞心尼の歌はほとんどすべて題詠であって、良寛と歌を詠みあった頃の作にまさる歌はないと評される。谷川によれば、この相聞歌には次のような本歌があるという。

万葉集の巻第四　広河女王の歌
恋草を力車に七車積みて恋ふらくわが心から

万葉の時代に恋草という草があったわけではないが、作者は恋の思いの激しさを繁茂する草に譬え、その恋草は刈っても刈ってもきりがなく車七台にもなるほど、重く激しい恋なのです、それも自分勝手な思い込みからのことですが、と訴えている。

本歌があると指摘されれば、なるほどと思う。貞心尼の歌中の「文」には「文」と「踏み」が掛詞になっているし、「道」「草」「茂り」「踏み」などは縁語だから、「どうしましょ、わたし、恋をしたらお勉強がいやになっちゃったの」というややふざけた歌に、本歌取りの技巧の粋がつくされているのだ。良寛作も同じ歌を本歌にしたもの。「牛に汗す」は「汗牛充棟」つまり、牛が汗をかくほど重く、棟につかえるほどの多量の書籍という意味だから、「どうしよう、沢山の本を読もうと思っていたのに、私も今は恋の重荷につぶされて、読書どころではなくなった」と唱和したことになる。両作ともに真情を詠ったというより、万葉の教養を前提とした技巧的、言葉遊び的な作だと谷川はいう。なぜか貞心尼はこの二首を「蓮の露」に入れなかった。天真爛漫な相思相愛の歌はいくつも存在するので、なぜこの相聞歌だけをはずしたのか、不思議に思われる。

ところで私はこの歌の技巧と機知に感心する一方、歌会に「恋は学問の妨げ」などというきわどい題が出題されるだろうか、また良寛が歌会に参加しただろうかという素朴な疑問も禁じえない。貞心尼の歌会参加は良寛没後に頻繁だったとも思われるので、題詠とすれば両方とも良寛没後の貞心尼の作という可能性もあるのではないか。良寛の歌に良寛らしい率直な個性がなく、技巧のみが目立つようにも感じられる。草仮名の使い方も良寛らしくない。良寛は草仮名を使う場合、一音一漢字の法則をほぼ遵守している。ところがこの歌では「恋」と「今」を普通の漢字として読ませている。これは良寛としては異例なので、今後の研究の展開を待ちたい。もちろん、かりにこの相聞歌が貞心尼ひとりの作だとしても、ふたりの純愛と尊敬が損なわれることはあり得ないが。

しかし時は残酷だ。相聞歌の時期は長くは続かず、良寛の健康は七三歳なかばから次第に終末へと向かう。一二月下旬、良寛重篤の知らせが貞心尼に届いた。もちろん彼女は大急ぎでかけつけた。その後良寛の終焉までの様子はつぎのように綴られている。

いつ〳〵と待ちにし人は来たりけり今はあひ見て何か思はむ　師
むさしのゝくさばのつゆのながらへてながらへはつる身にしあらねば　師

かゝればひる夜、御かたはらにありて、御ありさま見奉りぬるに、たゞ日にそへて、よわりによわり行き玉ひぬれば、いかにせん、とてもかくても遠からずかくれさせ玉ふらめと思ふにいとかなしくて

いきしにのさかいはなれて住む身にもさらぬわかれのあるぞ悲しき　貞心

御かへし

うらを見せおもてを見せてちるもみぢ　師

こは御みづからのにはあらねど、時にとりあひの玉ふ、いと〳〵たふとし

（発句一〇句略）

天保二卯年正月六日遷化よはひ七十四

最後の作は、なぜか俳句になっている。「うらを見せおもてを見せてちるもみぢ」はいくつか伝えられる辞世の句や歌のうち、貞心尼が良寛の口から実際にこぼれるのを聞いて書きとめた句として貴重だ。貞心尼はこの句をどこかで聞いたことがあるような気がして「御みづからのにはあらねど」と書いたらしいが、後世の識者がいくら調べても同じ句は発見されていない。『定本・三・句集・八一頁』の解説で谷川敏朗は、「先行句として谷木因（芭蕉の友人）の〈裏ちりつ表を散りつ紅葉かな〉があるが、良寛の句には自分の人生のすべての重みがかかっていて、あきらかに別趣の独立した作品となっている」と述べる。いずれにしても、ひたすら自己を見つめ、自己を語ってきた良寛らしい辞世の句と思う。

良寛の死を看取ったとき、貞心尼は三四歳だったが、その後彼女は七五歳まで生きぬいた。彼女のまとまった遺稿としては、「蓮の露」のほか、釈迦堂の火災に関する文「焼野の一草」、歌集「もしほぐさ」および手紙二通

が、御風の『良寛と貞心』に収録されている。手紙二通はいずれも良寛の詩集を出版する企画に関して、編者である前橋の龍海院第二九世住職蔵雲に宛てたもの。とくに最初の長い手紙は重要だ。そこには出版に関して、貞心尼が果たした役割の重要さが浮き彫りになっている。

この良寛詩集として初めて出版された『良寛道人遺稿』（江戸　尚古堂　慶応三＝一八六七年）は、後の数多くの詩集とは違った特色を持っている。全体は二三四首と少ないが、そのうちの五二首は法華讃という宗教偈から選ばれており、しかもそれらが巻頭に置かれている。この編集方針は、良寛が詩人である以前に僧だということを強調している。鈴木文台をはじめ、地元の良寛心酔者が何人も編集に加わりたがり、序文を提供などしたが、貞心尼は、俗人の書いたものは「師の徳を損じ、無きにはおとる事も御座候」と手厳しい。そういう貞心尼を、鈴木文台の出版計画を邪魔したとか、漢詩文を読めないなどと批判する人もいる。しかし、そんなことはありえない。文台一族は良寛詩集を出版したかったに違いないが、一介の町医者や塾教師の財力で出版事業は出来ない。江戸時代の出版は、資金も労力もかかり、かつ江戸か京都に長期間滞在できる余裕のある人でなければ不可能だった。それにひきかえ蔵雲は、前橋の龍海院という曹洞宗の由緒ある寺の住職で資金力がある。かねてから良寛に関心を持つ蔵雲は、弘化四年（一八四七）にはじめて越後を訪れ、いかなる縁からか糸魚川の牧江家（阿部定珍の第九子の婿入先）と親交を持ち、良寛詩写本を借覧する（『良寛百考』による）。以来出版の実現まで、二〇年にわたって良寛研究を重ねてきたという。彼は禅僧にして書、詩、画に通じた文人（扉の良寛肖像は蔵雲作）であり、越後よりはるかに江戸の近くに住んでいたから江戸の本屋と交渉もしやすい。まさに良寛詩集出版事業を進める実行力の持主だった。

蔵雲が良寛詩集出版の意図を貞心尼に打診したのは慶応元年の訪問の折だろうか。彼女はただちに彼を適任者と認め、全面的に協力したのだった。その資料となる自筆本、写本などは文台からも遍澄からも、その他多数の良寛崇拝者から提供されたものを、貞心尼がとりまとめたと手紙から推察できる。経典を学んだ貞心尼は良寛の本領が漢詩と詩偈にあることをよく理解しており、開版に際し歌集を優先させようとはしなかった。この一事をみても、文台の博識をひけらかす空疎な美文調序文（東郷豊治『良寛全集　上巻』に一〇篇もの文台の序文や跋文が収録されている。五七一―六五九頁）を批判したことをみても、貞心尼が漢詩文をよく理解したことは疑いない。蔵雲の含蓄に富んだ立派な序文や伝記の箇にして要を得た漢文と、その造本の美しさを見れば、貞心尼の判断が実に適切だったことは何人も納得するだろう【図138】。幕末の政治的大混乱にもかかわらず、『良寛道人遺稿』は世に出た。貞心尼は歌人としても、良寛の業績を後世に残すという事業においても、実に抜きんでた存在だった。

老いと死を見つめて

良寛は自分の老いに逆らわない。四〇代には意気揚々、各地を転々とすることもいとわなかった。五〇代には国上山中腹の五合庵に定住し、毎日のように小登山を繰り返した。やや体力の衰え

図138　『良寛道人遺稿』表紙と口絵の良寛肖像
肖像は貞心尼の原画を蔵雲が描き直したものという。

を感じた六〇代には、より里に近い乙子神社脇の草庵に移り、思索を深め書に熱中した。老いの不安が深刻化した六〇代末には、島崎の木村家の世話になった。自然の摂理に対しては、無駄な抵抗はしないというその生き方は次の手紙によく表れている。

地震は信《まこと》に大変に候。野僧草庵ハ何事なく、親るい中、死人もなく、めで度存候。

うちつけに　死なば死なずて　ながらへて　かゝるうきめを　見るがはび《（わ）》しさ

しかし、災難に逢時節には、災難に逢がよく候。死ぬ時節には、死ぬがよく候。是ハこれ災難をのがるゝ妙法にて候。かしこ。

良寛

臘八《らふはち》

山田杜皐《とこう》老　与板

（『定本・三・書簡・217』ふりがな一部略）

この手紙は、文政一一年（一八二八）一一月一二日（陽暦では一二月八日）に三条市を震源とする大地震が起きた後で、臘月《ろうげつ》（一二月）八日に与板の友人杜皐に出したもの。この地震では与板も多くの家屋が倒壊し、死者や負傷者が多数でたが、町年寄で酒造家の杜皐の家は立派な造りで何の被害もなかった。良寛はすでに木村家の庭内の草庵に移り住んで二年目、島崎は震源からかなり遠いので、これまた被害がなかった。「突然に死ぬのならいっそ良かったものを、死なないでこんな惨状を見るとは悲しいことです」という歌にしても、「災難にあうときには逢うのが良く、死ぬときが来たら死ぬのがよい」という言葉も、双方にたいした被害がなかったからこそ言えることだろう。「地震後作」「地震後詩」「土波後詩」など一連の三条地震後の詩に共通する「この度の災害は、太平の世に慣れ、堕落しきった人間が招いたものだ」という見解は、「天罰」という言葉こそ使ってはいないが、どう読んでも災害を人間の欲望まみれの堕落に対する天罰と捉えて、反省せよ、と詠っている。これも自分や知人が被害者だったらそう言えるか、という疑問は湧く。しかし災害は天罰、死は不可避とわり切って、じたばたしないところが良寛らしい。天性が楽天的で自分の強運を信じている。しかしその強運も永遠ではない。七三歳前後から次第に衰弱を自覚していく。普通芸術家の肉体的衰弱は、作品内容の脆弱化を招くことが多い。ところが良寛の場合、肉体の衰弱が作品表現に一層の深みと魅力を添える結果となっているのには驚く。

和礼安利東／堂能無人己所／者可奈気礼／由面能宇起与耳／萬保呂之乃美遠／良寛書（われありと　たのむ人こそ　はかなけれ　夢のうきよに　まぼろしの身を）【図139】　（『定本・二・338』）

この遺墨は木村家の貼り交ぜ屛風その二の第一扇の右下に貼ってある。書家森田子龍に絶賛されているこの書の美は、単に書体が美しいというのではなく、自分の生が終りに近づいたことを自覚したときの、深いむなしさの感情が表現に限り無い陰影を与えているせいではないだろうか。良寛は若い頃から、自分に天才が与えられていることを確信し、その天才を十分に展開させようと努力してきた。つまり「我あり」という気概をもって生きてきた。しかしもう自分の人生は終わりそうと気づいてみると、そんな自負はばからしく、人生は一瞬のまぼろしだったのだと思えてくるというのである。また、こんな遺墨もある。

冬夜《とうや》長《ながし》

冬夜長兮冬夜長／冬夜悠悠何時明／灯無焔兮炉無炭／只聞枕上夜雨声

老朽夢易覚／覚来在空堂／堂上一盞灯／挑尽冬夜長

一思少年時／読書在空堂／灯火数添油／未厭冬夜長【図140】

（『定本・一・656・657』『文庫・二六〇・九二頁』）

七言絶句を一首、五言絶句を二首連続させて、三節からなる自由な近代詩のように書いたその書は、老いの歎きに満ちて痛々しいが、美しいこと清いこと限り無く、神韻縹渺としている。老いた身には冬の夜は長くてつらい。うとうととしてもすぐ目覚めてしまう。思えば若い頃は、同じような空堂にあっても読書に励んで、冬の夜の長さなど厭いはしなかったものを、と嘆く良寛。しかしその老衰の状況をしっかりと記録している意志的な良寛もそこにいる。書は隙間風に揺らぐ燈火のごとく揺らめきながら、終りに行くほどに字がびっしりと並んで、終わりのない連続感を保っている。普通ならば最後に「良寛書」と書くところを書かないのが実に心憎い。縦に短く横に長い紙形の選択も熟慮の結果であろう。冬の夜長は見事に形象化されている。最晩年に至っても、良寛の芸術的創造力は上昇し続けていることがよくわかる。つぎの作も最晩年の遺偈ともみなされている作だ。

草庵雪夜作

回首七十有餘年／人間是非飽看破／往来跡幽深夜雪／一炷《いっしゅ》線香古《こ》怱下《そうのもと》　良寛【図141】

（『定本・一・642』）

ふり返えれば七十数年も生きて／世間の善悪を見破ることにもう飽きた／道が隠れるほどの深夜の雪／一本の線香がゆらめく、古い窓の下で

自分の命を、燃え尽きようとする一本の線香と客観視する冷静な良寛。体調不良は文政一三年（一八三〇）八

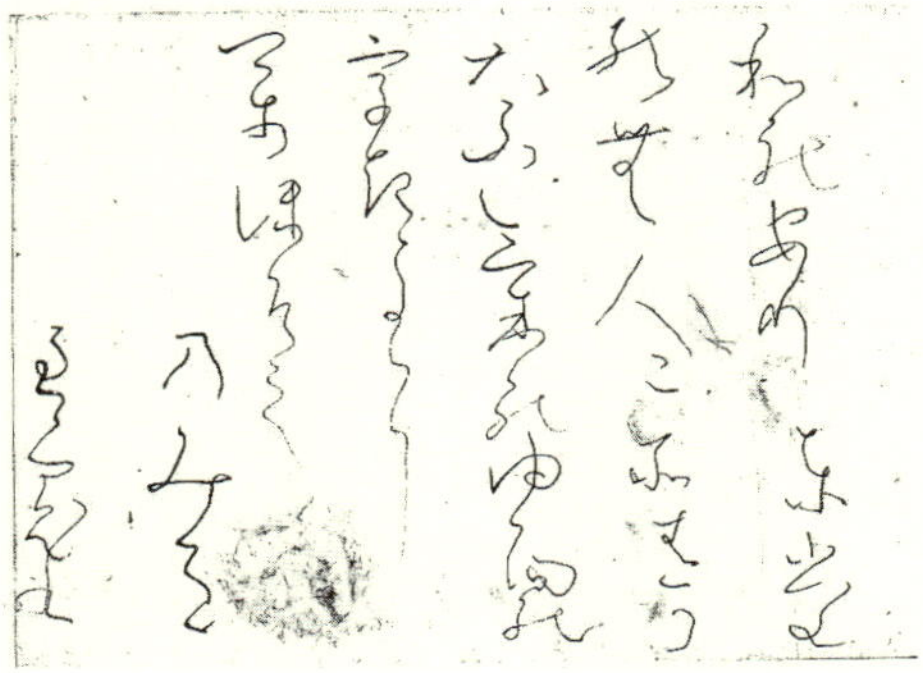

図139

和礼安利東／堂能無人己所／者可奈気礼／由面能宇起与耳／萬保呂之乃美遠／良寛書

（われありと　たのむ人こそ　はかなけれ　夢のうきよに　まぼろしの身を）

良寛書

図140　「冬夜長」

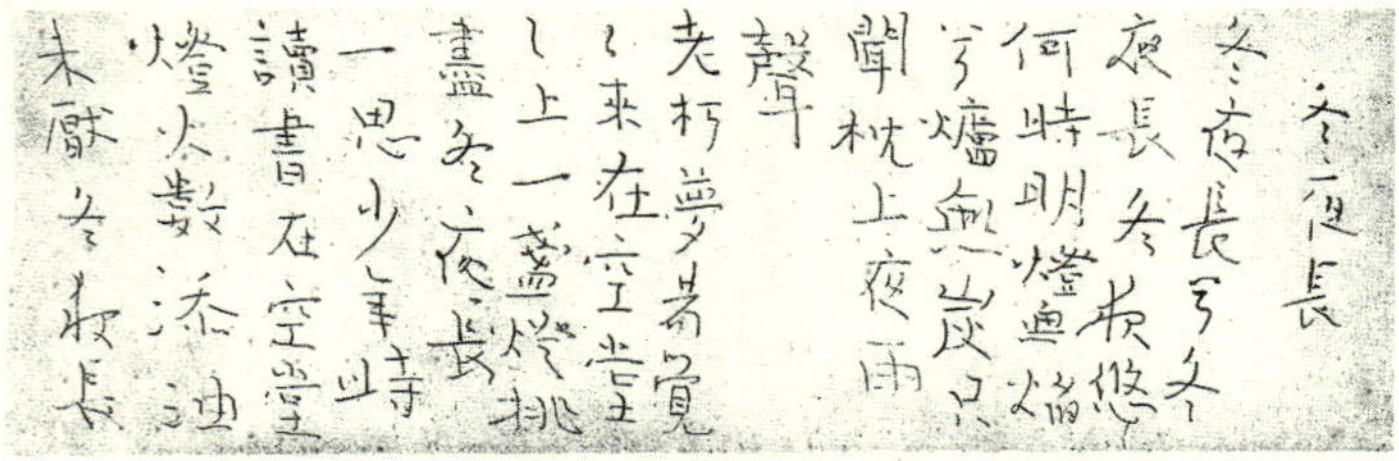

図141　草庵雪夜作

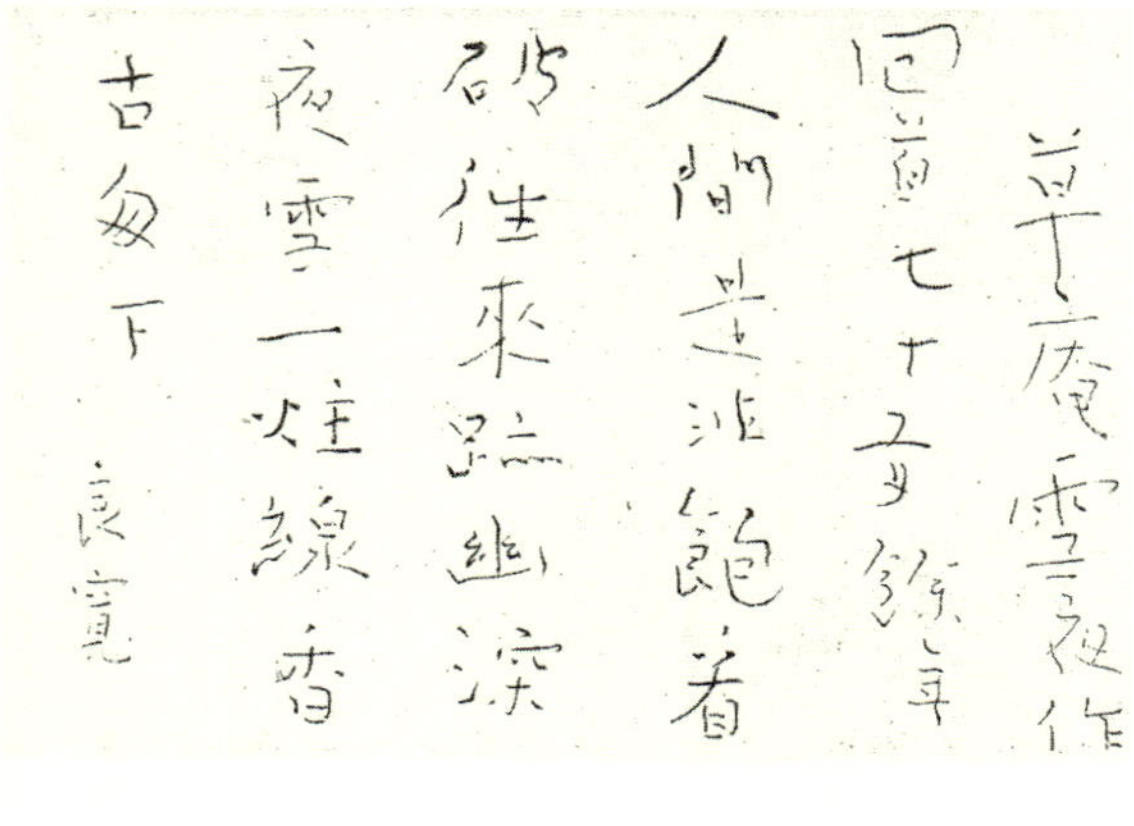

月からと木村元右衛門の鈴木牧之宛て手紙にあるが、この詩はその年の冬の作だろうか。下痢や腹痛の症状から、現代では良寛の死に至る病は直腸癌と推定されている。一二月初め頃には小康状態で、貞心尼と語り、鈴木牧之の絵に讃を入れることさえやってのけた。しかし病状は進行し、一二月二五日頃危篤の情報が貞心尼や由之に届けられた。もちろん貞心尼は駆けつけ臨終まで介護にあたった。

その介護の際に、良寛が食事も薬も受け付けなくなったので、貞心尼が「だめじゃありませんか。ご自分で死のうとなさるなんて」といったニュアンスの歌を作って良寛に見せたらしい。「蓮の露」には収録されていないが、林甕雄編「良寛禅師歌集（稿本）」には、貞心尼の作として「やまひのいと重うなり給ひて　薬も飯も断ち給ひけると聞き読める」という詞書を持つ「かひなしと薬も飲まず飯たちてみづから雪の消ゆるをや待つ」という歌と、その返し歌として良寛の「うちつけに　飯を絶つとにはあらねどもかつやすらひて時をし待たむ」が収録されている。また、その返し歌は草仮名の遺墨【図142】として柏崎の黒船館（吉田家）に所蔵されている。もとは貞心尼が所蔵していたも

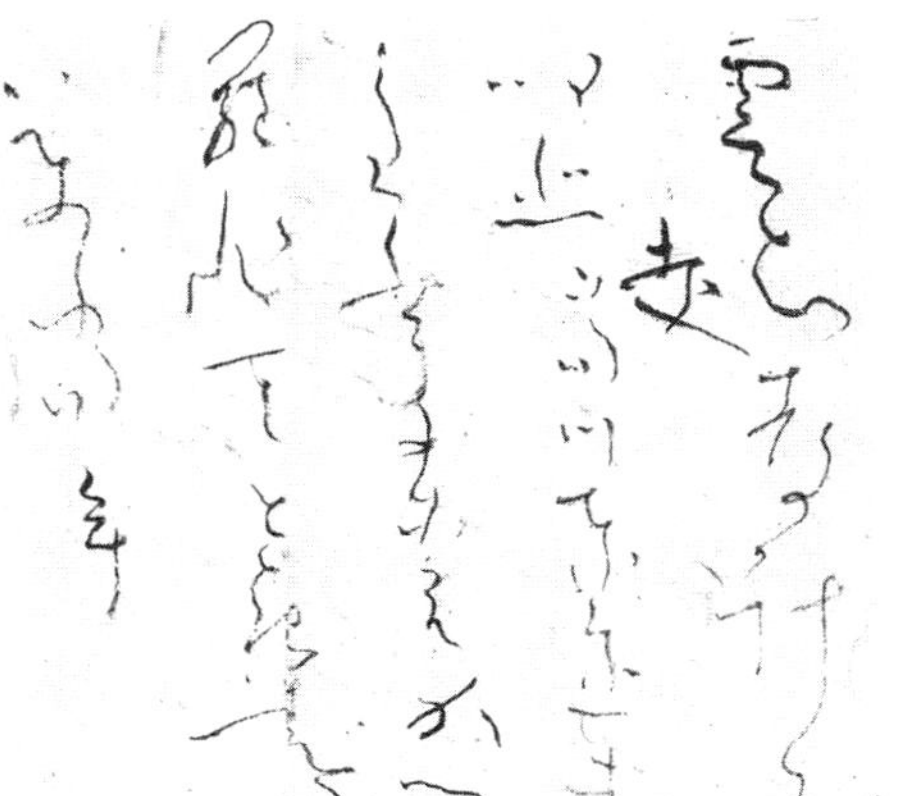

図142「雲知都計耳」

雲知都計耳
遠
以悲當川東邇者　安
良年東毛　加川也春
羅非天　止起遠之
萬當牟

うちつけに
を
いひたつとには　あ
らねとも　かつやす
らひて　ときをし
またむ

のだろうか。

雲知都計耳　うちつけに
以悲遠當川東邇者　安　いひをたつとには　あ
良年東毛　加川也春　らねとも　かつやす
羅非天　止起遠之　らひて　ときをし
萬當牟　またむ
（『定本・二・1416』）

苦痛に震えながら、かくも美しい歌と表記で毅然と応える良寛はなんという意志の人か。ことさらに食を絶つというのではないが、もう静かにしてその時を待ちたいのだよ、という答えのなかに、死への覚悟がにじみ出る。死のほんの数日前の作であろう。

貞心尼が蔵雲に書き送った手紙には、「師病中さのみ御悩みもなく、眠るが如く座化し玉ひ」とある。また、臨終にたちあった人びとのひとりと思われる寺泊の僧証聴は、「終わるに臨み環坐咸《みな》遺偈を乞ふ。師即ち口を開いて阿と一声せしのみ。端然として坐化す」と記述している（「良寛禅師碑石並序」）。ここでも「坐化（座化）」が使われている。しずかに苦しまずお亡くなりになったという意味なのか、きちんとお坐りになってお亡くなりになったという意味なのか。端然と背筋を伸ばして坐って死ぬのが理想の禅僧の死に方だという。本当にそんなことが可能なのだろうか。坐って亡くなったとすれば、周りのひとびとが坐らせてあげたのだろうか、識者に教えて

図143　良寛と由之の墓　隆泉寺　右良寛の墓　左由之の墓

いただきたい。

証聴は「闍維の日、千有余人来りあつまり、ひとしく手をささげて流泣せざるはなきなり」と述べている。貞心尼はまた荼毘に付されたその遺骨について「せ中の大骨皆五色にて、節々はことに美しく、人々皆手に取上げ見つ、是を細工物にしたら見事ならむなど、たはぶれ言ふものもありき。舎利は數知らず人々ひろひてもちかへりぬ。墓は島崎村隆泉寺境内に在り」と書いている【図143】。本当に良寛は良く、美しく死んでいったのだった。

第12章　近代文学における良寛の影響

良寛誕生の時代背景からその死までを、一一章にわたって書いてみた。その結果、良寛が根源的に芸術家としか言いようのない生涯を送った人であり、その名声は生前には非常に高かったということを明らかにできたと思う。しかし没後は、その著作も墨跡も秘蔵されるばかりで出版に至らず、やや地方に埋もれがちだった。没後三〇年もたった幕末に、ようやく『良寛道人遺稿』が出版されたが、ときは明治維新の大混乱期にあり、その影響がすぐ文学界に現れることはなかった。しかし明治一〇年代頃から良寛研究熱は次第に高まり、大正に入ると爆発的に良寛作品の拾遺と伝記的研究が輩出する。その活動には学者のみならず、相馬御風を筆頭に作家・詩人・歌人の存在が際立つ。さらに良寛の生き方に共鳴する一般市民の参入も絶え間ない。その経緯は『良寛伝記・年賦・文献目録』（良寛全集全集刊行会・谷川敏朗編著　野島出版　昭和五六年）に明らかにされており、膨大さにはまったく圧倒される。

ところで私がここで試みようとするのは、文学者の良寛研究熱ではなく、作家や詩人が、その創作発想の根源に良寛の詩と精神の影響を受けている例を探ることだ。具体的には小説家夏目漱石と詩人萩原朔太郎を取り上げる。

ふたりは、日本近代文学の口語的表現において、散文と韻文の最初の高峰とされる。両者に良寛の影響をたどるならば、現代芸術にまで及ぶ良寛の影響の大きさが、おのずと浮かび上るのではないかと思う。

夏目漱石の場合——いつ良寛を知ったか

漱石が晩年に良寛に熱中したことはよく知られている。一般的にはその傾向は大正三年頃からといわれ、その根拠とされるのが次にあげる山崎良平宛の手紙だ。

拝啓良寛詩集一部御送被下正に落手仕候御厚意深く奉謝候上人の詩はまことに高きものにて古来の詩人中其匹《たぐい》少なきものと被存候へども平仄などは丸で頓着なきやにも被存知候が如何にや然し斯道にくらき小生故しかと致した事は解らず候へば日本人として小生は只今其字句（の）妙を諷誦して満足可致候上人の書は御地にても珍しかるべく時々市場に出ても小生等には如何とも致しかたかるべきかとも存候へども若し相当の大きさの軸物でも有之《これあり》自分に適（当）な代価なら買ひ求め度と存候間御心掛願度右御礼旁《かたがた》御願迄　怱々頓首

一月十七日　夏目金之助

山崎良平様

（　）内は漱石全集編者が補ったもの（『漱石全集』第二四巻・1973）

漱石が一高と帝大文科大学講師を兼任して勤め始めた明治三六年に、山崎は一高の二年次に在学しており、帝大では英文科に進んだ。漱石が明治四〇年三月に帝大を去るまで、山崎は四年間も漱石に学んだ親しい教え子ということになる。山崎が送った『良寛詩集』とはいかなる本かについて、最初に明快な指摘をしたのは、細井昌文の論文「漱石が読んだ良寛詩集の発見」(『論究』第二号　二松学舎大学　佐古研究室　昭和五七年四月　一九—四三頁)だった。細井によれば、その本は小林二郎編『僧良寛詩集　全』(初版　明治二五年　精華堂)の第四版にあたる『僧良寛詩集　全』(明治四四年　精華堂)だという。この第四版には、第三版まではなかった山崎の「大愚良寛」という二九頁にも及ぶ良寛評伝が巻末についている。それゆえ、当時はもう卒業して越後の糸魚川中学教師をしていた山崎が、恩師に献本したと細井は推定する。第四版の出版は明治四四年なので、献本までに約三年の間がある事情については細井も明らかにしていないが、おそらく師弟間に記録に残らなかった手紙の交換がもっとあった後に、献本という次第になったと想像される。この細井の論文をきっかけとして、漱石と良寛についての論考が湧くように現れたことを、私は細井からの多くの資料提供により知った。山崎の「大愚良寛」も細井からコピーを提供され目を通した。二〇代の若者らしく気負った硬い文体で、アリストテレスなど古今の哲学者、美学者の論まで援用して、芸術家としての良寛を真正面からとらえた立派な良寛論だった。なお、この第四版には、良寛の書四点(漢詩草書二点、草仮名の長歌と反歌一点、書簡一点)が写真製版の図版で入っていた。これにより、少なくとも漱石が良寛の書を見た確実な年代は大正三年ということが出来る。

『僧良寛詩集　全』第四版は蔵雲『良寛道人遺稿』(二三四首収録)から法華讃五二首を除いた一八二首からなる内容で、蒲生重章の序、撰者の上人伝、山崎の評伝を備え、当時としてはもっとも充実した内容だった。では、この大正三年正月をもって漱石がはじめて良寛を知った、としてよいかというと事はそう単純ではない。「斯道にくらき小生故」などと謙遜しているが、彼は一四、五歳のとき、約一年間二松学舎に在籍し、漢詩文を専修した経歴を持つ。それゆえ漱石が、日本人の漢詩について無教養だったとは考えにくい(明治一四年春頃から一五年春頃まで＝『全集・年譜』による）。

細井は大正三年以前に漱石が良寛を知りえた可能性として、まず明治三三年夏頃、正岡子規が会津八一から『僧良寛歌集』（村山半牧編　精華堂　明治一二年）の献本を受け、同年一二月刊の『ホトトギス』（第四巻九号）の「病床読書日記」に、

『僧良寛歌集』を見る。越後の僧、詩にも歌にも巧みなりしとぞ。詩は知らず。歌集の初にある筆跡を見るに絶倫なり。歌は書に劣れども萬葉を学んで俗気なし。（一二月一四日）

と書いていることを挙げている。漱石は明治三三年夏に英国留学に出発し、ロンドン暮らしだったから多分読んでいないと細井は推定するが、『ホトトギス』はロンドンに郵送されたはずなので、私は確実に読んでいると思う。次に細井が挙げるのは、明治三六年一月に漱石が留学から帰って、四月から一高と帝国大学の教壇に立ったことである。このときくだんの山崎良平は一高二年次に在学し、一高の伝統ある『校友会雑誌』第一三〇号（明治三六年一〇月刊）に「大愚良寛」という長編論文を発表した。小林二郎編『僧良寛詩集　全』第四版への収録は、初出から八年も後のことだったのだ。それに『大愚良寛』といえば、今日では相馬御風の処女作として著名だが、じつは帰郷した御風を良寛研究に誘ったのは当時糸魚川中学で教職に就いていた山崎だったという。御風の『大愚良寛』は、山崎の先行研究を踏襲した書名だったのだ。三六年の時点で漱石がこの論文を読んだ可能性は高いが、証拠はないと細井はいう。確かに証拠は何もない。しかし、教え子の藤村操の自殺という事件の後でもあるし、学生が編集する校友会雑誌となれば、良き教師の漱石は必ずや目を通したと私は確信する。

さらに大正三年以前に、漱石が良寛を知っていた確実な証拠として、細井は明治四四年五月一七日（水）の日

記をもあげている。この日訪れた黒本植との雑談メモらしい。黒本は熊本五高時代の同僚教師で、修学旅行引率で上京したついでの漱石宅訪問だったという。

> ――良寛が飴のすきな話をした。良寛に飴をやって、其飴を舐る手をつらまへて、さあ書いてくれと頼んだら、よしと云つて其手は食はんと書いたさうである。
>
> (『漱石全集』第二〇巻・二八七頁)

黒本は漢学者だから良寛に詳しかったのだろう。この落語のような逸話は「良寛禅師奇話」にもないので、黒本が何からとったか私にはわからない。しかしこの日記は、漱石と黒本が熊本時代から良寛をよく話題にしていたことを想像させる。とすると、漱石が良寛を知った年代は、熊本五高教師時代の明治三〇年前後に繰り上がる。

また、漱石の良寛認識を探るには、手紙や日記より作品の検証こそ欠かせない。詩が明らかに良寛の影響下にある作例としては、「大愚難到志難成(大愚至り難く志なり難し)」に始まる七言律詩(『漱石全集 第一八巻・207』)が挙げられるのが常だ。これは大正五年一一月一九日の作だから、『良寛詩集 全』を手元に置きながらの作で、影響が濃厚なのは当然だが、漱石の良寛認識を明治三〇年前後にまで遡らせるとすれば、その詩も、もっとも初期から再検討しなければならない。そこで最初期の作から見てみると、驚くべき結果を得た。たとえば十代のとき(成立学舎に通っていた一六、七歳頃?)の作として、漢詩集の五番目に収録されている次の詩はどうだろう。

> 「離愁次友人韻」/離愁別恨夢寥寥/楊柳如烟翠堆遥/幾歳春江分袂後/依稀繊　月照紅橋
> 「離愁《りしゆう》　友人の韻《いん》に次《じ》す」/離愁《りしゆう》　別恨《べつこん》　夢寥寥《ゆめりようりよう》/楊柳《ようりゆう》烟《けむり》の如く　翠堆《すいたい》遥《はる》かなり/幾歳《いくさい》か　春江《しゆんこう》に袂《たもと》を分《わ》かちし後《のち》/依稀《いき》として繊月《せんげつ》　紅橋《こうきよう》を照らす
>
> (『漱石全集 第一〇巻・5』一海知義注釈)

この詩を読んで私は、たちどころにつぎの良寛の詩を思い出した。

「暁送左一」／依稀松蘿月／送君下翠微／自茲朝又夕／寥寥掩柴扉

「暁に左一を送る」／依稀たり松蘿《しょうら》の月／君を送りて翠微《すいび》を下《くだ》る／茲《こ》れ自《よ》り朝《あした》　又《ま》た夕《ゆう》べ／寥寥《りょうりょう》として柴扉《さいひ》を掩《おお》はん

（『定本・一・100・134・247・526』『文庫・一八二頁』）

漱石は七言絶句、良寛は五言絶句だが、詩想、用語はよく似ている。漱石の詩は、「何年か前の春友人と別れた川辺にたって、あたりを見回すと、あのときと同じように柳はほのかに芽吹き、緑の堤ははるかに続いていて、おぼろげな三日月が朱塗りの橋を照らしている、君と別れてから幾年がたったことか、いまだに別離の憂いは胸を去らず夢か思う」と詠っている。現在見ている光景から過去を回想する、という手の込んだ状況設定だ。良寛の詩は「おぼろ月がつたのからんだ松にかかる春の暁、明け方まで夢中で話し込んだ親友左一を送って緑の萌えだした国上山を下りながら、ああまた明日からは五合庵で一人ぼっちなのか」と嘆く。良寛の詩は現在進行形の自分の状況を詠っており、実感がこもる。それに対し漱石の詩には具体性がなく、先例から創作したマニエリスム的習作に思われる。おぼろ月の春、友人との別離の悲しみ、という状況設定の類似に加えて、寥寥、依稀、翠微など良寛詩に特徴的用語がつかわれているので、漱石の詩は良寛の詩なしには成立しないように思われる。もしかすると、二松学舎時代に蔵雲編『良寛道人遺稿』を学んだのではないか、と思わずにはいられない。そう思って二〇代の詩を眺めると、良寛詩に特徴的用語がかなり散見される。たとえば12番に収録された〔『七草集』評より〕九首のうちの〔其四〕の二句目にでてくる「于今江上杜鵑《とけん》哀（今において江上に杜鵑（ホトトギス）かなしむ）」

は良寛の七絶「聞左一順世」の三句目「万朶青山杜鵑鳴（万朶の青山に杜鵑鳴く）」を思わせずにはおかない。さらに明治二二年の作『木屑録』其一四（『漱石全集・第一八巻・31』）「自嘲書木屑録後」の二句目「狂愚亦懶買嘉譽（狂愚　亦《ま》た懶《ものう》し　嘉譽《かよ》を買うに）」は、良寛の有名な「生涯慵（懶）立身（生涯身を立つるに慵く）」となんと似ていることか。漱石が一〇代の頃から良寛の詩を学んでいたことは、もはや疑いないことのように私には思われる。

次に俳句をみてみよう。明治三六年六月頃の作に次の句を発見した。

愚かければ独りすゞしくおはします　（『漱石全集第一七巻・1832』　傍線は筆者）

名詞に詠嘆的過去の助動詞けりをつけた「愚かければ」にちょっと抵抗を感じるが、漱石的独創語とみれば、悪くはないと思った。（ところが、全集第二八巻（最終巻）にはさまれていた別刷冊子「月報29」をたまたま見ていたら、「自筆稿が平成六年の七夕大入札会に出品されており、目録写真版によると、〈愚かなれば独りすゞしくおはします〉となっているので訂正する」という記事をみつけた。訂正稿によれば文法的には正しくなるが、過去の人というニュアンスが消えるので私は初稿の方をとりたい。）「おはします」という尊敬語表現から「愚か」だった人は高貴な人とわかる。愚かゆえにこころはすずしくいらっしゃった人といえば、良寛ではないだろうか。山崎論文が校友会雑誌に現れるのは一〇月なので、この句は山崎論文後の作ではない。とすれば、この句も山崎の論文出現以前から漱石が良寛を知っていたことの証拠になる。もちろん「愚」とは世間智にうといという反語的な表現であって、世俗を超越した「大賢」とほとんど同義であろう。しかし、この句は良寛の字を含まないので索引に拾われていない。索引に拾われているのは次の句だ。

良寛にまりをつかせん日永哉　（『漱石全集第一七巻・2394』）

大正三年春作とあるので、これは明らかに山崎の献本（一月上旬頃?）以後になる。山崎評伝の三頁目に、「子供らと手まりつきつゝこの里に遊ぶ春日は暮れずともよし」という歌が紹介されているので、因果関係も明瞭だ。またその次の、

一張の琴鳴らし見る落花かな

（『漱石全集第一七巻・2395』）

にも、良寛の「我有一張琴」の余韻を感じる。この詩はもちろん『僧良寛詩集　全』に収録されている（七頁目）ので、これも献本読後の作とみなされよう。

評論では、大正三年一月七日から一二日まで五回にわたって『東京朝日新聞』に連載された「素人と黒人」の第四回目に良寛逸話が取り上げられている。冒頭の「良寛上人は嫌いなものゝうちに詩人の詩、書家の書を平生から数へてゐた」という表現がそれだ。この記述は山崎の献本を参照したという説と、本が届いた日（不明）からあまりにも間があかないから、参照は無理だという説が入り乱れていた。私も無理説にやや傾いていたが、今回『僧良寛詩集　全』（第四版）を丁寧に見て驚いた。蒲生重章の「序（漢文）」の二行目に「上人嘗語人曰貧道不好物有三。詩人之詩、書家之書、庖人之饌、是也」と麗々しくあるではないか。こちらは活字も大きく、本の冒頭にでてくるのでパラパラとめくっただけでも目につきやすい。さらにこの逸話は山崎の評伝でも、緒言の三頁目にでてくるし、撰者の伝記にも繰り返されている。漱石がこの逸話を引用したのは連載四回目の一月一一日掲載文だから、もし本が礼状より一〇日ほど前に届いたとすれば、ぱらぱらとめくってまっさきに目に飛び込んできた文を、これは使えると引用した可能性は高いかもしれない。あるいはうろ覚えの逸話を山崎に確認しようとして連絡をとり、山崎が旧著を献本する次第となったのではないか。やはり評論「素人と黒人」と山崎の献本とは、細井が主張するように、密接な関係があると考えるべきなのだろう。

以上の検証からして、漱石は二松学舎時代から良寛詩に親しんでおり、伝記もある程度知っていたが、大正三年に山崎の評伝付『僧良寛詩集　全』第四版をもらってあらためて良寛を読み直し、その清く高い芸術性に深く思いを入れる心境に至ったものと結論したい。ただなぜか東北大学図書館蔵「漱石山房蔵書」の目録（『漱石全集第二七巻』収録）には、山崎が献本した『僧良寛詩集　全』を含めて、良寛関係著書名は一点もない。『ホトトギス』や『校友会雑誌』さえない。したがって私の考察は推量の域にとどまっている。

漱石が入手した良寛の書

書に話題を移そう。大正二年から三年にかけて、漱石はみずからも書画をよく書き、良寛の書を欲しがった。漱石は大正三年の山崎への手紙で、良寛の書を求めたいと依頼しているが、山崎は迅速に対応できなかった。山崎に頼んで埒があかないとみると、同年一一月には、先の侍医で郷里越後の高田に帰って開業した森成麟造に宛てて、「良寛は頻りに欲しいのですとても手には入りませんか」（全集二七巻・2137）と頼む。なかなか良寛の入手は困難らしく、大正四年一一月の森成宛ての手紙（2338）でもまた「縁があつたら忘れないで探して下さい」と催促する。その結果、大正五年四月上旬のある日（大正五年三月一六日の森成宛ての手紙（2398）及び四月一二日の手紙（2404）との中間）に、森成は入手した良寛の書軸を漱石宅に持参したと小島正芳は推定している（「夏目漱石と良寛（一）（二）」『北方文学』第四五、四六号所収）。この森成の上京によりもたらされたのは、かなり大幅の漢詩軸【図144-1】だった。

芳草連天春将暮／桃花亂点水悠々／我亦従来忘機者／悩亂光風殊未休

芳草《ほうそう》　天に連《つら》なり　春将《まさ》に暮んとす／桃花《とうか》　亂点《らんてん》して　水悠々《みずゆうゆう》たり／我もまた従来　忘機《ぼうき》の者なるに／光風《こうふう》に悩亂《のうらん》せられて殊《こと》に未《いま》だ休《きゅう》せず

かぐわしい草が天まで連なるように一面に生え、桃の花がちらほらと咲きだし、川はゆったりと流れている。私はもともと活動的な人間ではないというのに、あまりの春の光と風の美しさに心が悩まされ、じっとしてはおられず、こうして休む暇もないほどに歩きまわっているという次第

一見してこの詩は中之口川の畔、新飯田に住む有願和尚（一七三七―一八〇八）を訪れたときの有名な詩「行春（春を行く）」だと分かる。有願が生きていた五合庵定住時代前期の作と考えられる。しかし書としては繰り返し好んで揮毫した詩の一つらしく、検証してみたところ、『定本・一』に収録された三種のバリエーション（113・263・368）のいずれとも最初の一行が一致しない。

113

「行春」／春暮芳草緑連天／桃花亂点水悠々／我亦従来忘機者／悩亂風光殊未休

「春を行く」／春暮　芳草　緑　天に連なり／桃花　亂点して水　悠々たり／我も亦た従来　忘機の者なるに／風光に悩亂せられて殊に未だ休せず

263　「行春」／芳草萋萋春将莫／桃花亂点水悠悠／我亦従来忘機者／悩亂風光殊未休

「春を行く」／芳草萋萋《せいせい》として春　将《まさ》に莫《く》れんとし（以下113と同じ）

368　「春暮」／（「春の暮れ」と題が違うが、詩は263と同じ）

以上の三種は良寛の自筆稿本「草堂集貫華」「草堂詩集　地巻」「良寛尊者詩集（現在行方不明の自筆稿本の忠実な写本）」から採られており、定本解説によれば、いずれも文化八、九年（一八一一、一二）内の成立とみられる。しかしお気に入りのこの詩は繰り返し揮毫されるうちに、少しずつ変化している。

よく捜したところ、同じ詩を書いた遺墨は一三五×五〇センチ前後（漱石の入手したのも同じ位と思われる）の縦型が漱石入手作の他に二点【図144-2、144-3】、一六×二八センチの横型のもの一点が見つかった。いずれも新潟県立美術館の『良寛遺墨展―御三家を中心に』（平成一七年）カタログに掲載されている。

図144-2にあげた重要文化財の軸の起句は、『定本・一』にあげた113と263の起句を併せて一句としたもので、「芳草萋々緑連天」となっている。

図144-4の解良家横巻では起句が「芳草連天春将暮」となっており、これは漱石のものとも大矢家旧蔵島崎期のものとも同一である。かぐわしい緑草が地平線まで見渡す限り広がって空と接している晩春の光景は、この表現がもっとも優れているのではないか。

図144-1の漱石の入手した作は、何となく阿部家の一行書「白雲流水共依々」【図83】に似た毅然とした雰囲気があるので、島崎初期の作だろうか。大矢家の天衣無縫の老齢期を感じさせる書よりは早いと思う。この書では

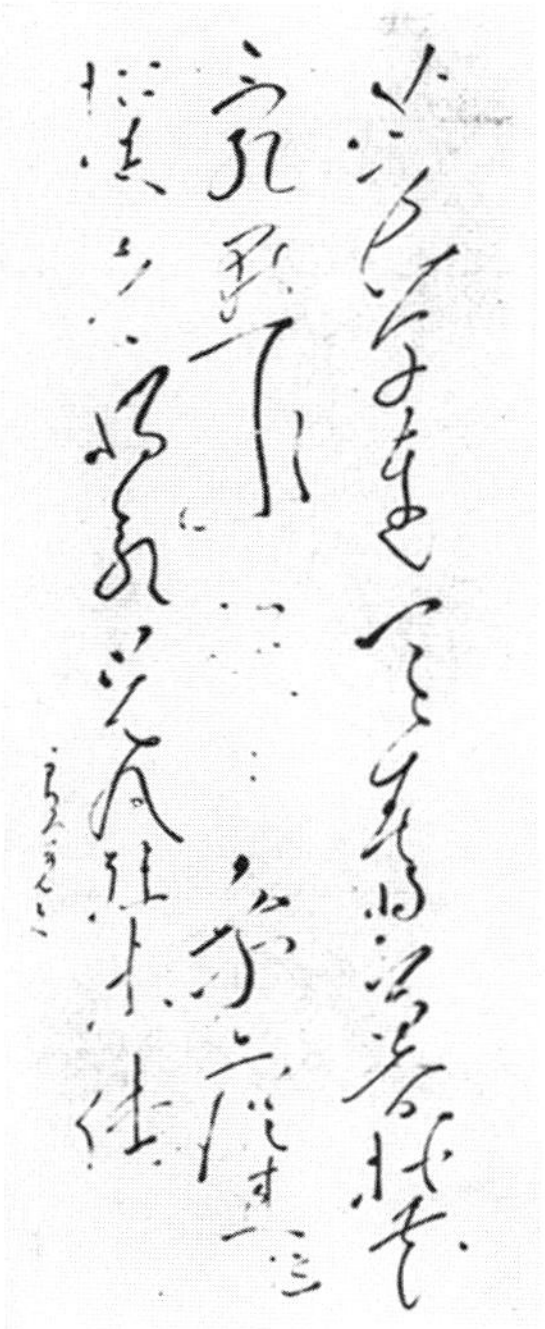

図144－1　漱石が最初に所蔵した良寛の書

芳草連天春将暮桃花
亂点水悠々我亦従来忘
機者悩亂光風殊未休
良寛書

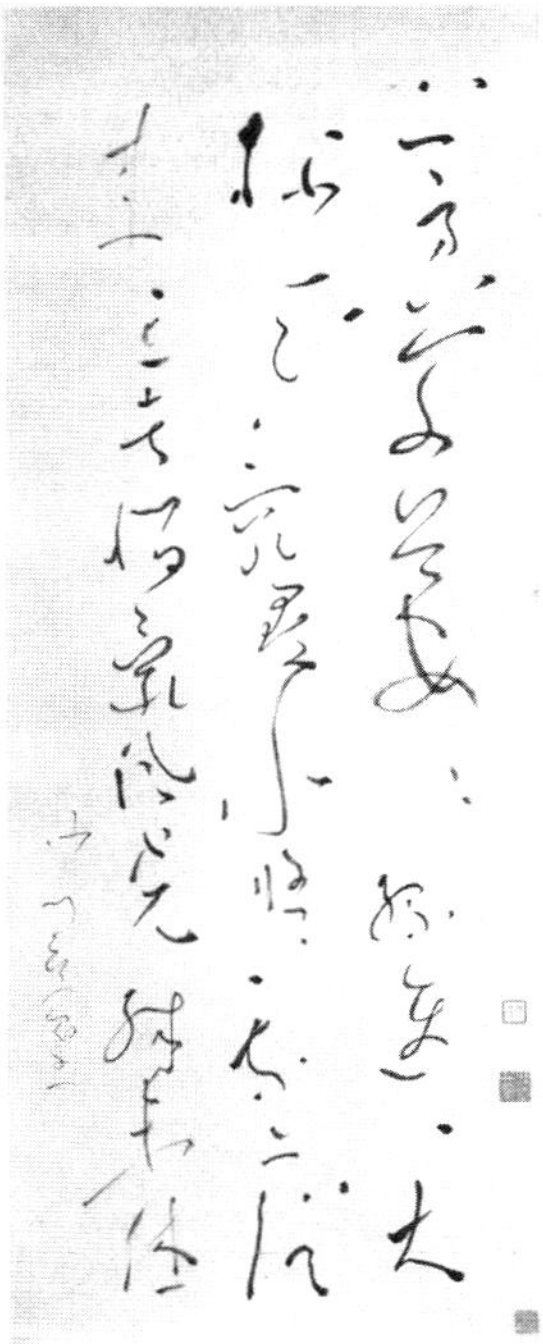

図144－2　阿部家の軸装

芳草萋々緑連天
桃花亂点水悠々我亦従
来忘（機＝脱字）者悩亂風光殊未休
沙門良寛書

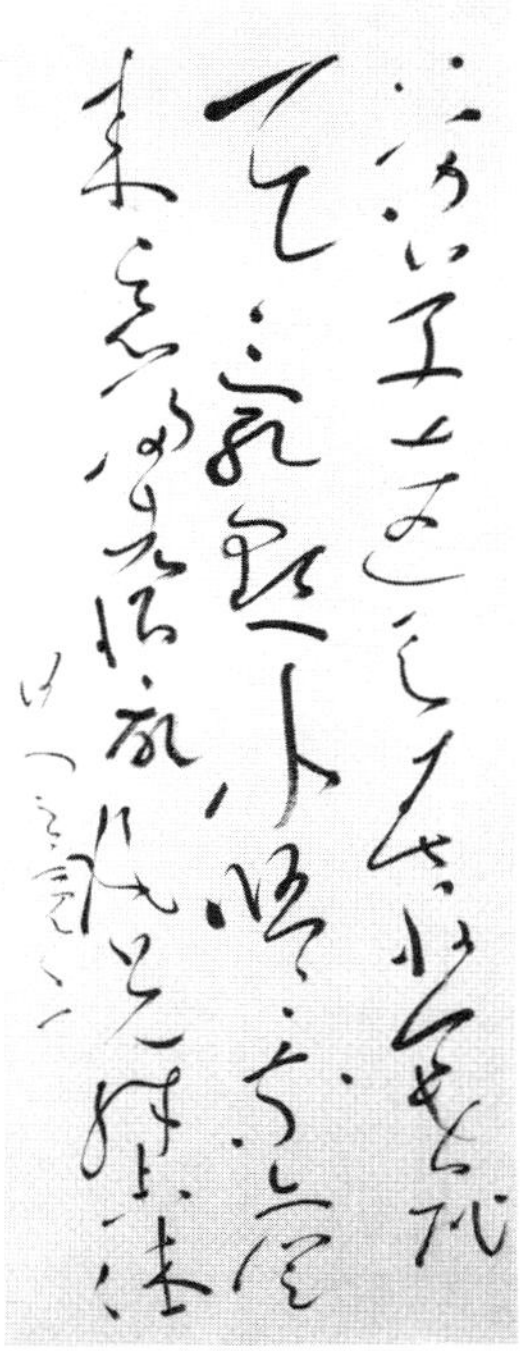

図144－3　良寛の里美術館所蔵大矢家の六曲一隻屏風の第六扇

芳草連天春将暮桃
花亂点水悠々我亦従
来忘機者悩亂風光殊未休
良寛書

「風光」が「光風」となっており、その点がどの書とも違う。風光というと単に景色のことだが、光風というと「あめあがりに光を帯びた草木に吹き渡る風」「春光うららかな時に吹く風」と辞書にあって、こちらの方が心悩乱されるにふさわしい。この書に疑義を呈する人がいるらしいが、このような優れた詩の推敲は本人にしか出来ないことだと思う。

漱石はこの書を書斎にかけて楽しんだのち、さらにもう一点の良寛の書の入手にも成功した。多分、二点目の作は参考作として、森成が漱石宅訪問の際に、第一の軸と一緒に持参し、漱石宅に預けていったものではないか、と岩波書店の漱石全集編集部は推定している。森成が再度上京したふうはないので、私もそう思う。それは和歌を草仮名で書いた作【図145】で、旧蔵者は良寛の収集家で鑑定家でもある木浦正だった。

その和歌は「わがやどをたずねてきませあしひきのやまのもみじをたをりがてらに」というよく知られた作で、小島によれば、「秋萩帖＝散々難見帖」法帖の手習いを脱して、飄逸な趣のある「良寛調」の仮名になってからの作という。つまり、乙子期の作ということになろう。草仮名は左のような表記と判読される。

和閑也東遠当（都＝脱字）年天幾萬世　安之非起能　也萬能毛美知遠

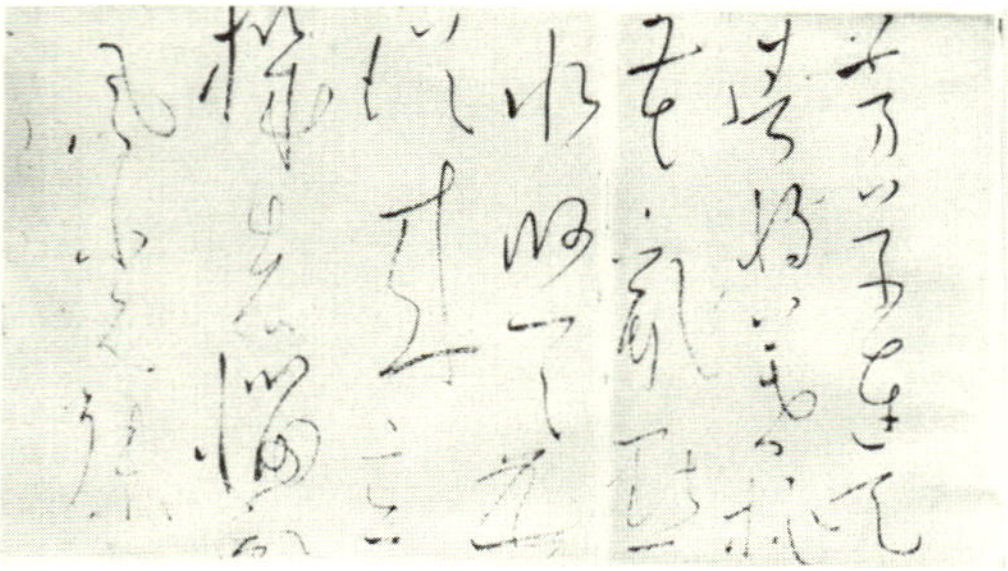

図144−4　解良家横巻「芳草連天春将暮」新潟県指定文化財

芳草連天
春将暮桃
花亂点水悠々我亦
従来忘
機者惱亂
風光殊未休

図145　漱石が二番目に入手した良寛の書
『良寛墨蹟大観』より転載

和閑也東遠当（都＝脱字）
年天幾萬世　安
之非起能　也萬
能毛美知遠　堂
遠理可轉良耳
良寛書

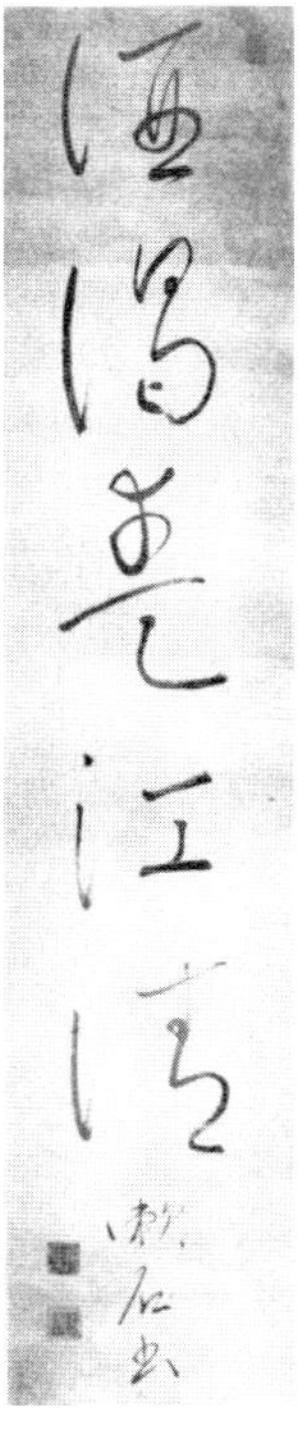

図146　漱石の一行書「酒渇愛江清」（杜甫の五言一句）一九一六年（大正五）『墨美』一三六号（一九六四年三月　夏目漱石特集）から転載。当時の所蔵は帰源院

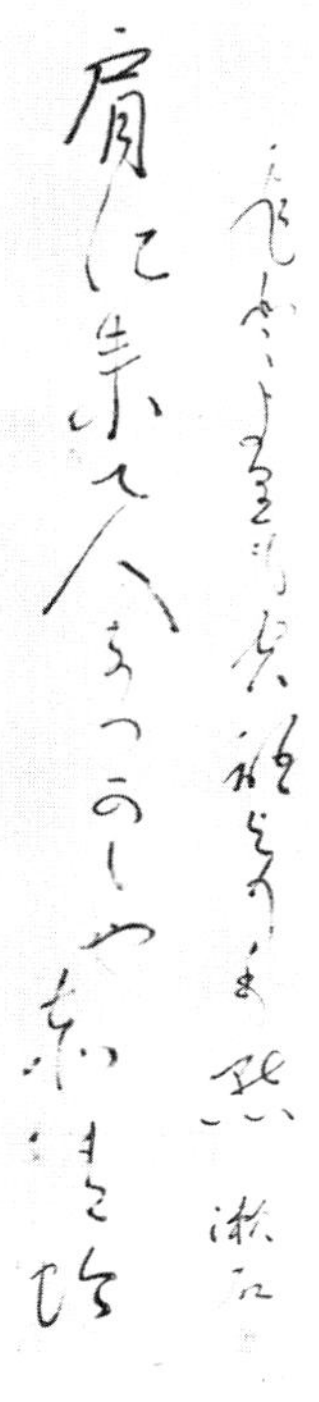

図147　漱石の書「飛登与里毛空　語与利毛默（人よりも空　語よりも默）」一九一六年（大正五）
『墨美』一三六号より転載（当時の所蔵は小宮豊隆）

肩に来て人奈つ可しや赤蜻蛉

堂遠理可轉良耳

この作は『定本・二・34・63・325・335』と同一の歌だが、定本は草仮名表記を省略しているので、どの遺墨に相当するのかわからない。漱石は七絶と和歌の二軸を改装し、とくに和歌の軸を好んで書斎にかけて楽しんだという。この良寛書二点の入手後、漱石の書風が良寛風になったと一般に言われている。その例としてよくあげられるのが、杜甫の五言詩の一句を書いた一行書「酒渇愛江清（酒に渇きて江の清めるを愛す）」【図146】と、俳句「肩に来て人なつかしや赤蜻蛉（明治四三年作）」を「飛登与里毛空　語与利毛黙（人よりも空、語よりも黙）」という前書きつきで書いた軸【図147】である。俳句の前書きの大部分が草仮名で書かれているのは良寛書の影響か。両書ともに、良寛書の清々しさに倣おうという意欲が感じられるが、漱石独特の生真面目な個性も最後まで残っている。こんなふうに憧れの良寛書をようやく入手して手習いする漱石だった。だが入手を喜んだとき、自分の余命があと七ヶ月しか残されていないとは、思いもよらなかったことだろう。

「則天去私」——良寛の自然体にならう

次に、良寛の文学と生涯が漱石にいかなる影響を及ぼしたかを考えてみたい。

漱石は驚異的に緻密明晰な頭脳と優れて繊細な感受性を持っていた。その天から与えられた才を磨き、文学によって世を変えようとまで考える野心家でもあった。あまりにも多くを意欲するためにストレスが多く、留学時代から自らを「神経病カト怪シマル」と日記に書くほどだった。帰国後も胃痛と神経衰弱、痼癪の爆発などに苦しむが、大学の講義は見事にこなし、教室が満員になるほど学生の人気を博している。さらに、文学論や小説を矢継ぎ早に『ホトトギス』やその他の文芸誌に発表し、またたくまに時代の寵児となっていく。次第に創作への自信を深めた漱石は、「とにかくやめたきは教師、やりたきは創作」と友人高浜虚子に書き送った。四〇歳のときには「維新の志士の如き烈しい精神で文学をやってみたい」（鈴木三重吉宛書簡）とまで言っている。

そこへ朝日新聞が高給で小説記者として抱えたいと申し込んできた。漱石は教えることの苦痛から解放され、思い切り創作に専念できる好機到来と信じて複数の教職をすべて投げ打ち、明治四〇年四月に四〇歳で朝日新聞社専属となった。プロフェッショナルな小説家としての再出発だった。以後朝日文芸欄に本人が書いたものだけをあげてみよう。（ ）内の数字は掲載の始まりと終了を示す。談話や講演の筆記、他社への寄稿は多数あるが除く。太字は胃病の進行状況である。

○明治四〇（一九〇七）年　**九月二日　友人の手紙に「胃が悪クテイケナイ」と書く**

『文学の哲学的基礎』（五・四―六・四）、『虞美人草』（六・二三―一〇・二九）

○明治四一（一九〇八）年

『坑夫』（一・一―四・六）、『文鳥』（六・一三―六・二一）、『夢十夜』（七・二五―八・五）、『三四郎』（九・一―一二・二九）

○明治四二（一九〇九）年　**三月末胃痛に苦しむ　八月二九日猛烈な胃カタール起こす**

『元日』（一・一）、『永日小品―蛇・泥棒・柿・火鉢・下宿・過去の臭ひ・猫の墓・暖かい夢・印象・人間・山鳥・モナリサ・火事・霧・懸物・儲口・行列・昔・声・金・心・変化』（一・一八―三・九）、『クレイグ先生』（三・一〇）、『それから』（六・二七―一〇・一四）、『満韓ところどころ』（一〇・二一―一二・三〇）、『日英展覧会の

美術品』（一二・一六）

○明治四三（一九一〇）年　**六月胃潰瘍で入院**（約一ヶ月半）**八月六日静養に出かけた修善寺温泉で大吐血、一〇月一一日まで修善寺に滞在、帰京後ただちに入院**（翌年二月まで約四ヶ月半の入院）

『元日』（一・一）、『東洋美術図譜』（一・五）、『客観描写と印象描写』（二・一）、『門』（三・一―六・一二）、『草平氏の論文に就いて』（三・一八）、『長塚氏の小説「土」』（六・九）、『文芸とヒロイック』（七・一九）、『鑑賞の統一と独立』（七・二一）、『イズムの功過』（七・二三）、『好悪と優劣』（上）（七・三一）、『好悪と優劣』（下）（八・一）、『自然を離れんとする芸術（新日本画譜の序）』（上）（八・一三）、『自然を離れんとする芸術（新日本画譜の序）』（下）（八・一五）、『思い出すことなど』（一〇・二九―明治四四・二・二〇（断続的）

○明治四四（一九一一）年　**八月　大阪で吐血入院**（約一ヶ月）**帰京後九月痔の手術　一〇月胃の調子悪く一〇日ほど寝込む**

『博士問題とマードック先生と余』（上・中・下）（三・六・七・八）、『マードック先生の日本歴史』（上・下）（三・一六・一七）、『病院の春』（四・九）、『博士問題の成行』（四・一五）、『生きた絵と死んだ絵』（五・三・四）、『文芸委員は何をするか』（上・中・下）（五・一八・一九・二〇）、『太平洋画会』（上・下）（五・二一・二二）、『田中王堂氏の「書斎より街頭へ」』（五・二三）、『坪内博士と「ハムレット」』（上・下）（六・五・六）、『「不折画集」と「機内見物」』（上・下）（八・二四・二五）

○明治四五・大正元（一九一二）年　**九月　再度の痔の手術**

『彼岸過迄』（一・一四―四・二九）、『初秋の一日』（九・二二）、『文展と芸術』（一〇・一五―二八）、『行人（友達）』（一二・六―大正二・一一・九）

○大正二（一九一三）年　**四月「漱石氏病む」と報道される。主治医の談話では胃潰瘍再発と強度の神経衰弱**

『行人（兄）』（一・一〇―二・二五）、『行人（帰ってから）』（二・二六―四・七）、『行人続稿に就いて』（九・一五）、『行人（塵労）』（九・一八―一一・一五）

○大正三（一九一四）年　**九月から約一ヶ月、胃病のため臥床。一〇月四日に見舞にきた寺田寅彦は日記に「快方に向へる由なれど、衰弱甚し」と書く**

『素人と黒人（一・二・三・四）』（一・七―一・一二）、『心　先生の遺書』（四・二〇―八・一一）、『ケーベル先生の告別』（八・一二）、『戦争から来た行き違ひ』（八・一三）

○大正四（一九一五）年　**寺田寅彦宛年賀状に「今年は相変つて僕が死ぬかもしれない」と書く。三月下旬滞在先の京都で病臥、一ヶ月後に帰京**

『硝子戸の中』（一・一三―二・二三）、『道草』（六・三―九・一四）

○大正五（一九一六）年　**一一月二二日胃潰瘍再発、一二月九日没**

『点頭録』（一・一―一・二一）、『明暗』（五・二六―一二・一二　第一八八回を執筆、郵送したが、この回で絶筆となった）

（以上は『漱石全集　第二七巻・年譜』よりの要約）

講演録や口述筆記などを除き、自筆原稿だけをあげてもこれだけ多い。教職が苦痛だったのと同様に、新聞社専属小説家も思ったほどに楽なものではなかった。漱石にとって何が一番辛かったかというと、高給（月給二〇〇円と賞与で年俸二〇〇〇円前後と推定される）を保証されるかわりに、一定の間隔で作品を仕上げなくてはならないことだっただろう。教職時代には創作は自分の芸術的意欲に従ってする楽しみで、義務でも金のためでもなかった。発表の時期を限られてもいない。それは純粋な創造的喜びだった。生活は教職の給与で維持されていた。だからノルマとしての教職から解放され、創作三昧の生活ができるならどんなにかいいだろう、と思ったに違いない。ところがことはそう甘くはなかった。高給を食むからには、それにみあう仕事を要求される。気ままに書きたいとき書けばいいというのではない。朝日の文芸欄全体のレベルの責任をも負う。それに漱石は単なる娯楽小説を書く気はさらさらないので、常に創作は喜びであると同時に自らの思想、閲歴を問う苦行でもあった。

恋愛を文学の至上テーマと考える漱石は、『虞美人草』『三四郎』『それから』あたりまでは、自分の周囲に出没する才気あふれる青年たちや新しい女たちをモデルにして、時代の社会経済問題、文壇画壇の芸術傾向などを背景に、恋を通しての青年の精神的成長と挫折を、一種の教養小説として書いた。しかし、いつまでも青年の恋にとどまってはいられない。自分と同じ年代の結婚生活を書かねばならない局面がやってくる。明治四三年の『門』は、不倫のはてに結ばれた結婚のわびしさを主題とするが、恋と結婚は根本的に違う。この段階から漱石の書く小説は、夕鶴の鶴が夜ごと自分の羽を抜いて織る織物にも似て、我が身を削る痛ましい物語へと変貌していった。自分をさらけ出す行為は苦しい。書き終わるとすぐに入院、静養に向かった修善禅寺温泉で大吐血し臥床、帰京後もただちに入院して退院は翌年二月だった。明治四四年はついに長編は書けずに終わる。四五年から大正三年にかけて書き進んだ『彼岸過迄』『行人』『心』は、次第に近代知識人の心理主義小説の色合いを深めていく。とくに人間の嫉妬という感情についての分析的考察は鋭くかつ救いがない。

『僧良寛詩集　全』第四版を入手したのは、『行人』を完結させて『心』にとりかかる三ヶ月前だった。すでに構想はある程度まとまりつつあった段階と思われ、『心』には良寛の影響は特に感じられない。しかし『心』の執筆が終ってから一〇ヶ月の間をおいて書き始めた大正四年の『道草』はどうだろう。ほとんど自伝と言ってもよいような内容で、大学に勤める知識人の家庭生活が書かれている。主題は金。主人公健三以外のすべての人間が金を欲しがり、健三に金を要求する。かつて健三の養父だった男も突然現れ、強請にも近い調子で金を要求する。養子縁組解消の際に金銭問題には決着がついており、支払の義務はないにもかかわらず、すでに社会的名声をある程度持つ健三は断ることが出来ない。結局おのれの血をするような辛苦を払って原稿（多分創作）を書き、それを金に換えて要求どおりに払って小康状態を得るところで物語は終わる。

そういえば『心』でも、あまり主題にかかわるとは思われない財産分与の不当さについて、かなりの紙数が費やされていた。なぜか。『それから』の代助にしろ『心』の先生にしろ、ある程度の資産があって働かなくてもよい状況にある者、つまり高等遊民に設定されていた。漱石が、日露戦争後の一時的好況下に生まれた高等遊民という特殊階級に関心を寄せる背景には、金の苦労から解放された階級だけが、純粋な恋や学問や芸術をなせるのではないか、自分にも資産があったなら、という思いがあったのではないか。そう思いたくなるほど、高給の代償として書くことは辛かったようだ。生涯乞食僧として生きた良寛の書を「旨いというより高い」（書簡2470　大正五年一〇月）と評した背後には、金銭への煩悩を捨てた良寛の高潔な生き方への尊敬がある。

けれども漱石は結局、高等遊民の代助や先生には破滅を与え、あくせくと大学教師を務め、金に辛苦する健三には生の持続を与えた。苦々しい思いに沈む健三に対して、赤ん坊を愛撫する細君お住の健全な精神が対比されて終わる『道草』の結末は、『行人』や『心』の救いのない終わり方とは違う。エミール・ゾラが悲惨な物語の結末に必ず人間や動物の出産場面を置くことで希望を暗示するように、『道草』の結末も赤ん坊により生命の継続が暗示されている。若い頃『道草』を読んだときには、ただ陰陰滅滅として暗い小説と思った。しかし今読んでみると、人は社会のしがらみのなかで与えられた運命を、最善をつくして生きるほかはない、という肯定的なメッセージを感じた。『心』までの漱石文学とはかなり違う印象だった。

「芸術は自己の表現に始まって、自己の表現に終わるものである」（『漱石全集一六巻・「文展と芸術」五〇七頁』　大正元年一〇月）という信念が、ここに至って行き着く所へ行き着いたというべきか。漱石は自分を客体化して「此の人をみよ」と言う。彼は刑の執行者ピラトでもあれば、処刑されるイエスでもあった。「今年は死ぬかもしれない」と寺田寅彦宛の年賀状に書くほど健康が悪化し、もう長くないと自覚した漱石は、良寛の辞世「裏を見せ表をみせて散る紅葉」の心境に至ったらしい。裏面まで開いて見せると、そこに人間の本性が自然に現れる。自分の本性が善であるという自信がなければ出来ないことだ。武者小路実篤に「気に入らない事、癪に障る事、憤慨すべき事は塵芥の如く沢山あります。それを清める事は人間の力では出来ません。それと戦ふよりもそれをゆるす事が人間として立派なものならば、出来る丈そちらの方の修養をお互にしたいと思ひますがどうでしょう」（書簡2261）と書いたのは、道草の連載を始めてから間もないときだった。たしかに健三は世のもろもろの理不尽を許している。

『道草』という題はどうしてつけられたのか、漱石は何の説明もしていないようだ。そのせいか道草の意味を論じた論文を私は知らない。しかし大正二年一〇月の和辻哲郎宛書簡（1912）に「私は今道に入らうと心掛けてゐます」「冷淡で道に入れるものではありません」などとあり、以後大正五年の小宮豊隆宛と富沢敬道宛書簡（2481・2483）にも「道を修める」とか「道に志す」などの表現がある。「道草」は本格的「道」に入る前、あるいは辿り着かない途中のちょっとした寄り道、暇潰しという意味かもしれないと思う。

『道草』の連載が終ったのは大正四年の九月だが、次の『明暗』を大正五年五月に起稿するまで約八ヶ月の比較的気楽な時間があり、この間は軽いリュウマチや糖尿病があったが、胃は小康状態だったらしい。湯河原へ湯治に二回もでかけているが、これは次回作の舞台として湯河原の温泉宿を想定して、取材旅行を兼ねた滞在だったようだ。

良寛の書を入手したのは『明暗』起稿の一ヶ月ほど前のこと。美しく天衣無縫の良寛書を眺め、その詩を熟読するうちに、漱石は「道」という哲学的問いに方向を見出したらしい。それは「則天去私」という独特の言葉となって現れた。この語を漱石が最初に側近に語ったのは荒正人『漱石研究年表』によれば、大正五年五月一八日

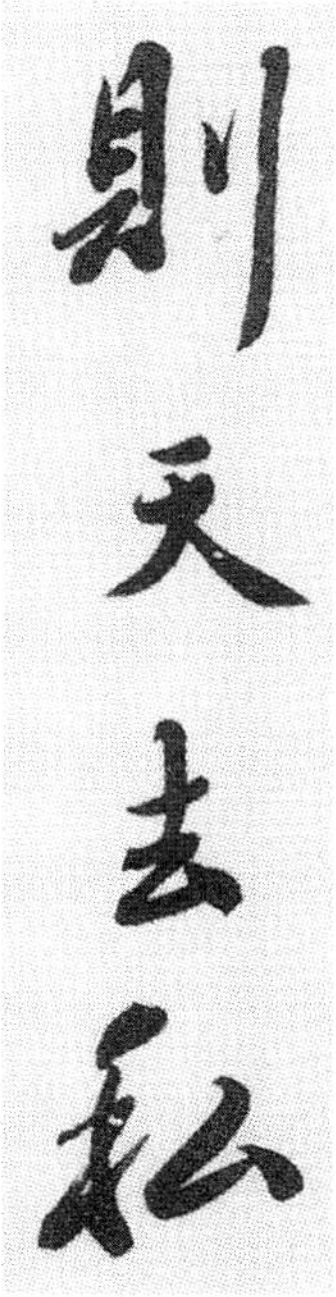

図148　漱石の書「則天去私」一九一六年、新潮社の『大正六年文章日記』（大正五年一一月刊）に「文章座右銘」と題して揮毫した作（『新潮日本文学アルバム　夏目漱石』より転写）

の木曜会だという。それは『明暗』を起稿する前日のことだった。この漱石の造語が書として現れたのは新潮社の『大正六年文章日記』（大正五年一一月刊）に「文章座右銘」と題して揮毫した作【図148】だ。実際の揮毫は発刊より一、二ヶ月前とすれば、『明暗』執筆の最中かもしれない。その解説「天に則《のっと》り私《わたくし》を去ると訓《よ》む。天は自然である。自然に従うて、私　即ち小主観《せうしゆかん》小技巧《せうぎこう》を去れといふ意で、文章はあくまで自然なれ、天真流露なれ、といふ意である」は無署名ながら、漱石が書いたか、記者が漱石の説明を忠実に記したものと考えられよう。

この解説では単なる文章論ととれるが、一一月九日、一六日（最終）の木曜会での談話を出席者が筆録したものをみれば、それは漱石が最後にたどり着いた人生観、文学観であることは明らかだ。『明暗』は則天去私の態度で書いているし、この人生観、文学観をもって新しいほんとうの文学論を大学あたりで講じてみたい」などと語っている。

この造語は明らかに良寛の「生涯慵立身／謄謄任天真／嚢中三升米／炉辺一束薪／誰問迷悟跡／何知名利塵／夜雨艸庵裡／双脚等閑伸」の「生涯慵立身／謄謄任天真（私は生涯　立身出世に汲々とするのがいやで、自分の天性のおもむくままに奔放に生きてきた）」を言い換えた表現に思われる。立身出世を望むエゴ、小我を去ることが「去私」、そして天の与えた才能を存分に発揮すること、これが「則天」という表現になったものと私は理解したい。この心境は一見謙虚そうに見えるが、けしてそうではない。「謄」とは馬が高く跳ね上がるという意味。この表現は師国仙の偈の「良也如愚道転寛／騰々任運得誰看（良寛よ、愚とみえるまでに善良なお前の行く道ははてしなく広い／運に任せて高く駆け上るそのさまを見届けられる者など誰もいはしない）」からきている。師は良寛の天才を認めて思う存分やりたいようにおやり、と励まし、良寛は自分の才能を信じて芸術の高みを目指して駆け上ってきた、と言っている。「生涯慵立身」の詩では、名利を超越した清貧の暮らしを詠う部分ばかり強調されるが、二句目の天真を信じて駆け上ってきた道の隠された努力と自負を思うべきなのだ。

良寛も漱石も芸術を追究し、自分を丸裸にして俎上にのせた。けれどもそのストレスは、妻子を持たず、理解者に囲まれ、自然に抱かれていた良寛より、家庭を持って複雑な近代社会に生きる漱石の方が過酷極まりない。漱石は苦悩の頂点に達した時、書くことは天が自分に与えた使命なのだ、と悟って「則天去私」といったのではないだろうか。多分漱石は『道草』と『明暗』のあいだで一種の解脱の境地に立ち、道を説く人になったのだ。

『明暗』はそれまでの漱石の一連の連載小説とはまったく違う印象を受ける。構成は今までになく複雑だ。津田とお延というお見合いでの新婚夫婦を中心に、その縁を取り持った吉川夫人、津田の結婚前の恋人の清子、友人の小林、妹お秀、小林の友人で画家の原などの多彩な人物が、旧約聖書の創世記におけるアダムとイヴ、リリス、神と悪魔、天使などの神話類型により造形されているのではないか、という仮説を私は旧著『漱石の美術愛推理ノート』（平凡社　一九九八年）の第一一章でかなり詳しく展開したのでここでは繰り返さない。

アダム役は無論エリート会社員の津田だが、彼は何となく意志薄弱ではっきりしない男。しかし、女性たちはイヴにあたるお延、リリスにあたる清子、神でも悪魔でもある吉川夫人など、いずれをとっても自分の意志が明確で、行動も実践的で強い。過去の漱石文学の女性たちをみると、『虞美人草』の藤尾は高慢で美しい女に設定されているが、その内面は少しも書かれていない。第一、プライドを傷つけられただけで憤死するなど、リアリティに欠ける。『三四郎』の美禰子にしても『それから』の三千代にしても、謎めいた美しさで男性を魅惑するが、結局は有利な結婚を選ぶ弱い女性だ。『門』の御米も、宗助が親友を裏切ってまで獲得した女性にしては、それほどの魅力がどこにあるのかと疑われる平凡な奥さんにすぎない。『心』のお嬢さんに至ってはただ美しい人形でしかない。『道草』のお住だけが主婦としての実在感を持っているといえようか。

それにくらべ、お延は自分の意志で津田を選び、形式的夫婦と思っている津田の心に、自分の愛で本当の愛を目覚めさせようと努力するけなげな女性。鏡子夫人のおもかげも感じられる。吉川夫人は津田の未練と清子の貞操観を試すように、清子の静養先の温泉宿に津田をさしむけ、男女の堕落を期待する悪魔主義的かつ支配的な女性。一方、清子は津田の優柔不断といまさらの未練を軽蔑する潔癖な女性。といった具合で、登場する女性はみな強く個性的だ。旧著で私は、明を女性、暗を男性としてこの小説は構想されたと書いた。その考えは基本的に変わらない。しかし、本来絵画用語の明暗（キアロスクーロ）を用いたからには、それが視点を変えれば逆転する現象だということを漱石は認識していたに違いない。そしてこの認識にもまた、良寛の詩の影響を見ることが出来る。

迷悟相依成／理事是一般／竟日無字経／終夜不修禅／鶯鳴垂楊岸／犬吠夜月村／更無法当情／有什心可伝

（『定本・一・206』『僧良寛詩集　全』四一頁）

迷いと悟りは表裏一体に依存しあっている。物事の本質と現象も同じことだ、という最初の聯句はまさに明暗の原理でもある。漱石がこの詩に注目していたことは、大正五年一〇月七日の詩「無題」に「小心吠月老獒誇」とあって「犬吠夜月村」の影響が歴然としていることから推定される。この詩については次節で改めて論じることにする。

野上弥生子の『明暗』と漱石の『明暗』

さらに私はここで『明暗』という題の小説が、漱石の『明暗』より一〇年前の明治三九年にすでに別人により書かれていたことを指摘したい。それは野上弥生子（一八八五―一九八五）の処女作だ。野上弥生子（旧姓小手川）は漱石門下の野上豊一郎（一八八三―一九五〇）と同郷の大分県臼杵の生まれで、明治三三年に上京して明治女学院を明治三九年に卒業、同年豊一郎と結婚した。豊一郎は三九年一〇月に創設された木曜会の常連だったから、弥生子は夫を介して漱石に処女作『明暗』と次作『縁』の批評を請うたらしい。漱石は『明暗』について実に詳細な分析と批評というよりも酷評を、明治四〇年一月一七日付で弥生子に長文の手紙として書き送った（書簡769）。この酷評の埋め合わせのように、第二作『縁』を『ホトトギス』に推薦し（書簡770）、弥生子が小説家として世に出るよう計らった。手紙は長文なので引用しないが、かならずしも適切な批評とは思われない。弥生子は漱石の酷評を素直に受け取ってこの作を没にし、漱石死後にも公表しなかった。その原稿が発見されたのは、弥生子の死後三年たった昭和六三年のこと。今日では全集に収められているという（私は未見）。しかし驚いたことに漱石の詳細な批評から、その大筋は読まなくても復元できる。

ヒロインは幸子という若い女性で、画家を志す自立心の強い女性。両親はなく、兄と二人暮らしのところへ兄が結婚することになり自分の進退に悩む。自分の絵のまずさにもはたと気づく。そこで世間並にしかるべき地位ある男性と結婚すべきかと弱気になる（この状況設定は『三四郎』の美禰子とよし子の立場に使われている）が、それではならぬと初志貫徹を決意する、という筋立てらしい。弥生子が書こうとしたのは、男に頼らず自立しようとする新しい女なのだった。「青踏」派が結成される五年も前に書かれた、この画家になろうとする女性を、漱石は「かゝる変な女」と評している。当時の漱石の女性観は月並みなものだった。

一〇年後の漱石なら、もっと違う批評をしただろう。その後の弥生子の成長をみるにつけ、彼女の処女作を自分のペンが葬ってしまったことに、漱石は責任と悔恨を覚えていたのではないか。女性は男性に従順で美しくあればよいという女性観は、小説家としての九年、鏡子夫人との結婚生活二〇年をへて、変っていったに違いない。新しい女、自我を主張する女を、私も今は理解するようになったというメッセージを、弥生子の処女作と同じ『明暗』の題に込め、ひそかに弥生子に詫び、彼女の文学的成長を祈る意図が漱石にはあったのではないか。さもなければ自分が葬り去った作品の題と同じ題をつけるはずがないと私は思う。この作には、妻鏡子の健全な精神への感謝も込められていたに違いない。

晩年の良寛は、尼僧として自立しつつ文学を志す貞心尼を知り、彼女に敬意と愛をもって接し、その文学的成長を助けた。良寛は女性にいかなる偏見も持たない。漱石も則天去私の悟りを得てから女性観を更新した。九九歳までも小説を書き続け、近代日本の代表的文学者の一人となった野上弥生子は、生涯漱石を師と仰いでいる。良寛、漱石が示した女流文学への理解は、王朝時代から日本文学に今なお太く流れる水脈といえよう。

萩原朔太郎の場合――『月に吠える』の霊感

私が萩原朔太郎の詩に最初に出会ったのは、高校の国語の教科書だった。あの屈折した抒情詩人が、高校の教科書に最も多く採用されている近代詩人だとは、意外なことだが素晴らしいことだ。教科書で読んだ詩は「竹」

「およぐひと」「蒼ざめた馬」「仏陀」、散文詩と分類されている「郵便局」、評論『郷愁の詩人　与謝蕪村』だったと思う。一年から三年までどの学年にも何か載っていた。私はその言葉の音楽的魅力や世俗への反抗的感傷性などにひかれて、日本の近代詩集やその解説書というものを高校生で初めて買った。だから私が持っている萩原朔太郎の詩集『月に吠える』（角川文庫）、『青猫』（新潮文庫・創元社）、『新しき欲情』（新潮文庫）、『絶望の逃走』（角川文庫）、伊藤信吉編『萩原朔太郎詩集』（角川文庫）、吉田精一著『日本近代詩鑑賞』、伊藤信吉著『現代詩鑑賞』（以上新潮文庫）などはみな昭和三〇年前後の出版で、すっかり黄ばんでいる。教科書に載っていたかどうか定かでないが、「艶めかしい墓場」など油絵に描いて、恥ずかしげもなく文化祭に出したことさえあった。朔太郎の詩は良寛の詩と同じく映像的なので、どの詩でもすぐ絵に描ける。しかし大学入学以降は近代詩に対する熱はすっかり醒めて、数十年手にとることはなかった。ところが良寛研究を始めて数年たった二〇〇〇年頃、飯田利行著『大愚良寛の風光』（国書刊行会　一九八六年）及び『良寛詩との対話』（邑心文庫　一九九七年）を読んで仰天した。氏は萩原朔太郎の『月に吠える』のイメージは、「迷悟相依成」に始まる良寛詩（前出）の六行目「犬吠夜月村」に負うものであり、朔太郎の「序」における詩論も良寛の詩論からきていると主張していたからである。

朔太郎は近代口語自由詩の完成者といわれる。文学史的に詩といえば漢詩をさすのが常識だが、近代文学史では詩といえば、人はまず朔太郎の口語自由詩を思い浮かべる。しなやかな語感や病める繊細な神経や感傷の露出で際立った詩人が、漢詩人良寛を学んでいたとは。朔太郎が漢詩の影響を受け、日本的なるものに回帰するのは後期の『氷島』あたりからだと習ったような記憶があるので、第一詩集である『月に吠える』がすでに漢詩の影響下にあるということがまず意外だった。それに第一、朔太郎に関する浜の真砂と言いたいほど数ある論文のなかに、良寛と朔太郎を結びつけた論文は少なくとも平成一四年（二〇〇二）八月号の『国文学　解釈と鑑賞　特集萩原朔太郎の世界』に収録された文献目録（安智文・渡辺章夫編）を見る限り、存在しなかった。その後は調べていないが、飯田利行以外には私が『越後タイムス』に書いた小エッセイしかないのではないか。飯田は、良寛ではなく有願和尚の作と大方の良寛研究者が主張する中村家伝来稿本「題九相図」を、断固良寛の作であると主張して『良寛髑髏詩集譯』（大法輪閣　昭和五一年）を出版した風変りな人なので、はじめ私は半信半疑だった。

しかし確かに前節で挙げたように、良寛の詩には「月に吠える犬」が登場する。さらに飯田は、朔太郎の実家萩原医院と『良寛道人遺稿』の編者蔵雲が住職をつとめた前橋の名刹龍海院とはすぐ近所であることを指摘する。これは良寛研究者の飯田が前橋中学の出身で、朔太郎は同校の先輩だという特別な事情から気付かれたことだが、地図で調べると本当だった。朔太郎の実家は今、前橋文学館の建っている千代田三丁目（旧北曲輪町）で、龍海院はごく近い。それゆえ蔵雲編版本の存在が朔太郎の眼にとまったと飯田は推定する。江戸末の本が門前にぶら下げてあったかのような推定は釈然としないが、さっそく『月に吠える』を数十年ぶりに開いてみた。まず北原白秋の序があり、ついで朔太郎自身の序がある。この序を一頁半読み進んだところで、私は飯田の主張の正しさを確信した。次のような文があったからだ。

> 私の詩の讀者にのぞむ所は、詩の表面に表はれた概念や「ことがら」ではなくして、内部の核心である感情そのものに感觸してもらひたいことである。私の心の「かなしみ」「よろこび」「さびしみ」「おそれ」その他言葉や文章では言ひ現はしがたい複雑した特種の感情を、私は自分の詩のリズムによつて表現する。併しリズムは説明できない。リズムは以心傳心である。そのリズムを無言で感知することの出来る人とのみ、私は手をとつて語り合ふことができる。（傍線筆者）

この文の傍線部分は、第9章の〈魯仙の良寛評〉の節で引用した次の詩論詩にそっくりだ。再度の引用になるがご覧いただきたい。

孰謂我詩詩／我詩非是詩／知我詩非詩／始可与謂詩

孰《たれ》か我《わ》が詩《し》を詩《し》なりと謂《い》ふ／我《わ》が詩《し》は是《こ》れ詩《し》に非《あら》ず／我《わ》が詩《し》の詩《し》に非《あら》ざるを知《し》つて／始《はじ》めて与《とも》に詩《し》を謂《い》ふ可《べ》し

私の詩を誰が詩だというのか／私の詩は世間一般の通念の認めるような詩ではない／私の詩が普通の詩とは違うということをわかってくれる人だけが／はじめて私と手をとりあって詩とは何かを語り合うことができる／

（『定本一・227・532』）

良寛は早くから、確信犯的に中国語音韻による平仄を無視していたらしい。大森子陽の塾にいた時の作と推定される「春送子陽先生遊象沂」にしても、内山知也の評によれば平仄が合っていないという。押韻平仄より詩の内容、心の表出を優先すべきという良寛の詩論は、近代の主観主義的抒情詩を予告するものだった。朔太郎の『月に吠える』の「序」の抒情詩論は、たしかに良寛詩論の延長線上にある。

次に問題の「月に吠える」の発想源となった良寛の詩を読んでみよう。

迷悟相依成／理事是一般／竟日無字経／終夜不修禅／鶯鳴垂楊岸／犬吠夜月村／更無法当情／有什心可伝

迷《めい》と悟《ご》は相依りて成り／理《り》と事《じ》とは是れ一般なり／竟日《きょうじつ》字経《じきょう》無《な》く／終夜《しゅうや》修禅《しゅうぜん》せず／鶯は鳴く　垂楊《すいよう》の岸《きし》／犬《いぬ》は吠《ほ》ゆ　夜月《やげつ》の村《むら》／更《さら》に法《ほう》の情《じょう》に当たるものなく／什《なん》の心《こころ》か伝ふ可き有らむや

迷いと悟りは表裏一体に成り立つもの／原理と現象の関係も同じこと／私は一日中経典を読まず／一晩中坐禅もしない／鶯は鳴いている、しだれ柳の芽吹く岸辺で／犬は吠えている　月光に照らされた村里で／この美しい自然に没入する感情には、仏法も少しも響いては来ない／そんな心はとても人に伝えられはしないが

『良寛道人遺稿・一九八頁』『定本・一・206』『僧良寛詩集　全』四一頁　ルビ一部省略）

自然の美に抱かれて、いまさら坐禅や読経や説法など無用の、解脱の境地に良寛はいる。この詩は自筆稿本「草堂詩集　天巻」の終り近くに置かれているので、成立したのは文化九年（一八一二）以前、不定住末期から五合庵定住前期とみることが出来る。すると良寛は国上山の五合庵か野積の西生寺か寺泊の密蔵院のいずれかに住んでいた。つまり、村落より高いところに住んで月光に照らされる村を見下ろしていた。あの一帯は低い山が海岸まで迫っているので、神社仏閣は常に山の中腹に作られ、村落の屋根を見下ろす位置にある。

私が小中学生時代に住んだ寺泊の家も、荒町の山の上の小学校に行く途中、石段を一二〇段ほど登ったところにあった。今は取り壊されて養泉寺の墓地になったが、当時はほぼ町の中心で、正面には佐渡と海、右手には弥彦山、左手には椎谷岬が見え、見下せば海岸線に沿った家並が見えた。ふと明け方近い夜中に目が覚めて、縁側の硝子戸から寝静まった町を見下ろしたことがあった。満月の明るい月光が家並を照らしていた。昭和二〇年代の終わり頃だったと思う。当時瓦屋根は旦那様の家のみで、大部分の民家は木端葺の上に丸石を等間隔に並べた石屋根だった。浜風が強いので、石を載せて木端の飛散を防いでいる。昼間見るとただ貧しさの象徴としか見え

ないこの石屋根に、青白い月光が当たって、石の一つ一つが宝石のように発光していた。何とも言えない美しさだった。そして犬の遠吠えがした。一匹の犬があおーんと鳴くと、町のあちこちからああおーんという遠吠えが次々に起きた。犬は月夜に鳴くものなのか。今思えば、きっと良寛は私が見たような月光下の村落を眺め、私が聞いたような犬の遠吠えを聞いたのだろう。

個性的な版画家谷中安規は小学生時代を柏崎市鯨波の龍泉寺に過ごしたが、彼の初期作品に《月に吠える》【図149】がある。おそらく朔太郎の詩に霊感を受けた作かと思われるが、光景は鯨波の番神岬から出雲崎方向の椎谷岬を望んだ海のように思われる。私の記憶の寺泊の海ともそっくりだ。もちろん谷中は良寛の詩が萩原朔太郎の「月に吠える」の本歌であることなど知らないのだが、同じ風土に暮らした者の直観で、月下に吠える孤独な犬の姿を、良寛の詩と朔太郎の詩さながらに表現した。

図149　谷中安規《月に吠える》木版　1931年頃
2014年町田市立国際版画美術館主催「谷中安規展」カタログより転載

良寛はこの月光下に吠える犬や柳の岸で鳴く鶯を、自然の大きな輪廻のなかの生命の輝きと受けとめて、べつに悲しんではいない。ただその生命の一瞬の美をいとおしく眺め、みずからもその自然に溶け込んでいる。数多い良寛の詩のなかでもきわめて異色の、仏法など説く気もしない、とうそぶくこの詩に、注目した朔太郎の感受性は何と鋭いのだろう。もちろんこの詩が『良寛道人遺稿』にも、漱石が入手した『僧良寛詩集　全』にも含まれていることは言うまでもない。では、朔太郎が良寛詩中の月に吠える犬を、どのように近代化したか見てみよう。

○ぬすっと犬めが、
くさった波止場の月に吠えてる。
（中略）
いつも、
なぜおれはこれなんだ、
犬よ、
青白いふしあはせの犬よ。（「悲しい月夜」）

○この見もしらぬ犬が私のあとをついてくる。
（中略）

さびしい空の月に向かって遠白く吠えるふしあわせの犬のかげだ。（「見知らぬ犬」）

○月夜の晩に、犬が墓地をうろついてゐる。
この遠い、地球の中心に向かって吠えるところの犬だ。

（中略）

この青白い犬は、前足をもって硬い地面を掘らんとして焦心する。

遠い、遠い、地下の世界において微動するものを感應することにより。

吠えるところの犬は哀傷し、狂號し、その明らかに直視するものを掘らんとして、かなしい月夜の墓地に焦心する。

吠えるところの犬は人である。
なんじ、忠實なる、敏感なる、しかれどもまつたく孤獨なる犬よ。
汝が吠えることにより、病児をもつた隣人のために銃もて撃たれるまで。
吠えるところの犬は、青白き月夜においての人である。（「吠える犬」）

（「吠える犬」＝「月に吠える」に収録されなかったが、同時期の作品として、角川文庫『月に吠える』昭和八年初版に、編者伊藤信吉が収録したものによる）

朔太郎においては、月に吠える犬はまさに自分だと、近代社会に孤立する詩人だと主張されている。良寛の詩においても月に吠える犬は、春夜、月光下の村里の美に万感の思いを吐く良寛自身かもしれない。少なくとも犬に良寛が投影されているとみることは出来る。

では先にあげた漱石の漢詩の場合はどうか。大正五年（一九一七）一〇月七日作「雑詩」は、朔太郎の大正六年二月一五日刊『月に吠える』より四ヶ月早いので、朔太郎の影響ではない。漱石全集の漢詩注釈者一海知義はこの表現を、〈中国には「蜀犬日に吠ゆ」ということばがあるが、「日」を「月」におきかえたところが新しい〉と評している。漱石は『明暗』の執筆中の八月一四日から一一月二〇日まで、ほとんど毎日一首の漢詩を作ったが、その際『僧良寛詩集　全』は必ずや参照されただろう。だから「小心吠月老獒誇（小心は月に吠え、老獒《ごう》は誇る）」という表現が得られたのに違いない。前後は省略するが、「臆病な犬は月にむかって吠え、老犬は威張ってみせる」と一海は注訳している。やはり臆病な犬には漱石自身が投影されているように感じられる。漱石も鋭い詩人の感性をもって良寛詩のなかの「犬吠夜月村」に特別の詩想を認め、注目していたのだ。漱石はその早すぎる晩年において、小説『明暗』と漢詩制作を並行して進めた。そうすることで論理と直観のバランスをとっていたのだろうか。

詩論家としての朔太郎

萩原朔太郎も、複雑な精神構造の人だった。口語自由詩のみならず、散文詩、アフォリズム、評論を多く手掛け、芸術理論家としての一面を持っていた。処女詩集『月に吠える』は三一歳のとき（一九一七年）の出版で、意外にも遅い。裕福な開業医の息子だった朔太郎は、五高、六高、慶応予科などを転々としたのち学業を放棄するが、定職につかず、かなりの期間趣味的に暮らしていた。短歌や詩を発表し始めたのも、天分ある詩人にしては極めて遅く、二七歳頃だ。若い頃は哲学と音楽に熱中したと本人は書いているが、二〇代はおそらく独創的詩人となるための準備期間だったのだろう。『月に吠える』を注意深く読めば、一見感覚的に見える表現の背後に、深い教養が見え隠れする。朔太郎は、まだ口語自由詩の確立していない日本の詩壇を批判的に見て、独創的詩様式の確立を期して勉強していた結果、遅い出発となったのだろう。

『月に吠える』は「竹とその哀傷」と題される一連の詩から始まるが、良寛の詩にも「余家有竹林／冷冷数千干」（『定本・一・14』）に始まる詩があり、竹のまっすぐで清潔で鋭くかたい性質が熱烈に讃えられている。朔太郎の詩は一見不健康な「地面の底の病気の顔」から始まるが、次第に「ますぐなるもの地面にはえ、するどき青きもの地面にはえ」と、良寛詩の竹賛美と同質になっていく。『青猫』中の「艶めかしい墓場」さえ、生暖かい春のある日に墓を捜す良寛詩「訪子陽先生墓」を思わせるところがある。飯田が鋭く指摘したように、朔太郎が良寛から霊感を得たことは疑いないと、私も確信するにいたった。

けれども良寛と朔太郎を結びつける最も太い紐帯は、個々の言葉やモチーフの類似などではなく、日本人の感性を表現するにふさわしい新詩形式を求める精神にあるのではないか。高校の教科書にあった朔太郎作品で、私が一番印象深く覚えているのは評論『郷愁の詩人　与謝蕪村』（第一書房　一九三六年）の「冬の部」の次の部分だった。

凧《いかのぼり》きのふの空の有りどころ

北風の吹く冬の空に、凧《たこ》が一つ揚《あが》っている。その同じ冬の空に、昨日もまた凧が揚っていた。蕭条《しょうじょう》とした冬の季節。凍った鈍い日ざしの中を、悲しく叫んで吹きまく風。硝子《ガラス》のように冷たい青空。その青空の上に浮《うか》んで、昨日も今日も、さびしい一つの凧が揚っている。飄々《ひょうひょう》として唸《うな》りながら、無限に高く、穹窿《きゅうりゅう》の上で悲しみながら、いつも一つの遠い追憶が漂っている！

この句の持つ詩情の中には、蕪村の最も蕪村らしい郷愁とロマネスクが現われている。「きのふの空の有りどころ」という言葉の深い情感に、すべての詩的内容が含まれていることに注意せよ。「きのふの空」は既に「けふの空」ではない。しかもそのちがった空に、いつも一つの同じ凧が揚っている。即ち言えば、常に変化する空間、経過する時間の中で、ただ一つの凧（追憶へのイメージ）だけが、不断に悲しく寂しげに、穹窿の上に実在しているのである。こうした見方からして、この句は蕪村俳句のモチーヴを表出した哲学的標句として、芭蕉の有名な「古池や」と対立すべきものであろう。なお「きのふの空の有りどころ」という如き語法が、全く近代西洋の詩と共通するシンボリズムの技巧であって、過去の日本文学に例のない異色のものであることに注意せよ。蕪村の不思議は、外国と交通のない江戸時代の日本に生れて、今日の詩人と同じような欧風抒情詩の手法を持っていたということにある。

この与謝蕪村（一七一六―八四）に対する分析的批評は、「鶯鳴垂楊岸／犬吠夜月村」という客観的外界の描写がただちに内面のシンボルと化す良寛の詩にもそっくり当てはまる。江戸中期から後期にかけて広く眼をくばれば、日本人の精神は成熟し、新しい芸術表現を模索する動きが随所にあったのだ。朔太郎は良寛の詩論詩によって鍛えられた批評眼をもって蕪村俳句の近代性を分析した。さらに『郷愁の詩人　与謝蕪村』の最終章では、三三行からなる異色の長詩「春風馬堤曲」をも紹介し、蕪村に近代的新詩形式の模索者としての名誉を与えた（この部分も教科書にあった）。

「春風馬堤曲《しゅんぷうばていのきょく》」／○やぶ入《いり》や浪花《なにわ》を出《いで》て長柄川《ながらがわ》／○春風や堤《つつみ》長うして家遠し／○堤ヨリ下《おり》テ摘芳草《ほうそうをつめば》　荊与棘塞路《けいときよくみちをふさぐ》／荊棘何妬情《けいきよくなんのとじようぞ》　裂裙且傷股《くんをさきかつこをきずつく》／（中略）／○故郷春深し行々《ゆきゆき》て又行々《ゆきゆく》／楊柳長堤道《ようりゆうちようてい》漸《よう》くくだれり／○矯首《きようしゆ》はじめて見る故国の家／黄昏《こうこん》戸に倚《よ》る白髪の人／弟《てい》を抱き我を待つ　春又春／○君見ずや故人太祇《たいぎ》が句／藪入《やぶいり》の寝るやひとりの親の側

この長詩は朔太郎の解説によれば、十数種の俳句と数聯の漢詩を連句でつないで一篇の長詩にした蕪村の独創になる詩形式。内容は、蕪村がうららかな春のある日、実家を訪れようと長柄川の堤防を歩いていたら、大阪で働いているが藪入りで三年ぶりに実家に帰るという娘と道連れになり、楽しく語らいながら歩いた経験をもとに、娘になり代わって故郷に帰るうれしさを詠ったものという。

蕪村はこの他にも「君あしたに去りぬ夕べの心千々《ちぢ》に／何ぞはるかなる／君を思ふて岡の辺《べ》に行《ゆき》つ遊ぶ／岡の辺なんぞかく悲しき」という詠いだしに始まる長詩をも作っており、蕪村はこれを「俳体詩」と名付けていた。朔太郎はこれを「明治の新体詩の先駆」であり、「蕪村の詩が、明治の新体詩より遥かに芸術的に高級で、かつ西欧詩に近くハイカラであったということは、日本の文化史上における一皮肉」であると評した。良寛も和歌、俳句、漢詩を並行して作り、無季の俳句もある。漢詩では特に句数や平仄の制限のない古詩を好んで作ったが、これは新しい詩形式への模索だったのかもしれない。いずれにせよ、蕪村俳句の近代的抒情性や俳体詩の実験的試みに朔太郎が注目したのは、詩人としての出発点において、深く良寛の革新的詩論の影響を受けていたからこそだと言うことが出来よう。

朔太郎は柏崎の鯨波海岸に海水浴にきて、番神岬の上に立つ蒼海ホテルに泊まったことがあった。その証拠は『月に吠える』（大正六年）に収録された次の詩により証明される。

「海水旅館」
赤松の林をこえて、
くらきおほなみはとほく光つてゐた、
このさびしき越後の海岸、
しばしはなにを祈るこころぞ、
ひとり夕餉《ゆふげ》ををはりて、
海水旅館の居間に灯《ひ》を點ず。

くぢら浪海岸にて

この海水旅館とは鯨波の番神岬の上に建っていた蒼海ホテル、赤松の林とは隣接する御野立公園のことだ。その旅館から見える海景は、谷中安規の版画に似ていたかもしれない。私が高校生の頃にも青い木造ペンキ塗りのその旅館は健在だった。しかし今は廃業したという。朔太郎はこのとき、出雲崎や五合庵まで足をのばしただろうか。すでに大正三年に西郡久吾の『北越偉人沙門良寛全傳』が出版されて、世に良寛ブームは起きていたから、可能性はあるだろう。証拠はないが。

いずれにせよ、良寛は詩人朔太郎の魂に決定的な影響を与えた。そして漱石、朔太郎に始まる日本近代文学は、小説も詩も、良寛の主張する「心中の物を写さずんば復た何をか為さん」という主観主義の延長上に今なお展開している。

結び——良寛　思想的多面体

哲学と宗教のバランス感覚

良寛の書はどうしてこんなにも美しいのか、という単純な問いから始まったこの稿を、私は一二章構成で考えており、近代文学への影響を述べて終りとするつもりだった。ところが書き上げてみると何か書き足りない。その思想の根本への言及が足りないと感じられる。そこで結びとして、良寛の思想の特色を総合的に考察して不足を補いたいと思う。

一般に良寛といえば僧侶だということが大前提に考えられている。しかし生家橘屋は代々出雲崎の名主でもあるが、町の中心にある石井神社の神官も務めていた。良寛は長男だったから当然神官をも受け継ぐ者として、幼少の頃から神事の行い方などの教育を多少は受けていたに違いない。それゆえ乙子神社脇の社務所のような草庵に住むことにも何の抵抗もなかった。請われれば、弥彦神社の由来記のような文書を写したり（良寛記念館蔵〈国上山下文「皇后官職廳下文」〉）、神号【図150】を大書することも辞さなかった良寛は、坊さんでもあれば神主でもあるような自分をつぎのように詠う。

少小学文懶為儒／少年参禅不伝灯／今結草庵為宮守／半似社人半似僧

少小《しょうしょう》文を学びて儒となるに懶《ものう》く／少年禅に参じて灯《とう》を伝へず／今　草庵を結んで宮守《みやもり》と為《な》り／半《なか》ば社人《しゃじん》に似　半ば僧に似る

（『定本・一・626』一部ふりがな省略）

私は幼い頃漢文を学んだが、儒学者になるのは何となく気がすすまなかった／また若い頃は禅林に参入したが、法灯を伝えようなどとも思わなかった／今、乙子神社脇に草庵を結んで宮守をしているこの私は／なかばは神主、なかばは坊主といったところか

思想宗教についてはどうも煮え切らないのが俺なのだ、とやや自嘲気味だが、そこが現代の日本人を惹きつけ

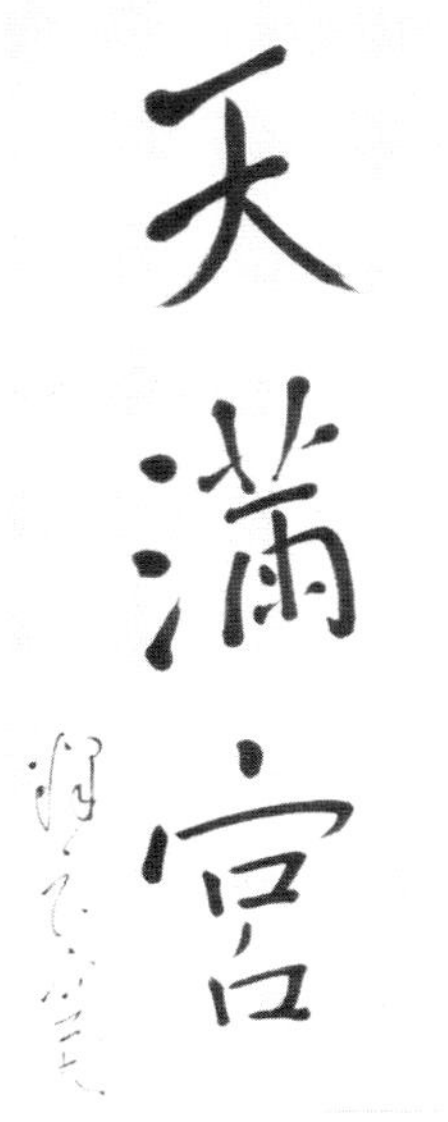

図150　神号「天満宮」　良寛記念館

てやまない良寛の近代性ではないだろうか。儒学も仏教も神道も国学も深く広く学びながら、一方に偏らない思想的多面体が良寛の本質なのである。とりわけ晩年は儒学と仏教を、つまり広義にとらえるなら哲学と宗教を人間の精神活動の両翼として等分に表現しようとする意欲が顕著に見られる。

儒学的モラリストとして

良寛は説教が得意だった。弟由之の放蕩を諌める手紙をはじめ、解良家と木村家の放蕩息子への訓戒の手紙(『定本・三・書簡・99〈解良孫右衛門宛〉・124〈周蔵宛〉』)など、いずれも格調高い文で名高い。驚くべきはそれらの放蕩者たちがみな、その一通の手紙の力によって正道に立ち返ったことだ。良寛の言葉と書には神通力があるらしい。地域の人々は良寛の高い学識と人格を尊敬し、事あるごとに戒語を求めた。定本第三巻に「戒語」という一章がもうけられているほど、その数は多い。おもしろいことに、それらの戒語の九〇パーセント以上は言葉遣い、話題の選択、会話の態度、相手への心遣いなど、言語、会話に関することで占められている。

良寛は人間の本質を言語的存在とみなし、言語をもって地域の衆生を教育済度することが、在家僧である自分の務めと確信していたらしい。その倫理観は非常に幅が広く、仏教にのみ依拠するのではなく、「論語」「中庸」「易経」など中国古代の倫理的、哲学的思想を、木村家にきてからしきりに書いていることが注目される。木村家に四書五経が揃っていたわけではないと思う。多分それらの抄書は、少年時代に大森子陽の塾で研鑽し、脳裏に刻み込まれていた文章を、記憶のままに書きだしたものではないかと言うひとが多い。木村家に来て終末に近づくにつれ、仏教に傾きがちな自分の思考傾向のバランスをとるように、若い頃大森子陽の塾で学んだ儒学を想起していらしい。

木村家の六曲一双屏風に張り込まれた楷書小品に易経の思想を簡略に書いた作【図151】がある。「易曰錯然則吉也」を「易に曰く錯然たるは則ち吉なり」と読んでみた。易経は陰陽二元の要素の対立と統合により世界を解釈する思想なので、「錯然」つまり相反する要素が混じって存在することは良いことだ、という意味だろうか。寒暑、黒白、大小、長短などの対立語が並べられている。このような二元論は、自然科学の基礎にも、世界のさまざまの思想宗教にも普遍的にみられる思考法だが、良寛の場合、仏教という宗教的思考軸に対し、非宗教的な哲学的倫理学的思考軸を示しているように思われる。これら一連の中国の道徳や世界観を主題とする古典の抄書を晩年に沢山書いたのも、教育者としての自己の立場の自覚からきたものだろう。それらは経文と同じように美しい細楷で書かれているが、初期の「小楷詩巻」の清潔明朗の美に、どこか人間的な暖かさや弱さの魅力が加わっているようにも感じられる。そのゆらぎや停滞やふるえは運筆筋力の老化現象に由来するのに違いないが、それがまたたまらなく魅力的に見える。それに対立語の羅列とみえるなかに「好醜」という一見対立語とみえない語の存在が気になる。漢和辞典をひくと「好」にはみめよい、姿形が美しい、愛らしいという定義が四番目くらいにでてくる。したがって「好醜」は間違いではないが、美しいものは好ましいという価値判断を含んだ対立語と思われる。

このような対立語の選択にも本能的に美を好む良寛の気質が垣間見え

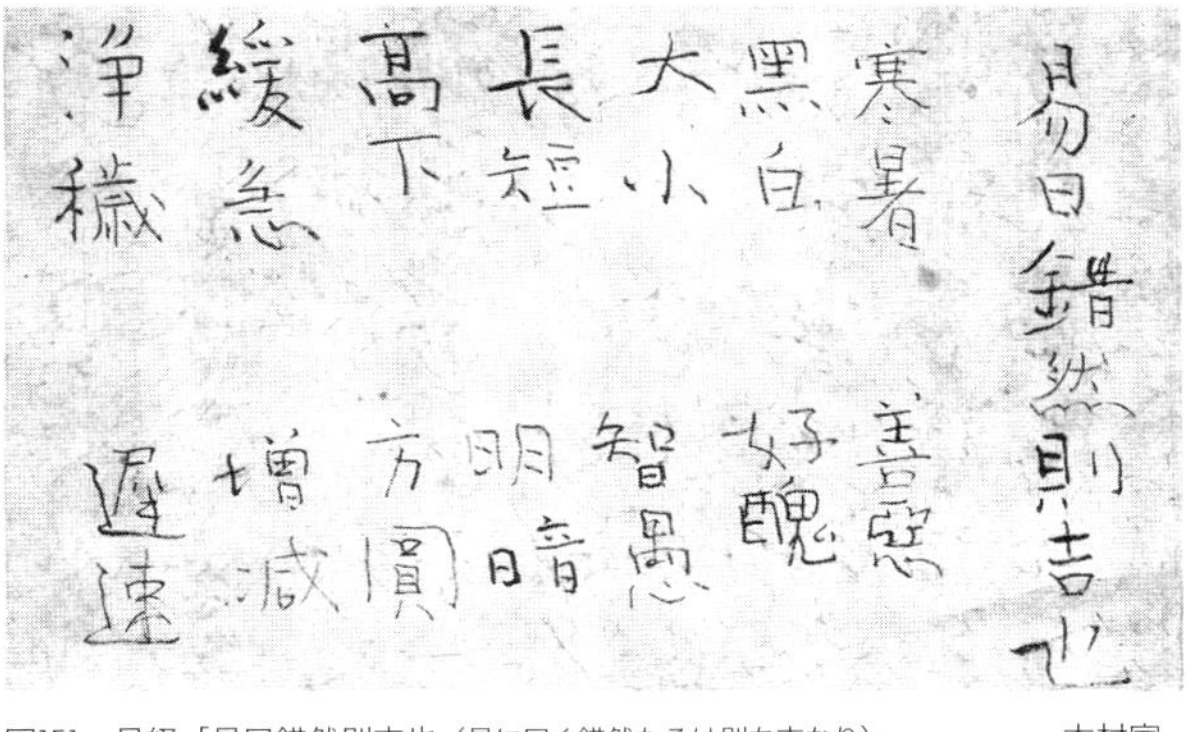

図151　易経「易曰錯然則吉也（易に曰く錯然たるは則ち吉なり）」　木村家

る。陰陽二元論に立つ遺墨の名作はなんといっても根津美術館に所蔵される太字と細字の「天地」【図152、153】ではないか。太字にも細字にも言いようのない魅力というか魔力があって、思索に誘われる。この書を見ると、天と地は一つに繋がったものなのだとしみじみ思う。ところで両方の書の「地」の字の右上にある点は何だろう。也の短い方の縦棒のつもりかもしれないが、良寛が普通の草書で書く地《ち》の字には、横棒から離れた点はない。「天地」の軸の地にだけに孤独な点が打たれている。するとこの点は、地に近くはあるがけして同化はしない孤高の自己を表しているのではないか、と思い至った。そうみると点と署名は絶妙のバランス関係にある。一見か弱くみえる細字の方に、かすれゆく劣勢の地に近くいながら、天の優越に負けず、唯我独尊の気概をたもつ良寛が感じられ見飽きない。

晩年の仏教説話的遺墨

良寛が最初に学んだのは儒学だったが、一七年間も禅林

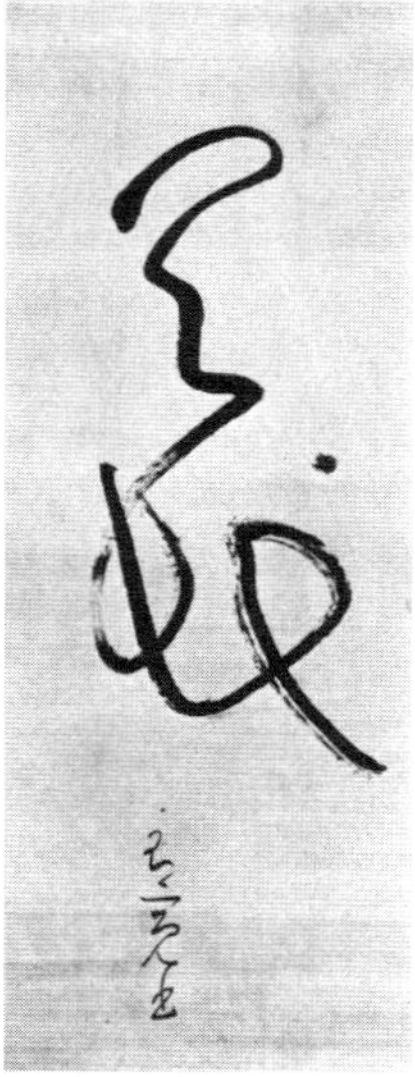

図152　「天地」太字

図153　「天地」細字

ともに根津美術館

で仏教に親しんだのだから、僧職に就かなかったからといって、仏教の教理がその心身に深く浸みこみ血肉と化していることを否定はできない。方便として仏典を学び、文学の華を咲かせようとの青壮年期の野心は、「唱導詞」「落髪僧伽」「我見行脚僧」などにみられるような、既成教団や僧侶階級への手厳しい批判詩さえ生み出した。やや高みから見ているようなその視線をかならずしも私は好まなかったが。しかし五合庵定住時代に、自分の人生五〇年を総括する自筆稿本詩集「草堂集貫華」「草堂詩集（天・地・人）」「草堂集」を編纂し終わり、いわば余生を生きる気分になってから、具体的には乙子神社脇草庵時代から、その仏教観は次第に謙虚に内面化されていったように思われる。死が身近な年代になったからだろう。乙子神社脇草庵時代と島崎時代の仕事で、あえて触れることを避けてきた仏教的作品を理解するには、私も経典を学ぶ必要があると感じて、『法華経』『正法眼蔵』『維摩経』とそれらの解説書などを買い込み、にわか勉強をしてみた。ともかく最晩年の遺墨のうちにある「法華転」「法華讃」「法華賛」に触れることなく良寛の評伝を閉じることは卑怯なり、という気がする。それゆえ、私の力の及ぶ範囲においてではあるが、最晩年に良寛のなかで、芸術と宗教が混然一体となった境地を考察してこの書を閉じることとしよう。

晩年には多くの仏教的遺墨が残された。なかでも仏教説話に取材した、哀切極まりない自己犠牲の物語「月の兎」を何度も書いて人々に与えたことは、言葉による衆生済度の意欲の顕著な表現と見ることが出来る。『定本・二』には遺墨から三種、写本から二種、合計五種の「月の兎」が収録されている。決定稿があるわけではなく、脳裏に刻んだ文を、請われるままにその都度記憶によって書くので、どの作も大意は共通するが、細部の表現が微妙に違う。一例として、初出かもしれない文政三年（一八二〇）頃と推定されている作を読んでみよう。

月の兎

石《いそ》の上《かみ》　古《ふり》にしみ世《よ》に　有《あり》と云《い》ふ　猿《(まし)》と兎《(をさぎ)》と　狐《(きつに)》とが友《とも》を結《むす》びて　朝《あした》には　野《(ぬ)》山《やま》に游《あそび》　夕《ゆふべ》には林《はやし》に帰《かへり》　かくしつつ　年《とし》の経《へ》ぬれば　ひさかたの　天《(あめ)》の帝《みかど》の　聴《きき》まして　其《それ》が実《まこと》を　知《しら》むとて　翁《おきな》となりて　そが許《もと》によろぼひ行《ゆき》て　申《まう》すらく　汝等《(なむだち)》たぐひを　異《こと》にして　同じ心に　遊ぶてふ　信《まこ》と聞《きき》しが　如《(ごと)》あらば　翁《おきな》が飢《うゑ》を　救《すく》へとて　杖《つゑ》を投《なげ》て　息《いこ》ひしに　やすきこととて　ややあり（て）猿はうしろの　林より　菓《このみ》を　拾《ひろ》ひて　来りたり　狐は前の河原より　魚《いを》をくはえて　与《あた》へたり　兎はあたりに　飛《と》び飛《とべ》ど　何ものせで　ありければ　兎は心《こころ》　異《こと》なりと　詈《ののし》りければ　はかなしや　兎計《はか》りて　申《まう》すらく、猿は柴《しば》を　刈《か》りて来《こ》よ　狐は　之《(これ)》を　焼《たき》て給《た》べ　言ふが如《ごとく》に　為《なし》ければ　烟《ほのほ》の中に　身を投げて　知らぬ翁《おきな》（に）与《あたへ》けり　翁は是《これ》を見るよりも　心もしぬに　ひさかたの　天《あめ》を仰《あふ》ぎて　うち泣て　土に僵《たふ》りて　ややありて　胸打叩《うちたたき》　申すらく　汝等みたりの　友だちは　いづれ劣ると　なけれども　兎は殊《こと》に　やさしとて　骸《から》を抱《(かかへ)》て　ひさかたの月の宮《みや》にぞ　葬《(はふり)》ける　いまの世までも　語継《かたりつぎ》

月の兎と　言ふことは　是《これ》が由《よし》にて　ありけると　聞吾《きくわれ》さへも　白栲《しろたへ》の　衣《ころも》の袂《そで》は　とほりてぬれぬ

（『定本・二・1136』　ふりがなの一部を省略。なお（　）のついたふりがなは良寛自身がつけたもの。（　）は脱字　298・475。1137・1138も同じ主題）

「大昔のこと、猿と兎と狐が仲良く暮らしていると聞いて、天帝が本当かどうか確かめようと、老人に姿を変えて弱りきった様子で彼らのもとへたどり着き、〈お前たちは種が違うのに仲良しだそうだね。本当ならみんなで私の飢えを救っておくれ〉とたのむ。するとまもなく猿はうしろの林から木の実を、狐は前の川から魚をとってきてさしあげた。ところが兎はあたりをピョンピョンはねまわるが何も見つけることができなかった。そこで

老人は兎を、お前は友だちと同じやさしい心を持っていないね、と非難した。すると、こともあろうに兎は仲間の猿と狐をだまして、猿には柴を刈ってこさせ、狐にはそれを燃やさせた。言われるままに二匹が火を焚くと、兎はそのなかに飛び込んで見も知らぬ老人に御馳走として我が身をさしだした。老人はこれを見るやいなや、天を仰いで泣き、地に倒れふして歎いた。ややあって胸をたたきながら〈お前たち三匹の友だちに優劣はないけれども、兎はことに殊勝である〉といい、ふたたび天帝となってそのなきがらを抱いて天に上り、月の都に葬ったという。月に兎がすむという伝説はこういうわけでできたのだった」というお話は、幼い頃、多くのひとが絵本などで親しんだことがあるだろう。

この物語は釈迦の前世譚『ジャータカ』をはじめ、各種経典にある仏教説話で、日本では『今昔物語』の巻五第一三話として流布しているというが、良寛の長歌の巧みさは、この物語を神代の昔のことという雰囲気をだすために、猿を「まし」狐を「きつに」兎を「をさぎ」とわざわざ自分でかなを振ったことだ。古代にそんな発音をしていたとは誰も知らないのだが、「まし」と「きつに」と「をさぎ」なら、そんな仲良しの暮らしもあるかもしれないと思うような物語世界がこの三語によりかもしだされている。そして教訓らしいことを一言も述べず、この月の兎の伝説の由来を聞く度に良寛は、「をさぎ」のけなげさにいつも袂がぐっしょりとなるほど泣けてくるのです、とさらに物語を遠い時空へと間接化している。この巧みな設定が、じつは残酷な話でもある仏教説話の説教臭を抜き、童話的な世界を生み出している。

私は寺泊小学校の学芸会で、「わたしのからだを火に焼いてあなたに御馳走いたしましょう」と歌いながらたき火の中にぴょんと飛び込んだ友人の姿を今も思い出す。その音楽劇の兎と猿と狐のお面を描いたのは私だった。貞心尼は「蓮《はちす》の露」のなかで「月の兎」を「あはれにたふとく打ずしぬれば、おのずから心のにごりもきよまりゆくこゝちなむせらるべし」と評している。

次に経典をめぐる良寛について。良寛は乙子神社時代から万葉集への研究を深めるのと並行して、経典の再読をこころがけ、般若心経の写経もしている【図154】。第10章に書いたように、解良家の依頼に応じて法華経を書写して与えたことは確実ながら、写経そのものは今のところ発見されていない。

また、「読永平録（永平録を読む）」という題で知られる長詩も同じ頃の作かと思われるが、『定本・一』の解説によれば、「永平録」とは詩の内容からして『正法眼蔵』と考えられるという。良寛は、若い時師国仙について学んだ道元の『正法眼蔵』を読み直す機会があり、感動で涙がとめどなく流れたと詠っているが、これも長大な『正法眼蔵』のどの巻をどこから借りたかは究明されていない。しかし、岩波文庫『正法眼蔵（一）（二）（三）（四）』（道元著　水野弥穂子校注　一九九三年）をパラパラとめくっているうちに、「法華転」の言葉の元は第四巻の末尾に付巻として収録されている「法華転法華」らしいと気づいた。また同じく付巻に含ま

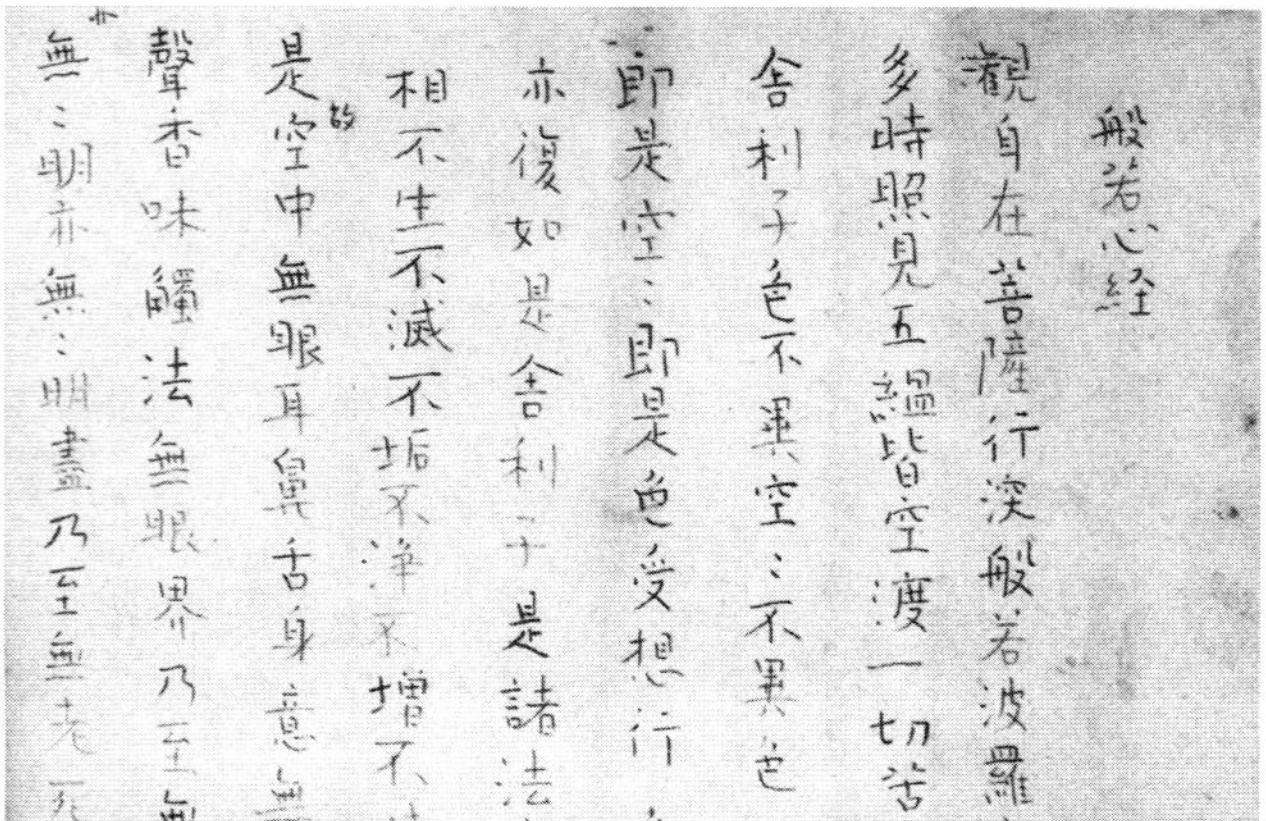
般若心経
観自在菩薩行深般若波羅密
多時照見五蘊皆空度一切苦厄
舎利子色不異空〻不異色〻
即是空〻即是色受想行識
亦復如是舎利子是諸法空
相不生不滅不垢不浄不増不減
是空中無眼耳鼻舌身意無色
聲香味觸法無眼界乃至無識
無〻明亦無〻明盡乃至無老死亦

図154　写経「般若心経」（部分）　良寛記念館

れる「菩提薩埵四摂法」の中に、かの有名な「愛語といふは」という文もあるし、「生死」のなかには「上をうやまひ下をあはれみ」という文もあるのが眼に飛び込んできた。これは木村家の貼り交ぜ屏風の中にある四文字漢字の遺墨「敬上憐下」【図155】の元に違いない。校注者水野弥穂子の解説（『正法眼蔵（四）』道元著　水野弥穂子校注・五一二頁）によると、これら岩波文庫版で付巻とされた「法華転法華」（D）「菩提薩埵四摂法」（E）の二文書は六〇巻本、八四巻本、八七巻本に含まれるが、「生死」（I）は二八巻本「秘蔵正法眼蔵」にしか入っていない。六〇巻本と二八巻本は「懐奘《えじょう》所持本」とされる。懐奘とは道元の一番の高弟で、道元が興聖寺にいたときから付き従い、師の言葉を記録し、道元なきあと永平寺二代をついだ人。ほとんど『正法眼蔵』の作者の分身といってもよい人だ。良寛が懐奘所持本にのみ含まれる文書を重視したことに何か意味があるのだろうか。

正直にいうと、『正法眼蔵』はどこをとっても私にはちんぷんかんぷんの文の羅列だったが、その中では多少とも理解可能な内容の「愛語」「生死」に良寛が注目してくれたのがうれしい。ともかく良寛にあっては、『正法眼蔵』読書と「法華転」創作は表裏一体であるにちがいない。なぜ良寛が「法華転」を書いたかの動機を、私は『正法眼蔵』中の「法華転法華」にでてくる「心迷法華転、心悟転法華」の偈に求めてみた。この偈には「心迷へば法華に転ぜられ、心悟れば法華を転ず」という読み下し文がついている。「心が迷ったときには法華経の教えによって悟りが得られる。したがって悟りを得たものは、今度は法華経の教えを、法輪を回すようにして衆

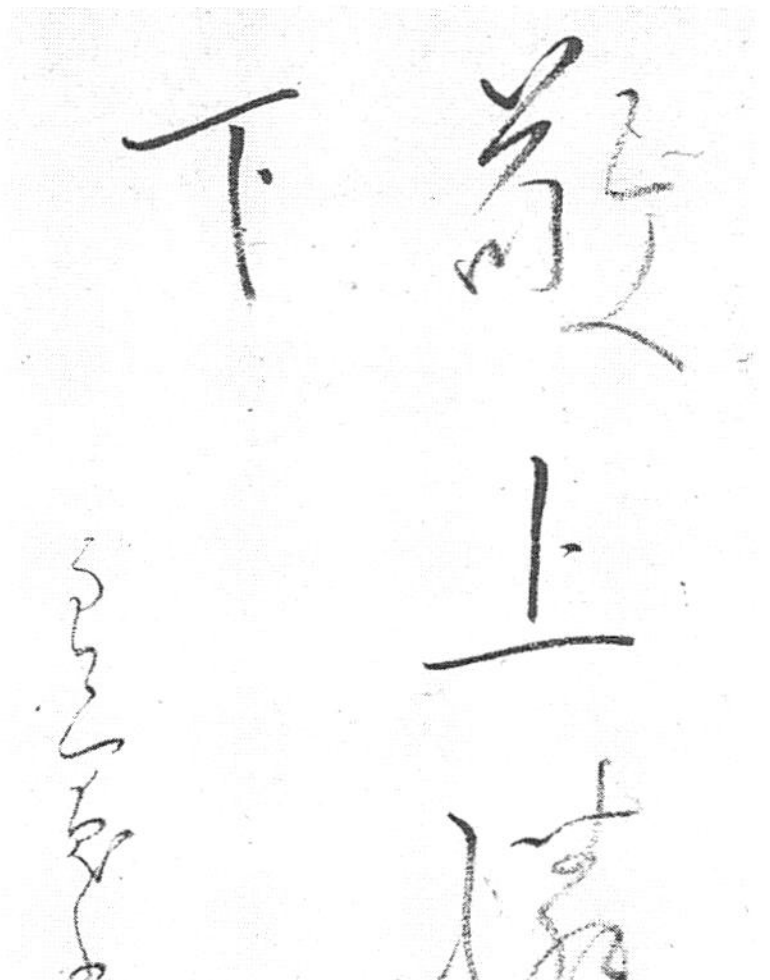

図155　「敬上憐下」　木村家

生に説く側になりなさい」ということか。ともかく悟ったものは、正しい法の教えを衆生に展開せよ、布教せよと随所で道元は言っている。

良寛も七〇歳の声をきく頃に、『正法眼蔵』の「法華転法華」を再読し、今まで人々の援助によって自分は生かされてきたのだから、そろそろ衆生済度の勤めもしなくては、という気分になったのではないか。その気分から日本にも中国にもその類例がないという、法華経を要約礼賛する偈「法華転」六七首、「法華讃」一〇二首、「法華賛」【図156】一八首が書き残されたと考えたい（『良寛道人遺稿』には上記三種に含まれない偈が一一首あるので、『定本・三』はこれを補遺として拾い、合計一九八首を収録している）。

研究者たちはこれらの偈の成立時期を明確に述べてはいない。法華経を学んだのは円通寺時代のことになるし、書体は時期を確定しにくい楷書だからか。しかし、構想は円通寺時代に発するとしても、最終的に現在残る稿本のかたちになったのは、乙子神社脇草庵時代後半以降木村家に移った翌年頃までの間ではないかと思う。「法華転」も「法華讃」も法華経八巻本二八品《ほん》の順序を忠実に追い、その内容の要点を数首の偈にしており、冒頭にプロローグに相当する「開口《かいく》」、末尾にエピローグに相当する「擱筆《かくひつ》」

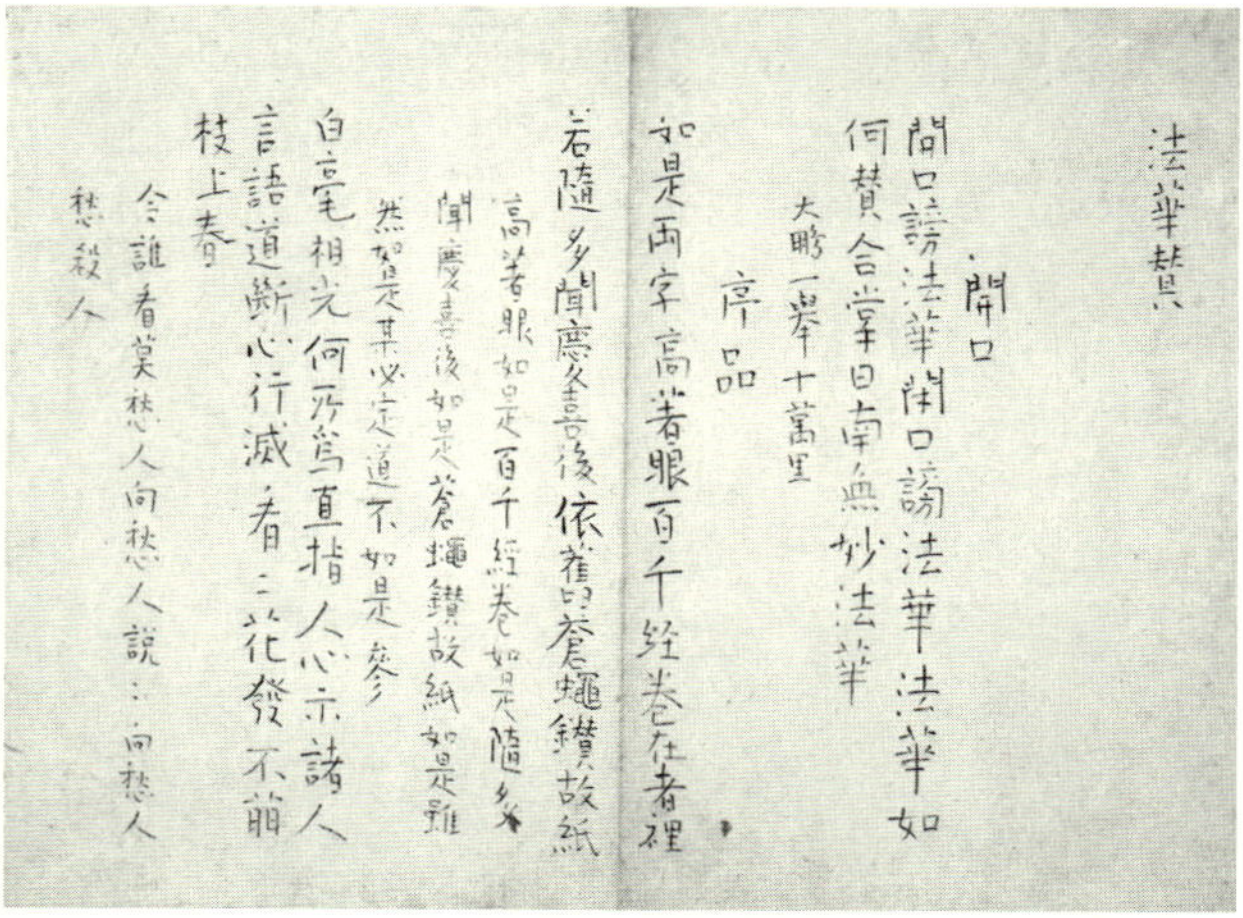

図156 法華賛　東京国立博物館

という偈がきている。

三種類の擱筆を総合すると、良寛は「静かな草堂で八巻（七巻と記した擱筆偈もある）の法華経を開いたり閉じたりしながら、この「法華転」や「法華讃（賛）」を完成させた、時は日の長い四月である」と読み取れる。旧暦四月は現在の五月末くらいか。この草堂は、夏に好んで逗留した寺泊の照明寺内塔頭の密蔵院ではないだろうか。帰郷後まもなくから、何度か密蔵院には滞在しているが、文政九年の冬に木村家に移った後、文政一〇年の夏にも密蔵院にいたことが、阿部定珍宛書簡（『定本・三・書簡・45』）から知られる。

法華経全巻をどこから借覧したのかわからないが、どの宗派にも尊重される基本的経典ゆえ、真言宗の古刹である照明寺にもあったに違いない。密蔵院は松林に囲まれた静かな高台にあり、食事は本寺で賄われていたし、集中を要する仕事に適した環境だった。法華経は木村家にもあったかもしれないが、木村家には「法華転」や「法華讃」の遺墨が一点もない。ところが貞心尼は、良寛の一連の法華経に関する偈の存在をよく知っていた。僧である彼女は、後に良寛詩集の編纂にあたり、それらの偈こそ良寛詩集の冒頭を飾るべき代表作との考えをもって、鈴木文台ら俗人の良寛詩集編纂を排し、前橋の僧蔵雲に依頼したのだった。とすれば、「法華転」「法華讃」「法華賛」の仕事は、文政一〇年（一八二七）、貞心尼と面識を得た年の初夏に、密蔵院で完成したと推定しておきたい。

法華経は宗派を超えて親しまれる経典中の王者的存在で、道元もしばしば引用しているので、良寛も法華経をもっとも衆生済度に効果ある、重要な経典と考えていたに違いない。そこで私も岩波文庫『法華経　上　中　下』（坂本幸男・岩本裕訳注　一九六二年初版、一九七六年改版）三冊により、にわか勉強をしたところを手がかりとして、良寛の意図を考えてみることにした。この経典は次のような二八章から成っている。

序品《じょほん》／方便品《ほうべんぼん》／譬喩品《ひゆほん》／信解品《しんげほん》／薬草喩品《やくそうゆほん》／受記品《じゅきほん》／化城喩品《けじょうゆほん》／五百弟子受記品《ごひゃくでしじゅきほん》／授学無学人記品《じゅがくむがくにんきほん》／法師品《ほっしほん》／見宝塔品《けんぼうとうぼん》／提婆達多品《だいばだったほん》／勧持品《かんじほん》／安楽行品《あんらくぎょうほん》／従地涌出品《じゅうじゆじゅつほん》／如来寿量品《にょらいじゅりょうほん》／分別功徳品《ふんべつくどくほん》／随喜功徳品《ずいきくどくほん》／法師功徳品《ほっしくどくほん》／常不軽菩薩品《じょうふきょうぼさつほん》／如来神力品《にょらいじんりきほん》／嘱累品《ぞくるいほん》／薬王菩薩本事品《やくおうぼさつほんじほん》／妙音菩薩品《みょうおんぼさつほん》／観世音菩薩普門品《かんぜおんぼさつふもんぼん》／陀羅尼品《だらにほん》／妙荘厳王本事品《みょうしょうごんおうほんじほん》／普賢菩薩勧発品《ふげんぼさつかんぽつほん》

岩波文庫は右側頁に春日版に基づく漢訳原文と読み下し文を、左頁にサンスクリット語原文の口語訳を対照してあるので、文章としてはわかりやすい。しかし文章の構造がわかったからといって内容が理解できたということにはならない。私のようなまったく宗教心のないものにはほとんど荒唐無稽の書だった。私は読んだというより、全体を視覚的に眺めたという印象を持った。それほど記述は視覚的絢爛豪華な映像の連続だった。このお経にはどこを探しても釈迦の教えの具体的内容は書かれていない。哲学的言辞も倫理的教訓もほとんどない。法華経は「如是我聞（かくの如く我聞けり）」という文から始まる。この「我」は誰か私にはよくわからないが、法華経は「我」を語り手として展開される一大幻想絵巻、スペース・ファンタジーの世界となっている。

物語はまず、すでに入滅して永遠の生命を持つ仏となった釈迦が、その悟りを開いたとされる霊鷲山《りょうじゅせん》に坐しており、その周りを沢山の修行僧・阿羅漢・菩薩・八大龍王とその従者の無数の龍、王族とその従者などの大衆が空間をうめつくしている光景から始まる。仏がどんな説教かわからないがありがたい説教を説き終り、三昧という瞑想に入る。するとその時、「天は曼陀羅華《まんだらけ》・摩訶曼陀羅華《まかまんだらけ》・曼珠沙華《まんじゅしゃけ》・摩訶曼珠沙華《まかまんじゅしゃけ》を雨《ふら》して仏《ぶつ》の上及び諸《もろもろ》の大衆に散じ、普《あまね》く仏の世界は六種に震動す」る。つまり天からさまざまの見事な天上に咲くという花が大雨のように降り注ぎ、仏国土は喜びを六種類の震動で表す。つまり六度の震え方の違う地震が起きるのだ。栴檀《せんだん》の芳香も流れる。この奇跡にその場にいた大衆は歓喜して合掌しながら仏を見守っていると、突然仏はその眉間にある、白い毛の無数の集合体である白毫《びゃくごう》から、強力な光を発して仏国土一万八千世界を、下は阿鼻地獄から、上は有頂天に至るまでを、照らしたという。こんな神秘的奇跡の光景や、宇宙をうめつくす仏たちの沢山の名前が最後まで繰り返し語られる。地からさまざまな宝玉で飾られた巨大な宝塔が出現して空中にそそりたったり、大地が割れて幾千億の光輝く菩薩らが出現したり、めくるめく奇跡のスペクタクルが全編を埋めている。

悟りに達した仏たちはみな眉目秀麗、容姿端麗、膚は金色に輝き、眉間からも全身の毛孔からもまばゆい光を放つ。法華経は全巻が光と色彩と芳香と楽の音に満たされている。その世界の空間は広大無辺、時間は現在、過去、未来にわたる久遠。結局、法華経は、人間が想像できる最高の美の理想世界を描いたもの、と私はおぼろげながら理解した。さらにいくつかの挿入された譬え話から、仏陀は愚かな人間や罪深い人間や女人をも見捨てないし、どんな人間にも仏性は備わっており、それに気付いてこころがけさえすれば、誰もが仏になれる、と示唆しているとも理解した。はやく自分の内なる仏性に目覚めて、久遠の美の世界に憧れよ、と法華経はいっているのではないか。

鎌田茂雄の解説によれば、法華経は正しくは「妙法蓮華経」といい、サンスクリット語の原語サッダルマ＝プンダリーカを忠実に訳すと「正しい教えの白蓮」となるのだそうだ。プンダリーカは汚泥からでて真白な大輪の花を咲かせる蓮の花。究極の美の象徴である。妙法とも正法とも「正しい教え」とも訳されるサッダルマは諸法実相、すなわち一切のものの真実の相《すがた》、ものの本当のすがたをさすという。すると「妙法蓮華経」＝「正しい教えの白蓮」＝「一切のものの真実の相は白蓮のように美しい」ということになるのではないか。宗教の究極も美だったのだ。

良寛の「法華転」「法華讃（賛）」は、法華経のあまりの超現実的幻想にちょっと懐疑を呈したり、揶揄する雰囲気も感じられる。たとえば「法華讃（賛）」の開口は、

開口謗法華／杜（閉）口謗法華／法華云何（如何）讃（賛）／合掌曰／南無妙法華

口《くち》を開けば法華を謗《そし》り、口を杜《と》（閉《と》）づるも　法華を謗る。法華　云何《いかん》（如何《いかん》）が讃《さん》（賛《さん》）せん。合掌《がっしょう》して曰《い》はん南無《なむ》妙法華《みょうほっけ》と

（『定本・三・法華讃・1・法華賛・103』（　）内は法華賛の表記を表す）

とあるが、いったい誰が法華経を謗るというのだろう。法華経をあからさまに非難する宗派などないのではないか。謗るほどに法華経を理解できるひとは良寛しかいないのではないか、と私は感じる。ただ死のみを真理とうけとめ、来世の救済をうたったりしない虚無主義者の良寛には、法華経の一大幻想スペクタクルは馬鹿らしいとも思えるにちがいない。近代のわれわれもはじめはそう思わずにはいられないように。しかし最後まで読んでみると、法華経に帰依するほかはないと良寛は結論する。なぜなら、法華経の主張は結局「一切のものの真実の相は白蓮のように美しい」ということなのだから、これは良寛の主張と同じこと。究極の美しい世界を求める仏陀の教えは、良寛が生涯かけて追究してきた美の世界と最終的に一致するものだと良寛は納得してこの一連の「法華転」や讃を書いたのだろう。

根源的芸術家としての自己完成——愛語の世界

言語による表現の美を追究してきた良寛は、最晩年に『正法眼蔵』と『法華経』を学び直すうちに、すぐれた芸術家は同時にすぐれた宗教家でも教育者でもあると思わせる書作品「愛語」【図157】を生み出した。それは『正

法眼蔵』の「菩提薩埵四摂法」中に説かれた布施、愛語、利行、同時のうちの「愛語」を謹厳な漢字とカタカナで書いた作で、木村家の貼り交ぜ屏風にはりこまれている。江戸期に出版された春日版『正法眼蔵』は漢字とひらがなだった。道元は初期には漢字とカタカナで書き、途中から漢字とひらがなに改めさせたと水野弥穂子はいう。良寛の場合、手本がカタカナだったのか、ひらがなを良寛の意志でカタカナに改めたのかは判断できない。ここには岩波文庫による漢字とひらがなの原文をあげておく。良寛の「愛語」は細部でちょっと違う点もあるが、それらは論旨に影響を与えてはいない。

> 愛語といふは、衆生をみるにまづ慈愛の心をおこし、顧愛《こあい》の言語をほどこすなり。おほよそ暴虐の言語なきなり。世俗には安《あん》否《ぴ》をとふ礼儀あり、仏道には珍重《ちんちょう》の言葉あり、不審の孝行あり。慈年衆生《じねんしゅじょう》、猶如赤子《ゆうにょしゃくし》のおもひをたくはへて言語するは愛語なり。徳あるはほむべし、徳なきはあはれむべし。愛語をこのむよりは、やうやく愛語を増長するなり。しかあれば、ひごろしられずみえざる愛語も現前するなり。現在の身命の存ぜらんあひだ、このんで愛語すべし、世々生々《せぜしやうじやう》にも不退転ならん。怨《おん》敵《でき》を降伏《がうぶく》し、君子を和睦《わぼく》ならしむること、愛語を根本とするな

図157　「愛語」　　木村家

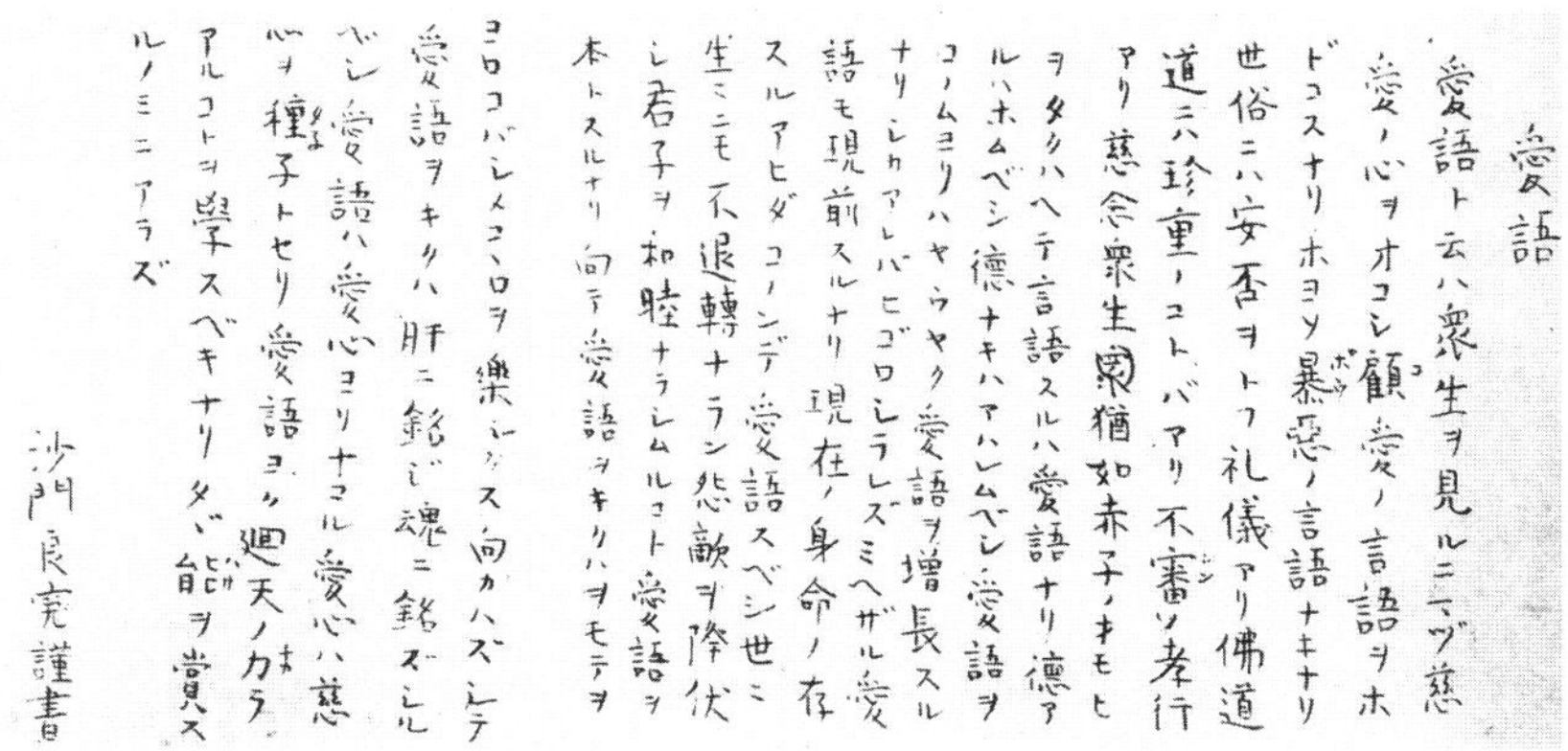
愛語
愛語ト云ハ衆生ヲ見ルニマヅ慈
愛ノ心ヲオコシ顧愛ノ言語ヲホ
ドコスナリホヨソ暴悪ノ言語ナキナリ
世俗ニハ安否ヲトフ礼儀アリ佛道
ニハ珍重ノコトバアリ不審ノ孝行
アリ慈念衆生猶如赤子ノオモヒ
ヲタクハヘテ言語スルハ愛語ナリ徳ア
ルハホムベシ徳ナキハアハレムベシ愛語ヲ
コノムヨリハヤウヤク愛語ヲ増長スル
ナリシカアレバヒゴロシラレズミヘザル愛
語モ現前スルナリ現在ノ身命ノ存
スルアヒダコノンデ愛語スベシ世々
生々ニモ不退轉ナラン怨敵ヲ降伏
シ君子ヲ和睦ナラシムルコト愛語ヲ
本トスルナリ向テ愛語ヲキクハヲモテヲ
ヨロコバシメコヽロヲ楽シクス向カハズシテ
愛語ヲキクハ肝ニ銘ジ魂ニ銘ズル
ベシ愛語ハ愛心ヨリオコル愛心ハ慈
心ヲ種子トセリ愛語ヨク廻天ノカラ
アルコトヲ學スベキナリタヾ能ヲ賞ス
ルノミニアラズ
沙門良寛謹書

り。

むかひて愛語を聞くは、おもてをよろこばしめ、こゝろをたのしくす。むかはずして愛語をきくは、肝に銘じ、魂に銘ず。しるべし、愛語は愛心よりおこる、愛心は慈心を種子《しゆうじ》とせり。愛語よく廻天のちからあることを学すべきなり、たゞ能を賞すのみにあらず。

率直に言うと、私にとって、長大な『正法眼蔵』のうちで、この一節だけが注釈を読まずにすらすらと理解できた唯一の箇所だった。万人の胸を打つこの一節を、あやまたず選択し、誰もが読める明晰な楷書で書いた良寛は素晴らしい。この書こそは、まさに衆生に捧げる慈愛の書と言えよう。注釈書を見なくても理解でき、共感できるということはうれしい。

しかし良寛の書は、簡単には読むことの出来ない踊るような字もまた、読めないままに魅力的だということも強調しておきたい。良寛の字は、読める字も読めない字もすべては仏が悟りに入ったとき、天から降ってくる白蓮や曼珠沙華の花びらのように美しい。あるいはまた三千大千世界から降ってくる淡雪の雪片のように清らかだ。それらは現代の汚辱のなかに住む私たちを浄化する力を持っている。もし良寛が単に仏教者として生きたなら、たとえ僧職の頂点を極めようとも、かくも後世の人々に精神的影響を及ぼすことはできなかっただろう。聖と俗の間にたつ求道的表現者だったからこそ、多くのひとが今なおひきつけられるのだ。

「良寛の書はどうしてこんなにも美しいのか」という問いに始まった長旅を閉じるにあたり、私は良寛に「根源芸術家」という呼称を贈りたい。初めのころは純粋芸術家と考えつつ記述していた。ところが、友人の哲学者大橋良介氏に「純粋芸術という語は、芸術のための芸術という誤解を受けやすい」と指摘されたこともあり、考えた末にこの呼称にたどりついた。宗教をも哲学をも芸術によって表現する、根源的（radical）な芸術家という意味である。ラディカルはラテン語の根（RADIX）に由来するというが、過激なというニュアンスもある。それもまた良寛にはふさわしいかもしれないと思う。根源において美を貫くその生き方は、誰にも真似の出来ない過激さだった。その過激さは単なる宗教家の枠を超えている。しかし、仏教の根源の理想が「正しい教えの白蓮＝一切のものの真実の相は白蓮のように美しい」であるなら、それはまさに芸術のめざすところ、哲学のいきつくところでもあろう。沙門として出発した良寛は、生涯をかけて研鑽に励み、ついに根源芸術家としての自己を完成したのである。

後　記

この稿は、良寛について執筆したいという希望を抱いたときから数えると、ほぼ三五年後の二〇一一年三月から書き始めた。そして、第9章まで書き進んだ二〇一三年三月に、仏文学者故杉本秀太郎先生から季刊雑誌『聚美』の編集長岡川聰氏をご紹介いただき、同年七月からこの長編の抄書を同誌に連載することになった。これは現在も続いている。以後長編とそのダイジェストエッセイの両稿を並行して書くようになったが、このことは長編の内容の再検討と、より慎重な記述をうながした。紹介の労を取って下さった杉本先生、長編の出版に先んじてエッセイ発表の機会を与えてくださった聚美社の岡川氏にまず深く感謝申し上げる。

しかし長編の出版は難航した。一応の完成は二〇一五年五月末だったのだが、心当たりの出版社に次々に却下された。出版界の不況は厳しく、四〇〇字詰原稿用紙にすると一〇〇〇枚を越えようかという長大な本を、好んで手掛ける勇気のある出版社はそう簡単には見つからない。困って友人のギタリストで音楽家評伝作家でもある田代城治氏に相談したところ、「ぼくはブルックナー、マーラーなどを春秋社から出しているけど、春秋社は良寛も沢山出しているから聞いてあげよう」とおっしゃる。資料をお送りしたところ、さっそく田代さんを担当しておられる高梨公明氏が強い関心を持ってくださり、編集会議を経て出版を引き受けてくださることになった。二〇一五年一〇月のことである。その日から迅速に編集業務をこなし、精緻な索引まで制作して下さった高梨氏と、良寛の生涯を象徴するような美しい装丁をして下さった柳元悦氏と、勇断をもって長編の刊行を引き受けて下さった春秋社には、言葉も見つからないほどの感謝の気持でいっぱいである。また、調査、執筆の過程でお世話になった方々にも、参照させていただいた、すべての先行研究者の業績にも、厚い敬意と感謝を申し上げる。それにしても思ったより書きあげるのに時間がかかった。その間に、私に貴重な資料を提供してくださった内藤久吉氏と、ダイジェスト版執筆の契機を与えてくださった杉本先生が亡くなられたことは残念でならない。両氏の御霊に遅ればせの本書の完成をご報告し、ご冥福を祈りたい。

また気がかりでならないことは、日本の書の歴史において、かくも輝かしく高貴な位置にある良寛の書の大部分に、文化的保護の手が充分に伸びていないことである。重要文化財の指定が阿部家の蔵品のみというのも偏っているし、指定にふさわしい学術的研究支援や財政的保護が決定的に不足している。また、絵画では考えられないような作品の切断、細分化が横行していることも、まことに嘆かわしい。表具の改装や補修が急務と思われる作品も展覧会で数多く見かけた。また世代交代により、良寛作品の存在がわからなくなっている場合も多いのではないか。このままでは急速に作品が失われていく危険性が高いと、心配でならない。書芸術の素材は繊細で弱く失われやすい。現在、美術館などの比較的安全な管理下にある良寛作品はごく一部であり、大部分が個人所蔵家の手元にあると推量される。優れた芸術作品は、個人の専有物であっても、同時に人類共通の宝でもある、と個人所蔵家には認識をしていただき、安全な管理に努めていただきたいし、積極的な公開にもご理解をいただきたい。また作品を手放したり入手したりする際に、作品の来歴をわかる限り正確に記述することを、美術館、博物館、コレクター、業者のすべての方々にお願いしたい。それは研究に必要不可欠の基礎情報であるのに、日本ではなぜか無視されている。作品来歴情報を明記する習慣が根付くならば、日本のあらゆる歴史研究は、はるかに進展するものと思う。さらに、文化庁をはじめとする公共の文化行政機関には、危機感をもって良寛作品の保護に乗り出していただきたいと、心からお願いして本書を閉じることとする。

二〇一五年一二月一八日

新関公子

春秋社

校注　良寛全詩集
谷川敏朗

江戸期の写本・自筆詩集・遺墨による全四八三首を成立年代順に並べ、古典詩や仏典の影響に言及、現代語訳と語注を付す。５５００円

校注　良寛全歌集
谷川敏朗

短歌・旋頭歌・長歌あわせて一三五〇首を成立時代順に配列。出典を明示し、由之や定珍ら他者作を峻別。良寛歌集の集大成。５０００円

校注　良寛全句集
谷川敏朗

遺墨や写本・活字本から真作一〇七句を採用し、季語による分類・配列。わかりやすい現代語訳と解説および語注を付す。２５００円

良寛伝記考説
高橋庄次

初期消息等従来曖昧だった良寛の行跡と詩歌作品成立の時期を特定。良寛の生涯と思想・情念との関わりを綿密に考証。９０００円

良　寛
吉本隆明

子と戯れる良寛に近世の詩文と思想の運命をみる論考を始めとする「吉本良寛」の決定版。詩人と僧侶の間で揺れ動く姿。２０００円

良　寛　行に生き行に死す
立松和平

「良寛という生き方」に自らの人生を重ねて、作家が見出したものとは何だったのか。あくなき探究心に基づく「魂の遺書」。１６００円

道元・一遍・良寛　日本人のこころ
栗田　勇

三人の宗教者を貫くものとは。日本人の心情のありようを三者三様の来し方から汲み取った出色の論考。芭蕉論を加える。１８００円

価格は税抜価格

プロフィール

新関公子（にいぜき・きみこ）

1940年、新潟県長岡市生れ。旧姓杉本。県立柏崎高等学校卒。東京藝術大学美術学部芸術学科入学。西洋美術史を専攻、同科大学院修士課程を修了。すぐに同大学付属芸術資料館（大学美術館の前身）に勤務、9年間在籍の後退職。以後、都留文科大学、横浜美術大学などの非常勤講師をしながら研究著述活動。2002年、東京藝術大学大学美術館教授に就任。2008年、退職。同大名誉教授となる。2011年出版の『ゴッホ　契約の兄弟』（ブリュッケ）で吉田秀和賞を受賞。つねに、美術と文学の衝突の場面に焦点をあてた研究を心がけている。

根源芸術家 良寛

発　行　2016年2月20日　初版第1刷

著　者　新関公子

発行者　澤畑吉和

発行所　株式会社　春秋社

〒101-0021　東京都千代田区外神田2-18-6

電話　(03) 3255-9611(営業)・9614(編集)

振替　00180-6-24861

http://www.shunjusha.co.jp/

印　刷　株式会社　太平印刷社

製　本　黒柳製本株式会社

装　丁　柳　元悦

定価はカバー等に表示

ISBN 978-4-393-44165-7

索　引

良寛略年表

参照文献

［索引の凡例］
・『　』 著作・作品集等
・「　」 稿本・論文・キーワード等
・《　》〈　〉書画・絵画作品
・１字下げや … ないし ― で示す項は当該項目の関連・発展項目
・→　他項目を参照
・⇒　他項目も参照

索　引

▶あ行

▶さ行

▶た行

▶な行

▶は行

▶ま行

▶や行

▶ら行

良　寛

235,267,278,279,282,326,456,475
「草 堂 集」 113,125,161,203,213,248,278,279,282,284,322,326,337,400,406,489
「小楷詩巻」 ii, iii, 248,278,280,282,284,487
▪自筆稿本：歌集
万葉集抄録「あきのゝ」 341-49,369
自選歌集「布留散東」 181,198,308,311,312,321

〈単一作品〉

▪漢詩（有題詩は「　」で示す）
「暁」 224
「暁送左一」（暁に左一を送る） 262,451
可憐好丈夫（憐れむ可し　好丈夫） 248
「伊勢道中苦雨作二首（伊勢道中雨に苦しんで作る二首）」 198
一衲一鉢裁是随（一衲一鉢　裁かに是れ随ひ） 207
「読永平録（永平録を読む）」 492
「円通寺」 155,279
憶在円通時（憶ふ円通に在りし時） 156
「有懐二首」（懐ふこと有り二首）
—その一　了然古道人（了然は古道の人） 195
「有懐四首」
—その二　大忍俊利人（大忍は俊利の人） 195
蛾眉山下橋杭（蛾眉山下の橋杭）〔第1稿〕 400,413
「題蛾眉山下橋杭」（蛾眉山下の橋杭に題す）〔第2稿〕 401,402,414
閒庭百花発（閒庭百花発き） 370,371
今日出城下（今日城下に出で） 121,122
「還郷」（郷に還る） 224
「題弘智法印像」（弘智法印像に題す） 220
「高野道中買衣（不）直銭」（高野道中衣を買はんとして銭に直らず） 187-89
与子従小少（子とは小少より） 129⇒「上巳日…」
左一大丈夫（左一は大丈夫なり）〔「即事」の余白への書き込み〕—「有懐四首」の三 267,274
「聞左一順世」（左一の順世を聞く） 273,452
「左一訃至泫然有作」（左一の訃至り、泫然として作有り） 271,272
「夢左一覚後彷彿」（左一を夢み、覚めて後彷彿たり） 401,408,410-13
「再游善光寺」 205
「地震後作」（地震後の作） 439
「地震後詩」（地震後の詩） 439
「秋夜宿香聚閣」（秋夜香聚閣に宿し） 128,235,237,240,326,327
「上巳日游輪氏別墅有懐左一」（上巳の日　輪氏の別墅に游んで左一を懐ふこと有り） 128,129,276
「訪子陽先生墓」（子陽先生の墓を訪ふ） 225,479
「弔子陽先生墓」（子陽先生の墓を弔ふ） 226
生涯慵立身（生涯　身を立つるに慵く） 4,167,452,467,468
少小学文懶為儒（少小文を学びて儒となるに懶く） 485
「唱導詞」澆風扇天下（澆風天下に扇んにして） 158,161-63,165,178,196,489
少年捨父走他国（少年父を捨てて他国に走り） 149
仙桂和尚尚真道者（仙桂和尚は真の道者） 157
草庵雪夜作 441,442
「即事」対君君不語（君に対すれども君語らず） 265-67
大忍俊利人（大忍は俊利の人）—「有懐四首」の二 195
「孰謂我詩詩」（孰か我が詩を詩なりと謂う）（詩論詩） 247,474,481
投宿破院下（投宿す破院の下）〔伊勢道中第二首〕 199
「冬夜長」 440-42
白雲流水共依依 456
「春送子陽先生遊象潟」（春、子陽先生の象潟に遊ぶを送る） 117,134,474
「春暮」（春の暮れ）→「行春」
「行春」（春を行く）
—芳草萋萋春将暮（芳草　萋萋として春将に暮れんとし） 456
—春暮芳草緑連天（春暮　芳草　緑　天に連なり） 455
「非人八助」 202

▶わ行

良寛略年表

［制作　新関公子］

＊この年表は本文の記述に従って制作したもので、従来の年表とは異なる部分もある

年号(年齢)	本人事項	家族・関係者・社会・一般事項
天正17 1589		・越後大名上杉景勝、豊臣氏の命を受け、出雲崎から渡海出陣し、本間氏領の佐渡を平定凱旋する。これは佐渡に発見された銀鉱山を中央政権のものとするためだった
慶長３ 1598		・出雲崎本町地区石井町に陣屋がもうけられ、出雲崎は事実上、佐渡渡海の公用港となる ・上杉氏、会津に改易され、堀氏、越後大名となる ・赤羽庄左衛門が出雲崎代官となり、出雲崎を公用港と指定、代官所を設ける ・８月豊臣秀吉没
慶長６ 1601		・佐渡相川銀山に金鉱脈発見される ・豊臣氏、佐渡を直轄天領とし、金銀を幕府財源とする
慶長８ 1603		・家康征夷大将軍となり、江戸時代始まる ・佐渡金銀山隆盛により出雲崎の人口急増、慶長年間に、京屋が尼瀬地区の開発を佐渡奉行から請け負う
慶長15 1610		・二代将軍秀忠、越後大名堀氏を改易、実弟の松平忠輝を越後全域の大名とする
元和２ 1616		・忠輝、紀州に縮小移封され、越後は九名の大名に分割統治される ・出雲崎（出雲崎本町地区と遅れて慶長年間から開発された尼瀬地区）、天領となる ・出雲崎地区と尼瀬地区の境に大木戸が設けられる
寛永２ 1625		・幕府の出資で尼瀬地区の港に堤防が築かれ、以後大型船はそこを使うが、港名称は出雲崎港とされる ・代官所が尼瀬地区の稲荷町に移転 ・尼瀬地区南端に諏訪本町が開発される

良寛略年表

寛永14 1637		・出雲崎に現存する最古の連歌集「賦何《ふすなに》人《びと》連歌《のれんが》」制作される
寛永21 1644		・松尾芭蕉誕生
元禄２ 1689		・７月４日、松尾芭蕉、出雲崎に一泊し、「荒海や佐渡によこたふ天河」の句をよむ
元禄７ 1694		・芭蕉没
元禄15 1702		・『おくの細道』出版（死後出版）
宝永３ 1706		・森川許六『風俗文選』出版し、その中に芭蕉の「銀河の序」を収録。「荒海や」の句は出雲崎での作であることが明らかとなる
宝永４ 1707		・各務支考、出雲崎を訪れ出雲崎俳人と句会をもつ
宝永７ 1710		・巡見使の派遣あり、橘屋、宿を務める
享保２ 1717		・巡見使の派遣あり、橘屋、宿を務める
享保８ 1723		・国仙（のちの良寛の師）、埼玉県岡部村に誕生
享保９ 1724		・山崩れの被害により、代官所が出雲崎地区羽黒町に移転（出雲崎地区にあったのはこの時から39年間）
享保15 1730		・出雲崎俳人の句集『俳諧あまの河』京で出版。しかし、出版のため上京した敦賀屋五代目鳥井祐誓（青白楼楚由）は京で客死（30歳） ・佐渡の分家橘屋の娘（お）その、出雲崎の橘屋新左衛門（以南の養父となる人物で生涯無役。近青庵北溟と名乗る俳人と同一人物かと推定される）に嫁ぐ
元文１ 1736		・与板の割元庄屋新木家次男として以南（重内）誕生か（没年からの推定）
元文３ 1738		・大森子陽誕生

延享3 1746		・巡見使の派遣あり、橘屋、宿を務める
寛延3 1750		・佐渡の分家橘屋の娘（お）のぶ、出雲崎橘屋の養女となる ・バッハ没
宝暦4 1754		・与板の割元庄屋新木家の次男以南と、出雲崎名主橘家の養女（お）のぶとの婚約成立
宝暦5 1755		・2月18日、以南、橘屋に婿入 ・3月、出雲崎に俳諧伝燈塚建立され、近青庵北溟により句集「俳諧伝燈塚」が編まれた
宝暦8 1758 （1歳）	・良寛誕生。幼名栄蔵、のち文孝と名乗ったか	・敦賀屋六代目当主二狂荘浮崖追悼句集を以南が編む
宝暦9 1759 （2歳）		・以南、名主職と神職を養祖父新左衛門から継ぐ（無役の養父新左衛門＝近青庵北溟か、を飛ばした継承）
宝歴10 1760 （3歳）		・妹むら誕生
宝暦11 1761 （4歳）		・7月11日、曾祖父（以南にとっては養祖父）新左衛門（左門）没 ・巡見使の派遣あり、橘屋、宿を務める
宝暦12 1762 （5歳）		・弟由之誕生
宝暦13 1763		・出雲崎地区羽黒町の代官所が、老朽化等の諸事情から尼瀬地区稲荷町に移転再建される
明和元 1764 （7歳）		・11月14日、祖父新左衛門（以南の養父で生涯無役、俳人近青庵北溟と推定される人物）没
明和6 1769 （12歳）		・妹たか誕生
明和7 1770 （13歳）		・秋、大森子陽、5年間の江戸での修学を終えて帰郷 ・弟宥澄（観山）誕生 ・ベートーヴェン誕生

良寛略年表

明和8 1771 (14歳)	・春、地蔵堂の親戚中村家に下宿し、大森子陽の塾「三峰館」に入塾	・春、大森子陽、地蔵堂の狭河の畔に漢学塾「三峰館」を開く ・弟香誕生 ・出雲崎・尼瀬両町に贅沢禁止令出される
安永4 1775 (18歳)		・当主が次々に病没し、年寄役を降りていた敦賀屋に、地蔵堂富取家から15才の少年入婿(十代長兵衛＝後の鳥井直右衛門)、年寄役同様の振舞いを以南に注意され、不満を文書に遺す(私的覚書で役所に提出されたものではない) ・俳人加藤暁台、6－7月、出雲崎に滞在し、出雲崎俳人と交流。6月中旬に暁台と出雲崎の俳人数名佐渡にわたり歌仙「佐渡日記」を巻く(以南不参加)
安永6 1777 (20歳)	・師大森子陽が塾を閉じたので、やむなく退塾 ・先生を送別する詩「春送子陽先生遊象潟」を作ったか	・師大森子陽が塾を閉じ、羽前鶴岡に旅立つ。いつか不明だが鶴岡で結婚し、一子求古をもうける ・妹みか誕生
安永8 1779 (22歳)	・出雲崎光照寺に招かれた大忍国仙に得度を受け、師に従って備中玉島の円通寺におもむき、修行に入る	・阿部定珍誕生
安永9 1780		・清朝の康熙字典が日本でも翻刻出版された
天明1		・大忍魯仙(幼名　作久太)尼瀬の小黒宇兵衛の長男として誕生、7歳で西越の双善寺に出家、十代前半で宇治興聖寺の学僧となり、二十代で無礙庵主となる
天明3 1783		・与謝蕪村没
天明6 1786		・4月29日、母のぶ没(49歳) ・出雲崎にはじめて寺子屋ができる(石井町に田中仁兵衛、羽黒町に岡島仁兵衛が開塾) ・天明大飢饉
天明7 1787 (30歳)		・由之、名主職を継ぎ、以南は隠居となる

天明8 1788		・稲荷町の代官所老朽化により、同地に建替えられる（出雲崎地区の代官所誘致は不成功におわる）
寛政1 1789 （32歳）		・巡見使派遣あり、橘屋は自宅を官費で改装。5月、橘屋は役人46名、敦賀屋は29名、京屋は31名を泊める ・フランス革命始まる
寛政2 1790 （33歳）		・5月「寛政異学の禁」発布され、昌平坂学問所で朱子学以外の儒学の教授が禁じられる
寛政3 1791 （34歳）	・師より「印可の偈」を受け、円通寺内の良寛（覚樹）庵の庵主となる。これより帰国までひたすら勉学に励む	・3月18日師国仙没（69歳）、後任は玄透即中 ・5月7日大森子陽、鶴岡で没（54歳） ・以南、友人と、松島と象潟を訪れる ・モーツァルト没
寛政4 1792 （35歳）		・以南、ひとりで上京する
寛政7 1795 （38歳）		・7月父以南、京の桂川に入水自殺（59歳） ・国仙の後任僧、玄透即中が曹洞宗本山永平寺の第50代住職となる
寛政8 1796 不定住時代 （39歳）	・早春に玉島を出発、帰郷の旅に就き、須磨、明石、和歌の浦、高野山、京都（宇治）に至り、宇治興聖寺では出雲崎出身の少年僧魯仙（16歳）と会い、数夜を過ごし、魯仙に自作詩を書写させる。ついで、伊勢、江戸、長野、糸魚川を経て初秋に越後に入る ・実家を通り過ぎて郷本の無人小屋に住む ・「傭賃」の詩はこの小屋居住中の作か。冬前に身元がわかり、保護されたらしい	・橘千蔭著『万葉集略解』の刊行始まる（文化9年完了）
寛政9 1797 （40歳）	・五合庵に居住（原田鵲斎の詩による） ・師大森子陽や親友富取之則の死を知る ・「聞之則物故　二首」「訪子陽先生墓」の詩はこの頃か ・また「我有一張琴」に始まる雑詩もこの頃か	・秋、与板の三輪左一が病身をおして五合庵を訪問するが、あいにく良寛は留守だった（留守を弁解する詩を良寛から受け取る）
寛政10 1798	・早春、左一が五合庵を訪問したか。「暁送左一」の詩はこの時の作と思われる ・夏には良寛が、左一を与板に見舞う	・晩春、3月25日、左一が良寛の来訪を請う詩偈を送る ・左一、初冬に五合庵を訪問したか

	「別君知幾日」の詩はこの訪問に先立って贈られた詩か。吹雪の始まった11月頃、左一が五合庵を訪問。二人の面会はこれが最後か	・末弟香、京都で客死（28歳） ・貞心尼、長岡藩士奥村五兵衛の娘として誕生。幼名ます
寛政11 1799 （42歳）		・由之、「家筋書」を水原奉行所に提出するが信用性に乏しいと却下される ・出雲崎に長期逗留の文人新楽間叟「間叟雑録」を書き、出雲崎の歓楽街風俗を描写し友人に送る
寛政12 1800 （43歳）		・三男の弟、宥澄没 ・代官所を出雲崎地区に移転させる動きがあったが、不成功に終わる ・伊藤若冲没
享和1 1801 （44歳）	・七月、五合庵にあって大村光枝、原田鵲斎、阿部定珍の訪問を受け、歌を詠みあう	・以南の追善句集『天真仏』が句友前川丈雲の編集により、京都の書肆菊舎太兵衛より発行される
享和2 1802 （45歳）	・国上寺住職義苗が隠居するために、五合庵を明け渡し、寺泊の密蔵院や野積の西生寺に住む ・「題弘智法印像」の詩はこの頃か ・初秋、東北旅行にでかけ、晩秋に帰着。訪問地は柳津、米沢、鶴岡など。「秋夜宿香聚閣早倚檻眺」の詩は、秋半ばに柳津で詠んだ作	
文化元 1804 （47歳）		・出雲崎の小前百姓ら、連名で名主由之と名主見習の息子馬之助を訴える「非道糾明願」を代官所に呈出 ・五合庵に住んでいた国上寺の引退住職義苗没
文化2 1805 定住時代 （48歳）	・ふたたび五合庵に入り、定住。「きてみればわがふるさとは荒れにけり庭もまがきも落葉のみして」はこの五合庵再訪のときの感慨と思われる ・この頃から「秋萩帖」の法帖（「散々難見帖」）の手習いを励行し、草仮名を学ぶ ・弟由之の放蕩をいさめる手紙「人も三十四十遠越天者」を書いたのはこの頃か	・出雲崎の尼瀬出身で、宇治興聖寺の僧魯仙、京の書肆「柳枝軒」より『無礙集』を出版、良寛の詩を讃える。これにより良寛の名は中央の文人仲間に広まる ・橘経亮・山田以文校訂『万葉和歌集（全20巻）』京の書肆「出雲寺文次郎」より刊行される
文化3 1806		・喜多川歌麿没

文化４ 1807 （50歳）	・親友左一の死を悼む詩「左一訃至泫然有作」を作る	・５月１日、三輪左一没 ・山崩れにより尼瀬地区稲荷町の陣屋が被害を受け、尼瀬地区はずれの新田山側（現在の代官所跡地）に新たな代官所の造営が決定。以後幕末まで代官所の移転はない
文化５ 1808 （51歳）	・春、与板の左一の実家三輪家に招かれ「上巳日游輪氏別墅有懐左一」の詩を作る	・友人の文人僧有願没
文化６ 1809 （52歳）		・９月、江戸の文人亀田鵬斎来越し、五合庵に良寛を訪ねる ・暁台門人于当が著書『関清水物語』中に、以南入水の動機を、脚気の発症によると述べる
文化７ 1810 （53歳）	・亀田鵬斎と詩を交わし、鵬斎の画に賛をするなど、文人との交流を持つ	・由之家財取上げ所払いの処分受け、与板に隠居
文化８ 1811 （54歳）	・自筆稿本詩集「草堂集貫華」この頃成立 ・続いて自筆稿本「草堂詩集（天・地・人）」も成立か	・僧大忍魯仙没（31歳） ・橘崑崙『北越奇談』を著し、そのなかで良寛（了寛と記述）の生い立ちや帰郷後の様子を伝える ・貞心尼、17歳で小出の医師関長温に嫁す
文化９ 1812 （55歳）	・自筆稿本「草堂集」この頃成立か	・一茶「株番」を著し、そのなかで以南の死に言及（脚気の発症を苦にしてと伝える） ・橘千蔭の注釈書『万葉集略解』全20巻の出版が完了
文化13 1816 （59歳）	・三輪権平が購入した『万葉集略解』を参照しつつ、阿部定珍所蔵版本『万葉集（全20巻）』に朱注を入れる仕事を始めたのはこの頃か	・島崎出身の僧遍澄（16歳）が五合庵に良寛を訪ね、身辺の世話役を願い出る ・大村光枝没
文化14 1817 （60歳）	・乙子神社脇草庵に移住 ・解良叔問の依頼を受け、「法華経」を書写して与える（しかし現在行方不明）	
文政１ 1818 （61歳）	・自筆稿本歌集「布留散東（ふるさと）」はこの頃成立か。ほぼ全歌を草仮名で書く良寛独自の書様式の完成がみられる ・江戸へ出奔した叔問の長男孫右衛門に帰宅を促す訓戒の手紙を書く	・10月27日、与板徳昌寺の虎斑和尚は明版一切経9056巻を購入のため、伊勢国松阪に旅立ち、12月10日に帰着 ・代金220両のうち50両しか払えなかったため、虎斑の弟子の維馨尼が資金調

	・12月、江戸で一切経購入募金活動をしていた維馨尼へ「天寒自愛」の手紙を送る	達に江戸にのぼる
文政2 1819 (62歳)	・阿部定珍所蔵版本『万葉集（全20巻）』に朱注を入れる仕事を年末頃完了か	・解良叔問没（58歳）
文政3 1820 (63歳)	・万葉集から好みの歌201首を書き写した抄書「あきのゝ」（竹内本）完成か	・貞心尼離婚し、柏崎で閻王寺（現在は廃寺）の眠竜、心竜という姉妹尼僧の弟子となり、出家生活に入る
文政4 1821 (64歳)	・三条の菓子商三浦屋幸助に「月の兎」を書き与える。文政3年—文政12年頃まで、繰り返しこの仏教説話を人々に書き与えた	・由之、3月14日東北地方酒田への旅に出発。前日は姉むらの嫁ぎ先の寺泊外山家に、良寛と馬之助も集い、わかれを惜しんだ ・ナポレオン没
文政5 1822 (65歳)	・島崎の木村家長男周蔵は勘当されて親戚の大矢家にいたが、良寛が父の元右衛門を説得して勘当を解かせ、帰宅をうながす訓戒の手紙を書いたのはこの年か	・2月、維馨尼没（58歳）
文政6 1823 (66歳)		・由之、東北旅行から無事に帰る
文政7 1824		・虎斑和尚没 ・妹むら没
文政8 1825 (68歳)	・紅葉を散らした料紙に和歌を書いたのはこの頃か	・12月、椎谷藩宮川の浜に「娥眉山下斎」と彫った木柱が漂着。鑑定が田沢村祐光寺の住職観励に依頼される（観励は鈴木牧之の友人で『越後碑銘集』の著書のある文人）
文政9 1826 島崎時代 (69歳)	・秋、和島村島崎の能登屋木村元右衛門方庵室に移り住む	・亀田鵬斎没 ・貞心尼、柏崎から福島（現長岡）の閻魔堂に移る
文政10 1827 (70歳)	・春、阿部定珍宅に逗留し、作品を共同制作、「遠也萬堂能」の草仮名和歌と「間庭百花發」の楷書漢詩を並べて美しい料紙に記す ・夏、寺泊照明寺境内密蔵院で過ごす。この時「法華転」「法華讃」「法華賛」を書いたか ・この年の秋に貞心尼と会った可能性が高い（返歌を人を介して届けた後？）	・2月、原田鵲斎没 ・この秋（前年秋説もあり）、貞心尼、良寛を木村家に訪問するが不在で会えず、手まりと歌を残してきたか ・12月、祐光寺住職勧励は木柱に刻まれた字をほぼ同寸の石材に彫らせ、拓本を制作。近隣の文人に配り、この木柱に寄せる詩を募る。良寛、鈴木牧之、藍澤南城の三人に応募詩が残る。しかし

	・12月、勧励の求めに応じ、漂着木柱に寄せる第一の詩「峨眉山下橋」を制作	詩集は裕光寺火災のため編まれなかった ・ベートーヴェン没
文政11 1828 (71歳)	・春、祐光寺を訪れ、漂着木柱の実物を見て、第一の詩を修正した第二の詩「題蛾眉山下橋杭」を制作 ・その夜、左一を夢にみて、「夢左一覚後彷彿」の詩を書き、二つの詩を一体にした書を制作 ・４月、木村元右衛門が京で購入した黄檗版一切経6771巻275帙を経蔵とともに隆泉寺に寄進するに際し、その由来を「一切経寄進札」に書く ・自筆稿本歌集「久賀美」この頃成立か	・与板と島崎を隔てる塩入峠が大改修された ・亀田鵬斎没 ・11月12日　三条大地震
天保元 1830 (73歳)	・８月頃から体調不良となる ・12月上旬、鈴木牧之の依頼を受けて牧之の画に賛をいれ、短冊に俳句を書く ・12月末から容体悪化	・12月上旬、貞心尼、木村家に逗留し、牧之の画賛依頼を良寛に取り次ぐ（その後一旦帰宅か） ・12月末、貞心尼、良寛重篤の知らせを受け、木村家に駆けつけ介護にあたる
天保２ 1831 (74歳)	・１月６日、良寛没 ・１月８日、葬式 ・４月18日、百カ日法要	・１月６日、由之、貞心尼、遍澄、証聴、元右衛門ら良寛を看取る。 ・秋、寺泊の僧証聴「良寛禅師碑石並舒」を書く（石碑は建てられなかった）
天保６ 1835		・５月１日、貞心尼（38歳）、自筆稿本「蓮の露」を完成
天保９ 1838		・阿部定珍、四国巡礼の途中土佐国で没 ・巡見使の派遣あり
天保12 1841		・貞心尼、柏崎に移り釈迦堂庵主となる
天保13 1842		・鈴木牧之が『北越雪譜　二篇巻之四』（文溪堂）に「娥眉山下橋柱」と題して宮川の浜に漂着した木杭について記述する
弘化２ 1845		・解良栄重、稿本「良寛禅師奇話」を書き始める（〜弘化４）
弘化４ 1847		・前橋龍海院住職蔵雲が越後を巡錫、糸魚川の牧江家（阿部家の息子の婿入先）と懇意となり、同家から良寛詩写本を借覧、以後良寛研究に励み、たびたび良寛遺跡を訪れ、のちに貞心尼とも親

		しく交流し、良寛詩集出版を企てる
1849		・葛飾北斎没
嘉永4 1851		・4月、柏崎大火で貞心尼の釈迦堂（諏訪町）も焼失、9月。支援者が不求庵（広小路）を建ててくれたので移る
嘉永6 1853		・7月、ペリー率いるアメリカの軍艦が浦賀に来航 ・ゴッホ誕生
安政5 1858		・歌川広重没 ・6月、日米修好通商条約調印7月、同修好通商条約を蘭、露、英と調印、9月、仏と調印
安政6 1859		・解良栄重没
文久3 1863		・ドラクロワ没
慶応1 1865		・この頃、貞心尼は遍澄と協力し、前橋の蔵雲に、良寛詩集出版に必要な資料、良寛肖像原画などを何度も送り、序文は蔵雲自身が書くよう強く勧める
慶応3 1867	・最初の良寛詩集版本『良寛道人遺稿』、江戸の尚古堂より出版される。編者、序文執筆者は前橋龍海院第29代住職蔵雲	・10月　徳川慶喜、大政奉還 ・夏目漱石誕生 ・黒田清輝誕生
明治1 1868		・明治維新
明治2 1869		・マティス誕生
明治3 1870		・鈴木文台没
明治5 1872		・貞心尼没
1874		・第一回印象派展
明治9 1876		・遍澄没
明治10 1877		・クールベ没
1881		・ピカソ誕生

明治19 1886		・萩原朔太郎誕生
明治25		・12月、小林二郎『僧良寛詩集全』『僧良寛歌集』出版（ともに精華堂）
1890		・ゴッホ没
1900		・フロイト『夢判断』出版
1902		・ゾラ没
1904		・ゴーギャン没
1906		・セザンヌ没
明治44 1911		・柏崎の実業家中村藤八、貞心尼の弟子智譲尼に面会し「中村藤八による智譲尼より聞取書」を制作 ・マーラー没
大正3 1914		・1月17日、夏目漱石、小林二郎の『僧良寛詩集全』の第四版（明治44年刊）を教え子の山崎良平より送られ礼状を書く。その礼状中で、良寛の書を欲しがる ・1月18日、西郡久吾『北越偉人沙門良寛全傳』出版（目黒書店） ・第一次世界大戦勃発
大正5 1916		・漱石、4月に良寛の漢詩軸を、やや遅れて和歌軸を入手し、喜ぶ ・5月18日の木曜会で、良寛の思想に影響を受けたと思われる言葉「則天去私」を初めて語る ・11月9日、11日（最終）の木曜会でも則天去私を語る。 ・12月9日、漱石没
大正6 1917		・2月、萩原朔太郎、良寛の詩と詩論に影響を受けた処女詩集『月に吠える』を自費出版
大正7 1918		・1月、玉木礼吉『良寛全集』を出版（良寛会） ・5月、相馬御風『大愚良寛』を出版（春陽堂） ・第一次世界大戦終結
大正11 1922		・9月、出雲崎橘屋跡地に、安田靫彦の設計で良寛堂が落成

1924		・ブルトン《シュルレアリスム第一宣言》を発表 ・黒田清輝没
1926		・モネ没
昭和3 1928		・11月、佐藤耐雪『良寛遺墨集』を出版（第一書房）
1939		・第二次世界大戦勃発
昭和17 1942		・5月11日、萩原朔太郎没
1945		・第二次世界大戦終結 ・ヴァレリー没
1954		・マチス没
昭和34 1959		・11月、東郷豊治『良寛全集上』、12月「良寛全集下』を出版（東京創元社）
昭和40 1965		・5月15日、出雲崎に「良寛記念館」開館
昭和47 1972		・佐藤耐雪（1876～1960）の遺稿『出雲崎編年史　上・中・下』全3巻がガリ版印刷で出版される（良寛記念館）
1973		・ピカソ没
昭和55 1980		・分水町（現燕市）に良寛資料館が開館
平成2 1990		・8月25日、日中漢詩友好協会会長柳田聖山発案、良寛遺墨「題蛾眉山下橋杭」の石碑を峨眉山麓に建立する事業が完成、峨眉山市で除幕式が挙行される
平成3 1991		・和島村島崎（現長岡市島崎）に良寛の里美術館が開館
平成6 1994		・8月、平成4年11月開始の『良寛墨蹟大観』全6巻完結（中央公論新社）
平成9 1997		・昭和62年に刊行が始まった『出雲崎町史』全10巻が完結（出雲崎町）
平成11 1999		・平成5年に刊行が始まった『与板町史』全6巻が完結（与板町）
平成19 2007		・3月、平成18年10月に刊行開始の内山知也、谷川敏朗、松本市壽編著『定本良寛全集』全3巻完結（中央公論新社）

参照文献

＊本書執筆に際し、参照あるいは
引用した主要文献にとどめる

■出雲崎と与板と寺泊の歴史、その他地方史の関する資料

耐雪佐藤吉太郎『出雲崎編年史　上巻』良寛記念館　昭和47年（1972）
耐雪佐藤吉太郎『出雲崎編年史　中巻』良寛記念館　昭和47年（1972）
耐雪佐藤吉太郎『出雲崎編年史　下巻』良寛記念館　昭和47年（1972）

出雲崎町史編さん委員会『出雲崎町史　民族・文化財編』 出雲崎町　平成元年（1989）
出雲崎町史編さん委員会『出雲崎町史　資料編　Ⅰ　原始・古代・中世』 出雲崎町　昭和63年（1988）
出雲崎町史編さん委員会『出雲崎町史　資料編　Ⅱ　近世（一）』 出雲崎町　昭和63年（1988）
出雲崎町史編さん委員会『出雲崎町史　資料編　Ⅱ　近世（二）』 出雲崎町　平成４年（1992）
出雲崎町史編さん委員会『出雲崎町史』通史編　上巻』 出雲崎町　平成５年（1993）
出雲崎町史編さん委員会『出雲崎町史』通史編　下巻』 出雲崎町　平成５年（1993）
出雲崎町史編さん委員会『出雲崎町史　石油資料集』 出雲崎町　平成６年（1994）
出雲崎町史編さん委員会『出雲崎町史　海運資料集（一）』 出雲崎町　平成７年（1995）
出雲崎町史編さん委員会『出雲崎町史　海運資料集（二）』 出雲崎町　平成８年（1996）
出雲崎町史編さん委員会『出雲崎町史　海運資料集（三）』 出雲崎町　平成９年（1997）
与板町『与板町史　資料編　上巻　原始古代・中世・近世』 与板町　平成５年（1993）
与板町『与板町史　資料編　下巻　近世・近代・現代』 与板町　平成５年（1993）
与板町『与板町史　民俗編』 与板町　平成７年（1995）
与板町『与板町史　文化財編』 与板町　平成７年（1995）
与板町『与板町史　通史編　上巻　自然・原始古代・中世・近世』 与板町　平成11年（1999）
与板町『与板町史　通史編　下巻　近代・現代』 与板町　平成11年（1999）
寺泊町『寺泊町史・通史編　上巻』 寺泊町　平成３年（1991）
寺泊町『寺泊町史・通史編　下巻』 寺泊町　平成３年（1991）
寺泊町『寺泊町史・資料編』 寺泊町　平成２年（1990）
祐光寺開基四百年・本堂再建百五十年記念誌『慶讃法要』 平成５年（1993）

■江戸時代の政治・経済・文化・生活誌

崑崙　橘　茂世『北越奇談』全六巻　永壽堂　文化８年（1811）
崑崙　橘　茂世『北越奇談』翻刻版　野島出版（新潟県・三条市） 昭和53年（1978）
鈴木牧之編撰　京山人百樹刪定『北越雪譜』 全七巻（初篇三、二編四） 文溪堂（江戸） 初編上中下三巻、天保6-7年（1835-6）　二編一-四巻　天保11-13年（1840-42）
鈴木牧之編撰　京山人百樹刪定『北越雪譜』岡田武松校訂　岩波書店・岩波文庫　昭和11年（1936）
大忍魯仙『無礙集　全』文化２年（1805） 京師六角通寺西江入町禅林書林　柳枝軒　小川多左衛門刻
鈴木浩三『江戸の経済システム』日本経済新聞社　平成７年（1995）

■良寛の作品拾遺（江戸時代）版本

蔵雲編『良寛道人遺稿』 尚古堂 慶応３年（1867）

■良寛の作品拾遺・注釈（明治以降）

小林二郎編『僧良寛上人詩集 全』 精華堂 明治26年（1893）
相馬御風編『良寛和尚詩歌集』 春陽堂 大正７年（1918）
玉木禮吉編『良寛全集』 博文閣 大正７年（1918）
大島花束編『良寛全集』 岩波書店 昭和４年（1929）
相馬御風編校注『訓譯良寛詩集』 春陽堂 昭和４年（1929）
大島花束 原田甚平編校注『訳注良寛詩集』岩波書店（岩波文庫） 昭和８年（1933）
須佐晋長編校注『良寛詩註解』 古今書院 昭和36年（1961）
星野清藏編校注『良寛の詩境』 東晃社 昭和16年（1941）
星野清藏編校注『續良寛の詩境』 東晃社 昭和17年（1942）
東郷豊治編校注『良寛全集 上・下巻』 東京創元社 昭和36年（1961）
東郷豊治編著『全訳 良寛詩集』 創元社 昭和37年（1962）
星野清藏編校注『良寛の詩境』（前記二冊を合本にした再刊） 彌生書房 昭和41年（1966）
林武編校注『林甕雄本良寛禅師歌集 影印』新潮社 昭和52年（1977）
渡辺秀英編校注『良寛詩集』 木耳社 昭和49年（1974）
渡辺秀英編校注『良寛歌集』 木耳社 昭和54年（1979）
渡辺秀英解説・註『上杉篤興摭編 良寛歌集 木端集（復刻）』象山社 平成元年（1989）
内山知也編校注『良寛詩 草堂集貫華』 春秋社 平成６年（1994）
谷川敏朗編校注『校注 良寛全歌集』 春秋社 平成８年（1996）
谷川敏朗編校注『校注 良寛全詩集』 春秋社 平成10年（1998）
谷川敏朗編校注『校注 良寛全句集』 春秋社 平成12年（2000）
内山知也 谷川敏朗 松本市壽編校注『定本 良寛全集 第一巻 詩集』 中央公論新社 平成18年（2006）
内山知也 谷川敏朗 松本市壽編校注『定本 良寛全集 第二巻 歌集』 中央公論新社 平成18年（2006）
内山知也 谷川敏朗 松本市壽編校注『定本 良寛全集 第三巻 書簡集 法華転・法華讃』 中央公論新社 平成19年（2007）
池田和臣 萬羽啓吾編校注『あきのゝ帖 良寛禅師萬葉摘録』 青簡舎 平成24年（2012）

■貞心尼に関して

相馬御風編校注『良寛と貞心—貞心尼全集』六藝社 昭和15年（1940）
中村藤八「中村藤八による智譲尼より聞取書」（稿本）柏崎市立図書館蔵 明治44年（1911）
小川幸代注釈『長岡藩士の娘 貞心尼—「中村藤八による智譲尼より聞取書」』平成25年（2013）全国良寛会長岡大会記念誌

■良寛評伝と作品拾遺・年賦・事典（江戸時代）

崑崙 橘 茂世『北越奇談』全六巻 永壽堂 文化８年（1811）

鈴木文台「草堂集序」(稿本) 文化13年 (1816)
大関文仲「良寛禅師伝」(稿本) 文政年間 (1818-1829)
木村元右衛門「鈴木牧之宛書簡」(稿本) 文政13年 (1830)
北越　証願「良寛禅師碑石並序」(稿本)　天保2年 (1831)
貞心尼「蓮の露」(稿本) 貞心尼　天保6年 (1835)　柏崎市立図書館蔵
飯田久利「橘物語」(稿本)　天保14年 (1843)
上杉篤興「木端集」(稿本)　天保年間 (1830-1844)
解良榮重「良寛禅師奇話」(稿本)　弘化4年 (1847) 頃
鈴木文台「友人三宅相馬に宛てた手紙」(稿本) 安政4年 (1857)
林甕雄編校注「良寛禅師歌集」(稿本) 安政年間 (1854-1859)

■良寛評伝・作品論・年譜・事典 (明治時代以降)

山崎良平「大愚良寛」　一高『校友会雑誌』所収　明治36年 (1903)
西郡久吾『北越偉人沙門良寛全傳』　目黒書店　大正3年 (1914)
相馬御風『大愚良寛』　春陽堂　大正7年 (1918)
相馬御風『一茶と良寛と芭蕉』　春秋社　大正14年 (1926)
相馬御風『良寛と蕩児』実業之日本社　昭和6年 (1931)
相馬御風『良寛百考』　厚生閣　昭和10年 (1935)
相馬御風『良寛と貞心』　六藝社　昭和13年 (1938)
松村恵介『大愚良寛』　京文社書店　昭和14年 (1939)
相馬御風『良寛を語る』　有峰書店　昭和16年 (1941)
桑原仁右エ門著『良寛と法弟遍澄』(晩年の良寛：遍澄墓碑再建記念　第4集) 和島村観光協会：妙徳寺　昭和35年 (1960)
唐木順三『良寛』(日本詩人選20)　筑摩書房　昭和46年 (1971)
渡辺秀英『良寛出家考』　考古堂書店　昭和49年 (1974)
吉野秀雄『良寛　歌と生涯』　筑摩書房　昭和50年 (1975)
伊丹末男『書人　良寛　―その書風と生涯』国書刊行会　昭和51年 (1976)
井本農一『詩人良寛』　美和書房　昭和53年 (1978)　改訂版『良寛　上・下』講談社 (学術文庫210)　平成10年 (1998)
良寛刊行会・谷川敏明編著『良寛伝記・年譜・文献目録』(野島出版　昭和56年 (1981)
柳田聖山『沙門良寛　自筆本「草堂詩集」を読む』　人文書院　昭和64年 (1989)
田中圭一『良寛―その出家の実相』　三一書房　昭和61年 (1986)
磯部欣三『良寛の母おのぶ』　恒文社　昭和61年 (1986)
飯田利行『大愚良寛の風光』国書刊行会　昭和61年 (1986)
渡辺秀英注釈『良寛歌集　木端集　(復刻)』象山社　平成元年 (1989)
吉本隆明『良寛』春秋社　平成4年 (1992)
加藤僖一『良寛事典』　新潟日報事業社出版部　平成5年 (1993)
田中圭一『良寛の実像　歴史家からのメッセージ』　ゾーオン社　平成6年 (1994)
飯田利行『良寛詩との対話』　邑心文庫　平成9年 (1997)
宮柊二他『良寛の世界』　大修館書店　昭和55年 (1980)
宮栄二編『良寛研究論集』象山社　昭和60年 (1985)
飯田利行『良寛髑髏詩集譯』　大法輪閣　昭和51年 (1976)
小島正芳『良寛の書の世界』恒文社　平成8年 (1996)

参照文献

▪研究論文

目崎徳衛「良寛の生き方—遁世者の伝統に生きた良寛」（平成５年＝1993、小千谷市における講演の筆記を活字化したもの—全国良寛会機関誌・考古堂発行『良寛　27号』 80–91頁掲載）平成７年（1995）

細井昌文「漱石が読んだ良寛詩集の発見」『論究』第２号　二松学舎大学　佐古研究室　昭和57年（1982） ４月

小島正芳「夏目漱石と良寛（一）（二）」『北方文学』（柏崎市玄文社発行）第四五号（昭和45年〔1970〕２月）、四六号　昭和46年（1971）10月

加藤僖一「峨眉山への旅」『良寛研究第12集　良寛と峨眉山』良寛研究所　平成２年（1990）12月

石川九楊「いくつかの、近世を揺さぶる書」『書の宇宙　20』二玄社　平成11年（1999）

野口武彦「書字の幕末維新」『書の宇宙　20』二玄社　平成11年（1999）

▪良寛遺墨集

『墨美』第14号「良寛と南天棒」墨美社　昭和27年（1953）

『墨美』第85号「良寛特集（解良家旧蔵書巻）」 墨美社　昭和34年（1959）

『墨美』第88号「良寛・由之兄弟和歌巻」 墨美社　昭和34年（1959）

『墨美』第89号「良寛」墨美社　昭和34年（1959）

『墨美』第99号「特集　良寛」墨美社　昭和35年（1960）

『墨美』第141号「良寛〈風月之友〉巻」墨美社　昭和39年（1964）

『墨美』第143号「良寛の屏風」墨美社　昭和39年（1964）

『墨美』第163号「良寛—未発表資料Ⅰ」 墨美社　昭和41年（1966）

『墨美』第167号「解良家の良寛」 墨美社　昭和42年（1967）

『墨美』第174号「良寛—未発表資料Ⅱ」墨美社　昭和42年（1967）

『墨美』第189号「良寛—安部家蔵全資料　Ⅰ」墨美社　昭和44年（1969）

『墨美』第190号「良寛—安部家蔵全資料　Ⅱ」墨美社　昭和44年（1969）

『墨美』第191号「良寛—安部家蔵全資料　Ⅲ」墨美社　昭和44年（1969）

『墨美』第206号「良寛—本田家蔵Ⅰ」墨美社　昭和45年（1970）

『墨美』第208号「良寛良寛—未発表資料Ⅲ」 墨美社　昭和46年（1971）

『墨美』第210号「良寛—本田家蔵Ⅱ—草堂詩集（天）」墨美社　昭和46年（1971）

『墨美』第211号「良寛和尚歌巻—木村家名物（木村家蔵Ⅰ）」 墨美社　昭和46年（1971）

『墨美』第213号「良寛—本田家蔵Ⅲ—草堂詩集（地・人）」墨美社　昭和46年（1971）

『墨美』第216号「良寛—木村家蔵Ⅱ—屏風・額・幅」 墨美社　昭和46年（1971）

『墨美』第220号「良寛をめぐる人びと—木村家蔵Ⅲ」 墨美社　昭和47年（1972）

『墨美』第221号「良寛—木村家蔵Ⅳ（貼り交ぜ屏風　その二）」墨美社　昭和46年（1971）

『書道藝術　第二十巻　良寛』中央公論社　昭和50年（1975）

『木村家阿部家伝来　良寛墨宝』 加藤僖一編　二玄社平成19年（2007）

加藤僖一他編『良寛墨蹟大観　第一巻　漢詩編（一）』中央公論社美術出版　平成５年（1993）

加藤僖一他編『良寛墨蹟大観　第二巻　漢詩編（二）』中央公論社美術出版　平成６年（1994）

加藤僖一他編『良寛墨蹟大観　第三巻　和歌編（一）』中央公論社美術出版　平成５年（1993）

加藤僖一他編『良寛墨蹟大観　第四巻　和歌篇（二）』中央公論社美術出版　平成６年（1994）

加藤僖一他編『良寛墨蹟大観　第五巻　書状編』中央公論社美術出版　平成４年（1992）

加藤僖一他編『良寛墨蹟大観　第六巻　仏語編』中央公論社美術出版　平成５年（1993）

良寛維宝堂編『木村家伝来　良寛墨宝』二玄社　平成17年（2005）
加藤僖一編 『阿部家伝来　良寛墨宝』二玄社　平成19年（2007）

■美術史書道史における良寛

堀江知彦編『日本の美術　116　良寛』 至文堂　昭和51年（1976）
中田勇次郎編『書道藝術　第20巻　良寛』 中央公論社　昭和50年（1975）
中田勇次郎『書道芸術　別巻第四　日本書道史』中央公論社　昭和52年（1977）
石川九楊『書の宇宙　20　近代への序曲・儒者・僧侶・俳人』 二玄社　平成11年（1999）

■展覧会および良寛関係美術館、記念館、資料館、研究所等のカタログ

『生誕二百年記念　良寛展』カタログ　主催／新潟県・新潟県教育委員会・新潟日報社　昭和32年（1957）
『疎松庵素玩展—良寛と李朝』 根津美術館　昭和45年（1970）
『第二回　良寛和尚遺墨展』 万葉洞（上野池之端仲町通り） 昭和46年（1971）
『晩年の良寛さま』良寛維宝堂案内　木村元周　出帆年不明（昭和40年代か　木村家の出版と思われる）
『良寛　没後百五十年』展カタログ　主催／良寛展実行委員会・毎日新聞社　昭和55（1980）
加藤僖一編著『良寛研究第12集　良寛と峨眉山』良寛研究所　平成２年（1990）
『良寛の里美術館』和島村役場　平成３年（1991）
『相馬御風と良寛遺墨』 糸魚川市歴史民俗資料館　平成６年（1994）
加藤僖一編著『良寛記念館と出雲崎』考古堂　平成11年（1999）
『没後一七〇年記念展　良寛さん』カタログ　主催／京都文化博物館・日本経済新聞社　平成12年（2000）
『良寛遺墨展—御三家を中心に』 重要文化財指定二五年　県指定文化財五一年記念　主催／新潟県立近代美術館・新潟日報社・良寛遺墨展実行委員会　平成17年（2005）

■良寛ガイドブック

『良寛みやげ』名著刊行会　昭和63年（1988）
『別冊太陽　良寛　聖にあらず、俗にもあらず』 平凡社　平成20年（2008）
『季刊墨スペシャル第６号　良寛入門』芸術新聞社　平成３年（1991）

■仏教経典と解説書

道元『正法眼蔵（一）（二）（三）（四）』水野弥穂子校注　岩波書店・岩波文庫　平成2–5年（1990–93）
道元『典座教訓赴粥飯法』中村璋八・石川力山・中村信幸訳注　講談社　講談社学術文庫　平成３年（1991）
坂本幸男・岩本　裕訳注『法華経　上・中・下』岩波書店・岩波文庫　昭和37–42年（1962–67）
鎌田茂雄『法華経を読む』 講談社・講談社学術文庫　平成６年（1994）
渡辺宝陽『法華経　久遠の救い』日本放送出版協会・NHK ライブラリー　平成７年（1995）
長尾雅人校注『維摩経』中央公論新社・中公文庫　昭和58年（1983）

参照文献

長尾雅人『維摩経を読む』岩波書店・岩波現代文庫　平成26年（2014）

■夏目漱石に関して

夏目漱石『漱石全集』岩波書店　平成5–8年（1993–96）
荒正人『漱石研究年表』集英社　昭和49年（1974）
佐古純一郎『漱石論究』朝文社　平成２年（1990）
新関公子『漱石の美術愛推理ノート』平凡社　平成10年（1998）

■萩原朔太郎に関して

萩原朔太郎『月に吠える』角川書店（角川文庫）　昭和38年（1963）
初版は大正６年（1917）の私家版
萩原朔太郎『青猫』創元社（創元文庫）　昭和27年（1952）
萩原朔太郎『青猫』新潮社（新潮文庫）　昭和30年（1955）
萩原朔太郎『新しき欲情』（新潮文庫）　昭和30年（1955）
萩原朔太郎『絶望の逃走』角川書店（角川文庫）　昭和25年（1950）
萩原朔太郎『郷愁の詩人与謝蕪村』 岩波書店（岩波文庫）　昭和63年（1988）
三好達治選『萩原朔太郎詩集』岩波書店（岩波文庫）　平成12年（2000）
伊藤信吉編『萩原朔太郎詩集』角川書店（角川文庫）　昭和31年（1956）

吉田精一『日本近代詩鑑賞　大正篇』新潮社（新潮文庫）　昭和28年（1953）
伊藤信吉著『現代詩の鑑賞　上巻』新潮社（新潮文庫）　昭和27年（1952）
新学社編『萩原朔太郎』新学社　近代浪漫派文庫　21　平成17年（2005）